新装版　講座

近代仏教　下

——文化・生活・今日の問題——

新装版　講座　近代仏教　下巻

第4巻〔文　化　編〕（目　次）

禅　近代文明に於ける禅の意義（久松真一）・日本近代文学と仏教（野間宏）・大衆文学の中の仏教（高橋磌一）・仏教と児童文学（中川正文）・岡倉天心の仏教思想（宮川寅雄）・浩々洞の歩み（松原祐善）・今日における仏教とキリスト教の問題（阿部正雄）・キリスト教国における仏教（ハンフレーズ・シェファー・緒方宗博・柴田増実）・近代教科書にあらわれた仏教的教材（唐沢富太郎）・市民生活と仏教（佐木秋夫）・国民文化と仏教（上原専禄）

第5巻〔生　活　編〕（目　次）

自然に生きる（わが浄土観）（鈴木大拙）・「国民道徳」と仏教（田村円澄）・家と宗教（森岡清美）・仏教と神道（竹園賢了）・仏教と民俗（五来重）・現代人と禅（山田無文）・日蓮の宗教と天皇制ナショナリズム（戸頃重基）・仏教と「転向」の問題（林田茂雄）・仏教と「部落解放」（藤谷俊雄）・仏教社会事業に関する管見（長谷川良信）・戦後の寺院経済とその将来（大橋隆憲）・日本仏教の海外布教（道端良秀）・無我苑と一灯園の運動（壬生照順）・創価学会の歴史と教理（村上重良）

第6巻〔今　日　の　問　題〕（目　次）

現代の精神的状況（滝沢克己）・戦後のモラルと仏教（柳田謙十郎）・今後の仏教と社会問題・労働問題（佐々木賢融）・農村問題（岩倉政治）・婦人問題（溝上泰子）・青少年問題（西元宗助）・仏教徒の平和運動と思想問題（中濃教篤）・戦後変革と仏教教団（鈴木宗憲）・日本人の意識における仏教（泰本融）・戦後の世代と新興宗教（乾孝）・マスコミと仏教（中川作一）・宗教と映画（外村完二）

新装版　講座　近代仏教　上巻

講座

近代仏教

第4巻 文化

法蔵館

目次

市民生活と仏教　佐木秋夫　一八三

国民文化と仏教　上原専禄　一九六

講座 近代仏教

文化編

禅

近代文明に於ける禅の意義

久松真一

一　禅とは、　解脱と建立

禅というものが一体どういうものであるかという事は、簡単に申せば、一言で済むかも知れませんし、一言もいわなくても済むかも知れません。しかし亦説くとなれば、どれだけ説いても説き尽せないとも言えましょうが、ここでは簡潔平易に説いてみたいと思います。

周知のように、禅は中国で第六世紀に達摩によって開かれた仏教の一つの宗旨であると申してもよいでありましょう。尤も禅の方では、禅は決して仏教の中の一つの宗旨ではなくして、むしろ仏教の根源だと申しております。そこにはそういうだけの理由もあるのでありますが、普通一般には、やはり禅も仏教の諸宗の中の一つだと言われておるのであります。

仏教の諸宗には、それぞれその標榜しているモットーがあるのでありますが、禅のモットーは、「不立文字、教外別伝、直指人心、見性成仏」というのであります。もし仏教の諸宗と同じように、立教開宗ということから申しますと、このモットーは、禅の立教開宗の理由を最も簡明にいいあらわしたものでありまして、これは禅が興りました当時の中国仏教のありかたを鋭く批判し、仏教本来のありかたを表詮し、それによって徹底的に、仏教の現状を打破還源して、新しくかつ真の仏教建立を企てたものであります。

この批判と建設との方途は、それから十五世紀を経過した後の現代の仏教のそれに大きな示唆を与える先蹤であり、宗教一般から申しましても、形式化し、因襲化した宗教を蘇がえらせる起死回生の妙術として意義深いものがあるように思われるのであります。

先ず「不立文字、教外別伝」について申しますと、不立文字というのは、字面通りですと、文字を立てないということでありますが、その意味は、決して普通の意味で、ただ文字をまったく否定してしまうというような意味ではなくして、むしろ文字にたよらないとか、拘わらないとかいう文字以前の意味に取った方がよいのでありま す。むろんこの場合に、文字というのは、直接には言説とか、文字とかであらわされた経典のことであります。普通この経典というものは、周知の通り、釈迦の説法を記録したものであって、それは仏教の一切の根源であり、また所依であると考えられているのであります。尤も今日では、経典成立の歴史的事実の研究がなされてまいりまして、従来経典といわれているもの都てが、釈迦の直説であるとは限らないのみならず、はるか後世に成立したものもあるということが明らかになって来ております。しかし、これまで一般に仏教では、経典は仏教の究極の依りどころ、即ち所依ということになっておりまして、仏教の各宗が立教開宗する時、つまり各宗の開祖が、仏教の新しい形態を建立する場合には、その真理性の最後の根拠を、普通は必ず経典の上に求めて来たのであります。仏教では従来、真理の最後の規範は経典にあるのでありまして、経典に依りどころのないものは真理とはいえないことになっておるのであります。

随って、各宗にはその真理性の究極の根拠として、必ず所依の経典というものがあるのであります。例えば、華厳宗には華厳経が、天台宗や日蓮宗には法華経が、浄土宗には三部経が、所依の経典となっておるごとくであります。ですから、諸宗がそれぞれ仏教であり、真理であるということは、その所依の経典によって立証せられ、基礎づけられていることになるのであります。その点は、クリスト教におきましても、ちょうどバイブルが仏教の経典に相当することになるのでありまして、クリスト教ではバイブルが真理の最後の規範となり、絶対の真理となっておるのであります。

ところが、禅には所依の経典というようなものはないのであります。ないといっても、単なる撥無ではなくして、敢て経典を所依としないのであります。禅は、経典を真理の最後の規範とする仏教の経典ドグマや、経典呪術や、それ等の非根元性を痛烈に批判し、それから脱却して、経典の根元、即ち経典以前に還ろうとしたのであります。達摩の所謂「無功徳《むくどく》」は、当時の仏教に対する大きな批判であり亦革命でもあった。ここに経典以前のものといいますと、兎角時間的歴史的に考えられがちでありますが、むろんこれは決して歴史的に以前という意味ではなくして、経典に表現する前の根源となるものを意味するのであります。禅では、これを「心」という言葉でいいあらわしておるのであります。しかしその意味するものは、今日私共が、普通に心と申しておりますものとは全く違ったものでありますが、その心が経典以前の、その根源となるものであると、禅では申すのであります。

先程申しました「直指人心、見性成仏」ということは直ちに人の心を指し示して、見性成仏せしめるという意味でありますが、ここで心というのは経典の根源としてのその「心」を申すのであります。見性の性とは、人間の本性、或は真実なありかたであります。これを仏教一般ではよく仏性とか心性とかいう言葉でよんでおりますが、禅では自性とか、「本来の面目」とかいうような、われわれ人間に密接な、身近な言葉でいい表わしておるのであります。自性とは、私達人間自身の本性でありますが、この本性とは即ち「人心」に外なりません。禅では、この人間の本性こそが仏性であり、人心こそが仏心であると申しまして、この人心の外に真に仏というべきものはなく、またその外に仏を求めようとしないのであります。随って見性ということは、結局、私達人間が人間自身の本性を見ることで、人間にとってどこまでも他者的であるような仏の性を対象的に見るとか、観ずるとか、意識するとか、或はむろん信仰するとかいうことではないのであります。即ち、本性を見ると申しましても、それは目で見るのではないことはむろんでありますが、所謂観法的に観ずるのでもなくして、大珠のいうごとく「見即性」であって、人間がその本性に覚《めざ》めることであります。禅では、この本性に覚めた人間の外に、仏の仏とすべきものはないのでありますから、見性は即、成仏なのであります。ここに見性成仏といわれる所以があるのであります。周知の如く、仏とは、もともと「覚者」という意味でありますが、その「覚」とは、人間が自分の本性、即ち仏性にめざめることであって、釈迦が仏といわれるのも、この本性にめざめたからに外ならないのであります。

経典に書いてありますことの中には、ブルトマンの「非神話化」ではないが、よほどむりな解釈をしてみても、現代ではもはや通用しないようなことも相当に多くあるのであります。ことに今日のように仏教以外のさまざまな欧米の宗教や思想や科学が、仏教圏内に数多く入って来ました場合には、文字に拘わっておりますと、その過去の所説の文字に捉えられ拘捉されて、却って本来のものの理解が妨げられ、またそれが自由に新しく表現されることが出来なくなるということがあるのであります。それで、過去にあらわされたもの、即ち経典によるよりもむしろあらわされる以前の根源的なもの、即ち経典以前のものに直《じき》入し、それによって所謂生きた「看経《かんきん》の眼」も具して経典を自在に解釈し、また、過去にかかわることなく、機に応じてそれを表現した方が、自発的で自在であるということになるのであります。所謂「無字の法の為の所以に、字法を説く」（『大品般若』）のであります。

二 禅的方法

そういう次第で、禅では、経典に依らずして、経典以前の心に直入することを宗旨としますから、所依の経典を立てないのであります。それがつまり教外別伝の「教外」ということになるわけであります。教外とは、「教内」と区別して考えられておるのでありますが、教ということはそういう文字になった経典を基としてなり立つ教という意味になるのであります。それに対し、経典を所依とする仏教を教内と申しておるのでありますが、その教内に対して、経典に依らず、経典の根源となる心に直ちに入るという意味で、禅を教外、即ち教の外というのであります。この場合、教外は決して仏教の外という意味ではなくして、むしろ却って仏教の内の内なるものが「教外」ということになるのであります。つまり、経典というあらわれたものからいうと、その外のものになるのであるが、そのあらわれたものの源になるものでありますから、これはむしろ所謂教内の更に奥の内ということになるわけであります。随って教内からいうと、その内の内が教外ということになるのであります。もし依り所といえば、禅の依り所は、経典よりも更に内部のその根源になるものにあるといってよいのであります。

しかし実を申しますと、禅では、『臨済録』に「独脱無依」とありますように、ただに経典に依らないだけではなくして、一切何物にも依らないのであります。それは、もともと「心」そのものの性格に基づくのであります。もし依るものと、依られるものとがあり、又経典に依らないというだけであるならば、それは究極の依り所がないのではないことになるでありましょう。何物にもよることなく、自分自身が依り所であるような依り所こそ真の依り所であります。禅でいう依り所は、依るものと依られるものが不二である所にあるのであります、つまり能依と所依とが一体であって、能所の別がないのが真依であります。随って、無能所であって、依るということもないわけでありますから、真依は無依であります。黄檗も「十二時中一物に依倚せず」と言っているのであります。

その点、クリスト教や仏教でも浄土真宗とは大いに趣きを異にするのであります。クリスト教は神に、真宗は仏に絶対依存するものであって、能依はどこまでも能依であって、所依はどこまでも所依であって、無能所ではありません。これが為に、クリスト教が絶対依存の宗教といわれ、真宗が絶対他力の宗教と言われるのであります。随ってクリスト教的人間像は神に、真宗的人間像は阿弥陀仏に、絶対的に依存し支えられている人間像であって、禅のように独脱無依の人間像ではありません。臨済は、禅のこの人間像を、「無依の道人」ともいい、また「真人」ともいい、この外には真に仏の仏とすべきものはない、と断言しておるのであります。臨済は、厳しくも、

仏に逢ふては仏を殺し、祖に逢ふては祖を殺し、羅漢に逢ふては羅漢を殺し、父母に逢ふては父母を殺し、眷

属に逢ふては眷属を殺し、始めて解脱を得て物と拘はらず、透脱自在なり。（『臨済録』）

とまでいい、後世、無門・慧開もその『無門関』の巻頭に於て、同じく

仏に逢ふては仏を殺し、祖に逢ふては祖を殺し、生死岸頭に於て大自在を得、六道四生中に向って遊戯三昧ならん

と説破し、禅の真人は、仏や祖師からさえも脱却して、超仏越祖の絶対無依、絶対独存であることを強調しておるのであります。『血脈論』には

顚倒の衆生は、自仏が是れ真仏なることを知らず、外に向って馳求して終日忙々として仏を念じ、祖を礼し、仏を何処か外に求めておるが、それは見当違いである。ただ自心を識れ、心の外に更に別に仏があるわけではない。

とあるのであります。六祖慧能も

自仏が是れ真仏である。

……汝等の自心が是れ仏である。（『壇経』）

と申しております。馬祖も「心の外に別仏なく、仏の外に別心なし」といい、更にまた黄檗も、「汝の心が仏であり、仏は是の心であって、心と仏とは別のものではない」（『伝心法要』）といっております。更に永嘉も、「了々として見るに一物無し、亦、人も無く、亦、仏も無し」（『証道歌』）といっておるのであります。

こういうことを申しますと、一見あだかも仏を否定した非常に不信心の様に見えますが、禅の方から申しますと、仏に頼り、法に頼っておる自分というものは、まだ本当に解脱した自由な、自主独立な自分ではないことに

なるのであります。元来、仏教の目的というものは、一切の繋縛を脱するということにあるのでありまして、それが仏教でいう究竟解脱の意味であります。生死、是非、善悪等も一切その中に包括されておるのであります。何物にも繋縛されることなく、何物にも依ることなく、無一物で、何物からも無礙自在であるというのが、徹底した解脱であります。『心経』に、心は無罣礙《むけげ》であるというのも、この意味に外なりません。しかも、それを現実には実現出来ない、ただ未来の理想としてのみ欣求するのではなくして、現実に現成することを、禅では強調するのであります。仏に依存しておる自分は、まだ真の仏教的な自分、即ち禅でいう心ではない、ということになるのであります。禅でいう心は、それ以外の仏にも法にも全くよらない、寧ろそれ等の根源となる仏そのものであります。仏というものは、仏教では、最も尊いものと思われておるのでありますが、この尊いものも、外にあるものでありますと、却ってわれわれを繋縛し、礙《さまた》げとさえなるものであります。つまらぬものに繋縛されることには、誰しも気づき易いのでありますが、尊いものということになりますと、ついそれに眩惑されて気づかない。ところが仏教では、何物にも繋縛されない自分に覚めること、更に、ただ繋縛されないだけではなくして、繋縛されないということにも繋縛されないで、自在に作用《はたら》くこと、いっそう徹底していうならば、繋縛されないが故にこそ、自在に作用くことが出来ることを究極とするのであります。

先に申しました「仏を殺し、祖を殺す」というような禅語は、普通に申しますと、不信心極まるものであります。仏身から血を出だしてさえ、五逆の罪になるという程なのに、殺仏殺祖というようなことは、仏教信仰の立場からは到底肯定せられないことでありますが、禅の方では、それは仏縛、法縛を脱した教外を最も徹底的に表明した言葉であって、寧ろ真信の極地ともいうべきものであります。三祖はこのところを「信心不二、不二信心

（『信心銘』）」といっております。

普通、仏教には種々雑多なかたちをした仏があるのでありますが、禅では真の仏は、上に述べましたようにあらゆる繋縛を脱した心でありまして、まったく一切の形相を絶するものであります。紙仏・泥仏・木仏・金仏等はもとより、たとい所謂三十二相八十種好を具えておるような如何に荘厳な仏でも、禅では真の仏とはいわないのであります。報身とか、応身とか、化身とかいうような仏も、真の仏ではないのでないのであります。弥陀という有相の仏を本尊とする浄土真宗でも、弥陀にはその根源に法性法身があり、それは無相であるとし、『唯心鈔文意』には「法性法身とまふすは、いろもなし、かたちもましまさず、しかればこころもおよばず、ことばもたえたり。この一如よりかたちをあらはして方便法身とまふす」とあり、又、親鸞は、八十六歳の述作『自然法爾章』に「無上仏とまふすは、かたちもなくましますかたちもましまさぬゆへに自然とはまふすなり。かたちましますとしめすときは、無上涅槃とは申さず。かたちもましまさぬやうをしらせんとて、はじめて弥陀仏とまふすとぞききならひてさふらふ」といって、形をあらはした方便法身、即ち弥陀は、無上仏でも無上涅槃でもないというのであります。又、『教行信証』の「真仏土巻」には、『大経』を引用して、往生というのは「自然虚無之身、無極之体を受けること」だとあります。真宗でいうように、もし往生とは滅度に至ることでなければならぬならば、それは当然なことであります。しかも、滅度に至ることを、真宗では、往生といい、往相とはいって居るが、滅度は、衆生の自性であり、本来のあり方であるから、『唯信鈔文意』には「大涅槃にいたるを法性のみやこへかへる」というのであります。

これを以てみましても、形のある仏は無上の仏、真の仏ではなく、真仏は無相であることが明かであります。

この意味で、禅では、無相の仏を真仏とし、その真仏こそ真の自己であり、真人とするのでありますから、禅には最も徹底した意味で偶像は無いのであります。随って禅としては、物体であるにしても、観念であるにしても、外にある形ある仏を拝んだり、祈ったり、信じたりするのではなくして、真の無相の心、即ち真仏に覚めることを仏教とするのであります。この真仏に覚めることを禅では「見性」とも「本来の面目」に覚めるともいうのであります。禅では、われわれ人間の誰でもの本来の面目こそが、真仏であるのであります。真の仏とは、人間の本来のあり方、即ち真の自己に外ならないのであります。その本来の面目に覚めることが、即ち見性成仏ということであります。見性と申しましても、自性、或は仏性を、対象的に観じたり、意識したり、認識したりするのではなくして、自性それ自身が覚めるのであります。その覚めたものの外に仏はないのでありますから、成仏とは、いわば真の自覚であります。仏とは、「覚者」という意味であるといわれるのは、それが為であります。禅では、真の自己に覚めた人間の外に真の仏はないので、『臨済録』には、それを「真人」といっておるのであります。所謂報身、応身、化身の如き形ある一切の仏はこの「真人」の表現形態であり、それとしてのみ、その意味を持つのであります。その意味で、禅は、超越的な神を立てるセイズムでもなければ、また普通の人間を中心とするヒューマニズムでもなくして、本来の面目、即ち真人に覚めた真人主義ということが出来ます。

三　近代文明の盲点

かように、禅には所依はないのでありますが、もし仮りに、禅で所依ということを申しますならば、根本所依は、真の自己即ち真人であります。しかしそれは、無所依の所依というべきであります。随って、禅の仏教的方法は人々本具の真の自己に覚め、また覚めさせること、即ち「直指人心」であります。禅の方法が、その機縁を教内に求めることなく、行住坐臥、触耳触目、揚眉瞬目、等あらゆる場合に自由自在に、直下に求めておることは、禅史に随処随時に表われておる禅の機縁を見れば一目瞭然である。一般によく知られておる南泉斬猫、趙州の喫茶去や、庭前の柏樹子、竜潭の紙燭吹滅、雲門の鐘声七条や、乾屎橛、首山の竹箆等、枚挙にいとまないのであります。つまり随時随処に、万般の事象を機縁にして、自性に覚めさせ、また覚めるのであります。ですから、仏を外に求めるということは、方向違いでありまして、南泉は、「平常心是道」の機縁において、趙州に対して「向はんと擬すれば即ち乖く」とさえいっております。臨済もしばしば、演若達多の例をとって、外に向って仏を求めることは仏に益々遠ざかるのみであると戒しめておるのであります。先にも挙げたごとく、『血脈論』にも、自心是れ仏なることを知らず、外に向って馳求して終日忙々、仏を念じ、祖を礼しても、仏はそんな所には無いと申しておるのであります。禅では、釈迦が仏陀であるのも、釈迦が自性に覚めた為に外ならぬので、これは釈迦だけのことではなく、何人と雖も、自性に覚めたものは悉くみな、仏であるのである。ここにまた、仏の平等性があるのであります。仏性に於て人はすべて平等であります。仏が、特定の人のあり方であったり又超越であったりするのは、仏の真のあり方ではなく、更にまた、人が仏でないのも、人の真のあり方ではないのであります。それ故、人はそのまま仏であって、仏でないのは迷いであるとさえ申すのであります。六祖が有名な偈において、「本来無一物、何れの所にか塵埃を惹かんや」といっておるのもそれが為であります。歴史家は、二千五百年前に仏陀は印度に居たといいますが、それは形のある釈迦のことであって、仏陀としての釈迦は、時間的に二千五百年前に、空間的にインドに居たような釈迦ではなくして、時間や空間に限定されない無相の真人であります。その意味で、釈迦は永遠な即今、無限な当処であります。自仏を、時間空間の範疇によって否定しようとする歴史家には、仏陀としての釈迦は理解され得ないのであります。しかし、かような釈迦は、単に対象的に知られるものではなくして、自覚存在であり、覚体であるのであります。

随って、誰でも、人が自性に覚めた所、そこに仏があり、釈迦があるのであります。そこにまた、経典未発以前の仏教の根源があり、そこから、過去の経典もしくは仏像等、既成の法財に拘わることなく、随時随所に自由に新しく、法財が形成されるのであります。禅の不立文字とは、既成の形はもとより、あらゆる形に拘ることなく、自己表現して形を形成し、常に形成し乍ら、形成された形にも、又形成することそのことにさえも捉えられないことであります。『維摩経』に、「無住の本より一切法を立つ」といい、六祖が、「一法の得べきなくして、方に能く万法を建立す」というのはこの意味に他ならないのであります。

かようにして、禅には、一切の形に捉えられず、形から全く脱却する真の自己の真空の面と、何物にも捉えられずして、一切の形を現ずる妙用の面とがあり、それが真の自己の体と用になっておるのである。真空において、一切の形の抽象があり、妙用において、一切の形の自在な形成があるのであります。即ちここに、絶対に形なき自己からの自己表現があるのであります。ここにまた徹底したアブストラクトと徹底したエックスプレッションの一体不二の根拠があるのであります。普通のアブストラクトは、形を脱却してゆくプロセスに過ぎないのであって、形を全く脱しきれないし、普通のエックスプレッションは、何等かの形からのエックスプレッションであって、何物にも捉えられない自在なエックスプレッションではないのであります。ここに、徹底したアブストラクト芸術や、徹底したエックスプレッショニズムの禅的根拠があるのであります。

四　禅的処方

中国に禅が興りました第五世紀頃迄の中国仏教では、インド経典の漢訳や、その註解や、仏像を造ったり、寺を建てたり、僧を供養したりするようなことが、非常に盛んに行なわれていたのではあります。梁の武帝は、仏心天子といわれますくらいに、それ等のあらゆる仏教的な業績を積んだ人でありますが、ちょうどその武帝の時代に、インドから菩提達摩が渡来しましたので、武帝は達摩に対って、朕は、即位以来、寺を造り、経を写し、僧を度すること、数かぎり無いのであるが、一体どんな功徳がありますか、と尋ねた。ところが達摩はすべて無功徳、と答えた。この無功徳の一句は、当時の仏教のあり方を、根本的に、徹底的に批判したものだといってもいいのであります。達摩にとってはこれらの業績は、人天の小果、有漏の因であって実とすべきものではないのであります。達摩は、武帝から、それでは真の功徳とは何であるかと反問されて「浄智妙円、体自ら空寂」と答え、これこそ一切の功徳の根源であり、功徳中の功徳であって、これを忘却して、いかに寺を造り、経を写し、僧を度する等の業績を積んでも、それ等は、ただ枝葉末節に趨るものといわなければならないと申したのであります。達摩が、体自ら空寂というのは、上から述べ来たった真空なる自己本来の面目に外ならぬのであって、それに覚めることが、達摩にとっては至高の功徳であり、仏教の根本義であるのであります。達摩のこの根本批判によって、その後、中国仏教は、禅の普及と共に、枝葉に趨ることから、根源に還ることに一大転換を来たしたのであります。しかしその場合、根源への方向は、根源への過程を意味するものではなくして、直指人心といわれる如く、根元への直入《じき》、即ち直ちに自己本来の面目に覚めることを意味するのであります。随って、その覚める端的な直接方法が最も重視されるに至ったのであります。禅宗史上にあらわれて居る悟り、即ち見性の無数の機縁は、かかる独自な方法、併びにその練達の実例であります。

後世、碧巌集、従容録、無門関等、多くの禅録に、集成されておる所謂古則公案は、かような禅の機縁のほんの一部分に過ぎません。此等の機縁は、天地山川とか、竹、桃、松、柏、等種々の植物とか、狗、猫、野鴨、牛、虎など種々の動物とか、いうような極めて普通の自然界の事物、或いは行脚、托鉢、喫茶、喫飯、入浴とか、語黙、挙手、投足とかの、日常の人事のあらゆる具体的なものであります。しかし、その具体性は、色即是空というように、真空へ直入する為の、随時随処の契機であって、その具体性は、具体性を脱却して抽象性、即ち真空無相に悟入する契機に過ぎないのであります。尤も、この抽象性は、空即是色というように、具体性の単なる否定ではなくして、否定さるべき具体性、即ち妄有から、肯定さるべき具体性、即ち妙有への転成の根柢であり、亦根源でもあります。維摩経、金剛経、華厳経、法華経等、仏教経典中の語句が、機縁になっておる場合も、決して少なくないのであります。

例えば、維摩経の「本有円成、甚麽《なん》としてか、迷倒して衆生となる」とか、「入不二法門」とか、華厳経の「四法界」とか、楞厳経の「清浄本然、云何《いかん》か忽ち山河大地を生ずる」とか、金剛経の「応に住する処無くして、その心を生ずべし」とか、「若し色をもって我を見、音声をもって我を求めば、是の人邪道を行じて如来を見る能はず」とか、心経の「無眼耳鼻舌身意」等の如き、所謂教乗公案なるものであります。しかし、それ等も、経典の語句そのものを尊重し、それを文字的に註解する為ではなくして、随時随処に、禅の機縁とし、端的に、自家薬籠中のものとして、活用したのに外ならなかったのであります。そういう点でそれらは、インド仏教風の緻密な論理的思弁や、支那仏教風の訓詁註釈等の教内の取扱いとは全く異なって、経典の語句の教外的な活作用であります。即ち、経典の語句も、禅では、経典を離れて経典の根源としての人心を直指し、見性成仏せしめる禅独自な、端的な契機として、取扱われるに至ったのであります。

かような機縁には、問答態が多く、しかもその問答は、普通の問答のように、弁証的理論的なダイアローグやディスカッションでもなければ、又日常会話でもなくして、悟りを開くことや、悟ったものどうしの商量を目的とするものであって、他に類を見ない禅独特な問答態を創り上げるに至ったのであります。この問答は、真空・妙用の体当りであって、前述のように、随時随処にあらゆる事物を契機として、人間のあらゆる作用を以て行はれるのでありまして、普通の問答の多くの場合のように、言語文字によってのみなされるものではないのであります。例えば、目をまたたき、眉を揚げ、耳をそばだて、拳を立て、棒を行じ、喝を叫び、飯を食ひ、茶を喫し、礼拝し、払子を拈ずるようなことが問答となって居る場合は決して少くないのであります。しかもそういう問答に於て、真空・妙用が躍如として現成するのであります。つまり、そこで悟らせたり、悟ったりする直指人心、見性成仏の端的で溌剌たる禅的活劇が演じられるのであります。単なる語黙、坐臥、喫茶喫飯、棒喝でなくして、それが真空の妙用であり、妙用の真空であるところに、禅問答の独自性があり妙味があるのである。これがなかったならば、又これを理解しなかったならば、禅問答は、妄語か、ほらか、狂態かに過ぎないものとなり、せいぜい頓智か謎に終る外ないでありましょう。

五　禅的人間像

人間は、複雑になればなる程、それから解放されて単純になりたいし、単純になればなる程、複雑にあこがれ、繁忙になればなる程、閑暇を欲し、暇になればなる程、無聊を感じ、有心になればなる程、無心に魅力を感じ、無心になればなる程、空虚さになやまされ、騒がしくなればなる程、静かさを求め、静かになればなる程、淋みしくなって、賑やかさを求めるというのが常であります。近代文明の特色は、全てがますます複雑多様になり、忙がしさは日々にその度を増し、心はますます有心過剰になることであります。随って、人間には、ますますそれと反対の単純や、レジャーや、無心や、静かさを求める強い要求が起りつつあるのであります。

近代文明の尖端にある米国において最近、従来の繊細複雑で重々しい一般建築、のみならず教会なども、直方式な極めて簡明でスマートな、モダン建築に変りつつあり、しかもそれが今やアメリカのみならず、西欧の古典都市をも風靡しつつあり、日本でもご多分にもれぬことは、単に実用性に因るだけではなく、複雑多岐のうちにおかれたる現代人の自然の要求によるものでありましょう。また米国に於ける住宅が、次第に日本風の平屋化し、瀟洒簡素になりつつあることも、煩わしさを避け、落付きを求めるためでありましょう。更にまた、繊細多彩な絵画や彫刻等が、形は、非具象のアンフォルメルや、デフォルメやアブストラクトへ、くどくどしい彩色は、一色で単調な墨絵のようなものに変って行って、簡素美が現代美術の一つの特色になってきて居るのも、煩雑や、きちょうめんさや、かたくるしさからの解放をも意味するものでありましょう。また現代、レジャーブームなどといわれるように、人々が、暇を惜しむのとは反対に、閑暇を求め、むしろ暇を貪ぼろうとさえする如きも、おいたてられる繁忙のうちに投げ込まれたる現代人の自然の要求でもあろう。また近来、未開人の極めて素朴な、原始的芸術がクローズ・アップされ、深い関心が持たれてきたり、民謡や童謡が盛んになり、都市の正しい標準語より地方の粗野な俗語が興味をひき、都心よりも山とか野とか海とかいうようなのびのびしてせせこましくない自然界に、惹きつけられ、又新しい芸術創作が著しく、うぶな非人工的な素朴味や野趣をおびて来たのも、近代文明の有心過剰から、無心へのあこがれに因るものということもできるでありましょう。

一—むろん単位の一ではなく—と多とは、人間の根本構造のお互に欠くことのできぬ契機であり、一体不二のものでなければならず、多のない一は、内容のない単なる空虚であり、一のない多は、統一のない単なる分裂であります。ここに、現代の文明のあり方の大きな盲点があるのであります。分裂、混乱、虚脱、不安定、昏迷、懐疑、ノイローゼ、厭世等、所謂文明病は、この盲点に因るところ大なるものがあります。多が多になる程、それに正比例して、一はますます強靭にならなければならないのに、現実がそれに反比例するならば、人間は、たとい原始的であり、逆コースであっても、せめて多を疎外した一にでも逃避して、分裂を糊塗するより仕方がないことになるでありましょう。これは今日、時代錯誤であるに拘わらず、前近代的、非文明的なナイーブな宗教や、易、占い等が擡頭しつつある所以でもあるのであります。客観的には、たのむに足らないことが明白であっても、主観的には、溺れるもの藁をもつかむのたぐいであります。現代人の内に起って来た、このような文明逃避、もしくは原始性、非文明、非近代性は、現代文明に於ける「一」の欠如をカバーしようとする自《おの》づからなる糊塗の苦肉策に外ならないでありましょう。かような苦肉策から、正常な解決策に復するには、多に相応した一を、多の内に確立する外ありません。

しかし、多がますます多へ、分化がいよいよ分化へというのが、文明進展の方向であるならば、一は固定した一ではなくして、漸増してゆく多に、随時に即応してゆくことのできる、即応自在な弾力性のある生きた一でなければならないでしょう。なおしかし、それだけではなくして、一は、多を疎外しないで、多の内にある単に静的な根柢としての一であるに止まらず、多が無限にそこから生ずる、多の根源としての動的創造的一でなければならないでしょう。かような一にしてはじめて、自《みづか》ら生じた多に制約されることなく、常に自在に多を生じつつ、随時随処に、多に即して、多に内在する一であり得るでありましょう。

かくてこそ初めて、多は限りなく一より生じて、一を喪わず、一は多を生じて常に多の内に在って多を疎外することなく、多は多として、一を内在して分裂することはないのであります。随って多は、多を疎外した一に逃避する必要もなく、又、一は一として、尽きることなき多の源泉であり、常に多と不離な一であり、多にして一、一にして多であり、いわゆる無一物中無尽蔵であるから、虚無感や孤独感に陥って、無聊をかこったり、一を疎外した多に、賑やかさを求めたりする必要はないことになるでありましょう。人間の根本構造の契機である一と多が、かようなあり方であってはじめて、人間は、いかに多に分化しても、そこに分裂症はなく、一に於ても、空虚さや、孤独さになやまされることもなく、一多無礙自在に、悠々自適、永遠に文明を創造する主体であり得るでありましょう。人間がかような主体であることが、人間の真実なあり方であり、これこそ、益々分化発展する文明の真只中にある近代人にとって、意識するとせぬとにかかわらず、内奥から必然的に要請される人間像でなければならないでしょう。つまり、かような人間像は、無限に創造され形成されてゆく文明に随時随処に内在して、しかもそれに繋縛されることなく、常に解脱して居って、自在に、限りなく文明を創造する根源的主体であるのであります。

禅が近代文明に出会い、その真只中で自覚し、自己形成する人間像は、まさにかようなものに外ならないでありましょう。これこそ私が従来「東洋的無」とか「能動的無」とか「無相の自己」とか称して来て居るものでありまして、すでに中国に於ける禅の草創期に、六祖恵能（西、七世紀）が

自性もと動揺なくして、能く万法を生ず（『壇経』）

といい、又

一法の得べきなくして、方に能く万法を建立す（『壇経』）

といった人間像の現代的自覚というべきであります。永嘉が同時代に、

行も亦禅、坐も亦禅、語黙動静、体安然（『証道歌』）

といい、黄檗（西、九世紀）が、『伝心法要』に於て、

終日、一切の事を離れずして、諸の境惑を被むらざるを、方に自在人と名づく

といって居るのも、この人間像に外なりません。

六　無相美

この人間像は、無限に文明を創造し、歴史を形成する点でヒューマニスティクであり、又創造され形成されたるものの内にあり、その根源でありながら、それに捉えられず、繫縛せられることなく、常に自由である点で、それ自身解脱体であって、「独脱無依」（臨済）の宗教性であります。華厳教的にいうならば、還源し、起動する

主体、浄土教的にいうならば、往相して滅度を現証し、還相して稠林に遊戯《ゆげ》する主体も、かくの如きものにして始めて、近代的なものになり得るでありましょう。むろん、ここに近代的なものとは、単に、歴史の特定な一世代的な、時間的なものではなくして、「物に応じて形を現ずる」といわれるように、一切の世代を超えて世代の根源である永遠なる主体の、近代的自己形成であります。ここに又、自己批判を忘れた人間中心の近代的自律的ヒューマニズムにも堕せず、自律にめざめぬ神中心の前近代的神律的な宗教にも逆行せぬ高次の新らしいヒューマニスティクな宗教が樹立せられるでありましょう。

かような新らしい、しかも本来の人間像によって、われわれは、文明病を、ナイーブな前近代的な文明を疎外するような一への逃避によって治療しようとする安易な遁世的、時代錯誤の糊塗策から、文明を疎外するどころか、文明に即して文明の基盤となり、更に文明の源泉となる一の自覚によって根治しようとする正常な内面的必然的な根本策に復帰することができるでありましょう。かような禅的人間像は、仏教が厭世的遁世的であり、現実遊離的であり、時間的空間的に歴史的世界以外の世界に理想界を欣求するものである、というような仏教に対する内外の非難もしくは誤解を一掃することができると共に、近代文明病に対する新らしき東洋的処方として、欧米に挙示するに足るものであります。近来欧米に於て、心理学、芸術、技芸、発明、哲学、宗教等、広範囲から、禅に対する関心が彭湃と高まりつつあるのも、決して偶然ではなくして、近代文明にとって内面的必然的なものであります。

禅は、上述のような人間像に、無時間的無空間的に覚《めざ》めて、随時随処に無礙自在に妙《はた》用らくことであるから、禅にとっては、覚めること、妙用らくことそのことは、高次にして至上な限定を絶する能動的真でもあり、善でもあり、美でもあって、限定される一切の個別的真善美の根源であります。随って、この至上の美は、いわゆる狭義の芸術の領域に於ける個別的な美ではなくして、覚めて妙用らく人間像そのものの美であります。それは、視覚の対象とならないことは無論のこと、一切の感覚及び一切の意識の対象ともならない無相の美である。これは、美という概念でもなく、美のイデーもしくは規範でもなくして、一切の形相を解脱して自在に妙用らくもの自身の、いわば、主体的美である。つまり、私たちが、現に覚めて妙用らく人間像であることの美であって、その人間像を対象的に見たり感じたりして起る対象的美ではない。随って、それはその人間像になることによってのみ、それ自身が自覚する美であります。即ち、形なき自己そのものの美しさであります。

仏教では、通常、三十二相、八十種好が仏の完全な相好とされて居るが、相好がいかに完全であっても、形があるならば真の仏ではない、真の仏は無相であって、無相が真の形であると、臨済がいっているように、形がないのが仏の真の相好であり、又真の美でもあるのであります。もし眼、耳、鼻、舌、身、意の対象界、即ち色、声、香、味、触、法の上に仏の美を求めるならば、それは仏の真の美ではない。『金剛経』に、「もし色を以て我を見、音声を以て我を求めようとするならば、是の人は邪道を行ずることになって、如来を見ることはできない」と説かれて居るように、真の如来の美も、六識を以て求めることはできない。六境上の仏の美は、真の如来の美ではないのであります。

仏教には、いわゆる仏像や、仏教音楽や、炷香、斎、印相、礼拝、詩歌等に於ける有相の美を超えた勝義の無相美のあることを忘れてはならないのであります。無相の美こそ、真の仏教特有の美であり、真実の人間像の美であります。仏教の真の有相美、即ち仏教芸術は、無相美が、六識を以て識られ、或は、六境上に、自由に形をとって自己表現したものでなければならない。無相美は、無相であるが故に、既成の形に制約せられないのは無論のことであるが、凡てのどんな形にも制約されることなく、自由に形をとって、自己実現することができるのであります。それ故、一切の形に拘わることなく、無相の美が、有相に自己実現するところに、真の仏教芸術はあるのである。

随って、真の仏教芸術は、創造作用面よりいえば、無相美が有相に表現するものであり、観賞の面からいえば、有相上に、有相を超えた無相を感得して、有相が無相に包摂せられるものであるのであります。これはとりもなおさず、真実の人間像に於ける、覚めと妙用の両面上の美に外ならないのであります。覚めの無相美は、妙用によって、いわば妙有相美に表現し、単なる有相美は、妙有相美の媒介によって、無相美に還るのであります。真の仏教芸術は、単なる有相美ではなくして、妙有相美でなければなりません。妙有相美であって初めて、仏教芸術は、真実の人間像に直接し、人間像の覚めと内面的必然的連関を持ち、近代文明の健全な発展にバックボーンとなり、将来文明創造の永遠の根源となり得るのであります。（一九六二年三月結岸）

日本近代文学と仏教

野間　宏

一

日本近代文学史を如何に見るかについての問題が出されている。もちろんこれはこれまでの日本近代文学史に対する疑問をそのうちにふくんでいるものであるが、必ずしも文学史ばかり問題にしようとして出されているのではない。近代文学史を如何に見るかというように文学史の問題のような形をとりながら、そこには文学史の問題と同じように批評の問題があり、また同じように創造するものの問題がある。この三つの側面の問題をふくめて日本近代文学史を如何に見るかについて問題が出されているのである。

それは現代の日本文学の問題である。現代の日本文学の批評と創造の問題であって、そこから日本近代文学を如何に見るかの問題なのである。しかし現代の日本文学の問題を問う時、日本近代文学を問うことが同時にあり、日本近代文学史が引き出されるところに、現代の日本文学の問題の特徴があらわれている。それは現代をもって近代をさぐる問題であり、したがって近代をもって前近代をさぐった近代の問題を、同時に自分の問題として持っているのである。それ故にそれは近代と、近代がとらえた近代以前を、自分の前に置いているのである。

日本文学は戦後十五年を経て昭和十年を迎えようとしていると言われる。昭和十年に日本文学が自分の問題として持っていたものを、いま再び日本文学は持たなければならなくなっていると言うことである。さらに言えば日本文学が昭和十年に於て持っていた問題が解決されることがなかったので、今日再び同じ問題がその解決をせまってこの日本文学の前にたちあらわれてきたということなのである。しかしその日本文学が昭和十年に於て持っていた問題とは一体なんであろうか。

もちろん、それは日本近代文学それ自体の問題であり、日本近代文学のなかにはらまれていた問題である。日本近代文学の出発点に於てすでにその問題は現れていたのであるが、それが日本文学のなかで明確に意識されようとしたのは、昭和十年を迎えようとする時期であった。日本近代文学の出発点に於て日本文学は近代以前の日本を如何に見、それを如何に処理するかという問題を持っていたのであるが、昭和十年を迎えようとする時、日本文学はこの日本近代文学の出発点にあった問題を自分の問題としなければならなかった。昭和十年以降日本の近代以前が生き返り、日本文学は自分の前に置かれたこの近代以前の日本を如何に見、それを如何に処理するかという問題を自分の問題としなければならなかったのである。しかし昭和十年を迎える日本文学はこの問題を解くことは出来なかったと考えられる。この問題を解くにはその方法を日本近代文学史のなかに求めることは出来なかったが、日本近代文学史の前進するコースを変更することもまた出来なかったからである。しかし昭和十年に於て日本近代文学史を如何に見るかという問題は考えられたのであり、またこの時日本の文学者は明治の初期の文学者の心を自分の近くによびよせなければならなかったのである。

現在日本文学はこの同じ問題を自分の前に置いているが、日本文学ははじめてこの問題を解くことが出来るように考えられる。それを解くに必要なあらゆる条件がそろっているように思われる。昭和十年に於けるほどには日本近代文学の方法そのものが、日本文学をしばりつづけてはいず、それはすでに現在の日本の文学のなかで生きてはたらいてはいないのである。そしてその方法を成立させていた文学概念そのものもまたいまでは多くの部分が損傷され、その完全な全体を現在日本文学のなかに見出すことは不可能なのである。それを破壊しようとしつづけたのは戦後文学であるが、そしてその破壊は完成しなかったとはいえ、その破壊の目的そのものはついに消えることなく生きているのである。戦後文学はその破壊作業の完成しなかった理由を検討し、いまその作業をすすめる次の時期に来ているのであるが、この時はじめて戦後文学は明治の初期中期に生きた日本文学者の心を自分の心として持たなければならなくなったのである。

私が明治近代文学の出発点に於てすでにはらまれていた問題に眼を向けようとするのは、この戦後文学がその新しい作業をすすめる立場を明にする目的を持っている。戦後文学はこの問題を自分の問題として自分の前に置き、明治の作家がその出発点において見ていたものを自分の眼で見なければ、その自分の新しい立場をきずくことは出来ない。私は戦後文学の新しい立場をきずくために、明治の作家がその出発点において見ていたものを、先ず明にしなければならないと考える。

明治の初期、多くの文学者は明治の新しい歴史の下部に埋められてしまうが、それらは古いものを破壊しつづけたこの新しい時代に自分を生かす方法を手にすることが出来ず、その新しい時代が破壊しようとした「古い」もののなかに身体をつけて、そのまま埋められてしまったのである。これらの作家の見ていたものが何であったかも見なければならないものであるが、先ず見なければならないものは、その「古い」ものと新しい時代の求めるものの間に身を引き裂かなければならなかった作家の眼の見ていたものである。

尾崎紅葉や幸田露伴などのような西鶴によって自分の文学をすすめてきた作家のことを私は言っているのである。しかし西鶴によって自分の文学をすすめたというだけで、新時代の求めるものとの間に距離があったという風に考えることは出来ない。紅葉の文学は西鶴と結びつくことによって時代の要求である写実の実現をすすめることが出来たと考えられるからである。私は先ず新時代の求めるところであり、日本近代文学の基礎をおいた坪内逍遙の「小説神髄」との関係を明にすることによって、これらの作家の位置を明確にしなければならないと考えるが、明治の作家にして「小説神髄」の主張する写実小説の考えに浸透されることのなかった作家はいなかったのである。

坪内逍遙の「小説神髄」が日本の近代文学の概念を新しい時代にもたらしたことは明なことであるが、いまこの「小説神髄」のもたらした概念に対して疑いをさしはさむ時、この「小説神髄」こそは新しい時代の文学の名のもとに日本文学を一つの領域にとじこめてしまったものとして考えられる。近代以前の日本の文学と日本近代文学はこれによって次第に交通万能の状態に置かれるようになるが、それは「小説神髄」が限定した日本近代文学の概念故なのである。尾崎紅葉や幸田露伴などのような西鶴によって自分の文学をすすめてきた作家たちも「小説神髄」の展開した近代文学の考えの影響の下に、西鶴からは主としてその写実の方法を受けとるところに、押しやられることになるが、これらの作家たちと「小説神髄」との関係を明にする時、現在日本の戦後文学のなかになお動いている「小説神髄」の作用を具体的に測定することもまた可能となって来る。

もちろん「小説神髄」が日本近代文学の前進のためにもたらした力を評価しないならば、「小説神髄」を今日検討する意識もありえず、またそれを検討することなど不可能なことである。しかし私は「小説神髄」を評価するにあたってこれまでの日本近代文学史がしたように「小説神髄」を日本近代文学史の出発点として置くだけではなく、そこに出発点を置いたがために、如何に日本の文学が失ったかを同時に見ることがなければならないと思うのである。

西鶴によって自分の文学をすすめてきた紅葉と露伴は、「小説神髄」の出現によっていずれもその文学のすすむべき方向を限定されるが、この二人の作家に対する「小説神髄」の関係を同じものと見るならばそれは間違う。紅葉が「小説神髄」の文学概念に可能な限り自分を同化させることが出来たとすれば、露伴はついにそれに同化することのない自分を発見して作家としての自分の前進を自分で停止させるにいたるからである。紅葉が「小説神髄」によって自分の作品をすすめたことは、今日すべての人の認めるところであるが、紅葉は西鶴のなかに生きる写実をとり、西鶴の文学より得たものをその文体の上にとどめることによって、西鶴のなかにあって写実をこえるものの処理をしようとするのである。さらにいえば紅葉は西鶴の文学より得たものをその文体の上にとどめることによって「小説神髄」と「神髄」以前の日本文学との間の統一をはかるのである。もっとも逍遥の「神髄」そのものが、なお写実主義文学の文体を導く確実な文体意識を確立することがなかったので、「神髄」の考えを受けいれた紅葉の作為の文体をただちに「神髄」と「神髄」以前の日本文学との間の統一をはかったものだと判断すると間違う。しかし紅葉は露伴のように「小説神髄」を受入れ、しかもこれと矛盾する自分自身を意識して、作品創造に破れるという苦しみにふれることは少なかった。もちろんその苦しみが紅葉に全くなかったということは出来ない。紅葉も明治の初期、中期の作家としてその苦しみにつらぬかれていたと考えなければならないが、その苦しみのなかに身をひたしきっていたとは言えないのである。

今日日本の文学者が明治の文学者の心を自分の近くに呼びよせなければならないという時、先ずそこにとり出されなければならないのは紅葉と露伴があるが、「小説神髄」によって打ちくだかれようとした作家としての露伴こそは、先ず検討を必要とする条件をもっていると見ることが出来るのである。もっとも露伴の初期の作品「風流仏」や「一口剣」や「五重塔」などはまだ「小説神髄」によってその文学観を左右されてはいず、彼がその苦しみのなかに身をひたしつづけるのは、その後になってからなのである。しかしこの露伴の初期の作品を見る時、近代の小説観によって、まだ左右されることのない明治の作家が、何を見ていたかが明になる。

「風流仏」は露伴がその文学の出発点に於て何を見ていたかを示す作品であるが、もちろんこのなかに露伴の見ていたものがすべて明にされているとは考えることは出来ない。しかしこれを読む時この作品が「小説神髄」からへだたること遠い作品であることはすぐ明になる。そこには「小説神髄」の影は少しばかりもさしていないと言ってもよいのではないだろうか。もちろんこの作品は青年作家露伴のものであって、作品そのものにはなお幼なさ、未熟、硬さなどがいたるところに残っており、そこに作品の理想がそのままあらわに露出しているという弱点がないわけではない。私はこの作品を北村透谷のように至上の作品として評価するなどということは出来ないが、しかしこれに対する透谷の批評を全くかえりみることが出来ないなどということはない。殊に透谷がこの作品をその後の「辻浄瑠璃」などという作品と比較してその価値を高めようとする時、彼の論を正しいものとして認めなければならないと思うのである。透谷は紅葉の「伽羅枕」と露伴の「新葉末集」の二つの作品集を批評したなかで、この新葉末集中の作品である「辻浄瑠璃」が「風流仏」や「一口剣」のもっていた写実をこえた霊話なるものを失っていることを明にしているが、すでにそこには小説神髄の影響が動いていると見ることが出来るのではないだろうか。もっともこのことはただちに断定することは出来ないが、少くとも露伴の作品は新時代の写実に対する要求を受け入れることによって、その写実をこえる理想を失ったということは疑うことが出来ないことだろう。

透谷は次のように言っている。「われは『風流仏』及び『一口剣』を愛読す。常に謂へらく、此二書こそ露伴の作として不朽なるけれ、何が故に二書を愛読する、曰く、一種の沈痛深刻なる哲理の其中に存するあるを見ればなり。今や二書に慣れたる眼を転じて「辻浄瑠璃」を見るに、恰も深山に入りたる後に塵飈の小都会に出るが如き感あり。灼々たる野花を見ず。磊々たる奇巌を見ず、森欝たる幽沢を見ず。一奇男児なる道也、其粉飾を脱し去れば、月々たる遊治郎。所謂心機霊話なる者も、なしえる霊話にはあらざるなり。われは理想詩人なる露伴が写実作品の領界に闖入して、却って烏の真似をすると言はれんより、其奇想を養ひ、其哲理を練り、あはれ大光明を発ちて、凡悩の衆生を済度せられん事を願ふて止まざるなり。」

ここには明治のロマン主義の指導者透谷にふさわしい裁断があり、ただ「風流仏」のなかに自分の求めるものと同一のロマン主義精神を見ようとして、露伴のなかにあるロマン主義に純化しつくすことのない、なお元禄時代の文学に近接した、非合理的な部分を残している、民族伝統に直接につながる、工匠道に発したその理想を十分に分析しつくしていないところがある。それ故に露伴のうちにはたらく理想と自分のうちにはたらく理想をただちに同じ質のものと見、露伴を理想詩人とのみ見て、その理想詩人が「辻浄瑠璃」を書くことによって、理想を失うにいたったという評価をただちに生みださなければならなくなるのである。しかし露伴は透谷の考えるような近代的な理想詩人でもなく、ロマン主義の推進者でもない。露伴をとらえるに近代をもってしようとした透谷は近代確立のための指導者であり、それ故にその元禄文学に対する批評はこの上なくきびしいものであるが、しかしそこに見るべきものとして侠と粋の二つのあることをとりあげていないわけではなく、「風流仏」のなかに生きていいるものがこの俠と粋との二つであることをとらえないわけではないだろう。しかも透谷は露伴を自分自身にひきつけるあまり、露伴を近代的理想詩人として見る誤りにおち入り、したがって「風流仏」と「辻浄瑠璃」とを峻別するという、或る理由をはっきり見出しているとはいえ露伴そのものをその内部からとらえることの出来ない裁断におちいらなければならないのである。

しかし露伴は決して「近代」をもってとらえることの出来る作家ではなく、その内には近代と近代以前とが混在しており、しかも彼は近代によって自分の内にある近代以前を内より追い出すことが可能なほど近代に身を傾けてはいず、しかもまたその逆に近代以前によって近代の自分の内を占領しつくされるのを防禦しつづけることが出来るほど近代以前に身を傾けてはいなかったのである。それ故に露伴はついにこの二つのものの間に自分の身をおいて、この二つのものを統一するか或はこの二つのものを超えるかして、別個の、近代の創造した作品にもあらず、近代以前の創造した作品にもあらずという作品を創造することを考えながら、それに成功することがなかったのである。

しかしこの露伴の作品の結果を見ず、その露伴のなかに動きつづけていたものを見ることとこれが現在の日本近代文学史を如何に見るかについての問題を抱いているものにとっては重要なことである。この地点に立って露伴を見て行けば、露伴の文学の元禄時代の文学に近接していた部分、その西鶴に導かれていたと普通考えられる部分というのも決して単に元禄時代の文学の内容に限定されるものではなく、さらにさかのぼって遠くそれ以前の文学全体につらなるものと考えなければならないと考えられる。またそれは彼のその後の特に大正期にいってからの作品に示されるように、決してそれ以後の日本文学にのみつらなるものと考えられず、中国・インド・中央アジア、その他の文学全体に歴史的に関係をもっているものと見ることが出来るのである。

露伴の「風流仏」なども西鶴と露伴との関係を明にするだけでは解くことの出来ないものであってむしろ露伴と近代との関係を明にすることによって逆にそれを照し出すことが出来ると考えられる。「風流仏」（明治二二年、一八八九年）の形式が「法華経」方便品の十如是によって刺戟され、それによっていることなどは、決して西鶴の光を露伴にあてることによって明にされるものではなく、露伴のつらなっているのはさらに芭蕉であり、近松であり、西行なのであり、彼のいまだ思想となることのない思想的な傾斜はこれらの人たちによって結晶を見た日本の庶民の風流と仏道とを統一する美的思想なのである。風流仏として風流と仏とを結合したこの題名がつらなるのはただちに芭蕉であり、西行であろうが、しかし露伴がまた決してそこにとどまっていないのは彼がすでに近代に足をふみ入れ、近代を大胆に歩こうとする力をもっているからである。

発端如是我聞、第二如是相第二如是体、第三如是性…第十如是本末究意として方便品の十如是を受ける展開形式は、あらわに「法華経」を受けているが、この作品の内容は決して経典そのものをそのままそこにもろうとしたものではなく、風流そのものを仏として刻もうとする思想によって支えられているのである。

「風流仏」の主人公珠運は「五重塔」の主人公十兵衛と同じように工匠であり、露伴がここでひろげようとするのは、庶民の生活のなかに僅かに生きつづけ、磨かれつづけてきた、誇るに足る高さをもった芸術成道の姿である。露伴はこれ以外の部分に於て日本が誇ることの出来るものを見出すことは出来なかったと思えるが、彼はここに自分の主人公をすまわせることによって、それを至高の状態に置いてとらえ、その精神を明にしようとしたのである。もっとも彼はこの芸術成道を求める人たちを支えているものが封建的な師弟というギルド的なつながりであることを明にしているが、それを分析しつくすことは出来なかった。しかしもちろんこれを分析しつくすならばたちまち彼が高くかかげようとする、芸術成道を求める人たちの修業の世界はこなごなに打ちくだけてしまったろうと考えられる。そしてここにも露伴と近代と如何なる関係にあるかを明にするものがあるのである。

珠運のなかに生きているのは、芭蕉、西行などから伝えられる一向専念の修業を旅に求める方法であって、珠運は心に定めたその修業の高い頂点に於て、風流と仏との一致した、無明の眠りを破る詩と思想の一つとなった風流仏を刻むこととなるのである。しかし「風流仏」に於てはまだ仏と風流との一致は、僅かに作品の最後に於て得られているだけであって、作品のなかにひろがる一つの風流仏そのものが彼の手によって生みだされているわけではない。例えば岩城準太郎がその「明治文学史」で評価している次のような室香の臨終のところも、決して作品のなかにとけ入り、硬化を見せていないとは考えられないのである。

「室香はお吉に逢ひてより三日目、升るを委ぬる処を得て気も休まり、爰ぞ天の恵み、臨終、正念違はず、安かなる大往生、南無阿弥陀仏は嬌喉に粋の果を送り三重、鳥部野一片の烟となって仰法の風に舞ひ扇、極楽に歌舞の女菩薩一員増したる事疑ひなしと、様子知りたる和尚様随喜の涙を落されし。」

露伴が自分のなかに動いているものを結晶させるための道にはいることの出来たのは、むしろ「二日物語」などを経て、大正期にはいってからの作品であると考えられるが、私はこの露伴の「風流仏」の横に鏡花の「高野聖」を置いてこの二人の作家の作品の光をもって日本近代文学史を如何に見るかを、さらに問わなければならないと考える。

二

「高野聖」は今日の光をもっとも大量に浴びるべき作品であると私には思われる。すでにそれは新しい眼をもって見直されはじめている、その新しい眼はいましばらくすれば限りない数に達するのではないかと私は思うのだ。日本の近代文学の到達点である現在の日本文学の前に現れた一つの問題が、この「高野聖」を必要としているからである。「高野聖」は「小説神髄」によって拡げられた散文世界のさらに向う側にすすみ出ることの出来た作品である。そこに「小説神髄」を越えようとしている現代の日本文学をとらえることの出来る力が見出される理由がある。その力は「小説神髄」をそのままうけ入れて、自分自身の展開をくわだてた紅葉の作品のなかにはつくり出されることはなかったのである。しかし鏡花には「小説神髄」をそのまま自分の世界に導き入れることは出来なかったし、またそれは全く不可能なことでもあった。「高野聖」は鏡花が、「小説神髄」の小説理論とその方法によってはとらえることの出来ない世界が現代日本にあることを明にしただけではなく、その世界をとらえて作品のなかにとじこめることに成功した作品である。

「高野聖」は修行中の一人の旅僧の物語であるがもちろんこの作品の中心に生きているのは、この旅僧が飛弾越えの難所で出合う、美女であり、彼の前にあらわれる人間の前進を阻む存在である。この作品の中心にあるこの美女は「小説神髄」によって否定されなければならない存在であり、実際に「小説神髄」をうけつぐ自然主義小説によって否定されるのである。しかし私は現在この「高野聖」の美女の放つ光にあてて日本近代文学のいろいろな主人公、主人公をとりまく人物たちをいま一度見なければならないと考えるのだ。もっとも私はこの「高野聖」の美女をそのままの形でただちに認めようというのではないが、日本近代文学の中軸であった写実主義をもってしては、創造することの出来なかったこの存在を見ることの重要性を言っているのである。

旅僧は富山の薬売を憎く思ったが故にかえって、その自分の心を責めて本道を引返して水のあふれ出た旧道に出る。憎く思った薬売が気になったからであるが、それによって彼はその美女に会うこととなり、またその薬売りが如何なる存在であるかについても知らされることとなるのである。旅僧が蛭の生っている山の難所をようやくにして通り抜けて、行きつくのは一軒の山家であるが、そこに彼は二つの対極にあるものが結びついて、夫婦として生きているのを見る。一人は「足は忘れたか投出した、腰がなくば暖簾を立てたやうに畳まれさうな、年紀が其で居て二十二三、口をあんぐりやった上唇で巻込めよう、鼻の低さ、出額五分刈の伸びたのが前の鶏冠の如くになって、頸脚へ撥ねて耳に被った。唖か、白痴か、これから蛙にならうとするやうな少年」一人は「優しいなかに強みのある、気軽に見えても何処かに落着のある、馴々しくて犯し易からぬ品の可い、如何なることにもいざとなれば驚くに足らぬといふ身に応のあるといったやうな風の婦人」しかもその「婦人は衣紋を抱き合せ、乳の下でおさえながら静に土間を出て馬の傍へつゞと寄った。私は唯呆気に取られて見て居ると、爪立をして伸び上り、手をしなやかに空ざまにして、二三度鬣を撫でたが。大きな鼻頭の正面にすっくと立った。丈もすらすらと急に高くなったやうに見えた、婦人は目を据ゑ、口を結び、眉を開いて、恍惚となった有様、愛嬌も、嬌態も、世話らしい打解かれた風は頓に失せて神か魔かと思はれる。」のである。

旅僧は薬売のように馬に変ぜられることもなく、また婦人の嬌態に迷うて蟇や蝙蝠などに変ぜられることもなく、また猿に変ぜられることもなかったが、もちろん人間が牛や馬や猿や蟇や蝙蝠などに変じるという思想は仏教のなかに生きて来た思想であり、現に仏教のなかに生きている思想である。鏡花はその仏教のなかに生きているものをもって、それが仏教のなかに生きているというだけではなく、それが現代に生きていることを明にし、それを現代に生きているものとしてつくり出すことが出来たのである。それは仏教世界に生きるものでありながら、しかしただそこに生きるというだけではなくこの現代世界に生きるものとして、現代世界に生きて、現代世界の空気を呼吸するものとしてそこに置かれたのである。

或はこの作品は決してそのような現代世界に生き、現代世界の空気を呼吸するものを描くことなどしていないと見る人がいるかも知れない。今日までのこの作品を見る多くの眼はむしろそのようにこの作品を見て、この作品を見るその自分の視線を疑うことはなかったのである。しかし私はいまむしろそのような眼そのものに問題があったこと、そのような眼に代えるに新しい眼をもってしなければならないことを考える。その時この作品はこれまで見られていた作品とはちがった別個の作品となって、私達の前にその姿を見せるのである。

この愛慾のみをもって近づく男すべてを牛馬、猿、の如きものに変じてしまう力をもった美女の存在を描くこの作品をドイツ・ロマン派に比べてとらえようとする試みはすでになされている。またこの作品を「雨月物語」の延長の上にあるものとして見、鏡花と上田秋成とを比較しようとする試みも行われている。そのいずれの試みも必要であるが、この作品をたんにロマンチシズムの作品と見ることによって終るのではなく、むしろ日本の写実主義が遠方に追いやり、地中に埋めてしまった日本の内容をそのロマンチシズムによってさぐりあて、表現することの出来た作品と見て、そこから出発しなければならないと私は考える。

たしかにここから私達は出発することも出来るのである。この作品をロマンチシズムの作品と見ることは誤りであるなどと私は言うのではなく。この作品をドイツロマン派の作品に比較し、またこの作者を上田秋成に比べるその方法の根底に、日本近代文学の写実主義の立場があるとすれば、私はそれは日本の内容にせまろうという考えをもって日本の内容を取り逃がすこととなった写実主義をもって、再度この作品を撃つことになるわけだからである。

旅僧に、馬をつれていた親仁はその美女の何であるかをつげるが、この美女の存在をどのように見るか、それを見る眼を、いま日本の文学はようやくそなえはじめたように私は考えるのである。これをたんに空想の産物としてしりぞけるか、それともまた、そこに一つの現実があるとして、そこから一つの新しい世界にはいって行くか、それはその眼の如何による。「(恁う身の上を話したら嬢様を不便がって、薪を振ったり水を汲む手助けでもしてやりたいと情が懸らう。本来の好心・可加減な慈悲じやとか、情じやとかいふ名につけて、一層山へ帰りたかんべい、はて措かつしやい。彼の白痴殿の女房になって世の中へは目もやらぬ換にやあ、嬢様は如意自在。男はより取って、飽けば息をかけて獣にする、わ殊に其の洪水以来、山を穿ったこの流は天道様がお授けの、男を誘ふ怪しの水、生命を取られぬものはないのじや。

このように、この婦人に仕える親仁は旅僧に言うのだ。婦人は天狗道を修めた存在ということになっているが、私はこの進化論の説くアミーバーから猿をへて人間へという進化のコースを逆転させる美女の存在に、現代の問題を見るのである。歴史の過程、前へ前へと進むと考えられる歴史の過程を逆転させることの出来る存在を、現代に感じることのないものはいないと思えるが、美女のまわりにまといつく、蟇や蝙蝠などが人間が変じたものであることを見抜く眼を備えていた作家は、日本近代文学史のなかでは、非常に少ないのである。

親仁の言葉はさらにつづく。(天狗道にも三熱の苦悩、髪が乱れ、色が蒼ざめ、胸が痩せて手足が細れば、谷川を浴びると元の通り、其こそ水が垂るばかり、招けば活きた魚も来る、睨めば美しい木の実も落つる、袖を翳せば雨も降るなり、眉を開けば風も吹くぞよ。然もうまれつきの色好み、殊に又若いのが好ぢやで、何か御坊にいうたであらうが、其を実とした処で、軈て飽かれると尾が出来る、耳が動く、足がのびる、忽ち形が変ずるばかりじや。いや軈て此の鯉を料理して、大胡坐で飲む時の魔神の姿が見せたいな。

もちろん私はこの魔神を一個の美女として作品中に結晶させたことについて「高野聖」を評価しようなどというのではない。この美女の手によって蟇や蝙蝠や兎や牛や馬と変じられた人間、その存在を土の上に動かせることによって、私達に與える特別に不気味な感情は、人間存在そのものの不気味な内容に触れるものであるが、鏡花はこの不気味な内容を仏教の因果論の思想によってとらえ、さらにそれを越えて、その新しい内容を私達につたえる。

「ずん／＼ずん／＼と道を下りる、傍らの叢から、のさ／＼と出たのは蟇で。

（あれ、気味が悪いよ）といふと、婦人は背後へ高々と踵を上げて、向うへ飛んだ。

（お客様が祐在《いら》っしやるではないかね、人の足になんか搦まって、贅沢じやあないか、お前達は虫を吸って居れば沢山だよ。

和僧《あなた》ずん／＼入らっしやいましな、何うもしはしません。恁う云ふ処ですからあんなものまで人懐しうございます、厭じやないかね、お前達と友達を見たやうで可愧《はずか》しい、あれ、可けませんよ。）

蟇はのさのさと又草を分けて入った、婦人はむかうへずいと。」

読む者はこの蟇が彼女の身体に眼がくらんで、ついに彼女によって人間から蟇にかえられてしまったものであることを、後で知らされるが、この時彼の心の上に重くのしかかってくるのは、蟇の皮をかぶった人間そのものであり、一挙に歴史の過程を逆転させられて、何千万年の過去に戻される存在である。しかし今日このような存在が私達の内に強く迫り、まるで私達に現在の自分自身の姿を見る思いをさせるとすれば、それをたんに鏡花のロマンチシズムの力に帰するなど出来ないことである。鏡花のロマンチシズムが、その前面につつたって前進をはばんだ「小説神髄」の故に、その伸びようとする身を曲げながらも、なお「小説神髄」が日本に開かれた新しい眼をもってしては決して見ることの出来ないものが、日本にあることだけではなくそれが生きて動いていることを感じとり、その自分の感じとったものをとらえようとして進んだ時、そこに「小説神髄」のおしすすめる写実主義が如何にしても映すことの出来なかったものを映す方法をつくり出したのである。

「私は其まま目を外らしたが、其の一段の婦人の姿が月を浴びて、薄い煙に包まれながら向う岸の瀲《しぶき》に濡れて黒い、滑かな大きな石へ蒼味を帯びて透通って映るやうに見えた。するとね、夜目で判然とは目に入らなんだが、地体何でも洞穴があると見える。ひら〳〵と此方からも、ひら〳〵と、ものの鳥ほどはあらうといふ大蝙蝠が目を遮った。

（あれ、不可いよ、お客様があるじやないかね。）

不意を打たれたやうに叫んで身悶えをしたのは婦人。

（何うかなさいましたか）最うちやんと法衣を着たから気丈夫に尋ねる。

（否）

といったばかりで極が悪さうに、くるりと後向になった。

其時小犬ほどな鼠色の小坊主が、ちょこ〳〵とやって来て、啊呀《あなや》と思ふと、岸から横に宙をひょいと、背後から婦人の背中へぴったり。

裸体の立姿は腰から消えたやうになって、抱ついたものがある。

（畜生、お客様が見えないかい。）

と声に怒を帯びたが、

（お前達は生意気だよ）と激しくいひさま、腋の下から覗かうとした件の動物の天窓《あたま》を振返りさまにくらはしたで。

キツ〳〵といふて奇声を放った、件の小坊主は其まま後飛びに又宙を飛んで、今まで法衣をかけて置いた、枝の尖へ長い手で釣し下ったと思ふと、くるりと釣瓶覆《つるべがへし》に上へ乗って、其なりさら〳〵と木登をしたのは、何と、猿ぢやあるまいか。

枝から枝を伝ふと見えて、見上げるやうに高い木の、驃て梢まで、かさ〳〵かさり。

まばらに葉の中を透かして月は山の端を放れた、其の梢のあたり。

婦人はものに拗ねたやう、今の悪戯、いや、毎々、蟇と、蝙蝠と、お猿で三度ぢや。

その悪戯に、多く機嫌を損ねた形、あまり子供がはしやぎ過ぎると、若い母様《おふくろ》には得てある図じや。

本当に怒り出す。

といった風情で面倒臭さうに衣服を着て居たから、私は何にも問はずに小さくなって黙って控へた」

このような蟇、蝙蝠、猿などに逆転する人間をとらえる方法を「小説神髄」はその写実主義の方法によって日本の文学から追放してしまったが、「高野聖」のこの方法は決して「雨月物語」の方法をそのまま受け継いでいるというものではない。この蟇、蝙蝠猿などを注意してみれば明になることであるが、鏡花の作品のなかにとらされた妖怪は「雨月物語」のなかにとらえられた妖怪変化の類とは異なった存在である。「雨月物語」のなかに生きる妖怪変化が自然を越えた存在であるとすれば、鏡花の作品のなかにとらえられた妖怪はむしろ社会を越えた存在であり、眼に見ることの出来ぬ社会の裏側に生きていて人間を眼に見えぬ大きな口を開いてのみ込んでしまう存在なのである。私は鏡花は日本資本主義の勃興期に、すでに社会の裏面にあっておしつぶされて行った多くの敗残者の眼が見た妖怪を、そこにとり出していると見る。

もちろん私は彼の妖怪が「雨月物語」のなかに生きる妖怪変化にさかのぼるものであることを否定しはしないが、私はその超自然の存在としての妖怪変化を現社会の存在としての妖怪におしすすめたところに、鏡花の文学の到達点を見るのである。

大衆文学の中の仏教

高橋磌一

一

水上勉の『雁の寺』に一九六一年度の直木賞が与えられた。

「学歴も何もないノラ犬がねえ、家のある犬がうらやましゅうて、一生けんめい仕事して、ようやくはじめて、こんど、首輪もろうて、飼われている犬の仲間に入れられて、人なっこく、しっぽ振ってるようなもんです」（「週刊朝日」八月四日号）

水上はその喜びをこう語る。

おそらく、この作品を一番まっさきに取上げて評価したのは吉田健一だと思うが、彼は

「水上勉氏が日本の推理小説界の新風であるなどと言う必要はない。氏はこの一作によって、世界のすぐれた小説家たちの仲間入りをしている」（読売新聞四月七日）

と手放しで激賞している。

いまその評価の当不当はしばらく措くとして、ともかく、それまで私の（おそらくみなさんも）知っていた限りの水上勉は、社会問題としてさきごろ注目を浴びた水俣病の問題に真向から取り組んだ『海の牙』その他の作品によって、松本清張につづく社会派推理小説作家とされていたのだが、「雁の寺」という作品からは、彼の作風をそう簡単にいいきれそうにない、い

推理小説作家といえるかどうかさえ問題となってくるであろう。

たしかにこの作品には殺人がある。しかしこれを推理小説といっていいかどうか。もちろん読者はそれなりの推理を働かしはするであろう。しかし、それは果して「探偵小説」「推理小説」的推理といえるものかどうか。

では、これを犯罪小説とよびかえてみたらどうなるか。たしかに犯罪は書かれている。しかし犯罪そのものがこの作品のシンになっているといえるかどうか。激賞した吉田健一の評価にしても論点はそんなところにありはしなかった。

下手な作品論は私のガラでもないし、また本稿に与えられたテーマからもはずれる。ここでは、ただ、次の二つの点にだけ注目しておこう。

一つは作者水上が、この作品の主人公慈念の姿で自らを描いているように、彼自身福井県の寒村に生まれ、口べらしのため九つのとき京都の相国寺に小僧とされて、彼が幼少のころから苦労をしているということ。他の一つは、やがて寺を飛び出した彼が、コウ薬売りをしながら立命館大学に通い、やがて中退、以後、業界新聞の記者、雑誌編集者、村芝居の役者、小学校の代用教員、パン検査員、会社員、洋服の行商など、生活のためには三十一の職業を転々したということ。しかもその中には内原訓練所々員として満州に渡ったことさえあるという。このような幼少からの苦労、そして人生遍路、その二つはいやおうなしに私たちの眼を引きつける。

なぜだろう。立志伝的興味もむろんあるにちがいない。と同時にまた、大衆作家の大先達としての吉川英治の幼少からの苦労と四十数種の職業を転々としたという人生航路のあととを照らしあわせてみたくなるのではなかろうか。吉川英治の作品では「宮本武蔵」にせよ、「太閤記」の秀吉にせよ、「親鸞」にせよ、「高山右近」にせよ、また「新平家」の平清盛にせよ、いずれも心と身体に噴出する若いエネルギーに自ら悩み、自らを扱いかねながら求道にはげむ青年が描かれているが、いま私はそれらと直線的に「雁の寺」の慈念を結びつけようなどといっているのではない。しかし、未成熟な、むしろ危機にある少青年をとらえて、その人生遍路を悟道の姿として描くような姿勢が生まれる共通の基盤のようなものが吉川英治と水上勉の双方の中にあることにここでは注意しておきたい。

二

「雁の寺」の小僧慈念は住職とその梵妻《だいこく》との性生活をのぞき見る。「雁の寺」の犯罪や推理はこの作品のシンになっていなくても、慈念と住職夫妻の間の淫靡な心の交錯を取り除いてはこの作品は成り立たない。

水上の小僧時代の等持院の住職について、一時その寺に行のために来ていて水上の少年時代を見聞していた関牧翁氏（現天竜寺管長）は、彼が寺を止める気になった動機について語る中で次のようにいっている。

「……もう一つ『雁の寺』にも描かれているように、住職夫妻が露骨に性生活を見せつけたので、これも随分子ども心を傷けたろう。この和尚はなかなか出来た人で、身よりのない子どもなどを拾いこんでは弟子にして教えるといったところがあり、水上君も今じゃ〝長老さんは偉かった〟といっているくらいだが、ついでのことに女色の方もたくましかった。さる高僧が女関係の果てに池にとびこんで自殺したことがあった。和尚のいわく〝女で死ぬなどというのはつまらん、まだ修行が足りんナ〟と評したほどで、自分は大っぴらにやりまくったものだから、これには小僧どもがやり切れなかった。」（「週刊朝日」前掲号）

「まだ修行が足りんナ」ということばを読んで私がふと思い出したのは吉川英治が禅の境地について語った次のことばである。

「また女でも、鎌倉の長谷に住んでおった有名な慧春尼。………

その仮面をひっぱいでやれと、或る折、円覚寺に大法会があったとき、おもしろい、やれと若僧共が待ちかまえていました。その日、一行の僧衆は山門から階下にわたって整然と居並んでいました。そこへ慧春尼は使として、楚々たる歩をはこんで堂上に近づいて来たそうであります。すると列の横合から一人の若僧パッと飛び出し、やにわに尼の前に立ちふさがりました。そして法衣の裾をかなぐり上げ、太やかにして逞しい男子の一根を突き出したんです。僧は大音声で〃われの物巨松の如し、如何〃と云ったものです。その時代の臈たけた女性では、一目見て気を失うところでありましょうが、慧春尼はニコとして言下にサッと自身の蝶の羽根のような裳を高々とひろげて〃尼の物、大海の如し〃と答えたのであります。………悟りです。禅の境地というとこんなものです。」（「面白倶楽部」一九四九年一二月号、吉川英治「無宗教者の宗教」）

女のことで自殺したかの高僧を「まだ修行が足りんナ」と評した住職のことばと、「悟りです。禅の境地というとこんなものです」というものの距離が私の眼はゼロメートルのように近く映ってくる。

もちろん、水上の場合はそれをストレートに「仏の道」やら「悟り」やらとして描こうとはしていない。その中での人間の業をしっかりつかまえてはなさないいわば人間発見のための筆力を私は認めるが、さてそうした大衆文学作家の「悟り」や「禅の境地」と、今日、さらに氾濫しているほとんど好色本いや露色本ともいうべき作品群、たとえば現に僧職にある今東光、寺内大吉その他の「流行坊主作家」の書き散らすものとのあいだにどれだけの距離が測定できるだろうか。また同じく「寺」の出身ときく丹羽文雄が「親鸞とその妻」の中で人間発見にどのように苦しんでいるか、あるいは仏教の名でどのように巧妙に大衆の興味をそそり立てているか、も問題としてとりあげておきたい。

ここまで書いて思い出すのは、これまた僧職からの出身ときく武田泰淳の作品「異形の群」である。禁欲を強いられた山上の行堂で自らの一根でふすまを突き破り突き破っていく人間の生きる逞しさは、まもなく石原慎太郎の「太陽の季節」で女の部屋の障子に同じ行為をさせたが、もとより同日の作ではなかった。

　いわば今東光から武田泰淳への里程には今日の大衆文学とひとくちによびならわされているものの中の仏教をさぐるメドが発見できないものか、またもしこれこそ人間の業苦の中に救いの糸をたれる何ものかを示すものがあるとするならば、それは今東光、寺内大吉らの「色」の世界に属するものであってよいのか、それとも、ほかに、どこに発見の可能性があるのか。

　「君の名は」の春樹と真知子のすれちがい、それこそ「会者定離」ではないか、と私のある友人はいう。とすれば吉川英治の「宮本武蔵」における武蔵とお通も、大林清の「あの波の果てまで」の竜一と千秋もまた「会者定離」ということになる。

　こうした混沌を現在の大衆文学のパノラマに設定しながら、私は私なりの歴史的考察の手法で大衆文学の発生からその発展の歴史の中で、与えられたテーマについて考え進んでみよう。

三

「……御承知の通り、あの大菩薩峠は上下八里の難道でございまして、上りの道を上求菩提《じょうぐぼだい》と申し、下りの道が下化衆生《けけしゅじょう》でございます。其の八里の道程には景色のよい処もございますが、また極めて道路の険悪な処もございます。一歩踏みまちがえますと菩薩変じて悪鬼とならないとも限りません。……不惜《ふじゃく》身命《しんみょう》の身を電光朝露の間に置きながら、かりそめの労を厭うわけではございませんが……」

　中里介山の大作『大菩薩峠』を一九三〇年（昭和五）歌舞伎座で上演するに当り、介山自らその脚本の冒頭に書き下した「序曲、大菩薩峠の場」で盲目の僧弁信が、舞台中央に立って観客に語りかけることばである。大和絵風な大菩薩峠を背景にし、秋草の中の五輪塔を背にして立つ弁信と、彼の先に立って踊り歌う少年茂太郎を配した舞台面は、介山の遺志により今日でも「大菩薩峠」上演の際必ずその序幕として観客に親しまれているものである。

すでにこの場面を見れば、さらに甲州上野原の月見寺でこの弁信が同じく盲目の机竜之助に斬られようとする場面を想い起される記憶のよい読者もあるであろう。弁信がわが身をかばった卒塔婆の一面へ月光がさすと

若残一人、我不成仏

の文字が現れる。さらに音無《おとなし》しの構《かまえ》でにじり寄る竜之助の刃先を弁信が左へ廻って避けたとき、月の光もまためぐって卒塔婆には

我不愛身命　但惜無上道

の文字が冷く光っているのである。

わが国の大衆文学の最初にして最大の作品で、しかもそれから以後の作品の祖型をなしているといわれる『大菩薩峠』が仏教をその背景として構成されていることはこのようないくつかの場面を拾っていくだけでもうかがい知ることができるであろう。作者中里介山自身がこういっている。

「この小説『大菩薩峠』全編の目的とする処は人間の諸相を曲尽して、大乗遊戯《だいじょうゆうげ》の境に参入するカルマ曼陀羅《まんだら》の面影を大凡下《だいぼんげ》の筆にうつし見んとするにあり……」

これは一九二七年（昭和二年）『大菩薩峠』普及版を出したときの序文の一部である。

介山はまた、一九二八（昭和三）年、帝国劇場での上演に当って、その契約書の冒頭に〝前代未聞〟といわれる覚書をつけた。

「小説大菩薩峠ハ衆生業相《しゅじょうごうそう》ノ展開ヲ曲尽シ、ソノ遊《ゆ》戯《げ》神通《じんずう》ヲ写シテ遂ニ入曼陀羅《にゅうまんだら》ノ実相ニ帰スルノ結構ナルヲ以テ普通小説ニ例同スベカラズ……」

こう見てくるとあきらかに『大菩薩峠』と仏教とを切り離して考えることはできない。

しかし、いまあげた資料をもうすこし念入りに見ていこう。甲州の月見寺で弁信が竜之助の刃先ににじり

寄られる場面は「無明の巻」であるから一九二五（大正十四）年に当時の東京日々新聞、大阪毎日新聞に連載したものである。『大菩薩峠』の開巻「甲源一刀流の巻」が都新聞に連載をはじめたのは一九一三（大正二）年であり、一九一八（大正七）年に「黒業白業の巻」を掲載し、その年、はじめて手廻印刷機で実弟幸作の家で印刷し和装自家本として幸作の経営する書店玉流堂から二百部限定で刊行したのが『大菩薩峠』が単行本になった最初であるから、すくなくも一九二五年に東日、大毎紙上に連載した「無明の巻」以後とを前後一つにして論ずることは多少の危険を伴うともいえる。普及版の序文は一九二七（昭和二）年のことであるし、帝劇上演の契約書覚書はその翌年、また、歌舞伎座での上演に当って書き下した「序幕」つまり弁信が「上求菩提、下化衆生」と語りかけるのは一九三〇（昭和五）年のことなのである。

こう見てくると、中里介山が作品の内外において、『大菩薩峠』を仏教によって意義づけ、仏教で説明しようとする、その意識が高まるのは第一次大戦後の不況と、しかも相対的な安定期を経て、関東大震火災を被り、普通選挙法通過を目前にして、これと抱きあわせに治安維持法が成立させられるという状況下から、翌々年の金融恐慌、つづく一九二九（昭和四）年の大恐慌を迎えるという日本現代史の曲り角においてであった。当然のことながら『大菩薩峠』という作品が、そしてその作家中里介山が、現代史と切り離されて存在した筈がないからである。とすれば、介山が最初に『大菩薩峠』の執筆に着手し、それを都新聞紙上に発表した一九一三（大正二）年とは十年以上をへだてた後に急速に仏教的色彩を濃くしたことになるのではないか。したがって、私たちは、そもそも『大菩薩峠』が、あるいは大衆文学そのものが、どのような歴史的状況下で生まれたか、そしてその当時においては仏教とどうつながっていたかを見る必要にせまられる。

四

大衆文学の発生は、普通には大正中期すなわち、第一次大戦後の日本社会の思想的混乱と、そのよってきた階級分化の激成、教養をうけることのできない巨大な下層階級の発生、そしてこれから切りはなされたプチブル、インテリ層の観念的逃避等によって説明される。これは大衆文学を考える場合に正しいと考えるだがしかし、その大衆文学の祖型をなした『大菩薩峠』を見ていくためには第一次大戦後の状況を以て歴史的背景としていくだけでは不十分である。私のこの年来の自説は今日も訂正しようとは思わない。

介山・中里弥之助は東京府下西多摩の中農の家に生まれた。一〇歳にして村の収入役の不正を摘発する「さても憂《うた》てき世の中や」の一文を雑誌「少国民」に投稿入選し、村人から神童を以て目されたという。一五歳で郷里を飛び出し、電話交換手となり、一七歳で小学校準訓導、二〇歳で本科正教員となる。その間、トルストイ・ガーフィールド、フランクリン、二宮尊徳、中江藤樹の言行録を書いていることにも示されているように、思想的にも遍歴をつづけ、また最も内村鑑三に打ちこんだ。後年あれほど仏教的になる介山の初期の思想遍歴がかなり半径を広くとっていること は、『大菩薩峠』と仏教とのつながりを考える上に記憶しておいてよいだろう。

彼は一九〇五（明治三八）年、二一歳で都新聞社に入り、新刊図書批評係を担当しながら、在社中、その紙上へ『氷《こおり》の花《はな》』、『高野《こうや》の義人《ぎじん》』などを連載した。それはきわめて講談的であり、最後は「大団円《だいだんえん》」にふさわしく「メデタシ」で終るものであったが、しかし、前者では小田原在の地主対小作人の斗争を、そして後者では紀州高野山領の一揆の英雄戸谷《とや》新右衛門父子の斗争をえがいたのである。それらは彼の後年の大作『大菩薩峠』が、彼の意図、構想、表現の全てに反していわゆる大衆文学の鋳型を提供してしまうその弱さ、封建的ロマンチシズムといいわばいわれるようなものであったが、彼の題材のとりあげ方はやはり記録さるべきものであった。彼のそうした傾向は、すでに都新聞社入社の前年一九〇四（明治三七）年五月一五日、彼が平民新聞に投書して「……殺人を讃美し、浅薄なる国自慢に耽る外、大日本帝国の文人は何の理想あり何の主張あるや」と抗議し、次いで翌年九月、雑誌「火鞭」が創刊されるに先立ち四月一六日「直言」誌上に発表された「火鞭会」の組織の訴えに発起人として介山は児玉花外、山口孤剣、白柳秀湖、小野有香らと名を連ねているのである。*

＊西田勝「雑誌〝火鞭〟の成立について」（「文学」一九五三年一〇月号）

作品においてはついに封建的ロマンチシズムをこえることはできなかったとしても、彼がとりあげた題材そのものは明らかに新鮮な傾向をもっていた。しかるにその介山が聖徳太子の研究に入り、後年「改造」誌上に連載した『夢殿』を書く基礎をつくったのは、その後年の単行本の序文を信ずれば、それは一九一二（明治四五）年、実に大逆事件死刑執行の翌年である。そして彼が『高野の義人』以来の沈黙を破って『大菩薩峠』を都新聞に発表しはじめたのはその翌一九一三（大正二）年である。

大衆文学の発生が第一次大戦後の社会情勢にもとめられることを承認しながら、なお『大菩薩峠』発表にいたる時期を見直そうとしたのも、それが天皇制権力によるデッチ上げ弾圧事件として今日明らかにされている大逆事件とそれを包む歴史的諸条件との関連を指摘したかったからにほかならない。すでに広く知られているように、永井荷風が「自分の芸術の品位を江戸作者のなした程度まで引下げるに如くはないと思案した」のも幸徳らの乗った囚人馬車をみて、ドレフュス事件におけるゾラの活動を思うとき良心の苦痛に耐えられなくなったからといっているし、森鷗外が「題材を種々の周囲の状況のために過去に求め」て歴史小説に入ったのもこの時であり。石川啄木をして

つね日頃　好みて言ひし革命の語をつつしみて秋に

入れりけり
明治四十三年の秋　わが心　ことに真面目になりて
悲しも
と歌うほかなからしめたのも大逆事件であった。もちろん、こうした大弾圧に動揺したのはインテリ層のことであった。翌年大ストライキに立ち上り要求を斗いとった東京市電六千の労働者のあったことは忘れてはなるまいが、しかし、介山がその姿勢を変え、小作人や百姓一揆の斗争に向けていた眼を聖徳太子に転じ、やがてニヒリスト机竜之助を書くに至った事情は読みとれるのではあるまいか。

五

『大菩薩峠』の主人公は机竜之助である。そういえば生前の中里介山は大いに憤慨した。『大菩薩峠』には主人公はない。発場する人物は全て主人公である、という彼の口癖は、『大菩薩峠』を大衆文学といわれることにつねに抗議し、自ら大乗文学と称していたこととともに私の耳にも忘れがたい。

しかし、その二つは介山自身が主観的に、いつから意識しはじめたにせよ、それを強調しはじめたのは先に紹介したように介山が作品の中へ仏教的傾向を強め、外に向かってもそれを強調しはじめた第一次大戦後十年近くを経ての恐慌を迎えようとするころのことなのである。客観的に見て机竜之助が主人公であることは、この大作が介山の意図の如何にかかわらず大衆文学の祖型をなしていることとともに争えない事実といわなくてはならない。ではその竜之助はどんな人物であるのか。

机竜之助は小説のほったん、巡礼を斬るところからニヒリストとして登場する。浪人して芝増上寺境内でお浜を殺し、またゆきずりに何の思想的共鳴もなく大和十津川の乱に行動をともにして盲目となる。その背景や小道具として「市中騒動の巻」の貧窮組に江戸のうちこわしを、そして十八文の道庵を介在させ、また道庵と鰡八《ぼらはち》大尽と衝突させる漫画化の中で第一次大戦中の戦争成金、浅野、大倉を罵倒してみせる。しかし、あくまでそれは背景であり小道具である。「如法闇夜の巻」、「お銀様の巻」あたりで彼のニヒリズムは絶頂に達する。甲州八幡村の水車小屋で村娘を殺す場面、

「あれ……」

「斬ってしまえば雑作はないけれど、これはお浜への供養の血」

「苦しい！」

「存分に苦しがれ」

「あゝ苦しい！」

夜中に帰ってお銀様に命じ「二月十四日夜、甲州八幡村にて、名の知れぬ女　十八歳　左の乳の下」と帳面をつけさせる。そして翌日の場面。

お銀様「あゝ、それでよく天罰が当りませぬ。」

竜之介「天罰！　そんなものが何処にある。天という奴は一寸水を出しても百人千人の命はブン流して了《しま》う。疫病神を出して一つ采配を振らせれば、五万十万の要らない命が直ぐ眼の前に死骸となって転がるではないか。それに比ぶれば、拙者の仕事はタカが一日に一人か二人……」

こうしたニヒリズムは「大逆事件」「日韓合邦」前後のインテリ層の動揺、直接には介山そのものの反映であったにかかわらず、それがストレートに当時のインテリ層と結びつく条件はないままに、やがて数年を経て単行本とし、さらに菊判本、縮刷版、普及版と進む中で大量の読者を獲得するのであり、彼の明治末年的ニヒルは一世代ずれて先に大衆文学発生の事情として述べたような第一次大戦後の思想的混乱に結びついたのであった。それは長谷川如是閑が大衆文学の性格を「封建的ロマンチシズム」と規定し、その発生の理由として「深刻な理由」は「社会的自暴自棄」であり、「浅薄な理由」は「資本主義的商業主義」だとしたその「社会的自暴自棄」に当っているといえよう。ここに彼の描いたニヒルと読者の受けとるニヒルとの間に大きな断層が生じたのである。彼がニヒリスト机竜之助に托しているものを受取ることのできる読者は

限られ、ニヒリスティックな殺人が力も勇気ももちようのない戦後不況下にあえぐ「大衆」を広汎な愛読者としてしまうのである。

この「大衆」において顕著な事実は当時すでに探偵小説家甲賀三郎によって美事に分析され、*近くは清水幾太郎によって今日の問題としてとらえられているように、**いわゆる大衆文学を愛読する大衆に二種あり、一つはこれを慰安・娯楽として読み、一つは人生の指針として、修養書として読むものであって、しかも、前者は批判力をもちながら批判はせず、後者は批判する力をもたぬままに行動の指針とする。ここに大衆文学のなやみも危険も、ボロイもうけ口もあったのである。

*三宅雄二郎、安部磯雄編『昭和五年史』

**清水幾太郎「大衆娯楽について」「思想」一九五一年八月号

中里介山は身をもって読者のあいだのこの矛盾を味った。彼が「『大菩薩峠』は大衆文学ではない、大乗文学だ」と外に向かって姿勢を高くし、そして前に紹介したように『大菩薩峠』を仏教の悟道の書とするようになるのは客観的にはこの時期だといえるであろう。それは大正末年から一九二七（昭和二）年の金融恐慌、一九二九（昭和四）年の世界大恐慌、そして一九三一年の満州事変への過程にあって、彼が自己を托したニヒリズムが戦争殺人合理化に通ずる安価なチャンバラロマンチシズムとして戦争への大衆動員に道を開いてしまう現実に直面し、彼が自らを大衆文学と一線を劃することによって自己弁護しつつも、彼の「上求菩提」は「下化衆生」との背反に悩まざるを得なくなってしまったのではなかったか。「生涯無妻無子」といわれた介山が「お雪ちゃん」を伴って山間をさまよったのはちょうどこのころのことであろう。

また、先に紹介した帝劇上演の契約書に覚書を附したとき、重役との会見に立ち会ったのだが他ならぬ田中智学であったところに、彼の、むしろ純情ともいうべき仏教強調も、その意図は超国家主義者に利用される危険をもっていたのであった。

六

結論を急ごう。大衆文学一般について触れたいが、もうそのゆとりがない。ここでは中里介山が戦争中文学報国会への入会を拒否し、西多摩に引き籠っていたころ、彼の『大菩薩峠』を祖型として一定の人物類型を含んだ大衆文学が氾濫していたことだけを書きとめるにとどめよう。*

*参照、高橋「大衆文学」(高木市之助編『日本文学入門』ミネルヴァ書房、所収)

そうした大量の作品の中で質・量ともに重視しなくてはならないのはいうまでもなく吉川英治である。彼が今日、大衆文学をもって文化勲章を受けたことに彼なりの足跡を認めなければならない。まして彼はその作品において宗教、なかんづく仏教をかなり意識して素材に溶しこんでいる作家である。すくなくも彼の声価を不動のものにした『宮本武蔵』以後の作品は十分に検討してみなければならない。

吉川の作品は、『宮本武蔵』にせよ『親鸞』にせよ『高山右近』にせよ『新・平家物語』にせよ、そこでは一人の青年の煩悩と、それとたたかいながらの求道《ぐどう》の精神が強く印象づけられる。これはまた不遇な境遇からの苦しいたたかいを、やがて到達する立身出世という構成につねに抱きあわせられる。

さらに場面はつねに求道が煽情(エロ)と剣戟(チャンバラ)と入り交り、*進行のテクニックとして「すれちがい」が利用される。今日ではもはやそれは吉川英治の特技ではない。むしろ川口松太郎をはじめ他の作家が巧妙にこれを操っている。

*高橋「吉川英治の秘密——宮本武蔵から高山右近へ——」(「日本評論」一九五〇年一月号、いま高橋の随筆集『歴史家の散歩』河出新書、におさめてある。)

ここでは、さしあたりのテーマの要求にこたえてその「求道」について見ていこう。大衆文学の大多数の読者は宗教的というに近い安心立命をもとめているのである。大衆文学を批判的に読み得るものは実はリクリエーションとして読み捨てており、批判したくもできない無批判の読者がむしろ狂信的に修養の書として熱読しているのである。そのことは『宮本武蔵』の戦後版の折り込みに紹介されているたくさんのファンレターからも読みとることができる。ではそこにえがかれている仏教はどのようなものか、そしてそれへの求道はどのように行われているか。

吉川の描いている宮本武蔵は戦国争乱の最後、関ヵ原合戦に「出世」を賭ける青年であり、剣――求道と、お通――煩悩とのあいだをゆれ動きながら「生長」していく。その師は宗彭沢庵であり、創禅一如はまた死生一如として強調される。「満州事変」から(ここで冒頭）の場面が関ヵ原の戦の死屍累々たる戦場であったらとを思い起してほしい。それは〃どこまでつづくぬかるみぞ〃と「討匪行」の一節を口ずさみながら読んでもよい）「支那事変」への戦場の進展に応じて武蔵が「大死一番」の特攻隊的境地へ「生長」するのである。

「――生命を愛する、ということは死にたくないということとはたいへん意味が違う。無為な長生きをするということではさらさらない。いかにしてこの捨てたら二度と抱きしめることのできない生命を意義あらしめるか――価値あらしめるか、捨てる刹那に鏘然《しょうぜん》とこの世に意義ある生命の光芒を曳くか。…」

これは一乗寺下り松決闘の直前である。

ここには後の特攻精神の養成に通ずるものが宗教・特に仏教の死生観めかした悟りの言葉として提出されている。（ただし、この文章は戦前版の第四巻三一三ページからとった。これが戦後版ではどのように書き直されているかは読者の宿題として残しておきたい。）ここには一例だけをあげたが、もし興味があったら前掲の拙稿「吉川英治の秘密」についてくわしく見ていただくとよいし、またそうした時流に一歩先んじる傾向は吉川英治自身が「すべて、大衆文学に現れる社会相は、一般的傾向より、常に一歩ずつ早いといい得

る」と自負して書いている。[＊]
　＊杉浦明平「吉川英治、その文学的でないもの」（「文学」一九六〇年七月号）

『宮本武蔵』はかくて軍国青年の生長の書となった。もちろん、当時、その愛読者であって、自分はこの本から軍国主義的な影響を受けたとは考えないという人もいるにちがいないし、私などもそれなりに面白く読んだ。吉川英治自身も主観的には青年を侵略戦争に動員し、死地に追いやろうなどと考えて書いているはずはあるまい。問題は三度大衆文学の、（そして結局は文学の）読者の問題に帰ることではあるのだ。

しかし、いまそれを追いかけることは本稿の外になろう。戦局の進むにつれて吉川英治の書いた『太閤記』は秀吉の天下統一と大政翼賛の「新体制」を反映し、戦局ようやく困難になると『宮本武蔵』の剣禅一如の自力本願は『親鸞』の他力本願へと転向する。それは敗戦後において東条英機らA級戦犯の最後の愛読書となる。

戦後、吉川英治はさすがにしばらく沈黙して筆をとらない。しかし一九四八年『宮本武蔵』の戦後版を出したが、彼はこのとき序文から書き直し、全文にわたって削除、加筆訂正を行った。彼はいう。

「要は今の民主的世代の上に、過去の社会的約束や、道徳や、思想、宗教などの広汎な観念が、現代と混同されないよう、また反省の資として生かされるよう、そんな点に留意して、随所、朱筆しているつもりである」

そしてさらにいう。

「――われ世々の道にそむかず。

武蔵の壁書、有名な独行道の冒頭のことばである。素直な、自然な、いかにもやさしい良心の心がけだと今日もおもう」

（折込み附録「吉野村だより」）

「世々の道にそむか」ぬために「随所朱筆」するというわけである。さらに戦後版序文では戦争放棄の新憲法をたたえる。

「かれ武蔵が剣から入って脱却した究極の哲理は、たった二字の極意につきていた。〃無刀〃――つまり刀無しということだった」

七

沢庵、親鸞、イルマン・ロレンソ、自力本願から他力本願へ、仏教からキリスト教へ、転々たる悟りというほかはない。それゆえに吉川英治は「世々の道にそむか」ない。一九四九年下山、三鷹、松川事件とそれをめぐるプレスキャンペーン、さらにレッドパージの追い討ちで労働戦線に打撃を与えダレス持参の経済九原則とそれにつながる準戦体制の進行とともに、翌一九五一年六月六日いわゆるマッカーサーの六・六追放によって共産党幹部の公職追放（当時衆議院に共産党代議士三五名）をやった直後の六月二五日朝鮮戦争ははじめられた。吉川英治は「週刊朝日」に『新・平家物語』の連載をはじめ、朝鮮戦争のニュースの響く中で保元の乱をえがいていた。

「この時を境として、源平紅白の二世界に地上は染め分けられました。紅地帯に住む者、白地帯に生きぬく者……」（一九五一年新年特別号）

やがて休戦会談が開始された。彼は叡山と清水寺の紛争を書く。

「失火でもなく、戦火というわけでもない。単なる喧嘩の仕返しだ」

「かえって叡山と南都大衆との間に、全面的な戦いが予測され、そら怖ろしい風聞となって人々の心をいやが上にも脅かすだけだった。」

作家が自分をとりまく環境や事件からヒントをつかみ、あるいは触発されて作品をつくりあげることは否定されるべきことではない。むしろその鋭敏な感覚を一層きたえるべきだろう。しかし問題はそれが前を向いた感覚かどうかである。「腰が抜けたように、灰の中に坐りこんで、ただの灰を伏し拝んでいる善男善女」の中から声があがる。

「見えぬ御仏を、見せて下さい。……いや、御房のような、お若い学生さんに云っても無理でしょうが、そういうお坊さまは、どこかに居ないものでしょうか。お互いの生きているうちに、間に合うような利益《りやく》を見せて下さるような、ほんとのお坊さまは」

その声に応じて学僧が言う。

「今にきっと、現はれましょう。もし皆の前に、そういう功力《くりき》のある仏弟力の誰かが今日現れないならば、仏教も嘘です。宇宙の約束も嘘です。人間の本性といはれて来たものも——釈尊のことばの総てが、嘘っぱちです。」(七月二十九日号)

ここでいよいよ「法然坊源空」の登場となるのだが、ここにも平和をねがう民衆がその手を握りあう方向へでなくに、「ただの灰を伏し拝んでいる善男善女」のために、ほかならぬ英雄待望論を用意してしまうような思わぬ結果を招かぬかどうか、その読者との関係において慎重に考えなくてはならないだろう。

八

ここで本稿のはじめに再び立ち帰ってみよう。「雁の寺」によって直木賞、すなわち大衆文学賞を獲得した水上勉が幼少から苦労し、三十一の職業を転々として、「学歴も何もないノラ犬」が「一生けんめい仕事して、ようやくはじめて、こんど、首輪もろうて、飼われている犬の仲間に入れられ」たと卒直にその喜びを語っている、そのことが、「雁の寺」の慈念のまぼろしと重なり、さらに「求道と煩悩」という吉川英治のテーマが倒影されているように思われてくる。求道と煩悩、それは大衆文学が封建的ロマンチシズムと規定されたような弱さの中では本来の求道であるよりも立身出世主義に、煩悩は求道のための修練の研石《といし》であるよりも肉欲と頽廃へ人を誘う危険をはらんでいる。ましていわんや先にも見たように現職の僧侶の作家がこれでもかこれでもかとばかりに淫靡の世界へ読者を誘っているような今日の状況なのである。それが悟りであるかのように放言し、とりすましてはいるが、それはよろめきと消費のムードであり、それは明らかに今日の日本を支配する権力の狙っている方向に沿って歩いている。今日の巨大な独占資本の支配の下で、封建的な立身出世主義が資本主義的「自由」の中での個人主義的欲求と巧妙に結びあわされていま大量の週刊誌、テレビその他を媒介としてわれわれの茶の間へ、寝室へ、仕事部屋へ、職場へ、工場へと押し出されてきている。民族の独立をめざすことが、民族に平和への責任、民主主義への展望をもたらそうというとき、外からの支配権力、内なる権力は、怠惰と頽廃をばら撒くことで民族を内側から腐らせようとしている。もちろん私たち自身には多くの弱さがある。しかし単に自らの怠惰を坊主ざんげするのではなく、そうした怠惰と頽廃に追いこむ権力と対決しなければならないのではないか。大衆文学の中の仏教としてわれわれがとりあげるものが「求道」と「煩悩」といいつつ封建的立身出世主義と頽廃ムードを流してくるかぎり、それは日本国民としてあくまでたたかい、そして克服されねばならぬものであるだろう。

仏教と児童文学

中川正文

1

わが国に於ける仏教と児童文学との邂逅は、決して新しいものではない。それは当然であろう。仏教的色彩が濃厚にあらわれている日本霊異記をはじめ、今昔物語集、宇治拾遺物語、さらに宝物集や沙石集に至るまでの説話集のなかには、多くの児童文学的要素に富んだものが含まれているし、また「お伽草子」に及んでは、婦女幼童の啓蒙文学として、童話そのものが巧妙に再構成されている。とくに十三世紀の中ごろに書かれた「十訓抄」では、わざわざ著者が、

夫れ世の中にある人ことわざしげきふるまひにつけて、貴き賤しき品をわかたず、賢なるは得多し愚なるは失多し。しかるに今何となく聞き見る所の昔今の物語をたねとして、よろづの言葉の中より聊か其二つのを跡取りてよき方をば是をすすめあしきすぢをば是を誡めつつ、いまだ此道を学びしらざらん少年のたぐひをして心をつくる便となさしめんため……

と書いているように、意識的に読者の対象を子どもとしているくらいである。

しかしこれらは勿論厳密な意味では児童文学といえるものではない。たとえば、明治になって、近代児童文学の祖といわれる巌谷小波の「こがね丸」を第一編とする「少年文学」双書の第廿五編として出版された幸田露伴の「日蓮上人」にしても同じである。そこには仏教と文学との感応はあるにしても、真に子どものための文学ということができるであろうか。この「日

蓮上人」は明治廿七年二月、博文館から出されているが、試みに冒頭の一節を引用してみよう。

一切の江河海に入れば皆一味の鹹に帰するが如く士農工商の四性も仏門に入つては同じく一釈氏にして分別ある無ければ、事々しくあなぐり尋ぬるには当らねど、日蓮上人、俗姓は三国氏ともいひ或は貫名氏ともいひ伝へたり、遠く祖先を考ふれば鎌足公より出づと云へば姓は正しく藤原なるべし、父は……

日本の児童文学が、近代文学としてほぼその形を明らかにしてきた大正期以降には、仏教がようやく子どもの文学のなかで消化しはじめられたようである。小川未明が「鐘」をかき「犬と人と花」などで、信仰の力や仏法をきくことがいかに重要なことであるかを形象化した。宇野浩二もまた「木仏金仏石仏」をのこしたし、吉田紘二郎は多くの仏教的な雰囲気を童話にしている。秋田雨雀までが「老僧と三人の弟子」「先生のお墓」などを書いているが、この時期ではやはり芥川竜之介の「蜘蛛の糸」が最も人びとに感動を与えたものといってよい。

たとえ「蜘蛛の糸」の原話がドストエフスキイの「カラマゾフの兄弟」にあり、それに仏典めいた架構を加えているに過ぎないといっても、この作品が持っている素朴な仏教的世界は、のちの仏教的児童文学の原型となったことは否定できない。殊に宗門などが普及した児童向教材には、この作品の安易な亜流や模倣が続出したことを思えば、諒解していただけるであろう。

もしも、このあとでのべる宮沢賢治が出現しなかったならば、芥川の戯作者的文学者的姿勢が、日本の児童文学と仏教との真の意味での結合を阻んだかもしれない。

宮沢賢治は東北地方の花巻町に生れ、生前殆ど知られることなくして、昭和八年九月、三十八歳の短い生涯の幕を閉じた。彼の精神的な波瀾に富んだ一生は、現在すでに周知のことであるので、ここではのべない。熱烈な法華経の信者であり実践者であったことは勿論である。例の「雨ニモマケズ」の詩がしるされている手帳には、次のようなメモが残されていて、彼の文学に対する考え方がわかる。

高知尾師ノ奨メニヨリ
　法華文学ノ創作
　　名ヲアラハサズ
　　報ヲウケズ
　　貢高ノ心ヲ離レ

つまり大乗経典の真意を文学を通して弘通したい念願が、よくあらわれている。法華経への傾斜は、たとえば関徳弥に出した手紙のはしはしにも、昂揚した筆致で見えていた。

おお。妙法蓮華経のあるが如くに総てをあらしめよ。
（大正十年七月十三日）
これからの宗教は芸術です。これからの芸術は宗教です。（同右）
いいものを書いて下さい。文壇といふ脚気みたいなものから超越して、しつかり如来を表現して下さい。
（同八月十一日）

子どもたちへ直接呼びかけたものには、印刷して配ったといわれる次の手紙（チュンセとポーセの手紙）が、すべても物語っているのではあるまいか。すこし紙幅をとるけれども写してみよう。

わたくしはあるひとから云ひつけられて、この手紙を印刷してあなたがたにおわたしします。どなたか、ポーセがほんたうにどうなつたか、知つてゐるかたはありませんか。チュンセがさつぱりごはんもたべないで毎日考へてばかりゐるのです。

ポーセはチュンセの小さな妹ですが、チュンセはいつもいぢ悪ばかりしました。ポーセがせつかく植ゑて、水をかけた小さな桃の木になめくじをたけて置いたり、ポーセの靴に甲虫を飼つて、二月もそれをかくして置いたりしました。ある日などはチュンセがくるみの木にのぼつて青い実を落してゐましたら、ポーセが小さな卵形のあたまをぬれたハンケチで包んで、「兄さん、くるみちやうだい。」なんていひながら大へんよろこんで出て来ましたのに、チュンセは、「そら、とつてごらん。」とまるで怒つたやうな声で云つてわざと頭に実を投げつけるやうにして泣かせて帰しました。

ところがポーセは、十一月ころ、俄かに病気になつたのです。おつかさんもひどく心配さうでした。チュンセが行つて見ますと、ポーセの小さな唇はなんだか青くなつて、眼ばかり大きくあいて、いつぱい涙をためてゐました。チュンセは声が出ないのを無理にこらへて云ひました。「おいら、何でも呉れてやるぜ。あの銅の歯車だつて欲しけややるよ。」けれどもポーセはだまつて頭をふりました。息ばかりすうすうきこえました。

チュンセは困つてしばらくもぢもぢしてゐましたが思ひ切つてもう一ぺん云ひました。「雨雪とつて来てやろか。」「うん。」ポーセがやつと答へました。チュンセはまるで鉄砲丸のやうにおもてに飛び出しました。おもてはうすくらくてみぞれがぴちよぴちよ降つてゐました。チュンセは松の木の枝から雨雪を両手にいつぱいとつて来ました。それからポーセの枕もとに行つて皿にそれを置き、さじでポーセにたべさせました。ポーセはおいしさうに三さじばかり喰べましたら急にぐつたりとなつていきをつかなくなりました。おつかさんがおどろいて泣いてポーセの名を呼びながら一生けん命ゆすぶりましたけれども、ポーセの汗でしめつた髪の頭はただゆすぶられた通りうごくだけでした。チュンセはげんこを眼にあてて、虎の子供のやうな声で泣きました。

それから春になつてチュンセは学校も六年でさがつてしまひました。チュンセはもう働いてゐるのです。春に、くるみの木がみんな青い房のやうなものを下げてゐるでしよう。その下にしやがんで、チュンセはキャベヂの床をつくつてゐました。そしたら土の中から一ぴきのうすい緑いろの小さな蛙がよろよろと這つて出て来ました。

「かへるなんざ、潰れちまへ。」チュンセは大きな稜石でいきなりそれを叩きました。

それからひるすぎ、枯れ草の中でチュンセがとろとろやすんでゐましたら、いつかチュンセはぼおつと黄いろな野原のやうなところを歩いて行くやうにおもひました。すると向ふにポーセがしもやけのある小さな手で眼をこすりながら立つてゐてぼんやりチュンセに云ひました。

「兄さんなぜあたいの青いおべべ裂いたの。」チュンセはびつくりしてはね起きて一生けん命そこらをさがしたり考へたりしてみましたがなんにもわからないのです。

どなたかポーセを知つてゐるかたはないでせうか。けれども私にこの手紙を云ひつけたひとが云ひました。

「チュンセがポーセをたづねることはむだだ。なぜならどんなこどもでも、また、はたけではたらいてゐるひとでも、汽車の中で苹果をたべてゐるひとでも、また歌ふ鳥や歌はない鳥、青や黒やのあらゆる魚、あらゆるけもの、あらゆる虫も、みんな、みんな、むかしからおたがひのきやうだいなのだから。チュンセがもしもポーセをほんたうにかあいさうにおもふなら大きな勇気を出してすべてのいきもののほんたうの幸福をさがさなければいけない。それはナムサダルマプフンダリカサスートラといふものである。チュンセがもし勇気のあるほんたうの男の子なら、なぜまつしぐらにそれに向つて進まないか。」

それからこのひとはまた云ひました。
「チュンセはいいこどもだ。さあおまへはチュンセやポーセやみんなのために、ポーセをたづねる手紙を出すがいい。」
そこで私はいまこれをあなたに送るのです。

この手紙が子どもたちに全く理解されたかどうかは疑問である。しかしながら、多くの彼の児童文学のテーマの原型が、ことごとくこの小さな手紙のなかで萌芽を示しているから、敢えて長い引用を試みたわけである。

生類が三世に流転輪廻をくりかえすという素朴な論理は、「ひかりの素足」に宇宙の大循環という言葉で置きかえられて表現されているし、さらに「ビヂテリアン大祭」に至っては、それが菜食主義者の理論的根拠となって、この主題のみを徹頭徹尾追求することに終っているくらいである。

こういう考えをふまえて、彼は「いきもののほんとうの幸福」をさぐり出そうとする。その指針が彼にとっては法華経を一つの頂点とする仏教だったのである。いいかえるならば、法華経を足がかりにして「いきもののほんとうの幸福」を構築する過程が、彼の文学であり童話であったといってもよい。

世界がぜんたい幸福にならないうちは個人の幸福はあり得ない

（農民芸術概論）

と信ずる彼は「ほんとうの幸福」に達するために必要な「ほんとうのその切符」（銀河鉄道の夜）を徳性であると考えた。しかもその徳は「善逝から来て善逝に至る」（昴）べきものであり、善逝によって与えられた徳によって、はじめて「ポラーノの広場」を設計図とする幸福の世界が実現できることを希願したのである。しかもその徳は善意によって具象化される。「仏教の精神によるならば慈悲である。如来の慈悲である。完全なる智慧を具へたる愛である。……」

（ビヂテリアン大祭）

「カイロ団長」では、この善意というものを雨ガエルの悲しい物語の中で、興味ぶかく訴える。

「貝の火」では、一歩すすんで、それらの善意に対立する慢を兎ホモイの行蔵として描き、さらに不軽菩薩の精神的な姿勢を「デクノボウ」で正しく継承している。「なめとこ山の熊」「フランドン農学校の豚」では、それぞれ生きるものの背負わねばならぬ十字架をやさしくみつめ「グスコーブドリの伝記」には行動として「ほんとうの幸福」の世界を招来するために為すべき方途を明確に示している。そして最も芸術的香気の高い「銀河鉄道の夜」に至って「塔」を中心として――主人公ジョバンニこそ塔という意味である――展開される仏教的世界の最終的配置の構築を完成した。

　そのうえ注目すべきことは、他の児童文学者と違って、とくに宗門の専属作家たちの作品（と呼べるかどうか問題はあるが）と異って、彼自身も繰りかえしているように「既成の疲れた宗教」（注文の多い料理店の序文）の残滓を、まったく身につけていないことである。むしろ異国風のみずみずしいバター臭さが気になるくらいである。

　わたしは、多くの人びとが、彼が仏教徒であり、彼の作品がすべて仏教それ自身といっていいくらいのものであることを、永年殆んど気づかずにいたという事実を知っている。これは、驚くべき彼の天賦の才能の発露には違いないけれども、天から流謫された「雁の童子」こそ彼自身の存在を象徴しているのではなかったかと、仰いでみるのである。

　ただ彼には正確には晩年がなかった。人間として最も昂揚した時期に死を迎えた不幸な作家であろうとわたしは考えている。たとえば親鸞などを「見えざる影におびえる」ものとするだけの認識には、彼のためにも、また将来の日本の子どもたちのためにも惜しまれてならない。

　宮沢賢治のために、すこし書き過ぎたようであるが、仏教と児童文学との邂逅を、文学だけではなくその人生のすべてに、こんなにみごとな結実を残した人は、恐らく今後もあらわれないだろうと考え、おゆるし願いたい。堀辰雄の言葉をもじっていえば、「賢治は彼個有の精神をもたなかった――彼のいかなる精神の中にも、仏教の精神の影が落ちている。」(堀辰雄「芥川竜之介論」) 勿論これはむしろ讃歌である。

仏教と児童文学との結合の現象には、結合の紐帯の強弱はあるにせよ、領域としては種々な場合が考えられる。これは一般に宗教と文学を考えるときにも同様である。

宮沢賢治の場合のように、奉教者として教祖の思想を正しく理解し、それを敷衍していく型と――いわば積極的な伝道者としての性格を色濃くあらわしたものと、たとえば芥川が「蜘蛛の糸」で頂点を示した客観主義的な説話の系列に属するの類型とが見られる。

花岡大学は、宮沢賢治によって代表される奉教者の面影を残した最後の作家であるかもしれない。花岡は宮沢賢治がおそれた「既成の疲れた宗教」教団の中で育ってきた人間であり現に旺盛な創作活動を続けている。

彼は社会的には極めて特殊な寺院の内側にひそみ、その内側から、内側にあって遭遇するさまざまな状況を、私小説風に描きあげていく。さきに小川未明文学賞奨励賞を受賞した童話集「かたすみの満月」は、そういう彼の位置をあますところなく晒けだしている佳品である。舞台はこの作家の殆どの作品が頑固に脱け出さない奈良県の吉野の山の中である。太平洋戦争直後の、ただでさえ暮しにくい時代に、生きていくための如何なる生産にも関与せず、すべての事象を、与えられたものとして肯定し、弱々しく受けとめていく一人の僧侶の物語である。しかも、

……身に衣や袈裟をつけてはいるが、心の中には、人をさげすみ、人をおしのけ「自分ひとりをかわいがろうとするさみしい根性が、蛇のように、とぐろをまいているのだ、どうにもならない。それでつい、良海さんは……

ただ酒をのんで、いい気になって浮かれだす平凡な僧侶が、生き生きと綴られている。そのくせ、

「世にもおそろしい大馬鹿者になりたい。」

などという大それた殊勝なことも考えるといった具合の、物慾と清浄心を同時にもちあわせた矛盾に満ちた人間像に、正確な目で焦点をあわせている。大人であれば、気楽にねころんで、この作家の喜劇的な分身を追えばいいのである。愚者の文学といえば言い過ぎであろうか。

こう考えてみれば、宮沢賢治の文学は賢者の文学であろう。同じく奉教者的性格を孕みながら、なおかつ、全く対遮的といわれる場所を占める二人の相違には注目すべき興味ある問題が含まれている。

尤も賢治は、自己を「修羅」と自覚するところはあった。けれども修羅になりきろうと欲しても修羅にすらなりきれない弱い人間を捉えることはできなかった。こういう賢治の残した空間を、花岡が殆ど全く別の地点から、危うく埋めつくしてくれたと言えるのではないか。

賢治の高さと花岡の深さを彼らの児童文学から享受できるというような比喩は、誤解を招きやすい言葉であるが、敢えて二人を同じ平面で評価しようとしたところに、最後の奉教者的作家として認めるわたしの愛惜がある。

子どもは宗教的には空白である。もちろん宗教心などは持っていない。白紙のままの子どもたちは、成長の過程に於て外部からの刺激によって、宗教的なものを身につけていくようになる。これは種々試みられたテストのデータが物語っているものである。子どもたちが本来本能のごとく宗教的欲求をもっているものであれば、宗教々育などは必要ではない。教育は時間的にも継続が必要だ。

その方法として文学を与えることは望ましいことであるが、残念ながら現在教派や教団が、組織的に児童文学をとりあげようとしているところはない。一般に宮沢賢治は単なる文学史上異質な作家として文学的に読まれるだけであるし、花岡に至っては「かたすみの満月」は千部すら充分に売りきることができなかった。そしてわずかに芥川の模倣や亜流的教材が、まったく小さな封鎖社会の片すみで細々とした命脈を保っているだけである。

賢治や花岡が、ほんとうの意味で読まれないということは、ひろく宗教々育に責任のある組織集団の指導者が、文学教育の方法論を認識しないという理由ばかりではない。現代の子どもたちには、すでに賢治や花岡らの礎いた奉教者的世界すら、すでに遠いものになりつつあることも動かすことのできない事実である。これほどまで、組織宗教々育の力が減退しているのである。

いまわたくしたちに必要なものは、現代の子どもたちと、賢治や花岡を結ぶ線上に、誘動体となるべき新しい形の文学が要請されることである。それは如何なるものか。結論は容易ではないが、ノン・フイクションの領域での文学であることは間違いなさそうであるが詳しくいうひまはない。しかし、それらは、単なる奉教者としてではなく、複雑な現代の世界の動きをふまえ、過去の思想の批判のうえにたった全く新しい視野に根をおいたものでなければならないだろう。

ただ子どもたちに理解が容易だというだけで、漫画の釈迦や親鸞を安易に宣伝したり中継して普及した教団や寺院は、恥ずべきである。彼らは、たしかな児童観を持っていなかったのである。

これはやむを得ないことかもしれない。釈迦や宗祖自身、子どもの存在についての省察や哲学を、すこしも持っていなかった悲劇が、いま徐々に欠陥をあらわしてきたのであろう。

付記　仏教には正しい児童観が含まれていないという認識には問題があるかもしれない。そういう基本的なものを飛びこえて文学を語るなどは徒労であるような気がする。また、わたしは漫画の釈迦などを否定したが、漫画そのものを、釈迦そのものを与えるのを否定したわけではない。むしろ反対である。釈迦のもつ内容が漫画になり得る筈がないのに、子どもの興味に媚び、またそれを期待する商業主義とは、きびしく対立するだけである。

岡倉天心の仏教思想

宮川寅雄

一

岡倉天心は、人も知るように、近代日本画を創成するために、明治十年代から明治の終末にいたる間、指導的な役割をはたした人物である。しかもその活動は、美術運動の域をこえて、思想家として独得の地位をしめてもいた。かれの思想の実践的な性格は、つねに、はげしい警世的言動とむすびついており、それは、かれの生きた時代ののちまでも、大きな影響をあたえた。

かれが、美術行政家、ないし教育家としての生涯の方向を決定した一つの契機は、アーネスト・フェノロサとの出会いであったろう。

しかし衆知のように、天心は数年後には、かれと疎隔してしまう。この疎隔には世俗的な理由もあろうが、その底には、強勁な思想をもつ天心が、フェノロサを、もはや必要としなくなったということがひそんでいた。この強勁な思想という意味は、きわめて抽象的である。そこには、たぶんに明治期のナショナリストに、共通にみられる精神的性格がただよっている。しかし、天心のばあいには、むしろ、それと結びつき、それと時には矛盾しながら、すぐれたヨーロッパ的知性にめぐまれていた。しかも強剛な行動力、いつもなにごとか、大事業に没頭しないではいられない実践的意欲にみちみちていた。かれの東京美術学校時代の「日本美術史講義」をはじめ、日本美術院時代にあらわした英文著書「東洋の理想」「日本の覚惺」「茶の本」などに、かれの、このような特性は、あきらかに指摘することができる。

天心の思想の形成――成熟期をとって、その思想の本質や性格について考えようとすると、われわれは、いつも、漠然と、抽象的にしか把束することができなくて、当惑しなければならない。天心の思想は、他の多くの、茫莫とした明治思想家たちのそれにもまして、カオスのような性格をもっていた。そこには、混沌とした矛盾や流動があって、実体的なものを析出するには、しばしば困惑をかんずる。かれの思想は、明治開明主義やヨーロッパ的合理主義の側面をもちながら、反面に、明治ナショナリズム特有の精神主義や非合理主義が、わかちがたく結びついている。警世的理想主義とともに、官僚的俗物主義が、同時に共棲している。晩年に、はやくもあらわれる東洋的諦観のかたわらに、楽天的ポジティヴィズムが顔をのぞかせている。そして、このような矛盾と撞着とは、むしろ、天心の思想そのものの、ダイナミズムをはらみ、その性格をヴィヴィドなものにする作用をさえ、しているように見うけられる。

ここに問題とする天心の仏教理解についても、同様なことがいえるようである。天心は、さきにあげた主著をつうじて、東洋の宗教思想が、わが国の芸術や思想一般にあたえた強烈な影響の足跡を追求している。とりわけ仏教思想については、もっとも紙幅をついやしている。天心は仏教思想の理解のために、青年時代から、かなりの読書としたと考えられていい。しかしその時々の、読書内容をつきとめるべき資料のてがかりは、文献的には、ほとんどのこされていない。天心が仏教の信仰者だったか、どうかということについても、その生涯をつうじて、つきとめる資料にとぼしい。われわれの知りうるところでは、天心の嗣子・一雄の伝記「父天心」などに散見する記事以外には、仏教者らしい天心を見いだすことはできない。そのなかには、つぎのような記録がある。明治二七、八年ころ、つまり天心が三三、四歳のころ、天心の家に、室《む》生寺《ろうじ》の丸山貫長が、一ヵ月余にわたって滞在していた。丸山は、床の間に愛染明王の画像をかけ、独鈷をとって日々礼拝していたが、天心は丸山のうしろに坐して、祈りをあげていたというのである。このような記録から、われわれは、ただちに天心を仏教の信仰者だと、断定することはできまい。中国・インド旅行にさいしても、仏教を、日本の偉大な精神的伝統としている以上の、天心の姿を、見出すことはできない。丸山貫主のうしろから、愛染明王を礼拝することは、むしろ明治人一般の心術に属する。しかもかれの内部では、じつは道教も儒教も、同時に、東洋の精神遺産として、混在していて、ひとり仏教だけが、高い評価をうけているのではない。かれは、天平の官人の服装をし、馬にまたがって東京美術学校にかよったり、道服を着て、中国旅行をしたりした。ときには、世俗的異端を誇示するために、僧衣をまとうことさえありかねない。そういう天心は、その思想についても、同様なふるまいをした。かれは儒・仏・道の三教を、その外衣としての美術の生成との関連で渇仰した。たぶんに、かれの宗教的理解が、詩人的・耽美的であり、それらの教義への態度は、人生論的・文明批評的でもあった。

「東洋の理想」（一九〇三年　ロンドン刊）の第一章のなかで、かれは、有名な「アジアは一なり」から記述はじめて、雄大だが、きわめて抽象的・詩的に、世界の大宗教がアジアにうみだされた状況をのべ、日本が島国的孤立の条件のなかで、アジア諸思想と文化の信託の倉庫となった幸福を賛美している。さらにすすんでかれは、儒教・道教・仏教が、この信託倉庫の思想的、芸術的源泉であることを指摘している。このばあい、仏教は、儒・道の二教と並列されており、仏教を唯一、最優秀の思想とは解されていない。その後の天心の著述でも、このことは変更されていない。かれにあっては、ヴェダ・ヒンズー、回教すらも、一視同仁に、その東洋主義の精神的支柱とみなされている。かれの「極東アジア芸術における宗教」(一九〇八年か?)という英文の論文でも同様である。さらにかれはそのなかで、「芸術を宗教の装飾」だと規定している。しかも、その「宗教」は、儒・仏・道の三教を、過不足なしにさしているのである。天心のこのような宗教理解の基底には、あきらかに、明治時代特有な折衷主義がはたらいていた。それは宗教上の寛容というのではなくて、東洋主義的護法論の性格をおびていた。明治中期の仏教の護法論の一部にある反キリスト的折衷主義と、天心の考えは、近似している。天心のばあいは、神道が軽視されているのだが、思想の論理性が弱いということでは、共通であった。

このような天心の思想の俗論性は、かれのヨーロッパ思想との対決の仕方のなかにもあらわれている。そのことは、旧著「岡倉天心」(一九五六年東京大学出版会刊)のなかでのべておいた。

二

天心は、アジアの宗教思想について、儒・仏・道・の三教を、並列的に重視し、卑俗にそれを統一しようとさえした。論理的に伝統思想を追求しようというよりは、かれの警世的、文明批評的東洋主義の宣揚のために、楽天的に、援用してはばからなかった。だからといって、私は、天心が、当時の護法論者、仏教思想家たちより、思想の質において劣っていると、かんたんに論定しているわけではない。天心が、その思想形成期に、折衷主義的思想を、仏教思想家から学んでいたという推定は、実証には弱いが、想像にあまりある。天心は護法論者の、反欧化思想やキリスト教批判に、共鳴をかんじたであろう。しかしかれには、日本の伝統的美術の歴史についての理論化という関心があった。それに沈潜するにしたがって、日本仏教の価値認識を高めるという欲求をもっていた。一八八八年に創立された政教社の運動は、神・儒・仏の三教一教を主張した。

これなどは、天心の思想に、影響をもったように思われる。しかし天心には、護法論者たちのような、宗教的偏狭は、すこぶる稀はくだった。そのうえ、天心は、芸術的衣装のとぼしい日本神道について、あまり高い評価をしていなかった。かれは、日本の宗教者がかえりみなかった道教を、むしろ重視した。道教は、事実、中国絵画に、つよい伝統的影響をもっていた。それゆえに天心は、高く評価したのである。かれの宗教理解には、詩的、唯美主義的な傾向がつよく、そのことのゆえに、特異な思想的資質をつくることができたようである。

天心と大学の同期生だった井上哲次郎は、仏教護法運動に、ひとつの役割をもった。一八九一（明治二四）年の内村鑑三の不敬事件と、その翌年の熊本英学校における同様の奥村禎次郎事件は、一面では、国粋主義と欧化主義の卑近な激突のあらわれであった。この事件にさいして、井上は「教育時論」に談話や論文を発表し、ひろく論争をひきおこした。かれはもちろん、国粋主義的護法論を展開したのだが、残念ながら、天心が、この事件や井上の態度に、どう反応したかは知られていない。この事件も一つの契機となって、明治二〇年代末の、仏教界とキリスト教会との、国権介入による和解の成立が到来した。興味あることには、天心の身辺でも、かれがあれほど拒否しつづけた洋風画や洋風彫刻をしだいにうけ入れるようになったのも、この時期に対応している。天心も、このころ、洋風画排撃の手をゆるめざるを得なかったのである。

こうした傾向は、明治前半期のナショナリズムの転機と関係がある。このころから、仏教者や仏教学者の海外留学は、量的に増大した。

ヨーロッパ学問や思想の媒介なしには、明治ナショナリズムさえも成立しなかったのではあるが、この時期には、その媒介の質にも、大きな変化があらわれたとみていいのではなかろうか。その変化は、拒絶か心酔か、という単純な性格を脱したというばかりでなく、コスモポリタニズムを、ナショナリズムが胎生していくということのなかに特質があった。

天心は、かつて、一八八六年に、フェノロサとヨーロッパ旅行をした。その時、かれは、ヨーロッパ思想や美術を拒絶した。フェノロサの影響が、つよくはたらいていたのであろう。しかし実践的には、やがて天心は、「日本美術史講義」において、ヨーロッパ的歴史叙述と美意識の影響の優位性を、立証してみせた。

かれの国粋主義は、若き日のままのかたちで維持できなくなり、コスモポリタニズムに通路をもとめる。これを仏教思想史に対応させてみると、そこに天心の同期生・井上哲次郎の、「釈迦伝講義」がある（一八八九年）。また藤井宣正のあらわした「仏教小史」（一八八四年）がある。つづく村上専精や鷲尾順敬らの仏教史学への、ヨーロッパ史学思想の導入がある。そしてやがて、姉崎正治、高楠順次郎、木村泰賢らの原始仏教研究の移植ないし研究が、はじめられる。仏教学や仏教思想にも、ヨーロッパの学問を媒介としての、質的転換が、おこるのであった。

さて、天心の生涯で、一九〇一―二年のインド旅行は、天心の仏教思想を知るうえで注目すべき問題をふくんでいる。かれはインドで、同郷の仏教思想家、織田得能と、日本で東洋宗教会議を開催する計画をたてた。この時、天心は、その生涯のうちでも、もっとも宗教運動者らしくふるまった。

インド解放をうちに秘めて、予言者・志士的な性格を、それは帯びていた。一九〇一年十一月、天心は不振の日本美術院をのこして、インドに渡った。来日していたイギリス婦人マクラウドと行をともにしたというところにも、ついでながら留意していい。天心はインドで仏跡を歴訪したり、スワミ・ヴィヴェカーナンダというインドで著名な思想家と、かなりの親交をむすんだ。その間に渡印してきた織田と会した。織田は真宗大谷派から破門された僧侶で、天心のはげしい思想に共鳴して、ともに大規模な東洋宗教会議をもつことを計画した。「天心・岡倉覚三」の著者、清見陸郎にしたがえば、それにはヴィヴェカーナンダが、この計画の中心にいたようである。

この計画は、中国の仏教、蒙古のラマ教、インドの回教、仏教ヒンズー教の代表を、日本で会同させようというのである。しかしヴィヴェカーナンダは中途、病死し、その上、計画が杜撰であったために、この会議はついにもたれることなく終った。天心も帰国後、極力、この問題にふれようとしなかった。これにたいする国内の世評ははなはだきびしく、嘲笑さえもささやかれた。清見が、後年、天心よりもおくれて、一九〇四年にインドを訪ずれた河口慧海に聞いたところによれば、天心のインド知識層にあたえる精神的影響は、かなり強烈な尾をひいていたとのことである。げんに天心は、インドに日本仏教徒を招致しようとして、土地払下げをインド政庁に要請して、失敗したこともある。このような派手な、かれのやりくちからしてもその熱気をふくんだ警世的弁舌とともに、インドの知識層に、つよい印象をあたえたことは、想像にあまりある。これらの計画は、天心らしく粗笨であり、例のように失敗し、失敗すると思いきりよくこれを忘れ去ったようであるが、この事件は、天心としては、もっとも宗教運動家らしくふるまい。世俗的には大敗を喫したのであった。天心の思想遍歴からすれば、この事件は、二年後には、後半生を左右するアメリカ旅行、主著「東洋の理想」の述作ということにつながるのであってみれば、かれにとっては、思想上の、ひとつの岐路でもあったといってよかろう。

三

ここに一通のインド旅行中の天心の書簡がある。それはさきの織田得能にあてたもので、清見の前掲書より重出してみよう。

「(前略) 過般来当地に参り、ヴィヴェカーナンダ師に面会致し候。師は気魄学識超然抜群、一代の名士と相見え、五天到るところ師を敬慕せざるはなし。而して師は大乗をもって小乗に先んずるものと論じ、目下印度教は仏教より伝承せることを説き、釈迦をもって印度未曽有の教主となせり。師はまた英語を能くし、泰西最近の学理にも通じ、東西を綜合して不二宗門を説破す。談論風発、古天論師の面目あり。実に得難き人物と存じ候。出来得べくんば、小生帰朝の際、同伴致すべき考へに候（下略）（「信燈」第二五六号―明治三五年二月号所載）

この短信からは、ヴィヴェカーナンダから、インドにおいての大乗優位論を説かれ、天心が感心していることをはじめとして、紙背にインド救国の同志をかれに見出して熱狂している様子が、まざまざとうかがわれる。しかし、日本の仏教者の間には、天心がインドに向って日本を出発した年には、村上専精が「仏教統一論」をあらわし、そのなかで、大乗非仏説論を展開していた。村上はこれによって、統一仏教を提唱し、仏教理論に歴史主義的方法を適用していた。また、姉崎正治も、「現身仏と法身仏」で、その根本仏教への道を探求しはじめていた。天心が、仏教理論でも、その水準に達していなかったことは、ここいらへんに、露出していることがわかる。天心に必要なことは、むしろ、もっと粗笨《そほん》でも用が足りたということであろう。

天心は、前述したように、つぎつぎに英文で文明批評ないし美術論を公刊し、つづいて一九〇六年、ニューヨークから「茶の本」を出版した。この書物は、それ以前の著書と、その思想系譜のうえで、かなり異った性格をもっている。私は拙著「岡倉天心」で、この「茶の本に」について、つぎのように記述した。

『茶の本』は、前の三著にくらべて、沈静した書物だった。それは茶の湯に托して、日本の文化と、日本人の生活を描きだしてみせたエッセイのような小著だった。すべての激烈なものはかげをひそめて、ユーモアさえ含まれている芸術論だった。日露戦争もおさまり、政治的にかきたてるものはなかった。美術院のことは、大観もいうように、しりぞいて機をまつほかなかろうし、それよりも諦念が、かれを焦りから救ったのでもあろう。早熟な天心は、四十四、五歳で、老成した筆致で『茶の本』を書いた。それはかれにとって、最後のまとまった書物であった。『茶の本』には、生と死の問題がちらついている」

この記述については、いまも私は、異なった見解をもっていない。ある意味では、この時期にこそ、仏教が、かれの生活感情のなかに、もっともしっくりと融和しているとさえ思える。仏教は、この書物のなかで、天心の心的境地として、定着しているように見える。もちろん、天心は、この書物にも、アジア諸宗教の綜合と統一のための志向を、すこしも変更してはいない。しかし、とくにここでは道教と禅について、多く語られ、その第三章のすべてを、そのためにさいている。しかし、天心らしく、その思想把握は、例によって感性的、唯美的である。しかも他方では、これらの思想を、いまや生活的心術の規範としようしているかのようである。

とりわけ最後の第七章「茶の宗匠」は、千利休が芸道に殉ずる状景をえがいているが、それがそのまま、天心の当時の心境を反映しているもののようである。この書を出版したのが五月、同じ年の九月には中国への再度の旅行をするが、それはボストン美術館の職業上の必要によるもので、往年の中国旅行のような気魄はみられない。その年の十二月、不調の日本美術院とともに、茨城県の五浦に、天心は移住する。天心が、その愛する弟子に托した新日本画創造の事業も、なお社会の公認をうるにいたらず、やがて天心の先輩・橋本雅邦が死に、つづいて菱田春草が跡を追うのであった。半年交替にボストンに滞在し、帰国すれば、五浦漁荘に釣師の生活をたのしんでいた。そういう晩年の天心の、とばくちのところで、「茶の本」があらわれたということは、この本の内容の陰影を決定しないではおかなかった。

こう考えてくると、これまでの天心の仏教理解と「茶の本」に表現されたそれとは、おのずから異なるものがあっていいはずである。

天心は、しょせん仏教者でも、仏教理論家でもあり

「明治の美術の展開に光輝を放ってきた巨星たちを包含した最大の星座ともいうべき天心は死んだ。しかし天心の強烈なイデーは、大きな星がなお、幾光年かその光を失わないように、生きつづけた。」（「岡倉天心」）

この評価が、もし正しいとするなら、かれの事業をささえた精神的支柱のひとつとしての、かれの理解した仏教思想は、立派な生産的な役割をはたしたといえるだろう。しかし、より厳密にいうならば、天心の事業の思想的功績は、仏教にも、その他の宗教思想にも帰せらるべきものではなさそうである。そのことは、かれの宗教把握の、きわめて偏した詩人的、文明批評論的傾向からも証明できそうである。そしてそれゆえに、かえって天心の思想の豊かさが保証されたのでもあろう。

えなかった。かれは、仏教的衣装をまとったはげしい精神家だったという方が正確だろう。五十歳になんなんとして、かれは強勁な警世論に代えるに、沈静な心術をたのしんだのである。しかも、そこには、かれの思想の疲労、老衰をにおわせるものがあるのを、否定することがでない。この精神的衰弱が、世俗的には、五浦美術院の衰退ということと、つながりをもっていたといっても、いいすぎではない。

私はこの小稿で、天心の思想の展開と仏教思想との関係を、いくらか追求してみようとした。またかれの仏教理解が、その時代の仏教界と、どんな点でふれあっているかについてものべてみた。最後に、天心の精神的衰弱にともなって、仏教が天心の内部で、かれの晩年にふさわしい心術化していく傾向を指摘した。また天心の仏教評価が、詩的、感性的傾向で、装飾されている特徴についても考えてみた。その当否は、読者の批判をまつほかはない。私は、かつて旧著で書いた。

浩々洞の歩み

——清沢満之を中心に——

松原祐善

一　浩々洞の誕生

明治三十二年（一八九九）六月十四日、清沢満之（一八六三—一九〇三）は三河大浜（愛知県碧南市）の自坊西方寺に於ける病床を引払って上京し、東京本郷区森川町一番地に住むことになった。すなわち満之の三十七歳のときであるが、当時東京の浅草本願寺にありて勉学中であった大谷光演（句仏）師の招聘と在京の近角常観・常盤大定氏等の切なる勧誘に応ぜるものであった。そのころあたかも東本願寺の宗務当局（石川舜台）は清沢満之に対し、真宗大学の学監（学長）の就任を要望してきたのであるが、満之は大学を宗政の本拠である京都の地から離れて東京に移転せしむることを第一条件としてこれを承諾したのである。かくて宗務当局は明治三十二年十月下旬の議制会に於て真宗大学の東京移転を決定し、翌三十三年一月、太田祐慶・清沢満之・吉田賢竜・月見覚了氏等を真宗大学建築掛に任命した。いよいよ同年七月着工、東京府下北豊島郡巣鴨村大字巣鴨字宮仲（現在の豊島区巣鴨庚申塚附近）に大学の建築工事がすすめられ、而して翌三十四年九月にその竣工がみられるのであるが、その着工と同時に工事監督の任を以て上京してきた月見覚了氏は清沢満之と同居することになった。ちょうどそのころである。明治三十三年七月に多田鼎・佐々木月樵・暁烏敏の三人が京都の真宗大学を卒業し、更らに研究院にすすみて多田鼎は「釈尊の研究」を、佐々木月樵は「一乗教の研究」をつずけることになり、暁烏敏は別れて東京に上り、外交官を志して東京外国語学校の露語別科に入学した。暁烏は当時の国際間に於ける紛糾を懸念し、なるほどその後数年を経て日露戦争となるのであるが、なんとか国家間の利己主義を拭って真の世界平和の理想の実現に貢献したいという念願からであったといっている。実はこの多田・佐々木・暁烏の三人が後の浩々洞を背負う三羽烏として満之門弟中最も重きをなすものであるが、かの明治二十九年（一八九六）から同三十年（一八九七）に及ぶ満之の宗門革新運動にも、この三人は真宗大学の学生代表として運動の第一線で活躍し、満之の人格に深く傾倒するところがあった。時あたかも明治三十三年の八月であるが、愛知県安城市の碧海教会に於て三河三為会が開かれ、たまたま満之の講話を聴講せんとして集ったこの三人は、相共に九月以降は東京の満之の膝下にありて研究に従事せんことを決意し、暁烏はなお外交官の志を抱きながらも満之のもとで修養の道にいそしみたき本心を訴え、更に日頃の念願として仏教特有のむずかしき用語を捨て、日常平易な言葉を以て仏教の真理を伝える雑誌を発刊したき旨をうち明けて満之に嘉納されたのである。かくて同年九月には多田・佐々木・暁烏三人は東上して満之と同居し、その指導を受けることになった。ここに満之を中心とする浩々洞生活がうまれてきたのである。多田鼎は「九月十八日予東京に来り、本郷森川町一番地二百四十一号の家に入る。浩々洞の元の家今の求道学舎なり。月見・百目木の二氏、佐々木・暁烏の二兄あり。其他諸兄弟あり。帰省中の先生は十月一日の午前十時頃来りたまふ。それにより三十五年六月一日、東片町に移るまで二年の間、この家は我等の浄土なりき。花吹雪乱れ入る仏堂に於て、積翠流るる階上にありて、さては木犀の香緩やかに動く樹心窟の中、又は山茶花のさき満つる庭の辺にありて、番茶を喫しつつ先生の講話をうけたまはりし其の折の清興、今も忘るゝ能はず[1]」と入洞当時の思出を語っている。その頃洞へ通われていた常盤大定も「先生を中心とする洞の生活は恰も古代の僧伽を目前に見るが如く感ぜられた。仏教の僧団にはいふべからざる美しい長所を含むものであるが、其のうるわしさを現代に実現したのが洞の生活であった[2]」と追懐している。また暁烏敏はこの洞について「バラックのような建物の二階の八畳に三人（多田・佐々木・暁烏）がおることにした。階下の十畳が先生の書斎であり、次の間の六畳に先生の侍者をしていた原子広宣君がいた。月見覚了さんも十畳の隣の六畳におられた。その他学生諸君も大分いた。みんなが集まって清沢方と手紙を書くのがいやだから何か家の名をつけたらよいといふ議が起った。一日みんな集って家の名を投票した。誰かが書いた名の「浩々洞」という名がよかろうということになった。―月見覚了氏の命名という―。先生は一週に二回ばかり当時浅草本願寺に修養しておられた大谷光演師に講義をしに行かれた。一高の徳風会や哲学館の仏教会にお出になることもあった。多田君は『華厳経』から読み始めた。佐々木は馬鳴の著作から読み始めた。私は毎夜一橋の語学校に通うて露語を習うた。その時分の先生に長谷川二葉亭氏がおられた。太田覚眠・安杉貞利二君などは同じクラスにおられたことを覚えている。この時代に多田君や佐々木君の勉強振はすばらしいものがあった。私は憲法や経済学の書物などを読んでいた。毎晩十時頃私が学校からかへるとすぐ先生の室に行った。そして先生から『阿含経』のことエピクテタスのことを多く聞かされた[3]」と語られている。浩々洞の名はかかる気軽るな動機から選ばれてきたものであったが、いつしか大きな歴史的使命を負うことになり、明治の精神史に不滅の足跡を残したのである。「浩々」とはいうまでもなくひろびろと大いなるさまをいうのであるが、更らに同人の間には「浩々とはいきいきと物それ自身に対する吾人の心の直接経験なので、謂はば物それ自身の味ひ―総てを忘れ果てた赤裸々の吾人の心に味はるる物それ自身の味ひを指して謂う[④]」という哲学的解釈まで試みられていた。而して洞の中心である満之その人について安藤州一は「先生の洞を統理せらるるや、規律を以てせず、叱責を以てせず、一に自由に放任す。常にそれのみならず、折々の茶話会には年少の者と共に遊戯の中にも加わり、共に興じ共に戯れたまう。而して何となく温かなる空気、満洞に動きて、自然に統理せられ、一言の不平をいう者なかりき。先生の内厳外寛の高風、自ら我兄弟を化せるがためならむか。『言志録』に曰く、以春風接人、以秋霜自粛と正に先生の謂なり[⑤]」と語り、階上階下僅かに五間のバラックに居住して「各々好む所をなし、各々思う所を行う。興至れば我を忘れて呵々大笑し、時に議論風発夜の更け行くを覚えず」とありて、まことに浩々洞の名も適しく、おのおのは満之の人格に自然に統理せられて、思うままに青春と自由を享受し、浩々の気の溢れみつるところに何よりも洞生活の面目があった。

さてこの浩々洞よりかねて当初の念願であった雑誌『精神界』が生れて来たのである。明治三十四年（一九〇二）一月、その第一巻第一号が創刊されたのである、巻頭には満之の「精神主義」の論稿を掲げ、村上専精の「宗教の本質」吉田賢竜の「仏陀の平等主義」楠竜造の「大乗仏教の人生観」沢柳政太郎の「宗教と教育との関係」等の論文が掲載されている。表紙は中村不折が画筆をとり、その「誕生の辞」は当時二十四歳の暁烏敏の筆である。

『精神界』は何故に世に出づるやと問う者あらば、我等は反って問はむと欲す。鶴は何故に空に鳴き鶯は何故に園に歌うやと。

『精神界』は、何故に世に出づるやと問う者あらば、我等は却って問わむと欲す。夏何故にさみだれ、冬何故にしぐるるやと。

東風やわらかなる春、花ほほえみ、西風さびしき秋、紅葉燃ゆ。竹影は階を掃ひて塵動かず、月輪は沼を穿ちて水に痕なし。

『精神界』は誇らむが為に、罵らむが為に、怒らぬが為に、懲さむが為に、世に出づるにあらず。仏の慈悲を讃めむが為に世に出づるなり。

『精神界』は悲しまむが為に世に出づるにあらず。仏の智慧をたたえむが為に世に出づるなり。

苦と悲との谷を去りて、安慰と歓喜との野に遊ばむと欲する者は、ここに来れ。光明はとこしへにここにましまさむ」（誕生の辞）

かくしてはじめて清沢満之の精神主義なるものが世にかかげられ、その要旨がここに提示されたのである。まずこの論稿の冒頭に

「吾人の世に在るや、必ず一つの完全なる立脚地なかるべからず。若し之なくして、世に処し事を為さむとするは、恰も浮雲の上に立ちて技芸を演ぜんとするものの如く、其の転覆を免るる事能はざること言を待たざるなり。然らば吾くは如何にして処世の完全なる立脚地を獲得すべきや。蓋し絶対無限者によるの外ある能はざるべし。此の如き無限者の吾人精神にあるか、精神外にあるかは、吾人一偏に之を断言するの要を見ず。何となれば彼の絶対無限者は之を求むる人の之に接する所にあり。内とも限るべからず。外とも限るべからざればなり。吾人は只だ此の如き無限者に接せざれば、処世に於ける完全なる立脚地ある能わざることを云うのみ。而して此の如き立脚地を得たる精神の発達する条路、之を名づけて精神主義という⑥」

と述べられている。ここに満之の精神主義とはまず端的にわれわれの処世に於ける完全なる真の立脚地を与えんとするものである。そしてその完全なる立脚地を獲得するには絶対無限者によるの外なく、絶対無限者によることなしには到底処世に於ける完全なる立脚地をうることは不可能であるとしている。すなわち精神主義は宗教を信じ、その宗教の真髄を精神主義の名に於て表明し、またその精神主義を道とし方法として宗教の真面目を世に伝え、それを以てわれらが処世に於

ける第一義を時代の人々に喚びかけ覚醒せんとするものである。かくして絶対無限者に立脚地を獲得したる精神の発動を解明し、精神主義は自家の精神内に充足を求むるものにして、外物を追い他人に従いて為に煩悶憂苦することなしと述べ、更らに精神主義は完全なる自由主義なることをいい、完全なる自由は如何なる場合にも絶対服従と平行し、よく他人の自由と調和し、決して彼の自由と衝突することなきことを述べている。かくしてこの論稿の最後を結びて

「之を要するに精神主義は吾人の世に処する実行主義にして、其の第一義は充分の満足を精神内に求め得べきことを信ずるにあり。而して其の発動するところは、外物他人に追従して苦悩せざるにあり。交際協和して人生の幸楽を増進するにあり。完全なる自由と服従とを雙運して、以て此の間に於ける一切の苦患を払掃するに在り」

と述べられている。凡そこの一文によって精神主義なるものの根本要旨が最も簡明率直に示されているものと思われる。かくてこの「精神主義」の論文をうけて、『精神界』第二号には「万物一体」を、第三号には「自由と服従の雙運」第四号には「科学と宗教」第五号には「精神主義と物質文明」等と題して、号を追うてこれを更らに敷衍し、より詳細に解明していかれたのである。

二　満之の宗教的回心

清沢満之の明治三十五年（一九〇二）の『当用日記』の裏扉[7]に自分の後半生を回顧して「回想」の文を草している。

回想す。明治廿七八年の養痾に、人生に関する思想を一変し、略ぼ自力の迷情を飜転し得たりと雖も、人事の興廃は尚ほ、心頭を動かして止まず。乃ち廿八九年に於ける我宗門時事は終に廿九卅年に及べる教界運動を惹起せしめたり。

而して卅年末より、卅一年に亙りて、四阿含経等を読誦し、卅一年四月、教界時言の廃刊と共に此運動

を一結し、自坊に投じて休養の機会を得るに至りては大いに反観自省の幸を得たりと雖ども、修養の不足は尚を人情の煩累に対して平然たる能はざるものあり。

卅一年秋冬の交、エピクテタス氏教訓書を披展するに及びて、頗る得る所あるを覚え、卅二年東上の勧誘に応じて巳来は、更に断えざる機会に接して、修養の道途に進就するを得たるを感ず。

而して今や仏陀は、更に大なる難事を示して、益々佳境に進入せしめたまうが如し。豈感謝せざるを得むや。

明治卅五年五月末日

この「回想」の文は五月末日とある日附よりして、森川町の浩々洞の宿舎を当時西欧視察の旅より帰朝された近角常観氏に譲り渡し、六月一日洞を本郷東片町一三五番地へ移転する前日である。この文の結びに「而して今や仏陀は更に大なる難事を示して益々佳境に進入せしめたまうが如し。豈感謝せざるを得むや」と述べられているが、いかにも「大なる難事」の到来を予感されているようである。安藤州一は満之の東片町時代を語って「先生の生涯は頗る多累なりしと雖も、東片町時代は如来を信ぜざる者よりして之を見れば、蓋し惨憺の極なりしなる可し、十月六日には郷里大浜に於て、令閨に先だたれ、先生亦病漸く重くして碧血屢々唇頭に溢る。しかも此間に於て、西京の天地風雲頗る急にして、先生に裁決を仰ぐの事項亦少からざりき。盤根錯節に遇うて初めて刀の利鈍を知る。先生の所謂現在安住の信念は此時に於て、尤も明に光輝を発せられたり」と述べている。

いまこの「回想」の表白によると、明治二十七年（一八九四）六月より播州須磨の海岸に病身を療養されたことが満之の生涯を前後に劃せられたように読まれるのである。而して明治二十七年といえば満之が三十二歳の時である。人生三十という頃は煩悩の最も深刻に興盛するときである。釈尊は二十九歳で出家、三十五歳で成道なされた。親鸞は二十九歳で煩悶の頂上に達して叡山を捨てて法然の門をたたかれた。満之が精神の自由を求めて突如禁欲生活には入ったのは二十八歳の頃であるが、その霊的奮闘は年々その厳しさを増して遂に結核の不治の病に倒れ、彼はその修道に挫折したのである。その頃既に満之は『歎異鈔』に親しんでいることが知られ、しかも『歎異鈔』は周知の如く満之をまって明治の世に紹介されてきた聖典である。彼の宗教的回心は恐らく『歎異鈔』の指導によれるものと推察されるのであるが、しかしここに満之をして禁欲生活に決断せしめた動機は当時の僧風の堕落を刷新せんとして仏教の出家道の精神に徹せんことを他に求めず、まず己に課したことである。かくて彼の宗教的回心の根抵には釈尊の出家精神を体せんとする熾烈な志願と出家道への肉迫が前提されていることを忘れられてはならない。満之の播州舞子の療養日記である『保養雑記』には喀血の床に死と対決しつつ死生相代の理を観じ、生死一如の境に住せんと工夫している。また沢柳政太郎氏の寄せられた『和漢高僧記』を繙き、南岳の慧思、浄影寺の慧遠、天台の智顗、南山の道宣、光明寺の善導の五師の徳行を数えてその高風を追慕している。更らに九月三十日の記に

念仏 ｛ 諸行随一—観経—門—十九　当今此機尚稀。
　　　　万善不共—小経—堂—二十　況。
　　　　唯信後行—大経—室—十八　更況。

と表記して如実の念仏の容易でないこと、すなわち念仏は極難信の法なることを表白している。かくて病床に於ける内省は真宗の宗意の核心へと向けられていく。断肉清独、これ宗旨の要素にあらずといい、円顱方袍、懸繒燃灯、散華焼香、六時礼賛（善導大師）称名遍数（法然上人）すべて宗旨の要素にあらずと断定し、「円頓極乗の宗旨は唯信の一要のみ、此信発して念仏となり、自然と多念に及ぶもの」と表明し、やがて「極悪最下の機も前念命終後念即生の深意、夫れ此に至りて首肯し得べきにあらずや」[8]としていずれの行も及ばれない極悪最下の機こそ信心の一念に即得往生を体得し、自力を捨てて他力に帰し、まことに信に死

して如来の本願に新しく蘇みがえることを得たのである。今やこの病床に「愚蒙の改悔」それ此の如しと懺悔して、愚に徹して獲信の喜びを得られたのである。而して翌二十八年の一月に入りて、浄土真宗の大綱要義をたずねて『在床懺悔録』[9]を綴られているのである。

次いで満之の四阿含の読誦については、明治三十年（一八九七）十一月、大谷派事務革新全国同盟会を解散して、自坊大浜西方寺へ投ぜられたのであるが、再び喀血の襲来する病床に臥せられたのである。当時の『病床雑誌』[10]によれば明治三十一年一月二十二日より二月二十五日にわたりこの病床に四阿含を繙かれているのである。後日満之は「阿含感」と題して「余が『阿含を誦して特に感の深かりしは喀血襲来の病床にありし為か。然れば教法の妙味を達せんとせば生死巌頭の観に住すること尤も必要たるを知るべし」[11]と述懐しているが、このことは必ずしも阿含読誦の場合に限らないであろう。満之の仏教はつねに生死の巌頭に立つ現実の只中に学びとられたのであって、装飾的な学問知識ではない。姉崎正治氏は「清沢師に親ら接したことは只一回、二見浦にて師が、阿含小乗と人は貶すれど、見る人の心次第にて其の中に大乗もあり、他力門も存せりといわれし一語、今尚耳底に響き、近来僕が信仰の為に求めんとしつつ努力する間、髣髴の間に得たる光明は益々此の言の真摯の経験に出でしを悟らしめ、数日前に恰も近角兄と此の事を語りしなり」[12]と述べている。約一ヵ月にして四阿含を読了した満之は更らに仏伝である『仏本行集経』を繙いている。当時の感動を井上豊忠氏に宛てて訴えられている。「頃日『本行集経』を繙き、悉達太子の出家修道の事歴を玩誦致候に、恩愛の纏縛は何処にも変ることなく、情義の難断は高貴の人に在りて却って重甚なるを認め候。而して彼の王使の諫争を呈するに当りては、切々皮肉に入り、層々悲哀を加へ、人をして感極りて悶絶せしめんとするに至る。其間に在りて太子の容貌如何。所謂泰然如山威風凛々、設ひ山岳は動転し得べきも、設ひ海洋は乾燥し得べきも、我決心は移す可からずと宣言したまふの一段に至りては在病の寒生も覚えず涙痕の衣襟を潤ほすを認め候。嗚呼末世の大法の振興せざる、果して誰人の過ぞや云々[13]」と書き送られている。満之は親鸞を直ちに釈尊と結んでいる。明治三十四年十一月号の『精神界』に「宗教的信念の必須条件」と題する論稿を載せているが、そのなかに「真面目に宗教的天地に入ろうと思う人ならば、釈尊がその伝記をもて教へ給いし如く親も捨てねばなりませぬ。妻子も捨てねばなりませぬ。財産も捨てねばなりませぬ。国家も捨てねばなりませぬ。進んでは自分其の者も捨てねばなりませぬ。語を換えて云えば宗教的天地には入ろう思う人は、形而下の孝行心も、愛国心も捨てねばなりませぬ。其の他仁義も道徳も、科学も哲学も一切眼にかけぬようになり、茲に始めて宗教的信念の広大な天地が開けるのである。云々[14]」と述べられている。

次にエピクテタスの教訓書（The Teaching of Epictetus. by T. W. Rolleston）を手に入れられたのは、「回想」の文では明治三十一年（一八九八）秋冬の交とあるが、満之自らこれに註記して「十一年九月東上、沢柳氏に寄宿し、同氏蔵書中よりエピクテタス氏教訓書を借来す。三十二年五月某殿及び近角氏等東上励誘。三十三年に入り月見・多田・暁烏・佐々木の四氏東上」としるしている。当時稲葉昌丸氏に宛てられた書簡に「今回、沢氏方に羅馬の大哲エピクテタス氏の遺著借来読誦致居候（中略）死の恐怖を除去せよ。思うままに雷電光りはためくと想へ。斯くて爾は気静神間の主宰才能中に存するを知るべし。

虚主何をか鎖がんとする。脚のみ。渠何をか奪はんとす、首のみ。渠の鎖ぐを得ず、奪うを得ざるものは何ぞ。意念是なり。是れ即ち古聖人の「自己を知れ」の格言を訓うる所以なり。

如意なるものと不如意なるものとあり。如意なるものは意見、動作及び厭欣なり。不如意なるものは身体財産名誉及び官爵なり。己の所作に属するものと否らざるものとあり。疾病死亡貧困は不如意なるものなり。之を避けんと欲するときは苦悶を免るる能じ。疾病は身体の障害にして意念に関するにあらず。事の起る毎に瞑想一番せよ。是れ或る物に対する障害にして爾自身に対するに非ざるを知るなるべし。

激励的の語句頗る圭角あるが如しと雖も、我等の胸底の固疾を療治せんには、其の効能決して尠からざるものと存候。死生命あり、富貴天にあり、是れエ氏哲学の要領に有之様被思候。此は大兄に対する東京みやげの積りに有之候。呵々」[15]と書き送られている。満之の当時の日記である『臘扇記』には九月下旬の頃よりエピクテタスの語録の抜書が続けられているが、その後漸く満之自らの思索の語句が見られてくる。十月十八日の記に

「吾人は一個の霊物なり。只夫れ霊なり。故に自在なり。（意念の自在なり）。只夫れ物なり。故に不自在なり。（外物を自由にする能わざるなり）。而も彼の自在と此の不自在と共に皆絶対無限（他力）の所為なり。共に是れ天与なり。吾人は彼の他力に信順し以て賦与の分に安んずべきなり」[16]と述べ、同じく二十一日の記に

「彼に在るものに対しては、唯だ他力を信ずべきのみ。我に在るものに対しては専ら自力を用ぅべきなり。而も此の自力も亦他力の賦与に出づるものなり」[17]と誌している。ここに自力・他力の分別について満之独自の領解を表明している。もとよりエピクテタスは自力主義的な自己克服の道を策励したのであって、その道は嶮難で生やさしいものではないのである。而してその道には宗教的信仰を要求することなく、普通の常識に訴えて真の自主独立の自由の人格を打出するにあった。今や満之はエピクテタスの語録に導かれ、却って人間に於ける有限相対の分限の自覚を読みとり、いよいよ自己の上に絶対他力の金剛不壊の信を確立していかれたのである。そこにエピクテタスと満之の道との相違が見られるが、そのことについて曽我量深氏は「エピクテタスは長い間の身心の戦いによって、己に属するものと己に属せざるものとを区分することを了解した。しかしそれは何によってそのように分ける

ことができるかという問題になると、エピクテタスは随分長い生涯の間の悩みであったわけである。清沢先生は幸にエピクテタスに逢う前にすでに仏教によって如来ということを、如来の大悲ということを教えられていた。それがあるので先生はエピクテタスの教訓が一読自分のものとなったのであろうと推察するわけである。如来は我等に自己の分限を教へてくださる。我等は如来を信ずることによって自己の分限を知らしめていただくと。先生は短い生涯を信念の確立のために一切を捧げられたのである。先生の絶対他力の信念はわれわれ第三者からみると全くそれは戦いとられたのであるといただいているわけである。しかし先生御自身から見るとあのはげしい戦いも、あの生死の問題の解決も、あの倫理の厳しい対決も、全人生をあげての究明も決して先生御自身では戦いとったとは領解しておられなかったに相違ない。無限大悲の廻向したまふところで全く自分の力ではない。いささか戦ったとしてもその戦力はこれもまた如来大悲の賦与したまふところであると、内外併せて一切を無限他力の賦与したまふところと、自分の力のいささかもないという、間違いのない最後の安住を得られたわけである」[18]と述べられている。以上満之の信仰はかの「回想」の文の告白にある如く、明治二十七年の療病に人生に関する思想を一変し、自力の迷情を飜転して絶対他力に帰せられたのであるが、更らに阿含経の読誦、エピクテタスの語録等に導かれて、彼の絶対他力の信仰は明治三十一年に及んで真にその確立を得たものといえる。この信念を根拠としてやがて東京に於ける満之晩年の精神主義運動が展開されていったのである。

三　東片町時代

明治三十五年（一九〇二）の春、近角常観氏が欧州から帰朝したので森川町の浩々洞を本郷東片町百三十五番地に移転することになった。近角常観氏は満之の後を受けて森川町に求道学舎を開いた。六月一日浩々洞は新居に移転した。若い学生は求道学舎に残り、満之と共に移ったのは多田・佐々木・和田・近藤・原子・暁烏である。日曜講話は求道学舎で代る代るに引き続き行われた。二階の四畳半と六畳の二間に多田・佐々木・和田の三人、階下の六畳に近藤・暁烏・八畳に満之、次の六畳に侍者の原子がいた。その頃大学病院に入院していた満之の長男信一さんは全治の見込なしとて令室に附添われて浩々洞に来られ、五日の夕方息を引きとられたのである。死体は棺に納められ汽車にて郷里の大浜へ送られ、満之と令室と原子が柩について帰郷された。葬式が終ると直ちに満之は上京してきた。安藤州一はその頃の満之を写して「先生は居常酒を飲まず、また煙草を吸はず、亦た庭園をも散歩せず、人の花見に行くもあれば、却って笑って曰く、一室に坐して花を見、月を見る能はざるものは亦不自由なるかなと。先生朝起きするや、老僕盤に水を満たして縁端に運び来る。先生静に身を起し、もろ肌をぬぎて水盤に対す。皮膚の色大赭の如く、肋骨時に数ふ可し。いまだ手を水中に下さず。庭面を凝視して坐すること数分。側面より之を見れば恰も木偶の羅漢の如し」というている。また「先生常に此の庭を前面にし、床の間を背面にし、静かに机の前に坐したりき。床の間にかくる所の一軸は黄檗木庵の筆に成れる一華開五葉の書なりき。先生常に机上に載する所の書は小本の『四書』、『エピクテタス』『阿含経』竹紙小本の『支那歴史年表』『臨床医典』香月院の『歎異鈔講義』小川丈平翁の著『経釈抜萃法語集』等なりき」[19]と記している。またいわく「先生一日頻りに小川丈平翁の著を読む。余傍に侍して先生に問うて曰く、小川翁の著は左程興趣に富めるか。先生曰く、頗る興味多し。如何なる種類の書なりとも、実験ある人の書は皆な読むに価す、況んや実験の信仰を述べたるものに於いてをや。実験なく修養なくして、単に華美の言語を羅列したる書は、是れ宛も華麗の別荘を築きて雪隠を建てざるが如し。それ雪隠は悪臭を発し、人の好まざる所なり。されど雪隠なくんば如何に華麗の別荘も、人の住むに堪へざるを如何せん。疾病や、貧賤や、憂苦や、死滅や皆な人生の雪隠なり。その悪臭の甚だしきや何人も近づくことを好まざる所なり。されど此の雪隠に遇はずして、人生を通過せんことは不可能なり。……ソクラテスの「哲学者は死の問題を研究すべきものなり」とは、是れ雪隠の消毒法に非ずや。エピクテタスが「余は何時にても死するを得、死の門は常に開きて居る」と言い「如何なることに就いても、私がそれを失うたと言うな、唯それが還されたりと言へ」と言い、トルストイが「余は石を変じてパンと成す能はず、されどパンを忍ぶことを得る」と言うが如き、是れ皆パン問題や、別離の悪臭に対する消毒法の用意に非ずや。余は心中の実験を写せる書は之を愛読すと雖も、別荘を築きて雪隠を附せざる如き書は、之を読むを好まざるなりと[20]」あるが満之の読書の態度を見るべく、また満之の所謂「実験」の意味するところをきくべきである。

洞移転の直後、長男の死からはじまる東片町時代の満之の日々はまことに惨憺の極みであった。長男の死より四カ月を経て、その介抱の疲労より病を得られた妻の死に逢い、更らに一カ月を経て真宗大学の内訌問題が起り、満之の教育精神は遂に学生の理解するところとならず、関根主幹の排斥運動となりしため、満之も関根の辞職にともなって大学学監の職を辞することに決意したのである。かくて明治三十五年(一九〇二)十一月五日洞を出で郷里三河の大浜に帰えり、前後十二年、その至誠と精根の限りを尽され東京の地と永遠の別離をつげられたのである。「その早朝、洞の兄弟一同食堂に於いて朝餐を終る後、多田鼎、先生に説いて曰く、今や先生、二百の愛児を野に残し、遠く三河に去らんとす。願くは先生努めて巣鴨に赴き、愛児に顔を見せて、然る後故郷に帰り給へと。先生曰く、余も左様思はざるに非ざれど今は思い止まるべしとて遂に行を果さざりき。当時先生愛児の行末を顧慮し、殆んど事情に堪へざるものの如く、顔色沈鬱、亦た多くを語り給はざりき。其の夜九時、洞の門を出て給う。多田鼎、原子広宣と同行たり。十時新橋を発し、終に大浜に高臥し給へり。当時余等はそれが永遠の別離となるを期せず、先生の行を送るにも僅に洞門の外に見送りしのみ」[21]と安藤は記している。翌十二月、浩々洞は更に本郷曙町十六番地に移転した。その移転の理由は経済問題にあったらしい。同居者は和田・多田・佐々木・暁烏・安藤に曽我量深を加えて六名である。いずれ満之を迎えるため階下の八畳の間を用意したのであるが、遂に満之の姿は東京の浩々洞に見られることがなかった。郷里大浜に帰えられて以後は、次第に衰えゆく病軀を養いつつ毎月『精神界』への原稿は続けられていたのであるが、五月三十日発送された「我が信念」が絶筆となったのである。かくて明治三十六年（一九〇三）六月六日四十一歳の苦闘の生涯を終えられたのである。近角常観は「先生曰く、人間の力はだめである。一家にあっても、自分の思うようにできぬ。自分の云うたことにさえ反対した行動をとらねばならぬ場合もあると。かく先生は常に身を捨てられた。実に何遍すてられたか知れぬ。四十一年の生涯は捨てどほしの一生であった。どんな場合でも、捨て捨て捨てどほした極が晩年住せられた信念であった。……先生最後に京都を去らるる時、私に申さるるには、今年は皆んな砕けた年であった。学校はくだける。妻子は砕ける。今度は私が砕けるのであろう。六月に入り遂になくなられたことである（明治三十六年二月二十三日より二十八日まで本山耆宿会議に出席、今生の最後として上洛、大谷本廟に参詣、これで私の用事は終ったの言葉を残して帰郷）。先生の生涯はあてにならぬことの実現である。学問もあてにならぬ、宗門もあてにならぬ。妻子もあてにならぬ、我が身もあてにならぬ、何もかもあてにならぬ。『我が信念』の「死生命あり、富貴天にあり」と申されたのがこれである。親鸞聖人が『御消息集』に仏天の御計いなりとあると同じである云々」[22]と満之の生涯を追憶している。而して「今年は皆んな砕れた年であった。今度は私が砕けるであろう」この一切が砕けたところに開けきたった、満之自らの実感の極致として表明された『我が信念』は、まさしく満之が生涯その坐右より離されなかった『歎異抄』の現代版として永遠不滅の光をはなちている。

四　満之滅後の洞

明治三十七年（一九〇四）九月、安藤州一は京都真宗中学に赴任し、多田鼎はその前年の四月より洞とは密接に結ばれながら洞を離れて千葉に居住して千葉教院を開きて伝道していた。ここに浩々洞を巣鴨村九七九に移して曽我量深・佐々木月樵・原子広宣・暁烏敏の四人が居住することになった。この年の秋より曽我量深・和田竜造の二人は再び真宗大学に教鞭をとることになり、翌二十八年秋より佐々木月樵も再び真宗大学に出ることになった。明治四十年秋より新しきメンバーとして加藤智学、その冬より隈部慈明が入洞した。ともに真宗大学の研究院生である。この巣鴨時代が五年間も続いたのであるが、その宿舎が売却のやむなきにいたり洞はあたかも放逐のかたちにて明治四十二年（一九〇九）三月より小石川区大塚仲町二八に移転されたのである。この時代に東京大学の木場了本・京極逸蔵・清水俊栄・二年後には牛腸鉄乗・谷内正順等の青年達が入洞して若々しい生気が溢れたのである。明治四十二年の春は浩々洞の名が生れてからちょうど十年目であり、この年の四月には『精神界』の百号を記念することになり、また六月には満之の七周忌を迎えたのである。暁烏敏は当時を回顧して「先生が世を去られて後には佐々木君と私とが心を合わし、それに千葉に居った多田君が同心一体となり、和田・曽我・安藤・原子の諸君と心を合はして浩々洞を維持し『精神界』も発展するようになりました。先生のお友達の方々や門弟の人達の助によって、先生の信念を中心とする僧団のようなものが日本全国にはびこるようになりました。先生の七回忌を東京で営んだ頃は全国の人々を驚かす位の勢でありました[23]」といい「先生が世を去られまして後は大分加わって来た友人達と共に、先生の名を、先生の徳を、先生の教えを世に伝えることに努力しました。日本の精神界の改造の為、仏教の改革の為に大気焔をあげました。そうして五六年する内に日本中に響くようになり、清沢宗なるものが出来るらしい勢力となりました。臘扇会は日本全国に設けられ、先生の絶筆『我が信念』は全国いづこにも読まるるようになりました云々[24]」と述べている。かくて東京に於ける清沢満之の七周忌は六月五日より七日までの三日間にわたり法会並に記念講演会が盛大に行われたのである。六月五日の第一日の法要は午後一時より満之の心血を濺がれたる巣鴨の真宗大学の講堂において、南条文雄氏の調声にて『小経』を誦し、ついで正信偈及び「如来の作願」以下三首を引く。来賓焼香して総礼の後式を閉じ、直ちに感謝会に移る。佐々木月樵、開会の挨拶、次に月見覚了『我が信念』を朗読。ついで多田鼎・法主句仏より寄せられたる追懐の句を読む。「酔うて踊れ魂はとがめじ臘扇忌」「臘扇忌その朝庭に蓮さかん」である。次いで満之の同学である岡田良平外十数名、終りに井上豊忠・稲葉昌丸の感謝の辞あり。暁烏閉会の辞をのべる。真宗大学での法筵をおえて後、洞に集り茶話会を開く。第二日の第一記念講演会は九段の仏教倶楽部を会場とす。午前九時より開く。和田竜造の司会、まず開会を告げ、次に加藤智学、『他力の救済』を朗読。ついで金子大栄・常盤大定・藤岡勝二・斎藤唯信等の四氏の講演あり。第二記念講演会は午後一時より東京大学法科第三十二教室において開かる。暁烏、司会者。開会の辞、暁烏敏、次に上田万年氏の講演、多田鼎、『絶対他力の大道』を朗読、ついで吉田賢竜・曽我量深、終りに沢柳政太郎・南条文雄等の講演ありて暁烏閉会の辞をのぶ。東京大学における講演終了後、南条文雄氏を始め四十余名森川町の求道学舎に集る。この舎は満之前後三年住まわれし地である。南条氏の調声にて『小経』を誦す。後談話。第三日六月七日第三記念講演会は浅草本願寺広間を会場とす。午後一時より前法主臨席して親しく満之の法要を本願寺本堂にて営まれる。本堂の法要終りて直ちに広間にて講演会を開く、多田鼎司会。楠秀丸・近藤純悟・上杉文秀・近角常観・村上専精等の講演あり。佐々木閉会の辞をのぶ。以て当時の盛会を偲ぶことができる。

明治四十四年（一九一一）四月、京都本願寺では親鸞聖人の六百五十回忌の御遠忌大法要が厳修された。この頃暁烏敏は『歎異鈔講話』を出版し、鈴木大拙・佐々木月樵共訳で「英訳御伝鈔」“The life of Shonin Shinran”を刊行、また西田幾太郎氏の『善の研究』が出版された。而してこの年の九月である、清沢満之、月見覚了、関根仁応氏等の尽誠によりて、十年前に東京に移転せられし真宗大学は、突然本山の都合を以て廃校となり、教職員は総べて辞し、学生等は京都に新設せられたる大谷大学に移されることになった。真宗大学の廃校となるに伴い、満之の存命中より洞にありて真宗大学に教鞭をとりし佐々木月樵は辞職して郷里三河の自坊に引退。和田竜造、曽我量深等も真宗大学の教職を辞して共に郷里に静養することになった。またこの年の冬、事情ありて多田鼎も九ヵ年にわたる千葉教院の伝道生活を閉じて、郷里三河五井の自坊へ帰えらざるを得なくなった。勢い暁烏敏がひとり郷里加賀と東京との間を往復しつつ洞の中心に立っていたのである。明治四十五年（一九一二）七月三十日、当時日本の国民をあげて殆んど命をかけて祈願せるにも拘らず、業報はいかとも能わずして遂に明治天皇は崩御あらせられた。国民の悲痛はあたかも日月を失った感であった。そして天皇の崩御はまさしく明治の終末を象徴するものの如くであった。暁烏敏の記に「今日より五十日間謹慎、左の二事を為して恩を思ふの栞とする事とする。一、毎朝五時晨起、三部経を回読する事。二、精進を守りて魚鳥の肉を食はぬ事」とある。かくして天皇の諒闇五十日の喪があけて、九月二十日より彼の愛妻が病床に臥し、彼の献身の看病にも拘らず遂に再び起つことが出来ずに、大正二年二月二十一日に不帰の客となったのである。この時彼は「かくして私は凋落して行くか」の筆をとっているが、この妻の死は彼をして絶望の淵に突き落したものであった。「私が先生の御在世の間から、特にその後になつてだん〳〵と感激的に仏陀を崇拝し、現在の境遇より慈悲の存在を説明しようとした私の仏陀は、妻の死と共に、いやがおうでも私の心から消えねばならぬやうになりました。自分は罪深い者であるが、この罪の深い私をこのまゝで抱き取つて下さるゝといふ都合のよい仏陀の恩寵は私から消えたのでありました。仏陀若しさる大慈の力あらば、どうして私から最愛の妻を奪うたか、いや妻が死なねばならぬ運命だつたらなぜその運命をどうかしてくれることをしなかつたのか。妻の死と共に客観界に顕現すると思うた仏陀、丁度キリスト教徒のゴットというてをるやうな超絶的仏陀はないのであるとわかりました。さうして後の私の情欲の発動によりて、私が今日まで自分の主観の上に存在すると思うてゐた道徳的守護神のやうな仏陀は、私をしてかゝる行ひをなさしめて止める力さへないのであることがわかつた。罪といふならば罪があるばかりであつて救ひは別にないのである。かくて主観の上の仏も客観の上の仏も私には何もないのであつて、今日までは只古人の言語や自分の思想や感情であるやうに思うたり感じたりしてゐたに過ぎないことがわかつてまゐりました。廃れんとしてをる仏教を己れによつて興るべくといふやうな憍慢心にみちてゐた私は、この破壊によりて、仏教も滅びん、世の光も消えん。すべてが葬られたやうに思ひました。祈るべきあてもなく、すがるべき所もなくなつてしまひました云々」[25]と、これは彼のやや後の筆ではあるが、当時の苦悩を率直に故先師満之の前にかく訴えているのである。一方多田鼎も千葉教院に於ける長年の伝道を閉じて妻子を伴い郷里にもどりしものの、深刻なる人情の葛藤に苦しめられ、人間の悲しさ、愚闇さに泣き、かつての伝道者としての自負も全く崩れ去ったが如くであった。この頃東京の洞にありてはかねて同人が地方に分散し、久しく相見る機会もなかったので、一度皆相会してお互の信味を語り行味に触れんことを願って、大正二年七月二十五日より五日間を期して、会場を羽田の松谷農園に於いて浩々洞講習会を催したのである。その時出席の諸氏は近藤純悟（姫路）、蜂屋賢喜代（大阪）、暉峻康範（大隅）、曽我量深、金子大栄、桑田従尊、清水俊栄、土屋秀円（以上越後）、佐々木月樵、多田鼎（以上三河）、成瀬賢秀（名古屋）、宮谷法含（静岡）、高光大船、暁烏敏、梅原厳矣（以上加賀）、経国祐慶、城谷憐賢（以上越中）、諏訪令海、西光礼譲、泉原寛海、京極逸蔵（以上広島）、安藤州一、隈部慈明（以上京都）、井上了惟（信濃）、堤鳳麟（山形）、西本竜山（千葉）、乾九平、数藤斧三郎、沢柳政太郎、原子広宣、同広輾、青森徳英、和田幽玄、保倉一道、桑門典、沼波政憲、本多清安、朝日野秀玄、小山礼三郎、黄葉秋造、田中、赤藤勇、木場了本、加藤智学、赤沼智善、藤原鉄乗、柏原祐義、月見覚了、山辺習学（以上在京）、中村金蔵（横浜）等の名が記されている。この年十月浩々洞は更に小石川区指ケ谷町八九に移転している。在洞者は藤原鉄乗、清水俊栄、木場了本である。大正三年に入り清沢満之全集第一巻『哲学及宗教』が刊行された。それに先立ちて第二巻『信仰及修養』は前年の六月に刊行されていたのである。さて大正三年の五月、三ヵ年を郷里の田舎に引込みてありし多田鼎が上京し、浩々洞を訪れて在洞の若き藤原鉄乗や木場了本等と信仰問題について論争し、遂にこれらの若き同人達の課題をうけとめ、これを包むことが出来ずに、却って広い溝が生じたのである。ここに於て多田は若き洞人との信仰上の対立、また自己のこれまでの恩寵的信仰の動揺を単に一身の問題とせずに、浩々洞全体の問題として、あらためて浩々洞の同人大会を開催すべきことを要求したのである。かくて七月末に羽田の松谷元三郎の農園別荘に会合が開かれたのである。当時京都大学総長の職にあった沢柳政太郎氏はじめ月見覚了、関根仁応氏等の先輩も参加した。しかしそれは激しいしかも悲痛な会合に終ったのである。そこではいよいよ信仰上の対立が明白になっただけで、その一致は望まれなかった。そして洞の経済的な紛糾も併せて洞の解散は必至となった。多田は九月に「私は此の如く動転せり」を発表し、十一月には「願くは我が昨非を語らしめよ」を草して浩々洞から独り離れ去っていったのである。よく満之門下の三羽烏として佐々木、暁烏、多田の三人を満之の智・情・意の三面を代表するものの如く評されることであるが、かくいうことの適否はにわかに決め難いが、佐々木は他の二人に比べて学究の徒を以て終始したというべく、既に真宗大学の京都移設後大正元年九月には教授に就任して京都に去っていたわけである。後には満之、次いで南条文雄氏のあとをうけて大谷大学の学長の職につき教育者としての功績もまことに大きかったが、遺憾乍ら早く世を去った。しかし浩々洞に於ける当時の彼を同志の安藤州一が批評して「佐々木はそんなに苦悶する姿は見えぬ。煩悩即菩提の一乗教を学んでも、道徳生活は極めて常識的で、暁烏の大胆なく、多田の深酷なく、私はただ善悪を別けて行きたいといふ程度であつた」（浩々洞の懐旧）と語っている。暁烏の凋落、多田の動転までの二人の思想信仰はともに恩寵主義ということで特徴ずけられるのである。安藤州一はこの二人の恩寵主義を批評して「暁烏は大胆に一元論に直進する。『精神主義と性情』の一文は、君の一元論を最もよく表明してゐる。多田は天性の道徳主義、何処までも善悪を区別する二元論者であつた」といい、二人の恩寵主義に一元論的と二元論的との相違を見ている。それは暁烏の場合は当時の自然主義的な思潮の影響を強くうけ、人間の赤裸々な真実の姿として本能獣性を大胆に直視し、煩悩のままに如来の恩寵を欲び、「罪悪も如来の恩寵なり」と題する一文すら草している。多田は性来倫理的な性格であり、つねに理性の相剋に悩み、罪障の深きに苦悩してそこにそそがれる如来の恩寵を讃えたのである。謂わば罪悪深重の身ながら、煩悩にも拘らず、却ってそこに如来の恩寵を仰いでいったのである。今やかつて浩々洞を背負うた佐々木は京都に去り、多田はかの如く動転し、暁烏は挫折したとなれば、洞はそのまま崩壊の危機に瀕せるものである。ここに洞の歴史と共に忘れることの出来ない存在は曽我量深である。彼は終始多田・暁烏と悩みを分ちつつしかも彼等の恩寵主義に対しては極めて批判的であった。洞結成の当初には真宗大学の研究生として京都にありて唯識法相の教学を学んでいたが、真宗大学の東京移設に伴い東上し、満之が大学々監の職を辞するまで多田・佐々木、和田等の洞同人と共に真宗大学に教鞭をとり、明治三十六年三月に入洞している。しかし洞瓦解のこの頃は郷里越後にありて思索に深く沈潜していた。彼の「地上の救主」の論稿は大正二年七月に発表されているのであるが、あたかも暁烏の凋落、多田の動転による洞崩壊の危機を、その絶望を、更らにその根元の大地より支える思想的支柱となれるものであったといえないであろうか。

今や洞を解散し『精神界』も廃刊することに決定し、既に廃刊の辞も佐々木月樵の手もとに起草されてあったのであるが、特にその廃刊を惜しみ月見覚了・関根仁応氏の両人が奔走して当時真宗大学を卒業後、郷里越後高田にありて専心仏典を研鑽していた金子大栄氏に請うて『精神界』（第十五巻・四号）の編輯を依頼することになった。かくて大正四年四月『精神界』に謹告して「従来浩々洞代表者暁烏敏兄及『精神界』編輯主任多田鼎兄は此の度一身上の都合に依り、其の地位を去られ、小生代りて之を担任することと相成候。願はくは諸兄姉が霊護と策励の下に真実の意味に於て益々誌面の発展せんことを念じ候。但し同人として両兄共浩々洞及『精神界』に対し、執筆其の他に力を効さるゝことは変り御座なく候。金子大栄白」という一文が掲げられている。爾来金子大栄氏を中心として洞の経営は行われてきた。六月六日には満之の十三回忌を迎え洞では追懐談話会が催うされた。八月より洞に印度研究会が開設されて月々に公開講演が行われている。十月に清沢満之全集第三巻『日記及語録』が刊行された。この頃近角常観氏の求道会館が森川町に設立された。翌大正五年の一月、柏原祐義氏の入洞、二月に浩々洞は小石川区駕籠町二五番地に移転した。かくて一時的にも解散の危機を免れて洞は金子大栄を中心に堅実な歩みを続けてきたが、同年九月金子氏の大谷大学教授の就任で京都へ去ることになり、約二年にして再び一頓挫を来たしたのである。ここに曽我量深氏の出郷を請うて同年十月洞の運営に当ることとなった。『精神界』第十六巻第十号に「告白」と題して曽我量深は「清沢師が門下の人々を率いて浩々洞を創立せられてから、最早四十五年を満ちやうとします。私は静かにわが洞の変化多い歴史を溯つて、創立当時を想ふに、創立者等の簡潔の主張と素朴の生活とを通して、切実にして淳一なる原始人の本願を聞くのでありました。ただ先師の偉大なる人格の光と、精練せられたる宗教とは、その滅後次第に固定して、宛然成立宗教の形を見せんとするに至りたることは、臨終の際まで霊的奮闘を不断に続けられた先師の御本意でないことは勿論、またその高風を敬慕する私共同人の本真の志願ではないのであります。私共は各自に情実纒綿せる現在の自己を肯定し、これに満足すべきではありません。何卒常に無色透明の一如の源頭にかへり、この一如から新しく出現したいと願ひます。依つて何時の間にか成立的教団となりかけて来た浩々洞の名を還元し、新なる求道団体、即ち純粋の精神的団体に改造し度いと思ひます。嘗て其名の深い洞の歎美者であつた私共は、一転して同一の名の強い呪咀者となりました。けれども一度わが心に銘した浩々洞魂は永久に死せざるべく、随て云何して名に対する愛執を解脱することが出来ませう。私共は各自の本願に立還り、この際われ等の団体をその当初の大精神に復帰し、此大心海から現実の人生に出興したい願であります。則ち如来の浄国には有形の本部も要らず、特別の代表者も要らず、儀式もなく、法律もなく、道を求め、友を求むる人は自由に玆に出入することが出来るのであります。かゝる精神的光明ある仏国を背景として、雑誌『精神界』の伝道事業も意義あることでありませう。親鸞聖人は「心を弘誓の仏地に樹て、情を難思の法海に流す」と云われましたが、信心の根を深く弘誓の仏地の底にまで樹つる人にして、始めて法悦の情を無碍の難思の法海の中に流すことが出来るのであります。内外の業因にひかれて、帝都に投げ出された私は、今更に自分の内心の空虚と混濁とに悲痛せざるを得ないのであります。苟も心霊の道を求める私は今や専一に善財童子の如く真の善知識を求めねばなりませぬ云々」という一文を載せている。かくて洞の家を解散して十一月には巣鴨町上駒込山王台百六十三番地に居を移したのである。而して大正六年の『精神界』二月号より浩々洞の名は消えたのである。そして『精神界』編輯の事務が曽我宅にて行われるということになったのである。それも曽我氏は多忙のため雑誌にあまりたずさわることなく、堀川竜音氏等の若き人達が中心になって編輯する頃はもはや同人の投稿も見られず、その間満之の命日には毎月同朋談話会を開く試みもなされてきているが、遂に曽我氏の健康を害するに至り、大正七年に入りて雑誌は遂に消滅したのである。

① 清沢満之全集第八巻二三一頁（法蔵館版）
② 清沢満之全集第八巻二九七頁
③ 暁烏敏全集第三部一巻二一二頁
④ 精神界第二巻第一号「浩々論」一四頁
⑤ 清沢満之全集第八巻二五四頁
⑥ 清沢満之全集第六巻二頁
⑦ 清沢満之全集第七巻四七五頁
⑧ 清沢満之全集第八巻四三七頁
⑨ 清沢満之全集第五巻六八頁
⑩ 清沢満之全集第四巻三五八頁
⑪ 清沢満之全集第七巻八二頁
⑫ 明治三十六年十月六日暁烏敏宛書簡
⑬ 清沢満之全集第八巻六頁
⑭ 清沢満之全集第六巻一四一頁
⑮ 清沢満之全集第八巻二三頁
⑯ 清沢満之全集第七巻三七六頁
⑰ 清沢満之全集第七巻三七七頁
⑱ 曽我量深「分水嶺の本願」二頁
⑲ 清沢満之全集第八巻四八五頁
⑳ 清沢満之全集第八巻四五四頁
㉑ 清沢満之全集第八巻四五六頁
㉒ 清沢満之全集第八巻五四三頁
㉓ 清沢満之全集第八巻五六四頁
㉔ 暁烏敏全集第三部二巻一九七頁
㉕ 暁烏敏全集第三部二巻二六二頁

今日における仏教とキリスト教の問題

阿部正雄

一　仏教とキリスト教の交渉

仏教とキリスト教とは、一般にとかく考えられるよりは、はるかに古くから相互の交渉をもっていた。仏陀伝が、福音書に記されているイエス伝にある種の影響をおよぼし、また仏典中の教訓や譬喩譚には福音書のそれを思わせるもののあることは、今日まで多くの学者の注意するところである。(例えば R. Garbe: Indien und das Christentum. 「インドとキリスト教」 Tübingen 1914. なほ三井光弥『独逸文学に於ける仏陀及び仏教』(第一書房、昭和十年) 一九頁—二一頁参照)。福音書への仏教の影響をすべて否定する学者も、新約外典（アポクリファ）に現われるイエス伝その他に、仏教の伝承が影響しているのを歴史的事実として認めている。(Maurice Winternitz: A History of Indian Literature. 「インド文学史」 Vol. II. Calcutta 1933. p. 415, n. 1. なほ岩本裕「ヨーロッパとインド文化（一）キリスト教における仏教」(雑誌インド文化第二号所載) においてこれらの点に関する詳細な考察がなされている)。また初期キリスト教思想家、特にグノーシス派に仏教の影響の少なくないことが指摘されており (最近の研究ではドイツの神学者 Ernst Benz の Indische Einflüsse auf die frühchristliche Theologie. 「初期キリスト教神学に対するインドの影響」 Akademie der Wissenschaften und der Literatur, Abhandlungen der Geistes-

und sozialwissenschaftlichen Klasse. Jahrgang 1951. Nr. 3)、又中世のキリスト教的世界観の根柢をきづいたアウグスチヌスが、キリスト教入信以前に傾倒していたマニ教に、仏教の影響が極めて顕著であったことは、すでによく知られている。(例えば Sir Charles Eliot: Hinduism and Buddhism「ヒンドゥ教と仏教」vol. III. 1921 pp. 445–447)。

他方、キリスト教もかなり古くから仏教圏へ流伝していた。すなわち西暦一世紀頃に使徒聖トマスにより、キリスト教がインドの西南海岸地帯に伝えられたという説は、歴史的に疑わしいとしても、キリスト教徒の伝道がインド方面に進出したのは、おそらく三世紀の頃ではないかといわれている。(S. C. Eliot 前掲書 p. 414–416 及び岩本裕前掲論文参照)また早くより仏教が伝播していた中央アジア方面においては、特にカニシカ王の帝国建設(二世紀中葉)以後、仏教徒とシリアのキリスト教徒、即ちネストル教徒との間にも交流がみとめられるのである。しかし仏教圏において仏基両教の間により広い接触がみられるのは、やはり十六世紀に入ってからのフランシスコ・ザヴィエルによる東洋伝道以後であろう。キリスト教は景教あるいは天主教として中国、日本等に伝播し、仏教ともさまざまな形で交渉接触をもったのは多くの人の知るところである。

しかし東西にわたってみられる、このような仏教とキリスト教との交渉は、多くは単なる外面的接触に止まり、時になんらかの内面的な影響をその他方におよぼしたことがあったとはいえ、いまだそこには両者の全面的な出会いも、本質的な対決もみられなかった。このことは仏教とキリスト教が、それぞれ、トインビーのいう高等宗教の二つの地理的グループに属していることの自然の結果であったといえよう。

トインビーは世界の高等宗教は、それぞれの中心をもって同心円を描く二つの地理的グループに分けられるという。すなわち一つはガンガ流域の中部——そこには仏教の聖地ブダガヤとヒンドゥ教の聖地ベナレスがある——を中心とするインド・グループで、ヒンドゥ教、仏教等がそれに属する。第二のグループは南西アジア・グループで、エルサレムやメッカを聖地とするユダヤ教、キリスト教、イスラム教がこれに属する。両グループともそれぞれの中心よりいわば放射線状に拡がり二つの同心円を描いて来たという。（Arnold Toynbee: Christianity among the Religions of the World, London, 1958 p. 32. 山口光朔訳「現代宗教の課題」昭和三五年刊　日本ＹＭＣＡ同盟出版部、四八頁）

二　両者対決の今日における意義

しかしその同じトインビーが強調するごとく、近代における科学技術の異常な発展その他による、世界の一体化が進行しつつある今日、我々のすむ世界が一種の革命を体験しつつあると共に、それに伴い宗教相互の間の関係にも革命がひきおこされつつあるといいうるであろう（Toynbee 前掲書 pp. 31. 邦訳四七頁）。宗教相互間の関係は今日もはや旧の如くではありえない。トインビーは従来人々の宗教は、偶〻生れたその人の出生地により殆ど決定的に左右されていたが、世界の一体化が進むにつれ、人々は種〻の宗教の間で自由な選択ができるようになりつつあるといって、あらゆる宗教が排他的態度を捨て、相互に寛容と尊敬をもつべきことを要請する。「世界の相異なる文化的精神的遺産がますます全人類の共通財産となりつつあるように、あらゆる宗教は、それらの歴史的同一性を保持しつつ、相互にますます胸襟を開き、かつますます心底を披瀝し合わなければならない」（Toynbee 前掲書 p. 104. 邦訳一四二頁）

たしかにトインビーのいう如く世界の一体化により今日、宗教選択の自由が開け、それに伴い宗教が相互に敵対することなく、寛容と尊敬の精神をもち、排他狂信的でないそれぞれの信念に基づく平和な競争をなす必要があることは、おそらく何人も異論のないところであろう。しかしながら一体化しつつある今日の世界における宗教の問題、例えば我々が今取りくもうとする「今日における仏教とキリスト教の問題」は、単に寛容や尊敬、平和な競争というようなことだけでは解決できない——これらのことをむしろ必要な前提条件とした上での——、より根本的な問題、即ち今日の世界人類の生き方にとっての極めて原理的、根源的な問題をはらんでいるのではあるまいか。

急速に一体化しつつある今日の世界の中で、仏教とキリスト教は、もはや単に表面的に接触するとか、部分的に影響し合うとかいうのでなく、現に全面的に出会いつつあり、漸く相互の本質において交わりつつあるが、このような両者の全面的な出会い、本質的な交わりが徹底的に遂行されることこそ、今や是非とも必要なことではないのか。それは単に寛容の精神や平和的競争による両者の結びつきというに止まらず、東西両洋をこえた全く新しい人間精神の地平を開くこと——すなわちある意味において東洋の精神を代表するといいうる仏教と同じく西洋の精神を代表するともみなしうるキリスト教とが、今日世界の東西を通じてみられる、人間への根本的な不信と人生そのものへの虚無感、いいかえれば人類史上かつてなき深刻な人間の自己喪失という事態、の根底へ身をひそめ、人間性の真の基礎づけと回復という共通の課題に向い、それぞれの伝統的立場の枠を越え、本質的な交わり、根本的な対決をなしとげ、東西をこえた新しい人間精神の地平を開いてくるということ、でなければならぬ。

このようにいう時、あるいは人は、それは宗教の生ける精神とその歴史性を無視した抽象論であると批判し、あるいはそれはせいぜい安価なシンクレティズム（折衷主義）に終るにすぎないだろうと非難するかもしれない。しかし「今日における仏教とキリスト教の問題」は、もはや単に宗教の世界における「仏教」と「キリスト教」という伝統的宗教相互間の問題というにつきぬものとなってきていることを、われわれは十分注意しなければならない。すなわち、今日、仏教、キリスト教をもふくめて、宗教そのものが、強力な、いくつかの宗教否定の立場からするきびしい批判の前にさらされている。単に個々の特定宗教のではなく、宗教自体の存在理由が疑われ、否定されつつある。かかる宗教否定の立場として、われわれは科学主義、マルキシズム、ニヒリズムの三者をあげることができよう。これらの立場は決して単に感情的気分的に宗教を否定するのではなく、むしろそれぞれなんらかの哲学的基礎づけをもって原理的に宗教を否定しようとしている。従って「今日における仏教とキリスト教の問題」を取上げる限り、これを単に仏教対キリスト教の問題としてのみではなく、同時に、宗教対宗教否定の立場との対決という問題とむすびつけて――否、むしろそれと表裏不可分な形で考察しなければならない。ところで今日の科学主義、マルキシズム、ニヒリズム等の宗教否定の諸立場は、宗教そのものを原理的に否定しようとする――果してそのことが可能か否かは宗教の側からは問題であり、まさにこの点をこそ人間性の本質に根ざしつつ究明することが宗教対宗教否定の立場の問題の核心をなすのであるが――のであるから、仏教もキリスト教も単にその伝統的立場の枠内に止まることなく、きびしい自己批判を行つつ、自己における最も純粋な宗教性を提示して、宗教否定の立場との原理的な対決をとげていかねばならぬのではないか。

したがって、宗教否定の立場、宗教そのものを原理的に否定しようとする立場との対決をはなれて、今日、仏教とキリスト教という問題は考えられない。逆にいえば、仏教とキリスト教という問題を今日考察しようとする限り、宗教否定の論理をも越える宗教そのものを、究明することをぬきにしては、それは殆ど無意味だといわねばならぬ。さもなければ、それは今日の問題にはなってこないからであり、更にいえば「仏教対キリスト教」という宗教内の問題と「宗教対宗教否定の立場」という宗教を超えて宗教そのものの本質を問う問題との二つが、互に相交叉し切りむすぶ所にこそ、今日における人間の自己喪失とその回復という、現代人にとって最も深刻な、かつ是非解決しなければならぬ問題がかかわっているからである。さきに、仏教とキリスト教が、その伝統的立場の枠を越え本質的交わり、ないしは根本的な対決をとげて一つの新しい人間精神の地平を開いてくることが必要ではないかといったのは、このような問題意識からであった。

三　問題把握の視点

したがって今日仏教とキリスト教という問題を取上げる場合、単に比較宗教学的に両者の宗教形態やその教義を比較検討するということでは、如何にそれが広汎綿密になされていても十分であるとはいえないであろう。我々はむしろその場合一つの歴史哲学的視点に立つことが必要である。

比較宗教学はヨーロッパで成立したので、宗教の比較研究といっても当初は、西洋的観点に立ってキリスト教の最優秀性を前提としたような研究が多かったが、今日ではそのような風は次第に改められると共に、単にいくつかの宗教を平面的に並べて論ずるのではなく、それらの歴史的発展過程の比較をなそうという試みが行われている。仏教とキリスト教についていえば、例えば両者が相似た何らか共通な発展過程をたどっているということ、即ち両者の歴史的発展に一種の並行現象がみられるということが、幾人かの宗教学者により指摘されている。

最近の例では Rafaele Pettazzoni: Some Parallels in the Historical Development of Religion, Western and Japanese. Proceedings on the IX th International Congress for the History of Religions 所収 (pp. 773) 邦訳「西欧と日本の宗教の歴史的発展にみられる並行現象」宗教研究一六一号　六八頁以下参照

仏教とキリスト教とを問題とする場合、このように歴史的に両者の発展過程を考察しそれを比較研究することはもとより必要であるが、今日この二つの宗教を問題とする限り、より必要にして重要なことは、はっきりと現在の時点に立ちつつ、世界史の流れの中で両者を捉え、かつ今後の真の人間の在り方、今後の新しい世界秩序、の基礎づけをなそうとの未来への実践的関心を根柢にもちつつ、両者の関係をその根源より把握することではなかろうか。かくすることは、仏教とキリスト教という問題を単に歴史的に考察することではなくして、歴史哲学的に把握することである。仏教

とキリスト教の発展過程を単に歴史的に考察する場合には、現在の世界における宗教否定の立場との対決ということは特別に問題になってこないであろう。これに反し不断に世界史的な観点に立ちつつ、しかも単に過去への関心のみからではなく、同時に現在及び未来への鋭い実践的関心から発して——したがって歴史そのものの創造的意義を問いつつ問題を把握する歴史哲学的自覚に立つ時、初めて現代における宗教否定の立場との対決を通しつつ仏教対キリスト教という問題を、今日の課題として捉えることができるであろう。

ところでトインビーもまた、すべての高等宗教は今日恐るべき共通の敵 (fearful common adversary) に面しているとし、したがって従来の宗教同志の敵対関係は第二として、この共通の敵に備えるよう各宗教は相互に新たな結びつきをもつべきであると主張する。かかる共通の敵として彼は「集団的人間力への崇拝」をあげている(Toynbee：前掲書 p.54, 55, 85 邦訳七三・七五、一一九頁)。彼はまた別の書物で現代西欧世界では、ナショナリズム、エキュメニカリズム(世界的規模の福祉国家を求める立場) 及び技術家《テクニシアン》という三つの偶像が、キリスト教にとって代ったといっているが (Toynbee: An Historian's Approch to Religion, 1956, Oxford U. P. p. 239. 深瀬基寛訳「歴史家の宗教観」三五七頁)、この三つの偶像の崇拝こそ、彼の場合さきにのべた宗教の共通の敵たる「集団的人間力への崇拝」の具体例なのであろう。ナショナリズム、エキュメニカリズム、及び技術家《テクニシアン》という三つの偶像を、今日の宗教共通の敵とみた歴史家トインビーの考察には、我々教えられるところが多い。

たしかにこれら三者は今日、宗教に敵対する三つの有力な歴史的勢力ということができよう。しかしこれら三者のすべてが、今日宗教に敵対するものであるとしても、必ずしも宗教を原理的に否定する勢力であるとはいえない。その点われわれがさきにあげた宗教否定の三つの立場の中、特にニヒリズムは、今日有力な歴史的勢力となっているとはいえないかもしれないが、宗教をその内面的な深部において原理的に否定しようとする立場として、仏教にとってもキリスト教にとっても、いわばその心臓に擬せられた鋭刃ともいうべきものであろう。トインビーがその博大な歴史的考察を背景として、今日宗教に共通する敵のあることを強調し、そこに現代世界のはらむ最も本質的な問題の伏在していることを明確に指摘していることに、われわれは多大の共鳴を覚えるのではあるが、その場合ニヒリズムの問題を全く取上げず、かつ先の三つの偶像も歴史的勢力として宗教にとって代らうとする敵対者として問題にしているのであって、宗教を原理的に否定しようとしている諸立場——そのあるものの否定の働きは、いまだ歴史の深淵の中でいとなまれているにすぎないかもしれないが——を必ずしも注目していない点、物足りなさを感じざるをえない。彼が、今日共通の敵に面する宗教の新しい態度として、宗教相互間の寛容と平和的競争の緊要なることを強調し、かつかかる平和的競争を通してある宗教が全人類の帰依をうるに至るであろうとのかなり楽観的な見解をとっているのは、このように今日見られる宗教の原理的否定の立場に深い考慮を払っていないためではなかろうか。独自の歴史哲学的自覚に立脚し、且つ宗教への深い理解をもつトインビーではあるが、今日の宗教否定の立場をも越えて宗教そのものの存在理由をあくまで追究しようという意味の自覚は、彼に期待出来ないように思われる。

しかしわれわれは既述の如く、今日仏教とキリスト教という問題を取上げる場合、科学主義、マルキシズム、ニヒリズム等の宗教否定の立場との対決という、宗教そのものの本質、宗教自体の存在理由にかかわる問題を、どうしても無視することはできないと思う。トインビーの考察を顧みつつこの点に思いを致すとき、われわれの当面の課題を十全に把握するためには、単に歴史哲学的視点に立つに止まらず更に宗教哲学的な問題把握の態度の必要なることを痛感せざるをえない。まことに「今日における仏教とキリスト教の問題」は、一面あくまで歴史に内在し世界史に即した一つの歴史的な問題であると共に、他面歴史を超えての個人の救いとか解脱とかにかかわる永遠の問題でもある。いな、それは人類そのもの、人類の歴史そのものが如何に救済されうるかという意味での、歴史を超えた永遠の課題でもある。具体的にいうならば、キリスト教的信仰による救済と仏教的自覚による解脱が、現代及び今後の人間にとり――個人の魂の問題としても、全人類の歴史的運命の問題としても――果して真の宗教的意義をもちうるか、もしもちうるとすればそれは如何なる意味においてであるかと、いうことが、そこでの根本的な問題点となるのである。

さきにのべた現代における宗教否定の立場、即ち科学主義、マルキシズム、及びニヒリズムは、それぞれの哲学的基礎に立って、宗教のもつこのような歴史を超えた超越性の側面を否定し、これを「科学的合理性」とか「歴史法則」とか「力への意志」とかという、歴史に内在する原理の中へ還元しようとするものである。従ってこのように歴史内在的な原理に立つ宗教否定の立場と、歴史超越的な原理に立つ宗教の立場との現代における対決は、もはや単に歴史哲学的にのみは処理し切れないと共に、初めから宗教を自明のものとして前提し、およそ宗教否定の立場などを考慮に入れない神学や宗学の立場、ないしは宗教学の立場からも、十全に取扱われるとは期待できない。宗教哲学的問題把握とはここに要請されるものであって、あくまで宗教に即しつつ、宗教の本質、宗教の存在意義そのものをも根本から問題として問うところのその立場に立って初めて、宗教否定の立場をも内にふくめて問題を十全に把握しうるであろう。

四　歴史哲学的―宗教哲学的

仏教その他のインド宗教と、キリスト教との、宗教哲学的な研究は、近代の西洋においても徐々ながら行われてきた（中村元著「比較思想論」岩波書店昭和三五年刊五四頁以下参照）。ルドルフ・オットーの「東西の神秘主義」（Rudolf Otto: West-Östliche Mystik, Gotha, 1929）は、その最もすぐれたものの一つであろう。しかしこれは主として、シャンカラその他のインド思想とキリスト教的神秘思想との比較研究であって、必ずしも仏教とキリスト教とのそれではない。直接仏教とキリスト教とを取り扱い、しかも神学的偏見を離れた研究――そのすべてがすぐれて宗教哲学的とはいえないが――もいくつか現われており、今後この東西二大宗教の思想的出会いが西洋思想家の側より如何になされていくかは、我々の深い関心をよせるところである。

例えば J. Estlin Capenter: Buddhism and Christianity. 1923. 増谷文雄訳「仏教と基督教」（同文館、昭和三年） Burnett H. Streeter: The Buddha and the Christ, London 1932. R. Garbe: Indien und das Christentum Tübingen 1914. G. Mensching: Die Bedeutung des Leidens im Buddhismus und Christentum, Giessen, 1924, 2 Aufl. 1930 など。又 Freidlich Heiler: Das Gebet, 4 Aufl. Wobbermin: Das Wesen der Religion 2 Aufl. 1925 の中では仏教とエックハルトの神秘主義の比較が論じられている。

仏教とキリスト教の思想的な出会いという点で注目すべきことは、両者の全面的な、かつ熱烈な思想的論争が、外ならぬ我が国において、しかも近世初期（十六、七世紀）に行われたという事実である。* 近世初頭に我が国に伝来したキリスト教、すなわちいわゆる吉利支丹の宣教師は、各地で仏教徒と宗論を闘わし、単なる護教的な主張や批判が交わされたことも多かったが、信仰を根柢とする両者の出会いであっただけに時には双方の教理的本質に深くかかわる論議もたたかわされ、かくて両教の相異優劣がある程度明らかにされた** ことは極めて注目に値する。

* 例えば家永三郎「我が国に於ける仏基両教論争の哲学史的考察」（同氏著「中世仏教思想史研究」法蔵館、昭和二十二年刊、所収）参照。なお氏によれば仏教とキリスト教が真に正面から相向い、相搏ち、熱烈な思想的論争を交えたのは、ただ我が国においてのみ見られる現象であると。（前掲書一一二頁）

** 邦人イルマン・ハビアンの著「妙貞問答」「破提宇子」はよく急所にふれたすぐれた宗論書であるといわれている。両編とも平凡社刊「日本哲学思想全書」第十巻に所収。ハビアンは北陸の人、初め禅の修行をなし、十九歳の頃キリシタンに改宗、長崎に学んだ。キリシタンの神学のみならず神儒仏三教に通じすぐれた耶蘇会士として各宗徒と宗論をたたかわした。しかし四十二、三歳の頃キリシタンの教を棄てて還俗、後にその学殖と信仰体験をもとにキリスト教批判をなした。「妙貞問答」は神儒仏をキリスト教の立場より批判したキリシタン期の彼の著作であり、「破提宇子」は逆にキリスト教を批判した棄教後の著作である。

明治開国以後、再びキリスト教が我が国に伝えられ、仏基両教の論争が行われたが、その中で哲学的立場より両者を比較検討することも行われた。* その後更に我が国においては仏教とキリスト教をめぐるすぐれた宗教哲学的労作がいくつか生み出されている。**

＊　井上円了の「真理金針」「仏教活論」。なお「仏教活論序論」緒言に曰く「仏教ヲ助ケテ耶蘇教ヲ排スルハ、釈迦其人ヲ愛スルニアラズ、耶蘇其人ヲ悪ムニアラズ。唯余ガ愛スル所ノモノハ真理ニシテ、余ガ悪ム所ノモノハ非真理ナリ」と。

＊＊　西田幾多郎、田辺元、久松真一、西谷啓治諸博士の諸著参照。なお西谷博士の最近の著「宗教とは何か」（創文社刊、昭和三十六年）は、この点劃期的ともいうべき極めて注目に値する著作である。

仏教とキリスト教という問題を宗教哲学的に把握するということは、さきにものべた如く神学や宗教学のように宗教を自明のこととして前提した上で両者を比較検討するというのではなく、宗教そのものの存在意義をも問うという最も根源的な立場から、「人間」にとっての両宗教の意義を問うということである。かかる行き方に立つことによって初めて、現代におけるさまざまな宗教否定の立場より提起されている問題をもふくめて当面の課題を正当に取扱いうるに至ることはさきにのべたところである。

したがって「今日における仏教とキリスト教の問題」は、それが、単に「仏教対キリスト教」という宗教内の問題に止りえず、「宗教対宗教否定の立場」という問題と不可分にむすびついている限り、一方ではいわば歴史哲学的視点に立って考察されなければならぬと共に、更にすすんで宗教哲学的に把握されなければならないのである。宗教の立場が歴史を超越せる永遠なる神とか真如法性とかを原理とするに反し、宗教否定の立場が歴史内在的な原理に立つことを思えば、宗教対宗教否定の立場の対決は、裏を返えせば、実は歴史超越の立場対歴史内在の立場の対決という性格をもっていることは明らかであろう。したがって当面の課題たる「今日における仏教とキリスト教の問題」は、具体的には仏教とキリスト教を扱いつつ、正にこの相交叉する二重の対決、即ち宗教と宗教否定の対決、及び超歴史と歴史の対決とを、内にふくむものとして、歴史哲学的―宗教哲学的に把握されることを要請するものである。そして課題をこのように把握することにより初めて、われわれは伝統と偏見の枠を破り、新しい世界文化創造の基盤に立ち出で、現代における喪失せる人間性を真に回復するという実践的課題解決への道を主体的に切りひらきうるのではあるまいか。

五 「無からの創造」
――対決の手がかりとして――

さて、ここに仏教とキリスト教の全面的な対決を試みることは、もとより紙面の制限がそれを許さない。したがってここではキリスト教における「無からの創造」という思想をとり上げ、これを手がかりとしつつ、我々の当面の課題を考察してみたいと思う。というのは「無からの創造」という思想を取上げることにより、キリスト教と仏教の根本的立場の相異に一つの照明をあてることができると共に、現代における虚無の克服の問題――ニヒリズムの問題に対し、また現代の科学と宗教という問題に対し、キリスト教と仏教がそれぞれ如何なる積極的意味をもちうるかをも、ある程度示しうるのではないかと考えられるからである。

「無からの創造」Creatio ex nihilo という言葉は、そのままでは聖書の中に見出されない。しかし旧新約聖書を通してのキリスト教の創造信仰の精神が、この言葉によって最も明確にあらわされうるということは、使徒教父達の時以後次第に自覚され、やがてそれは創造についてのキリスト教の正統教理をあらわす言葉としてうけとられるに至った。事実、旧約聖書の創世記の記事は無論のこと、新約聖書における「死人を生かし、無から有を呼び出される神」を信じたアブラハムの記事（ロマ書四・一七）や、「信仰によりて、私たちは、この世界が、神の言葉で造られたのであり、したがって見えるものは現れているものから出てきたのでないことを悟るのである」とのヘブル書（一一・三）のことばは、共に神の言葉による無からの創造の信仰を告白したものと解されるからである。

「無からの創造」Creatio ex nihilo という言葉は、後期ユダヤ教の経外典たる第二マカビー書（紀元第一世紀末期のものと考えられる）にある、創造は「有からではない」ouk ex ontôn という語のラテン訳に由来しているといわれている。なお「無からの創造」という創造思想が、ヘブライズム並びにキリスト教自体において如何に発展し、ついにキリスト教の正統教理として確立されるに至ったかの思想史的考察を試みた邦語文献としては有賀鉄太郎「創造と贖ひ」（「基督教研究」第二巻第二号所収、同志社大学神学部刊）がある。

神は、何らかすでにある有からこの世界をつくったのではなく、「光あれと言ひたまいければ、光ありき」（創世記一・三）という如く、天地万有を言葉により無から創造したというキリスト教の創造思想について、我々のまず第一に注意しなければならないことは、それは決して宇宙の開闢や世界創造の由来をのべようとするコスモロジカル（宇宙論的）な関心にもとづくものでもなく、また被造物としてこの世界と共につくられた人間の自己理解を語ろうとするアンスロポロジカル（人間学的）な意図に立つものでもないということである。そうではなくて、無からの創造という思想は、一に、天地万有の創造者としての神への信仰、即ち創造神の信仰に立脚するものであるということである。

このことは、弁証法神学者達、わけてもバルトによりきびしいまでに強調せられた点である。バルトは「この教義〔創造の教義〕は世界観 Weltanschauung とは何の関係もなく、キリスト教的世界観とさえ何の関係もない。またそれは決して一般的な……科学の一部分をなすものでもない」（Karl Barth, Credo, Dritte

Auflage 1935, S. 29）といって、聖書および使徒信条は、天と地の創造について、また神に創造せられた世界について語っているのではなく、天と地の創造者について、即ち創造者たる神について語っていることを強調している。まことに「無からの創造」ということは、どこまでも純粋な信仰告白の問題であって、宇宙論的ないしは人間学的思弁に禍されてはならない問題なのである。

このようにキリスト教においては、創造という観念や、創造の業としての世界万有から、神を類推するのではなく、逆に神への信仰が創造の理解を可能ならしめるのである。しかしここにキリスト教の創造思想について注意されなければならぬ第二の点がある。たしかにキリスト教において「無からの創造」ということは信仰告白の問題であり、創造の信仰は、創造者たる神への信仰に外ならない。しかるにこの創造者たる神への信仰は、決して創造者たる神への直接的な信仰ではなく、あくまでイエス・キリストの十字架上における贖罪の事実とそれへの信仰を介しての信仰である。キリスト者は単に創造神を信ずるのではなく、イエス・キリストの父なる神が、人間の罪の贖いのためロゴスを受肉せしめたと同じ愛の業として、天地を創造したと信ずる故にこそ創造者たる神を信ずるのである。「神がイエス・キリストにおいて人となり給うたことによって、神が世界の創造主であるということも、あらわとなり、信ずべきこととなったのである」Karl Earth, Dogmatik im Grundriss, 1949 S. 58 井上良雄訳・「教義学要綱」新教出版社刊九四頁）とバルトがいう所以である。キリスト者にとって、創造の神と贖いの神とは決して別の神ではなく、ひとりの神であり、創造の神への信仰は、贖いの神、すなわちイエス・キリストを死なしめて人間の原罪を赦し給いし贖いの神、への信仰にもとづいているのである。ここに同じく創造神の信仰に立ちつつもユダヤ教とはっきり異なるキリスト教固有の立場がある。キリスト教の創造思想は、コスモロジカル（宇宙論的）に、またはアンスロポロジカル

（人間学的）に解されてはならぬことは前にのべたが、それは本来、クリストロジカル（基督論的）に捉えられなければならないのである。「無からの創造」ということが信仰告白の問題であるということも、イエスをキリストとして告白するキリスト論的基盤の上に立ってのことである。もしこのキリスト論的基盤を欠く時、その創造思想は単なる創造主信仰に止まるか、ないしは一種の宇宙論に転化し、あるいは人間学的思弁に陥ることとなるであろう。

六　「無からの創造」のもつ二義

さてそれでは「無からの創造」を信ずるというキリスト教の創造信仰とは内容的には如何なる信仰であろうか。それは少くとも次の二つのことを意味していると思われる。(1)世界は全く神の自由な意志によって創造せられた。すなわち世界は神のことばによる創造であるということ。および(2)世界と人間はその全存在を神に負うている。したがって一切の被造物はそれ自体としては虚無性をになっているということ、これである。

(1)「無からの創造」ということは、神の世界創造が何か他から強いられた行為、他に原因をもつ行為ではなく、全く神の意志にもとづく自由なる行為であり、しかもその自由なる創造の行為は、それ自体において存在している素材や器具を用いての業ではなく、神の意志のあらわれであることばによる創造であることを意味している。そこには何よりもまず神の絶対性、神の世界に対する超越性が明示されている。「元始《はじめ》に神、天地を創造《つくり》たまえり」という創世記冒頭の一句にもこのことは明らかに意味されている。そこには世界に対する神の自由が示されている。バルトはこれを神の聖 Heiligkeit とよんでいる。(Karl Barth: Credo S. 31)

したがって「無から」ということは、世界や人間の存在的な因果関係を示すものではなく、人格的な、ないしは実存的な根拠の問題にかかわっている。一切は神の意志により造られ、したがって一切はその存在を窮極的には神の意志に負うている。その存否は一つに神の意志如何にかかっている。ギリシア哲学は自然の神話的な見方を脱却して、自然を理性化することより始ったといわれる。そのギリシア哲学にとっては「無から有は生じない」ex nihilo nihil fit のであった。なんとなれば一切の存在は質料（素材）と形相（イデア的本質）より成っており、プラトンにより神ともよばれたデミウルゴス（宇宙の形成者）といえども、形相を自由に創作することはできないと解されていたから。（プラトン・ティマイオス）　運命はゼウスもこれを自由にすることが出来ないと考えたギリシア人は、神の前にもそれとは独立な一つの世界を構想し、かく与えられた素材をもととし形相を原型として一切は形成されたと解する。キリスト教的な創造は、かかるギリシア的な形成とは根本的に異なり、「無から有は生じない」とするのではなく、それは神のことばによる「無からの創造」である。したがってその「無」は形なき質料や見えざる素材、あるいはプラトン・プロティノス的な「非有《メー・オン》」mē on と同一視されてはならず、それは一切の「有るもの」の否定としてのウーク・オン ouk on と解されなければならない。

ティリッヒは mē on は有と弁証法的な関係をもつ「無」the "nothing" which has a dialectical relation to being であるに対し、ouk on は有と全く関係なき「無」the "nothing" which has no relation at all to being、即ち有の非弁証法的否定 the undialectical negation of being であると区別し、「無からの創造」の無は、後者、即ち ouk on であるといっている。（Paul Tillich, Systematic Theology I. p. 188）

キリスト者にとり自然（又は世界）は、形相をもたぬ質料として神の創造以前に存在するものではなく、まして神そのものではない。それはあくまで神により創造せられたもの、それ自体のうちに存在の根拠をもたぬ被造物である。かくて「無からの創造」ということは、神の絶対性、超越性を信ずる信仰よりする必然の帰結であると共に神自身は無を越えていることを示しているものと解されるのである。

(2)　世界が「無からの創造」として造られたという

ことは、世界は神とは異った現実であり、絶えず無と滅亡におびやかされ、不断に虚無に面せる存在であるということを意味する。世界は仮象ではなくたしかに現実に存在する。しかしそれは被造物として現実に存在する。世界の現実性は、創造主たる神の絶対的な現実性とは異った現実性である。それはいわば被造物的現実性である。「被造物的現実性とは『無からの創造』にもとづく現実性である。何物も存在しなかったところに――原料のようなものも決して存在しなかったところに、神によって、神とは異ったものが生じたのである」(Barth; Dogmatik im Grundriss S. 61 教義学要綱一〇一頁) 世界は神でもなく、また神の生んだ子でもない。世界は神によって生み出されたものではなく造り出されたものなのである。このように世界は神により、それと同質的なものとして産出されたのでもなく、それ自体としてある素材から形成されたのでもなく、正に神のことばにより無から創造されたものであるが故に、世界はただ神によって存在するのである。かくてキリスト者にとり次のことがその信仰の内容となる。自ら自足せる神はその愛の故に世界を創造し給うた。創造は正に神の恩寵である。私をふくむこの世界は神ではないけれども、私とそれをふくむ世界は、神によってその存在を許されているのであると。そしてかかるキリスト者の信仰はいうまでもなく自己及び世界の存在のもつ虚無性の自覚とむすびついている。被造物が神によりそこから創造せられた「無」は、被造物にとっては底知れぬ深淵である。神の被造物であるということは、常に虚無に脅かされ虚無の深淵にさらされている存在であるということに外ならない。「世界及び我々自身の虚無性を知ること、我々自身の全き依存性を知ること、これこそ創造信仰についての最も重要なことである」(Rudolf Bultmann: Existence & Faith, Living Age Books, 1960. p. 177)

「無からの創造」ということにふくまれている以上二つの意味、即ち創造主としての神の絶対性と、被造物としての世界及び人間の虚無性とは、我々をしてキリスト教の核心へと導く。もし被造物たる人間が自己の虚無性を自覚せず、自己存在の根拠や意味が自己自身の力によって基礎づけられうるとするならば、それは単に大なる誤謬であるばかりでなく、神に対する許し難き冒瀆であり罪である。しかし人間が人間であるということはそのこと自体、本来かかる罪を犯しているということ——それが「原罪」といわれる——を含意している。この原罪の故に人間は必然的に虚無に引渡される、即ち死に引渡されるのである。しかし十字架に上って「わが神、わが神、何ぞ我を見棄て給うや」と叫んで自らを虚無の中にまで放棄したイエス・キリストこそ、人間の虚無性を自らの責任として負い、死して人間の原罪を贖った救い主である。このキリストの光の中でのみ人間は真に自己の虚無性を、死すべき罪を自覚するのである。しかもこの救主イエス・キリストこそは、世界と人間を創造せる神が生んだ神の子、創造主たる神が自らに背く人間の罪をもその絶対の愛の故に赦さんと自らのことば（ロゴス）を受肉せしめた神の子に外ならない。創造において世界に超越する神は、同時に自らの虚無性を忘却せる人間の原罪を救わんとして世界に内在する贖いの神である。

この神の世界への内在をバルトはさきの神の聖に対し神の愛 Liebe とよんでいる（K. Barth: Credo S. 31）。十字架上に死して復活せるキリストこそ、人間の負える罪と死を克服し、その虚無性を愛をもって満す神の啓示である。キリスト者にとり創造も贖罪も共に神の愛の業なのである。

創造も神の愛の業であるということについてはバルトは次のように云っている。「世界の創造は、神自らのうちにおける運動ではなく、自由なただ神の愛のうちにのみ必然的に基礎づけられている業、しかし彼の自己充足性を何ら傷つけない外に向っての業 opus ad extra である」Barth: Credo S. 32.

七　キリスト教の「神」と仏教の「仏」

以上のようなキリスト教の立場を、あくまで主体的な実存の問題として捉えつつ仏教の立場と対決せしめる時、どのような問題が見出されてくるであろうか。

まず第一に、一切を「無から創造」したとされる絶対的超越性を有するキリスト教の「神」と有無をはなれた真如の自覚者としての仏教での「仏」との問題である。それはキリスト教と仏教において何を「絶対」とするか、何を我々の実存の窮極根拠とするか、の問題であるといってもよいであろう。

キリスト教において神が一切を「無から創造」したといわれる時、普通には、創造主たる神自身は無ではなく有である——最高の有、あるいは有自体である——と解されている。それは人間をふくめて、およそ虚無性を免れぬ一切の有るものの窮極の根拠たる有自体であると解されている。そこから、従来しばしば仏教は絶対無の宗教であるのに対し、キリスト教はむしろ絶対有の宗教である等といわれて来た。しかし事態は決してそのように簡単には割り切れないものをもっている。キリスト教の神を「有」であるとする解釈の、根拠とされているのは、旧約聖書出エジプト記三・一四に、みられる次の言葉、すなわちシナイ山においてモーセに対し神が自らの名を告げて語ったとされる言葉、「我は有りて在る者なり」（英訳聖書では普通 I am that I am. と訳されている）である。しかし最近の研究では右の言葉の中「ある」を意味する原語 'ehyeh《エヒイエ》の原形である hāyāh《ハーヤー》なる動詞は、生成（Werden）と存在（Sein）と活動（Wirken）の三つの意味を内面的に統一したような言葉であるといわれている。またそれは「生起する」geschehen をも意味すると。したがって従来「ある」と訳されているヘブライ語 hāyāh《ハーヤー》は繋辞としての「である」ではなく——ギリシア語訳を通し、それを繋辞としての「である」の如く解するところから「神は有である」という解釈が成り立ってきた——それは「成る」「はたらく」などの意味を同時にふくむ「ある」であり、「生起する」と離れない「有る」である。

ボーマン「ヘブライ人とギリシア人の思惟」（植田重雄訳・新教出版社刊）Thorleif Boman: Das hebräische

Denken in Vergleich mit dem Griechischen 1956)は、ギリシア的思考とヘブライ的思考との相違を、両者の言語構造における相違と不離なるものとして捉えて綿密な考察を展開している。中にもヘブライ語の動詞の動的性格をあげ、ヘブライ的思考法が運動と静止とを互いに対立的にみていないことなどを指摘している(同書第一部、第一章参照)。なお有賀鉄太郎博士もボーマンとは独立の立場より、この事実に注目、ギリシア的なオントロギアに対し、ヘブライ思想に固有な思考法を、それが上記のハーヤーの語の中に典型的に現われているものとして、ハーヤの論理、すなわちハヤトロギアと呼んでおられる。有賀鉄太郎「有とハーヤー」(「基督教研究」第三十巻第一、二号)及び「論理の中断」(鈴木大拙博士頌寿記念論文集「仏教と文化」所収)参照。

したがってキリスト教の神は、決して「有」としての神ではなく、「なる」と「ある」が一如である如き「はたらき」の神であり、その神においては「主体が先ず存在し、それが働くと考えられているのではなく、むしろ働くことのうちに主体が自らを啓示するのであって、主体即働き、働き即主体なのである」(有賀鉄太郎、前掲「有とハーヤー」一三一頁)。神の世界創造のはたらきも、摂理による歴史の支配も、すべてここから出てくるというべきであろう。キリスト教の神は、単に「有としての神」ではなく、自らの意志により働く神、自らを啓示する生ける神なのである。

もしキリスト教の神が「主体即働き、働き即主体」である如き神であるとするならば、それは体相用の一体としていいあらわされる仏教の「仏」に極めて近いといわねばならない。しかしキリスト教の「神」は、「主体即働き、働き即主体」である如き神であるとしても、(1)それはかかる神として、無を、即ち死を超越せる永遠の生命なる神であるのに対し、仏教の「仏」は無を撥無することなく有無の対立をその根源へと超え、却ってこれを内に生かす如き無分別智の立場——生死を脱しつつ生死即涅槃の即の自覚に生きる立場である。それは「永遠の生命」ですらない絶対無ないし真如を原理とする立場である。更にキリスト教の「神」は、「主体即働き、働き即主体」である如き神としても(2)それは世界を創造し自らを啓示する超越的な神、人間にとり絶対に他なる神であるのに対し、仏教の「仏」は古来覚者といわれるごとく、覚《めざ》めたる者、本来の自己にめざめたる自己自身に外ならない。キリスト教にとっての「絶対」は、絶対他者としての「神」であるが、仏教にとっての絶対は、むしろ絶対自者としての「真の自己」である。すなわちキリスト教と仏教は少くとも以上の二点、即ち無と絶対とをめぐって根本的に相異しているといわねばならぬ。そして「絶対」を、一方が絶対他者としての神、他方が絶対自者としての覚者、即ち真の自己とするというのも、所詮は「無」の問題を両者が如何に把握しているかの相違に由来していると解することができよう。

八　キリスト教と仏教における「無」

キリスト教において本来問題にされているのは、形而上学的な意味での有と無ではなく、むしろ主体的実存的な生と死である。「無からの創造」という時の「無」も、存在論的範疇としての有に対する無ではなく、被造物にその被造性、有限性、可死性を刻印づける虚無である。そしてかかる意味での、死としての、ないしは、虚無としての「無」は、神の全くこれを超越するところであった。なんとなれば、その絶対性のゆえに一切を無から創造した神は、それ自体永遠なる生命として死と虚無を超え、かえって、死と虚無をば絶対の生命をもって充実せしめる力をもった神であるから。したがって「無」はそこでは単に否定の原理、しかも相対的な否定の原理にとどまっている。

しかるに仏教においては「無」は単に否定の原理につきるものではなく、むしろ否定肯定の対立をその根源へ越えつつ否定肯定の各々をそれ自体として成立せしめる絶対肯定の原理である。「無」は単に克服さるべきものにつきるのではなく、却って一切をそれぞれの固有性において真に生かしめる窮極的な原理である。

仏教においても形而上学的な意味での有無が問題なのではなく生命が、すなわち生死ということがその根本問題であるといってよい。生きとし生けるものの生死流転する姿に業をみ、それより解脱する道を教えるのが仏教である。しかし仏教は「有無の二見をはなれる」とか、「四句百非を絶する」とかいう如く有と無、肯定と否定という如き存在論的、ないしは論理的範疇をも問題にしている。したがって仏教には、生死という問題をも、一方では有無の問題に還元して捉えるという如き面がある。それは元来仏教が諸法無常とか人法二空(人もものも共に空である)とかという如く、人間と他の一切の存在物をひっくるめて、それらの無常を説き、それらの空なる所以を説くからである。すなわち仏教は、ものの無常性を問題とする時、人間と自然、生命あるものと生命なきものの区別を立てない。いいかえれば、人間をも自然のもつ存在性と同じ次元において捉え、そこにおいてそれらの有無を問うというところがある。ただ仏教が単なる論理や哲学と異なるところは、「有無の二見をはなれる」といわれる如く、有無の問題を、有と無の対立差別を立てる分別の問題として、更にいえばかかる対立差別にとらわれる分別心の問題として捉え、かかる分別心を脱した無分別智の立場へ至るべき実践的な道を示そうとするところにあるといえよう。けれども生死(流転)という問題は、仏教においても単に有無という存在論的な、――自然との同一性の次元において捉えられる如き、問題にのみ還元せられるのではない。他方では、人間に固有な是非、善悪、真偽、正邪等の価値的な問題、したがって実践論的な問題にもつらなるものとして捉えられている。しかしそこでも、例えば、善悪が善悪自体の問題として、純粋に倫理的な意味において捉えられているのでは必ずしもなく、やはり善悪の二元を立てる分別の問題、分別心の問題として捉えられている(是非、真偽、正邪等についても同様のことがいえるであろう)。即ち仏教においては、如何なる意味での分別心をも脱して無分別の立場(無分別智)に立つこと、一切の二辺をはなれて不二法、一如の立場に立ち帰ることが求められている(したがってかかる仏教的な無分別智の立場は存在論的、実践論的、ないしは認識論的の、何れの意味における二元をも越えた立場であるといってもよいであろう）。すなわちそれは単に有無としての生死の対立のみではなく、是非善悪等の問題ともからみついた生死の対立をも越えた立場として、自然と人間を通して一切の対立の越えられた立場である。そこでは単に人間（自己）が解脱するのみではなく、自己の解脱において同時に自然も解脱する如き地平が開かれる。「草木国土悉皆成仏」といわれ、また「山河並大地全露法王身」といわれるのもこの故である。解脱といい成仏といっても草木国土が同時に成仏する如き場でなければ自己も真には成仏しないのである。

　ところで仏教は、今のべたような分別心の根源をば「無明」であるとし、この無明を破するところに無分別智としての真の智慧の立場が現成してくるとする。覚者としての仏《ほとけ》とはかかる無分別智の自覚者、体現者に外ならない。したがって仏教においては生死の問題も、帰するところ無明に根ざす分別心の問題として捉えられている。生死を脱するというのも、生死という主体的事実を単に否定したり超越したりするのではなく、生死という主体的事実を分別しその分別に執着する分別心そのものを脱却することにより、かえって生死の現実に立ち帰り生死そのものに即して生死すること、かく生死に徹し切ることにより生死を内から超えることに外ならない。（拙稿「不死・永生・不生」禅学研究第五十一号花園大学刊、所収参照）。しかし生死についての分別心を真に脱するには、単に生死についてのみではなく一切についての分別心をその根本から脱しなければならない。一切についての分別心の根が、即ち無明が破せられなければ生死は脱せられることなく、逆に生死が真に脱せられた時には、一切についての分別心もその無明の根から破せられているのである。自己の解脱が単に自己の解脱に止まらず、同時に自然をもふくめての他の一切のものの解脱であるということも、生死の問題がかかる意味での分別心の問題として捉えられているからに外ならない。自と他、主観と客観、人間と自然等々一切についての分別心がその根本から脱却せられる地平にまで徹し切って初めて真に自己の生死も脱せられるのである。解脱や涅槃の境が、同時に真如実相とか、空とか、自然《じねん》とか、如実とかといいあらわされるのもこの故である。

ところでこのように一切の分別心の根を断ち無分別智に至るにあたり特に深刻な問題としてあらわれるのは、否定原理としての無の立場への捉われである。有に対する無、即ち相対無をもって絶対とする妄見である。仏教は古来このような無への捉われを「頑無の見」とか「断無の見」、あるいは「虚無の会」とか「鬼窟裡の活計」とかいってきびしく批判してきた。なんとなれば生死を脱した涅槃、衆生を超えた仏の立場にもし止まるならば、なお分別心を全く脱しているとはいえないのみか、そこでは生死と区別された「涅槃」、衆生と対立する「仏」の立場をそのまま絶対化することにおいて却って分別心が無自覚のうちに自らの内へ屈折しより根深いものになっているから。したがって一切の分別知を脱した無分別智といっても、もしそれが分別知から分別され区別された無分別智であるならば、それはなお分別にわずらわされたものとして真の無分別智ではありえない。真の無分別智に至るには、かかる分別をも越え、分別知と否定的に対立する無分別智をも否定する絶対否定を行じなければならない。それは否定原理としての無の否定、「虚無の会」の徹底的克服に外ならない。そこに初めて相対無を越え、しかも相対する有無をそれらの相対性において真に生かしめる絶対無の立場が開かれる。仏教が「絶対」とする無分別智、即ち覚者《ほとけ》の立場とは、かかる意味の絶対無の現成がそれ自体自覚である如き自覚者の立場に外ならない。

九　神とその自己否定

ところでキリスト教の神も、単に無を超越し虚無を撥無する神であるということはできないと思われる。それは自らを否定して被造界に内在し、虚無と死を自らに負う神である。神のロゴスの受肉せるものとしての歴史的イエスの、十字架上の死こそ、そのことを示現するものに外ならないであろう。創造の神は同時に贖いの神であった。創造主としては虚無と死を全く超越する神は、贖い主としては虚無に身を投じ死を自らにひきうける神である。キリスト教の神は、単に無と否定の彼方に立つ神ではなく、むしろ無を内につつみ、すすんで自らの否定を行ずる神であるといえよう。

しかしながら、創造の神が同時に贖いの神であるとはどういう意味のことであろうか。創造とは愛を本質とする神の業である。本来自らに自足せる神は、その愛のゆえに、自らを否定し、自らと異る世界を創造した。贖いもまた愛を本質とする神の業である。自らに背く人間の罪をも、神はその愛の故に、その子イエスを死なしめるという自己否定を通して包み贖うのである。ところで、この創造と贖いとの関係はとかく次の如く解される。即ち神はまず創造の業をなし、しかる後堕罪せる人間を救わんと贖罪の業をなした。世界の創造において自らを否定した神は、その子イエス・キリストの死による贖罪において、更により徹底せる自己否定をなしたと。しかしこれは非キリスト教的解釈というべきであろう。なんとなればかく解するところでは創造ということがキリスト論的に捉えられておらず、むしろキリストが、彼に先行し独立する創造論から理解されているから。イエス・キリストを信ずる信仰を根本とするキリスト教においては、創造もクリストロジカルに捉えられなければならぬことは既にのべた通りである。新約聖書は創造が、「御子」を介してなされたことを語っている。「万《よろづ》の者は彼〔御子〕によりて造られ、彼のために造られた」（コロサイ書、一・一六）「神は……御子によりてもろもろの世界を造り給へり」（ヘブル書一・二）（なおコリント前書八・六も参照）と。創造せられた世界に神の子が誕生したのではなく、神の子により、神の子において、世界の創造がなされたのである。したがって、創造の神が救い主としてのイエス・キリストを遣わしたのではなく、イエス・キリストの父なる神が同時にまた創造の神である――というのがキリスト教本来のとる立場である。創造より贖罪を導き出すことは出来ない。そうではなくて創造の教えはキリストの贖罪を通して初めて信仰として成立するのである。かくキリスト教において、神の創造がキリストの名において受けとられるということは、キリストにおける神の愛こそが、創造の業の源であることを意味するものと解されるのである。

　そこからして「無からの創造」ということは次の如く解されるのではなかろうか。即ち「無からの創造」といわれる時の「無」は、神の外にみられているのではなく、本来神の内にひきうけられている無なのである。「無からの創造」とは、神が神自身の内で行ずる自己否定としての「無」からの創造であって、神の外なる無からの創造ではないと。すなわちキリスト教の神は単に無を超越する有の神ではなく、自らを空しうし自らの内に無をひきうける神である。それは自らに異る世界を創造するに先き立ち、それ自身の内において自己否定を行ずる神であると。次のコロサイ書のことばはこのことを意味しているのではなかろうか。

「彼〔御子〕は見得べからざる神の像《かたち》にして、万《よろず》の造られし物の先きに生れ給へる者なり」（コロサイ書一・一五）。万物の創造に先き立ち、神は自らの内に「神の像」としての御子を生んだのである。「見得べからざる神」は自らを否定して「像」を、すなわち「御子」なるロゴスを生んだのである。ここに父なる神、人格的な愛の神の最も根源的な姿がある。キリスト教の神は、本来自らを否定し、無を内につつむ神なるが故に、父なる神であり愛の神なのである。

万物の創造に先き立ち御子が生れたということは、「造る神」がまずあって「生む神」となるのではなく、「生む神」であるが故に初めて神は、「造る神」となるということを意味するのであろう。創造は神の言によって、即ち御子なるロゴスによって、なされるのであるから。キリスト教の神にとり「生む」ということは、「造る」ということよりもより本質的なのであると古くから解されている。「生み生まれる関係は、造り造られる関係とは根本的に異なるものである。一は本質による永遠の関係であり、他は意志的行為によって生ずる関係である。

一は連続であり、他は非連続である。」（有賀鉄太郎前掲「創造と贖ひ」二七頁）

しかし正にここにキリスト教の神が、絶対無を原理とする神でないことが示されている。なんとなれば神の自己否定が「生む」という働きで、すなわち父が子を生むという形で、なされているからである。「生む」という働きにより見えざる神は、自らを否定して自らの内に像としての「子」を生むと共にそのことにおいて「父」となるのであるが、父はやはり父であり、子はどこまでも子である。一は生む者であり、他は生まれる者である。すなわち、「生む」という働きにおいて、神は自己否定を行ずると共に、それを内につつむより大いなる自己肯定の立場に立っている。そこにおいては生まれる者は生む者と区別されながら生む者につつまれている。「生む」というところでは、生む者即生まれる者、生まれる者即生む者というような互換的な絶対否定の関係は成立たない。そこには生即死、死即生というような絶対的な否定即肯定の関係、すなわち「即」の立場はない。自らの内に否定が行ぜられてはいるが否定に徹し切ることにより絶対転換をとげ、その絶対転換においてかえって自己自身に帰る――自他一如なる自己に帰るという如きところがない。そこにはなお自と他、生む者と生まれる者、生と死の対立がある。しかしながらイエス・キリストの死と復活にはたしかに生即死、死即生ともいうべき絶対の転換があるといえよう。キリストの死と復活において神自身が死の試錬をうけ、かくて死をうちくだかれたと解することもできよう（前掲拙稿「不死・永生・不生」参照）。われわれが罪と死を越えうるのもこのキリストの死と復活の事実を信ずることによってである。しかしながらこのキリストの死とその復活ということも根本においては神の永遠なる生命の顕現に外ならない。キリスト教の神には大死ということはなく又不生ということもない。（エックハルト等の神秘主義を除いていえば）キリスト教の神はその独り子において死して甦る神ではあるが、厳密な意味では、生即死、死即生という如き即の立場、絶対無の立場に立つ神ではなく、むしろ如何なる死をも内に包越する「生ける神」（ヨハネ伝六・五七等）、永遠の生命としての神であるといわねばならぬ。

十　対決の問題点

このようにキリスト教の神が、絶対否定即絶対肯定を原理とする神、すなわち絶対無の神ではなく、むしろ相対的な無と否定を内につつむ意味での絶対肯定の神、すなわち生と死の主なる永遠の生命としての神であるということは、我々にとって少くとも次の二つのことを意味している。即ち(1)キリスト教の神は我々人間にとり「汝」としての絶対他者であり、自由なる愛の主体としての父なる神、人格的な神である。そこに我々有限なる人間の人格性の窮極的根拠、倫理や歴史成立の窮極的根拠がある。しかしそれと同時に(2)キリスト教の神は、外的自然のみならず、人間の内的精神までをも機械論的に捉えようとする近代科学の非情な合理性や、神の根柢に聖なる虚構をみ、神なき虚無に自覚的に徹しようとする現代ニヒリズムの極めてラディカルな虚無性、ないしは絶対的な否定性を、つつみえないのではないか、ということである。

キリスト教の神が、絶対無を原理とする神ではなく、生ける人格的な神、したがって「汝」としての絶対他者なる神とされているということは、キリスト教において、人間は同じ被造物でありつつ自然とははっきり異った特殊な位置を与えられているということと照応する。「神は……言葉をもて万の物を保ち給う」（ヨハネ伝一・一以下、コロサイ書一・一以下）といわれる如く、人間も自然もすべて神の言葉（ロゴス）により支えられ、神の言葉（ロゴス）により貫かれているのではあるが、人間は自然と異り「神の像のごとく」つくられ、他の被造物を支配する特別な地位を与えられている（創世記一・二六—二八）。自然は人間にとり環境としてつくられたが、人間は神にむかって造られ、神に応答しうるものとして造られた。自然は神のロゴスに必然的に従う自然必然性（自然法則）を荷える被造物であるのに対し、人間は、与えられた「神の像」としての自由なる人格性の故に、神のロゴスに、必然的にではなく自発的に従う被造物である。したがって「神」も、自然にとってはこれをもっぱらロゴスをもって支配する全能の創造者、力としての神ではあるが、人間にとっては単に全能の創造者であるにとどまらず、同時に人格的な「父」であり、正しく「汝」としての愛の神なのである。

ところで人間に賦与せられた自由は、自由の本性上神のロゴスに背く可能性をふくんでいる。この可能性が現実化するということが、人間が自然とははっきり区別された存在として正に「人間」になるということに外ならない。キリスト教において人間が原罪をになっているといわれるのも、人間が人間になる――したがって自然と区別された人間である――ということ自体が、神のロゴスに背く可能性がそこでは本来現実化していいるということを意味しているからである。自然はその被造性の故に不完全ではあるが、神のロゴスに背くことはない。人間のみは正にその人格的な自由性の故に神のロゴスに背く者であり、これを罰する神はその人格的愛の故に、この背反をもつつみ返し赦すのである。人間の罪と神によるその贖いの中に、即ち自らの子を死なしめて人間の原罪を贖う「汝」としての愛の神への信仰の中に、キリスト教の人格観念や、倫理観、歴史観の窮極根拠がおかれているのである。かくてキリスト教の神は「汝」として出会われる神であり、この、ことばを通しての神との出会いにおいて、人間は人格の何なるかを真に知るのである。キリスト教のこの徹底せる人格主義 personalism は、まことに、上述の如き生ける神、永遠の生命としての愛の神、の人格性にねざしているのである。

しかしこの、生ける神、永遠の生命としての人格神というキリスト教の神観念自体が、今日、一切をば機械論的に、即ち生命なき死の相において、捉えようとする近代科学の客観的な合理性の立場や、神をも否定し神なき虚無に耐え抜こうとする能動的ニヒリズムの主体的な否定性の立場と、本質的に乖離し、如何にこれらの立場を包みうるかの深刻な課題に直面するに至っているのではないか。

キリスト教の神観と近代科学及びニヒリズムとの間の乖離の問題については、前掲西谷啓治著「宗教とは何か」の一、二において極めて鋭利な考察が展開されている。

これに対し絶対無を原理とし、無分別智の立場に立つ仏教は、近代科学の非情なる合理性の立場とも、また神なき虚無に自覚的に徹せんとするニヒリズムの、ラディカルな否定性の立場とも乖離することはなく、如何にそれらの立場が徹底せられようとも、そのことにより自らの立場を破られることはない。仏教においては、さきにのべた如く人間と自然とを対立的に区別せず、むしろ人間（自己）と共に自然も解脱する如き地平にまで徹することを要求する。かかる地平はしばしば自然《じねん》ともよばれたが、それは単なる自然主義——人格主義を撥無するごとき自然主義 naturalism の立場ではない。仏教において自然《じねん》というのは、もとより人間に対立する如き自然ではなく、人間と自然との対立をその底に越えた如き根源的な自然の立場である。否、それは単にそれのみではなく同時に人間（および自然）と超自然 Supernatural との対立、即ち被造物と創造主、人間と神、衆生と仏等の対立をもその底に越えた、最も根源的な意味での自然である。そこにおいては一切のものが、自《おのず》から然《しか》ある如き地平である。かかる自然《じねん》の立場は、もとより一切を機械論的に、すなわち無機的な自然として捉える近代科学の立場と本質的に次元を異にするがそれと乖離することはない。なんとなれば、自然《じねん》の立場は少くとも一面において、一切についての相対的な差別を、したがって差別に執着する分別心を絶対に否定し、一切をそれの否定面において捉えるから。しかし自然《じねん》の立場はかかる差別の否定、すなわち無差別の立場に止まるものではない。もしそこに止まるならばそれは頑無の見であり虚無の会である。自然《じねん》の立場は、かかる無差別の立場、非個性的な自然の立場をも否定して、一切の相対がその相対性において、その差別相において、真に生かされる如き絶対無の場を開く。それがさきにのべた、一切のものが自《おのず》から然《しか》ある場に外ならない。またそれは絶対無の場として虚無の場に立つニヒリズムと乖離せぬと共にそれをも包越する場でもある。

このようにキリスト教とは異り、近代科学やニヒリズムの立場とも乖離せず、しかもそれらをも包みうる仏教の自然《じねん》の立場、絶対無の立場は、しかしながら他面、正にその立場のかかる根本性格の故に、「自然」と明別せられる「人間」の悪への不断の可能性をふくむ自由な人格性や、倫理的責任、更には歴史的社会的行為等を如何に基礎づけうるかの困難な問題に逢着する。なんとなれば人間の人格や倫理、社会や歴史等が問題になる地平においては、主体性の根拠からは直接引出せない他者から来る限定、即ち個的主体（それが如何なる意味のものであれ）の集合につきない、社会や歴史自体のもつ客体面からの限定を、これらの対他的関係の地平において如何に主体化するかの問題が解決されなければならないから。しかしこの問題は仏教的な自《じ》然《ねん》の立場――それは同時に自在の立場であり自主的創造の立場なのであるが――よりして本来解決不可能なのであるか、もし可能であるとすればそれは如何にしてであるか。キリスト教が従来かかる問題に真剣に取り組んでき、また本質的にかかる問題を解決しうる固有の立場をもっているのに対し、少くとも今日までの仏教はかかる問題に真剣に取り組むことも殆どなく、又、仏教の立場より、かかる問題が本質的に解決しうるか否かという根本的な問いを発することすらも極めて少なかったのではないか。

我々は従来の「仏教対キリスト教」という如き伝統的な枠を破り、上に考察して来た如き双方の問題点――その考察は極めて不十分、不徹底なものであったが――を更に掘り下げ、東西をとわず、真に現代における人間解放の道を求めることこそ、今日われわれに課せられた緊要の課題ではあるまいか。

――一九六一・六・二六――

ドイツにおける仏教活動

シェファー

ドイツは現在二つの部分に分かれている。戦前においては、仏教研究のグループは両地域に殆ど均等に分布していた。しかしこの両地域はその後それぞれ異った歴史的経過を辿り、従ってまた仏教も異った解釈を受けてきた。西独に於ては、アメリカの影響が精神生活の中へも浸透し、東独に於てはマルクス・レーニン主義のソヴェト・イデオロギーが支配している。

東独に於ては現在見るべき仏教活動は殆どない。党哲学者の頭脳の中では、仏教という名前はすでにはじめから諸々の否定的な先入見とつながっている。それに――西側に於けると東側に於けるとを問わず――仏教は現世否定的《ペシミスティック》な教えだという考えが行き亘っているという事情もある。

しかし東独に於て現在仏教活動は殆ど無に等しいということの本当の理由はもっと他にある。即ち東独に於てはすべての思考や行動が集団化されている。党内に於て、学問に於て、職場に於て、すべての人は同じように考え、同じように行動しなければならない。余暇さえも集団化されている。ここでは人は自分の知見を自分の内面の智慧によって形成するのではなく、絶え間ない外部の示唆に圧倒されて、創造力を奪われ、機械的に他人の知見を模倣するにすぎない。このような喧騒の中にあっては、自己の中に沈潜して仏教の研究に没頭する閑暇が殆どあり得ないことは容易に了解される。一九四五年以来、東独には仏教の雑誌は全然存在していない。戦前に仏教グループの保護者の役割を果していた書肆は国有化された。古い世代の多くは戦争に仆れてしまった。東独に於ける仏教の生命は殆ど消え去ったというほかはない。私は、大乗仏教に対しても優れた理解を持っていた或るマルクス主義哲学者の言葉を忘れることができない。彼は、マルクス・レーニン主義の無謬性に対して公然たる疑惑を表明したので、党からの批判の十字火を浴びせられている人である。彼は言った。「歴史を個々の事象としてではなく、大きな全体的連関として眺めたのはヘーゲルの功績であった。しかし個人を単なる社会的虚構と見、従って内的法則を全然等閑視したのは、おそらくマルクスの誤りだったのではなかろうか。私の見る処では仏陀は、因が果を生み果が因を生んで煩悩の連鎖は永劫に尽きることがないことを洞察し、かくて内的弁証法を最高度の完成へもたらし、究極のものとして煩悩からの救済を宣布した。しかし正直に言えば、仏教は個人を重視するあまり、その社会的側面を忽せにしたきらいがある。いつか仏教と社会主義とはきっと提携するに至るであろうと私は確信している。両者の相違は、ただ社会主義が攻撃性を持ち暴力を容認するという点にだけあるにすぎない。しかしこの攻撃性も段々と人間性《ヒューマニティ》への開眼によって消滅するであろう。外へ向けられた歴史的社会的過程と人間の内面へ向い、そこに秘められている小宇宙《ミクロコスモス》の法則を顕示する洞察、この両者は互に他を必要とする。この両者とも現実を踏まえて立っている。もしこの両者が提携しなければ、二つながら共に衰退の運命を辿るほかはない。」

次に西独の方へ眼を移すことにしよう。仏教はここでは最大の活動を展開してきた。西独、瑞西、オーストリアの一部、即ちドイツ語の話される地域に於ける仏教関係書籍の出版数は他のどの国に於けるよりも大きい。尤もこのような書物の読者数に比して、実際に仏教教会の会員として組織されている人の数は比較的少く、率にして凡そ百対一の割合である。

独逸では仏教の殆ど各派が行われている。西蔵の大乗仏教をはじめとして、禅の支持者もあれば、原始仏教の帰依者もある。持戒厳格な小乗仏教の諸派もある。これは殆ど定期的にセイロン、シャム、ビルマなどの僧を招聘して講演を依頼している。

しかし遺憾なことであるが、仏教教会の会員中、青年男女の数はきわめて少い。先般開かれた仏教徒会議に於てもこのことが議題にのぼった。しかしこのときは論議はただ症状診断の程度以上には出なかった。これと同じ問題はキリスト教諸派もかかえている。セイロンの或る比丘は私に書簡で次のようなことを言って寄越した。「仏教と制度としてのキリスト教会との相違は、左の点にある。即ち仏教には組織が全然ないが大きい使命を担っている。キリスト教会は使命は持っていないが、驚嘆すべき組織を持っている」だからこそキリスト教会は、一つの目的を設定したらそれを飽くまでも追求する能力を持っているのである。彼らは、特別講習会、講演会、実験集会、文書出版、その他百般の手段を講じて各人の関心を迎え入れようと努める。これに比べるとヨーロッパ仏教徒には処世能力が決定的に欠けている。ここに彼らの最も重大な過誤がある。遺憾なことであるが、ここに憚らずに言っておかなければならないことは、ヨーロッパに於ける仏教はそれぞれ孤立した単独歩行者の一群から成り立っているに過ぎないということである。仏教の使命は、自己救済、永劫の煩悩の連鎖からの個人の解放ということにほかならないが、十六世紀の偉大な西蔵僧ツオン・カパも言ったように、これは自己中心主義に陥り易い。何故なら「悩めるすべての人々に慈悲の心を持つことがなければ、単なる知性主義に堕して、自己のみの救済を求める危険に陥り易い」からである。

昔から西欧人の思考と行動とは、損得の視点を中心にして動いてきた。道徳の誡命も結局は天国の報酬をめざすものであった。神は人の価値をその行為によってではなく、その処世能力によって判定する商人である。神は結局人間精神の所産である。

神は絶対無謬の権威であり、神の言葉、即ち聖書は純乎たる啓示であるとされている。そこから、聖書に対する忠実は盲従となり、僧の権威は絶対的な神の審判となる。ヨーロッパの仏教は大部分は高踏的なキリスト教であるか、或は現在の社会秩序に抗議する示威手段の一種である。

キリスト教も仏教も、もはや若い人々に語りかけ、彼らの言葉を語り、彼らの特質を理解するすべを知らない。キリスト教の巧妙な人心把握術は、我々が若い人々に提示しようとする本質的な問題とは何の関りもない。それなら仏教は彼らに何を齎し得るのであるか。

二度に亙る世界大戦は西欧の相貌を根底から変えてしまった。ヨーロッパの心臓などと称されていたドイツは二分され、思索は精神病的徴候を呈し、道徳的な力の信仰は殆ど痕跡をとどめぬほどに消失してしまった。宗教は現在では現実からの逃避にすぎない。それはその存在理由を失ってしまった。それは専門家、護教家、教会権力者、それらに従う多くの従僕どもを抱え込んで外面的には厖大なものになっているが、内的な特質を失って画一化され、砂上楼閣のような存在を保っているにすぎない。マルクスは「宗教は常に強者の婢であった。それは悲惨をなくそうとはしないで、ただそれを慰めるほかは何にもしようとしなかった」と言って宗教を弾劾したが、今日でもなお宗教はこの弾劾に対する名誉挽回をなし得ていない。

私は今迄屢々人から質問を受けた。「あなたの言われることは仏教と一体何の関係があるのですか」と。確かに、こういう隠遁者たちにとっては、仏教徒たるものが「社会主義」などという俗世の思想に親昵するのは不可解にちがいない。しかし私は逆に訊ねたい。「仏教のような類稀な偉大な教えがただ一握りの脱俗禁欲者だけのものであってよいであろうか。仏教はそれほどに自己を疎外し、社会から離れてしまったのであるか」と。

仏教はどこでその媒介者的第三者としての使命を果すべきであろうか。どのようにして無知と惑いに対して崇高なるものの教えを対置すべきであろうか。仏陀の教えは、人間の内面へ鋭いメスを入れ、生の絵模様を弁証法的に分析し、生滅流転の流れから真実の連関を取り出して見せた。その洞察の深さは類を絶しているが、この哲学的所与を拡大して人間の社会的存在にまで及ぼし得ない仏教徒の無能力もまた類を絶している。この対決は絶対不可欠であって、これなくしては仏教はついに没落するであろうことは火を観るより明らかである。

アジアの諸国には多くの仏教の学校が設立されている。またヨーロッパに仏教思想をひろめることを特別の目的とする協会もあれば、風土的条件をととのえてヨーロッパ人に近づき易いようにした瞑想道場や僧院もある。言語学研究者に仏教原典を解放するためのパーリ語学校もできている。こう言ったような諸々の組織や機関がその最善の努力を傾注してきたことはもちろん否定できない。しかし仏教的伝統の中に立っているこれらの諸機関は、仏陀入滅以来の大きい社会の変遷、産業の発達、そこから由来する人間的乃至社会的問題を全く看過している。僧院はやはり僧院であり、隠遁所はやはり隠遁所にとどまっている。二千五百年の歳月もこれを何ら変更することができなかった。しかし今のこの現実の社会の中に生きている人間は種々様々の問題を身を以て受けとめなければならない。人々は今のこの社会の影響とみづから対決しなければならない。現代の人間は聴覚的・視覚的宣伝の絶え間ない爆撃にさらされ、その欲望は人工的に煽り立てられる。否、かつては「人間精神を無力の闇黒から救い出す導きの女神」であった科学さえも、今では人間の敵となっている。仏陀は現世の八種の苦悩を説いたが、今ではこの八種の苦悩の上になお数多くの苦悩が附け加わっている。そしてこの苦悩の連鎖の中の一つが自己疎外である。

一九五九年九月に、独逸語諸国の仏教徒の集会がハンブルク・リッセンに於て開かれた。仏教の全宗派が代表を送って、かれらの共通の関心、すなわち仏教思想の普及ということに就いて討議したのはこれが最初である。喜ばしいことには日本の禅宗の代表者もこれに参加した。

これに関連して私はここで、西欧に於ける仏教普及の可能性とその機会に就いて簡単に述べておきたいと思う。戦後しばらくの間（およそ一九五〇年まで）西独には精神的復興の徴候がきわめて著しかった。未清算の過去との対決を共通の目標とする演劇・文芸の佳作が数多く生まれた。新しい新聞や雑誌も続々発刊され、その中でも学問的乃至半学問的月刊誌はきわめて高い知的水準を示していた。しかしやがて東部との対立が激化し、また一方集中収容所、大量虐殺、その他の戦争中の惨虐行為の記録報告が踵を接して現れた。罪悪感と共に人々の不安は止め度もなく昂まった。屍体の山、骸骨の山、ガス室などの戦慄的な光景が記録映画によって、人々の胸を抉り、やがてはテレビの電波に乗ってもっと多くの人々の心を震駭させた。人々は過去の悪夢に魘されつづけ、苦痛のあまり、仕事へ、病気へ、娯楽への逃避がはじまった。アルコールの消費量は激増した。

一切のものの背後には不安があった。戦争の廃墟から新しい生命の息吹きが生まれ、工場が立ちならび、ショーウインドウには絢爛たる商品が飾られる。外部の人々はこれを西独の奇蹟的復興というが、これらはすべて不安から生まれたものであり、過去の傷痕の上にヴェールをかぶせてこれを消し去ろうとする狂者の努力であった。戦後十五年を経た今日でもノイローゼ患者の九〇パーセントは、この過去の悪夢が原因であると、精神分析学者は報告している。

人々は自己の存在の確固としていることを努めて誇示しようとしているが、真底に於ては不安を追放することが出来るとは信じていないように思われる。新宗派の簇生は社会的政治的不安の現れであり、各種保険の流行は、不安を合理主義的に防禦しようとするしるしである。防衛措置としての軍備の充実は宗教とヒューマニズムの無力の象徴であることは言うまでもない。

このように不安は虐まれる人間が免罪され得るには、ただ過去に於て為し得た惨虐と同じ強さの善で以て全霊を満たすよりほかはない。憎しみに代えるに愛を、仏陀の言葉で言えば無知に代えるに知を以てするほかはない。これまで西欧キリスト教の理想はあまりにも高すぎて非現実的であった。今日でもやはり「すべてか、しからずば無」の原理が妥当する。もちろん無である場合が全部なのである。宗教の理想は力と強さであるという信仰は地を掃ってしまった。力と強さとは暴力に代えられてしまった。人々はもはや「異邦人」に傾聴し、彼の立場に身をおいて考え、自己批判を通じて彼を理解しようとする態度を持たないで、ただ無批判に排撃しようとする。人々は「異邦人」を「敵」と名づけ、もはや彼と話し合おうとしない。逆に営々として軍備を強化し、ただ軍備のみに頼ろうとする。このような状況にあってはあらゆる力も消滅せざるを得ないし、あらゆる宗教性も衰頽せざるを得ない。精神科学、文化、宗教の没落は引きとどむべくもないように見える。ブーア教授は言う、「キリスト教が崩壊の趨勢にも拘らず今までその地位を保持し得たのは、ただ第三の力が今まで出現しなかったからに外ならない」と。

だからして、ヨーロッパの西に於ても東においても数多くの人々が、媒介者としての第三の力を心から希求し、且つこの力は仏教の中に示現していると考えていると言っても決して過言ではないであろう。リッセンの仏教徒大会は、我々はそれぞれ異った教義の解釈を信奉するにも拘らず共通の目標を有していることを示した点において非常に有益であった。しかしながら仏教が歴史的使命を引き受けるべきか否かの問題は解決されないままに終った。仏教徒の一部には自己の信ずる処だけを善しとし、他は捨てて顧みないという態度を捨てかねている人々もいるのである。しかしながら我々仏教徒は、否、もっと正しく言えば我々人間は、我々が善意を持っているからという理由で、我々すべてが乗っている船の操縦を、航海や運転の根本法則を全然知らない人々の手に委ねて安心していてよいものであろうか。

現代社会の経済的構造はかつての惨虐な戦争の続きではないであろうか。我々の社会生活は無血の戦闘ではなかろうか。中には傷を受けて野戦病院で空しく衰え死んでゆく人もある。それはこの社会で希望を挫かれた人、希望を知らずに底辺にうごめく人々である。社会的原因による身体異変やノイローゼなどは、負傷による手足切断に比せられるのではなかろうか。やがて状景は一変してまたもや盲目と無知とから尊い血が流されることにならないとは言えない。何故なら憎悪は憎悪を生み、嫉妬は嫉妬を生んで、今我々を強迫している過去の光景がついに再び現実となるかもしれないのである。

仏教が歴史的使命を果すように召命されていると自ら感じるならば、その慈悲の観想行においても決して社会の歴史的過程を等閑に附してはならない。現代の測り知れぬ苦悩、見るも胸痛むこの光景を見れば、仏教は必ずや奮い起ち、自己の使命の偉大さを認識するであろう。我々の兄弟たち、姉妹たち、それは工場にも働いている。病人は病床で医者を待っている。ただ病気を癒すだけでなく、病気と衰弱とを齎す害悪を防ごうと努める医者を。我々は慈悲を社会的活動として現実化しなければならない。それは我々が高い目標を持っているからではなく、我々が人間の苦悩を軽減させることが出来るからなのである。もし何らの反響をも見出すことが出来なかったら、我々はその責を我々自身の中に索めるべきである。ドストエフスキーの言うように「もし人々が憎しみに満ちて汝に耳を傾けようとしないならば、人々の前に身を投げ出して宥しを乞い求めよ。何故なら彼らが汝の言を聴こうとしないのは、本当は汝の罪だからである」

野村純孝抄訳

フランスにおける仏教受容

柴田増実

ヨーロッパには勿論キリストの美術は無数にあるが、西洋の美術家で仏陀を画いた絵は意外に少い。嘗てアンドレ・マルローは、パリに着いたばかりの日本人画家の「これからうんと西洋美術を見て廻ろうと思うがどんな絵から先に見たらよいだろうか」という質問に答えて、「先ずゴシック芸術・ミケランジェロ・スペイン美術から見るがよい。これらを貫くものは悲劇精神であり、この悲劇性というものがアジアとヨーロッパの美術を最もよく区別するものだ」と言ったという。ヨーロッパの画家はキリストの悲劇的な生涯には画心を刺戟されるが、平和な仏陀の生涯には画題として何ら触発されないのかもしれない。

私もフランス滞在中一度だけパリのある美術館で西洋人の画いた仏陀の絵を見たことがある。それはルドン（一八四〇―一九一六）の絵であった。ルドンの絵を一つでも見たことのある人は誰でも容易に想像のつく様に、それは夢幻のふんいきの中にただよう冥想的な釈迦を画いたものであり、感じは丁度ルドンの画く花や蝶に等しい。これは我々日本人が禅画や密教芸術によって抱いている仏のイメージに程遠いのは勿論のこと、浄土系美術のもつ彼土が此土に廻入しているという様な強烈な思想的な象徴性もない。あこがれ向うべき彼岸はなく、ただ此岸の静かな夢という感じのする絵である。

ところがこのルドンの仏陀の見方はその儘フランスの一般の仏教の受容の仕方に通じるものである。例えばパリのアジア専門の美術館ギメの第一室はクメール彫刻（七世紀から十三世紀頃までカンボジャに栄えた美術）の仏頭に満ちていて、あの上方に弓なりに曲った細長い口と殆んど閉じた眼とから生ずる不思議な静けさと高い内省的な表情とは、それが何十頭と揃うと日本の寺院や美術館の仏像の持たない雰囲気を醸し出す。無限に深い暗い底へひきずりこまれる様な感じを覚える。

事実、ギメ美術館でこのクメールの仏像を見てキリスト教から仏教へ回心した体験記が現在は東京に本社があるフランス・アジー社刊の「仏教の現況」の五三三頁に出ている。「南仏で孤独の数カ月を過した後、或る秋の午後、非常に芸術好きの私はクメールの部屋に入った。一歩ふみ入った時から何か分らないが或る種の沈黙が私をひたした。右側にはアンコール期前の浮彫がいくつか……仏陀の像もある、面白い……ついで機械的に私の視線は次の像に落ちた。それを見るより早く私の全存在は動揺もなく裂目もなく根こぎにされた様に思われた、あたかも前代未聞のある力の働きによって引き抜かれたかの様に。それは決して美的感動ではない（バイヨン〔カンボジャのアンコールにある十二世紀末の仏教建築彫刻群〕の部屋の胸像は私の見る所では美的領域に於ては比較にならない程もっと美しい）。語の平凡な意味に於て決して宗教的或いは神秘的感動でもない。突然の絶対的な確実さ。植物が太陽を求める様に私の心はこの顔が表現しているものを尋ねる。同時に意志の領域に於ては驚くべき経験。即ち内的確実さが私に与えられて私が青春時代精力をすりへらしたある道徳的精神的戦いが終了した、このはっきりした瞬間に意志の制御が私に与えられたからである。この数年間がこの直観の真正性をちゃんと確証した。これら全ては言葉よりももっと速く行われた。そして眼がさめた時の様に私は仏陀の顔を見た。」

クメールの仏像は千古ふえつを入れざる南方の大密林のもつ太陽の光線もとどかない様な静けさをたたえ

ているが、それがこれ程強烈に語りかけて来たとは面白い。しかしこれは稀なことで、大部分の西欧人にとっては仏像の象徴的な表情も実在性をもったものとしてはせまって来ない。なんとなく眠たげなものうい諦《あきら》めの寂んだ感情をおぼえるのが普通である。更にギメ美術館には、西欧人に我々日本人と異った仏教観を構成させるものにチベットの仏像とガンダーラ美術とがある。前者には豊満な乳房もあらわに男女相擁した恰好の仏像が数多く集められていて、そういう仏像を想像したこともない日本人の眼を驚かせる。後者はヘレニスム期の東西文化交流の所産であるが、一つの思想文化の生成発展を他の文化圏との交渉に於て捉えるという世界的視野に欠けがちな日本人の仏教観を是正（観念の上だけでなく感覚的に）するに足るものである。

ギメ美術館ではこれらの部屋を通過した後初めて中国・日本の部屋に到達するのであって、我々日本人とは仏教美術を見る順序が逆になっていることを我々は充分頭に入れねばならない。日本では先ず日本から始めて朝鮮・中国の漢訳仏教圏について仏教美術観を形成し、その向うに異国の仏像を見る様な肌ざわりの違った感じで南方仏教の美術品を見るのであるが、西欧諸国は地理的にも歴史的にもより密接な関係にあった南方アジアから先ず仏教観を形成してその向うに中・日などの漢訳仏教を見るのである。この際我々の考え方を是正せねばならないことは、日本では中・日の仏教を大乗、南方の仏教を小乗といって、簡単に自分達の仏教の方が価値的に上だと決めこんでいるが、西欧人はマハーヤーナ・ヒナーヤーナの語に何らの優劣感をもひめていない。西欧人の仏教観が南方的色彩をもっているからといって、我々が直ちにそれを誤解だと思うのは早計である。寧ろ仏教を我々の持たない側面から捉えて仏教の内容を多彩豊富にしたものとして歓迎せねばならぬ。

大体日本の仏教者は自分達の仏教を大乗と誇称するが、ヨーロッパに弘法の為定住活躍している日本の僧侶は誰もいない。パリ・ロンドンを始め各地の仏教会を指導している者は殆んど全部南方仏教の僧侶達で現実にはこの人達の方が利他行的である。も一つ日本人一般がいだいている錯覚に、永い間の仏教研究の伝統を有する仏教国日本の仏教研究は西欧より優っている筈だというのがある。これも簡単には日本人はその仏教研究の伝統に安住し得ない。仏教学の様な文科の学問の第一に重要な要素は語学であるが、日本の仏教学者は日本語・中国語（漢文）に於ては勿論西欧の仏教学者より遥かに上だが、こと梵語・パーリー語・チベット語になると却って西欧の学者の方がよく出来る。又仏教をペルシャ・スキタイ・イスラエル・ギリシャなど西方との関係に於て見る研究は西欧の学者の独壇場である。又西欧の各国間の大学の研究室の交流の密なることは丁度日本国内の大学間のそれに等しい。例えばコレージュ・ド・フランスでドミエヴィル教授により臨済録の講読が行われているが、そこには中・日・セイロン・仏・独・米など各国の学生が出席していて、全人類の智慧を結集して臨済録と取り組める所が日本だけで研究している場合と大変違う。この様に各国間の交流が非常に盛んなことが西欧の学問一般を高水準にしている大きな理由である。

パリには回教寺院はあるが仏教寺院はない。それに代るものとして「仏教友の会」がある。これは一般民家の内部をタイから寄贈された仏像や仏壇・仏教書などによって荘厳したもので、会員はフランス人を始めとして百人は越すだろう。現在これを指導しているのはセイロンの僧侶ラヒュラ師であるが、師の説教は南方仏教だから勿論認識論的である。そうするとフランス人には例えばコンディヤック（一七一五―一七八〇）の感覚論との相違が問題になるのかしきりに彼の名をあげて質問していた一フランス人を憶い出す。この人も質問の最初には「我々仏教徒は……」と誇らかに名乗っていたから、彼の地の人達は仏教に対して新鮮な感じを抱いている様だ。

私がこの会で日本の鉄眼の思想を話した時も、「禅と柔道・禅と合気道はどんな関係があるか」と質問されて弱った。柔道の支部はフランスの各地に設けてあるから、そして柔道をやるフランス人は何等かの程度皆仏教に関心をもっているから、仏教はなんとかこの人達と関係がもたれないかと思う。

次にフランスの思想家が仏教をどの様に考えているか、その代表的な例をベルグソンの「道徳と宗教の二源泉」に見出すことが出来る。彼は宗教の精髄を神秘主義としてとらえ、その発展をギリシャ神秘主義・仏教神秘主義・キリスト教神秘主義へと進化的に考える。ギリシャ哲学の帰着点であるプロチノス（二〇五—二七〇）は「行動は観想の衰えである」という。脱魂状態《エクスタシス》にまでは深化するが、人間の意志が神の意志と融合する行動の立場にまで到らないのがギリシャ神秘主義の限界である。ギリシャでは哲学と宗教とが分たれているが、インドではいつもこれが一であった。ここにインドでは学問が無際限に発展しうる知識にならなかった理由がある。この故に彼等は人間の行動の効験性を信じない。飢饉で百万人が一時に死ぬ時我々は何を為し得ようかという無力感が彼等をおおっている。仏教は最高度の言葉で慈悲をすすめるが、なお苦と生から逃避しようという厭世主義を脱しない。この宗教は熱を有しない。これに反して真の宗教は行動・創造・愛である。キリスト教の偉大なる神秘主義者のみがこれに到達した。

以上がベルグソンの仏教をギリシャやキリスト教と比較しての要点であるが、ここにも西洋の思想家はギリシャを通してインドを見るということがよく現れている。西洋ではキリスト教に反抗する者の帰る所はギリシャより他にない。中国や印度の伝統が直接西洋に生きるということはなかった。シモンヌ・ヴェイユ（一九〇九—一九四三）にしろニーチェ（一八四四—一九〇〇）にしろギリシャに還帰してこれとの親近性に於てインドを見るという態度になっている。西洋人にはこの方が稔り豊かである。綿密な実証研究を行う東洋学者でない限り、直接東洋思想をふりまわしている西洋人にロクなのはいない。

英国における仏教活動

クリスマス・ハンフレーズ

仏教流伝の歴史は、いまではその北東インドにおける発祥から、あまねく人々に知られている。その教は幾世紀にもわたる時の流れに沿って、南へ、東へ、北へとひろまり、その消息は、アショカ帝の使者たちの手で、いまのヨーロッパにあたる地域にまでも、もたらされたという。このように、仏陀の教は、インドから仏教圏の諸国へと宣べひろめられ、十にあまる国々のことばで研学論究されて、色とりどりの教派の花を咲かせたのであった。

が、いずれの教派のおしえも、東洋の言語の中に封じこめられていたので、近代西洋がそれらの教義をはじめて知ったのは、東洋諸国に職をもとめて赴任した人々による、あれこれの教派の聖典の断片的な翻訳をつうじてである。やがて翻訳の事業はしだいに組織化せられ、巴利聖典刊行協会によるパーリ語聖典の英訳が成るに及んで、すくなくとも一教派にかんするかぎり、その教義の詳細が万人に役だつようになったのであった。とはいえ、思慮ある英国人士の人生指針として、仏教が世にでる舞台がととのえられるには、なお二十世紀の初頭までまたなければならなかったのである。

そのお膳だてに力をかしたものに二つの組織がある。まず一つは、一八七五年、有名なロシアの神秘主義者H・P・ブラバトスキー夫人の庇護のもとにはじめられた神智運動（The Theosophical movement）であった。チベットで修行した、このすぐれた教師兼著作家は、彼女のいわゆる「時代ごとに積みかさねられてきた英智」――あらゆる宗教やその他の形の精神的教誡は、世界がそれらの教を必要とした時に応じて人類に与えられた、「英智」の部分的説明にほかならないという――の綱要を、ひろく世に公開したのである。

夫人は、一八八〇年、オルコット大佐（神智協会の創設者・会長）とともにセイロンにおいて受戒し、晩年には、『密教』（The Secret Doctrine）や『沈黙の声』（The Voice of Silence）など、仏教にかんする著作をものして、英国の宗教思想にかなりの影響を与えている。また、かず多い神智協会の集会所では、たんに仏教の諸原理が説かれただけでなく、英智研讃の一環として、仏教の布教家や典籍が受けいれられたのであった。

もし、この神智運動を「種の運び手」にたとえるなら、合理主義者の運動（The Rationalist movement）は、ヴィクトリア王朝時代の科学的・宗教的信条の、堅い土壌をたがやす役目をはたしたといえる。宗教の領域を合理的分析へ、科学の領域を人間的倫理へ、と開放することにより、この二重の運動は、仏教――それは科学的かつ合理的であり、しかもまた、人格的で不滅な神を必要としない最高倫理を宣言する――への通路をひらいたのであった。

舞台がととのうと、主役が登場する。アラン・ベネットは、一八七二年ロンドンで生まれ、一八九〇年、エドウィン・アーノルド卿の『アジアの光』を読んで、たちどころにその原理に「改宗」した。かれはふかく仏典をまなび、一八九八年セイロンに渡航して研究をつづけたが、英国に仏教使節団を送ろうと思いたってビルマに赴き、一九〇二年五月の満月の日、剃髪染衣の儀を終えて、法名をアーナンダ・メッテーヤと号し、ラングーンに国際仏教協会を設けて、季刊『仏教』（Buddhism）を刊行した。

一九〇七年一一月には使節団をむかえるためにロンドンに大英愛蘭仏教協会（The Buddhist Society of Great Britain and Ireland）が設けられ、ついで翌年四月、この新進の比丘は、ビルマにおける帰依者たちを随行として、ロンドン埠頭に上陸の一歩をしるしたのである。

背が高く、優雅で威厳にみちた、三十六歳の比丘。その黄色の法衣は、ロンドンっ児を魅するに足る異国情緒ゆたかな風丰を、かれに与えていた。が、その法衣にも不便な点がないわけではなかった。比丘たるものは、女性の起居する家には住むことがゆるされず、食事は正午まえに一回きり、それにみずから金銭を手にすることができないなど、西欧の生活にとって、僧団の戒律はきわめてわずらわしいものであったからである。ましてゆゆしいことは、この英人比丘の健康がすぐれないことであった。にもかかわらず、使節団は、かぎられた六カ月間に、友をつくり、質問にこたえ、文献を配布するなど、かずかずの仕事をなしとげたのである。比丘はやがてビルマに去ったが、大英愛蘭仏教協会の事業はつづけられ、その主な仕事といえば、刊行物、とりわけ一九〇九年一月から二二年一月にかけて出版された季刊『仏教評論』（The Buddhist Review）の発行であった。

第一次大戦が勃発するや、アーナンダ・メッテーヤは、病軀をおしてビルマから帰朝し、一九一七年には、そのころ休眠の状態にあった協会をよびさまし、ようやく戦後までもちこたえさせたのである。だが、当初からの会員が亡くなったり、ロンドンを離れたりするという事情もあって、一九二二年、かれの努力のかいもなく、協会は幕を閉じねばならなかった。『仏教評論』の最終刊には、いまなお私たちと活動をともにしているマンダレーのウ・キャラ・ラ（仏教協会ビルマ名誉幹事）やロナルド・ニクソン（インドではシュリー・クリシュナ・プレームとして有名）の名がみえている。やがて翌二三年、アーナンダ・メッテーヤは、その唯一の大著『アーリア人の智慧（The Wisdone of Aryas）』

を遺して、三月九日不帰の客となったのであった。

協会が瓦壊してからは、仏教運動はフランシス・ペインの連続講話によってつづけられ、氏を中心に、聴衆の常連によってロンドン仏教徒連盟（The London Buddhist League）が結成された。ついで一九二四年一一月、神智協会に仏教部会（The Buddhist Lodge）が誕生し、筆者自身が会長となり、のちに筆者の妻となったエイリーン・フォークナーが名誉幹事をつとめることとなった。また、部会の創設者の一人、A・C・マーチは、一九二六年に『英国仏教』（Buddhism in England）を創刊したのである。（同誌は、のちにマーチからアラン・ワットに編集がひきつがれ、一九四三年には『中道（The Middle Way）』と改称された）

一九二五年九月、セイロンのアナガリカ・ダルマパーラは、大菩提会（The Maha Bodhi Society 一八九一年、カルカッタで創設）の支部をつくろうと、ロンドンを訪問した。はじめイーリングの小屋《おく》に、ついでリージェント公園の北東の大厦《か》に設けられたその支部では、講演会や講習会を催おし、機関誌『英国仏教徒』（The British Buddhist）（のち『法輪』（The Wheel）と改称され、一九三五年まで続刊）を発行して、いまの仏教協会（The Buddhist Society）の前身である神智協会仏教部会と手をたずさえながら、英国仏教活動の促進を図ったのである。翌二六年、神智協会の仏教部会は、もはやブラバトスキー夫人の創唱した神智学を信奉できなくなったので、協会を脱退したが、これを機縁に、神智協会においても、独自のテキスト『仏教とは何か』（What is Buddhism?）をつくって、一九二八年に刊行したのであった。

この頃、ロンドンでは、セイロンのつよい影響のもとに、ひとり上座部仏教だけが行われていたが、かの地から英国大菩提会に派遣された三人の比丘（そのリーダー、P・ヴァジラナナはケンブリッジ大学に学び、のちに哲学博士の学位をえた）の到着は、一そうこれを力づけたのである。だが、たまたまそのかたよりを補うかのように、大乗、つまり北方仏教が、鈴木大拙博士の禅にかんする著作（英文『禅論』第一巻の刊行は一九二七年）や中国の大虚法師の人がらをつうじて、感化を与えることになった。

一九三〇年代は、いまなお活動をつづける二つの団体、つまり英国大菩提会と私たちの仏教協会とが、しずかにその勢力をのばしてゆく期間であった。一九三五年、協会は、はじめての学術的大作として、A・C・マーチ編『仏教文献目録』を世におくったし、翌三六年には、フランシス・ヤングハズバンド卿を議長に、ロンドンで世界信仰会議がひらかれ、仏教徒の講演者として、鈴木大拙教授、マララセーケーラ博士、ラーダクリシュナン博士らが顔をそろえるなどのこともあった。

やがて世界は第二次大戦に突入した。伝道機関は閉ざされ、はげしい空襲に「夕のつどい」も行われなくなったが、それでも協会は仕事をつづけたのである。人々の苦しみが増すにつれて、苦の生起と還滅とを教える仏教の正法に帰依するひとが多くなり、一九四〇年五月のウェーサカ祭は、これまでにない盛儀をくりひろげた。ビルマのウ・ティッティラ比丘（協会図書館の司書としてとどまり、主任講師として活躍）がはじめて列席したのもこのときであり、C・ジナラジャダサ氏（神智協会会長）やクレア・キャメロン嬢（一九三八年から四八年にかけての『中道』編集者）も参列している。同年一二月には協会の印刷室が全焼し、ついで翌四一年四月、協会本部が地雷の被害をうけ、礼拝所は見る影もなくなったが、なおこの年のウェーサカ祭も、ハリ・シン・ゴールやジョン・ブロフェルドらを迎えて、盛大にとりおこなわれたのであった。

一九四三年、私たちは、戦後に処する計画をたて、手はじめに、本部を大英博物館の近く、グレート・ラッセル街の一〇一番地に設けた。協会は「仏教協会」として再発足し、『英国仏教』(Buddhim in England)は『中道』(The Middle Way)と改題され、図書館もととのい、会員も着実に増加して、ロンドンの市民生活における協会の地位も確立されたのである。戦争は各国の仏教徒との連絡を寸断してしまったが、一九四六年、たまたま極東軍事裁判に列席することになり、その途次、私は各地をめぐって旧にもました交情をあたため、ことにビルマでは、協会の出版資金として多額の金子をつのることができた。この旅行の際、一九四五年に協会が編集した「仏教十二原則」を、各国の多くの仏教団体にさしあげたが、これは仏教のあらゆる宗派に共通な原則をまとめた一枚刷りで、すでに十六カ国語で出されており、一九五〇年、マララセーケーラ博士によって、コロンボに設けられた仏教徒世界友好会（The World Fellowship of Buddhists）のためにはとくに役立ったのであった。

協会はつねに南北両仏教の「中道」をあゆみ、講演や講習や刊行物も、双方に平等にわけられている。協会はその設立の当初から僧院を設けるべく努力してきたが、一九五四年には、セイロンの資金によって、オヴィングトン・ガーデンに仏教修道院（Buddhist Vihara）がひらかれることになった。

また、一九五一年、拙著『仏教』（Buddhism）がペンギン・ブックス株式会社から出版され、増刷をかさねて一七万部という驚くべき売れゆきを示したのは、英国における仏教への関心の高まりをもの語るものであろう。マンチェスター、バーミンガム、オックスフォード、ケンブリッジ、ブライトン、エディンバラなどに、仏教徒のグループが創設もしくは再建されたのもこの頃である。そのいくつかはやがて消えうせたが、協会とともにこれらの育成に力をつくした英人比丘カピラヴァッドーの労は、いたずらではなかった。一九五二年、マンチェスター協会のきもいりで、オックスフォードに仏教夏期学校がひらかれ、いまではこれをロンドン協会がひきついで、全ヨーロッパから百名以上の参加を得て年中行事となっている。なお、一九五六年から七年にかけて仏教圏の各地で行われた釈尊降誕二千五百年奉祝のブッダ・ジャヤーンティには、英国仏教徒も参列した。

さて、英国における仏教の現況は、というと、その中心はエクレストン・スクエア五八番地に新装の成った仏教協会である。協会では毎晩のように定例公開講演が行われているだけでなく、M・H・ロビンスの編集にかかる機関誌『中道』は大きさにおいても発行回数においても倍増され、蔵書も四千巻に達した。つぎには仏教修道院であるが、ここにはセイロンの比丘が常住し、上座部仏教に心をよせる人々のために定期的な講習会や講演会が催されている。第三は、アレキサンダー・ロード五〇番地のサンガ・トラスト（The Sangha Trust）およびこれと提携するサンガトラスト協会で、その名が示すように、上座部僧伽の英国分教所の護持を目的とするものであるけれども、ここでもまた、講習や講演が行われているのである。

　ところで、こうした組織の規模や数からだけで、一般大衆の仏教への関心の多少を速断することは早計であろう。『中道』の書評欄が示すように、有名出版社からはつぎつぎに仏教書がだされ、またI・B・オーナー女史（仏教協会副会長で、巴利聖典刊行協会の新会長）はパーリ聖典の最後の小註釈までももらさず刊行しようと努力をつづけ、エドワード・コンズ博士（同じく仏教協会副会長。『仏教』(Buddhism)の著者で、『仏教聖典』(Buddhis Texts)の編者）はそのかずかずの著作に加えて、ベルギー、ドイツ、フランス、イタリーの仏教書の英訳に精進しているのである。

　一班を推してすべてをはかることはむずかしいとはこれからしても、少なくとも仏教への関心が高まりつつあるが知られよう。「英国にどれだけ仏教徒があるか」という問いがしばしば新聞紙上をにぎわすけれども、その答えは、いつでも誰も知らないし、決して知ることがあるまい、というべきである。それは、仏教が人生の生き方であるからなのだ。ひとがおのれの人生をあゆみはじめたとき、その最愛の友について語る必要がなく、ましてそれを登録する必要など毛頭ないからである。ただこれだけは言明できるのは、仏教はいまや英国において、その全思想の中に形式的原則として確立されている、ということだ。仏教は、西欧の科学や宗教、あるいは心理学の、きびしい試験をちっとも恐れる要がないのである。ところで、仏教のどの教派が英国における主導権をにぎるかという点になると、たしかなことは言いきれない。実践的・倫理的であり、清教徒めいた趣きがある上座部仏教を奉ずる人々は、いつの時代にもあるであろう。英国人の性格のうち、必要に応じてそれにあうように身を処するという性向にかなっているからだ。しかしまた、人々の多くは、大乗仏教の温和さ、広大無辺さをこのむであろう。その教が世界の最もすぐれた美術や詩歌を鼓吹するものであり、英国人の心情の補われるべき面につよく訴えるものであるからである。さらにそのほか、禅に心をよせる人たちの数も、現に急増しつつある。単刀直入の悟りによって、日常底に究極の安心を求めようとするからだ。

仏教の歴史と教理は、いまや西欧の学者によって、一そうの研究が進められているが、その学者の多くは、わが仏教協会の会員である。エドワード・コンズ博士、I・B・オーナー女史、P・メータ氏、P・S・ジャイニ博士等々。だが、これらの学者は、協会のなかで仕事をしているとはいえ、協会の主要目的にただちに関係しているのではない。かれらの仕事は、仏法（The Buddha-Dharma）の原理を人々に遺漏なく知らせること、禅籍などのように僅かの学者しか知らない聖典の学問的翻訳を用意し、その重要な部分を適用して教えと実例とにより人々を説得することにある。だが、協会の仕事はというと、一般の文化人、知識人に、正確でわかりやすく要約されたテキスト・ブックを提供することなのだ。テキストにはかずかずあるが、白眉は『仏教学徒便覧（Buddhist Students' Manual)』で、これには、西洋における仏教運動概史、七カ国語の仏教語彙、パーリ聖典の綱要、大乗経典の梗概、仏教著作の解題、仏教十二原則が収められている。なお、協会の今後の研究は、西洋の心理学や物理学や社会奉仕にみられるような思惟型態との、有益な比較研究の方向にもとめられており、このためには日本の学者・宗教家からも多くの助けを仰いでいる。

ところで、西洋は折衷的であり、仏教原理の広大な系列のなかから、好むところを摘出しようとする。もとより、一教派もしくは若干の教派にみずからを限定している研究グループは、いまもあり、いつでもあるだろうが、英国における仏教の将来をさだめるものは、思惟する大衆の行動にあるといえよう。そして、さらには、その多くは、新しい指導者の出現にかかっている。なぜなら、運動がひとりでに発展することはないからだ。新しい講師はもとより、新しい著作家や新しい思想家、仏陀の教義を近代科学・哲学・心理学上の諸発見と対照してしらべうる能力をもつ人々を必要とするのである。なぜなら、仏教は思惟する人々から遊離するときには無用の長物となり、また、仏教はかれら自身の知識と考え方とによって消化され用いられなければならないからだ。それには、身をもって範をしめすことこそ、最もすばらしい布教であると思われる。だが、仏陀の理想に従うためには、その模範は根源的な考えを内にこめたものでなければならない。覚者仏陀は教えたもう、「自らの解脱のために精進せよ」と。この究極的なもののために、おのれのこころと考えと力とをささげるものだけが、この忠告を実践しうるのである。

このように、仏教運動の将来を予言することは至難である。が、明らかなことは、いまや西洋の思想はるつぼの中になげこまれ、科学、キリスト教、心理学、それに思惟する大衆の思想、それらが各自の内部で、また互に関係しつつ、急速にうつりかわりつつあるということだ。そして、この泡だつ混沌のなかに、仏教の根本原理が日ごとに注がれつつあるのであって、以下に挙げる三つの要素が、その影響を深くするのに役だつであろうと思う。

すなわち、第一は、仏教教義は、総合（synthesis）のために資するということである。仏教の諸宗派において、たとえ強調するところはちがっていても、仏教は全き一つである。西洋で、形而上学・哲学・心理学・神秘主義・倫理と、さまざまに分割された人間の努力のいとなみの分野は、東洋では、一体として、一つの真理の多くの部面と考えられている。そして、いまや次第に、西洋においても、物理学・天文学・哲学・宗教において発見された諸真理は、ちがった衣裳をつけた同一真理と考えられるようになってきており、同列につらなりはじめているのである。第二に、仏教教義は、人類思想史上で知られているかぎり、最も完璧な寛容性あるものとして、資することである。ながい仏教の歴史のなかで、いまだかつて異端のゆえに一人として迫害されたものはなく、まして殺されたものはない。また、何が仏教であり、何が非仏教であるといぅ、教権の圧迫をはなれて、それぞれにどの人も、ただ真理を探求するように慫慂されているのである。仏教には救済主はなく、「仏陀すら、道を指示するのみ」である。第三には、仏教はひとりびとりのものであり、ために、国家や団体がいかなる種類の信条《ドグマ》にしろそれによって構成員をしばりつけようと企てることを悪と考える人々をひきつけるであろうことである。

かくて、最大な、しかも世界が記録する最古のものの一つである、この思想とその真の発展の力づよい体系は、かならずやそれが過去においてはたしたように、人類の将来に大きな役割をはたすであろう。なぜなら、仏教の宣命は本源的であるからである。ここにこそ、苦悩から平和へ、無明から解脱へ、の道がある。心あらば道を行え。ただいかなるときも、「無放逸にして、汝みずからの悟りに精進せよ」。

堤　玄　立抄訳

アメリカの仏教

緒方宗博

仏教の公認

昭和三十一年(一九五六)十月、私は第三回目の渡米の途次、ハワイのポンチポウル高地に在る米陸軍墓地を訪れた。そこには第二次世界大戦の花と散った二万七千の英雄達の墓標が並んで居った。そしてそれ等の墓標には戦死者の姓名、出身地、所属部隊、戦死年月日と共に、信奉宗教の標識が刻まれて在った。言うまでもなくキリスト教の十字架のマークが圧倒的に多く、ユダヤ教の二重三角が之に次ぎ、全然宗教標識のないものもあった。そして私の眼を驚かしたものは、あちらこちらに点々として見られた仏教の法輪のマークであった。このマークを付けた戦死者の名前は殆んど佐藤とか原田とか言う日本名前である所から、それ等は何れも日系市民の墓標である事は容易に想像された。然しそれは兎も角として、アメリカ政府の公共建造物に仏教のマークがつけられたのはこれが最初の事ではなかろうか?

この事から我々は二つの事を学ぶ事が出来る。その一つは、キリスト教国アメリカに於ける仏教公認の最初の出来事は僧侶の宗教的活動に関連してではなく、平信徒の市民的行為に関係してであったと言う事であり、その二は、既に立派にアメリカ市民となった日系二世三世の仏教は卍字に依って代表される様な宗派仏教ではなくて、法輪に依って象徴される根本仏教であると言う事である。

米国の仏教

アメリカの仏教は日本仏教各宗派から派遣されて居る開教使達に導びかれて居る日系市民中心のものと、それに関係のない白人中心のものとの二つの流れに分れて居る。両者を通じて最も広く読まれて居る仏教書はポール・ケーラス博士著『仏陀の福音』であろう。従ってアメリカの仏教は日本の大乗仏教其のままでもなければ、南方の上座部仏教でもなく、一種独特な根本中道仏教であると言い得られるであろう。日曜学校や青年会の活動は多分にアメリカのキリスト教式な所があり、ハワイ、加州、シカゴ、ニュー・ヨーク等の仏教会の集会儀式は殆んどキリスト教的、特に新教的であるように見受けられる。

無限の可能性を持つ自由の国アメリカで、今後の仏教が如何に展開するであろうかは、実に興味ある課題である。

禅ブーム

最近アメリカに於ても、西洋世界一般と共に、一種の禅ブームが起りつつある事は否定し難い事実のようである。これは一体何に原因するものであろうか？

第二次世界大戦後日米が相互に自他を再発見した事は少々ではない。就中米国が日本の文化、芸術、宗教に対して観を新にし、従ってその研究に力を入れ出した事は尋常一様ではない。

凡そ日本文化の背後に流れて居るものは禅であり、禅に説く悟りとは近代科学に言う知識とは異質なものであり、様々な現代の危機を救うものは禅の悟りではないか、と言うのがアメリカの識者の声であり期待である。そして斯うした気運を造って行った事の功績はその大部分を我が鈴木大拙博士に帰せしむべきであろう。

鈴木博士には禅に関する英文著書が十数冊あり、その一部は既に仏訳並に独訳となって居る。その著書の中でも、最近欧米二ヵ所で同時に出版された『禅と日本文化』は専門学者にも一般読書子にも広く愛読されて居る様子である。

仏教と日本文化

鈴木博士は言う。

「仏教を離れて日本文化を語ることは出来ない。何となれば日本文化の何れの部面を眺めて見ても、何等かの形に於ける仏教感情が流れて居るからである。実際仏教の影響を受けていない日本文化の部門はなく、我々は其の中に生活してい乍ら、その事を自覚していない程広く行き亙ったものである。第六世紀に仏教が日本に公伝されて以来、仏教は日本文化史形成上の最も啓発的な要素であった。仏教の輸入そのものが当時の日本の支配者に取って日本文化の進歩と政治的強化の希望に基いたものであったと言っても間違ではなかろう。

それはともかくとして、仏教は早急に、そして必然的に国家と不可分になってしまった。それが純宗教的に見て善かったか悪かったかは別問題にして、其後歴代の政府に依って仏教と政治とが様々な面に於て混同せられた事が歴史上の事実である。そして日本文化の基調が上流社会の手中に在った為に、仏教も亦貴族的に発展して行った事は自然な事であった。

若し仏教がどの程度日本人の歴史及び生活の中に食い入って居るかを知りたければ、全仏教寺院及びその中に保存されて居る一切の宝物を破棄したと考えて見るがよい。その結果はひどいものとなるであろう。即ち日本には美しい自然と親切な人間とは残るであろうけれども、家財道具も何にもない空家の如きものとなって、掛物も庭園もなく、生け花もなければ茶の湯もなく、能楽もなく、絵画も彫刻もない殺風景な状態だけが残るであろう。

禅と日本文化の関係だけを論じて見ようとなれば、どうしても禅が特に日本人の心理に適合する事を述べなければならない。

禅の哲学と言っても、それは一般大乗仏教のそれに外ならない。然し、禅には特殊な修行の方法論がある。これは人間が自己の本性即ち実在そのものを徹見する事である。他の言葉で言えば、禅は我々に、仏の言説にかかわらず、何か超越的な存在（神とか仏とか言う様なもの）に信頼する事なく、又儀式の実行に専心する事なく、自己即ち人間と最高の実在とが合一した世界を体験する様に忠告する。これは日本語で悟りと呼ばれて居る直観知を得る事である。

悟りの原理は概念的な知識を得る事ではない。概念的知識は物の定義を定めるのに便利なだけで、それは皮相なものであり、これは我々に何等の創造力をも与えるものではない。

東洋精神は直観知であり、西洋精神は論理的であり散漫であると言われて居る事は正しい。直観知にも弱点のある事は勿論であるが宗教、芸術、形而学の分野に於てはそれが大きな力を発揮して居る。禅の悟りと言うものが日本人の文化的活動の上に大きな寄与をして居る事は疑う余地がない。

悟り経験と言うものは普通の学問的方法では得られないものである。悟りを得るには知的方法以上のそれ独自の方法に依らなければならない。人生は神秘に充ちたものであり、その神秘感に触れると言うことは、芸術の世界で妙とか幽玄とか神韻とか言われて居るものであり、それは又禅の悟りに通ずるものである。日本文化、特に芸術の諸方面に於てはこの神秘不可思議の世界に立ち入る事を狙として居る。」

仏教とキリスト教の接触

仏耶両教はまだアメリカに於ては大した対決の場を持って居ない。その反対に両教が接近し、融合しようとする傾向が見られる。一九五七年、私はフールブライト交換教授としてアメリカの大学で仏教の講義をしたのであるが、その夏休暇中、ペンデル・ヒルのクエーカー教の夏期講習会にも招かれて禅の講義をした。

講習生達は講義の時間だけでなく、食事の時間、自由討議の時間にも集って仏教の事を知ろうと勉めた。

オハイオ州デイトンのユニテリアン教会では本年（昭和三十五年）の二月七日の礼拝日を仏教色でぬりつぶして居る。

プログラム

一、黙　想
二、序　言　　謡曲　羽衣
三、読　唱　　四弘誓願文
四、間　奏　　仏教音楽
五、講　演　　禅仏教に就いて
六、献金曲　　日本民謡
七、朗　読　　坐禅和讃
八、散会曲　　さくらさくら

クエーカーやユニテリヤンはキリスト教社会では異端視されて居る傾向もあるが、それにしても十字架をシンボルとし、イエス・キリストの名を讃えて居る人々の集団に於て、この様な事は思い切った仏教接近と言わねばなるまい。

アメリカ・キリスト教徒の仏教接近を考える時に、我々はキリスト教内の各派間の融合に就いても注目すべきではあるまいか？アメリカの新興都市に於ては、コムミュニティチョウチと言うものが発展しつつある。ここではメソヂスト、バプチスト、組合教会等の会員が共同して教会を支持し、牧師も二三の宗派の教師達が合同して礼拝其の他の教会行事を行って居る。

ニューヨークにはカトリックとプロテスタントとユダヤ教の合同の教会も建設されたと言う事である。

時代は今や、世界は一なり。人間は既成宗教の為に在るのではなく、あらゆる宗教が人間の為に活動すべきである、と言う事を明確に意識して動いて居るかに考えられる。これからの宗教活動は、異教の国などと言う事を問題にする必要は段々無くなって行くのであろう。仏教の如く、寛容の教義と歴史とを持って居る宗教は、今後何処へ行っても誰に遠慮する事もなく伝道されて然るべきである。

近代教科書にあらわれた仏教的教材

唐沢富太郎

序

江戸時代の寺小屋で用いられた教科書、往来物には、仏事に関する教材が相当数のせられているが、明治期の教科書になると仏教的教材は極めて乏しい。いま国語教科書の中に仏教的な教材を見出そうと試みても殆んど不可能に近い。このことは明治初年の廃仏毀釈の啓蒙運動以後、日本の古い伝統である仏教などは一刻も早くかなぐり棄てて、西欧文明を採り入れようとした明治時代の性格を示しているものと云わなければならない。猿沢池畔にある興福寺の五重塔がそれについている金具代である五十円で売りものに出るという時代であった。こうしたなかにあって教科書においても仏教は殆んど顧みられることなく、たまたま国語教科書の中に僧侶の教材が出てきたかと思うと、それは「愚なる僧」(明治二十七年金港堂「尋常小学新体読本」巻六)の如きものであるという具合である。

そもそも明治天皇は明治十一年に下された教学大旨において、徳育のことは儒教にもとづいて行うべきことを下命されている。こうして明治の教育界には、儒教主義が支配するに至った。しかも明治政府は宗教と教育の分離をその政策として打ち出し、教育界に仏教思想の介入する路を断ったので、明治の教科書に仏教教材のないのも、けだし当然のことであった。時代のす勢とは云え、この間仏教寺院、ならびに僧侶などによるそれほどの働きを見ることの出来なかったことは、西欧諸国におけるキリスト教と教育との密接な結びつきに比して、その沈滞と無気力が悔やまれるのである。

こうして明治前期の文明開化時代は勿論、ついで訪れた儒教主義時代、更に十九年以後の検定教科書時代のナショナリズム教育期にも、遂に仏教は、教科書に採りあげられることがなかったのである。

一　国定教科書にあらわれた仏教的教材

さてこのような検定教科書以後、明治三十五年の教科書疑獄事件を契機として、明治三十七年から国定教科書が使用されるようになったのであるが、この頃から多少仏教に関する教材も登場するようになり、中には仏教の真骨頂を文学的な筆力をもって迫るような名文章も登場してくるようになった。

ところでここで注目されることは、明治三十年代になると仏教は哲学として大学において研究がなされ、その深い仏教哲理は新しい装いをもって近代哲学史上にその重要性を示し、幾多の研究書を出すに至ったことである。蓋し東京大学の哲学科中に印度哲学が含まれるようになったのが明治三十七年であり、大正六年には印度哲学の講座が設置されるに至っている。勿論明治十二年に原坦山の仏教典籍の講義は始められたのではあるが、こうして仏教は三十年代には学問的に高く評価され、これ以後更に漸次、哲学的のみならず、芸術史、美術史的分野からもクローズアップされ、仏教は一つの文化体系として知識的学問的に理解されはじめたのである。

こうした傾向のなかにあって、教科書にも仏教が姿を見せはじめた。次に各時期を追ってその内容を紹介して見よう。

㈠　一期国定教科書

先ず明治三十七年から使用しはじめた国定教科書の第一期の国語読本巻一には「オテラ　ガ　アリマス」というようにお寺が出ている。これはたとえ風物詩的な登場であるにもせよ劃期的なことであるといわなければならない。しかし巻四の方の「こたろうのむら」になると、当然出て然るべきはずのお寺が出ていないところに、この期の性格がうかがわれるのである。

次にこの期の代表的な仏教教材として巻四の「奈良ノ大仏」を掲げてみよう。

ダイ十九　奈良《ナラ》ノ大仏《ダイブツ》

ミナサン　ハ、オ寺　ニ、イツテ、ホトケサマ　ヲ　見タ
コト　ガ　アリマセウ。
ホトケサマ　ト　イフ　モノ　ハ、モト、アル　ガイコク
カラ、オクツテキタ　モノ　デス。
ソノ　ガイコク　ハ、神功皇后《ジングーコーゴー》　ガ、セメ　ニ、オイデニ
ナツタ　国《クニ》ノ　トナリ　ノ　国《クニ》　デス。
ソレ　カラ、日本　デモ、ダンダン、カネ　ヤ　木ナド
デ、ホトケサマ　ヲ　コシラヘル　ヨーニ　ナリマシタ。
マタ、オ寺　モ、タクサン、タテル　ヨーニ　ナリマシ
タ。
コノ　ヱ　ハ、日本　デ、イチバン、大キナ　ホトケサマ
ノ　ヱ　デス。
コノ　ホトケサマ　ハ、カネ　デ、コシラヘテアツテ、高
サガ、五丈三尺アマリ、アリマス。ソシテ、奈良《ナラ》　ト
イフ　トコロ　ニ、アリマス。ソレデ、奈良《ナラ》　ノ　大仏《ダイブツ》
ト　イツテ、タイソー、名高ウゴザイコス。
奈良《ナラ》　ト　イフ　トコロ　ハ、ムカシ、天皇　ノ　ゴテン
ガ　アツタ　トコロ　デ、コノ　大仏《ダイブツ》　ハ、ソノ　コロ
ニ、デキタ　モノ　デス。（明治三十七年「尋常小学読
本」巻四、六十四〜六十六頁）

これは単に仏教伝来の歴史を知識的に紹介しているのであって、仏教の真髄を伝えるには程遠いものであるが、とに角小学校二年で、こうした自国の仏教文化に接触させたことは注目されるのである。

ついで巻六の第一課「京都市」においては、「寺デハ、清水寺《キヨミヅデラ》、知恩院、西本願寺、東本願寺、金閣寺、銀閣寺ナドガ名高イ」（二頁）と京都の仏教寺院を紹介し、また、「鎌倉」という教材においては

フルイ社ヤ、寺ガアツテ、名高イノハ、京都市ト奈良市ト
デアル。京都市ト奈良市トノヨーニ、フルクハナイガ、社

ヤ寺ガアリ、奈良市ノヨーニ、大仏モアッテ名高イノハ、鎌倉デアル」（一七頁）

鎌倉ハ、今ハ、サビシイトコロニナッテヲルガ、アソビニ、行ク人ガ、タクサン、アル。ココノ鶴岡八幡宮ト建長寺トハ、タイソー、名高イ。マタ、海バタハ、タイソー、ケシキガヨイ。大仏ハ、コノ海バタノ近クニアル。（二〇頁）

と教えている。いずれも名所古蹟の地理的な紹介にとどまるものであるが、仏教にゆかりの深い奈良、京都、鎌倉などのこうした教材は、やはり児童の胸に仏教への親しみの灯を点じたことはたしかである。しかしこうした仏教教材は、すでに死した仏教の姿を伝えるものであって、児童の魂に働きかける生きた仏教教材ではとうていあり得ない。

㈡　二期国定教科書

国定二期すなわち明治四十三年から使用し始めた「ハタ　タコ　コマ」時代の国語教科書になると、この時期は帝国主義段階の家族国家倫理の支配した時代であるが、ここでは一期のように「オテラガアリマス」というような教材でさえも消え失せ、ただ巻十二に「七里が浜のいそ伝い」で口ずさまれた名歌「鎌倉」が出されているに過ぎないのである。

一体この時期は国家倫理の基盤としての家族倫理が強調され、祖先崇拝や、親孝行が特に強く教科書に現われた時代であった。また報恩思想も強く説かれた時代でもあった。それにもかかわらず、そうした思想内容を持つ仏教がとりあげられなかったのは、この期における仏教が如何に説得力のうすいものであったかを物語るものと云えよう。

以上明治時代は、日本の近代教育百年の歩みのなかで、最も仏教の無視された時代であった。これがその後の日本人の仏教的知識の貧弱さを招来する大きな根源となったと云えよう。

㈢　三期国定教科書

国定三期は、大正七年から使用しはじめた白灰色表

紙の「ハナ　ハト　マメ」の時代であるが、ここでは巻一に

オミヤガ　アリマス　オテラガ　アリマス　ヤクバモ　アリマス（七頁）

とあって、国定一期の村役場、学校、巡査の駐在所の代りに、お宮、お寺、役場の三つをあげており、この三期には二期と同一の「鎌倉」が巻十二に載せられているが、その他にこの時期からはじめて登場する教材に「はごろも」（巻三）「奈良」（巻十二）があり、更に「鉄眼《てつげん》の一切経」と「釈迦」が巻十一と巻十二に載せられ、急に仏教教材が増加するようになった。しかもこの「鉄眼の一切経」と「釈迦」はすぐれた教材であり、これを習った世代には忘れ得ない印象を与えているものである。

第二十八課　鉄眼の一切経

一切経は、仏教に関する書籍を集めたる一大叢《そう》書にして、此の教に志ある者の無二の宝として貴ぶところなり。しかも其の巻数幾千の多きに上り、これが出版は決して容易の業に非ず。されば古は、支那より渡来せるものの僅かに世に存するのみにて、学者其の得がたきに苦しみたりき。

今より二百数十年前、山城宇治《うぢ》の黄檗《わうばく》山万福寺に鉄眼《てつげん》といふ僧ありき、一代の事業として一切経を出版せん事を思ひ立ち、如何なる困難を忍びても、ちかつて此のくはだてを成就せんと、広く各地をめぐりて資金をつのる事数年、やうやくにして之をとゝのふる事を得たり。鉄眼大いに喜び、将に出版に着手せんとす。たま／＼大阪に出水あり。死傷頗る多く、家を流し産を失ひて、路頭に迷ふ者数を知らず。鉄眼此の状を目撃して悲しみにたへず。つら／＼思ふに、「我が一切経の出版を思ひ立ちしは仏教を盛にせんが為、仏教を盛にせんとするは、ひつぎやう人を救はんが為なり。喜捨を受けたる此の金、之を一切経の事に費すも、うゑたる人々の救助に用ふるも、帰する所は一にして二にあらず。一切経を世にひろむるはもとより必要の事なれども、人の死を救ふは更に必要なるに非ずや。」と。すなはち喜捨せる人々に其の志を告げて同意を得、資金を悉く救助の用に当てたりき。

苦心に苦心を重ねて集めたる出版費は、遂に一銭も残らずなりぬ。然れども鉄眼少しも屈せず、再び募《ぼ》集に着手して努力すること更に数年、効果空しからずして宿志の果さるゝも近きにあらんとす。鉄眼の喜知るべきなり。然るに、此の度は近畿地方に大飢《き》饉《きん》起り、人々の困苦は前の出水の比に非ず。幕府は処々に救小屋を設けて救助に力を用ふれ

ども、人々のくるしみは日々にまさりゆくばかりなり。鉄眼こゝにおいて再び意を決し、喜捨せる人々に説きて出版の事業を中止し、其の資金を以て力の及ぶ限り広く人々を救ひ、又もや一銭をも留めざるに至れり。

二度資を集めて二度散じたる鉄眼は、終に奮つて第三回の募集に着手せり。鉄眼の深大なる慈悲心と、あくまで初一念をひるがへさざる熱心とは、強く人々を感動せしめしにや、喜んで寄附するもの意外に多く、此の度は製版・印刷の業着々として進みたり。かくて鉄眼が此の大事業を思ひ立ちしより十七年、即ち天和元年に至りて、一切経六千九百五十六巻の大出版は遂に完成せられたり。これ世に鉄眼版と称せらるゝものにして、一切経の広く我が国に行はるゝは、実に此の時よりの事なりとす。此の版木は今も万福寺に保存せられ、三棟百五十坪の倉庫に満ち〳〵たり。

福田行誡《ふくだぎょうかい》かつて鉄眼の事業を感歎していはく、「鉄眼は一生に三度一切経を刊《かん》行せり。」と。（昭和十年「小学国語読本」巻十一、百二十五〜百三十頁）

第十九課　釈　迦

釈迦は今から凡そ二千五百年前、北インドのヒマラヤ山のふもとカピラバスト王国の太子として生れた。

釈迦は生れつき同情の念に厚く、何事も深く考へ込むたちであつた。或時、父王と共に城外に出て、農夫の働く様を見廻つたことがある。ぼろを着た農夫は玉のやうな汗をかいて田をすき起し、牛はつかれ果ててあへぎ働いてゐる。折から飛下りて来た鳥が鍬に傷つけられた虫をついばんだ。木陰からじつと見てゐた彼は、しみ〴〵と自分の身の上に思ひ比べて、農夫や牛の労苦を思ひやると共に、虫の運命をあはれんだ。

彼はだん〳〵物思に沈むやうになつた。それを見てひどく気をもんだ父王は、彼に妃《ひ》を迎へ、目もまばゆい宮殿に住まはせて、国政にも与らせようとした。しかし彼は城外に出る毎に、杖にすがるあはれな老人や、息もたえだえの病人、さては野辺に送られる死者をまのあたり見て、益々世のはかなさを感じた。

「人は何の為に此の世に生れて来たのか。我々の行末はどうなるだらうか。」

こんな事を次から次へと考へては、遂に心の苦しみにたへられなくなつて、

「此の上は聖賢を訪うて教を受ける外はない。」

と思ひ立つに至つた。

父のいさめも妻のなげきも、此の決心をひるがへすことは出来なかつた。かくて彼は二十九歳の或夜、宮殿を出て修行の途に上つた。

師を求めてあちらこちらさまよつてゐるうちに、マガダ国の首府王舎城の附近に来た。かねて釈迦の徳をしたつてゐ

たマガダ国王は、修行を思ひ止らせようとして、自分の国をゆづらうとまで申し出たが、彼の決心はどうしても動かなかつた。彼は更に其の辺の名高い学者を尋ね廻つて説を聴いたが、どれにも満足することが出来ない。彼は遂に

「もう人にはたよるまい。自分一人で修行をしよう。」

と決心して、或静かな森へ行つた。さうして此処で父王の心尽くしから送られた五人の友と、六年の間種々の苦行を試みた。

次第にやせ衰へて、物にすがらなければ立てない程になつた時、彼はいくら苦行をしても更に効のないことを知つた。そこで彼は先づ近所の河に浴し、たま／＼其処にゐた少女のさゝげた牛乳を飲んで元気を回復した。ところが此の新な態《たい》度に驚いた五人の友は、釈迦が全く修行を止めてしまつたものと思ひ、彼を捨てて立去つた。

それから釈迦はブッダガヤの緑色濃き木陰に静坐しておもむろに思をこらした。今度は程よく食物も取り、休息もした。さうして日夜次々に起つて来る心の迷をしりぞけて唯一筋に悟の道を求めた。

或時のことである。彼は夜もすがら静坐してひたすら思をこらしてゐると、やがて一点の明星がきらめいて、夜はほの／＼と明けそめた。其の刹那《せつな》、彼は迷の雲がからりと晴れて、はつきりとまことの道を悟り得た。彼は此の心境の尊さに数日の間唯うつとりとしてゐたが、やがて此の尊い心境を世界の人々と共にせずにはゐられぬといふ慈悲の心が、胸中にみなぎりあふれた。

釈迦は世を救ふ手始として先づかの五人の友をたづねた。かつて釈迦を見捨てた彼等も、其の慈悲円満の姿を見ては、思はず其の前にひざまづかざるを得なかつた。彼等は釈迦の教を聴いて即座に弟子となつた。

続いて釈迦はマガダ国王をたづねてねんごろに道を説聞かせ、更にカピラバストに帰つて、父王・妻子を始め国民を教化して故郷の恩に報いた。

今や釈迦は衆星の中の満月の如く国中から仰がれる身となつたが、中には彼をそねむあまり、反抗するばかりでなく、迫害を加へようとするものさへも出て来た。殊にデーバダッタは、いとこの身でありながら、かねてから釈迦の名望をねたみ、幾度か彼を害しようとした。或時の如きは、釈迦が山の下にゐるのを見附けて、上の方から大石をころがしたが、石は釈迦の足を傷つけただけで、目的を果すことは出来なかつた。

釈迦は八十歳の高年に及んでも、なほつゞれをまとひ飢《うえ》と戦ひつゝ、各地を巡つて道を伝へてゐたが、遂に病を得てクシナガラ附近の林中に留つた。危篤《とく》の報が伝はると、これまで教を受けた人々が四方から集つて別れを惜しんだ。いよ／＼臨終が近づいた時、釈迦は泣悲しんでゐる人たちに、

「私は行はうと思つたことを行ひ尽くし、語らうと思つたことを語り尽くした。これまで説いた教そのものが私の命である。私のなくなつた後も、めい／＼が其の教をまじめに行ふ所に私は永遠に生きてをる。」

と諭して静かに眼を閉ぢた。（昭和六年「尋常小学国語読本」十二巻九十〜九十九頁）

この二課に至ってはじめて、従来の地理的、歴史的取扱いを脱皮し、仏教を宗教的に取扱い、深奥な教義の一端にふれて、子供たちの仏教入門への好箇の課たらしめている。「鉄眼の一切経」の方は、仏教書としての一切経の文化的価値の高さを知ると同時に、「喜捨」の精神、救済精神に目覚めしめられるであろうし、「釈迦」においては、仏教の偉大さを、子供なりに感動し把握することであろう。とに角ここにはじめて仏教教材らしい課が登場するに至ったのである。

一体この三期は、第一次世界大戦後の大正デモクラシー時期であり、漸次儒教的なものが否定され、次第に大乗的な仏教の良さが文化的な立場から肯定されてきたものと解することが出来るであろう。

(四)　四期国定教科書

国定第四期は、昭和六年の満洲事変以後昭和八年から使用したものであるが、この時期は国定教科書のうちで最も多く仏教的な教材が登場している注目すべき時期である。前期と同一題目で出ているものは「羽衣」（巻四）「鉄眼の一切経」（巻十一）「鎌倉」（巻十二）「奈良」（巻十二）であるが、同一題目でないもは三期の「釈迦」に相当する「修行者と羅刹」（巻十二）である。しかしその内容は一変し、釈迦の悟りの光景を描いているが、これは四期国定教科書の中でも白眉の教材であり、仏教の真骨頂を遺憾なく描き出している。その筆力がいかに読者をしてひき入れずには居らないものであるかは、次の原典をして語らしめよう。

第十七　修行者と羅刹《らせつ》

「色はにほへど散りぬるを、
我が世たれぞ常ならむ。」

どこからか聞えて来る尊い言葉。美しい声。

所は雪山《せつせん》の山の中である。長い間の難行苦行に、身も心も疲れきつた一人の修行者が、ふと此の言葉に耳を傾けた。

言知れぬ喜びが、彼の胸に湧上つて来た。病人が良薬を得、渇者が清冷な水を得たのにも増して大きな喜びであつた。

「今のは仏の御声でなかつたらうか。」

と、彼は考へた。しかし、「花は咲いても忽ち散り、人は生まれてもやがて死ぬ。無常は生ある者のまぬかれない運命である。」といふ意味の今の言葉だけでは、まだ十分でない。若しあれが仏の御言葉であれば、其の後に何か続く言葉がなくてはならない。彼には、さういふ風に思はれて来た。

修行者は、座を立つてあたりを見廻したが、仏の御姿も人影もない。たゞふとそば近く、恐しい悪魔《あくま》の姿をした羅刹のゐるのに気がついた。

「此の羅刹の声であつたらうか。」

さう思ひながら、修行者は、じつと其の物すごい形相を見つめた。

「まさか、此の無知じやけんな羅刹の言葉とは思へない。」

と、一度は否定してみたが、

「いや〳〵、彼とても、昔の御仏に教を聞かなかつたとは限らない。よし、相手は羅刹にもせよ、悪魔にもせよ、仏の御言葉とあれば聞かねばならぬ。」

修行者はかう考へて、静かに羅刹に問ひかけた。

「一体、お前は誰に今の言葉を教へられたのか。思ふに仏の御言葉であらう。それも前半分で、まだ後の半分があるに違ひない。前半分を聞いてさへ私は喜びにたへないが、どうか残りを聞かせて、私に悟を開かせてくれ。」

すると、羅刹はとぼけたやうに、

「わしは、何も知りませんよ、行者さん。わしは腹がへつてをります。あんまりへつたので、つい、うは言が出たかも知れないが、わしには何も覚えがないのです。」

と答へた。

修行者は、一そうけんそんな心で言つた。

「私はお前の弟子にならう。終生の弟子にならう。どうか残りを教へて頂きたい。」

羅刹は首を振つた。

「だめだ、行者さん。お前は自分のことばつかり考へて、人の腹のへつてゐることを考へてくれない。」

「一体、お前は何をたべるのか。」

「びつくりしちやいけませんよ。わしのたべ物といふのはね、行者さん、人間の生肉、それからのみ物といふのが人間の生き血さ。」

と言ふそばから、さも食ひしんばうらしく、羅刹は舌なめずりをした。

　しかし、修行者は少しも驚かなかつた。

　「よろしい。あの言葉の残りを聞かう。さうしたら、私の体をお前にやつてもよい。」

　「えつ。たつた二文句ですよ。二文句と、行者さんの体と取りかへてもよいといふのですかい。」

修行者は、どこまでも真剣であつた。

　「どうせ死ぬべき此の体を捨てて、永久の命を得ようといふのだ。何で此の身が惜しからう。」

かう言ひながら、彼は其の身に着けてゐる鹿の皮を取つて、それを地上に敷いた。

　「さあ、これへおすわり下さい。謹んで仏の御言葉を承りませう。」

　羅刹は座に着いて、おもむろに口を開いた。あの恐しい形相から、どうしてこんな声が出るかと思はれる程美しい声である。

　「有為《うゐ》の奥山今日越えて、
　　浅き夢見じ、酔ひもせず。」

と歌ふやうに言終ると、

　「たつたこれだけですがね、行者さん。でも、お約束だから、そろ〳〵ごちそうになりませうかな。」

と言つて、ぎよろりと目を光らせた。

　修行者は、うつとりとして此の言葉を聞き、それをくりかへし口に唱へた。すると、

　「生死を超越《てうゑつ》してしまへば、もう浅はかな夢も迷もない。そこにほんたうの悟の境地がある。」

といふ深い意味が、彼にはつきりと浮かんだ。心は喜びで一ぱいになつた。

　此の喜びをあまねく世に分つて、人間を救はねばならぬと、彼は気づいた。彼は、あたりの石といはず、木の幹といはず、今の言葉を書きつけた。

　　色はにほへど散りぬるを、
　　我が世たれぞ常ならむ。
　　有為の奥山今日越えて、
　　浅き夢見じ、酔ひもせず。

　書き終ると、彼は手近にある木に登つた。其のてつぺんから身を投じて、今や羅刹の餌食にならうといふのである。

　木は枝や葉を震はせながら、修行者の心に感動するかのやうに見えた。修行者は、

　「一言半句の教のために、此の身を捨てる我を見よ。」

と高らかに言つて、ひらりと樹上から飛んだ。

　とたんに妙なる楽の音が起つて、朗かに天上に響き渡つた。と見れば、あの恐しい羅刹は、忽ち端厳《たんごん》な帝釈天《たいしやくてん》の姿となつて、修行者を空中に捧げ、さうして恭しく地上に安置した。

諸々の尊者、多くの天人たちが現れて、修行者の足下にひれ伏しながら、心から礼拝した。

此の修行者こそ、たゞ一すぢに道を求めて止まなかつたありし日のお釈迦《しゃか》様であつた。（昭和十三年「小学国語読本」巻十一、百七〜百十七頁）

文学的な香りの高い筆致をもって、難解な仏教を劇的な展開のうちに描いている戦前、戦後を通じての仏教教材としての最高のものである。

ただ、この素晴らしい教材が、釈迦が「一言半句のために死する身」を「悠久の大義」のために死することと結びつける偏向性をもって教えられたことは惜しまれるのである。そのため、仏教の精髄にふれたこの素晴らしい教材が、どれだけ児童に仏教教理の偉大さを伝え得たかはいささか疑問とするところである。

なおこの時期に新しく登場したものとしては「豆まき」（巻四）「雪舟」（巻六）「松下禅尼」（巻九）「雀の子」（巻九、一茶を扱ったもの）「仏法僧」（巻九）「京都」（巻十一）「法隆寺」（巻十一）などがあるが、「法隆寺」は、国定教科書を通じての名作である。

思うにこの時期は、昭和のファシズム擡頭期であり、日本の古典的教材が重視され、はじめて「源氏物語」「枕草子」や「万葉集」が登場した時期であった。このような時期に、日本の伝統的な仏教文化が多く紹介されるようになったということは、当然肯けるところである。ちなみにこの昭和期は、すべての教育を超国家主義的な皇国史観に基づいて臣民教育をなそうとした時代であり、このような行き方が国語の教科書にも反映しているのである。

(五) 五期国定教科書

第五期の国定教科書は、まさに太平洋戦争が勃発し、小学校が国民学校に改名され、〃皇国民の錬成〃を目指した時期であるが、ここに現われた教科書には、ミリタリズムと極端な超国家主義のために、前期の仏教的教材もやや減少せざるを得なくなり、むしろそれよりも靖国神社のような、神道の方に力がそそがれるようになってきた。前期と同一題目のものとしては「豆まき」（「よみかた」四）「羽衣」（同上）「雪舟」（「初等科国語」二）「修行者と羅刹」（「初等科国語」八）「鎌倉」（同上）があげられ、題名の変ったものとしては、「奈良の四季」（「初等科国語」八）があるのみである。

二　戦後の教科書にあらわれた仏教的教材

戦後の教科書を代表するものは、昭和二十二年文部省から発行された「こくご」であって、いわば国定六期ともいうべき教科書であるが、ここでは凡そ従来掲げられることのなかった「クリスマス」というようなキリスト教的教材が登場するほどの変化を見せている。仏教的教材の取扱いについて見ても全く一変し「こくご」四には「はごろも」というのが戦前の取扱いとは異った劇教材として現われ、また「こくご」三には「花まつり」と題して、次のような教材が出ている。

二　花まつり

花まつり

すみれ、たんぽぽ、れんげそう
花の　おやねが　うつくしい。

あまちゃの　中から　ひよっこりと、
おでに　なつたか、おしゃかさま。

上と　下とを　ゆびさして、
お立ちに　なって　いらっしゃる。

小さな　ひしゃくで　おちゃ　くんで、
かけて　あげましょ、おしゃかさま。

ちょうも　小鳥も　たのしそう、
きょうは　あなたの　花まつり。

これは年中行事としての花まつりを風物詩風にうたったものであるが、面白いのは次の「はんたか」である。

はんたか

おしゃかさまに　はんたかと　いう　でしが　いました。はんたかは　ものおぼえが　わるく、そのうえ、ものが　よく　いえませんでした。

おしゃかさまは、どうかして　はんたかを　りっぱな人に　して　やりたいと、おおもいに　なりました。そこで、まいにち　かしこい　でしを　ひとりずつ、はんたかの　ところへやって、いろいろと　ものを　おしえる　ことに　しました。

一年　たちました。けれども、なにも　おぼえません。二年　すぎました。まだ　なにも　おぼえません。三年に　なりました。やはり　かしこく　なりません。

おしゃかさまは、

「では、わたしが　はなしを　して　みよう。」

と　おっしゃって、はんたかを　およびに　なりました。

「はんたか、おまえは　たくさんの　ことを　おぼえなくても　よろしい。ただ　ひとことを　しっかりとおぼえなさい。」

はんたかは　目を　かがやかせて、おしゃかさまの　おかおを　みつめました。

「その　ひとことと　いうのは、きたない　ことばを　つかわないと　いう　ことだよ。わかったかい。」

はんたかは、この　ひとことを、心の　中に　しまいました。

そのうちに、きたない　ことばは、きたない　心から　うまれて　くる　ものだと　いう　ことが　わかりました。きれいな　ことばは、きれいな　心から　うまれて　くる　ことも　わかりました。

「おしゃかさまの　おしえて　くださった　ことは、きれいな　心に　なれと　いう　ことに　ちがいない。」

と　さとりました。

ある　日、おしゃかさまは、王さまの　おまねきに　あずかりました。

おしゃかさまは　たくさんの　でしを　つれて、王さまの　ごてんに　まいりました。

はんたかも　おしゃかさまの　はちを　もって、でしの　中に　まじって　いました。ごてんの　いり口まで　きますと、門ばんが　はんたかを　みて、

「おまえさんのような　おろかものは、ここを　とおすことは　できない。」

と　いって、とおしては　くれません。しかたが　ありませんから、はんたかは　門の　そとに　のこりました。

ごてんでは、おしゃかさまが　せきに　おつきに　なりました。でしたちは　その　わきに　ならびました。

その　ときです。ふしぎな　ことに、はちを　もった手が、するすると　おしゃかさまの　目の　まえに　のびて

きました。それを　みた　ごてんの　人々は、びっくりして　しまいました。

王さまは、

「これは　ふしぎだ。だれの　手だろう。」

と　おっしゃいました。

おしゃかさまは、

「これは　はんたかの　手で　ございます。あれは　門の　そとに　いますので、この　はちを　わたくしに　とどけようと　して、手を　ここまで　のばしたのです。」

と　おっしゃいました。

王さまは、すぐ　はんたかを　およびに　なりました。はんたかは、しずかに　ごてんに　あがって　きました。はんたかの　からだから、きれいな　光が　さして　いました。（昭和二十二年「こくご」三第二学年前期用九〜一七頁）

なお戦前には良寛の和歌が出たことがあるが、この教科書においては「りょうかんさん」（国語第三学年上）として劇的な構成で、子供の中に生きる良寛像をほほえましく描いている。

十一　りょうかんさん

「子どもたちがくるまでに、そこらをきれいにそうじしておこう。」

りょうかんさんはこういいながら、ほうきを持って木の葉をはきよせました。そこへ、村の子どもたちが、

「りょうかんさん。」「りょうかんさん。」

とよびながら、走ってきました。

「おお、みんなそろってきたな、おや、おまっさんがいない。どうしたのかい。」

「おまつさんはあとからきますよ。」

「ああ、そうか。」

そのとき　下の方から、

「りょうかんさん、りょうかんさん、おしょうさんのりょうかんさん。」

と、うたのようにふしをつけてよびながら、ひとりの子どもがきます。

りょうかんさんは、ほうきの手をとめて、

「おまつさんか、あなたがみえなかったから、かぜでもひいたかと思って。」

「りょうかんさん、このおにんぎょう、かわいいでしょう。」

「これはかわいいにんぎょうだ、黒いかみのけがふさふさして、まるい目が二つあって。」

「どのおにんぎょうでも目は二つですよ。」
「わしは三つも四つもあるかと思っていたよ。あははは
は。」
「おかしいわ。目が四つもあっちゃ。」
「このおにんぎょうは　きれいな赤いおびをしめてい
る。いいおびだ、わしもほしいな　ちょっとかしておく
れ。」
「でも　おぼうさんが赤いおびをおしめになると、へん
でしょう。」
「なに、へんじゃない。黒いころもに赤いおび――かわ
いいよ。」
「あら、おかしいわよ。」
「きょうは、おにんぎょうのおもりのしかたをしてみせ
てあげよう。さあ、ここへおいで。」
子どもたちが、みんな、りょうかんさんのまわりにあつ
まりました。
「こうして右の手でだいてな、左の手でかかえてさ、そ
れから、うたをうたうのだよ。」
　高い山からたにそこみれば、
　うりやなすびの花ざかり。
　あれは、よいよいよい。
　これは、よいよいよい。
　うらの山から海べをみれば、
　波にうかんださどが島。
　あれは、よいよいよい。
　これはよいよいよい。
ひとりの子どもが、
「りょうかんさん、いま、『さどが島』とおうたいにな
ったとき、おじぎをなさいましたね、あれはどうしてで
すか。」
とたずねました。
「わしのおかあさんはな、ずっとまえに、さどが島にお
いでなさったことがあった。それでな、さどが島をうた
うときには、いつでもおじぎをするのだよ。」
「おぼうさんに　おかあさんがあるって　おかしいな。」
「なにがおかしいものか、このわしも小さいときは、オ
ギャア　オギャアとないたのだよ、それからな、おかあ
さんのおちちをコップコップといただいて、こんなにい
いおぼうさんになったのだよ。」
こういってから、りょうかんさんは、
「さあ、みんなこちらへおいで。」
と　おくざしきにつれていきました。
「それ　このたけのこをごらん。」
みると、ざしきのまん中のたたみをやぶって、のびてい
るたけのこがありました。

「このたけのこが、えんの下にあたまをだしたので、『おまえは水がほしいのか。』とたずねると、『水をください。』というのだよ。それで、手おけの水をかけてやると、たけのこがよろんで、のびるわ、のびるわ。のびて、のびて、とうとうゆかいたで、あたまをコツンとうったのだよ。そこで、ゆかいたをはがして、たたみのまん中にあなをあけてやったら、それ、このとおり、いせいよくのびるわ、のびるわ。

みんな、もっとまえへでてごらん。それ、たけのこにごはんつぶがついているだろう。それそれたけのこにごはんつぶが――こりゃあ、たけのこごはんだよ。」

「あら、りょうかんさんちがいますよ。ごはんの中にたけのこのはいっているのが　たけのこごはんですよ。」

一いや、たけのこにごはんつぶがついているのが、たけのこごはんだよ。」

「ちがいますよ。」

「わからない子どもたちじゃな。」

「わからないおぼうさん――」

子どもたちは、みんな帰っていきました。りょうかんさんは、帰っていく子どもたちをみおくってから、

「どれどれ、ゆうごはんでもたこうかな。」

といって、手おけをさげて、うらのいどばたに立ちました。むこうの山から、大きな月がのぼってくるところでした。

「ああ、きれいなお月さま。」

りょうかんさんは、いつまでも月にみとれていました。

（昭和二十四年「国語」第三学年上八五～九三頁）

最後に現代の教科書の代表として、三十六年度使用の検定教科書のうち代表的なG出版社の国語教科書をとって見ると、六年間の国語教科書の中で仏教に関係する教材は、「かさじぞう」（二年下）と「玉虫のずしの物語」（五年下）であるが、これらの教材は、仏教の本質的なものに触れたものではなくて、僅かに仏教に関係している教材であるといえるに過ぎない。

結　語

さて以上のような推移を示しつつ仏教は近代教科書の中に採り上げられて来たのであるが、全般的に云って、このような教科書では、仏教を国民に知らせるのには極めて不十分であるといわなければならない。

すなわち戦時中に掲載された「修行者と羅刹」をク

ライマックスとし、その前後の時代においては、仏教教材は極めてお粗末に扱われている。

一体西洋の教科書には、いずれもキリスト教に関する教材が沢山掲げられていて、こうした国の国民教育は、宗教をはなれては行い得ないものとなっている。これはキリスト教が近代に入って自然科学と対決し、大きな障壁に遭遇したわけであるが、そのため悪戦苦闘して、近代社会との一体化に努めた。この点、日本の近代教育史上における仏教の役割は、中世以後近世において果した役割に比して微々たるものであり、西洋のキリスト教が教育において果した役割に比すべくもない。それは明治以後つぎつぎと押し寄せた物質文明、欧化主義、ナショナリズム、ミリタリズム、デモクラシーの波に押し流され、なすこと知らずと云った仏教の低迷期であった。

しかしわれわれはここにどうしても世界宗教としての仏教の真価を、出来るだけ現代的な表現をもって、多くの国民の中に浸透させ、東洋乃至は日本の歴史的な文化遺産として、世界に誇るに足るべき仏教精神の真髄を、義務教育の時代から広く国民に知らせる必要があるであろう。しかもそれは、西洋においては、キリスト教を離れては全く西洋文化史が論ぜられないと等しく、仏教を離れて東洋文化、日本文化の理解が全く不可能という意味においてであり、また仏教の理解が単に仏教芸術に留まるのではなく、同時に仏教思想、そのもっている仏教的ヒューマニズムの、今後の世界形成に対してもっている意味を知らせるものでなければならないと思う。

市民生活と仏教

佐木秋夫

一　破局

日本の仏教と市民の生活とのあいだのズレは、手のつけようもないところまできているのではないか。いわゆる斜陽仏教のたたずまいも、いまはいちめんにくずれがめだって、つるべ落としのたそがれのなかにわびしく消えかかっているように見える。

仏教のおもな基盤は、あいかわらず農村にとどまっている。たとえば、曹洞宗の檀家の七〇%までが農業に従事している[1]。都会でも、仏教はおもにいわゆるムラ状況との結びつきにおいて命脈をたもっている、といっていい。たとえば、東京都区内の寺院は二三〇〇ほどで、その檀家は都民の三分の一にたりないと推定される。しかもこれらの寺院はいちじるしく偏在している[2]。これらの事例にも、仏教と都民の日常生活との隔絶が現われている。

儀礼、教義、教団の構成や活動などのあらゆる面で仏教がどれほど現代ばなれしているかについては、すでに論じつくされているので、ここではくりかえさない。大都会の近郊では、林野耕地をつぎつぎにつぶして団地が建設されていくが、そこでは、寺院はもとより仏壇のたぐいも、感覚的にもそぐわない存在になっている。たとえば、北陸から東京に移住する門徒は、金ピカの巨大な仏壇を捨て値で処分しなければならない。東京の新居では、たとい老人が希望しても、小さな仏壇のための場所さえないかもしれない。費用の点でも、生活費がかさみ、月賦に追われて、仏壇はあとまわしになるだろう。場所や費用だけではない。仏壇や神棚に象徴される家族制度や「ムラ状況」が土台からくずれて、生活意識を変えていくのである。

　市民のあいだでは非宗教的な市民結婚がしだいに一般化してきているが、葬式や墓地の公営も、市民生活の必然的な要求として遅かれ早かれ葬式仏教を根こそぎにすることになるだろう。墓地の権利をめぐって、この数年らい寺院仏教と創価学会との抗争が激化しているが、その当座の処理がどう落着するかは別として、将来の方向は公営にあると思われる。ダンナ寺にわが家の墓を持つのは、自家用の車やロッジを持つのと同じような「ぜいたく」になっていくだろう。葬式の公営はすでにいくつかの都市で実現しつつある。

　一九六一年春の「大遠忌」（法然七五〇年、親鸞七〇〇年）の実情は、教団仏教の落日状況をさながらに象徴するものだった。全国から京都に動員された一八〇万人のほとんどが地方の老人たちで、しかも、日本のもっとも遅れた階層を代表するこの人たち自身が、観光ついでの本山まいりという姿勢だった。

　もとより、「善男善女」の平均年齢が高く、モノもうでと遊山とが抱きあわせになっているのは、今にはじまったことではない。しかし、「大遠忌」ではそれがあまりにもろこつだった。その活力は五〇年前の半分ともいわれる。この行事が教団仏教の最後の打ち上げ花火になるだろうとの観測を否定できるものはいないだろう。

　青年の不在は、仏教青年会そのものにあらわれている。仏教では、キリスト教や新興宗教とちがって、若い信者大衆ではなしに若手の僧や寺族が青年組織の主体になり、教団の上部と下部大衆との関係だけでなく、年齢構成においても、いわゆる逆ピラミッド状をしめしている。一般の高校生のあいだでは、宗教にたいする僅かばかりの関心のほとんどがキリスト教に向けられ、新興宗教の支持も者いくらか見いだされるが、仏教はほとんど無視されている。

仏教が頼みの綱としていた農村そのものが、いまや大きくゆらいでいる。旧地主制の復活などは、おろかな夢にすぎない。農村人口には全人口の三分の一に縮少しているが、それがさらに年に三〇万人ずつ減り、残った農家でも兼業がふえている。経営や家族構成も根本的に変化し、それにともなって、生活意識も急テンポで変動しながら、仏教をおきざりにしていく。[3]だから、ほんの数年前まではゆるぎなき仏教王国といわれた北陸などの農村地帯にも、いまでは新興宗教の進出がいちじるしい。

こうして、市民生活との絶望的なズレをあらわにし、農村での土台もくずれて、仏教はまさに破局におちいっているかに見えるけれども、だからといって、日本の仏教のすべてはここに終ろうとしているといえるのかどうか。「大遠忌」の悲劇は、教団になんの反省をももたらさなかったわけではない。近代化によって市民生活のなかに新しい根を求めようとするさまざまな動きが出てきている。東西本願寺は、教団の基盤を家から個人に、老人から青壮年に切りかえようとあせっている。寺院経営の近代化が求められている。教団のせまいワクはいちおう別としても、仏教はまったく失われたと断定することはできない。教団仏教がどうあろうとも、仏教という名の複雑ではばの広い伝統文化の流れのなかには、わたしたちが継承し発展させるべき貴重な遺産がふくまれていないはずがない。

しかし、ただ市民生活とのズレとか仏教の前近代性とかをいいたてて、小手先で「近代化」をこころみても、じつはなんのたしにもならない。もう一歩つっこんで、市民とは何か、仏教とは何かということを、あらためて考えなおしてみなければ本当の立直りはできない。

1)　『曹洞宗の宗勢』（同調査会、一九五五）、『曹洞宗宗勢白書』（同宗、一九五九）による。この白書は、「仏教中における最大宗団」である同宗が「教化力は日とともに減退し教勢は時とともに衰頽の一途を辿って、「宗門衰滅を招くの日遠からずというも過言にあらず」という深刻な反省に立って管長から発表されたもの。

2) 文部省『宗教年鑑』（一九六一）によると、東京都（郡、市を含む）の仏教系包括団体（新興宗教を含む）の寺院が二五六五、信徒（檀家を含む）が約三四万となっている。すなわち、九〇〇万の総人口のうち、仏教系の信者は新興宗教を含めて三分の一強になる。『仏教年鑑』（一九六一）では、これに単立法人を加えて、寺院二六六六、信徒約四七〇万としている。ところが『都市寺院の社会的機能』（仏教徒文化交流協会、一九五九）では、都区内に既成仏教系の寺院が二三一一である。かりに檀家二〇〇世帯を平均とすれば、都区内の寺院の檀家は四六万余（一世帯四・三名として倍数を掛ければ約二〇〇万名）で、その全部が都区内に住んでいるとしても、世帯、人口の三〇%以下になる。しかも、寺院は台東区や港区などに偏在し、いわゆる教化活動の行事はふつう月に一～二回にすぎないので、結びつきが墓（大部分の寺院が墓地をもっている）や法事を中心にしていることが推察される。なお、このほかに、都民のなかには、その郷里の寺の檀家になっているものが非常に多い。その数は不明だが、この場合にも、寺院と檀家との日常的なつながりが欠けていることは、いうまでもない。

3) 前田卓「日本に於ける祖先崇拝と相続の実態」（「社会学評論」一〇巻の二号）によると、全国で九部落を調査したところでは、祖霊が有ると思うものが石川県の純農村では八八%で最高、神奈川県の山村（出かせぎが多い）では五〇%で最低。この山村での年齢別では、二〇代では五六%が存在を信ぜず、五〇代では八〇%近くが信じている。こうした意識の状態が家族制度や相続の実態と密接に関連しているらしいことが認められている。

二　市　民

市民というコトバは、ばく然と広い意味につかうこともできるけれども、近代的な社会人としての「市民」と、たんなる「都市住民」と、特別のニュアンスをおびる「都会人」とは、いちおう区別してあつかう必要があるだろう。

近代的な市民とは、世界史の現実の流れのなかで形成されてきた民主的な人間の型で、それにふさわしい生活と意識とをそなえていなければならない。「ラ・マルセィェーズ」が「武器をとれ！市民たち！」と呼びかけている「フランス市民」とは、封建的な反動支配と外国の侵略とにたいして勇敢にたたかう自由と平等と理性との戦士たちをいう。かれらは、民主的な人間としての権利にめざめ、それを自分たちのものとして確保するための連帯性を自覚するところの、近代フランス国民のことにほかならない。ところが、都会に住んでいても、封建的な因習になずみ、権威に屈従し、いわゆるムラ状況のなかに埋没して、近代的な人間としての自覚を身につけていないならば、真の市民とはいえない。その反対に、農村に住んでいても、市民としての充分な資格をもつことができる。

都会人という場合には、現代的な都会生活者をさすが、消費的な群衆の一員としての生活感情ないしは感覚がその特色として正面に浮んでくる。生活の根がなく、自己を見うしない、何ものともいきいきとした連帯をおぼえることができない——みじめに疎外された人間像がそこにある。

ところで、仏教と市民生活とのズレは、その市民とは、右の三つのうちのどれに当たるのだろうか。

はじめにのべたように、仏教はあまりにも農村的なカラをかぶっているとはいえ、都市住民のかなりな部分とのあいだになおいちおうのつながりをたもっている。しかし、近代的市民はもとより、「都会人」のあいだでも仏教は無縁のものとなっている。そこでこのズレをなくするには、どういう「市民」を目標にえがくべきなのだろうか。

たんなる「都市住民」—そのなかの滅んでいく部分—が主力でないことは、いうまでもない。「都会人」も結局は退廃の産物で、それに依存するのでなく、それを正しい市民に高めることこそが問題でなければならない。

では、「正しい市民」とは何か。先にのべたフランスの近代国民のようなものなのだろうか。ここでわたしたちは、近代と現代とを区別しておかなければならない。

仏教の前近代性とか近代化とかいう場合には、近代というコトバは現代までふくんでいる。しかし、「近代化」の方向や内容を論ずる場合には、近代のなかの現代を区別しておかないと、大きな混乱をまねくだろう。

近代とは要するに資本主義の時代で、日本の近代は明治からはじまる。現代というときには、この近代のなかでの二〇世紀の部分をさすことに、だいたいきまっている。

ところが、二〇世紀の現代は、たんに資本主義の時代ではない。現代の資本主義のもとでの生活と、文化の言語に絶した退廃ぶりは、まさに「末法」的——末期的——症状を呈しているが、これは、資本主義の体制が発展性を失なって帝国主義の段階に入り、ブルジョアジーが先進性と創造性を失なって反動分子に転化したことをものがたっている。とくに、世紀のなかばをすぎたこんにちは、それは社会主義の新らしい時代でもある。というよりも、社会主義が次第に優位を占めようとしている時代である。このことは、資本主義に最大の愛着をもつケネディ大統領といえども否定することはできもしないし、してもいない。かれよりもっと客観的にものを見ることのできる人たちは、現代は資本主義から社会主義への過程の時代だ、と規定することができるだろう。

たとえば、東アジアの仏教圏について見ても、東南アジア諸国の仏教者たちは、しだいにより強く社会主義の支持にかたむいていく。中国の仏教者は社会主義に確信をもっている。世界ぜんたいとして見るならば、一九六〇年の世界八一ヵ国共産党労働者党の「モスクワ宣言」が指摘しているように、社会主義はすでに確固とした世界体制となって、その経済は資本主義に追いつき追いこしつつあり、社会主義の思想はいたるところにひろまりつつある。この指摘の正しさは、わたしたちの周囲を虚心にながめてみれば、ただちに理解できるだろう。

都市とその住民の構成を見ても、労働者の占める部分がいちじるしく増大している。いわゆる中間層のなかでも職人はもとより商人の比率が減って、「勤め人」

すなわちホワイトカラーがふえている。

そこで、もしも「近代的」市民の主力をブルジョアジーとするならば、現代の市民の主力は、ぼう大なホワイトカラーをふくみ、刻々にれい細な勤労市民としてプロレタリア化しつつある商人・職人をも吸収していく労働者でなくてはならない。近代のあけぼのに、国民の先頭に立って封建勢力とたたかったブルジョアジーは、いまでは、かつての前向きの姿勢をことごとくかなぐり捨てて、労働者を指導力とするこの広範な勤労市民—インテリをも含めて—の発展を押えつけるがわにまわっている。そういうかれらの生活がまことに「近代的」なのである。

とするならば、もしも仏教がいたずらに西欧的な宗教改革や文化改革の形を追ってこの新らしい「現代」を忘れた意味での「近代化」にふけることは、危険なふくろ小路に迷いこむことになるだろう。

じっさい、「中間層」の少なからぬ部分が、資本主義の斜陽落日の状況のなかで、虚無化することによって自分たち自身をもこの世界とその歴史をもけいべつしながら、近代主義のふくろ小路におちいっているのである。あとしざりするプラグマチズムやうしろ向きの実存主義が、一般的な退廃状況とともに、思想・文化の領域での現代の暗黒面を特徴づけている。生産労働の根から遊離し、民族と人類の歴史の現実的な創造を忘れたこのような「近代化」なるものは、けっきょく退廃の一面にほかならない。

ところが、仏教は労働者との結びつきがきわめて弱い。さきに例示した東京都の区内の仏教寺院の調査によっても、檀家のなかで「労務者」はかぞえるほどしかいないし、たまたま結びつくとすれば、戦前の鉄道友会タイプや戦後の近江絹糸タイプなのである。

そういう条件のなかで教団が無批判に「近代化」につとめて自己満足におちいっていくとすれば、そこには恐るべき落とし穴が待ちかまえていることになる。

この意味で、仏教のズレの回復の道は、団地に仏壇と棚経をどう持ちこむかとか、「良識的」という名の御用学者をたのんで市民講座をひらくとか、権力の末端機関と化した教育委員会や警察とその防犯母の会などに協力して「社会教育」につくすとかということではなく、生産点にあって明日をになう労働者、勤労市民との連帯のなかで、みずからを日に新らしく再発見し再創造していくなかに求められるのでなければならない。

三　歴　史

明治維新が近代民主革命に徹底しなかったことと照応して、仏教は身をもって宗教改革を成就するという苦しい経験によってみずからをきたえあげることなしに、安易に絶対主義天皇制に順応し、そのしもべとなって、国民大衆をおまかせとあきらめの意識につなぎとめながら、はては「愛国」の名のもとに侵略戦争にかりたてていく役割をもつとめた。

仏教のなかに、幕藩制の矛盾を下積みの大衆の立場から取り組むことによって近代への方向をはぐくんだ要素が、まったくなかったわけではない。絶対主義天皇制の押しつけにたいする批判は、国家神道への抵抗となって、明治仏教史のかがやかしい一ページをかざったといってもいいだろう。しかし、これらは残念ながら僅かな例外にとどまって、全体としては、仏教界はあわてふためきながら天皇制への恭順につとめることによって、みずから「国民道徳」の範をしめしたのである。そして、このことは、廃仏棄釈によっていちおうの打撃を受けたには相違ないけれども、結局は、比叡山が天皇の恩恵という名目でばく大な山林を保証された例に見るように、権力への奉仕の代償を受けたのである。一般の寺院は、地主として、新らしい支配体制の一部に組みこまれた。

仏教の国家神道への従属、祖霊信仰、権威主義、呪術性、宿命観（あきらめ）と屈従のモラルなどは、その役割と不可分のものだった。

しかし、資本主義が発達し、労働者階級が成長するのにともなって、国民のあいだに民主的な権利の主張が高まり、天皇制のクビキをはねのけて近代的な市民社会を形成しようとする。このはげしいたたかいのなかで、仏教はほとんどつねに保守・反動のがわにあって、小作人や小市民の苦悩のうえにあぐらをかきながら、市民社会の成長をはばんできた。

仏教は、世俗からの超越を説き、人間の究極的な「第一義」なるものを教えて、その「根元的な解放」をもたらす、という。ところが、実際には、生きた現実とのぎりぎりの対決などということは、いつももっともらしいコトバのアヤだけに終らせて、何ごとにもまともな取り組みからは身をかわしつづけてきた。維新のときに天皇制とその神道とに屈しただけでなく、その後も、近代日本の危機的な変動のたびごとに、仏教は「あとしざりの順応」をくりかえして、反動の役をつとめてきたのである。

しかし、この無責任で安易な行き方は、一九一〇年ごろまでには、すなわち、明治の末葉には、あからさまな破綻を見せはじめた。一〇年代から二〇年代にかけてのいわゆる「大正デモクラシー」は、日本の市民社会が曲がりなりにも大きく成長したことをめざすものだが、この重要な時期に、仏教はいささか近代的なよそおいを身にまとっただけで停滞をつづけ、市民生活のズレと内部の弱体化とをいちじるしくしていった。そして三〇年代の天皇制ファシズムと侵略戦争との時期に、ひたすら権力に追随しながら、内部の斜陽状況をいよいよあらわにしたのである。現在の破局状況はこうした行き方が当然の終着を迎えようとしているのだ、といわなければならない。

この破局状況を突きぬけるただ一つの方向は、はかない「逆コース」のゆめを追って反動的な封建性にしがみつくことではなく、キレイごとの「近代化」によってふたたび「あとしざりの順応」をおこなうことでもなく、現代の市民生活にふさわしいものにみずからをきたえなおすこと、その確立のために仏教じしんも身を投げ出すことだけである。しかし、この場合、さきにのべたように、市民というものがいまや新らしい内容をおびつつあることを、忘れてはならないだろう。

仏教ははたして、歴史のこの試煉にたえることができるだろうか。仏教というもののなかには、その可能性がふくまれていて、努力のいかんによっては明日への発展が実現するのだろうか。

四　仏　教

落日状況にあるとはいっても、仏教はいまなお日本で最大の宗教機関で、僧職の一般教養の水準は高く、政・財界や文化方面との人的な結びつきは広く深い。これをとりでとして、建築や衣裳や音楽や仏壇に近代的なよそおいを与え、漢語の経典を現代語に訳し、あるいは、観光事業やビル経営に力をそそいで収益をはかるなど、延命と転身の手段を講ずることは、あるていど可能でもあるし、実際におこなわれている。しかし、くりかえしていうが、これらの小手先のやりくりでは、いわゆる死者の宗教を生きた人間の宗教に変えることはできない。大死一番の勇猛心をふるって一八〇度の転換をあえてし、本来のすがたに立ち帰ること以外には何の救いもない。

その立ち帰るべき本来とは、宗祖あるいは教祖の真実のありかたにほかならず、そこに尽きることのない活力の源泉を求めるほかに仏教が新しく生きる道はありえないだろうが、仏教には、はたしてそういうものがあるのだろうか。ある、とわたしは思う。

人間尊重の原則が仏教のすぐれた伝統となっていることはいうまでもない。歴史の現実からいちおう抽象していうならば、この点で仏教は近代および現代の基本的な原則である民主主義を含んでいる、ということもできるだろう。

キリスト教にくらべると、仏教は人間の信頼ということをいっそう明確に打ち立てている。キリスト教の基本的な教義によれば、人間は原罪をせおっていて、神のめぐみによることなしにはこの重荷から解放される道は絶対にありえない。だから、ヒューマニズムということばは、キリスト神学者から強い抵抗を受ける場合が少なくない。人間がみずからブッダになることができるという仏教の教義は、キリスト者にショックを与えるのである。もとより、宗教のことだから、現実を「虚仮」と観ずる基本的な拒絶の姿勢は、キリスト教にも仏教にも共通して内在している。しかし、現代人にとっては、この点にかんするかぎり、仏教のほうがずっと理解しやすい。

宗教と現代とのもう一つの困難な問題は科学である。この点についても、多くの学者が正しく指摘しているように、仏教はキリスト教よりもずっと現代人に受けいれられやすい教義の構造をもっている。呪術とか奇跡とかいうことは、本質的に仏教とはあいいれない。一三世紀に、プロテスタントの呪術否定にさきがけて神霊とその作用とを否定して、「仏教に不思議なし」の原則を打ち出す真宗の教義がうまれたことは、きわめて注目すべき歴史的事実だが、この原則はまさしく仏教の本来に通ずるものである。

仏教の基本原則については、なおいくつかの重要なものがあるのだけれども、右にあげた諸点からしても、仏教がその原則において現代に通ずるゆたかな源泉をたたえていることは、議論の余地がない。

しかし、現実の仏教はどうだろうか。キリスト教は近代民主主義の精神的な源泉であるというような歴史観は、さかだちしたものだと思うけれども、両者が深く結びついているということは、もちろん否定できない。科学にかんしても、歴史的な仏教は顔を赤らめなければならないだろう。

いうまでもなく、こうした問題について、机の上で仏教とキリスト教との優劣を論ずることは、ほとんど意味がない。仏教のすぐれた「無我」の原則が、教団貴族の貪欲をごまかすためにもちいられてきたと同様に、人間と科学とを尊重するすぐれた原則をもつという事実が、既成仏教の人間否定と人間べっ視の、精神の固定と怠惰と不毛との現実を、ごまかす道具にもちいられることになる。

問題は、すぐれた原則を生かす道がどこにあるかを見出して、それを実践化することにある。この現実化の契機を仏教の基本的な原則のなかに見出して、それを身につけることにある。

まず、問題にとり組む態度あるいは姿勢という点からいえば、無我あるいは無常というすぐれた原則が仏教にはある。これは精神の消極性ではなしに、みずから全面的に責任を負うところの意識的な行動のとらわれることのない自由な跳躍性を意味するはずである。

このはつらつとした態度によって、人間尊重の問題を実践する場合に、その基本となるものは、さきにのべたように、連帯性というところにある。いいかえれば、仏教がたんに「人間」というだけでなしに、「衆生」の立場に立つことである。すなわち、人民の立場に立つことである。現実の衆生の立場から出発して、人間の尊重ということをまともにかんがえ、その結論を勇気をもって実践することである。

ほんの一例をあげるならば、チベットのラマ教の従来の人間否定を見のがし、チベット人民の解放を「仏教弾圧」の名において非難するようなバカげた混乱は、衆生の立場に立つことによって、一挙に打ち破られるだろう。平和の問題についてもまったく同様で、不殺生の戒律を固定してとらえたり、平和運動は共産主義者の煽動によるものではないかと疑ったりするような混迷は、衆生の立場に立つかぎり明快に解決されるだろう。

人間尊重の貴重な態度である慈悲ということも、衆生の立場に立つかぎり、正しく解釈し実践することができる。いうまでもなく、それは一段たかいところから大衆を見おろしてめぐみを垂れる、というような低次のモラルではなく、平等な人間どうしの「同苦同悲」の共感と協力とであることが、理解できるのではないだろうか。

「人間」を「衆生」としてとらえることは、それをただ多くの人びととか、ばくぜんと「人類」とかいう形でとらえることではなく、それを具体的な歴史的・社会的存在としてとらえることである。そのためには仏教がもともと尊重するはずの知性と科学とが、たんに自然の領域だけではなく、人間とその社会の領域についてもためろうことなく当てはめられることを要求する。この点についても、「神の摂理」ではなく法（真理）による因縁を歴史のなかにみとめようとする仏教は、正しい発展を保証されるのである。

さいわいに、以上にのべてきたような諸点は、教祖にも宗祖にも通用するものである。教祖にかえれ、宗祖にかえれという文句づけは、正しくこの結論に達することができるのである。

わずかな紙面で、いちいちの問題を深めることのできないのは残念だけれども、以上のような見通しから、落日状況の仏教にはじつは明日への力がひそんでいると確信することができる。この確信は、現代のこのめざましい転換の時期に、たとえば中国をはじめとしてアジア各地の仏教者の動きによって裏づけられている。そこでは、仏教が衆生の立場に立って根本から自己を改造する大きな仕事が、すでにスタートを切っているのである。

最後に、民族の問題についてとくに一言のべておかなければならない。現在の日本は、高度の資本主義国でありながら、アメリカ帝国主義に従属し、極東におけるその戦略の中心拠点となっている。いわゆる「近代化」も、この路線に沿うものとしてすすめられている。東―東南アジアの仏教を欧米反共の思想的武器とし、日本仏教をその指導者に仕立てようとする工作も、きわめてろこつに進行している。これにたいして、正しい意味での民族性を発展させ、帝国主義のクビキを取りはらっていくという意味での「アジア的」自覚を高める、という課題に、仏教はどうこたえるか。

国民文化と仏教

上原専禄

一 「国民文化」とは

佐木　世界史的な変動の渦の中で、きびしい時代の試煉をどう受けとめ、いかに乗りこえてゆくかということは、われわれ国民にとって非常に重大な課題でありますが、いま、この大きな転換期にあたって、仏教――すくなくとも過去において民族の文化に大きな影響を与えてきた仏教――が、どういう役割をはたし、どんな働きをするかは、是非考えてみなければならない課題であろうと存じます。ついては、今日は「国民文化と仏教」というテーマでお話を伺いたいのですが、将来形成されてゆく「国民文化」に、仏教がどのようにかかわるであろうか、それも単に表面的にいろいろな関連をもつということだけでなく、文化としての深いところでどうかかわるかを究明して頂ければと思います。まず「国民文化」ということですが……。

上原　「国民文化」という概念、あるいはその理念をどう規定するか、またその中身をどのように考えてゆくかは、結局は国民が全体として考えるべきことであって、なにか国民から超越したような立場で、学者とか理論家が「国民文化」とはこのようなものであるなどと規定をすること自体、すでにいけないことだと思うんです。まさにそういう点に「国民文化」という理念のもつ一つの特徴のようなものがあるといえましょう。が、お互いに国民の一人として、何を「国民文化」の中身として考えているか、これについては、大いに議論をたたかわせてよいと存じます。

ところで、「国民文化」という理念が出てくる一つのきっかけとして、次のようなことが考えられないでしょうか。つまり、現に世界は激しく動いておりますが、この世界をだれが「激しく動いている」と見るのか、ということであります。国民のそれぞれが、学者として、芸術家として、あるいは労働者として、農民として、めいめいの立場から「激しく動いている」と見ているわけですが、それぞれの立場のちがいに応じて、同じく「激しく動いている」と見るとはいっても、その中身の理解の仕方が相当に変ってくるでしょう。しかし、そうしたさまざまの立場を全体として統一するようなものがなければならないわけで、それが「国民」という立場であると思います。つまり学者とか芸術家とか、労働者・農民といった一人一人の立場を越えて、しかもそれらの全体を包むような主体、これが「国民」でしょう。

「国民」という概念の一つにはそのような意味があると思いますが、この「国民」として世界の動きを受けとめてゆく場合、受けとめ方にはいろいろな段階やさまざまの次元があるわけであります。そのうち、一番現実的に見えるのは、政治の面で受けとめてゆくと申しますか、つまり、国際政治の動きの中で日本がどういう位置をとっているか、またとらねばならないかという問題として、いわば政治の問題を政治の次元で受けとめてゆく場合でしょう。もちろん、政治の問題と申しましても、単に目さきの政治問題だけでなく、長期にわたる問題として、時間的視野をひろげて受けとめてゆくということもありますが……。

これに対して、政治の問題を、それとは違った次元、おそらくはもっと深い次元だと思いますが、学問あるいは芸術とか、教育あるいは宗教とかの問題として受けとめてゆく場合があります。いわば、政治から出てきた問題を、政治と違う次元で消化し、それを政治にかえしてゆくという場合でありまして、「国民文化」というものも、そこに出てくるのではないでしょうか。「文化」はそれ自体、政治ではありません。しかし、政治ではないが、政治に対していつでも積極的な姿勢なり態度なり意味なりをもちうるもの、それが「国民文化」であるといってもよいでしょう。もちろん、ここで「文化」という概念が問題になるわけでありまして、はじめから文学とか美術とか演劇などというふうにいろいろなジャンルにわけて、それらの総合を「文化」であるとみる考え方もあるわけでしょうが、いまはそうした考え方をとらないで、むしろ、政治の問題を受けとめてゆく主体の精神なり心情が、直接に政治ではない形で形象化されてゆく、あるいは表現されてゆく、そういう一切のものを「文化」であると考えたいのであります。といたしますと、宗教もまた、「文化」に含まれる概念ということにはならないでしょうか。

でありますから、「国民文化と仏教」という題のたて方にすでに問題があるわけです。このテーマについて考える場合、「国民文化」というものと別のところで「仏教」というものを考えて、それらの関係を問題にするという題のとり方もありうるかもしれませんが、一方、「国民文化」あるいは文化一般の中に含まれる問題として、仏教もしくは宗教一般を考えるというゆき方もなりたつからであります。つまり、政治の問題に対して、それを受けとめてゆく主体としての「国民」を考えて、その「国民」が政治の問題を受けとめてゆく場合に、単に目さきの、あるいは長期にわたる、政治の問題として受けとめるだけではなくて、もっとそれを深めた次元の問題として問題化してゆく、別の言葉でいえば、意識なり精神なりの構え方、あるいはそういう構え方の中から出てくる問題の取り扱い方、そういうものの中には、仏教をも含んだ文化事実とか文化事態がありうるわけで、これを問題にしてゆきたいということであります。

要するに、「国民文化」とは何かという問題は、内容的には、はじめにも申しましたように、全体としての国民が、時間をかけて、体験と思索とを通して、内容を与えてゆくべきものでありますが、形式的にいえば、政治——一口に政治と申しましたが、仏教の言葉でいうと、現世的な利害関係の錯綜の中で自己の利益を主張してゆく、あるいは守ってゆく、その一切の行為を政治ということで考えてみますと、現世的なものの全体が集約的に動いている恰好で出てきたものが政治でありましょう——その政治の問題を、それと取り組む主体の意識や精神の構造、その姿勢のあり方、あるいは動きそのものとしてとらえてゆくことによって、政治とは違ったより深い次元で消化し、回答を政治に返してゆくもの、それが「国民文化」であろうと考えます。

佐木　問題をうけとめる主体としての「国民」というお考えはたしかにわかります。が、実際、政治の取り組みにいたしましても、現在の日本では、共通の場が見当らないほどの非常な対立があり、それがお互いにたたかう中から一つのものが創造されてゆくというような関係がございますね。といたしますと、はたして「国民文化」というものはありうるでしょうか。国民の文化というものはあっても、「国民文化」ではない、ということも考えられます。それで、国民文化と階級文化、あるいは国民文化と民族文化といったもののちがいについて、いま少しお話ねがいたいと思います。

上原　それは政治と文化との関係をどう考えるかで、いろいろな答が出てくると思います。内外の政治問題を受けとめてゆく主体を「階級」であるとする場合には、政治問題を文化の面で問題にし、文化の面で回答してゆこうとするものは、階級文化以外の何ものでもないだろうと存じます。しかし、現実の日本をめぐる内外の政治問題を、ただ階級的立場からとらえただけで、問題の見通しができるかどうか。もちろん、おそらく非常に多くの部分は、階級的立場に立つことによって照明が与えられましょうし、また答を出すこともできると思います。しかし、はたして現在の政治問題のことごとくを階級問題の中に解消させることができるかという話になりますと、なかなか簡単に答えられないのではないでしょうか。一口に申しますと、政治問題のすべてを経済の問題に還元できるか、またその経済の問題をことごとく階級問題にまで還元しうるかということであります。もちろんこれについては階級みずからの努力によって必然的に答が出されると思いますが、と同時に、やはり階級の問題に適当な位置を与える主体と申しますか、つまり、超越的になってはいけないのですけれど、階級の問題に密着しながらしかもそれに足をすくわれないような視点が一つほしいと思うわけで、ここに「国民」というものを考える一つの理由があります。

すなわち、「国民文化」というものは、一方では階級文化の主張、あるいは階級文化からの要請を十分にこなしながら、他方において、階級文化の位置や重さを比定するという役割をもつといえましょう。

つぎに民族文化の問題ですが、民族文化は、国際文化とか無国籍的な世界文化に対決する、もしくはそれを批判する、またはそれらとは異質的なものとして自己を主張する、という面を多分にもっています。しかし、その民族文化の全体における位置とか性質とかをだれが規定するのかということになりますと、やはりさきの階級文化の場合と同じような問題がでてくるわけで、つまり一方において階級とか民族というもののもつ生きた意味を理解しながら、しかもそれらの文化の位置や性格やあり方を決めてゆくものとして「国民文化」が要請されるわけでありましょう。

佐木　なるほど。しかし、国民文化を、世界史の新しい段階における階級文化の発展と見ることもできるのではないでしょうか。また、国民文化は民族文化のように伝統的な固有の性格を固定的にもつものではないにしても、やはり独自性をもつわけでありましょう……

上原　ええ、だからこそ、国民文化は、階級性とか民族性とかいうものを越えたところで、空に創造されてはいけないのです。

佐木　いま一つおたずねしたいのですが、さきほど「精神の構造」とか「姿勢」と申されましたけれども、世界宗教とか近代的な宗教の場合、それは主体性の問題として出てまいりますね。宗教では、それはむしろ個人の問題としてでありますが、おっしゃられた意味は、そういう個人的な主体性ということも含めてあるが、それだけではないわけでございましょう。

上原　もとよりそうではありません。個人の問題といわれましたが、宗教を個人に密着したものと考えること自体にも問題がございます。たしかに宗教の発展段階の或る時期、いな大部分の宗教では、個人の救いとか安心とか、あるいは個人の悟りということが重んぜられ、宗教は一人一人の問題であると考えられているようですが、はたして宗教の主体はつねに個人だったでしょうか。

カトリックとかイスラーム、仏教の方では天台、日蓮宗などの考え方をみますと、必ずしもそうとはいえないようです。そこでは一人一人の個人の救済というものを考えながら、しかもいつでも集団全体にかかわるものとして宗教が考えられております。ですから、「国民文化」にかかわって宗教を問題にする場合には、その信仰生活の主体が今までどういうものであったかという問題と同時に、広くいえば、その主体がどういうものであろうかということも考えてみなければならないともいえましょう。

二　安保闘争をめぐって

佐木　「国民文化と仏教」についての基本的な問題は、いまのお話ではっきりしたと存じます。ところで、政治から出てきた問題を政治とは違った次元で消化して、その回答を政治にかえしてゆく、ということから申しまして、安保闘争は「文化」の問題としても、最も共体的な事例だと思いますが、これに徴して、「国民文化」と仏教のかかわりと申しますか、「国民文化」の中での仏教の役割といいますか、そうしたものについては如何でしょう。

上原　たいへん大切な問題でありながら、非常にむずかしい問題ですね。不幸にも安保問題があのような形で強引に押しきられ、政治には新しい局面が展開されたわけですが、あの闘争に参加した諸団体では、それぞれの成果を総括し、反省もしています。しかし、その総括は、それぞれの団体に立場というものがありますから、おのおのそれに制約されているという事情もあって、時間的にも、空間的にも、また問題領域的にも、必ずしも広い視野からなされているとはいえません。でありますから、この際、さきほどから申しているような意味での「国民」的立場からの総括が欲しいと思うのです。しかし、残念なことには現段階では「国民」の名で闘争の意味を総括しうるような構造にはなっておらず、このことが安保闘争の主体の側の弱点にもなっていると考えられましょう。

とは申しましても、安保闘争は、或る意味では全国民的な規模でたたかわれたと思います。その事情を考えてみますと、一つにはこの一年半あまりの闘争の中で、どの団体も精一杯ギリギリの活動をしたということ、さらにはそれが一年半の闘争のみではなくて、その背後には少なくともサンフランシスコ条約以来、十年の闘争の蓄積があったことがあげられましょう。しかし、もっと掘りさげて考えてみるならば、日本人の生活意識、生活感情、あるいは生活意欲というものが、過去十年のあいだに戦前のものとはちがったものになっているということに原因すると考えられます。生きるとはどういう意味をもつのか、生きるためにはどのような姿勢で生きなければならないのか、といった問題をめぐる国民の意識の構造やあり方における変化、それが土台になければあれだけの闘争もできなかったのではないかと思われます。

安保の問題、安保体制がつづくかぎり、国民はその体制の打破をめざしてたたかわねばなりませんが、この安保体制をめぐる問題というものは、これは私の理解の仕方でありますけれども、実は独立の問題であると考えております。そして、独立の問題ということになってまいりますと、階級の問題と、民族の問題と、その両方を内に含んだ日本民族の主体的な生活基盤を、激しく動いている世界政治の中でどう確立してゆくかという問題になってくるし、そうなれば、さきほど言った意味で、それはとくに主体的な生活意識を国民的規模においてどう創造してゆくかという問題になってくるわけで、したがって文化の性格も「国民文化」というものになるべきだと、こう思うのです。

佐木　その場合、仏教は、「国民文化」の創造発展に、果してどのようにかかわるのでしょうか。安保闘争の尖端にも仏教者が加わっておりましたが、全体としてみますと、坊さんもいるのかと、ちょっと驚いて珍しがられるくらいで、信者数からいえば少ないクリスチャンが千人からの集会をもって闘争に参加しているのに、膨大な信者数をもっている筈の仏教が、組織された形では戦列にあらわれていないのは、非常に心もとないようにも思われました。しかし、仏教が、深くいろんな国民文化の、あるいは民族文化の、各面にからみあっているという点からみますと、やはり何かあるんじゃないとかいう期待も持たれますけれど……。

上原　仏教のあり方という問題になりますね。今まで日本仏教はどういうものであったか、現在どういうものであるか、そして安保問題ではどういう存在であったか、ということになりますが、その最後の現象的な点だけを申しますと、仏教者としての自覚とか意識に立って安保闘争に積極的に参加した人たちというものは、わりあいに少なかったと思うのです。また教団としてみましても、日本山妙法寺などは別として、教団が全体として参加したということもなかったし、また一般信者が仏教信者という意識に立って安保の問題に対して積極的に発言するとか行動するということも非常に少なかったのではないでしょうか。これはすこしうがった言い方かもしれませんが、仏教教団などでは、安保問題が仏教とかかわりのない問題ではないと承知はしていながら、わざとかかわろうとしなかったし、信者の方では、そこまで政治と仏教との関係の問題を考えずに、安保問題など信仰にかかわりあいがないと割り切って、超越的な形で信仰の問題を考えているという恰好でなかったかと思います。

そこで、具体的な問題として、安保闘争に積極的に参加した人たちの意識の中に、何か仏教的なものが——たとい自覚されないままにでも——、含まれていたのか、いなかったのか。また逆に、安保闘争に参加しないどころか、むしろ安保体制を結局において肯定するような結論を出すのに、その個人の仏教信仰が寄与していたのか、いなかったのか。こういったことを検討してみなければならないわけでしょうが、どうも仏教教団はもとより、一人一人の信者としましても、安保問題につい全然無関心であるか、関心をもった場合には、結局において安保体制を肯定するように動いていった方が多かったのではないでしょうか。この点、キリスト教の場合、教派全体、あるいは教会全体をあげてという形では、仏教教団と同様に、非常にまれだったでしょうが、信者の一人一人が、信仰の問題として、信仰に立って安保闘争に参加したケースも多かったように思われます。というと、ちょっと仏教の方に評価がからすぎますかね。

三　仏教は大衆の中にどう生きているか

佐木　政治と仏教との関係がふかく省みられないまま、超越的な形で仏教が信じられているということは、大きな問題ですが、いったい現在の仏教というものが、大衆の中でどのように生きているか、どういう形で受けとられているか、この点に一つ入りたいと思います。

上原　その点になりますと、佐木さんに教えて頂かなければなりませんが。

佐木　一つの特徴としては、仏教という名がつくだけで、青年層は、無関心というか敬遠するというか、そういう傾向が強く、全然過去のものといったような感じ方をしていることですね。

しかし、その親たち、農村や都市の中年以上の方の中には、仏教に一つの関心をもち、坊さんに対する期待というか、尊敬をもっているひとも多数あるわけです。これらの人々に、仏教がどういう形でうけとられているかと申しますと、一つには祖先崇拝。つまり、「仏さま」とはアミダさまとかおシャカさまだけではなくて、死んだ先祖なんですね。もう一つは現世利益。仏さま（神さまでもいいんですが）におねがいして何か具体的なご利益を頂こう、あるいはそれほど確信的でなくても、一応ねがいを通しておけば「理外の理」ということもありうるんだという程度の信心。呪術的なものとむすびつくものです。もちろん、すべてがすべてそうだとは申せません。純粋の仏教信者といいますか、自己の安心とか悟りの問題として仏教を信じている人もあるわけですが、大体において、大衆は祖先崇拝と現世利益という形で仏教をうけとっており、それがまた庶民のモラルにつながっているのでしょう。

そこで、まず祖先崇拝ですが、これは家族制度と深くむすびついているわけです。そして、それにからんで「恩」ということが強調されますね。報恩感謝ということです。中村元さんなどの本を見ますと、「恩」とは本来は相互扶助の理解というように解釈されていますけれども、普通には上からの恩ということに重きがおかれていて、したがってあまり自己主張をやってもいけないわけで、上あるいはまわりに、慎重に謙遜して奉仕してゆく、そういう角度から「恩」が考えられていると思います。

つぎに「知識と智恵」。山本杉さんの最近のものに見うけるのですが、知識は科学的なもの、唯物的なもの。それに対して、智恵はそれ以上深いものであり、生活の上にはたらくものだという考え方です。その智恵がどうはたらくかといえば、いわゆる割切った行動とか、決定的な一つの枠をぶちやぶる行動とかに出ないで、一歩ふみとどまるという処世法となるわけです。これは或る意味では利口でもあり、生活の機微にふれる面がありますから、存外、小市民にはピンとくるようです。

それにもう一つ、「慈悲」。人間味とでもいいますか、あまりものを追い詰めない。「寛容」にもつながるのですが、とくに一般の大衆の場合には、惻隠の情というか、そういうものが仏教と結びついて、どうも信者でない人は人間味が足りないとか、つめたいとか、そういう批判がされていると思います。

上原　つまり、仏教信仰というものが一つの道徳理念を作っているというか、あるいは一種の道徳感情として仏教が信仰されているというか、そういう印象を受けるわけですが、これは現代の日本の大衆における仏教信仰の精神構造として非常に面白い点だと思われます。本来宗教的なものが道徳的なものとして受けとられ、一種の道徳律として作用しているということは注目すべきことでしょう。

ところで、仏教は、ほかの宗教――ことにキリスト教とかイスラームなどからみると、或る意味では道徳律的なものを強調してきたという面があるのですけれど、それはそれとして、仏教が宗教であるという点からいえば、道徳を越えて、もしくは道徳とちがったところに、その本来の生命があってしかるべきだと思われます。「仏教本来のおしえ」といえば少し超越的になりますし、歴史的発展の諸段階で仏教の教義や信仰の形態も大へんちがってきておりますから簡単にはいえないことですが、やはり仏教では、生死の問題、解脱や救済の問題が中心になっており、戒律――いま挙げられたような単なる道徳意識に転化した仏教信仰も広い意味では戒律の問題とみてもよいでしょう――の問題も、生死・解脱の問題にかかわってはじめて意味をもってくるといえましょう。とすると、このような宗教固有の問題は、現在の日本の国民大衆の仏教信仰の中でどう受けとめられているのでしょうか。また、もしそれが往生とか安心とか悟りという形で大衆の信仰の中に問題となっているとするならば、それと道徳律なり道徳意識なりの形であらわれている仏教信仰とは、どのようにむすびついているものでしょうか。

佐木　これはむずかしい問題ですね。私のみたところでは、やはり、なにか実生活と結びついた道徳生活の智恵とか、現世利益とか、そういう方に重点があるような気がします。しかし反面、何かそういうものを越えて人間としての在り方というか、プライドというか、確信というか、そういうものを大衆が求めていることもたしかです。ただ、それが仏教を通してそれほど顕在化していないというのが実情ではないでしょうか。

それには、仏教のもつ二重構造といったものがわざわいしているともいえましょう。出家者と在家者といいますか、原始仏教では選ばれた少数の修行者のみが僧団を形成してきびしい乞食生活をおくり、悟りの境地をもとめて精進する。そして一般大衆はその少数者の僧団に供養することによって功徳を求める。こうした形が、封建時代には身分的制約という関係もあって、一族のうち誰かが出家すれば九族が天に生まれるとか、あるいは坊さんに供養すれば極楽にゆけるとかいう恰好で、なにか自分自身の問題を他にあずけてしまっているのですね。どうもそうした形が今に持ちこされているように感じられます。

上原　実態がなかなかつかめないので当っていないかもしれませんが、日本の仏教の場合、安心とか悟りの問題が棚上げにされているところに問題があるのではないでしょうか。つまり、信者一般が、安心とか悟りの問題にこそ仏教信仰の本来の課題があるのだと自覚するならば、道徳意識とか道徳感情とかいうものと仏教信仰との間に切断が行われうる筈でありましょう。にもかかわらず、実際には安心の問題が棚上げにされ、仏教が宗教としてではなくて、むしろ一種の道徳形而上学みたいな形で受けとられているのが実情のように思われますね。安心の問題、もちろんこれも歴史的な形ではいろいろな問題をはらんではおりましょうけれど、一応、直接政治には結びつかないといえるでしょう。しかし、道徳ということになりますと、それはすぐ政治に結びつくわけで、道徳律という形で考えられるときには、道徳はまさしく政治のイデオロギーにほかなりません（宗教もイデオロギーであるといわれますが、イデオロギーである意味がちょっと違うと思われます）。そこで、仏教信仰が道徳に転化した場合、一方では仏教信者なんだから政治の問題にはかかわりをもたないといいながら、内実には、又は客観的には、大いに政治の問題にかかわってしまっているという結果をもたらすことになり、しかも、その道徳律の中身というものがあきらかに時代制約的なもので、古い諸時代の関係をその中に内包しておりますから、何か現状打破的なもの（たとえば安保闘争など）については関係しないのだ、といった恰好になるのではないでしょうか。

佐木　ことにそれが祖先崇拝とか家族制度とかに密着しているのですから……。なお、さきほど申しわすれましたが、山本杉さんの書かれたものを見ますと、「宇宙の本当のことをふとわかるが、とにもかくにもその本当のものに自分の心がぴたっと触れたその時、われわれは宇宙とともに宇宙の方の中にあると気づかせてもらえる」というようなことが語られていますね。鈴木大拙博士の東洋的霊性といったようなもの。仏教ではそういう面を打ち出していると思いますが……。

上原　途中ですけれども、山本杉さんだとか、鈴木大拙さんだとかのそれは、仏教的安心のインド哲学的解釈でしょう、本来は。

佐木　そうなんです。

上原　そうだとすると、そのような インド哲学的な解釈が問題ですよ。ブラフマン（梵）とアートマン（我）の合一、それは仏教以前のインド哲学ですね。そうした形而上学を否定するところに、シャカ自身の本来の面目があったのではないでしょうか。とすると、それで仏教信仰を意味づけてゆこうというのは、教義の発展から見て間違っていると私は思いますね。もちろん、どちらも時代が古いので、両方が結合癒着している面もありますけれど。

佐木　もっとも鈴木大拙博士の場合は、その点、一応用心して語ってはおられますが、実は違うんだといいながらやはりどうも……。そして、そういうところから、政治へのかかわりとしては一種の無関心といいますか、超越の側における無関心がでてまいります。インテリの中にはこうした傾向にひかれる人も多いようですね。

四　インテリゲンチヤと仏教

上原　インテリの話がでてまいりましたが、仏教に対して関心をもつインテリは、明治・大正時代にもありましたし、戦後の今日にもあります。こうした日本のインテリが仏教に関心をもち、多少とも仏教を信仰するとか、あるいは仏教的に思惟し、仏教的に思考するとかいう場合、さきほどから論じてきた信仰形態とは違った形がでてくるでしょう。つまり、日本人の仏教信仰の今日のすがたとしてこれまで論じてきたことは、インテリをも含むかもしれませんが、大体において大衆にあてはまることで、大衆の場合には、信仰の宗教としての仏教から出発しながら、結果においては家族道徳の範囲にとどまり、智恵とか慈悲とか言いましても、結局非常に狭い限界内でのことで、日本全体がどうなればいいとか、世界全体がどうなればいいといった問題にかかわって、智恵や慈悲の問題が出てくるのとは違いますね。この点、インテリになりますと、もっと個人主義的といいますか、個別主義的になっているわけで、これらの人々の仏教への関心のあり方が問題でしょう。

佐木　日本のインテリの仏教信仰ないしは仏教関心ということですが、これを代表するものを二〜三あげてみますと、まず戦後に田辺元博士が新しい文化の方向というようなことを書かれた時期がありましたね。その中で禅と念仏とキリスト教を綜合したようなものという問題を出されていました。近代的自我の問題、人間のあり方の問題といいますか、これを主体的に追求しようとするとき、親鸞や道元の思想には、今日なおすぐれた世界性がある、という角度から仏教を認めてゆこうという傾向ですね。これが一つ。

もう一つは、鈴木大拙博士なんかがよくいわれることですけれども、「東洋的」ということ……。つまり、東洋文化には精神性とか綜合性といった特質があり、それが仏教において結実しているから、そういうものに文化史的な価値を認めてゆこうというものですね。もっと具体的には、美術とか芸能、能や茶、そうしたものにあらわれている文化的価値を高く評価してゆこうとする傾向です。和辻哲郎博士などもこうした文化的評価という点では大いに仏教を認めておられます。

ところで、インテリの中には、現実の矛盾にゆきあたって悩み、傷つき、あるいは疑惑をもった末、今あげたようなものの中に何かがあるのではないかと、求めてゆく人たちがありますね。人間の弱さ、限界を知ること、それが決して主体的な創造的活動を放棄するのではなくて、むしろそれを強めるものが仏教に求められる……。亀井勝一郎氏などにもそうしたものがあり、これが相当広汎な青年層をひきつけているんじゃないでしょうか。

上原　いまお挙げになった四人の方々はいずれも個性的な方で、それぞれ違った面をお持ちですが、ことに田辺さんと和辻さんとでは相当ちがいますね。和辻さんは、自分のつかんだ或る落ちついた視点というものを動かさないで、そこからものを観察者的にさばいてゆこうとされる。これに対して、田辺さんは、歴史的現実の動きというものに実践者的に身を寄せて、和辻さんのように超越的にならないで、求道者として考えてゆこうとしておられる。まあ、こういったちがいがあり、一般のインテリの場合にもおのずから和辻さん式と田辺さん式といいますか、こうした二つの型が見うけられるようですね。そして、和辻さん式――そのように簡単に限定できるかどうかは問題ですが――、ここでは日本の「近代化」が特に問題になります。そして、個性的な自我の確立にどれだけ仏教哲学なり仏教信仰なりが内容を与えてゆけるかという問題になるでしょう。ところが田辺さんの場合は近代化というように問題が固定されないで、歴史の問題としていいますと、むしろ「現代化」の問題まで見通していられるんじゃないでしょうか。

いずれにしましても、戦後、インテリを読者として予想したような仏教書がたくさん書かれたと思いますが、その多くの場合、いわばヨーロッパ人が近世初頭から十九世紀ないし二十世紀初頭にかけて悩んだような問題、つまり、一方では自我の確立の問題、他方では生活実践の主体としての自我の弱さの問題にかかわって仏教がとらえられているようですね。そういう点では増谷文雄さんなどの書物、ことに唯識系統の考え方に立脚したものが青年層にアッピールするわけでしょう。というのは、自己批判的な傾向の強いインテリには、自我確立ということが、何か弱さの上にあぐらをかくみたいな風になるからです。それで、唯識系統の仏教――それも浄土真宗の信仰を通したような緩和された形で、これが語られると、インテリは自己の魂について語ってくれているような印象を受けるのですね。が、もし仏教が単に自己の弱さとか罪障とか、自己の安心というものだけを説くものだとすると、これからの青年にはあまりアッピールしないのじゃないでしょうか。

他者と区別した自己というものを何故そのように問題にしなければならないのかということを問いつめることによって、自己というものは、自己と他者との関係の中に、その関係を認識する主体として自己があるまでのことであり、自己の行為といっても、一般者の中において動く自分よりほかに自分の動きなどというものはないのだという見方、こうした問題意識に応えるものが仏教の信仰の中にも、また仏教哲学の中にもあると思うのですが、戦後の数多い仏教書のなかで、こうした問題をとりあげているものは少ないようですね。実はこういうところに現代の青年の心を動かしうるものが十分にあると思うのですけれど……。

佐木　大事な問題に入ってきたようですが、その前に西田哲学についてのお考えを……。

上原　西田哲学が仏教哲学の現代版であるようにいわれることがありますが、それはどうでしょうか。「絶対矛盾的自己同一」という認識方法などに、仏教哲学の思惟方法——特に中論系統のそれ——が現われている、とは思うのですが、西田さんの気持の中に入って考えてみますと、西田さんはヨーロッパ哲学を消化して生きた哲学としてとらえたいという要求があり、仏教哲学ではそれとしては問題にされなかった「歴史」の意味を考えられたと思う。しかし、ヨーロッパ哲学の方法によって自家の哲学を打ち出したのでは、どうも歴史の中で生きた主体の問題が観念化されてしまうといったことから、実際はヨーロッパ哲学なんですけれども、それをとらえる場合には東洋流の方法あるいは概念構成で問題を処理しようとされたのではないかと思うのです。

ところで、西田さんの場合、問題の論理構造というもがてとくに大事なので、歴史を考えるといいながら、アクチュアルな歴史の動きにアクチュアルな主体としのどういう具合にかかわってゆくのかという形で問題が出ないで、なにか歴史というものも、歴史において生きる主体というものも、やはり観念化されてとらえられていると思う。西田さんは、晩年、たしかに「創造的人間」を想定し、「世界史的世界」の実現を洞察はされた。しかし、西田さんご自身は、想像や洞察の立場にとどまっていられて、「世界史的世界」を創造するなまなましい仕事そのものからは、超越していられたのではなかったでしょうか。もっとも、とっかかりがなかったので、超然としてよるよりほか、あの時代では仕方がなかったのかも知れませんが。

佐木　西田哲学では、歴史とか歴史における主体を問題にしながら、実はなまなましい生きた歴史の中で生きた主体のあり方を問い詰めるという形ではなかったということですね。

ところで、さきほどの問題に戻りまして、現代の青年の問題意識に応える書物ということですが、林田茂雄・岩倉政治といったコミュニストの親鸞解釈が割合多くの仏教者に読まれているようです。それに渡辺照宏氏の「仏教」「日本の仏教」。渡辺さんは仏教の中に非常に清潔なヒューマニズム――現実の政治性から遊離するのではなくてそれにとり組んでゆくことの中で深められるようなヒューマニズム――を見出して強調しておられますが。

上原　渡辺さんの場合、渡辺さんご自身のお人柄と問題意識を通して、今日の社会の病根を救済できるような教えと人物を仏教の歴史の中から見つけようとする傾向が強いといえましょう。それは、たしかに貴重なことだと思います。しかし、問題なのはその発想法ですね。つまり、歴史の中から美しいもの、いいものだけを恣意的に選びだして、それをなんとか生かそうという発想法は、歴史的現実に取り組んでゆくものとしては、うっかりすると自己満足に終りはしないかということです。これは多くの仏教学者についても言えることですが……

佐木　渡辺さんが浄土真宗とか日蓮宗とかの考え方や行き方をきびしく批判しておられますが、それもこうした発想法につながるのではないでしょうか。

上原　ええ。渡辺さんの場合——どうも渡辺さんばかりに話をしぼって失礼ですけれど——あまりにも純粋な信仰と原始仏教的な考え方から、仏教の発展を評価しようとされすぎるのじゃないでしょうか。たしかにお気持はわかりますが、しかし鎌倉時代の新仏教——戒律を越えたところに仏教の安心が確立されるという鎌倉仏教——の伝統は、それ自体非常に大きな意味をもつわけで、この点、渡辺さんの見方はどんなものでしょう。渡辺さんは、荒れた現代の砂漠にオアシスを求めて純粋に進まれようとなさいますが、私など、どうもどろどろしたきたないままでなんとかならないかと思うんですね。私のは前衛的精神ではなく、大衆的精神で考えるのですが……

五　日本仏教の歴史的性格

佐木　いま、日本仏教の伝統というお話しがでましたが、将来形成されてゆくべき日本の「国民文化」の中で仏教がどうはたらいてゆくかを考えるには、仏教の歴史的性格といったものをたしかめねばならないと思います。それでまず日本仏教の歴史的性格についての大きな見通しという点ではいかがでしょうか。

上原　一口にいいますと、日本仏教の形成とその発展というものは、日本人に外国の文化を消化しうる力があるということ、そして単なる消化ではなくて日本人自身の文化をつくり出す能力があるということを、はっきり示しているものとして、非常に高く評価されなければならないと思います。

つまり、たとえば聖徳太子が梁の光宅寺法雲の『法華義記』などから数等ぬきんでた『法華義疏』を著わしたとか、弘法大師の若い頃の作品である『三教指帰《さんごうしいき》』が文章はもとより論旨の点でも中国人からも高く評価されたというように、中国仏教を模倣しただけではなくて発展させるような形で消化できたことも、もとより特筆すべきではありましょう。がそれにもまして根本的に大事なことは、平安末期から鎌倉初期にかけて、中国仏教の発展とだけはいい得ないような仏教信仰や仏教教義を、民衆との密接なつながりの中からつくり出したという点が、一番大きな問題でもあり、注目すべき事柄でもあるように思いますね。そして、今日でも、人生をどう生きるかという問題を問う場合に、ふりかえって顧みることのできる人物が、日本仏教の祖師たちの中に幾人も幾人も存在するということは、非常に大きなことだといえましょう。

しかし、私たちがこれからの日本がどうなってゆけばよいか、どうしてゆくかという問題を考える場合には、人生をどう生きるか、人生の悩みをどう解くかといった個人の問題にかかわって、それら祖師たちの思想や生涯を意味あるものとしてふりかえるというのとは違った、或る意味では、もっと深い次元の問題として、日本民族に、民衆の生活と非常に深い関係をもちつつインドにも中国にも発見できないような宗教文化をつくりだす力があったという、日本人の文化形成力が問題となるわけです。

ところで、こうしたすぐれた宗教文化の形成者の代表的人物として、しばしば親鸞・道元・日蓮が挙げられますが、たしかにこの三人は、三人三様で、いわば現実生活との取り組み方の、三つの違ったタイプを示しているといえましょう。が、それはそれとして、いまこの親鸞・道元・日蓮というならべ方に対して、法然・栄西・日蓮とならべてみるとどういうことになるでしょうか。ちょっと問題の構造がちがってきますね。親鸞・道元・日蓮といえば、親鸞は法然より、道元は栄西より教義も信仰も徹底しており、いわば完成された形をもっているわけですけれども、親鸞や道元には、インテリとしての悩みがない……といえば少し言いすぎかもしれませんが、すでにその人たちには師匠があって、その師匠たちがインテリとして悩みながらいわばドロドロになって切り開いてきた道を、まっしぐらにつきすすむことによって、もっとじかに大衆としての問題をとらえうるところまでゆけた。これに対して、法然・栄西・日蓮とならべると、彼らは片足を伝統の教学につっこみながら、過渡期に生きるインテリの悩みを悩みぬきつつ、ようやく新しいものを生みだしたという面をもっているといえましょう。これは歴史を考える上に注意すべきことではないでしょうか。よく、完成された形である親鸞・道元・日蓮にわっととびつき、これに心酔して、いわば歴史を越えた視角から、彼らを解釈し、永遠化する人たちがありますが、それではかえってその人々のもつ本当の意味を見失うのじゃないかと思うのです。この点、佐木さんにもう少し詳しく分析して頂きましょうか。

佐木　じつに興味の深い、しかしむつかしい問題ですね。最初に政治と文化との関係についておっしゃったことが、ここにもあざやかにあらわれていると思います。この人たちは、いずれも、平安時代から鎌倉時代への、つまり古代から中世への大きな転換期において自分もたたかった人たちで、そのたたかいの現実から切り離してはその思想を理解することはできないのに、教祖として抽象的に偶像化されてしまう、そうすることで、政治と思想との深いかかわりあいが見うしなわれてしまう、ということがあるのではないでしょうか。古代貴族文化との身をもってするたたかいという点をぬきにしてこの人たちの思想・行動を理解することはできないだろうと思います。

上原　室町時代以降になりますと、教義や信仰形態の上で、鎌倉時代ほどには目ざましい発展があったとはいえないかもしれませんが、教団形成、別の言葉でいえば仏教の大衆化という点からは、むしろ大きな問題があると思います。つまり、教義や信仰を大衆化させて——それ自身ひとつの発展であり展開でありますが——いまの日本人の生活感情の中に仏教を滲透させていったという点では、室町時代以降も、やはり高く評価されなければなりませんね。

しかし室町期以降において一つの問題になりますのは、「徳川幕府の宗教政策によって日本の仏教は骨抜きにされた」とよくいわれることの実態はどうなのか、ということです。これを考えるには、まず鎌倉時代の新しい仏教信仰——これは日本人の文化形成力の偉大さを示すものですが——それが単にエリートだけの信仰であったのか、それとも民衆の中にも祖師たちと同じ信仰が現実に存在していたのかという問題、また親鸞・道元・日蓮といった人たちが生きていた時代、もしくはあのすぐあとくらいの時の信者の信仰内容と、徳川の宗教政策によっていわゆる骨抜きにされたといわれる時代の信者の信仰内容とにどういう違いがあったのかという問題をしらべてみなければなりません。ところが、なにさまわからないのは、民衆の生活の中で仏教信仰がどのように生きてきたかということで、従来の仏教研究にはこうした問題視角が欠けているのは残念なことです。実は、これがわからないことには、明治仏教をどう位置づけるか、また現代の一般信者の仏教信仰のあり方がどのように変質されうる可能性をもつかといった問題も考えられないのですが……

佐木　たしかに仏教の大衆化という面では室町時代以降も高く評価しなければなりませんが、しかし全体として、室町末から江戸初期にかけて、仏教が民衆の創造的なものとのつながりを失ってくるように思われますね。この点いかがでしょう。

上原　それはたしかですね。教団は伸び、信仰は大衆化されて、なかには一向一揆のような政治集団としての力を発揮するものはありましても、文化形成力の担い手としての寺院・僧侶・信者ということになると、あまり考えられないと思います。たとえば文学を例にとりましても、五山文学というようなものは、五山に或る意味の経済的なゆとりができて、それが漢文学の発展に貢献し得たというにすぎないでしょう。そしてこのような伝統的なオーソドックスな文学でなく、庶民の文学といったもの、狂言とか小歌などを見ましても、それは仏教意識とは関係のないところから出てきたといえましょうし、ことに江戸文学になりますと、近松・西鶴にしろ、京伝・馬琴にしろ、仏教からは出てきませんね。つまり、文化創造の歴史的エネルギーということからいえば、徳川幕府の宗教政策を待って骨抜きにされたのではなくて、すでにそれ以前から仏教が一種のコンヴェンショナルなものになっていたことに問題があるわけでしょう。

佐木　しかしまた、室町期と徳川期とをくらべますと、やはり何か違うのではないでしょうか。当時の宣教師が「法華は傲慢な町人の宗旨である」と批評しているように、あのころ勃興してきた町人の生活意識の中に法華宗が一つの役割をもっていたようですし、また真宗の方は、あの広範な地域にわたって一揆勢力として農民たちを立ちあがらせる上に、今の言葉でいえば生きる権利を目ざめさせるというか、そうした点で一つの役割をはたしているともいえましょう。そしてそれがそのまま発展してゆけば、新しい市民文化をつくりうるような傾向にさえなりえたかもしれません。が、結局、仏教は基本的にはすでに創造的エネルギーを失っていたのですね。もちろん、抵抗という形では、日蓮宗系統の不受不施派のように、江戸時代においても弾圧に抗して信仰を守りぬくというものもありましたが、これさえ末ぼそりになっています。

上原　つまり徳川期の庶民文化や民衆文化というものは、仏教といちおう無関係に発達したとも考えられるわけで、そうだとすると、徳川時代の仏教はどういうものとして存在しておったか、ということになりますね。政治との対決はやらない。それから文化形成の基盤や原理にはならない。しかし寺院はやたらに存在した……

佐木　ですから、やはり基本的には、一つには現世利益的と申しますか実際生活上のいろいろな苦しさをそこで補ってゆく一つの機構としての意味と、もう一つはあきらめ、なぐさめを与えるものとしての意味をもっていたといえましょう。未来に望みを託するとか、また現実的には講の寄り合いとかお盆の楽しみとして。

上原　芝居を見に行ったり、遊山に出かけたり、一種のリクリエーションと同じような働きを、仏教もやったわけですね。そして、いつの時代にも出てくる個人生活や家庭生活の問題については荒だてないように辛抱してゆく気持を与える役割をはたしたといえましょう。

ところで、仏教の中に何かを求めて入ってゆこうとしたインテリは、江戸時代にもあったのでしょうか。

佐木　それはあったのじゃございませんか。教学面などではずい分整理され、組織化されていったという面がございます。もちろん、それはお寺の中だけですけれども。

上原　その点、明治仏教になりますと、もっと生き生きしたものがあると思いますね。

六　明治文化と仏教

佐木　いよいよ明治時代に入ったわけですが、明治文化形成の主動力は何かということになりますと問題は相当あると思いますけれども、明治文化の形成と仏教といった問題はいかがでしょうか。

上原　明治になって、仏教復興と申しますか、それまでの形骸化していた仏教をうち破り、祖師たちの生きた信仰をよみがえらせようとする動きが出てまいりますが、これには、一方にはキリスト教とりわけプロテスタントからの刺戟、他方には政治・経済・産業の活潑な動きによる刺戟があって、思想的雰囲気としては、「思考方法の自由」といったものが出てきたことが大きく関係していると思いますね。ところで、ここに問題となることは、仏教の復興が政治・経済・産業の動き——上昇しつつある資本主義、強力な中央政権の確立といった動き——をどう受けとめてゆくかという主体的・能動的な問題意識から行われたのか、それともその動きを受けとめるとはいっても、実は仏教界だけが沈滞していたのでは時代遅れになるからペースを政治のペースにあわせようという程度でなされたのか、ということが一つ。もう一つは、キリスト教ことにプロテスタントの立場では、権力の中央集権化に対してはいつでも批判的にならざるを得ないという論理がありますから、そこから反体制的ないし反権力的な自由思想や、やがては社会主義思想にまで発展してゆく筋道が展望されるのですが、仏教の場合はどうだったのかということです。

明治仏教における顕著な動きの一つに、仏教の学問研究の進展が数えられますが、これにいたしましても、政治・経済・産業が西洋化されてゆくのだから、仏教認識においても、ヨーロッパ的合理主義の立場から考え直してみなければならないというだけのものなのか、それとも、仏教信仰の深化を、学問研究の方法によってはかってゆこうとするものなのか、ということが問題でありましょう。これは明治時代の学問研究というものが、総じて何を意味していたかという問題とも関係しますけれども。

佐木　たとえば親鸞の語録である『歎異鈔』など、自由にみんなが読めるようになったのは明治になってしばらくしてからでありますし、日蓮のものにしてもそういう傾向がありますから、自由な研究によって、仏教の中から新しい時代のいろいろな問題を読みとろうとした面はたしかにあったと思われます。しかし、全体としてみれば、新しい時代に対応し仏教を西洋哲学のやり方で基礎づけようとしたという程度ではなかったかと思いますね。これは現代まで尾を引いていることですが、たとえばインド哲学を研究し仏教思想を歴史の上で科学的に勉強している人たちでさえ、書斎の中ではいちおう新しい見方をするけれども、それがそのまま自分の生活の中に生きてこないで、西方十万億土の極楽があるというようなことを文字通りにいわないと異安心になるとか、そういう制約をちゃんと使いわけているといったことを考えあわせますと、ずい分問題があります。

これは教団があまりにも大きすぎたということとも関係すると思いますが、つまり廃仏毀釈の打撃から立ち直ったとき、あいかわらず存在したのは、宗教改革を経ていない封建時代のものから一歩もでていなかったわけですね。真宗の場合、清沢満之など、教団に対して改革運動を起こしてはいますが、彼にしても、親鸞の子孫があいう形で君臨していることには一指も触れていない、いな、触れえなかった、という問題、また村上専精がその学的立場から『仏教統一論』を主張したが、現実の力とはなり得なかったということなど、いろいろ考えなければならぬことがありますね。

宗教改革という面から申しますと、プロテスタンティズムの場合、聖俗の身分的な相違をこわして個々の信者が聖職者を通さないで直接に神の救済にあずかるという平等の問題、呪術からの解放、家族や村から独立した個人の確立、聖典の国語化といったこと等が数えられると思いますが、仏教ではどうでしょうか。真宗などには神祇不拝の伝統があっても押えられてしまっているし、仏教全般としてみれば、呪術からの解放という点では全く立ちおくれていますね。経典なども漢文のものがそのまま受けつがれていて、近代の国民文化形成というものに、非常なマイナスというか、後退性をもっているといわざるをえないと申せましょう。

つぎに、「現世的なもの」の集約としての政治との対決という問題ですが、日蓮宗系統のものには国家主義がつよく出ていると思います。しかし、いかに早く新しい国家の基礎を固めるかということに焦点があつまり、ひいては対外的な方向へのみ目がむけられることになって、内部における絶対主義政府への批判というものがそらされているように思われるのですが。

上原　日蓮自身の立場からすると、本来、天皇とか天皇家に対して特別な超越的価値を認めていないと思いますので、その伝統からいえば、明治時代に日蓮教学を新しく組織しようとした人たちも、信仰の対象は久遠実成の釈尊であり、末法の大導師としての日蓮であり、天皇や天皇家は信仰の対象になどなるものではないという意識をもっていたはずです。しかし、日蓮宗には戒壇思想というものがありまして、戒壇の護持者としての政治権力を容認するという面がありますから、その意味では政治権力としての天皇を尊重するという形がでてくるといえましょう。これは本来は区別されなければならないものですが、その二つが妙に融合し結局は天皇制政治を是認し、進んではそれに対して理論的な支持を与えるということになったのではないでしょうか。国柱会の創始者である田中智学師などの場合にもそういう点があるわけで、本来は天皇よりももっと高い存在、信仰の対象になるものがあるのだということを認めながら、信仰の現実的な形態の中では天皇を絶対化してゆくという傾向になっていったのです。だから日蓮宗にも、天皇に超世俗的な権威を認めるべきではないとする立場と、超世俗的な権威をも認めてゆこうとする立場とがでてくるわけです。

佐木　このあたりで禅宗について考えてみたいのですが、いかがでしょう。

上原　禅宗の場合、江戸時代になってから黄檗宗が伝えられるなど、他の諸宗とちがったものがあると思いますが、しかし江戸時代の寺院のあり方というものを考えてみますと、各宗各派ともさほどの違いはなかったとも考えられますね。ただそうした中においても、禅宗の場合にはやはり一人一人のさとりということが鋭く問題になる要素を持っていたわけで、そうした禅宗のもつ本来的な傾向が、明治になって自我の確立とか個我のあり方というものが問題にされてくると、よみがえってくるわけですね。

「不立文字」というのは何も経典の権威否認だけをいうのではなくて、おそらくはその中には、教団のあり方というものまでも含めて、いわば歴史的・現実的なすべてのものを一挙に越える発想法が示されていると見られますが、それがインテリの関心をひいたといえましょう。そして、明治・大正のインテリの場合には、歴史的現実的な問題とはかかわりなく、意識的にあるいは自覚的にそれと絶縁したところで個我の追究をやろうとしたのではないでしょうか。こうした傾向は、インテリが親鸞などを問題にする場合にも、似たような恰好で出てくるのですが、とくに禅の場合にはそれが強いのですね。つまり、歴史的・現実的な問題を切断したところで自我の確立が可能であるということを前提にして、その前提に立って個我の確立の道を禅に求めてゆくといった発想法であったと申してもよいでしょう。

佐木　結局、明治の仏教というものは、絶対主義的な天皇制——これは神道とくっついているわけですが——大前提としてあり、その前提の上での考えや活動に局限されていたような気がいたしますね。

上原　ええ、明治体制と申しますか、明治の政治形態に、仏教が追いついてゆく過程で出てきたのが、明治仏教の活潑な動きであり、いわば明治仏教は、徳川時代とは違った相対的な自由の中で、各自各様の発展を示したにすぎないともいえましょう。

しかし、明治仏教は私たちにとってやはり積極的な意義をもっているわけで、たとえば明治仏教というものがなかったら、私たちが鎌倉あるいはさらに古い時代にまでさかのぼって仏教というものを検討し、国民文化の問題として考えてみようという問題意識さえ起らなかったかもしれませんね。現に私たちのこういう話し自体、明治時代の仏教研究とか仏教への関心といったものを前提としないでは成りたたないのですから。

それにもう一つ、政治の問題領域のほかに宗教という問題領域があるということ、そのことを明治仏教はまがりなりにも強調してきた、と思います。それに、真宗や禅の系統から出てくる、個人の安心をどうするか、個人のさとりをどうするかという問題を通して、或る意味では、個人の存在圏というか個人という独自の生活領域があることを教えてくれていますが、これも明治仏教が私たちに遺してくれた課題でありましょう。もちろん、その個人というものは、客観的には権力構造の中に組みこまれてしまったのですが、少なくとも本人の意識の中では自己というものを確立してゆこうとしたという意味で……

七　政治と仏教

佐木　歴史のあとをたどりつつ、ようやく現代まで来たわけですが、私たちが直面している問題と申しますか、新しい時代の国民文化の創造に仏教がどのようにかかわるのか、またそこでとくに何が要請されるのか、という最初の問題に帰りたいと思います。それで、最初にも政治と文化というお話しがでましたが、政治と仏教という問題について、ここでもう少し詳しくお話いただけませんか。

上原　政治――さきに国民文化の理念のお話のときにも申したことですが、狭い意味での政治ばかりでなく、経済や産業や社会の問題をもひっくるめて、それが生きた形で動いている全体を政治ということでしぼってみるならば、政治は「現世的なもの」の集約であるといえましょう。そして、宗教が宗教性を最も発揮できるのは、こうした意味での政治に対決するときにおいてであると、私は思うのです。宗教は政治に従属するものでもなければ、宗教問題は結局政治問題に帰着するものでもありません。しばしばいわれますように、宗教は政治ではなく、また政治であってはならないのであります。しかし、政治とのかかわりあいを抜きにして、いったい宗教がその宗教性を実現することが可能かどうかということを、宗教自体の側の問題として考えますとき、私としましては、どうしても政治との対決の重要性を強調せざるをえないのですね。ここで政治に対して宗教はどういう仕方で関係してくるかを考えてみますと、形式的にいって大体つぎの三つの場合があると思います。

第一は、信仰の問題は政治に関係がないとして、政治に対して背を向けている場合。

第二は、宗教人とか信者といえども、市民の一人であり、国民の一人であるという社会的基盤に立ちかえって、いわば宗教の問題を一応棚上げした形で政治に立ちむかう場合。

第三は、宗教の立場を離れず、宗教の立場において政治と対決しつつ、その対決の姿勢の中で宗教のあり方を発揮してゆく場合。

大体、こういった三つの場合があると思いますが、日本仏教の場合は、はたしてどれだったでしょうか。明治時代はいうまでもなく、今度の太平洋戦争の時代にも、多少の例外はありましたが、殆んど仏教の側には政治の動きや問題を受けとめる主体性がなかったというほかはありません。安保問題の場合はと申しますと、第一の類型に属するものが圧倒的に多いと思いますが、第二の類型の人たちも相当にあると見られましょう。しかし、第三の類型、つまり仏教徒としての立場において安保問題に立ちむかい、その解決に寄与するばかりでなく、それによって仏教信仰を深め、あるいは仏教信仰を現実化してゆく努力をした人々はといえば、これはうんと数少ないのではないでしょうか。

ところで、仏教の場合、仏教の教えは平和主義であるからとか、仏教の戒律には人を殺してはいけないと戒められているからとか、そういったいわば道徳的、戒律的な面から安保条約に反対し、戦争を否定するというのではなしに、政治の問題を、具体的に現実的に掘りさげてゆくこと自体が、安心を確立する道であり、さとりに到る道であるとする立場が、教義的にも信仰的にもなりたちうるわけだと思います。つまり、普通にはそういう現世的な問題に没頭することは悟りのさまたげになると考えられるかもしれませんが、「小乗」から「大乗」へと展開していった仏教の歴史的な発展というものを考えてみますと、生死即涅槃とか、不断煩悩得涅槃とか、言い方はいろいろありましょうけれども、仏教本来の面目に立って政治の問題と積極的に取り組むことにより、政治性をでなくて、宗教性を一層深めてゆくことが可能であると思うのです。

佐木　お説の通りですね。しかし、仏教の実情は、といえば悲しむべきものではございませんか。たとえば政治への無関心を次のような言い方で正当化している場合がしばしばありますね。安保の問題も、これをつきつめてゆけば世界的な「力」の対立にほかならない、こうした対立を基本的に解決するには、まず心の問題が第一だ、だから、「心の平和」をもたらす教えを考えたり、守ったり、さらにこれを布教することが一番大切なことである、ざっとこういう言い方なのですが、これがなかなか説得力をもっているらしいのですね。だが、これなどまだいい方で、ひどいのは、口さきでは平和とか慈悲とかいいながら、実はそれを自分の利益を守る手段や保身術に使っているにすぎない似非仏教者があることですね。こうしたものが教団の大勢を支配しているのですから、大変なんです。そういう条件の中で、いまおっしゃられたようなことを実現するには、非常に大きな壁をつきやぶらねばならないわけでしょう。

上原　たしかにそうですね。いまの問題は寺院仏教にも在家仏教にも含まれていると思うのです。寺院仏教の場合には、寺院経済をどうたて直すかにうき身をやつしておりますし、在家仏教の場合には、政治から絶縁された境涯での個人の安心を追求するにとどまっているといえましょう。よく寺院仏教が在家仏教になることによって仏教は若がえるのだという議論を聞きますが、私から見ると、五十歩百歩ですね。ある種の在家仏教の場合など、現世的な問題を棚上げにすることによってのみ仏教信仰を深めることが可能である、とまじめに信じているのではないかしら、とさえ言いたくなります。なにもすぐさまデモに参加すべきであるとか、ストをやるべきだなぞというつもりはありませんが、現実の政治問題との取り組みのほかに、なにか特別に仏教の信仰を深めたり信念を養ったりする方策があると考えているとしたならば、それは、在家仏教の自己矛盾じゃないのですか。現世的なものを現身で超越することは絶対にできるものではないと見ぬいた上で、現世の中で安心をどう確立するかが、仏教本来の問題であるとするならば、政治——現世を支配し現実を構成している一切を政治という名で呼ぶとすると、そういった政治から身をかわし絶縁できると考えるのが第一の錯覚であり、そうした錯覚を前提にして何かをすることが安心を確立する所以だと思っているのは第二の錯覚であるわけで、そんなことを信じている在家仏教は、いわば二重の誤謬を犯しているといえましょう。

したがって、お話しの「心の平和」という問題にしても、観念的な自己満足に陥ってしまうのです。「戦争は人の心の中で生れるものであるから、人の心の中に平和のとりでを築かなければならない」という言葉がユネスコ憲章にありますけれども、この場合の平和というのは非常に具体的なことなんですね。それは現実的な国際政治のあり方を意味しているわけで、それ以上でも以下でもないのですね。だから、平和の問題が具体的、現実的には、政治の問題であるということが正しく認識されるなら、観念的な「心の平和」におちついていられないわけで、国内および国外の戦争勢力とたたかう、たたかうという言葉がわるければ対決するといってもよろしいが、そうした現実的な実践こそが「心に平和のとりでを築くこと」であるということがはっきりわかると思います。

八　むすび

佐木　いろいろな問題がでてまいりましたが、このあたりで一応、国民文化論といった立場からお話をまとめていただければと思います。

上原　さきほどから申上げたことでしたが、国民文化というものを考えますと、一つは「国民文化」は国民がつくりだす文化であるということ。もう一つは権力とかあるいは現在の支配勢力といったものと少なくとも対決するという意味をもっていること。さらに第三には、階級の問題とか民族の問題というものを統一的に担ってゆく主体的な姿勢の確立にかかわる文化であること。そうした意味があると思います。そして、それはエリートの文化であってはいけないわけで、国民大衆がつくりだすものでなければならないのです。普通にいわれる大衆文化

——つまり大衆の政治意識を磨滅させたり、それをどこかへひっさらっていったり、あるいはごまかしてしまったりするようなもの——とは質的に違うことは、いうまでもありません。政治の側から申しますならば、このような「国民文化」がつくりあげられないかぎり、現実の政治の問題も解決は不可能であるといえましょうし、文化の側から申しますならば、学問にしろ芸術にしろ、それが生き生きとしたアクチュアルでリアルな文化であるためには、こうした形にまで発展しなければ文化としての意義をみたすことはできないといえましょう。

このような「国民文化」の形成と仏教とのかかわりについてですが、第一に、大衆が自分の生活をどう生きるか、生活において確信をもって生きるにはどうすればよいかという問題を内に含みながら、政治と対決し行動することと自体が、実は仏教の問題でもあるのだと気がつけば、少なくとも仏教の側からみて、仏教がうんと若い形で広がってゆく可能性があるのではないかということが一つあります（それには、だれがどのような確信にもとづいて、それを大衆に指摘し、教えてゆくかという問題がありますけれども）。

第二に、日本仏教の歴史的な発展の中であらわれてきたいろいろの考え方の中には、政治の問題と対決する国民の意識とか政治的な姿勢とかを強めるものとして作用しうるものがあるということです。たとえば、安保闘争に参加することが単に政治の問題に政治的に対決するというだけではなく、それが仏教の信仰の問題であり一種の菩薩行にほかならないということになれば、その取り組みの力強さもまるで変ってくるのではないかということですね。

第三に、それよりもっと大きなことは、日本民族の伝統の中に、現実の問題に取り組みながら現実にひっぱりまわされない力強い生活態度そのものが仏教信仰という形であらわれており、そうしたものとして日本仏教がつくりだされたという日本人の文化創造力への回想、あるいはそういう事実への認識が、民族の独立に自信を与え、今後の国民文化創造に大きく寄与するであろうということであります。

要するに、仏教は、国民文化をつくりだし得る要素、あるいは伝統乃至は経験をもっており、これからの国民文化創造にあたって、唯一のものではないにしても、非常に大きな要素となり、ささえとなりうるであろうと思うのです。これは個人の感想になって恐縮なんですが、ヨーロッパの学問のはしくれをかじりもし、またキリスト教というものはどういうものかということを教えられもし、あるいはヒューマニズムというものについても習いはしましたが、そういうもので私どもが実際的に生きてゆけるかというと、どうでしょうか。それらは知識とか、一種のムード的なものとしては把握されえても、生活の信条にはなりえないように思われます。それでは何が私などのひよわい存在をささえてくれているかと申しますと、やはり仏教的なものでしょうね。私など確信のある生き方といったものはとてもできないのですが、確信などはなくても生きているままで生きてゆけばよろしい、ということを教えてくれているのが仏教なのです。ヨーロッパ流にいえば一応確信をもち確信の上に立って何かをやらなければならないのでしょうけれども、そういうヨーロッパ的確信は私には縁がなく、無確信のままでやってゆく、それ以外に生きてゆく道はないのだということが、どこかで私などの気分の底にあるようです。それは大へん仏教的なものではないかな、と思ったりします。どこまで一般化されうるものか存じませんが、一言でいえば、やはり日本人として生きているのでありまして、日本人以外のものとしては生きてゆけないということ、それが単に自然の形としてそうだというだけではなくて、自覚化された形になってゆけばもっといいのじゃないかと、そんな感じがするわけです。いろいろ申上げましたが、ずいぶん独断もありましょう。でもわからないままに問題を出してみればそれは何ほどかのことを意味しているとも思うわけで、これもある点では仏教的かもしれませんね。いずれにしても、自信過剰は禁物でしょう。

佐木　非常に深いところに立った大きな展望をわたしたちが考えていくうえに、このうえない貴重な手がかりをいただきました。教団の内外をとわず、また、仏教に好意的であると否定的であるとを問わず、仏教の将来についてみんなで真剣に取組まなければならない問題だと思います。本当にありがとう存じました。ではこの辺で……。

本稿は、安保闘争直後の一九六〇年七月十六日、佐木秋夫氏を煩わせて対談させていただいた筆録の要旨である。同氏の労に深謝したい。

講　座

近代仏教

第5巻 生　活

法　蔵　館

目次

講座 近代仏教

生活編

自《じ》然《ねん》に生きる

――わが浄土観――

鈴木大拙

浄土観については、可なりに書きたいことがある。が、どうもこれを組織立てる暇がないので、順序なく書きつける。却つて、誤解を招くかも知れぬ。随分と非伝統的な考があるので、学者先生の批評を受けると信ずる。とにかく、一応忌憚なく申述べる。

大体は一心と云うものを基点とする。これは物心とか主観客観とか云うものを対待させて、それから出る一心でない。金剛経に云う「過去心不可得、未来心不可得、現在心不可得」の、この「不可得」底を指すのである。併し此不可得底を空と考えられてはならぬ。空でも無でも何でもよいが、空も無も単な否定のように見られる。不可得も否定の形で書かれるが、不可得は、可得底の極限を、ただそう云うだけのことで、但空と云うとき、存在的空寂性を思い出すのと違う。不可得底の無限の底には無限の動きを感ずる。これが肝腎なのである。無限の動きを抱きながら、本体的には、少しも動相を示さぬ。動いて動かぬ一心の不可得底を、根元に置いて、それから話を進めたい。

この一心を世親の云う「我一心」に見立ててよい。

一心は空でない、無限の動きである。この動きを「願」とも「悲願」とも云う。これは向うから云えば、弥陀《みだ》の本願であり、こちらから云えば、凡夫の帰命である。帰命の本質は願であり、願は弥陀の上に感じられた帰命である。帰命や本願、本願や帰命と云うことになる。何れも一心の現われである。一心の動きである。

一心は無限の動きそのものであるが、それで不可得底だが、すでに「動き」と云うことを云い出した以上、その動きとは、如何なる性格のものかと問いたくなる。これを浄土論註の言葉で云うと、智慧と慈悲と方便と云うのである。この三つの中、慈悲と方便とを一つにして、大智大悲――これが一心だと見てよい。左の論註からの引文は「一心」の動き方を道破して、わが意を得たりである。

向きに説いた智慧と慈悲と方便との三種の門は般若を摂取する、般若は方便を摂取する。般若とは如に達するの恵《え》に名づけ、方便とは、権に通ずる智の称である。如に達すると心行処滅する。権に通ずると、備さに衆機を省みる。機を省みるの智は備さに応ずるが、而かも無知だ。寂滅の慧は亦無知で而かも備さに省みる。それで智慧と方便とは相縁って動き、また相縁って静かである。動きながら静かなるのが智慧の功だ。静かでいて動きをすてぬのは方便の力だ。云々。

智慧も慈悲も方便も何れは不可得の一心の上での話だが、この動き、この働きと云うものには、知もなく巧みもないと云うことを、承知しておかぬといけない。自然法爾で、阿修羅の琴の如く、鼓者も誰も居ないで、妙曲が自然にそれから出るのである。

一心の悲動が本願である、本願の人格化が弥陀である。人格化を方便智と云ってもよい。弥陀から本願が出ると云うことの代りに、本願から弥陀が出ると云う方が論理的だと思います。

弥陀には四十八願があったと云うが、一心の悲動そのものから見れば、本願は四十や五十や乃至百や千ではきかぬ。無限でなくてはならぬ。四十八は方便である。限られたのは本願そのものと云われぬ。選択せられたと云うなら、本願を一つにしても二つにしてもよい。仏心とは大慈悲是なりで、これから無数の方便が出る。三願転入とか、転出とか云うが、そんなことに頓著する要は少しもない。一心の悲動、即ち大慈悲の本願一つにぶつかれば、極楽往生は必定なのである。

そこで問題を極楽浄土にうつすが、浄土は東西南北上下十方に在る、西方ばかりと考えるのは、各自の勝手だが、東でも南でもよい。浄土はこの娑婆に居る吾等衆生が、各自の肩頭にかつぎ廻て居るところのものである。娑婆を離れて浄土が在ると思わせるのは方便智である。浄土と娑婆と一つだと云うのでなく、娑婆を浄土に、そのまま、入れると、何もかも浄土になるのである。

第一、浄土は「究竟して、虚空の如く、広大無辺」だと云うからには、娑婆も地獄も天界も、皆その中に入れておいてよいではないか。弥陀の光は盡十方で、無碍光だと云うからには、その光は娑婆の上にも、限りなく、照りわたって居るではないか。浄土だけに光《ひか》っているような、そんな光明は浄光でもなく、無垢光でもなく、荘厳光でもない。娑婆の日輪月輪と何もかわらぬ。わざわざ浄土まで行って、おがまなくてはならぬ必要はない。

浄土には「諸々の珍宝性を備え、妙荘厳を具足す」と云うが、そのような諸道具があるなら、それは極楽でなくて、娑婆だ。一つの娑婆から出て、また一つの娑婆へ行く必要はない。各種の「妙荘厳」は娑婆でのみ享受せらるべきものである。御経などに記述せられてある荘厳は、何れも娑婆輸入のものでないのはない。今一々これを細述する要をみとめぬ。

浄土に女人がないと云うのはうそだ。もし女人がなければ、男子も居ないにきまって居る。もし男子があるとすれば、それは「根欠」でなくてはならぬ。即ち男性ではないのだ。昔し菩薩が男性か女性か中性かと云う議論のあったことを覚えて居る。娑婆の性を浄土へもって行かんとするから、そんな問題が出る。娑婆即寂光土しておけば、自然法爾である。

妙なことには、娑婆即寂光土でも、それが「信受」せられぬものには「浄華台」はどこに在るか、暗中模索である。十方に聞える微妙な梵声に対しても聾の如く唖の如くである。華葉を動かす微風にも此頃の暑さを忘れるわけに行かぬのである。

そこで「信受」であるが、此字の意味が仲々にわからぬ。これがわかるとき、娑婆が浄土で、煩悩が菩提であると云うことがわかる。「絶対の憑依」が宗教だと云う。又「絶対の受動」だとも云う。またこれと反対の極に立って居ると思われる「天上天下唯我独尊」もある。「独坐大雄峯」もある。「乾坤只一人《いちにん》」もある。何れも「如是々々」である。

「恁麼恁麼、不恁麼不恁麼」だ。一心の悲動中に没入すれば、自力が他力で、他力が自力である。浅原才市の歌に

太りきにわ、じりきも、太りきも、
ありわせん、いちめん太りき、
なむあみだぶつ。

自力を云うから他力。自力も他力もない一心の上から云えば、他力でもよし、自力でもよし。何と云ってもよし。何と云ってもいけない。併し、「いちめん太りき」の句面白し、才市の「なむあみだぶつ」は、一心の義である。彼はこれから何もかも引き出してくる。よほど徹底しないと、此境地には到れぬ。

浅原才市のことを書くと、きりがないように思われる。序《ついで》に二三引用させて貰います。

ごくらくせかいわ、わしがもの、
なむあみだぶと、きくばかり。

あなたのこころは、わしになり、
をのずと、しられる、なむあみだぶつ。

わしのこころわ、せかいにあまる、
明をご《(名号)》、ふしぎに、つつみとられて。

こんな表現を読んで居ると、三願転入も三心一心も何にも要らぬ。一心の無限の悲願中に宴坐して居る一下駄屋の主人公、その心は、禅宗の人の口調を借りてくると、

天も蓋《お》ふこと能はず、地も載《の》すこと能はず、虚空も容る能はず、日月も照す能はず、無仏の処、独り尊と称して、始めて些子に較《あた》らん。

漢文になると、何だか八《や》釜敷《かましく》なるが、才市のように、「ごくらくわ、わがもの」と云ったり、「せかいにあまる」わがこころなどと云って、何も知らん顔して居るところに、真宗の妙好人の企て難いものがある。今一つ、

わたしや、わからん、
なんにも、しらの《(ん)》、
つみもしらんが、
をじひもしらの《(ん)》、

しらの(ぬ)まんまで(ままで)、
　をちるけな。

結句が面白い、「をちるけな」？　それもしらの、しらので、「昨も任運騰騰、今日も騰騰任運」でくらすこと、これを浄土の生涯と謂うのでは、なかろうか。

浄土論では、浄土の生活を、「永く身心の悩みをはなれて、楽を受くること常に間《ひま》なし」と云って居る。こんなことは、悉くうそだ。身心に悩みがなければ、楽しみもあるべきでない。楽しみがあるとすれば、それは決して無間《むけん》であり得ない。無間のところには楽しみも悩みもあり得ない。そんなところには、極楽も地獄もないわけだ。娑婆に浄土がある、浄土に娑婆があると云うのが、本当だ。

「無垢荘厳の光、一念及一時に、普く諸仏の会を照らし、諸群生を利益す」と、又云うが、これは事実だ。「一念及一時」のところに、天地未分以前の天地があり、劫火熾然として一切を焼却了する時の消息がある。この消息を光にたとえて、無垢荘厳と云う。無垢は「空」であり、荘厳は「色」である。「空即是色、色即是空」の妙趣、ここに味得すべきである。

また、諸仏会なるものが、諸衆生の外に、別在すべきでない。諸仏会が即ち吾等衆生今日の社会生活である。この生活がまた即ち浄土の荘厳である。荘厳を飾りものと思うては駄目だ。荘厳は個物の義である。浄土を一般とすれば、そこの住人は個個の吾等衆生、これで浄土の仏会が充足せられるのである。個々の衆生の外に、諸仏はあり能わぬのである。それ故に「普ねく諸々の衆生と共に、安楽国に往生せん」である。「衆生と共に」、ここに人間社会がある、有情無情、一切万物の世界がある。

吾等衆生が現に生活して居る社会と自然とを離れて「浄土」なるもの、「極楽国」なるものを分別するのは、邪見である。「我一心」に徹底すれば、分別の邪見を離れて、如来の家に生れることができる。分別と云うは、

若有若無、若非若是、若好若醜、若善若悪、若彼若此、有如是等種々分別、云々。

である。

「如来の家に生れる」と云うが、この生れるは不生の生で生死の生でない。これを忘れてはならぬ。浄土に往生するは、往生せぬ往生、即ち還相回向である。それで次のように云われる。

浄土と云うのは、阿弥陀如来の清浄本願〔によりて成就したもの。ここに生れると云うは〕無生の生である。三有における虚妄の生ではない。何《な》ぜかと云うに、法性は清浄で畢竟無生である。生と云うのは是れ得生者の情にすぎない。

情とは分別思慮の分斉である。これを離れるとき、無の無生なる所以がわかってくる。そうすると、無盡の生が得られる。浄と云い清浄と云うは、絶対の義である。分別を横超して不二の世界を見ることである。生と云うことの理を体得するとき、浄土が成就するのである。浄土は「我一心」である。

それ故に、極楽の住人はと問はれると、経文には

非天非人、皆受自然虚無之身無極之体。

と書いてある。天でも人でもなければ、誰が浄土に居るのか。自然とは何の義か。虚無の身、無極之体とは如何なる性格の非天非人か。穢土有限の我等が、こんなところに、往生して、こんな存在と同居するか、又はそのようなものに転生するとしたら、それは果してわれら願楽の地であろうか。「こんな処に来るのではなかった」と後悔するようなことはないか。

とにかく、浄土を「我一心」の上に顕現するとき、経論所述の世界が円満せられるのではなかろうか。この身このままが「虚無之身、無極之体」ではないか。それから、また、この身このままが非天非人ではないか。浄土、浄光明満足の大慈悲の世界が、此世の外に在ると考えるのは、既に正道を分別するもの、随って限定するものではないか。こう云うと、それは唯心の浄土だと非難せられるもしれぬ。本当の唯心なら唯もなく心もないわけだ。「我一心」の世界には、是非もなく、善悪もなく、浄穢もなく、有無もない。何等の意味でも、限定を入れ得べき余地はない。光明遍照である。

それで自然法爾が云われる、自由自在が云われる、神通遊戯が云われる、無知の知が云われる。経の始めの「如是」がわかる、経の終りの「信受奉行」が可能になる。

弥陀如来の本願力と云うは、「我一心本来の悲動」そのものを象徴したのである。

度衆生は度無所度である。極楽往生は無生の生である。往相回向はそのままで還相回向である。菩薩の教化は自娯楽である。地獄に堕ちると云うは園林遊戯の義、自在の業に外ならぬ。又智慧所生の楽である。衆生煩悩の泥中に在ってこそ菩提の蓮華が開発するのである。諸々の仏会に加わるのでなくて、始めから其処に在ることを覚知するのである。これで「南無阿弥陀仏」が妙号になるのである。

妙号とは真如である。

真如は諸法の正躰である。(「我一心」是れ。)躰如のところで行ずれば、その行は不行である。(行じて行ぜずである。)不行で行ずるを、如実修行と云うのである。(これをまた無功用の行とも云う。跡をのこさぬと云うも、此義である。)躰は唯一如だが義は分かれる。

「唯一如」は「我一心」である。「離言真如」である。三世不可得底である。これは何れも「非常」の言詮である。「非常之言、不入常人之耳」とも云う。常とか非常とか云わなくてもよいが、そう云えば、まあそう云ってもよい。

「口《くち》から先きに生れた」と云うが、なににつけても、言葉が第一になり、それから色々の葛藤《かっとう》が出来た。論理学とか、解釈学とか、意味論とか、象徴論理とか、其他これからも何だかだと云う学問がふえることであろう。それがため、言葉が実事そのものに、なりかわって、真実の世界、生きた人間は、何れもＡＢＣかアイウエオかの領域内に捕虜となってしまった。言葉の世界になった其上に機械構造の一役をも背負されて、創造性の人間は次第に影を消すことになった。それで無分別と云うと、分別を否定したもののようになって、何が何かわからぬことのように考えられて来た。それで「我一心」は無分別心だと云うと、甚だ非合理性のものになる。「非常」性を帯びて来る。それで一般には受取れぬことになる恐れがある。

併しある事情の下では、「名も法に即する」場合がある。いつも法と相異するではない。指の月でないは勿論だが、指も月になることがある。月が指になることがある。能所の両者が相即するときが、此場合である。唯仏与仏の世界、万物一指、天地一馬、その一指も一馬もなくなるとき、「我一心」の当躰、なむあみだで、あみだがなむの場合、才市の云うように、

明《(名号)》をごふしぎの、しんじんを、
もらいきり、
しんじん、ふかしぎ、
わしがもの、
なむあみだぶつ、なむあみだぶつ。

この端的が、「名即法」である。名号不可思議、不可思議名号である。言葉をここまで押しつめることが出来れば、象徴即実体と云うことになる。地獄と浄土とを峻別して、浄土は西方に、地獄は大地の底にと云うことにすると、「我一心」が二分せられて、頭尾相殺の憂き目に堪えられなくなる。

くのないものわ、じごくにをちる、
くのあるものが、まいる、ごくらく。

苦の在るところに、苦のないものがある。唯、有無をわけて、無に執著すれば、地獄に行く。有があり、無があり、苦があり、楽があって、而かも有無や苦楽を横超するものが、「無生の生」である浄土に往生する。

以上、精しく説明の余暇が、今のところないので、ここで擱筆する。尚、浅原才市妙好人の日記から、左の数句を引き出して、御互いの参考と参究に資する。

うれし、よろこびや、あなたので、
わたしや、あさましばかりなり。
一面《めん》から見れば、この通りに違いない。あさましいと云って、自ら歎き自ら愧ずるところ、それがやがてうれしいであり、よろこびである。煩悩ありてこそ菩提。

このさいちわ、あなたのもの、
あなた、わたしがもの、なむあみだぶつ。
きほ《(機法)》を、ひとつの、なむあみだぶつ、
ざんぎ、くわんぎの、なむあみだぶつ、
きほを、ひとつのなせる、なむあみだぶつ、
なむあみだぶつ。

わしのこころと、をやさまわ、
こころひとつの、なむあみだぶつ。

なむが、あみだに、をがまれて、
あみだが、なむに、をがまれて、
これが、ろくじの、なむあみだぶつ。

をがませて、をがむ、をやさま、
わしがをやさま、わしがをやさま、
なむあみだぶつ。

ぶつ《（仏）》ぶつ《（仏）》と、ぶつが、ぶつを、をがませる、
ほどけが、ほどけを、をがませる、
なむが、あみだを、をがませる、
これが、ぶつぶつ、なむあみだぶつ。

能者が所者になり、所者が能者になる、融通無礙の世界、これが「我一心」の悲動の姿である。智の面から見れば、論註に云わく、

諸仏無知也、以無知故、無不知也、無知而知者、正遍知也、是知深広、不可測量、故譬海也。

又云わく、

是心作仏者、言、心能作仏也、是心是仏者、心外無仏也。

（了）　――原文旧かなづかい――

「国民道徳」と仏教

田村円澄

一　「国民道徳」の誕生

「国民道徳」という言葉が用いられ始めたのは、明治の中期である。一八八六年（明治一九）に西村茂樹《にしむらしげき》（一八二八―一九〇二）（貴族院議員・宮中顧問官など歴任）が帝国大学（東京大学の前身）で行った演説は、その翌年に、『日本道徳論』として刊行せられたが、この中で、「国民道徳」という言葉が随所に使用されている。西村によれば、「封建ノ時代ハ儒道ヲ以テ公共ノ教ト為シ、政府人民皆之ヲ以テ標準ト為シヽモ、王政維新以来全ク公共ノ教トイフ者ナク、国民道徳ノ標準定マラズ、以テ今日ニ至レリ」。一国の盛衰は、その国民道徳の盛衰に基づいている。日本はいま挙げて文明開化を希望しているが、しかし国を失っては、文明開化を施すことはできない。現在の必須至急の務めは、「全国ノ民力ヲ合セテ本国ノ独立ヲ保チ、併セテ国威ヲ他国ニ耀カス」ことである。そしてこの希望を達成するには、「国民ノ智徳勇、即チ道徳ヲ高進スルヨリ他ノ方法アル事ナシ」。

こうして西村は、国民道徳を普及するため、学者・有識者による道徳会設立を提唱した。

道徳を高進すること、すなわち国民全体の品性を良善ならしめる具体的徳目として、西村は、勤勉・節倹・剛毅・忍耐・信義・進取の気・愛国心の七条を列挙するが、「以上七ヶ条ノ外ニ我日本ニ限リテ特別ニ加ヘザルベカラザルノ条目アリ」として、第八の条目に皇室尊戴を挙げた。「本邦ノ皇室ハ本国ト共ニ悠久ナル者ニシテ、万一皇室ニ変動アラバ、即チ本国ノ変動ニシテ、皇家ノ安泰ナルハ即チ本国ノ安泰……」と皇室・国家の一体不離を説き、「既ニ至貴至尊ノ皇室アリ、民心ヲシテ悉ク此皇室ニ帰向セシメバ、国ノ鞏固安全求メズシテ自ラ得ベシ」。こうして皇室尊戴が国民道徳の中心眼目に掲げられた。

西村が道徳会の設立を唱えた明治十年代の後半は、文明開化の風潮が頂点に達した時期であった。条約改正促進を意図する明治政府は、欧化政策の尖端をきり、鹿鳴館では、政府高官と外国使臣との舞踊が、毎夜のようにつづけられた。しかし他方、韓国に対する発言権をめぐって、日本と清国との対立が尖鋭化し、これが韓国内部の政争とからんで、京城での日・清両兵の衝突にまでなったのは、一八八四年（明治一七）のことである。明治政府の欧化政策に対する批判が、ナショナリズムと結びつき、儒教倫理を本質とする「国民道徳」の誕生を導いたのである。

『日本道徳論』を発表した直後、西村は、従来の日本講道会を日本弘道会と改組し、一万人に及ぶ会員を擁して実践活動に力を注いだが、一八九〇年（明治二三）の「教育勅語」の発布は、西村らの願望を満足させた。「国民道徳」の私的な教化普及運動の時期は終り、天皇の権威と、国家の権力に支えられた「下賜」の時期を迎えたからである。

「教育勅語」は、もちろん教育の大本を示す目的で発布されたが、しかし学校生徒のみを対象としたのではなく、国民全般――「臣民」――の道徳に渉っている。しかも「国民道徳」が、「勅語」の形式で、上から与えられたことは、「国民道徳」の性格を端的に示すのである。各学校では式日ごとに、「教育勅語」が「捧読」されるようになった。

試みに、中学校教育における「教育勅語」の役割を見ると、一八八六年（明治一九）に定められた学科内容によれば、尋常中学校では、「倫理」の教科のみが設けられ、それも、「人倫道徳ノ要旨」を説くよう指示されているにすぎず、忠君愛国の教条は採用されていなかった(なお高等中学校では「倫理」の教科すらなかつた)。一九〇一年（明治三四）の中学校令施行規則によれば、「修身ハ教育ニ関スル勅語ノ旨趣ニ基キ道徳上ノ思想及情操ヲ養成シ……」と規定され、中学校教育において占める「教育勅語」の位置が確立されている。降って一九三一年（昭和六）の満洲事変以来、「聖戦」遂行の国策に従って、「教育勅語」の役割も、専ら忠君愛国の決意を深めさせるように変って来た。一九三七年（昭和一二）の中等学校教授要目では、「修身ハ教育ニ関スル勅語ノ旨趣ヲ奉体シテ我ガ国体ノ本義ヲ明徴ニシ国民道徳ヲ会得セシメ其ノ実践躬行ヲ導クコトヲ要ス……皇運扶翼ノ道ニ徹セシムベシ」と改正された。一九四一年（昭和一六）の中学校教科教授及修練指導要目によれば、「国民科修身ハ教育ニ関スル勅語ノ旨趣ニ基キテ国体ノ本義ヲ闡明シ皇国ノ使命ヲ自覚セシメ……至誠尽忠ノ信念ヲ培ヒ皇国民タルノ徳操ヲ涵養スルモノトス」と定められ、「敬神崇祖」「職分奉公」の精神の涵養に努めると共に、「教育勅語」や「神勅」については特に意を用いてその旨趣を説明し、聖旨を奉体せしめるよう指示されている。太平洋戦争下では、「至誠尽忠ノ信念」「皇運扶翼ノ真義」に徹することが要求せられたが、この教育の指導原理は、やはり「教育勅語」に求められたのである。

右は中学校の修身科の場合であるが、上は大学から下は小学校（国民学校）に至るまで、教育＝皇民錬成の眼目となったのは、「教育勅語」であった。否、それは学生・生徒だけのことではなく、国民すべてが、「教育勅語」を奉体し、「生まれながらにして天皇に奉仕し、皇国の道を行ずる」ところに（『国体の本義』昭和一二年）、すべての道徳生活の根源があると教え込まれて来たのである。

「教育勅語」に掲げられた個々の徳目は、普遍的な人倫の道であるという見解もあるが、しかし重要なことは、「教育勅語」は国民にとって、常に「捧読」さるべきものであった点である。日本人にとって、道徳規範は、上から与えられたものであり、強制されたものであった。

さて「教育勅語」が公布された翌一八九一年（明治二四）に、井上哲次郎《いのうえてつじろう》（一八五五—一九四四）（東京帝国大学教授）の執筆にかかる『教育勅語衍義』が文部省から刊行された。井上の『衍義』は、「教育勅語」についての数多い解説書の中で、最も権威ある指導書であり、また師範学校の教科書としても使用され、「教育勅語」の普及教化に重要な役割を演じた。

一九一〇年（明治四三）の幸徳秋水事件後まもなく、文部省は全国の師範学校修身科担任教員を集めて講習会を開催し、井上哲次郎は講師として「国民道徳の大意」を講述したが、この講義内容を中心とした『国民道徳概論』が翌年に刊行された。『勅語衍義』を書き、学校教育における生徒教化の理論的指導者となった井上は、今また『国民道徳概論』によって、広く国民全般を対象とする「国民道徳」普及の理論的指導者ともなった。

井上の『国民道徳概論』は、「国民道徳」の理論的体系化を意図して居り、数多い類書の中でも、先駆的かつ標準的指導書としての地位を保っていたことは、『勅語衍義』の場合と同様であるが、井上が「国民道徳」の結論として掲げたのは、「忠孝一致は日本の国民道徳の粋である」ということであった。すなわち万世一系の皇統が国体の基礎をなして居り、その皇統は、「神勅」に発している。また儒教・仏教は「国民道徳」の発展を助けて来て居り、たとえば、「忠君愛国」を内容とする武士道となり、あるいは愛国心を培う家族制度や孝を基礎づける祖先崇拝の美風となっている。要するに、日本では忠孝一本の「国民道徳」を大事にしてさえ行けば、国家の長久は疑いないのである。

西欧の社会思想が、儒教的な封建思想と相い容れず、従って西村茂樹も、「西国ノ哲学ハ功利ヲ主トスルノ学ナリ、或ハ謂フ利己主義ノ学ナリ、或ハ謂フ君親ヲ軽蔑スルノ学ナリ」として嫌悪したが（『日本道徳論』明治一九年）、井上哲次郎はキリスト教に対しても批判的であり、とくにキリスト教が、個人主義思想を助長し、家族制度に影響を及ぼす点において、警戒を怠らなかった。同様に、社会改造を意図する社会主義・共産主義などに対する反駁、また民主主義が日本の国体に背反する理由の弁明にも意を用いている。

ところで、道徳の基礎を各個人の「良心」に求める見解は、「国民道徳」については妥当でない。「国民道徳」は、大日本帝国憲法によって荘厳化せられた天皇の「神聖性」と、国家権力の圧力、および小学校以来の不断の徳育修身教育によって、上から強制――「下賜」――されて来たからである。しかもその強制は、宗教的な装いに隠されていた。「神道は国家的の宗教である。さうして神勅を民族の信仰として、何処までも押立てて行く処に神道の命脈がある訳であります」。従って、「我国の国民教育といふものは神道と全然分離することは出来ない」が、しかし、「神道を宗教として国民教育の中に入れる訳には往かない」という（『国民道徳概論』明治四四年）。しかし神社における形式的な拝礼の強要はないにしても、すでに教育勅語や国民道徳は、「神勅」に権威づけられた天皇への随順を強制して居り、ここに国家神道の本質があった。国民道徳の理論的指導者の一人である深作安文《みつくりやすぶみ》（東京帝国大学教授）は、「我国民道徳は此神道の真精神を実現する所以のものに外ならない」と述べている（『国民道徳綱要』昭和六年）。この国家神道を拒否することは、信教の自由を認めた帝国憲法の下でも許されなかった。

二 「国民道徳」への対応

—キリスト教と仏教—

神秘的宗教的な天皇の神聖性＝国家神道に装われ、そして、封建的儒教的な身分規正を内実とする「国民道徳」は、絶対主義国家の道徳として誕生したのであるが、教育勅語発布の翌年の内村鑑三事件を契機として、いわゆる「教育と宗教の衝突」が、世上の問題となった。このとき井上哲次郎は言論を張って、キリスト教者に反撃した。井上の主張によれば、忠孝一本の道徳は、日本において皇祖皇宗の遺訓と見做され、歴代天皇も神として尊崇されているにもかかわらず、キリスト教徒は、「忠孝を以て東洋古代の道徳」とし、また天皇の神聖性を否認して、「天皇も穢多も同等と見做し」ている。つまり、勅語の主意は国家主義であるが、キリスト教は非国家主義である。国民道徳が勢力をもって我が日本社会を律している間は、日本民族の存在は確実であると説く井上にとって、国家を主とせず、忠孝を重んぜず、世間を軽視し、無差別的の愛のみを教えるキリスト教は、危険なものに思われた（『教育ト宗教ノ衝突』明治二六年）。

井上哲次郎の側に加担同調し、キリスト教攻撃の論陣を張った仏教者側には、井上円了《いのうええんりょう》（一五五九—一九一九）・村上専精《むらかみせんしょう》（一八五一—一九二九）・大内青巒《おおうちせいらん》（一八四五—一九一八）などがいたが、その中の井上円了（文学博士、東洋大学の前身の哲学館の創立者）は、キリスト教批判論者としても著名であった。すなわち、「予カ仏教ヲ助ケテ耶蘇教ヲ排スルハ、釈迦其人ヲ愛スルニアラス、耶蘇其人ヲ悪ムニアラス、唯余カ愛スル所ノモノハ真理ニシテ、余カ悪ム所ノモノハ非真理ナリ」との見地から、「非真理」としてのキリスト教に対する批判を試みたが、しかし井上の場合、真理を愛することと、国を護ることとは、全く同一であった。「護国愛理ハ一ニシテ二ナラス、真理ヲ愛スルノ情ヲ離レテ別ニ護国ノ念アルニアラス、国家ヲ護スルノ念ヲ離レテ別ニ愛理ノ情アルニアラス」（『仏教活論序論』明治二〇年）。井上のキリスト教批判の根底には、ナショナリズムに対する傾斜があった。「耶蘇教の如きは已に強国の宗教にして、殊に其国の政体と密接なる関係を有するを以て、最も戒めざる可らず」と主張されている（『真理金針』明治一九年）。

仏教者側によるキリスト教排撃は、キリシタン禁制以来の長い歴史をもち、その根は深かった。明治維新の廃仏棄釈、およびプロテスタントの伝道布教開始の事態に直面した仏教界の指導者たちは、諸宗同徳会盟を結成し、「邪教防禦」「庶民教化」に乗り出した。しかし当時の仏教者によるキリスト教排撃は、教義的な面よりも、攘夷的な感情論に支配されて居り、その背景には、「鎮護国家」を標榜する既成仏教教団の伝統があった。だから、仏教者にとって、キリスト教排撃は、何よりも、「皇国の御為」であった。

「護国愛理」をスローガンとする井上円了のキリスト教批判も、その根本立場は、幕末維新の仏教再興運動の指導者の理念を継承していたことがあきらかである。しかし、それと共に、明治一〇年代後半の、欧化政策に対する反動としてのナショナリズムを反映していることも拒みえない。井上の「護国」の理念は、単なる鎮護国家ではなく、西欧の強国から日本を護ることであった。

井上が東京大学で身につけた西欧の学問・思想――いわゆる「真理」――も、「護国」を志向せぬ仏教の観念を、井上自身に齎すことはできなかった。否、井上の場合、西欧の学問・思想を深く学べば学ぶほど、仏教を介する「護国」の意志が強められたと考えられよう。井上は、護国仏教の立場を補強するために、西欧の学問・思想を利用したまでであり、西欧の学問・思想によって、護国仏教の理念を放棄乃至修正することはなかった。

井上円了の唱導による「護国愛理」の仏教復興運動につづいて、一八八八年（明治二一）に山岡鉄舟《やまおかてっしゅう》・鳥尾《とりお》小弥《こや》太《た》らによる大日本国教大道社が、またその翌年には大内青巒の主唱になる尊皇奉仏大同団が結成された。また三《み》宅《やけ》雄二郎・志賀《しが》重昂《しげたか》・杉浦重剛《すぎうらじゅうごう》らの政教社も、一八八八年（明治二一）に発足し、井上円了はこのメンバーに加わった。ナショナリズムを背景とするこれらの運動は、在俗の仏教信者、とくに当時の知識層を中心として進められたが、「国民道徳」に立脚し、従って、キリスト教が日本を危くするものであるとする点において、共通の立場にあった。

三　「国民道徳」と既成仏教教団
—明治時代—

一八六八年（明治元）に興正寺の摂信が、京都で諸宗同徳会盟を結成し、「邪教防禦」を声明したが、翌年には東京で、鵜飼徹定《うがいてつじょう》が盟主となって諸宗同徳会盟を組織し、邪教の排斥を決議した。各宗の僧侶は、「檀家末々迄、心得違無之様、教導仕度」との決意を深めたが、しかし、当時の仏教は、智識層・指導者層である士族の関心から、遙かに遠い存在になっていた。幕末の開国の結果、西洋文物が流入し、新しい知識による仏教教理批判が展開されたが、他面、神道者・儒者などによる排仏論も高まり、仏教は俄かに集中的な攻撃の矢表に立たされた。「中古近来誘徒漸ク盛ニシテ……別シテ両三年已来ソノ甚シキ事、凡仏法東漸セシヨリ今日今時ノ如キ甚シキ事ヲ聞カス」と慨いた香山院竜温も、しかし、「今日仏法ヲ信ズル者ハ、ミナ愚ナル田夫野人ノミ、少ク人ノ上へニアル者ハ、庄屋代官ナド云ハルル者、或ハ有徳ノ豪家ナドノ者、詩文ヲ翫ビ読書ヲ好ムナド云モノ、仏者ヲ信ズルモノ甚少ニ至ル」事実を認めている（『総斥排仏弁』慶応元年）。

仏教が、主として下層社会の人々を対象として居り、中・上層社会の人々——とくに知識層——の関心からはずれていたことは、明治時代の大勢であった。西村茂樹も、「仏道ハ久シク下等ノ民ノ間ニ行ハレ、中等以上ノ人士ハ之ヲ信仰スル事極メテ罕《マレ》ナル」点を指摘している（『日本道徳論』明治一九年）。実利主義の見地から、自ら心身を制することのできる士族にとって、宗教は無益であるが、それ以下の者には、仏教による教化の必要なことを主張する福沢諭吉も、仏教の役割を、「外教ヲ防ギ以テ人民護国ノ気力ヲ損スルコトナキ」点に求めている（『時事小言』明治一四年）。「護国ノ気力」は、井上円了の「護国愛理」に通ずるものであり、いわば既成仏教の伝統的教説であった。キリスト教を攘うことは、仏教に対する異教排除としてではなく、むしろ日本国家の「邪教」排撃として意味があった。従って、仏教者にとって、キリスト教排斥が容易に「護国」に結びついたのである。

では、下層民を対象として、仏教は何を説いていたのであるか。浄土真宗を例にとろう。前掲の香山院竜温によれば、「仁義忠孝ヲ教ヘテ堯舜ノ世ニ劣ラザラシムル教ヘハ、我真宗ニアリ」。また、「国家ノ大益アルニオキテ、他ノ聖道門ニ異リタルハ此真宗ナリ」とあるように、王法に対する無条件の随順が説かれている。仏法は、王法に対立する存在ではなく、むしろ王法随順を教える任務をもつものであった。「吾真宗ニオイテハ、王法ハ額ニアテヨ、仏法ハ内心ニ深ク蓄ヘヨトアル、王法仏法両輪雙翼ノ掟ナリ、世務ヲステズ人倫ヲ敗ラズ、表ニハ王法仁義礼智信ヲ守リ、カギリアル年貢所当ヲ具サニ沙汰ヲイタシ、サテ内心ニ深ク仏法ヲ蓄ヘヨトナリ……在家無智ノ男女ヲシテ、古ヘノ聖人君子モ難シトスル仁義ノ大道ニ協ハシメ、知ラズ識ラズシテ帝ノ則ニ順ハシムルハ、タダ我真宗ノ教諭ナレ」（『急策文』文久三年）。だから世の神道者や儒者が、真宗に対して非難する理由は全くないと主張されるのであるが、では真宗は、王法の方便としての存在理由しかないのであろうか。この種の疑問は、真宗の説教集を読むと一層ふかまってくる。「後生願ヒヂヤトテ、俗諦世間ノ事ハドウデモヨイト等閑ニ致ス事ハナラヌゾ」。すなわち、「生キテハ国家ノ良民トナリ、死シテハ浄土ノ聖衆トナル」ことが、真宗の信者の理想像として強調されるのである（『山房夜話』明治七年）。あるいは、「真諦門ノ方テハ真ノ仏弟子トナリ、俗諦門ノ方テハ王法ノ掟ヲ守リ、世間通途ノ義ニ順シ、天理ニ背カス、人道ヲフミ、皇国ノ良民トナリ、現当二世ノ仕合者ニナルカ、真俗二諦ノ間ニ立テ丶教ヘタマフ真宗ノナガレヲ汲ダ所詮トイフモノナリ」と説かれるように、王法＝俗諦門に対する仏法＝真諦門の従属・随順が示されて居り（『真宗説教集録』明治十年）、すくなくとも王法とその領域を異にする意味での仏法が説かれたことがない。明治中期を例にとれば、「万民保護の御恩徳の深きことが知られたら、王法を守り悪い事をせぬやうにするは勿論、君の為には飽迄忠節を尽くし、生涯を送らねばならぬ、……租税におこたり或は徴兵に取られざるやう、色々工夫をめぐらしたり、或は下等社会の者に学問は不用ぢやの、或は官員が楽に居て、沢山給料を取るのと云ふ如き、不平を鳴らしてはならぬ」というように（『現世十種益説教』明治二八年）、王法＝「国民道徳」に対する積極的な遵守が反覆強調されている。

いま真宗の場合について見たのであるが、既成仏教教団の各宗派も、この点において変りはない。すなわち各宗派では、「鎮護国家」「王法為本」「興禅護国」などと表現は異なっても、王法＝絶対主義国家体制に対する無条件の随順が説かれている。

しかし注意すべきことは、王法随順の説教を含め、既成仏教そのものが、主として下層社会の人々、つまり農民＝善男善女に受容されていた事実である。中・上層社会の指導者・知識人は、仏教に対する批判者乃至傍観者にほかならなかった。井上円了も、「当時世間ニ立チテ苟モ学識ヲ有スルモノハ皆仏教ヲ厭悪シ僧侶ヲ擯斥セサルハナシ」と述べている（『仏教活論序論』明治二〇年）。それと共に、王法随順の説教が、日本の仏教各宗派――既成教団――の伝統的信条であったことも、注意されなければならない。もっとも、王法随順と云い切るのには問題があり、近世における将軍・大名・領主への随順が、明治維新を境として、朝廷への随順に切り換えられ、明治中期以降は、「国民道徳」鼓吹になっていることも事実であるが、とにかく「お上」に対する無条件の随順を説くことが、既成仏教教団の伝統であった。そして矛盾したようではあるが、王法随順を一貫して説く既成教団の仏教が、中・上層社会の人々から白眼視されていたのである。

四　「国民道徳」と精神主義
―明治中期―

井上哲次郎の反論（のち『教育ト宗教ノ衝突』に収載刊行された。）により世聴を集めた所謂る教育と宗教との衝突について、倫理（道徳）至上主義の見地から、井上の見解に対して批判的立場をとったのは、大西祝《おおにしはじめ》（一八六四―一九〇〇）であった。大西は、「教育勅語」に一定の倫理説を付与しようとする見解を斥け、「勅語は倫理説上、道徳の基本を示したる者にあらざる故に、其中に掲げある幾多の徳行は、おのづから倫理説上絶対の者とは解せられず」と述べ、教育勅語と倫理（道徳）とを峻別すると共に、勅語を倫理の下位に置いた（「教育勅語と倫理説」明治二六年）。大西によれば、たとえば「忠君」を「無条件の服従」の意義に解することは不当である。なぜなら、君命は、常に道徳的に正しいとは限らず、また君と仰ぐ者に暴君なき保証もない。時にはその君権を棄てることが、君家にとって善い場合もある。「愛国」を唱えても、問題は、如何にすることが、真にその国にとって善事であるかをあきらかにすることである。従って、「忠君」も「愛国」も、「吾人に取りて無条件の義務にあらざるなり」（『倫理学』）。かくして大西は、「忠孝を道徳の基本なりと放言する」人々と一線を画したのであるが、他方、井上哲次郎は、「西洋の倫理を研究したり、又は西洋の宗教を信仰したりすることの結果、往往忠孝と云ふことに対してあられもない批評を加へるものが現れて来た」といい、また、「教育勅語に対しても色々不足を言ふ者があります。夫等は多くは宗教家であります」と暗暗裡にキリスト教者の言説を非難している（『国民道徳概論』明治四五年）。大西祝もクリスチャンの家庭に生まれ、同志社で神学を修めた経歴をもっている。

では、仏教者の側は如何であろうか。既成教団の教説、すなわち下層社会の人々――善男善女――を対象とする教説が、「国民道徳」＝「王法」随順を内実としていたことは、すでに述べたところであるが、しかし、「国民道徳」の主唱者の立場からすれば、なお仏教者の言説には、問題がないでもなかった。吉田熊次（東京帝国大学教授）は、この点についての不安と疑念とを表明して斯う述べている。――「仏教家の中には、勅語の道徳を祖述して居る人が尠くない。嘗て村上専精《むらかみせんしょう》師は仏教忠孝論を著はされた。井上円了博士は勅語に関する著者を公にせられた。高楠博士も亦国民道徳を鼓吹せられて居る。基督教家中にも、国民道徳を説きつつある人もある。併しながら此れ等は果して仏教或は基督教の心髄より流れ出づる道徳説であるか何うかは疑がはしい。仏教家中にも故清沢満之師の如きは道徳以上の慰安説を説かれ、基督教家中にも亦我が国民道徳と其の主義を異にしたる説を唱導する者は少くないやうである」（『我が国民道徳と宗教との関係』明治四五年）。

国民道徳の正統な推進者を以って任ずる吉田熊次が、村上専精（一八五一―一九二九）（東京帝国大学教授）・井上円了・高楠順次郎（一八六六—一九四五）（東京帝国大学教授）らの仏教者が説く「国民道徳」に対し、無条件に賛同しなかったのは、思うに、これらの仏教者にあっては、仏教（宗教）と道徳との二元論的立場が完全に揚棄されていなかったからであろう。吉田の期待は、国民道徳一元論を貫徹せしめることにあった。しかし注目すべきは、吉田が不安と疑惑を示した村上専精らは、第一に、在俗者であるか乃至僧籍にあるにしても、既成仏教教団と直接の関係をもたぬ知識人であったこと、第二に、村上らの説教の直接の対象は、既成仏教教団の信者——「善男善女」——ではなく、知識層乃至中産階級以上の人人であったことである（村上専精は自著の『仏教統一論』が本山の忌諱に触れ、みずから真宗大谷派の僧籍を脱した。また井上円了は、もと真宗大谷派の出であるが、「実ニ今日ノ僧侶ハ無資力、無精神ノ死物ト称シテ可ナリ、無学識、無道徳ノ腐敗物……国家ノ罪人ニシテ亦教法ノ罪人ナリ……若シ其人苟モ僧侶ノ無学無識ニシテ共ニ仏教ノ再興ヲ図ルニ足ラサルヲ知ラハ、何ソ僧侶ノ外ニ仏教改良ノ策ヲ講セサルヤ」と説くように（『仏教活論序論』明治二〇年）、既成仏教教団は井上にとって、批判の対象であっても、協力者とは見做されなかった）。また吉田から、「道徳以上の慰安説」を説いたといわれた清沢満之も、真宗大谷派の宗門人ではあるが、東京大学で西洋哲学を修めた知識人であり、一八九九年（明治三二）に浩々洞で、かれが唱えた「精神主義」の対象は、地方農村の善男善女——既成仏教教団の基盤——ではなく、知識層乃至中流社会以上の人々であった。

さて清沢満之《きよさわまんし》（一八六三—一九〇三）の「精神主義」があきらかにした重要な点の一つは、宗教（真諦）と道徳（俗諦）とを峻別し、しかも、道徳に対する宗教の優位を確認したことである。「今の学者、口を開けば則ち云く、宗教は倫理的ならざる可らずと、されど余は然かく思はざるなり、宗教と倫理とは全く其方面を異にす、徒らに方面を異にするのみならず、時有ては宗教は倫理の教条を打破し、自己の信仰のためには人をも殺さざる可らず」。もちろん清沢の主張は、倫理（道徳）の教条の打破そのものを志向しているのではない。むしろ宗教の独自の領域は、必然的に道徳的世界を超越している点をあきらかにしようとした。人間の救済は、「倫理」の立場では成立せず、「宗教」の立場においてのみ成就されるからである。

清沢の精神的遍歴において、真諦と俗諦との二者択一を迫ったのは、清沢の内部の葛藤と、その葛藤截断の願望――求道心――であった。最後に清沢が辿りえた境地においては、宗教は、「倫理のための宗教に非ずして、悪人のための宗教」とされる。しかし、「王法為本」の伝統に立つ真宗、あるいは広く既成仏教教団の中から、しかも、「国民道徳」の高調されつつあるこの時期に、かくも明快に、道徳に対する宗教の優位を説いたことは、注目すべき事実といわねばならない。「精神主義は、彼の社会の為め、国家の為めを先として、自己の為めを知らざる主義が、吾人に安住を与ふるものとする能はざるなり」。そして、ここには、ナショナリズムと結びつき、「国民道徳」に迎合した既成教団仏教に対する訣別がある。宗教の本来の立場をみずから放棄し、俗諦におもねる既成教団の世俗仏教の中で、清沢の精神主義は、「社会上の利益や倫理上の行為の外に一種の別天地を有するものなること」を示したのである。

清沢の精神主義からは、単純な「国民道徳」随順の教説を窺うことはできない。宗教は、主観的事実であり、「国家を忘れ社会を忘れる」ことが、救済現成の基本条件である――。清沢の精神主義の重要な一面がここにあることを、何人も拒むことはできない。

偏狭な護法主義から脱却できず、また攘夷的なナショナリズムに基づき、ただ排撃を事とする当時の一般の仏教者と異なり、清沢は、キリスト教を「邪教」とは考えなかった。否、清沢は、キリスト教からも、他の西欧の思想の場合と同様、生命の糧を見出したのである。「邪教」観が、権威ある、しかも唯一のキリスト教観であった当時の仏教者の中から、はじめてキリスト教に対する正当な眼をもちえたことにおいても、清沢は画期的な位置に立っている。清沢の後継者の一人である暁烏敏は、「仏教とキリスト教の二大思想を味ひ、之を仏教の思想上に持来りし人は、唯我が清沢先生一人のみであります」と記し（『清沢先生の信仰』明治四二年）、この点を正しく評価している。

精神主義が、当時の知識層に受容された理由の一つとして、仏教を、「国民道徳」の呪縛から解放し、これに優位する宗教的世界を明示した点を挙げることができるであろう。しかしその反面、精神主義は、王法・仏法相即の説教を諸々と受け容れていた在家信者層、とくに農村の善男善女には、縁遠いものであった。

五 「国民道徳」と仏教清徒同志会 —明治後期—

「遠夷胡神ノ邪教」のキリスト教排撃に急であった幕末の仏教者の中には、「若シ聊モ彼（邪教、引用者註）ヲ信用セント欲スル者アラハ、遠ク海ヲ渡テ胡神開闢ノ夷狄ニ遷ルヘシ、永ク神国ノ地ニ住スヘカラス」と述べ（『閑邪存誠』慶応三年）、キリスト教徒の日本追放を痛論する者もあったが、明治の後期において、「不健全なる文学、偏したる裏面的評論、我儘勝手なる個人主義的思想」の流行、とくに幸徳秋水事件に示される「国民道徳」についての破壊的傾向に鑑みて、「我が国民道徳の主義に本づきて社会を整理し、これに反する行為と人物とを、遠慮なく社会より排除するを以て先とすべきである」と主張し（吉田熊次『我が国民道徳と宗教との関係』明治四五年）、法的措置を期待——「国民道徳」の限界と無力を告白——する倫理学者も現われた。

他方、倫理学者の中で、一般的普遍的な倫理のみを講じ、東洋倫理とくに「国民道徳」を説かぬ中島力造（一八五八—一九一八）（東京帝国大学教授）が居り、井上哲次郎から、「西洋倫理学の出店」と酷評せられた（『明治哲学界の回顧』昭和八年）。倫理学専攻の中島が、なぜに「国民道徳」に対して目を閉じたかは、興味ある問題であるが、仏教者の中にも、鎮護国家・王法為本の伝統に立って、積極的に「国民道徳」を受け容れる者もあれば、「宗教」独自の立場から、この両者に明確な断層を設定する者もあった。前田慧雲（一八七五—一九三〇）（東京帝国大学講師竜谷大学学長）は、仏教の過去・現在・未来の三世に亙る報恩思想が、「国民道徳」に多大の貢献をしている点を強調し、「我国独特の道徳を益々発揮するには、是非共此仏教の三世に亙れる感恩思想の力に俟たねばなるまい」と述べているが（『仏教思想講話』昭和三年）、既述の清沢満之は、宗教と道徳とが、それぞれ領域を異にする点をあきらかにした。後年、高山岩男が西田哲学についての解説の中で、「良心が鋭ければ鋭い程、人間は実は自己の根抵に罪業の深さを自覚せざるを得ないのである。この罪業は道徳的努力を以て消し得るやうなものではない」と語っているように（『続西田哲学』昭和一五年）、宗教と道徳との関係について、清沢と西田哲学が相い似た見解をもっていたことが窺われるのである。

清沢の精神主義は、個人の宗教的自覚に基づいて、宗教と道徳とがそれぞれ次元を異にすること、また道徳に対する宗教の優位などを説いたのであるが、清沢が精神主義を唱えた翌年、すなわち一九〇〇年（明治三三）に、仏教清徒同志会が結成され、新仏教運動が開始された。

仏教清徒同志会の綱領には、「仏教の健全なる信仰を根本義とす」「仏教及其の他宗教の自由討究を主張」「迷信の勦絶」「従来の宗教的制度及儀式を保持するの必要を認めず」というように、自由研究の承認、迷信の排除、既成教団の制度・儀式の否認などを謳い、とにかく「信仰」を根本とする新しい仏教運動であったことが知られるが、とくに注目すべきことは、「政治上の保護干渉を斥」けると共に、「健全なる信仰智識及道義を振作普及して社会の根本的改善を力む」と記している点である。新仏教運動は、日本の既成仏教教団が、王法＝「国民道徳」の随順者であったことに終止符を打ち、「国家」の代りに「社会」の概念を導入した。仏教同志会のメンバーとして、境野黄洋《さかいのこうよう》（一八七一－一九三三）・高島米峯《たかしまべいほう》（一八七五－一九四九）・杉村楚人冠《すぎむらそじんかん》（一八七二－一九四二）・渡辺海旭《わたなべかいきょく》（一八七二－一九三三）などが名前をつらねているが、同人の年令は二十代が最も多く、しかもその大部分は在俗者であった。

かれらが唱えた「新仏教」の名称は、もちろん旧仏教、すなわち既成教団の仏教との対比に基づくが、既成教団の旧仏教が、「国家」との因習的迎合を基調としているのに対し、「新仏教」は、とくに「社会」への志向を表明している。この点、「個人」の宗教的覚醒を中心とする清沢満之の精神主義とも異なるが、しかし、真諦・俗諦の無媒介の統一、すなわち王法＝「国民道徳」に対する無条件の随順を、綱領の中心から除いたことにおいて、両者には共通の傾向が見られた。

新仏教運動が、その綱領の中で、「国家」の代りに「社会」を掲げたことは、思うに、キリスト教の教化伝道の現状にも促されたであろう。いうまでもなくキリスト教の伝道は、多くの場合、社会事業・教育事業と一体であり、婦人・青少年運動も着実な成果を挙げていた。新仏教運動の若いメンバーが、キリスト教に対する「邪教」観を払拭し、むしろ謙虚に、キリスト教から多くを学んだのは当然であった。と同時に、心ある仏教者をして、「社会」に対する開眼を促す客観条件が成熟していたことも事実である。一八八〇年代の後半から始まる日本の産業革命は、軽工業が中心であったが、日露戦争を境として重工業方面にも及び、広汎な産業労働者階級がつくり出されていた。この種の資本主義社会の労働者は、かの農村労働者＝「善男・善女」と異なり、絶対主義国家の「国民道徳」を以ってしては律しえぬ存在である。井上哲次郎の言葉を借りるならば、「日本には決して他国に無い特有なる社会組織があり……、忠孝一致の道徳があればこそ、これまでこの社会組織を維持することが出来た」のであるが（『国民道徳概論』明治四五年）、日本における資本主義の形成は、天皇―臣民の社会組織の外に、資本家―労働者の社会の発生を導いたからである。天皇―臣民の社会組織＝絶対主義国家から出て来た「国民道徳」が、資本家―労働者の社会組織＝資本主義社会に、そのまま適用せられうる筈はない。因習的な「王法」への迎合を断った新仏教運動のメンバーが、期せずして労働問題や社会主義思想に関心を寄せたのは、知識人乃至ブルジョアジィとしてのかれらの先駆的予見にもよるが、一方、都市を中心とする労働問題が、深刻化しつつある現状の反映でもあった。

六　「国民道徳」と一灯園など　―大正時代―

一九〇五年（明治三八）に京都鹿ケ谷に一灯園を設立し、懺悔奉仕の生活を提唱した西田天香の出発点となったのは、北海道の開拓事業における「小作人と資本側との利害の衝突」であった。つまり一灯園生活の発想の基底は、「国民道徳」が象徴する絶対主義国家ではなく、労資の対立が前面に出ている資本主義社会であった。「今世界は労資問題で大騒ぎをしてゐます」。しかし西田は、「労働問題も無し、サボタージュも無い。資本主義の脅迫も何処のことやらと云ふ様な」社会の建立を目指して托鉢生活を始め、「血を見ぬ改造」に対する希望をつないだのである（『懺悔の生活』大正十年）。

一灯園の懺悔報恩の生活では、「生活所有欲」——資本主義社会における最も基本的な自由の一つである——からの脱却が説かれるのみで、「国家」や「国民道徳」に対する随順を、とくに奨めることはない。

一九一五年（大正四）に倉田《くらた》百三《ひやくぞう》（一八九一—一九四三）が西田天香の一灯園に入り、畑の労働や荷車の後押などの奉仕生活を送った。戯曲『出家とその弟子』は、この翌年に書かれた。倉田は後年、ナショナリズムに接近し、『祖国への愛の認識』などを書いたが、しかし、『愛と認識との出発』に象徴される初期の倉田百三を促えたのは、「人間」や「生命」の問題であり、それは「国家」の拘束・制約からの自由が前提となっていた。「我等が自己に対して最高の尊敬の情を感ずるのは、我等が道徳的意識の最深の動因によりて行動したりと自覚する時である」と語るとき（『愛と認識との出発』大正一〇年）、倉田は、「教育勅語」と「国民道徳」の呪縛なき世界に身を置いていたのである。

『三太郎の日記』を書いて、青春の彷徨を告白した阿部次郎（一八八三—一九五九）は、同じ頃、「祖国とは、民族とは、国民とは何ぞや。要するにそれは此等のものを構成する各個人に外ならない」として（『倫理学の根本問題』大正五年）、「国家」を「個人」に還元せしめている。デモクラシイやヒューマニズムの思想を迎えた欧洲大戦前後の日本では、「国民道徳」も甚しく後退していた。

このような思想界の動向は、当然、仏教者側にも波及した。当時の金子大栄の見解は、この事実を示している。道徳を分類して、㈠形而上的根拠なき道徳（哲学と宗教をもたぬ所謂る世間の道徳）、㈡人間性を否定する道徳（声聞・縁覚の二乗の道徳）、㈢一如を憶念する道徳（菩薩の道徳）の三つとなし、また国家を類別して、(1)明君上にありて万民は絶対的に其命令に服従する国家、(2)真実に徹底せる意味での民意政治の国家の二種となす金子は、聖徳太子の精神が、⑴の国家建設にあったことを指摘し、「故に太子を我国の教主とする仏教徒の使命は、常に統治者に対しては菩薩道を説き、人民に対しては王法を順守すべきことを教ふる」にあった。鎮護国家済世利民の祈願も、このような国家を影護するものとして始めて意味をもった。しかし、その祈願が根本の意味を喪失して堕落したとき、この間接的な方法よりは、直接に人民の自覚を促すべき教法が起こったが、しかし、なお㈠の世間道徳を捨てねばならぬ程の危期には迫られなかったので、親鸞の継承者も、「王法為本」を説いて来たのである。しかし現在の世界の大勢は、もはやここに止まるを許さない。「見よ、我が日本の如く、能く第一種の国家的面目を維持し来れる所にさへ、民意政治は必ずしも、それに矛盾せざるものなることが論ぜられつつあるではないか、……教家は奮起して一般国民に菩薩道徳を証得せしめ、同時に真に国家を憂ふる者は、かゝる教家を援護し、以って全国民をして民本の根底的意義を知らしむることである」と記し（『仏教概論』大正八年）、仏教の立場から、⑵の民意政治国家の積極的な存在理由を証明している。

清沢満之の精神主義の系譜を嗣ぐ金子大栄の面目が窺えるが、一面、時代は、「国民道徳」の支配を拒み、乃至、「国民道徳」の無用を実証する方向にあった。

七　「国民道徳」と真理運動　―昭和時代（戦前）―

一九三四年（昭和九）に第一声を挙げた真理運動は、系譜的には、三〇余年前の仏教清徒同志会の新仏教運動につながるものであった。

真理運動は、新仏教運動のように、既成仏教教団制の否定をスローガンに掲げず、かえって既成教団（寺院や僧）を拠点として、この運動を展開して行った。にもかかわらず、「鎮護国家」や「王法為本」の教説は斥けられ、「社会」や「民衆」が、直接の呼びかけの対象となっている。

真理運動の提唱者・推進者の一人である友松円諦は、NHKのラジオ聖典講座で『法句経』を講じて多大の反響を呼び、これが機縁となって全国的な真理運動にまで発展したのであるが、この講義の中で、「国家」の代りに「社会」を、「臣民」「国民」の代りに「人間」というように、言葉遣いにも細心の注意が払われている。しかし、これは単に言葉だけのことではなく、友松の意識・思想に結びつく問題であった。

友松によれば、「人間」は、表面では朗らかで、笑って暮していようではあるが、しかし内心は、煩悶し、苦しんでいる。これは、「社会の組立から考へて苦痛がふかいわけなんだ。今日の社会組織、経済組織、どれを見ても昔の人より朗らかになりうるとは思はれない」。だから、「国民道徳」の支柱である家族制度の「家」について、「誰しも、いかに人間が『家』の重圧にもだえてゐるかに気づくでせう」とその封建性・後進性を指摘し、「一家の主人もその専制的王座から身をひくがいい」と批判され、「今やあたらしい家庭道徳が私ども現代に要求せられてゐる」という新道徳への待望＝現道徳との訣別の意志表示ともなる（『法句経講義』昭和九年）。

友松は、経済制度についても、「今日の社会経済の機構を丸で、どうにもならないやうな巌石とは思ひません。それ自体においてすべての制度はうつりかはりつつあります。……今日の日本社会を一見して、溜息を時折につく私達ではありながらも、社会に生息するすべての人々がその思想を更生することによって、必ずや、更に住みよき経済社会を実現しうるものと信ぜずにはゐられません」と述べ（『真理』創刊号所載の「『真理』創刊の本願」）、制度・組織・体制に対する固定的見解を排し、明日への期待を托している。

道徳・教育・政治・経済などの思想・制度について、その保守性の盲点を衝き、進歩的側面を代弁した真理運動は、その限り、保守性の呪縛に苦悩する婦人・青壮年層の支持を受けた。と同時に、「社会に役立ちをする如きいとなみをなすことが最大の福田であり、仏陀を供養礼拝するにもまさる功徳なりとするに於ては、ここに宗教的精神と社会的実践とは完全なる共鳴協力をなすに至る」という実践的意欲が、「この地上に於ける浄土建立」「社会浄化の菩薩道」すなわち真理運動に結実するのであるが（『現代人の仏教概論』昭和八年）、とにかく出発当初の真理運動が、「鎮護国家」「王法為本」の伝統を嗣ぐ既成仏教教団とは別個に、従って又、「国民道徳」の枠外で、「自他共存の理想社会」建立を提唱した点は、注目に価するといえよう。

真理運動は、いわば日本資本主義の深刻な苦悶を背景として居り、その限り、「国民道徳」への方向を回避せざるをえなかったのである。

八　むすび
—戦争と仏教—

一九三一年（昭和六）に満洲事変が勃発して以来、日本は戦争とファシズムへの道を進んで行った。国内では「国体明徴」が問題となり、「教学刷新」が叫ばれた。国民道徳＝教育勅語を無視乃至排除する言論の発表は困難となって来た。戦争とファシズムは、忘却の彼方に追いやられていた「国民道徳」を喚びもどし、王座に復帰せしめた。

真理運動の友松が、「護国」を志向せぬ新しい仏教を説いているとき、しかし他方、尽忠報国そのものに、絶対宗教の境地を求める人もあらわれて来た。西晋一郎（一八七三—一九四〇）（広島文理科大学教授）は、宗教と道徳との一体化を主張して、「真に忠孝なる人は救はれた人、安心に住する人、楽土に居る人であった」と述べている（『国民道徳講話』昭和七年）。「国民道徳」は、すでに「宗教」であり「救済」でさえある。そしてこの立場からすれば、仏教の積極的な存在理由は見出されない。必要なすべては、「国民道徳」の中に具備されているからである。仏教無用論、そして新しい排仏論が、日本の既成仏教教団に向って投げかけられた。

帝国主義の段階を迎えた日本では、もはや「新仏教」運動を唱導する自由はなかった。既成仏教教団は、自衛のための仏教擁護に努力した。

既成仏教教団の護法論は、常に、本能的に「護国仏教」「王法為本」の伝統を回想し、これに依拠した。「日本仏教は、初めから斯の無比の国体に応ずる護国の宗教であった」ことが再確認され（矢吹慶輝『日本精神と日本仏教』昭和九年）、「永遠の時間に立って、世界と人生を洞察せしめ、我が国体観の真義を絶対的に把持せしめた功は、仏教の我が日本国家へ奉じた最大の寄与であった」と讃美された（花山信勝『日本の仏教』昭和一七年）。既成仏教教団擁護の論理は、ただ「護国」＝「国民道徳」随順に求めるしかなかったのである。

日本の既成仏教教団が、教団として最も多彩な活動を展開したのは、皮肉にも、戦争中においてであった。日頃は宗学の不振を指摘され、教化伝道の怠慢を非難されていても、いざ戦争ともなれば、教団を挙げて、教化活動すなわち戦争支持に邁進した。

一九三七年（昭和一二）に、日本は中国に対してまた新しい侵略を開始した。日華事変と呼ばれるこの侵略戦争遂行に協力して、各既成仏教教団においても、「皇道仏教運動」が花々しく繰りひろげられた。「仏教報国」「国威宣揚」のスローガンに歩調を合わせ、武運長久の祈願、軍隊慰問、戦死者の追善法要はもとより、侵略戦争支持の教化活動が活潑に行われた。

日華事変に際して、日本の既成仏教教団がとった挙国一致・戦時体制への協力を、中国仏教会では、「盲従的挙動」と批判し、また中国仏教会の指導者太虚が、日本仏教連合会に書簡を送り、「中日民族を数載数十載に亙りて相争い相殺して、卒に日本を陥れて自殺せしめ、地球上に至惨之禍を遺さしめんとするは、懸崖に馬を勒するごときものなれば、……吾は日本の仏教徒には優秀の士多く、且つ人民の過半数は仏教信徒たることを知る、これ正に大に慈心慈眼を啓き、之を以って自らを救ひ、人を救ふ」よう訴え、日華両民族の和平の実現に努力するよう要請したのに対し、日本仏教連合会本部では、逆に、「輓近中国の民衆は深く蘇聯の煽惑を受け、我を目して仇敵と為し、之を積みて改めず、終に今日の形勢を馴致」したことを強調し、まず中国の仏教徒の方から、「迷蒙の衆生を覚醒せしめ、抗日の心理を変じて対日提携の心理とな」すよう反論し、太虚の要請を一蹴している。

一九四一年(昭和一六)の太平洋戦争の開始に伴い、各仏教教団の戦争協力体制は、一段と進められた。天台宗・真言宗・浄土宗をはじめ、すべての既成仏教教団は、教団そのものを、名実ともに、「護国団」に改編し、「聖旨奉戴」「仏教報国」一本の体制を整えた。各仏教寺院には、「大政翼賛」「臣道実践」のスローガンが掲げられ、護国法要や武運長久祈願と共に、米英撃滅・戦意昂揚の伝道がなされた。

この情勢に対応して、既成教団内部における教義の解釈にも、目に余まる牽強附会がなされている。「仏教の最大の使命は、皇国体の不可思議荘厳なる実相を開示して、人心をして国体の仰信に透徹せしむるにある。これは国体の本義と仏教の本質とからして自ら規定づけられてゐる所の永遠の関係である」ことを論証し、「天皇国日本の仰信に到達すべきである」と結論づけた仏教学者もあるが（稲津紀三『国体の仰信と仏教』昭和一三年）、各仏教教団においても、祖師の言葉に、国体論的な解釈が加えられても、一向に恠しまれないのみか、むしろ当然とさえ考えられる時代であった。浄土宗の宗学者は、法然の浄土教について、「念仏報国の四字こそ、法然精神であったと信じられる」とか、「まことに天壊無窮の宝祚は我が国体の根本である。この無窮の国運にあやからんとする心が実に上人（法然、引用者註）の念仏であり、往生極楽の眼目であった」という強引な附会をして居り（前田聴瑞『法然上人』昭和一六年）、また真理運動の指導者の一人は、「一億一心となって、本当の底力を出す。初めてそこに天祐神助があるのです。互にしっかりとスクラムをくんで、精根をつくして戦ふといふところまで来ないと、断じて神風は吹きません」ということを、弘法・伝教の「鎮護国家」に結びつけている（『新体制国民講座』所収の高神覚昇の講演、昭和一七年）。また浄土真宗の著名な学者は、「これまでの真宗の布教の傾向では個人の救ひといふことが強調せられる割合に、社会的影響とか、或は国家的衛護とか云ふ点に関しては、あまり強調されて居ないやうであり、……如何にも真宗の救ひは国家性とか社会性とかを欠乏して居ると誤解され」ている点を指摘し、しかし、「親鸞聖人が、念仏は護国の正法であると仰せられたことは、本格的な開顕でありました。後に存覚上人や蓮如上人に至ってはじめて附加したものではない。……親鸞聖人は護国性を意図しなかったといふやうな俗論は、親鸞教学に対する正しき研究が足りないから起ってくる誤謬である」と親鸞自身における護国性を強調している（梅原真隆『日本仏教の性格』昭和一八年）。

「鎮護国家」乃至「王法為本」を建前とする既成仏教教団の内部から、体制＝国民道徳を拒否するような運動がなされなかったのは、不思議でない。「国民道徳」を否定する原理は、既成教団の教義そのものにはなく、従って、体制に批判的態度をとるものは、まず既成仏教教団の外に出なければならなかった。

大政翼賛・臣道実践の現実を受け容れるにしても、しかし、そこに相い異なる二つの態度が認められる。その一つは、何の疑惑もなくこれに随順する態度であり、他の一つは、素直に随順できず、といって反対もできず、結局それに従って行くことになるが、前者に較べて、懐疑的・否定的な態度である。

右の第一の場合についていえば、天皇を現人神と仰ぎ、侵略戦争に対して何らの疑念もさしはさまず、仏教で説く四恩――父母・衆生・国王・三宝の恩――を卒直に受容している人々があった。とくに封建的色彩の強い農村では、「国民道徳」の権威は絶対であった。既成仏教教団の説教者・伝道者のできることは、この種の善男善女に、仏教の立場から、新しく「国民道徳」を鼓吹することではなく、むしろ既成の仏教教理と、かれらが堅持している「国民道徳」との両者を、いかに会通せしめるか、にかかっていた。

しかし第二の場合、すなわち、狂気じみた「国民道徳」の鼓吹に同調しえず、また戦争に対して否定的な見解をもつ人々があった。都市の知識層や学生がその中心である。しかし、戦争反対の叫びを挙げるには、各自の力は弱く、またその力を結集し組織する手段をもたなかった。従ってかれらの努力は、「押しつけられた戦争協力」を、せめて、「自覚的主体的な戦争協力」へ自己転換することに向けられた。それは不自然なことであるが、しかし、自己の無力を知った者にとって、デカダンスから免れうる殆んど唯一の良心的な道と考えられた。いうまでもなく、「自己の無力を知る」ことは、仏教者としての第一の資格である。

こうして秋山範二の『道元の研究』(昭和一〇年)や佐藤得二の『仏教の日本的展開』(昭和一一年刊)が読まれ、親鸞や道元の思想に異常な関心が示された。これは、戦争参加の二者択一を、早急に逼られている学生・知識層に顕著に見られる事実であったが、かれらは、日本仏教の先覚者の言行の中に、「鎮護国家」「王法為本」の教説――「国民道徳」――を求めたのであろうか。しかし、仏教と「国民道徳」との会通は、既成仏教教団が現になしているところであり、そして学生・知識層を惹きつけたのは、在俗者の説く仏教――既成教団の枠外の仏教――であった。

国家非常時の声と共に、マスコミの波に乗って仏教は街頭にも進出し、一時は仏教復興の観を呈したことも事実である。釈尊をはじめ、聖徳太子や伝教・弘法、また鎌倉新仏教の祖師たちも、アッピールに応えて登場した。しかし、自己の生命の放棄に直結する戦争参加の決断を逼られている人々――現実そのものを主体的に肯定しえぬ人々――は、「聖旨」＝「国民道徳」との板挟みにあって、自己を「悪人」と考え、親鸞の悪人正機説に救済を求めた。また殉忠の美徳を教えられながら、しかも現実への愛着を断ちえぬ人々は、禅の修行によって、人生についての決着をつけようと試みた。

戦前・戦中を通して、親鸞や道元が復興し、学生・知識層の関心を集めたのは、親鸞や道元が、「国民道徳」の支持者・推進者であったからではない。逆説的ではあるが、学生・知識層自身が、「国民道徳」の桎梏を意識すればこそ、その桎梏からの解放を求めて――たとえその解放が観念的な「諦め」であったとはいえ、当時のかれらに許された最大限の自由の行使であった――親鸞の罪業意識に共鳴し、坐禅して生死を超克しようと努めたのである。

日本の既成仏教教団は、もともと「王法」＝「国民道徳」と相依相即乃至従属の関係にあった。だから、「王法」をぬきにした法然・親鸞・道元らの復興・流行は、既成仏教教団にとって好ましいことではない。そして既成仏教教団の基盤は、「王法」＝「国民道徳」を桎梏・強圧として意識する学生・知識層にではなく、「国民道徳」に対して、何らの疑惑・不信をもたぬ地方農村の善男善女であった。

江戸時代の三百年間は、幕藩体制の支配者に奉仕し、それに依存して存在を保って来た既成仏教教団も、明治以後においては、天皇を中心とする「国民道徳」を強調して、国家との結びつきに期待し、また時の政府も、既成仏教教団の利用を忘れなかった。日華事変当時、「中国において政府(国民政府、引用者註)が仏教を見ること、一種の骨董品を賞玩すると同様であるが、日本においては然らずして、その協力を求めて実利を得んとしている」と記して、日本の既成仏教教団に羨望の念をいだいた『上海仏教日報』の社説は、幸か不幸か、当たっていたといえる。

さて「国民道徳」は、日本の敗戦によって、終止符が打たれた。

「国民道徳」が存続したのは、「大日本帝国憲法」が君臨した約半世紀にすぎなかった。「国民道徳」は、日本の絶対主義・帝国主義の段階に相い応ずる道徳であり、いわば、「大日本帝国」のイデオロギーとして、「帝国」とその命運を共にしたのである。

第一次世界大戦直後、独逸を訪れた高楠順次郎(一八六六―一九四五)は、この地の学者が、その人の日頃の主張に不似合なことを書いているのを見て、その理由を問い正したところ、「それは戦争中に動員されて書いたのであるから、これに対する責任はもたぬ」と答えられ、「国家を虚偽で飾り宣伝で国力を装ふて行くやうなのは、終極は虚偽の国家、虚偽の文明と成り終るのである」と書いている(『生の実現としての仏教』大正一三年)。戦前・戦中の一部の仏教者の言説は、やはり「虚偽」といわれるべきものであろうか。

しかし、「国民道徳」をめぐって、既成仏教教団といくつかの新仏教運動との間に、明白な差異のあったことが注目される。既成仏教教団は、「国民道徳」の鼓吹者の役割を演じたが、しかし、新仏教運動では、意識的乃至無意識的に、「国民道徳」は無視または排除された。この事実は、遡って、鎌倉「新仏教」と当時の旧仏教教団との関係を示唆すると共に、また今後の日本仏教の在り方をも示唆しているのではなかろうか。

（参考文献）

吉田久一『日本近代仏教史研究』（吉川弘文館）
田村円澄『日本仏教思想史研究（浄土教篇）』（平楽寺書店）

家と宗教

森岡清美

一　宗教の個人性と集団性

宗教によって与えられる問題の解決は、がんらい、人間ひとりびとりについて成り立つものである。また聞法の場に参加することそれ自体が、これを自主的に選びとってゆく個人の決断を前提としている。それゆえ、宗教は、個人的なものである、といわねばならない。この点を考察する手がかりとして、北陸一農村の農婦さんが語る一つの例をみよう。

「私は、十六歳の時にこのY家へ嫁いできました。当時夫は山奥の分教場の教員としてそちらに泊りきりでしたから、新婚早々夫を山の学校に送り出したあと私は年寄り夫婦と共に毎日野良へ出ました。全く、夫の妻というよりは、Y家の働き手として迎えられたのです。農村の嫁の苦労はなみ大抵のものではないのに、私には、その労苦をいたわり慰さめてくれる夫が別居しているのですから、堪えがたく悲しく苦しいものでした。それでも、私はよき嫁たろうとして、誠心誠意努力しましたが、いくら努めても非難されるだけでした。しかし、誠意の通らぬことがあるものかと、必死に働き、すべてを善意にとり、よき嫁といわれる日の来るのを待ちました。その結果、何とか心を表に出さずに振舞うことができるようになりました。ああ、これで誠を貫き通せたと思った瞬間、ふと反省すると、自分の心のなかは前にもまして恐しく醜いものでした。この時完全にうちのめされて、始めて本当の生死巌頭に立ったのです。今は生きながらえるよりは、と、子供を背負って夕闇迫る川岸に立ちました。しかし、『お前は死んで何処へ行くというのか』、と突然心のなかでささやきかける声を聞いた時、死ぬこともできず、ふらふらと家へ帰る気になったのです。

前々から暁鳥先生のパンフレットなど読ませて頂いておりましたが、この時本当に求道の志が燃え、二十一歳の春までもがき抜きました。姑や家の者に、『夜寝なくてもよいから寺へやって下さい』、と気狂のように毎日訴え続けました。そして近郷近在のお寺さん方を訪れ廻って道を求めたのです。郡内だけではあき足らず、近くのK市まで出かけました。K市の寺々を遍歴しているうちに、何とか一応心の安定をえたように思います。私は人生の逆縁によって、娑婆の道徳の行き詰ったところで、仏法に遭うことができたのです。』（真宗第六〇三号、一〇〜一一頁から要約）

Yさんの求道は、因習のままに生活する態度や、他人もこうだから私もこの位はという、相対的なものの考え方からは出て来ない。他人はともかく、自分は誠意を貫き通そうとした努力の、その必然的な限界から生きることも死ぬこともできぬぎりぎりの窮地に立たされ、そこから仏法への道が開けたのであった。求道を発意するのも、また、罪の赦しや救いにあずかるのも、「私」であって、「われわれ」ではない。

しかし、他面、宗教は純個人的なものではない。Yさんの求道は、彼女の主体的な発意に基づいているが、仏法に遭うことができたのは、人世の逆縁を通してであった。誠意を認めてくれないどころか、却って誤解と非難が増し加わることの辛さに、じっと泣いていると、「お前は涙で人を殺す気か」と責める姑、自分の職務に忠実であるばかりで、妻の苦しみを理解しようとしない夫、こうした人間関係がYさんを聞法の場へおしやったのである。のみならず、聞法という新しい人間関係のなかで、Yさんの信仰は育っていった。信仰は、同信者の共同体《ゲマインデ》において客観的な共通の体験となるのでなければ、萎びゆく外はないであろう。この意味で、宗教は集団的社会的な場を必要とする。まして、宗教の重要な一部である儀礼や行事が維持されるためには、必ず集団の基礎をもたなければならない。

　このように、宗教には個人的側面と集団的側面があり、両者相まって現実の宗教生活が形成維持されるのである。両者はつねに相伴うけれども、必ずしも調和的に並存するわけでなく、西洋における分派の歴史に見るように、ときとして信仰の個人的側面が集団性を否定しようとすることがあり、また儀礼の集団的側面が個人性を圧殺してしまうこともある。「家と宗教」の問題は、この後者を含む問題として提起せられる。

二　家と宗教

　わが国では、社会生活の単位として、家がもっとも大切なものの一つであった。家と並ぶ重要な単位が時代によって移り変っていっても、家だけは一貫して重要性を失わなかった。そこで、近代までの重要な社会集団がおおむねそうであったように、家も一つの宗教団体（教団）をなした。家の一員となることは、この教団の一員として、家長主宰のもとに行われる先祖祭・家の神祭りに参加することに外ならなかった。そこでは、民間信仰の系統に属する祭りばかりでなく、仏教など創唱宗教といわれるものも、家の祭りとして受けとめられたのである。

　仏教が家と結びついたのは、直接には近世の檀家制度による。しかし檀家制度は、仏教が葬祭と結びついて民間に下降浸透したことと、庶民の家が小さくとも葬祭の執行単位たりうるだけの独立性をもつことを前提とした。それゆえ、檀家制度の確立に先だって、仏教が多かれ少かれ家と結びつく必然性と現実がすでにあったわけである。明治に入って檀家制度は法的な裏付けを失い、明治九年には信教自由の立場から、「一戸中甲乙宗門ヲ異ニスルモ不苦」（大谷派配紙）と指令されたが、実際には依然とし檀家制度が存続した。また、法律の語句でも、檀家の語が次第に使われなくなり、専ら檀徒とか信徒の語が用いられるようになったけれども、寺檀の関係が個人単位に改まったわけではない。制度の改廃にかかわらず、家単位に特定宗派および寺院への帰属がきまるという形態には、変化がなかった。

家単位に宗教がきまるのは、信仰よりも儀礼に中心が置かれるからである。その儀礼も、葬式・年忌・盆・彼岸など先祖供養が主軸をなし、信仰などはお念仏でもお題目でも何でもかまわないという、いわば無信仰の状況にあるとき、家単位に宗教がきまりやすいことはいうまでもない。それらは家の行事として、家に属する者すべてに参加を要請するのである。信仰訓練が比較的よく行われる真宗ですら、門徒の宗教生活の基調が先祖供養にあることは、東本願寺教化研究所が昭和二十八年に石川県江沼郡下四部落について行った意識調査の結果にも、明瞭に表われている。すなわち「何故僧侶は居なければならないのですか」という質問に対して、「先祖を祀るため」と答えたのが実に四四％、「信仰の導きとして」二三％、「仏教の話をして貰う」一五％、「精神修養」一五％、「日常の相談相手として」二％、であった。「信仰の導きとして」以下にも、「先祖を祭るため」という理由が積極的に排除されているのでないから、この数字をさほど重視するわけでないが、やはり、真宗門徒の間でも先祖供養が寺を維持する第一原因であることが知られる。この点をさらに明瞭に示すのは、「寺・僧侶・仏壇・墓のうち、何が一番大切ですか」という質問に対する答の分布であって、仏壇が何と五五％、墓がそれに次いで二七％、寺はずっと落ちて七％、僧侶六％となる。[1)] 仏壇・墓が一番大切なのは、いうまでもなく、先祖祭りの直接的拠点であるからである。この先祖が個人の血統上の祖であるなら、父方母方双方の直系尊属を先祖といわねばならないが、家の系譜と重なる直系尊属の祭りがとくに重んぜられるばかりでなく、血統は続いていなくとも家の系譜上の祖であるなら、これまた供養の対象にされるところを見ると、先祖祭りの「先祖」とは、結局、家の系譜上の先人ということになる。かような先祖の供養が宗教生活の中核をなし、これに宗派的粉飾が加わるとき、檀家制度があってもなくても宗派が家単位に決定されることは、必至といわなければならない。

しかし、家単位に宗教がきまることは、必ずしも無信仰状態を前提し、あるいはこれを随伴するものでない。むしろ、まず家単位に、家に属する全員の宗教帰属を予め決定した上で、その宗教の要求するレベルまで訓練して引き上げる努力がなされる。ここに宗教教育が成立するのである。奥能登の真宗門徒について見聞したところによると、門徒の家では幼少の頃からお内仏（仏壇）に朝夕お礼をとげるよう躾られ、とくに長男にその励行を求める家がなかにある。少くとも、盆・正月には一家揃ってお内仏に参詣し、オジジやヤヌシ（家長）の調声によって正信偈を読誦する。お内仏に対する礼拝は、老人ほど鄭重であることはいうまでもなく、文盲のオババですら正信偈と重だった「お文《ふみ》」（蓮如消息）を暗記している者が少くない。神棚に対しても合掌して念仏を唱え、こんにちなお報恩講の期間と彼岸に精進をやかましく実行しているのも、これらの人々である。[2)] こうした家庭環境は自ら宗教教育の場として作用し、意図的な躾とあいまって、真宗門徒を育成していく。右に述べた限りでは、儀礼の伝習に止まるかのようであるが、儀礼は信仰の表出であるからには、儀礼を学び、かつ実践することを通して、そこに表出された信仰内容また、素朴な形であるにせよ体得されていくのである。のみならず、寺で説教があるとき親に伴われて聴聞することもあり、充分には理解し難いとはいえ、信仰訓練の機会としてこれを看過することはできない。

門徒訓練を支えるのは、仏壇を中心とする家庭の躾であるが、より専門的な訓練が行われる場は、いうまでもなく寺である。ことに日曜学校とか子供会・仏教青年会など、青少年むきの組織にその色彩が濃い。キリスト教に比べると、信仰面・教義面の訓練は充分でないが、それでも儀礼面を中心に宗教的情操を培うことができよう。門徒の多い部落に、部落単位で結成されている仏教青年会にも、同様な門徒訓練の機能がある。例えば、渥美半島の一漁村波瀬の仏教青年会は、年二回、旧正月と十二月に法要をいとなみ、布教師の説教を聴聞するが、そのさい、主に長男達が松を主体とするヨセ花式の花飾りの作り方を学び、また青年一般に、三日位前から正信偈の合同練習をするという具合に、ムラと家の宗教的伝統を維持するための訓練がなされるのである。[3)]

家生活は一つの家で完結しえず、他の家々との生活連関においてはじめて充実維持される。それと同様に家単位できまる宗教帰属も、同じ宗派に属する他の家家とのかかわりあいのなかで維持されるのである。部落の仏教青年会はその一例であるが、部落の門徒が何らかの集団活動を行っているとき、しばしばこの活動を通して門徒訓練がなされ、家の宗教の維持に大きな力となることがある。一例として、奥能登一帯に見られるオザ（御座）について述べよう。

オザは、各部落の門徒団の月例行事として、当番の門徒の家で開かれる。その中心は御示談《ごじだん》にあるが、手次の僧も布教師も招かれず、一座の長老を指導者として法義問答がなされるのである。まず、宿の主人が挨拶をかねて申述べる領解《りょうげ》の口上は、次の通り一定している。

> おそれながら、この身の念仏の申し心を調べてやってくださいませ。じんじきさま（善知識様）の仰せさまのしたに、雑行《ぞうぎょう》をすてて一心に阿弥陀仏後生《ごしょう》おん助け候えと頼み申して、頼む一念のとき後生は一定《いちじょう》、おん助け治定《じじょう》と心えさしめもろうて、あいまこうま（合間小間）に念仏申さしていただいております。おことばは申し述べましたが、何も知らんやつでございます。どうか、いくえにも育ててやってくださいまし。

主人の口上が終ると、宿のオババ・アンサマ（相続人）・オカカ（主婦）など、領解を申し述べることのできる家族員が順次これを述べる。口上は、親や祖父母から教えられて習得する門徒の家の宗教的遺産の一つであると共に、オザを共通の場として、部落の門徒団の内部でさきに掲げたような一定の共通形式ができ上っているのである。したがって、オザを共通にしない他部落の門徒団の伝承と比べてみると、文句の細部は少しずつ相違する。次に示談の一こまを例示しよう。

オババA「Bのオジジ。どうしたら我が身を知られるものか、教えてくだされ。」

オジジB「我が心のどん底が、親さまの光明に照らされて、はじめてはっきりと見える。こうして、己れのおぞい（おそろしい）ことを分らせて貰うんじゃ。」

オババA「智慧や学問では分らない、と戴かして貰った。この年齢《とし》までうかうかとしていたが、ほんに我が身知らずじゃった。」

オジジC「それはあんたばかりじゃない。六字の名号を暗い心の底に映して貰うて、はじめて我が身を知る。我が身のおぞい手元を見るにつけても、この俺を救うてくださる親じゃったと、親のお慈悲の手許を見るんじゃ。してみれは、小言のありようはないはずだのに、親にたてづきたてづきしてきた。」

オババB「邪慳驕慢の人とは誰だろうと、いままで他人《ひと》事に思っていたが、実はこの俺のことじゃった。」

オババAは明治十九年生れ、オジジBは明治二十五年生れ、オジジCは明治五年生れの高齢者。この例はオザに実際に参加して、聞きとった速記録の抜萃である。[4]これからでも推知できるように、一座の長老とおぼしい一両人は、どのような質問が出されても、布教師のように澱みなく、歯ぎれのよい鋭い表現で、立ちどころに要領よく説明してしまう。彼らは、親鸞の伝記や説教本を買って読み、農耕に支障を来すほど説教の度毎に寺へ参詣するばかりでなく、個人的な法座にも参加して法義に明るく、なかには僧侶にまさるものさえある。日中は田の泥にまみれて働く農民、そして小学校も満足に終っていない人々とは、思いもよらない。

さて、オザは信心の沙汰をする部落門徒団の広場であるが、それは信者や求道者の聞法の欲求に貫かれた集会であるといえるほど、純粋でもまた単純でもない。その一端は、オザへの出席がむしろ一種の村つきあいと考えられ、門徒各戸から誰か一人は参加するものとされている事実に見ることができよう。オザ出席は、家政に積極的な責任のない、そしてどこかで気楽な話し相手を求めている老人の仕事となっている。出席者の大部分を占めるオババは、求法の熱意によるよりは、一種の部落統制に対応する家の機能分担としての参加であるためか、その過半が示談中に居眠りをしている、という状態も見られる。しかし、このようないわば強いられた出席を重ねるうちに、いつしかオザの雰囲気と法話のなかに馴致され、一身一家の不幸を機縁として信仰をえた人も、いく人かはある。オザは事実上翁媼の集会であるが、それはまた、四十歳になっても寺詣りをしない人に対する社会的非難の発生地盤であることから知られるように、部落における真宗的価値観念の有力な支柱として、重要な社会的意義を荷っている。オザは、家の框で予めとらえた門徒を、門徒の名に価する存在にまで教育していく効果的な施設の一つなのである。

以上述べたように、家単位に宗教への帰属が決定されても、家成員のひとりびとりを、真にその宗教団体を構成するにふさわしく教育する努力が、家・部落・寺院においてなされるならば、儀礼のみならず、信仰も伝達保持される。しかし、きわめてしばしば、この努力が不充分にしかなされないため、人は教団と因習的につながりを保つのみで、一度も信仰の感激を味わったことのない状態に陥る。そこにただ先祖供養の呪術的機能を果すものとして寺僧が立ちあらわれ、そのサービスの固定的顧客として檀家があるという、こんにちきわめてありふれた状況を現出する。その結果、寺は群馬県某中学校三年生の作文で次のように描写され、批判されるのである。

まず、「今日では仏教は信じるのではなく、ただ名前ばかりのものであろうと私は思います」(女)。したがって、「お寺というのは、お経やいろいろなものをしん《(進)》ぜたりするもの」(女)と、儀礼面を中心にした理解が生れ、中学生にとって、「お寺などは全く無関心である」(女)ということになる。けれども、考えてみれば、「私達の家はお寺と深いつながりをもっている。それは祖先の方々がいか《(埋)》っているからである」(女)。単に先祖が埋葬されているばかりではない。「今は若い私達でも、あと何十年か後にはお寺のお世話になるのです」(女)それゆえ、「お寺はどうせ一度は誰もお世話になるもの」(男)という、いささかこっけいな規定さえあらわれる。ところで、中学生の柔軟な心には、「お寺というのはどうして死ねばみな行くのだろうか」(男)、という疑問が浮ぶ。のみならず、「死んだ人が生きかえるわけではないのに、何故人が死ぬと坊さんにおがんで貰うのか」(女)、と彼らは問うのである。そして、「死んだ人よりも生きている人を大切にしてほしい。死人を預かるほかに、檀家に説教してこれを導くのが寺の役目ではないか」(男)、という急所をついた問題提起があらわれる。さらに、「寺は寄付ばかり集めに来るが、そんなに寄付ばかりとるではない。お寺へ寄付するよりも、服でも買った方がよいだろう」(男)、ということになり、手きびしい批判がとび出してくる。強く非難せずとも、「お寺という所は人に貰ったりしては食べていくのだから、いやな所だなと、心の中で思う時もある」(女)。あるいは、「お寺は人をいけ《(埋)》るところだから、気味がわるい」(女)、という。こうした嫌悪・批判あるいは無関心の半面、寺の存在意義を弁護した作文は一枚もなく、却ってこの公立中学校に近いキリスト教主義に立つ某学園の生徒の作文のなかに、「お寺は、外見にかかわらず案外貧乏です。坊主ぼっくり丸もうけというが、近所の人たちは寺に対して大変無関心で、自分の利害きり考えない人たちです。お寺は苦しみばかりだな、と思いました」(男)、というのがあるだけであった。中学生の宗教意識は、まだまだ父兄の宗教的態度の投影であるから、これらの作文のなかに、一般の成人の意識を窺い知ることができよう。それは、信仰訓練を欠いて、緩みきった寺檀関係という外ない。

家単位の宗教帰属に信仰訓練が伴わないとき、宗派の立場からみれば、名だけの信徒をつくることになるが、先祖供養は依然として重視されているから、家族員で他の宗教に改宗しようとする者があると、累代の祭祀の形式を改廃することはすなわち先祖の素志にもとるゆえんとして、強硬に反対された。キリスト教や天理教など、新しく布教された信仰を告白するとき、とくにそうだった。明治初年に熊本バンドの一人として改宗した横井時雄に対して、その母は、お前がどうしても耶蘇になるというのなら、自分は亡き夫（横井小楠）に相すまぬから、死んでお詫する、こういって懐剣を抜き放ち、改宗を思い止まることを迫った。この逸話はたいへん有名であるが、同じような考え方は名もない庶民の間にも見られた。群馬県安中キリスト教会の受洗者名簿を点検すると、先祖祭祀の責任者たる家長が改宗した場合、他の家族員も比較的容易に福音を受けいれるが、家長以外の者が信徒になった場合には、他の家族員がこれに、追随することはきわめて少い。[5] この事実は、家の宗教の名において強い抵抗があることを推知せしめる。また、真宗では信仰の訓練が部落の門徒団にても行われたように、「邪教」を排撃して家の宗教を護持する運動も、部落門徒団によって展開された。例えば、大阪府下の真宗寺院から発見された一八九四年（明治二七）八月付の誓約書は、大字西面の有志が協議して、祖先伝来の仏教を護持せんがため、天理教などに改宗する者と交際しないことを約したものである。

このように家の宗教は、無信仰状態を随伴しやすいばかりでなく、祖先伝来の宗教以外の、個人の自発的な信仰を窒息せしめる傾向が著しい。ここに、家の宗教のもつ問題性があるのであるが、それでは、家は常に信仰の妨害者として登場するのであろうか。

右の点が最も鋭く現れやすいプロテスタント・キリスト教について、家と宗教の問題を考察してみよう。そこでは個人単位に教会に所属するのであって、家単位に、出生や縁組の偶然によって所属の教派や教会が自動的にきまる、というものではない。しかしながら夫婦単位のいわゆる近代家族が成熟せず、伝統的な家が依然として大きな意義を荷う地域社会において、しかも、家への所属によって宗教的帰属が決定される寺院や神社とキリスト教会が地域的に併存するとき、キリスト教とても家の宗教としての様相を払拭しきることは不可能であった。不可能であったばかりでなく、家ぐるみ改宗させてゆくことは、異教社会に伝道の根を下すために必要ですらあった。もちろん、家長が家を代表して改宗することはありえず、家長も、それ以外の家族員も、個人として信仰を告白するのであるが、獲得した一人の信徒を足がかりとしてその家族員に伝道し、能う限り家の全員を信徒たらしめることは、最初に改宗した人の信仰を育てる上に必要な努力であった。最初の一人が家長でないときには、家の側からさまざまな圧迫を受けるが、一たび家長を信徒として獲得すれば、地域の人はこれを、「キリスト教の家」とみなし、その家のなかではキリスト教は却って保護され、他の家族員の改宗がこれに続く。こうして「キリスト教の家」の実質を充実したのである。だから、家は新しい信仰を拒否すると共に、ひとたび新しい信仰を受けいれた以上は、却って外部に対してこれを保護するという、二重の作用をなすことが判る。

「キリスト教の家」であるかないかは、鎮守や檀那寺の費用を出すか出さぬかで、最もはっきりと示された。我が国でも初代教会では、家長が改宗すれば、教会の申合せに従って、「偶像」の祭に協力することを忌避した例が少くない。この家長の態度表明によって、家族員の信仰いかんにかかわらず、家自体の宗教帰属がきまる。村や町では、家の框を座標軸としなければ個人の宗教的位置を測定しえないのであるから、「仏教の家」に対して、「キリスト教の家」が設定されるのは当然であろう。信徒に対する迫害も、村はちぶとか不買同盟の例から窺われるように、信徒個人に向けられるよりは、「キリスト教の家」に対する迫害としてあらわれた。そして、迫害を通して「キリスト教の家」が一層あらわに「仏教の家」に対立せしめられたのである。

教会への献金は、寺院や神社に対する負担の伝統と家業経営における個人収入の欠如などから推測されるように、家としてまとめてなされる傾きが強かった。そこで、家単位に属する形になりやすい。のみならず家の宗教として二代・三代と伝えられるにつれて、初代信徒の信仰は昔語りとなり、ただ葬式などの儀式を牧師の主宰でとり行うだけの、仏教の寺檀関係にも似た様相を呈するものさえある。しかし、教会側としては、個人の自覚的な信仰に教会の基礎を置こうと努力することはいうまでもない。献金についても、家長が全額負担をして、他の家族員は教会維持の責任を直接分担しないのでは、教会のために愛の労苦をとる観念が各人にまで徹底しないから、父は父、子は子、妻は妻として、それぞれに献金することに改めた例が、早くも明治二十年代にある。すなわち、「主人ノ家族アル信者ニシテ三十銭ノ教会費ヲ出スト仮定セバ、二十銭ヲ父ノ名分トシ、五銭ヲ子ノ名分トシ、五銭ヲ妻ノ名前ニテ出ス」（甘楽第一基督教会記事）こととし、徴集も教会員個々人を対象とし、家長のみに催促することのないよう改められた。妻子に請求しても、実は献金分として家長が与えたものを、妻子から収納するにすぎないのであるから、家としてまとめて家長が負担するのと、金の出所も、またおそらく金額も、変りはないはずである。しかしこの改正によって、教会維持に対する責任の自覚を、家長以外の信徒個々人にも植えつけるところに、狙いがあったのであろう。群馬県原市のキリスト教会などは、月定献金として、「各信徒一日ノ働キヲ目的トナシ納ムルノ慣例」（原市基督教会記事）であった。キリスト教も、家の宗教となることによって安定はするが、同時に信徒の自覚の喪失をもたらしやすいので、このような具体的な事柄の処理においても、個人の自覚を喚起する工夫がなされねばならなかったのである。

三　家族と宗教

キリスト教会が都市に集中することは周知の事実であるが、そこでは、クリスチャン・ホームの形成が叫ばれている。クリスチャン・ホームは「キリスト教の家」と同義ではない。「キリスト教の家」とは、「仏教の家」における仏教が、キリスト教にすり代ったものと考えてよい。それゆえ、代々家の宗教としてキリスト教を奉じていく、安定した連続の観念がこれにつきまとっている。しかるに、クリスチャン・ホームには、安易な連続の観念が含まれていない。それは、キリスト教信徒たる夫婦によって定礎され、生れ出た子をキリスト教の信仰に導く努力を続けつつある家庭であり、かかるものとして教会の構成単位をなすのである。したがって、キリスト教を家の宗教とするのではは信仰喪失の危険が大きいが、クリスチォン・ホームにはその危険は比較的少いということができる。

田舎町や農村に「キリスト教の家」が見られ、都市にてクリスチャン・ホームの形成が叫ばれるのは、両地域における家族形態に差があるためである。前者では累代相続の「家」を代表的形態とするのに対して、後者では、夫婦単位に形成され、そして消滅する家族を特徴的形態とするので、キリスト教を受容する家族の対応も異なってくる。こんにち、かつての「家」制度が改廃され、夫婦中心の家族形態が、理念の上でもまた事実においても、大きな地位を占めるようになった。その結果、寺檀関係を主軸とする家と仏教との結びつきも、多かれ少かれ弱体化しつつあることは、一般的な動向であろう。もちろん、先祖供養は寺檀関係の強靱な支柱として保たれているけれども、家の外に出てゆく次三男にとって、先祖供養は新しく寺檀関係を設定せしめるほど、根深い執念ではなくなっている。

寺檀関係は、煎じつめれば、檀家に対する寺僧からの法施と、寺僧の法施に対する檀家からの財施との、超世代的な交換関係によってなりたつ。法施の根本は死者を現実界から幽界に移し、幽界において新しい安定した生命を賦与することにあるが、この機能は相手方のいかんによって厚薄の量的な程度差を含むものでない。かかる量的な測定を許さない法施に、量的な限定をもつ財施が対応するとき、無限大か無限小か、その一つに財施が方向づけられる。まず、「後世《ごせ》をねがう」人にとって、法施はこの上もなく有難い作用であるから、定額定量を超えた負担にも喜んで応ずる。しかし、「後世をねがう」心の薄い人にとっては、法施のごとき所詮一つの形式を完うするものにすぎないから、せいぜい安く値切るに限ることになる。こんにち滔々たる世俗化の傾向は、後者の方向に強く人々を引きつけている。そのため寺の収入は激減した。これに対処すべく、住職が教員や書記などを兼職したり、貸家を建てて家賃収入に依存したり、旅館めいた営業をしていることが、一層布教のための時間と精力を減殺せしめ、いよいよ兼業収入にたよらねばならなくなっている。

以上述べたように、家族のあり方の変化と世俗化の傾向が、寺院経済の問題とからみあって、寺檀関係を崩しつつある。がんらい寺檀関係は、一部を除いて信仰的要素が稀薄であるから、いつか凋落の日を迎えることと思われる。そこで、個人の自覚的信仰に基礎をおく組織をうちたてることが。こんにちの仏教教団の大きな課題になっているわけである。しかし、ただ個人を問題にするだけでは解決が与えられないことは、すでに述べた通りであって、個人を包む第一次的環境たる家族に注目し、家族のなかで個人の信仰を培う配慮が必要であろう。個人の自由な信仰の告白を拒否し先祖代々の宗派に固定的につなぎとめる「家」ではなく、夫婦の合意と協力で形成され育てられる家族のなかに、個人の自発的な信仰の温床を開発することが要請されよう。そのさい、「キリスト教の家」を否定しても、なお提唱されねばならぬクリスチャン・ホームの先例が、一つの示唆を与えることと思われる。あたかも、現代の家族理念の変化は、この方向に進むことを容易にしている。しかし、家族のなかの個人は、主体的に行動することが許されているから、宗教の外にとび出し、世俗化の時潮に乗って教家の手の届かぬところに脱出する可能性も大きい。家族理念の変化を、新しい教団形成の勝機としてつかみうるか否かは、一つにかかって教家の自覚と努力にあるのである。

（一九六〇・八・二八）

註

(1) 教化研究別冊第二、農村と寺院、一四七～八頁。
(2) 拙稿「宗教生活」能登―自然・文化・社会―所収、二一三、二一六頁。
(3) 島本彦次郎ほか「波瀬村モノグラフ」愛知大学綜合郷土研究所紀要第三輯所収、三六頁。
(4) 拙稿「浄土真宗の農村布教と基督教伝道」福音と世界九の九。
(5) 拙編著、地方小都市におけるキリスト教会の形成、六七頁。

仏教と神道

――両者の習合の素因について――

竹園賢了

序

現今日本の大部分の家庭では仏壇と神棚とが共に設けられ、地域的に壇徒と氏子という重複した信者団体が組織されて、子供の誕生には宮に参り、葬式は仏教式で行う如く過渡の儀礼が両宗教で行われていることなどは、仏教と神道とが平行して日本人の宗教となっていたことを物語るものである。この現象は神道という固有宗教が日本民族の発祥以来、彼らの宗教の底流となり、これに外来の仏教が入って永い間に習合して信仰されてきた結果である。このように習合した宗教形態は外国に見られぬ珍らしい現象であるが、どうしてこうなったのであろうか。これを歴史的に詳述することは、本稿に許された紙数では不可能であるから、ここではその素因について述べることにしたい。

日本の固有宗教と仏教とは本来性質を異にする宗教であった。云うまでもなく前者は民族的宗教であり、後者は普遍的宗教であった。仏教は民族や国家の別を越えて遍ねく人間の自覚や救済を説くという点で普遍的宗教であるが、その人間とは個人を指しているのであるから、また個人的宗教でもあって、固有宗教が集団の利益を祈る民族的宗教であったのとはその性質を異にしていた。仏教はその根本教理によって人間の自覚を教え、或いは仏教に付随した三世、輪廻、業の思想によって人間の現世や来世の救済を述べたから、仏教を受け取った日本人は今まで意識しなかった個人的信仰をその機根に応じて抱くようになった。従って彼らの仏教の理解と信仰とには浅深の差があったけれども、均しく個人的信仰に目覚めるようになったのは全く仏教の影響であったと見なければならない。

これに反して固有宗教は主に農業生活に基づく自然崇拝と霊魂崇拝とであったから、豊作や部族の安泰を祈る儀礼がその全てであって、たとえ国民的宗教に統制された時代においても、その統制は政治的に行われただけであって、宗教としての形態の整備はあったが、依然として原始的宗教の要素をもつ民族的宗教であったから、普遍的宗教の本質である個人的信仰を生むものではなかった。

けれども仏教は固有宗教とその性質を異にしながらも、国家的祈願儀礼を形成していたから、固有宗教の国家的な祈願儀礼に類似したものがあった。従って為政者の求める国家的祈願にも容易に応じたから、このために、官府の宗教として栄えることができたのである。天皇や貴族は固有宗教の祭司を兼ねながらも仏教の教説によって個人的信仰をもち、仏教に深く傾倒して、その思想を国民指導の道として取り上げると共に、為政者の立場から仏教儀礼を国家的祈願のために盛んに催したから、彼らは両宗教に対して二者択一の態度をとらなかった。こうして両宗教は国家的祈願の面で平行して為政者に信じられたのである。

一　日本の固有宗教

さて神道とは日本の固有宗教を、仏教の伝来後、これに対立した宗教と主唱するために用いた名称であったが、勿論「教」とか「道」とかいう内容をもつ宗教ではなかった。このような固有宗教を推察し得る古代日本人の生活は已に農耕生活に入っていた。紀元前三—二世紀頃から農業を営む人種が大陸から北九州地方に入って来て、次第に原日本人と混血しながら全土に広がると、原日本人の採集生活も農業生活に変ってきたから、日本民族の生活は早くに農業本位となった。農業は集団的に営まれ、その豊凶作は天候、気象などの不可抗力に左右されるから、主として農業生活に利害を与える自然、例えば稲米、山岳、風雨、雷霆、太陽、海などに神秘的呪力を感じて、この自然の呪力を増強或いは抑制して、豊作、降雨、集団の安全を願うために、自然に対して集団的に種々の儀礼を行った。この儀礼では特殊の人間即ち呪術師が呪文を唱えることによって呪力を感応、増強させてその目的を達しようとする呪術的行為が多く行われていた。呪術師が呪力（マナ）を得ようとする積極的呪術と、そのために禁忌（タブー）する消極的呪術とはこの宗教に不可欠の要素であったから、固有宗教にはマナ＝タブー型という原始的宗教の形式を帯びていた。

次に古代日本人の神観念は自然についての呪力観から発生したが、人間の霊魂観念の類推に伴って、自然に宿る精霊、或いは自然から遊離する精霊の観念となり、さらにこれから発達した神祇の観念が生まれて、自然神の観念が発生し、このような自然神に古代人のもつ人格の観念を投影して人格神の観念となったのである。従ってここに神話が生まれたが、日本の古代人は印度人やギリシャ人の如く比喩の能力や想像力が豊かでなく、擬人化も不十分であったから、人格性は明確でなく、神話も素朴であり、神の個性も不明瞭であった。このように呪力をもつ自然、それから発生した自然神、人格神を何れも「かみ」と呼んでいたが、「かみ」の観念に推移があったと同様に儀礼も呪術を主とするだけでなく、祈禱を述べ、神を畏敬する態度の加わる「まつり」となってきた。

まつりを行うには山中、森林、河辺などの人里離れた処を一時的に神域と定め、ここに石や樹木を置いて神を呼び寄せ、夜間に集団の全員が集り、その長が祈りの言葉を述べ、巫女が踊り狂って口走る言葉を神の託宣と聞いて祈りの達したことを喜び、或いは予兆を聞いて集団の生活を定め、供え物の酒饌を飲食してはしゃいだ。まつりを行う機会は集団の危機に直面した時、即ち農業の播種と収穫の時期、疫病流行、天災勃発、出航等であり、祈る目的は慈雨、豊作、除病、安泰等の集団の実利であった。従って前記の呪術もこれと共に行われていた。

以上のような固有宗教は部族的に種々相をもって行われていたが、国家の形成に従って次第に変化してきた。即ち三世紀半から大和朝廷によって諸部族が統一されて、古代国家が形成されるようになると、固有宗教も徐々に統制されて国民的宗教に組織されてきた。先ず朝廷のまつっている神を中心として諸部族の神を観念的に統制して、統治者の権威を示す政治的神話をまとめた。朝廷の奉じた大日孁貴《おおひるめのむち》を天照大神と称し、太陽神の如くに表現して日神とも呼んだ。この神を最高神すると共に皇祖神と見なし、この神から統治者の系譜が流れ出たことを強調し、また諸部族の奉じた神は相互に何の関係もない自然神や人物神が別々に農耕神、国土神、祖先神として祀られていたのであったが大和朝廷の神の下に血縁関係をもって併合された。

このように神話の中に観念的に諸神が統一組織されて神統ができたが、具体的な統制としては、神をまつる場所、建物、まつり方を定めたことである。即ち神域を固定し、神のよりつく物を鏡、剣、弓などと定めて、これを保存する祠《ほこら》を右の場所に建てるようになった。そうして最高神を伊勢の五十鈴川上にまつり、ここに神殿を建て、鏡をよりしろとし、奉仕者に特に皇女を選び、ここで農業儀礼を国家的に催した。天皇は固より祭司を兼ねていたから、当然最高神をまつる祭司となって新嘗を行った。同様に諸氏族の神のまつり方も整え、神殿の地を定め、その維持の料を与えたから、氏族の長は祭司として、神への奉仕を怠らなかった。このように国家的に統制されたけれども、固有宗教の本質が自然崇拝や霊魂崇拝であることに変りはなかった。丁度この頃に仏教が伝来したのである。

二　仏教の呪術的受容

仏教は印度及び中国において已に呪術的要素を付加

していたから、日本に伝わって以来、固有宗教の呪術的傾向に応じて受け容れられても、このような受容を敢て拒まなかった。従って両宗教は呪術的祈願という点で、伝来当初から習合の素因をはらんでいたのである。百済の聖明王は仏教を公式に伝えた時、「我法東流」の使命を果たすという積極的意図をもっていたのではなく、ただ珍らしい仏像を「祈《もこ》め願うこと情《おもい》の依《まゝ》に乏しき所なき」宝として贈ったのである。これは仏像の呪力を信じていたことを示すものであって、受けた側も珍らしい相貌端厳の仏像に驚異を感じて、この仏像を如意の宝珠と喜んだのである。神の「よりしろ」として鏡、剣、玉をもってはいたが、神像を造らなかった上代人にとって、金色さん然と輝く仏像は驚異と共に呪力を感じさせるに十分であったから、忽ち個人的な最大の願望である病苦の平癒を祈ったのである。馬子が敏達十四年二月、仏の石像に寿命を延べるように祈り、同年六月、病を治めるように願い、用明二年四月、天皇の病気のために丈六の仏像と寺とを造って祈ったこと、法隆寺の薬師如来像や釈迦如来像は用明天皇や聖徳太子の病気を祈って造られたことなどを見ても、仏教伝来後半世紀間は仏像に病気平癒を祈ることで終始していた。

　このように最も高度に象徴化された仏像が最も低い偶像観をもって受け取られたのであって、ここに日本における、仏教の原始的受容の傾向を見ることができる。この傾向は、教理が理解された時代になっても続き、日本の仏教史を貫いて流れていたのであるから、このような仏像観は祈願に堕した仏教儀礼と共に、神仏を併存せしめ、さらに習合させる動機となったのである。

　次に仏教儀礼もまた呪術的祈願と死者追福のために上代人を引きつける魅力となった。仏教が荘厳な儀礼を形成したのは、その根本義に基づくのではなくて、現実的祈願と死者追福のためであって、主として中国で始まったのである。仏教の初期教団においては、戒律を守って梵行を修する集団生活を送り、煩悩を抑えて解脱に達するために、禅定、冥想、懺悔を重んじたから、これについての規定は細かく定められていたけれども、祈願を行うことはなかった。阿含の経典には来世、霊魂、浄土の思想もなく、あくまで現世における自覚を問題とし、人生のすべての苦悩を理性的に解決しようとしたから、仏陀についての超自然的記述もなく、従って祈禱を主とする儀礼は生まれなかった。阿育王の詔勅文に祈禱に頼る言葉が見出されないのも、当時の仏教に祈禱が行われていなかった証拠である。

しかし仏教が大衆化すると、覚者と仰いだ仏陀に印度人のもつ神変思想を付加して、これを超人化し、また大乗仏教の説く法身仏にも神変力が付加せられ、さらに神変力そのものが擬人化されて、諸仏、諸菩薩が生まれるようになると、仏、菩薩は超人的な神変力、即ち神通力をもつと考えるようになって、仏の救済は人間の修行や解脱による以外に、人間が聞名、読誦、造仏、写経などの行為を捧げることによって、仏の神通力が作用してあらゆる苦悩から救われると説くようになった。尤もこれらの行為は教説を信順した上で行われるべきこと、所謂積功累徳を意味したのであるけれども、苦患を免れるために仏の神通力を頼む祈願行為として行われる余地があった。

仏教が中国に伝わると、中国人は彼らの現実的、利福的傾向によって、この祈願の効果を大きく期待したから、これらの行為を教説よりも重んずるようになったのである。仏教が国家の指導者に保護されるためには、教説をとき、修行をすすめるよりも、彼らの願望即ち国家の隆盛や帝王の安泰を祈る秘法を行う方が都合がよかったから、仏僧は禅定、懺悔、講経において仏の神通力を動かすと考えられるような言語的表出や動作を重んずるようになって、高声で抑揚のある誦経や神秘的な作法に技巧をこらしたので、これが固定して一定の形式を整えて、仏教儀礼が形成されたのである。従ってこのような儀礼は仏の意志を動かして祈願の目的を達するために考案されたのであって、呪術的傾向をもち、就中誦経そのものに呪力があると考えたから修道のためでなかったことは言うまでもない。しかし仏教が教団を組織して国家の外護を得、さらに仏教が一般化するためには、已むなく取らねばならぬ方法であったから、仏者は自らの修道や学問の外にこの種の仏教儀礼を行ったのである。また国家の守護を説いた経典を漢訳して、読誦したが、これらの経典にも国王の神聖な行為を説いたものが多かったから、国家の指導者はこのような目的をもつ仏教儀礼を喜び、その効験を信じて、災害除去、国家の安全、帝王の安泰を祈って、六朝以後、国家的にしきりに仏教儀礼を催し、隋、唐代には仏教儀礼の隆盛は絶頂に達したのである。

さらに、仏教の因果応報の思想は誦経儀礼だけでなく、造寺、造仏、造塔、写経によっても応報が得られると説いたから、これらの行為を祈願の目的で行うことに拍車をかけ、これを大規模に催さしめたのである。

なお一つ仏教儀礼を盛んにしたのは、死者追福のためであった。中国人は本来輪廻の思想も他界観念も持たなかったから、死者の霊魂はこの世の何処かに居ると考え、この霊魂が生きた人間に脅威を与えないようにまつったのであるが、家族制度の発達につれて、儒教の孝の道徳に基礎づけられて、祖先崇拝の儀礼となった。これに対して仏教では生きている人間が死者のために儀礼を催すことによって、死者が六道の輪廻から救われるという観念で儀礼を催したのであるから、仏教の死者追福の儀礼は中国の祖先崇拝の儀礼とは根本的に異る観念の上で行われたのであったが、仏者が中国の習慣に迎合して、遂に追福を祖先崇拝のために行うようになったのである。追福の儀礼は盂蘭盆供の儀礼に典型的に現われて、父母恩重経や仏説孝子経の如き偽経がつくられるまでになった。追福の儀礼も梁武帝の頃、国家的に国忌会や盂蘭盆会として催されて、隋、唐代には盛んになったのである。

以上のような祈願と追福との仏教儀礼は、仏者が為政者の外護と大衆の支持とを得る意図をもって、中国人の利福的傾向と祖先崇拝の風習とに応じて形成したのであって、仏教の本義から生まれたのではなかったが、このような意義をもつ仏教儀礼は、我が固有宗教の呪術的祈願や死霊送迎の風習と似た目的をもっていたから、我が国に伝来後、間もなく盛んに催されたのであった。

三　日本の仏教儀礼

中国の仏教儀礼が我が国に伝わると、個人的祈願の儀礼として行われると共に、国家的祈願のために行われるようになった。固有の宗教は集団的な祈願儀礼を主とし、個人の願望を容れなかったから、仏像が伝来すると忽ちこれに最大の願望であった個人の病気平癒を祈り、さらに仏教儀礼を催し、造仏、写経などを行って、同様な祈願を捧げたのである。貴族は仏教の通俗的な三世、輪廻、業の教説によって、人間の永生や応報を教えられて、古来のおぼろげな霊魂観念や他界観念に条理を与えられたから、彼らはこの信仰に基づいて仏教儀礼を盛んにし、他方為政者の立場から中国においてと同様に国家的に祈願の儀礼と追福の儀礼とを、固有宗教と同じ目的で行ったのである。

さらに仏教儀礼を盛んにしたのは、薬師経、法華経の如く主として個人的祈願に、金光明経、仁王経の如く主として国家的祈願に応ずる経典があり、また邸宅の安全を守る安宅神呪経、降雨を約する大雲請雨経の如く個々祈願に応ずる功徳を説いた経典があったことで、それぞれの祈願に叶った経典を読むことに著しく効験があると思ったからである。その上、都に近く甍のそびえた大寺院の殿堂の中で、さん然と輝く仏像を安置して、錦衣をまとった僧が音楽に和して行道しながらこれらの経典を誦する荘厳華麗な儀礼は、芸術的魅力を伴って一層効果的に思われた。これを人里離れた山野、森林、川辺に集って、木や石に神を迎えて祈りを述べ、巫女が集団員の奏でる雑音と共に踊りながら口走る言葉を神の託宣と聞く固有宗教の儀礼と比べると、その光景は思い半ばに過ぎるであろう。

仏教の理想を国家の指導原理とした聖徳太子、その遺志を継いだ孝徳、天武、聖武天皇も、現実の個人的或いは国家的な種々の災厄を免れるためには、固有宗教の祈願の外に仏教儀礼や造仏、写経を行って、その効験を求められた。仏僧も中国の学僧と同様に為政者に協力し、また彼らと結ぶために進んで祈願儀礼を行うようになったから、国家的に祈願儀礼が盛んになったのである。聖徳太子でさえも用明天皇の病気のために薬師如来造建の発願に加わり、或いは諸法師に安宅神呪経を小墾田《おわりだ》の宮に講じさせ、三論の碩学恵灌は雨乞いのために三論を講じて僧正に任ぜられ、皇極元年には大寺の南庭に仏・菩薩像、四天王像を安置して衆僧に大雲請雨経をよませた如きは、仏教伝来当初から病気や雨乞いのために、仏教儀礼が盛んに催されたことを裏書きするものである。このような傾向は国家の統一が進むにつれて益々国家的に催されたのである。

また仏教の説いた来世信仰と死者追福の儀礼は仏教が個人的信仰として日本人に与えた影響の最大なものであった。死霊がけがれた地下に行くとか、家に舞い戻って祟《たた》りを与えるという漠然とした固有宗教の観念は大陸文化に接した識者の納得するものではなく、また死者追慕の情を満たすものではなかったから、個人的信仰とはなり得なかったが、仏教の三世実有や輪廻転生の思想は人間の死後の永生を求める願望に応え、殊に来世の浄らかな世界の観念は地下や山中の他界観念に代って、死後の安住を約し、霊魂の浄化を教え、業の思想は三世を貫く無限の因果の原理として応報の観念を植え付けたから、人生観や運命観に条理を与えることができた。このような思想は識者のもつ固有の宗教観念を著しく変え、このために死者追福の仏教儀礼が盛んになり、国家的儀礼ともなったのである。早くも推古朝から盂蘭盆会が恒例となり、聖徳太子に定業、浄土、寿国の観念が見られ、推古三十六年馬子追福のために、釈迦像が造られて七世にわたる四恩に報い、六道四生の成仏を祈っており、これ以後これらの目的で諸仏像が造られた例は枚挙に遑がないほどであるが如きは、来世信仰と死者追福とが如何に日本の上代人に影響を与えたかを物語るものである。

結

要するに、日本の固有宗教は国民的宗教に統制されて、その形体を整えた時代においても、本質的には民族的な呪術的宗教であったから、仏教が普遍的宗教としての教説によって、為政者の個人的信仰を覚醒し、その思想は国家の指導原理として受けとられたけれども、大部分の貴族の信仰は固有の宗教観念の延長としての現実的利福や死者追福のための信仰に過ぎなかった。留学や帰化の僧が学んだ法相・三論の教学は寺院の講壇でのみ生命を保っていても、貴族は殆んどこれを理解せずに、むしろ仏教に現実的災厄の除去を求めたから、仏僧は彼らに迎合して祈願の儀礼を催したのであった。従って仏教は中国においてと同様に通俗化することによって、為政者に受け容れられたのであった。

また仏教は文化的に固有宗教よりも遥かに秀れていたから、外来の文化に憧れて優越を誇ろうとした貴族は競ってこれを摂取したが、このことについては述べることを省略する。さらに仏教は排他的宗教でなかったから、仏者は固有宗教に対して積極的に対抗或いは排斥する態度に出ず、むしろ当初は消極的態度をとっていた。貴族は前述の程度に仏教を信じながら、為政者の立場から固有の宗教を忘れずに、伝統の神、集団の神として伊勢神宮や氏神に奉幣して国家や集団の安全を祈っていたから、両宗教について二者択一の態度をとる必要がなかったのである。

以上の理由によって仏教は普遍的宗教としての教説と思想と高い文化とによって、固有宗教をもつ我が国に積極的存在の根拠をもつと共に、他方共通の地盤である呪術宗教的儀礼を行うことによって、固有宗教と併存することができたのであった。このような積極的な根拠と共通の地盤とが、神仏習合を萌す素因であった。

——絶　筆——

仏教と民俗

五来重

一

仏教は本来智慧の宗教といわれ、その究極の理想たる菩提（覚）は一切智ないし正徧智であり、これにいたる到彼岸の手段もまた般若（智慧）である。空観といい中道といい諸法実相というのも思弁的な哲学体系で、その論理的構成は間然するところがない。しかし仏教がこのような高度の哲学体系にとどまるかぎりは、過去において五印度にまたがる偉大な宗教とはなりえなかったであろうし、また現今のようにアジア各地にひろがる世界宗教とはならなかったであろう。すなわちこの宗教が伝播した地域の民衆にうけいれられるためには、それぞれの民族宗教との習合と同時に、その社会生活への同化、すなわち民俗化がおこなわれなければならなかった。その結果としてアジア各地には教主・経典をおなじくしながら、その教団組織も信仰形態もまったく異質的な仏教が存在することになったのである。

もちろんこのような仏教の現象形態は仏教本来の理想からはほどとおいものであるにちがいない。したがって根本仏教的な理想を追求するわかい仏教者たちが、現実の目前にみられる葬式や呪術や年中行事（盆・彼岸などの）民俗的仏教にまつわる夾雑性や卑俗性に嫌悪を感ずるのは当然であろう。われわれはその理想主義を尊重し、仏教信仰の純粋化への努力に期待したい。わが国の歴史をかえりみても仏教の卑俗化にいろいろの形で抵抗した祖師高僧によって、日本仏教の生命は更新されてきたといえる。しかし注意しなければならないことは、仏教の卑俗化の否定はただちに民族性の否定を意味しなかったということである。すなわち仏教を純化しようとしてあたらしい宗派をうちたてた祖師たちは、日本仏教そのものを否定したのでなくて、この民族により一そう適合した日本仏教を目指していたといわなければならない。もちろんこれらの祖師たちはそれぞれのセクトに立って異る形の仏教をうちだしたが、これをうけとった民衆の信仰形態はそれほどの相違があったとはおもえない。それは日本民族によって、その常民社会にうけいれられるかぎりは当然うけるべき制約があったわけで、これを堕落とか不純とかと評価することはできない。われわれは、このような仏教の変容を歴史的必然性と見ることによって、民俗的仏教のなかに現実的な日本仏教の基本的な類型をみいだすべきであるとおもう。現在の日本仏教はかぎられた数人の宗教的天才のあたまのなかにえがかれた理想像ではなくて、同時代的には数千万の、歴史的持続のなかでは何百億かの平凡な大衆の生活と信仰がつくりあげた、ぎりぎり決着の歴史的現実なのである。それは大衆の卑俗性に制約されて卑俗化するのは当然であるけれども、大衆の生活にしっかりと根をおろした仏教であることも否定できないであろう。

たしかに民俗的仏教への反省は現代仏教の当面した大きな課題の一つである。葬式と咒術と年中行事だけが民俗的仏教のすべてではないが、現実に現代仏教のレーゾンデートルがこれらの民俗にあることは何人もみとめないわけにはゆかない。これらは仏教の宗教性や社会的機能と別物ではないのである。しかも宗教的人間の内観や自覚だけを純粋な宗教とする理想主義の立場からは目のかたきにされ、現代仏教をささえる若い仏教者の煩悶とヂレンマの種となっている。しかし理想と現実の対決はそれ自体が宗教に課せられた永遠の課題であって、二者択一でかんたんにわりきれるようなまやさしい問題ではないのである。それゆえここでは現実に存在する民俗的仏教の本質と、これが成立する歴史的必然性について一応の考察をこころみ、現代仏教の反省に、一つの素材を提供することとしたい。

二

民俗ということばは平安時代の格符の用語例では人民という意味にもちいられたが、明治以後ヨーロッパの民俗学（Folk-lore, Volks-kunde）が入ってからは民間伝承をさすことばになった。すなわち啓蒙された合理主義だけを生活の信条として一切の伝統を排除する一部の知識人をのぞいて、普通一般の常民（Folk）はおおむねその民族や社会の歴史的伝承にしたがって生活（物質生活・社会生活・精神生活）をいとなむものである。その伝承も言語伝承・行為伝承・心意伝承などのいろいろの形があるが、歴史的に形成された文化現象はこのような民間伝承すなわち民俗の規制をうけないわけにはゆかないから、日本仏教もその例外ではなかったのである。すなわち民俗はその民族に固有の基層文化であり、基本的な文化類型をあらわすというのが今日の文化人類学の主張である。仏教がわが国につたえらたた当初はおそらく大陸の帰化人または知識人（僧侶・貴族）の独占物であったろうが、その信仰が古代国家の宗教政策や教化僧・私度僧の活動で一般大衆のあいだに滲透するとともに基層文化との交流がはじまり、ここに仏教の民俗化が進行したのである。これをうらがえしていえば、民俗化することなしに大衆への仏教普及はありえなかったわけである。

ここで注意しなければならないことは、基層文化の荷い手（Träger）である常民は、かならずしも無知な被支配階級だけをさすのではなく、外来文化や合理主義よりも民族の伝統にしたがって生活しようとする貴族や支配者をも包含するのであって、深遠な仏教教理の理解の上にたって仏教を信仰した少数の知識人のほかは、大部分が仏教の民俗的受容者であったことをわすれてはならない。その少数の知識人である南都諸大寺の学僧でも月の半分は山寺に入って山林修行し、わが国固有の山岳信仰と仏教をむすびつけて民俗的信仰の要求にこたえた人々もすくなくなかった。また金光明経や法華経・仁王経などの経典の内容よりは咒力によって鎮護国家の祈願をする信仰も民俗的であり、大般若経の転読によって祈雨・治病・攘災・鎮宅などを祈願することも、空観の理解よりは目に見えぬ悪霊を空ずる咒力にたよろうとする咒術信仰であるかぎり民俗的信仰といわざるをえない。もちろん経典の流通分にはその経典の受持書写読誦の功徳や造寺造塔造仏の利益をとくが、このような作善が教理的理解となんら関係なくおこなわれるばあいは、やはり咒術にすぎないのである。

このような咒術的信仰は密教受容のばあいに一そう顕著で護摩法・請雨法・七仏薬師法・熾盛光法などは貴族や支配階級によってさかんにおこなわれたにかかわらず、顕教のばあいとちがって形式的な講経論義開題もなく、直接的に咒術そのものに依存したのであって、それはかならずしも仏教でなくともよかったわけである。それだけ平安時代の仏教が奈良時代より退歩したかに見えるのは民俗化したからであり、同時に沙弥・優婆塞の歴門仮説によって雑信仰的に民衆のあいだにひろく滲透した。また菩提心を発得し、ただしい仏教信仰の獲得を証明する受戒や灌頂も、これを皇族・貴族などにたいしておこなうばあいも、庶民にたいしておこなうばあいも、多くは治病もしくは死後安楽の咒術でしかありえなかった。これはただしい念仏者として有名な藤原兼実が法然にたいしてもとめた受戒についてもいわれることである。

念仏信仰についてはとくに民俗化の傾向がいちじるしいことはよく知られるところである。これはいかなる無智文盲の民衆でも実修しうる易行道であるから、一そう民俗化しやすかったのであって、それだけに純粋な信仰の獲得はむずかしかったといえる。したがって専修念仏の主張がおこって民俗的念仏の咒術性を排除しようとした。しかし専修念仏の祖師高僧たちの努力にもかかわらず、ただひとえに弥陀の本願を信じてひたすら念仏に生きる純粋な念仏信仰がいかに困難なものであったかは、浄土各宗の現実の歴史がよくしめしている。そして念仏の普及は専修念仏の祖師の意図したものとは反対に、本願の念仏よりは死後安楽の葬式の念仏、雨乞風よけ虫送りの念仏、盆彼岸十夜などの年中行事の念仏、疫癘をさける百万遍念仏、大念仏六斎念仏踊念仏などの芸能的念仏の普及となってあらわれている。もちろん法然・親鸞・一遍などのただしい念仏、純粋な念仏のためには民俗的念仏とたたかわねばならないであろうが、それは一をとって他をすてるという二者択一の選択でよいかどうかは一考を要するところであろう。すなわち民俗的念仏は念仏がわが国の常民に受容されるための宿業のごときものであって、菩提にたいする煩悩、真如にたいする無明の位置をしめるものであろう。それは煩悩即菩提の高次的立場において超克さるべきものではあるが、同一次元において克服さるべきものではない。それはただしい念仏に対立するアンチテーゼであるとともに、これに媒介されなければただしい念仏もみずからをあらわすことのできないジンテーゼであるといってもよいであろう。

要するに民俗的仏教は純粋な仏教の本質にたいする現象面として、歴史と現実のなかにあらわれている。それは罪業深重の大衆の現実的生活のように不純な夾雑物にみちみちているけれども、大衆をうごかす現実の力をもっている。一般に大伽藍やすぐれた仏像仏画などの文化財も貴族的な芸術作品として民俗的基層文化と区別されるが、その製作の動機やこれをささえてきた信仰は路傍の民俗的堂宇や石仏石塔と大きなへだたりはない。すなわち歴史にあらわれたかぎりでは、一部の知識人をのぞけば貴族も庶民も常民性において は同一であり、民俗的仏教の支持者であったといいうる。ただ素材とか芸術性とか経済的規模の大小などの外的諸条件がちがっていたにすぎない。私はつぎに実例をもって貴族的仏教と庶民的仏教に共通する民俗性をあきらかにしたいとおもうが、これは貴族文化が下降していって庶民文化になったとか、庶民文化は貴族文化の模倣であるというような文化沈降説にくみするのではなくて、この両種の文化が共通の基層文化から発生したものであることを立証したい。これは「仏教」と「民俗」という二つの命題を対立的にかんがえるのでなくて、信仰としても文化としても仏教が現象化するかぎりは民俗性をはなれることができないということをしめす意図にほかならないのである。

三

仏教と民俗の関係を考察するにはつぎのような各種の項目にわたって説明せねばならないが、いまは紙面の都合で仏教的年中行事の一部だけをのべることとする。

1　仏教的年中行事
2　常時または臨時の法会（祈禱と供養）
3　葬送習俗（葬式・年忌・墓地・塔婆）
4　仏　教　講（同族講・地域講・普遍講）
5　仏教芸能（顕教系・密教系・浄土教系）
6　仏教的伝承（縁起・唱導・奇蹟）
7　仏教的俗信（呪禁・禁忌・予兆）

仏教的年中行事は修正会・修二会・節分会・涅槃会・彼岸会・灌仏会・盂蘭盆・十夜会・大師講などの寺院行事や日待月待・夏祈禱・虫送り・寒行など寺院をはなれておこなわれるものなどが、地域や宗派によって種々ちがった名称・俗称でおこなわれる。

すべて宗教が一民族の生活にとけこむためには年中行事化する必要があるが、これは民俗化の第一歩であって信不信にかかわらず季節の折目ごとにくりかえされる社会的慣習のなかにくみこまれて持続するのである。すなわちその民族に本来固有の生活感情や社会制度、または常民の宗教意識と結合することによってそれは実現される。仏教的年中行事もはじめは大陸の模倣であったが、これにわが国固有の内容をもりあげることによって民俗化し、またすすんでわが国独自の仏教年中行事をつくりあげていった。仏教的年中行事のうちでもっともはやく歴史にあらわれるのは推古天皇十四年の四月八日と七月十五日の設斎で、これが灌仏会と盂蘭盆会であることはたしかであるが、盂蘭盆会が公式の年中行事になるのは天平五年からであり、灌仏会にいたつては平安時代に入ってからである。そしてこれらが花をもって山神山霊をまつり、瓫をもって祖霊をまつる民俗と結合して年中行事化したものである。しかし大陸にまったく先例をもたないにもかかわらず、はやくから仏教的年中行事として朝野に普及したものに修正会・修二会がある。これは奈良時代にはじまって連綿としておこなわれ、現在も諸大寺はもとより無住の村落共有堂にまでオコナイ・お禱・大荘厳などと称して民俗化しており、仏教と民俗の関係をしめす典型的な行事であるので、これをとりあげて説明したい。

この行事はわが国の正月の民俗行事が仏教化して諸大寺や国分寺の公式行事となり、宮中では御斎会（顕教）および後七日御修法（密教）として正月八日から十四日までの一七日間おこなわれ、これに舞楽・散楽田楽などがくわわって大規模な行事となっていった。しかしその根本は正月の祖霊祭とその潔斎および農耕予祝の民俗にすぎなかったものである。はじめは天平宝字三年六月二十二日の慈訓奏上（続紀）によれば、このころすでに天下の諸寺に正月悔過がおこなわれており、これにたいしてすべての參籠僧に七日間の官供が給せられていたことがみえる。東大寺の修二会も天平勝宝四年に始行されたというから、民俗的にはもっとはやくからおこなわれていたのを国家が公式の法会として修正の吉祥天悔過を制定し、諸国国分寺で修せしめたのは神護景雲元年（続紀）または同二年（類聚国史、仏道五）であった。

ところでこの法会がどのような形でおこなわれたかは奈良時代・平安初期の具体的な様子はわからないが

永観二年（九八四）の三宝絵詞では「此月ニハ湯アミイモヒテ、モロモロノヨキコトヲオコナヘリトイヘリ。（中略）オホヤケハ七ノ道ノ国々ニ法師尼ニ布施ヲタビテツトメイノラシメ、私ニハ諸々ノ寺々ニ男女ミアカシヲカカゲテアツマリオコナフ。（中略）身ノ上ノコトヲ祈リ年ノ中ノツツシミヲナスニ、寺トシテオコナハヌナク、人トシテキヨマハラヌナケレバ、年ノハジメニハ国ノ中ニ善根アマネクミチタリ。」とあるように、官寺私寺にもれなくおこなわれて湯アミ（沐浴）とイモヒ（潔斎）が最大の条件であった。この潔斎を仏教化したものが吉祥悔過・十一面悔過・薬師悔過・阿弥陀悔過などの悔過法要で、これが固有信仰の禊祓に根ざしたものであることは説明するまでもない。またこの法会を特徴づけるものは坦供の餅と花であって、これを献備するのは寺領荘園の民から差定された荘厳頭であったことは、これが氏神をまつる宮座の仏教化したものであることをしめすとかんがえられる。坦供の餅については今昔物語（巻十九巻）の『以二仏物ノ餅一造リレ酒見ユルレ蛇ト語第廿一』に「修正ナド行ニモ此ノ僧ヲ導師ニシケリ。其ノ行ヒノ餅ヲ此ノ僧多ク得タリ」とありこれを導師衆僧に配分した。高野春秋はいかなる史料によったか寛治五年正月朔の条に「一升二枚餅二百」とのせ、高野山又続宝簡集（巻十八〜廿三）は延慶三年から貞和五年にいたる「御修正壇供支配注進状」をあげて、荘園より献備の修正餅二千枚を配分する方法をしるしている。現在でも東大寺修二会（二月堂お水取り）の坦供は上七日に三石、下七日に三石と計六石の餅を献備することなど、この法会における餅は奈良時代以来不変の荘厳であったとかんがえなければならない。一方前掲今昔物語の修正餅のように村落の堂宇でおこなわれる修正のオコナイにも餅の坦供は必須の条件であって、これを藤蔓などでゆわえて堂の長押にかけならべ、鏡餅・ミカガミ・鎮メノモチ・鬼ノメダマ・タイヘイ（大餅か）などとよぶことは現在全国に例が多い。これはのちにのべる荘厳の花とともに村人がいただいて家族と共食するが、この餅の分割を鬼（祖霊の出現とかんがえられる）が出て餅切りの儀式をおこなう地方もあり、鬼ノメダマの名称も祖霊のミタマノフユ（恩頼）を訛ったものと解釈される。すなわち正月の餅の民俗がもっとも原初的な形でこの仏教的年中行事のなかに保存されて来た姿を見ることができるであろう。しかもこの餅の前の段階では稲穂であったらしく、宮中で太極殿を道場としておこなわれた国家的修正会の御斎会（昼は最勝王経を転読し、夜は吉祥天悔過をおこなう）では南庭に束ねた稲穂のにほ（稲積）を立てていた光景が平安末期の年中行事絵巻にえがかれている。これなどは正月に年穀（とし）にシンボライズされた祖霊をまつり、そのミタマノフユによって新しい一年の生命を更新するという民俗信仰をもっとも具体的にしめしたものといえる。すなわち収穫された年穀をもって餅をつくり、これを饗《あ》えて祖霊の分霊を身体の中腑に鎮める鎮魂（タマフリ）の儀礼が正月行事の中心であり、鎮魂の前提として過去一年のもろもろの罪穢をはらう潔斎が仏教的な悔過法要となったものである。したがって修正会の悔過は仏教の諸尊を本尊としながら、三宝絵詞がのべたように民俗信仰の忌籠り（イモヒ）と禁欲（ツツシミ）と精進（オコナヒ）と禊斎（ユアミ）をふくんでいたのである。

ところで修正会の餅は室町時代から江戸時代には花餅（ケビヨウ）とよばれており、現在もハナモチ、ハナビラモチの名でよばれる地方がすくなくない。これは修正会修二会の荘厳に餅と花が必須であることをあらわすものであるが、正月の民俗にモチバナ（マユダマ・ヤナギ）がもちいられることとあわせかんがえるべきものである。平安時代の三宝絵詞では修二月会をのべて「此月ノ一日ヨリ、モシハ三日五夜七夜、山里ノ寺々ノ大ナル行也、ツクリ花ヲイソギ、名香ヲタキ仏ノ御前ヲカザリ」といい造花をかざったことを知るが、現在でも東大寺修二会の荘厳には椿の造花と南天の実の供蓋《くがい》（繖状の造花かざり）をもちい、薬師寺の修二会は花会式（現在は三月末より四月はじめにおこなわれる）とよばれるほど造花が顕著で、梅・桜・桃・山吹

・百合・杜若・藤・牡丹・菊・椿の十種十二瓶の精巧華麗な造花が白鳳の薬師三尊の御前をかざる。三宝絵詞はこの花を「経ニ云、花ノ色ハ仏界ノカザリ也、モシ花ナカラム時ハマサニツクレル花ヲ用ルベシ」と何経か不明の経文を引いているが、わが国の民俗として正月行事に花を用いることはきわめて多いのである。この花は造花・ケヅリカケ・餅・御幣およびその他の作り物である。造花は稲の花とよばれ、ケヅリカケは粟穂稗穂とよばれる例があり、餅は餅花といわれることが一般であり、御幣は三河花祭などではハナノミグシと称し花育ての唱言で豊作祈願をする。作り物も五穀でいろいろの造型をおこなうから、花が稲の花または穀物一般の花（或は穂）で、農耕儀礼の対象であることはうたがいがないのである。すなわち正月に花正月の呼称があるように正月は豊作祈願の農耕儀礼をおこなう季節であった。ところがさきにものべたように餅を祖霊のシムボルとする祖霊祭と豊穣予祝の農耕儀礼とは祖霊と穀霊を一体とするわが民族の原始信仰ではなんら矛盾しなかったのであるが、この二つの霊魂観念の分化にともない、正月には祖霊祭に重点がおかれ、二月には農耕儀礼に重点がおかれるようになった。これがただちに仏教的年中行事に反映して餅の坩供を中心とする修正会と花の荘厳を中心とする修二会が成立したものと推定される。

以上のごとく仏教的年中行事の修正会修二会をとりあげても仏教の民俗化にはその民族に固有の生活や儀礼ないしその根源をなす宗教観念の潜在することを知るのである。

現代人と禅

山田無文

一　五濁の悪世

仏教の言葉に「末法五濁の悪世」という言葉があるが、現代はまさにその末法の世の中であり、五濁の悪世ではなかろうか。

古説によれば、釈尊の没くなられた後、千年の間を正法の世といい、それから後千年を像法の時代といい、それ以後を末法万年というのである。

正法の世とは、釈尊の教法が厳存し、その教法を実修する教団があり、そして仏果の証《さとり》をうる四衆が存在する世の中をいう。つまり仏法が厳然として指導的地位を護持し、教・行・証の三つが全く完備しておる時代をいうのである。

像法の世とは、釈尊の教法は依然として現存し、如説に修行する修行者もあるが、証果《さとり》をうるものは最早や絶えて無いという時代である。即ち像法とは正法に似たる時代という意味である。

末法の世とは、釈尊の教法だけは依然として存在するが、これを修行する道人は殆んど跡を絶ち、仏果の証《さとり》をうる者などは全く見ることができないという時代である。現代がまさにそういう時代ではなかろうか。仏教学者は天下に瀰漫して、学識古今に通じ論説妍を競うありさまであるが、道を行ずる修行者が果して幾人あるであろうか。まして証果を得た自覚者など、雨夜の星ほども数えられないであろう。

この末法の世の衆生のために、親鸞聖人が、教・行・証の外に信の一位を設け、この信の中に、教・行・証のすべてが含まれておると示されたことは、まことに時期相応の卓見と申さねばならぬ。

そしてこの末法の今日なお釈尊の教・行・証を死守して、これを現代並びに将来に伝承すべく、全力を捧げておる若干の禅者のあることは、現代の奇蹟といわねばならぬ。それは地上に全くその種を絶したと思われていた植物メタセコイヤが、中国の奥地で発見されたり、数億年前に棲息していたと推定される魚類の一種が、現にアフリカの深海で発見されたようなものであろう。

五濁とは、見濁・命濁・劫濁・衆生濁・煩悩濁の五つの汚濁である。

見濁とは、見界の濁ることで、つまり人生観・世界観が清純でないことである。感念が実在と錯覚され、自由が放縦と誤解され、平等が無作法と受けとられ、正義が利己心と混同され、愛情が獣欲に堕落するような、正常な理性を喪失した人生観をいう。

命濁とは、生活手段が濁ることである。いわゆる生きるためには、何をしてもかまわんという考え方である。詐欺をしようが、窃盗をはたらこうが、麻薬の密輸をしようが、手段を選ばない。或はそのために国家がどんな損失を受けようが、世界の平和がよし攪乱されようが、青少年が不良化しようが、一切おかまいなしという破廉恥な生活をいう。

劫濁とは、時代の流そのものが濁って了っておることである。新聞も雑誌もその時代の潮流に沿って編集しなければ、誰も買ってくれない、大学教授も社会の評論家も、その線に沿って言論しなければ、学生も大衆もついて来ない、というのは時代そのものの混濁した圧力と言わねばならぬ。

衆生濁とは、人間が人間であるという理性も、自尊心も失って了って、もっぱら動物的であることに満悦し、本能の充足にのみ無上の幸福を感じ、人格の向上など毛頭考えない、享楽的生活に堕落することをいう。つまり人間の喪失である。

煩悩濁とは、煩悩即ち欲望が濁ることである。「ホンノーが濁るからボンノーになるのだ」と、わたくしはよくしゃれをいうのだが、その濁った煩悩がさらに濁ったら一体どういうことになろうか。仏教では在家者にとって正しい性行為は許されるが、邪淫はこれを禁じられておる。邪淫とは、相手と時と場所と手段を誤った行為で、つまり性行為の正常なルールを破ることである。今の世の中は、あらゆる変態的手段方法をもって、いかに刺戟的にいかに強烈に本能を満足せしめんかということにのみ腐心しておるのではなかろうか。それは煩悩の汚濁である。

こう観察して来ると、現代は、一方的な見方ではあるが、仏典の予言するがごとく、まさに末法の世の中であり、五濁の悪世ではなかろうかとさえ思われる。

二　無宗教の国

ある参議院議員が、アメリカの議会を視察に行った旅行記を、雑誌で読んだことがある。まず羽田から飛行機に乗った。アメリカの飛行機だから、向うの軍人も高官も相当乗っておったらしい。ところがそこへ一人の牧師が遅ればせに乗りこんできたら、乗客が一斉に起立した。そしてその牧師が着席したら、一同も着席した。アメリカの飛行場へ着いても、誰も降りようとしない。その牧師が降りてから、みなが降りた。

あまり不思議であったから側の人に聞いて見た。「あれは一体どういう坊さんか」と。日本なら本願寺の法主とか、高野山の管長とかいうような名僧かと思って。ところが相手は「知らん」と答えた。「それでも、皆が大変敬意を表したではないか」と尋ねたら、「アメリカでは法服を着た人に敬意を表するのは常識だ。それはその人に敬意を表するというより、神さまに敬意を表するのである。神さまに敬意を表しないようなものは、社会から軽蔑され、認められないのだ」と聞かされて、アメリカとはそういう国柄かとまず考えさせられたという。

それから向うへ行って視察して見ると、一から十まで、キリスト教というものが社会生活の中へしみこんでおる。家庭へ入ればまずお祈りをしなければパンもいただけないし、日曜には教会の礼拝に行かなければ子供たちは遊びにも出して貰えない。

議会を参観すると、開会前に、議員でも事務員でもない平服の人が入って来て壇に上った。何をするのかと思ったら、その人が新教の牧師さんで、バイブルを読みお祈りを始めた。この議会が、人民の幸福のために、そして世界の平和のために議せられるようにというようなことであったらしいが、お祈りがすむと一同がアーメンと言って頭を下げた。

このようにアメリカという国は、元来キリスト教精神によって開拓され、その民主主義というものは、キリスト教を基盤として発展したものであり、すべてが宗教によって動かされておる国であることを知って、全く驚いたというのである。

そこで「外国ではアメリカでもヨーロッパでも、キリスト教というものが生活の底に有って、社会道徳をよく維持してくれるからよいが、日本では仏教が何もしてくれないからこまる」と、しばしば批判されるのである。全くそのとおりで、われわれ仏教者の一人として、弁解の余地は毛頭無い。しかし日本がこのような野放しな無宗教国になったのは、果して仏教者だけの責任であろうか。

日本人も明治維新までは、一応信心深い宗教的民族であったと思う。法服を着た者に敬意を表さぬようなものは恐らく一人も無かったであろう。「篤く三宝を敬せよ」という十七箇条憲法の精神は、聖徳太子以来上下の隔てなく、よく遵法されておったと思う。

昔はお寺が学校であり、公民館であり、戸籍係であり、家庭裁判所であり、社交倶楽部であり、時には病院であり、感化院であり、教養のしつけ場であって、仏法無くしては、夜も日も明けぬ国柄であったであろう。

それが明治革命の際、単に外国から来たという理由にならぬ理由で排斥され、仏法は塵芥の如く棄てられ、有為の人物は教界から影を絶って了ったのである。明治の指導者たちは、科学文明の吸収と、富国強兵の政策に没頭して、この日本文化の温床であり、国民感情の母胎であった仏教を一顧さえしなかったのである。ここに今日の日本の混乱の根源的遠因があったと、わたくしは考える。

明治以来現代に至るまで、日本の指導者たちは、政治家であれ、教育者であれ、軍人であれ、実業家であれ、ほとんどすべてが無宗教者であったと言っても過言ではなかろう。無宗教であることを文明開化なりとし、名誉なりと心得たのである。それほど宗教を軽蔑したのである。

無宗教の世界に、ヒューマニズムの教育は有り得ない。従って明治以来日本には、真の道徳教育は無かったといえよう。ただ立身出世ということだけが教育の目的となり、個人的利己主義、家族的利己主義、国家的利己主義が天下を風靡したのである。

それでもまだ明治の末葉までは、儒教的訓練を受けた硬骨漢や、若干の名僧知識が有って、まだまだ道義の命脈が保たれておった。しかしそれらの人々が次第に影を没する頃から、滔々として左翼思想が抬頭して来た。もちろんソビエート革命の影響でもあるが、無宗教国の当然の帰結である。そしてそれに対抗して捲き起ったものが右翼的風潮であり、日本は神国なりという独善的信仰が勃興し、国民をあの怖るべき侵略戦争にまで駆りたてたのである。

われわれは天皇を神と信じさせられ、八紘一宇の神勅を旗じるしに、東洋の平和世界の統一を夢みて「水ゆかば水ずく屍、山ゆかば草むす屍」と戦ったが、ついに神風はふかなかった。そして敗戦である。

そして天皇自らの御口から「朕は神にあらず」と宣言されたのだ。国民は全く途方にくれざるを得んではないか。迷わざるを得んではないか。天皇のこのお言葉こそ真実であろう。としたらわれわれは明治大正昭和と三代に亙って、「天皇は神なり」という虚偽の教育を受けたことになるが、その責任は誰がとってくれよう。

「日本民族には神が無い」と批判され、「日本民族は宗教的不感性では無いか」とさえ酷評されておるが「神とは何か」ということが、現代の日本人に対決を迫られておる大切な課題では無かろうか。

三　人間の尊厳

十年も前のことであろう。〝朝の訪問〟ということで、ＮＨＫのアナウンサーが訪ねて来られたことがある。その時「新興宗教をどう思うか」という質問があった。

そこでわたくしはこう答えた。新興宗教を別に良いとも悪いとも思っておらん。宗教にも幼稚園から大学まであるから。幼稚園を低級として軽視することも出来ないし、高級だからと言って大学さえあれば良いというわけにも行くまい。

大体幼稚園の子供というものは、親や先生に甘えることしか知らない。神さまや仏さまにあれが欲しいこれが欲しいと、甘えることねだることしか知らない宗教は、幼稚園と言えよう。

小学校になると、親や先生に半ば甘えると共に半ば怖いことを覚える。神さまや仏さまに半ば甘えると共に、悪いことをすると罰が当りはせんかと半ば畏敬の念を覚えるのは、宗教の小学校である。

中学生になると、よほど聞分けが良くなって、親や先生の言付けを聞くようになる。宗教も中学校になると、神仏に感謝を捧げ、よくその教を守るようになる。つまり余程向上して倫理的になる。

ところで高等学校の生徒になると、ぐっと知能が進んで、却って懐疑的になる。宗教も神とは何ぞやとか神は有るか無いかとか疑い出したら高等学校である。そこで信じられれば更に信仰を深めるし、信じられなければ全く棄てて了うであろう。

大学の学生になると、親も先生も自分達に劣らぬ或は自分達以上に、立派な者にしようと思って教育するし、本人もそうなろうとして勉強し努力する。宗教も人間の中に神や仏を発見させてゆく、言葉を換えれば人間の中に永遠なるもの、尊厳なるものを自覚させてゆくものが大学である。

仏教は宗教の大学だから、幼稚園や小学校のように学生の数は多くないかも知れんが、別に心配はない。だんだん卒業したらみんなこっちへ来るだろう。

と答えておいたら、それがじきに放送されて、旧知の老居士から早速手紙が寄せられた。「宗教学校論、近頃珍らしい痛快な話を聴いた。なぜもう一つ突つ込んで、禅宗は宗教の大学院だと言わなかったか。和尚でも遠慮するのか」と。遠慮したのかも知れない。

欧米はいま殊に禅ブームだというから、すでに高等学校を卒業して、大学或は大学院に向って進学を競っておるわけであるが、日本の現代人はどの程度の宗教学歴にあろうか。一般大衆は恐らく幼稚園が多いようだし、少々インテリで中学へ入ったくらいであるから、到底大学院の講義はわかるまいと思う。

法句経の中にこんな言葉がある。

人間に生るること難し。

死すべきものの生命あるは有難し。

正法を耳にすることは難し。

諸仏の出世に遇うことも亦有難し。

われわれはまず人間に生れたことを感謝しなければならぬ。シュバイツアー博士の「生命への畏敬」を学ぶまでもなく、まず人間に生れて、而も今日こうして生きておることの事実を、何よりも感謝しなければならぬ。

而も遇い難き正法を耳にし、聴くことの出来ることを感謝しなければならぬ。正法とは何であるか。それは人間に最高の価値と最大の権威を自覚させるものである。つまり人間を神にし仏にするものである。

而してその正法の体得者、即ち真の自覚者に遇えるということは、絶無といって良いくらい稀有なことである。その人に遇えたがために自分の人生観が百八十度の転換するというような、そんな偉大な人に遇えることは人生の最大の幸福でなければならん。日本の現代人が宗教の大学院にまで進学する日が切に待たれる。

四　坐禅の意義

道元禅師は

仏法を習うとは自己を習うなり。
自己を習うとは自己を忘るゝなり。
自己を忘るゝとは万法に証せらるゝなり。
万法に証せらるゝとは、自己の身心および他己の身心をして脱落せしむるなり。

と示しておられるが、この言葉ほど簡明に、仏法というもの、禅というものを示された言葉はないであろう。

また河上肇博士が「獄中贅語」の中で「われわれの意識が外の世界に向って発見してゆく真理は科学的真理で、意識が意識自らの中に向って発見する真理が宗教的真理だ」と言われた言葉は、甚だ新鮮で味わい深いものである。

仏法とは、禅とは、われわれが自己自身の中に向って、真理を発見するものである。即ち自己の中に、いわゆる尊厳なる人格、普遍的理性、永遠なる神性を発見するものである。

よく人間には二人の自己があると言われる。鈴木大拙博士の言葉を拝借するならば、一は感性的自己であり、一は霊性的自己である。感性的自己というのは、肉体を持ち感情を持ち、生活しておる自己であり、霊性的自己とは、そういう現実的束縛をはなれた自由なる自己である。人格とか理性とか仏性とか名づけられる自己である。

通常世人が自己だと思っておるのは、前の方の感性的自己である。まず生きなければならぬという自己である。そのために競い争そい、喜怒哀楽する自己である。それはやがて、あとかたもなく亡びゆく自己である。

霊性的自己とは、肉体や感情や意欲を使ってゆく主体的自己であって、永遠なる自己であり、真実なる自己である。

この真実なる自己を自覚するためには、一応感性的自己の束縛執着から脱却しなければならん。所謂自己を否定し去らねばならぬ。自己を忘るるとはそのことである。この自己を否定し、自己を忘却し去るということ、盤珪禅師の言われる「身びいきを捨てる」ということは、なかなか容易ならぬ事業であるが、その容易ならぬ事業を達成する、尤も基本的な適切な手段を坐禅というのである。

昔中国に帰宗禅師という和尚があった。或時台所の方へ出て行くと、若い雲水達が勤労の最中であった。「今日は何をするのか」と尋ねると、「石臼曳きです」と答えた。すると和尚は「石は曳いても良いが、真中の芯棒は曳くなよ」と言ってさっさと室へ帰って了ったというのである。

面白い言葉ではあるまいか。石を曳かなければ臼の用をなさぬが、芯棒まで一緒に曳張って了っては、これまた臼の用をなさない。動く中に動かんものがあり動かんところに動くものがなければならんという暗示であろう。

人工衛星は素晴らしい速度で翔けておるが、あの中のネジが一本動いても空中分解して了うであろう。特急こだまは、大阪東京間を六時間余で疾走するが、坐っておる座席は動かぬ方が良い。われわれの人生も目まぐるしい活動をする中に、確乎として動かぬものがなければならぬ。殊に今日のように刺戟の多い時代に一々前後左右に気をとられておったら、忽ち脚をさらわれて了うであろう。今日のようなマスコミの時代に人の毀誉褒貶など気にしておったらノイローゼにならざるを得ない。いわゆる自己喪失である。

坐禅ということを、六祖大師は「外、一切善悪の境界に向って心念起らざるを名づけて坐となし、内、自性を見て動ぜざるを名づけて禅となす」と、実に明快に定義しておられる。即ち坐禅ということは、客観の世界に向っていたずらに神経を弄費しないこと、常に真実の自己、即ち永遠なる自己を見つめて心を動揺させないことである。そして着実に堅実に良識の命ずる道を逞しく歩むことである。現在人にとって最も大切なものではなかろうか。

もう一つ坐禅ということを簡単に定義するならば、「調《ととのえる》」の一字でつきると思う。調身、調息、調心である。まず体を調え姿勢を調える。次に呼吸を調えて心気を乱さない。そして心を調えて、一切妄想執着を遠離し、明歴々露堂々と、真実の自己を顕現してゆくのである。

更に一歩を進める時は、脚下の下駄を調え、身の廻りを調え、家庭を調え、社会を調え、天下国家を調えてゆくことである。之を坐禅という。

五　禅とは心の名

中国の古人が「禅とは心の名なり、心とは禅の体なり」と定義しておられる。

禅が心の名だとするならば、禅を語るということは、わたくしがわたくしの心を語ればよいことであり、禅がわかるということは、皆さんに自分の心がわかることである。およそ心のない人間は一人もないのだから、禅に関係無い人間は一人も無い。

ところでこの心というものが、甚だ複雑怪奇で、わかったようでなかなかわからんものである。善なのか悪なのか、美しいのか醜いのか、寛大なのか残酷なのか、有なのか無なのか、全く捉えどころのないものである。芝居や小説を見て、出て来るさまざまな人物に共感を覚えて、泣いたり笑ったり怒ったり悔しがったりするのは、そういう種々な人物のあらゆる性格を、われわれ自身が持っておるからである。

考えて見れば人間の心というものは、底の知れない泥沼のようなものではなかろうか。はじめは奇麗な清水を湛えた池であったかも知れないが、何万年もの長い間に、落葉が舞いこんだり、花が散りこんだり、魚が死んで腐ったり、犬の死骸が棄てられたり、いろいろな塵埃がつもりつもって、深い泥沼となって、その底からメタンガスがブクブク発散しておる。恰度そんなものがわれわれの心ではなかろうか。

生物発生以来の何億年来の経験が、生れながらにして或る性格を形成しておる上に、生れてからの経験と知識が更に集積して、自分でもわからぬような不可解な怪物となり、何とも制御出来ぬ圧力となって、われわれのさまざまな行動を起すのではなかろうか。

凶悪な殺人犯や、窃盗犯が、警察につかまってから、殺す気はなかったとか、殺した人に申しわけないとか、つい出来心で盗んだとか告白するのだが、自分でもする気のないようなことを、人間はなぜするのであろうか。条件反射とか、連鎖反応とか、異常心理とか、さまざまな診断はあろうけれども、とにかく善いことにも悪いことにも、人間には自分でもわからんような複雑な性格があって、それに支配されて、無自覚に盲目的に、行動を起しておることが多いように思われる。

これを仏教では無明という。永遠の闇黒である。また無始劫来の業性ともいう。「心の怖るべきこと、毒蛇悪獣怨賊よりも甚だし」と経典に示されておるのはこの心である。「煩悩具足の凡夫、火宅無常の世界は、よろずのこと、みなもてそらごとたわごとまことあること無し」と親鸞聖人が歎かれておるのも、この心である。

それらはどうにもならぬ悪業にちがいないが、古人のいわゆる客塵煩悩であって、すべて外から舞いこんだ塵埃の集積に過ぎない。すべてそらごとたわごとである。そこでどうしても、その泥沼の泥を一度外へさらえ出して、本来の池の姿に帰らねばならぬ。そこには必らず美しい清水がたたえられ、真如の月影がとこしえに映ることであろう。そのような清浄無垢な心がわれわれの本心でなければならぬ。真実の自己でなければならぬ。禅と名づけられる心は、またそういう心である。

また仏教では心のことをアラヤ識と名づける。翻訳して含蔵識という。アラヤとは蔵という意味である。インドにヒマラヤ山という山があるが、ヒマは雪で、アラヤは蔵であるから、つまり年中雪の貯えられておる山ということである。

ところで心を蔵と名づけられるのは、何の蔵かというならば、経験と知識を貯える蔵である。つまり記憶の蔵である。記憶というものが、脳細胞のどこに貯えられるのか、現代の心理学でも不明だということであるが、とにかくどこかに貯えられておる。

そういう無始劫来心の何処かに貯えられておる、無量無数の経験が業力となって、われわれの行動を決定してゆくのであり、その経験の集積を、われわれは自分だと思っておるのである。しかしそれは古人が「無量劫来生死の本、痴人喚んで本来人と為す」と歌っておられるように、真実の自己ではなくして、尤も厄介な食客に過ぎない。

そこで真実の自己とは何かというならば、その経験と知識を容れてゆく蔵である本源的な心である。経験や知識がまだ貯わえられない先の本来の心である。即ち経験以前知識以前の純粋な心である。

キリストは赤子のような心にならなければ天国には入れぬと言ったが、赤子の心には已に親の遺伝が潜在しておる。そこで禅では親も生れぬ先、即ち父母未生以前の本来の面目を徹見せよと示すのである。

経験以前知識以前の心とは、一念の念も生じない先の清浄無垢な心である。これを自性清浄心という。大円鏡智とも名づけられる。大きな円い鏡のような智慧というのである。六祖大師が「明鏡また台に非ず、本来無一物、何れの処にか塵埃を惹かん」と歌われた心である、本来何もないのだから、塵埃のかかりようもないと徹せられた心である。

日本の神という言葉は、カガミがつまってカミになったといわれるが、鏡のような清浄無垢な心こそ神の心であろう。「幸なるかな心の清きもの、その人は神を見るべし」とはまさにこのことであろう。臨済禅師が「汝が一念心上の清浄光、是れ汝が屋裡の法身仏なり」と示されたのもこの心であろう。

六　不二の妙道

われわれの真実なる心を、古人は鏡に譬えられたが、わたくしはこれを写真機にたとえたらどうかと思う。写真機のレンズの中は何もない、本来無一物である。だからすべての真実を写すことが出来るのである。

あの写真機のレンズはほんの小さいものであるが、あの中に何もかも入って了う。富士山も入れば太平洋も入る。太陽も入れば月も入り、何千万の星も入って了う。

恰度そのように、われわれの心もあらゆるものを受け容れることが出来る。富士山も太平洋も、太陽も月も何千万の星も、すべて入って了う。まことに「大なる哉心乎、天の高き極むべからず、而も心は天の上に出ず。地の厚き測るべからず、而も心は地の下に出ず。日月の光明超ゆべからず、而も心は日月光明の表に出ず。大なる哉心乎」と讃歎さるべきものは、われわれの心である。

しかも写真機のレンズの前には、富士山も路傍の小石も、平等である。太平洋もコップの中の水も平等である。金持も貧乏人も、美人も醜婦も、その映像であることに於てすべて平等である。われわれの心もレンズの如く無心であれば、すべてを平等に見てゆくことが出来る。「汝が一念上の無差別光、是れ汝が屋裡の化身仏なり」と臨済禅師が示しておられるのはそこであろう。

ところで心が鏡や写真機のレンズと異るところは、心は物質ではなくして、生きておるということである。生きて働く意識だということである。生命そのものだということである。写真機のレンズは機械的に現象を受け入れるだけだが、われわれはそれを一々意識し愛情さえ感ずることが出来るということである。

しかも意識自らは本来無であるから、意識する一切を、そのまま自己として意識するのである。一切万法がすべて自分として受け取られるのである。そう直感されるのである。「自己を忘るゝとは、万法に証せらるゝなり」とは、このことであろう。そこに英知と愛情に溢れた自他不二の境涯が、油然として味あわれるのである。禅経験とはそういうものである。

そこでまた写真機のことを思うのであるが、写真機というものはすこぶる大乗的なものではあるまいか。写真機というものは、他人ばかりを写して自分は入らないのである。自分の入る仕掛けもあるようだが、あれは写真の正道ではないようだ。自分は入らずに他人ばかり撮って喜こぶ、他人のよいポーズを撮って喜こぶのである。仏心とはまさにそういうものであろう。他人の喜こびを自己の喜こびとするものである。

釈尊が「今この三界は悉くこれ我が有なり、その中の衆生は皆これ我が子なり」と言っておられるのは、決して誇張でもなく、法螺でもなく、禅のわかった者なら誰でも感ずる実感である。神は愛なり、仏心とは大慈悲心是なりとはこのことである。禅とは最も純粋なるヒューマニズムの実証である。

思うに現代とは、共産主義的イデイオロギーと、キリスト教文化の対決の時代ではなかろうか。即ち科学と宗教の対決の時代である。而も愚見をもってすれば、究極的にはどちらも同一点に帰着するものと考えられる。それはどちらもヒューマニズムを基盤にしなければ成立たんものだからである。大衆の団結によってヒューマニズムを実現するか、個人個人の自由なる自覚によってヒューマニズムを実現するかの差異にすぎないであろう。社会主義政策も福祉厚生事業も、相ともに歩みよって、やがては人類の幸福のための一つの世界を建設することになるであろう。世界は一つである。

しかも現在相対峙して、冷たい戦争をつづけておるのは、人間の無自覚と不信によると申さねばならぬ。現代の急務は、先ず各人が人間性の真実を自覚することでなければならぬ。自他不二の感情と、平和の愛好こそ、人間性の真実だと実証することでなければならぬ。

生と死とは不二である、煩悩と菩提とは不二である、感性的自己と霊性的自己とは、畢竟不二である、仏と凡夫は不二である、われと人類は不二である、われと世界とは不二である、というこの不二の妙道こそ現代を救うものでなければならぬ。

趙州和尚は「世人は十二時に使われ、われわれは十二時を使う」と言われたが、経験や知識を捨てて、われわれの生活は何処にもあり得ない。ただそれらに使われるからいけないので、それらを使ってゆく正純な自主性が自覚されるならば、すべての経験と知識は、人類の幸福のために役立つであろう。

さらにもう一言申しそえておきたいことは、写真機は写すたびにフイルムを捲かねばならんということである。われわれの意識も、古い記憶は忘却の彼方へ捲き去って、常に新しい意識で、日に新たに日々に新たに、その時その時を新らしい生命感に溢れて生きてゆかなければならんということである。

新しいということは、真実ということでもある。水の滾々として流れて休まぬごとく、常に新鮮な意識で何ものにも執われず、何事にもこだわらず、しかもすべてを霑ほしつつ流れて止まぬ人生、これを禅の人生という。

日蓮の宗教と天皇制ナショナリズム

戸頃重基

一　小序

ナショナリズムの役割は第二次大戦の破局に達してから、インターナショナルな平和主義に途をゆずったかのようにみえたが、軍備の充実や東西冷戦の結果、国際政治の両極化を中心に新しい国際的従属が進み、ヨーロッパ強国においてさえ、NATO（北大西洋条約機構）加盟諸国にしばしばみうけられるように国家主権の危機が問題となっているほどである。まして敗戦の衝撃をうけた日本においてこれが問題にならぬはずはなく、底の深く幅広い日米新安保条約反対運動や、国際色ゆたかな原水爆実験禁止運動などにみられるネオ・ナショナリズムが、いま私たちの眼前に展開している。しかしナショナリズムの内容はけっして一義的でなく、その間、さまざまな要素をたがいに含みあいながら、立場の差異によって理解を異にする。このなかでも私たちの深く警戒しなければならないのは、民主主義を疎外し、国民を駆って現代から身を隠し、めくら壁をきずいて他国民をさえぎり、はるかな古代に帰る努力に向わせようとする天皇制ナショナリズムにたいしてである。それは敗戦によって一応地上に打倒されたが、まだ息の根はとめられていなかった。そしてふたたび息を吹き返し、国際的なファシズム勢力の翼下に参じて、国民の生血を吸い、祖国の伝統を台なしにしようとしている。天皇制ナショナリズムと、独占金融資本の暴力型態としてのファシズムとの結びつきは今も昔も変っていない。それゆえ現在の日本にとって天皇制ナショナリズムは過去の問題ではない。また過去約一世紀近くにわたってその毒液を吸い込んだ近代のイデオロギー的病理を検討することも死んだ犬に鞭打つことをなんら意味しないのである。

本稿は近代日本仏教中、最も戦闘的な急進性を発揮して天皇制ナショナリズムの一翼をになった日蓮の宗教をとりあげ、両者の関係を考察するのが、目的である。まず日蓮が世俗的な意味での愛国者であったかどうかを問題にするところからはじめよう。

二　元寇の国難と日蓮の宗教

九州の博多には海をにらんだ威勢のいい日蓮の銅像が建っている。これはすぐ附近の箱崎八幡宮の亀山上皇の揮毫、『敵国降伏』の勅額と呼応して、蒙古調伏の愛国僧日蓮を象徴したものである。銅像の総高は七〇尺。原形作者は東京美術学校教授竹内久一。戦争中はおそらく米英撃滅の祈願対象にも一役買わされたであろうこの銅像が、日米新安保条約下の現在、こんどはそのままの姿でソ連と中国の方向を睥睨する任務をはたしかねないありさまである。ところで史上の日蓮はこの博多の銅像が象徴するような意味での愛国者だったのだろうか。ちょうど、銅像が建立される前後、時の論壇の寵児、高山樗牛（一八七一―一九〇二）は、「近年元寇記念像と称し、日蓮の銅像を博多に建てむとする者あり、是れ亦蒙古調伏の妄誕に依拠せる妄挙のみ、無意義も亦甚しと謂ふべし」と、『太陽』（明治三十五年六月）誌上で論評していた。樗牛が正しく論評したように史上の日蓮が蒙古調伏をこころみた事実はない。この点にくわしくふれるまえに、銅像が建立された明治二十五年から三十七年までの時期を注意しておく必要がある。なぜならばこの時期はちょうど日清戦争の直前から、日露戦争の開始にまでおよび、天皇制絶対主義の形成過程にあたるからである。日蓮教徒たちが、教線拡張の好機とばかりに、この時勢を傍観するはずがなかった。立正安国を警告した日蓮の宗教を天皇制護持に仕立て直す口実は、遺文の片言双句をひきぬいてくればことかかない。言葉と言葉のあいだに矛盾が生ずればそのときは「会通《えつう》」と称する解釈上の詭弁術で理性をごまかすこともできる。たんに教義ばかりではなく行状においても、伝説や神話が史実にまさって尊重される非合理な状況では、小川泰堂（一八一四―一八七三）ばりの『日蓮大士真実伝』（一八六七 慶応3）が霊験あらたかに通用する。この伝によれば、弘安の役のさい日蓮は後宇多天皇の英慮を慰めるため、長さ六尺五寸、幅五尺五寸の大曼荼羅を染筆し、それを宇都宮貞綱が掲げて、軍勢三万余人と共に筑前博多にむけて進撃したところ、弘安四年八月一日、颶風《はやて》がにわかに吹きおこって、蒙古数万の軍船が波の藻屑と化し、日本は大勝利をおさめたというまことにおめでたくもありがたい筋書ではこばれている。幕末の尊王思想にそれとなく調子をあわせた泰堂の、日蓮と後宇多天皇の抱きあわせはまことに眉つばものであるが、こうした『真実伝』ならぬフィクションも、近代では日蓮を修身教科書的な忠君愛国僧として宣伝するいい資料を提供した。そしてそういうフィクションが史実とはきちがえられることによって、史上の日蓮がゆがめられる結果はさけられなかった。

元寇のさい、いわゆる史上の日蓮は当時甲斐の国、身延山にたてこもり、謗法の日本につくづく愛想をつかし蒙古調伏などを祈願するどころか、「日本国の人皆無間大城に堕ちむ事よ。悦ばしきかなや、楽しいかなや」（『撰時抄』昭定遺第二巻一〇五二頁）と捨ぜりふを吐き、現実に到来した国難を経文における他国侵逼《しんぴつ》の難の現証とみなしていたほどである。だから災難は瑞相でもあった。日蓮にしてみれば、「ソレ見ろ！」となかば得意でもあったのである。もし元寇の難が実現しなければ、経文はウソを予言したことになる。といって日蓮は、「悦ばしきかなや、楽しいかなや」と文字通りによろこんでばかりいたのではない。そのために日蓮は、文永の役（一二七四、文永11）より十四年前に、そしてまた弘安の役

（一二八一、弘安４）より二十一年前に、すなわち文応元年（一二六〇）七月に、立正安国論を宿屋光則を介して北条時頼に献上し、大集経の三災のうち、二災（凶作・疫病）はすでにはやくあらわれたから、のこる一災すなわち、「兵革の災」が、また仁王経のいわゆる「他国侵逼難」がおこることを警告していた。「予言者日蓮」といわれるゆえんである。そこでは日蓮はこの災難をまぬがれ「国土泰平天下安穏」を願うなら、為政者たる汝、時頼は、信仰の寸心を改めて実乗の一善つまり法華経に帰依することである、とすすめたのである。法然の邪教、念仏宗を弾圧するという条件づきで。しかし日蓮の提言は拒否されたばかりでなく、執権側近の策動もあって、立正安国論以後の日蓮は公私のたえざる監視と迫害のなかにおかれた。身延の日蓮は世に破れた失意の日蓮であった。そういう心境のなかで、なお日蓮は世に用いられる一るの希望をのこしながらも、大方は絶望的なきもちで、元寇の難の行末を注意ぶかく傍観していたのである。「日蓮がいさめを御用ひなくて、真言の悪法を以て大蒙古を調伏せられば、日本国還って調伏せられなむ」（『本尊問答鈔』同第二巻一五八五頁）という日蓮の憂えたのは、かならずしも蒙古の襲来それ自体ではなく、謗法とりわけ真言亡国の祈禱によって蒙古を調伏しようとしたことがまんならなかったのである。弘安の役の暴風は真言密教の祈禱の効験であるかのように世間でしきりにいいふらしているが、日蓮は、「いつもの事なれば秋風に纔《わずか》の水に敵船賊船なんど破損仕りて候を、大将軍生取たりなんど申し祈り、成就の由を申し候げに候也。又蒙古の大王の頸の参りて候かと問ひ給べし。其外はいかに申し候とも御返事あるべからず」（『富木入道殿御返事』同第二巻一八八八頁）と教訓をあたえている。こういう教訓を弟子にあたえておきながら、日蓮が進んで蒙古調伏の祈願を買って出ることはありえない。真言師の祈禱といえば、日蓮は承久の変（一二二一、承久３）にさいし、皇室軍が鎌倉方のためにもろくも敗走したのは、皇室が真言師の祈禱に頼ったからであると批判し、後鳥羽上皇を、「大悪法の檀那」（『本尊問答鈔』同第二巻一五八五頁）とまでこきおろした。

だからといって、私は以上の叙述から、日蓮が、近代になって天皇制ナショナリズムに奉仕するにふさわしい愛国者に仕立直されたのが、すべての点において日蓮主義者による曲解であったとか誤解であったとかいおうとしているのではない。日蓮の宗教がはらむカリスマ的妖気の漂うところには、ファシストの非合理的情緒に訴える魅惑的部分がすくなからず含まれていたことも事実である。たとえば、「不殺生戒と申すは一切の諸戒の中の第一也…是の如き重戒なれども、法華経の敵に成れば此を害するは第一の功徳と説き給ふ也。況や供養を展ぶ可きをや。故に仙予国王は五百人の法師を殺し、覚徳比丘は無量の謗法者を殺し、阿育大王は十万八千の外道を殺し給ひき。此等の国王・比丘等は閻浮第一の賢王、持戒第一の智者也」（『秋元御書』同第二巻一七三六頁）という所論などは、法華経のための殺生を公然承認しているのである。それは目的のために手段を選ばないマキアヴェリストやファシストの論理と全く同一の発想法である。昭和のファシスト井上日召や北一輝が法華経と日蓮の信者だったことも偶然ではなかった。また最近の創価学会の折伏にも、日蓮の教説にじゅうぶんのよりどころがないのではない。だがここにまた日蓮の宗教の単純でない点が注意されなければならない。というのは謗法を憎むことの激しかった日蓮は、ただ激烈な言辞を吐くだけで、彼自身はむしろ絶えざる暴力の被害者だったからである。「王地に生れたれば身をば随へられたてまつるやうなりとも、心をば随へられたてまつるべからず」（『撰時抄』同第二巻一〇五三頁）という日蓮は、世俗の権威にたいし精神的不服従を誓ったが肉体的暴力を認めたのではない。精神的抵抗と肉体的非暴力とが矛盾したまま日蓮という個性のなかに反対の調和を実現していたとみるべきであろう。日蓮に正しい理解を示した基督者内村鑑三（一八六一―一九三〇）は「彼の如きは実に不合中の合、反対中の調和なり。彼を正解すれば無比の美なり、彼を誤解すれば無比の醜なり。彼を解するの難実に劇烈なる反対性にあり」(『日蓮上人を論ず』旧版全集2初期の著作下)といった。たしかに仏敵にきわめて仮借なかった日蓮は貧しきもの、悩めるものに接するとき人として最も柔和な人であった。建治元年(一二七五)蒙古の使節、杜世忠ほか二名が血迷った鎌倉幕府によって由比の浜で処刑されたとき、日蓮は「科《とが》なき蒙古の使の頸を刎られ候けることこそ不便《びん》に候へ」(『蒙古使御書』同第二巻一一二頁)と悲しんでいるのである。しかしこのことばが、「日本国の敵にて候念仏真言禅律等の法師は切られずして」ということばの直後に語られていることを注意しなければならない。「日蓮は畢竟その用いられざるを怨嗟してかかる当時の国民感情に反したことをいったのだ」、という批判が、戦前国粋主義の歴史家から加えられたことがある。しかし日蓮にとって責められなければならないのは、じつに蒙古ではなく、まして罪のない軍使ではなく、日本の謗法である。これは日本や国家について語ることのひじょうに多い日蓮が、その思想の本質において、世界主義者であったことの挙証となるだろう。彼にとり法華経の真理は日本の国よりも偉大であった。それほどの日蓮が、なぜ一個のつまらない道学先生的愛国者に堕落させられたのだろうか。

三 天皇制倫理と立正安国論

日蓮を一個の道学先生的愛国者に堕落させた教学者として、田中智学(一八六一—一九三九)と本多日生(一八六六—一九三一)の二人の名を没することができない。前者は国柱会総裁として、後者は顕本法華宗管長大僧正としてそれぞれ教界に大きな足跡をのこした。

田中が日蓮主義者として活躍を始めたのは、日清間に天津条約が結ばれ、大井憲太郎(一八四三—一九二二)らによる大阪事件の勃発した明治十八年ごろまでにさかのぼる。このころ田中は国柱会の前身、立正安国会をつくり、日蓮の宗教を国家主義的に武装させる工作に没頭していた。彼は当時の「単称日蓮宗」が正統としていた幕末の学匠、優陀那院日輝《うだないんにちき》(一八〇〇—一八五九)の非国家主義的教学に内心大いに疑問と不満を感じ、十九歳のとき脱宗してしまった。加賀藩前田侯の御用学僧として手厚い庇護をうけ、『一念三千論』『祖書綱要刪《きん》略』など精巧な教学の絵巻物をくりひろげる日輝にはおよそ尊王もなければ攘夷もなく、自宗所依の聖典立正安国論にたいしてさえ、「今に至りては其の立論の無実なるを知る」と揚言するほどの政治的ニヒリストだった。安政大獄は彼の歿年の出来事である。彼の門下には充治園《じゅうごうえ》の四傑とよばれる、新井日薩、吉川日鑑、三村日修、小林日昇など宗門の偉材を輩出したが、彼らは明治初年来の廃仏毀釈によって衝撃をこうむった宗門復興のための政治活動に制約され、師の教学を新時代にふさわしく再編成するだけの余裕をもたなかった。したがって立正安国論にたいする前述のごとき日輝の評価までもが宗門の正統とされる有様だったが、これでは富国強兵、殖産興業、国民統一を基本の軸として、日本が漸く発展の途上にあったちょうどその時点に、青年期を迎えた田中の満足するはずがない。西南戦争で官軍が苦戦するのを国民が喜ぶ事実を憂慮して、終生を国体精神の開顕にささげようと、十有余歳で決意したといわれる田中にしてみればなおさらのことである。彼はまるで忠君愛国を宣伝するためこの世に生れてきたような人物である。だから彼が立正安国会をつくったときは、錚々たる教界の大立物、井上円了(一八五八―一九一九)・島地黙雷(一八三八―一九一一)が在俗の三宅雪嶺(一八六〇―一九四五)・志賀重昂(一八六三―一九二七)・杉浦重剛(一八五五―一九二四)らと協同して、国粋的な政教社を結成(一八八八、明治21)するよりも時間的に先行していたほどである。しかし田中のナショナリズムは政教社のそれよりも急進的に右傾化し、そのうえ神秘主義的であったことが注目されてよい。それは明治二十六年、彼が天皇の銀婚を祝して皇室に献上した著、『仏教夫婦論』の一節を引用しただけでも明白である。「昔者《むかしは》、仏門ノ先賢、単ダ本邦ヲ指シテ、以テ閻浮《えんぶ》〔世界〕ノ日本ト為ス。日蓮乃チ啻ニ本邦ヲ以テ、日本ノ日本ト為スノミニ非ズ、亦タ将サニ閻浮ヲ以テ、却テ日本ノ閻浮ト作サントス。故ニ其ノ閻浮統一ノ本尊ヲ図出スルヤ、系《かく》ルニ、天照　八幡ノ両廟ヲ以テス是レ豈ニ本邦ノ祖神ヲ以テ、直チニ一閻浮提ノ宗廟ト為ス者ニアラズ耶」。

天皇が当時はたしてこれを読んだかどうか私たちは知る必要もない。知らなければならないのは田中によって日蓮の宗教が、まずこのようにして「日本中心世界統一」的な帝国主義的宗教として方向づけられたことである。そこには保安条令の公布、帝国憲法の発布、教育勅語の渙発、東西文化の内面的出会い、キリスト教排撃、神道復興、産業資本の躍進、プロレタリアの続出、条約改正運動などによって特徴づけられる明治二十年代のナショナリズムが背景に立っていた。田中が法華擁護の天照、八幡を一閻浮提の宗廟にするという主張は、その前年におこった久米邦武事件を考慮にいれた神道家への媚態を示している。しかしそれらの背景にもまして田中をつよく駆りたてたのは天津条約以後の日清間の国際的緊張であった。田中が立正安国会をつくった年の前年、松方正義(一八三五―一九二四)は十年後の日清戦争に備えて海軍を拡張するため大阪に薩藩出身の政商五代友厚《ごだいともあつ》(一八三六―一八八五)をおとずれ、実業家の協力を懇請していた(『五代友厚秘史』三〇八頁)。田中にとり日清戦争が義戦であるか侵略戦であるかは問題ではない。なぜならそれは「閻浮ヲ以テ却テ日本ノ閻浮ト作サントス」る一つの過程であり、日蓮の理想実現の不可避の方法でもあったからである。日本が欧米帝国主義の仲間入りをして、公然大陸侵略に乗りだした北清事変（一九〇〇年、明33）の翌年、田中が『宗門の維新』を発表し、はげしい語調と筆法で、「侵略的に信仰せよ、侵略的に説けよ…『コーラン乎剣乎』は猶ほ甚だ緩弱也、須らく『法華経は剣也』と曰へ」と怪気焰を吐いたとしても、おどろき怪しむ理由はなにもない。

しかし客観的にみると、これほどあざやかに帝国主義的侵略を謳歌したことによって、彼が雁行して説いた「皇室、憲法、議会、政府乃至人民スベテ悉ク発迹顕本シテ唯一妙道ニ帰融セザレバ死スルトモ瞑スル勿レ」という正法優先の主張は全く影がうすれてしまったのである。この点で、彼により日蓮入信の機縁をあたえられた樗牛が、「国家的宗教と云ふが如き名目の下に、自家宗門の昌栄を誇らむとする僧侶は禍ひなる哉」(『日蓮上人と日本国』)といって、暗に田中をもふくめて日蓮教徒の超国家主義的偏見を批判したのはいかにも適切だった。彼は日蓮において、「其の信念の為に国家をも犠牲とする偉大なるイゴイストを観」、「道学先生的倫理説に勝《た》へざる大なる安慰」を日蓮の特質のなかに探究したのである(『鎌倉よりロンドンなる姉崎へ』増補縮刷樗牛全集第六巻五三四頁)。明治三十五年三月二十七日、鎌倉長谷より同栗山なる田中宛書簡において、「日蓮上人の国家観に就いての御高説の段々、重々拝聴仕候。尚ほ氷解せざる一難団之れ有り云云(同全集第六巻五一八—九頁)といっているのは、日蓮の国家観をめぐり、樗牛が田中の所論に承服していなかった証拠である。田中によれば、日蓮は「人天の導師」であるよりも「大国聖」とよばれるにふさわしかった(『大国聖日蓮上人』昭和4春秋社)。

田中に比較すると、本多日生の超国家主義的方向はもう一段上廻っていたようである。たとえば彼は立正安国論の題号を国家主義的にわざとねじまげて、安国立正論(日蓮聖人聖訓要義第二巻所収)と呼ぶなどして、正法よりも国家を、それも天皇制絶対主義の国家を重視したのである。本多が日蓮遺文のなかで最も重視したのは開目鈔だった。それには、「人《にん》開顕」と同時に、観心本尊鈔をまたなくとも、「法開顕」が説かれているとみなす宗学上の理由もあったが、なにより開目鈔が本多の愛好する忠孝の道徳を奨励していたからである。「人身を受けたる者は忠孝を先とすべし」(『開目鈔』昭定遺第一巻五六五頁)「此の経(法華経)は内典の孝経也」(同上五九〇頁)といった文句を散説する開目鈔は、教育勅語に照しても、本多の喜びそうな文句ではなかったか。「忠孝の上に建設せられし国家は其基礎の小なるが為に斃れむ」(内村鑑三)とか、「儒道は尊属の者に利にして、卑属の者に不利なり」(西村茂樹)とかいったような封建倫理にたいする批判も、この権威主義にめしいた上層好みの大僧正の目にはとまらなかった。彼は未完の著『開目鈔詳解』（上巻　大正8）のなかで、日蓮の宗教を天皇制倫理と妥協させて次のように語っているのである。「日蓮聖人が今ここに凛然として忠孝の道義を掲げて仏徒に警告する所以のものは、一は以て我が国不朽の道徳を宣揚し、一は以て釈尊教化の正統を発揮せんとするなり。断じて軽々に看過すべからず。忠孝を以て我が国民道徳の精華と為すは教育勅語の明教厳として存するあり…この忠孝と報恩との道義を以て仏教正統の教義となす」（一三一頁）と。このように日蓮は、本多によって完全に一個の道学先生的愛国者に堕落させられてしまった。「やは肌のあつき血汐にふれも見で　淋しからずや道を説く君」（与謝野晶子『みだれ髪』明34）とローマン派の歌人がひやかしたその道学先生的愛国者に。儒教にたいして包容的であり、それゆえに仏教の知恩報恩を儒教の忠孝と時に同一視したのはたしかに日蓮である。しかし日蓮はけっして前者を後者に妥協させるつもりはなかった。それは「儒家の孝養は今生にかぎる。未来の父母を扶けざれば、外家の聖賢は有名無実なり」（『開目鈔』昭定遺第一巻五九〇頁）といって、世俗の道徳を出世間的な宗教によって乗りこえていたことでも明かだし、さらに「経文をか用ゆべき世間をか用ゆべき」という二者選一の問いにたいし、「是非につけて出離の道をわきまへざらんほどは父母師匠等の心に随ふべからず」（『報恩抄』同第二巻一一九二頁）と出世間主義を唱えていたことでも疑う余地はない。が本多は、教育勅語に照して不利なそういう遺文をひたかくしにしたのである。哲学館に学んだ本多はおそらく井上円了の「護国愛理」の哲学に影響されたことであろう。それにしても本多の護国的傾向——といっても国民や国家を擁護することではなく、絶対主義天皇制つまり皇運を扶翼することにすぎなかったのであるが——は井上などよりもずっとラジカルだった。彼は日蓮降誕満七百年の大正十一年には、顕本法華宗の管長として元帥東郷平八郎を筆頭とする信者代表十一名と共に、宮内省に奏請して、「立正大師」の勅諡《ちょくし》宣下に重要な役割を演じた。旃陀羅の子日蓮が官製日蓮に昇格したのである。

明治四十三年幸徳事件のとき、彼は二十六名の関係者に、安心立命をあたえるため教誨をしたいと希望し、かかさずに公判を傍聴した。また引受人のない刑死者を自坊の品川妙国寺に埋葬したいと考えて堺利彦(一八七一—一九三三)にその旨申し込んだところ、堺は殺気だって日生を追い返したといわれる。堺ら難をまぬがれた社会主義者からみると、助命運動も事件処理に当っての政府批判もせず、恩きせがましくお経を読んで供養してやるという態度が、日生の主観的意図は別として、主義に殉じた同志のために、たえられなかったのである。石川三四郎(一八七六—一九五七)の表現を借りれば、平常国賊無頼漢と排撃しておきながら、主義に斃れた同志に仏の慈悲を示そうという僧侶的偽善が社会主義者を怒らせたのであった。幸徳事件で処刑された内山愚童(一八七四—一九一一)に比較すると、本多などの行動は全く見苦しいの一語につきる。偽善者によって日蓮が天皇制の忠実な旗ふりに位置づけられたことは、「権威を畏るること勿れ、今度生死の縛を切って仏果を遂げしめ給へ」(『弟子相那中御書』前同第一巻四三七頁)といった日蓮にとってみれば、ひいきのひき倒しであったにちがいない。本多は大正六年、佐藤鉄太郎、高橋義章らの軍人や検事矢野茂などと共に、「自慶会」を組織し、「友愛会」や「信友会」に示された労働者のたかまりゆく階級闘争の防波堤をきずく役割を果していたのである。

こうして日蓮の宗教は、田中・本多らによって改ざんに改ざんが加えられ、歪曲に歪曲がつみ重ねられて天皇制ファシズムの護教学として変質をとげてゆくのである。昭和の初期、井上日召、前田虎雄、北一輝、石原莞爾らによるファッショ日蓮教はそういう過程の積み重ねのうえに支払われた日本帝国主義崩壊期の総決算であったとみることができる。さいごに北一輝の例についてみようと思う。

四　日蓮の宗教と北一輝のファシズム

昭和の天皇制ファシストとして、北一輝（一八八三—一九三七）は大川周明（一八八六—一九五七）とならぶ理論家である。異るのは大川が日蓮や法華経にたいし批判的であり無関心であったのにくらべ、北はそれを熱狂的に鑽仰したことである。北が日蓮信仰をいだいた機縁として、私はしばらく次の三つの理由をあげておこう。

(1) 北の生地が佐渡であったこと。佐渡は周知のとおり、日蓮にゆかりの深い土地である。すなわちこの土地に日蓮が、一二七一年（文永8）から三年間流罪され、そのうえここで日蓮は、「魂魄佐土の国にいたりて」記すといった開目鈔や「当身一期の大事」と自称した観心本尊鈔を述作し、内観の世界を確立した。それゆえ日蓮の教学では、佐渡流罪を転期として、法門を佐前・佐後に分類するほどである。北は日蓮にとりこういうゆかりの深い佐渡の国の湊町に生れたのだ。北の生家は代々もと真宗であったが、母のリクが、日蓮の霊跡地、塚原山根本寺のある新穂村青木の出身なのである。

(2) 北の性格が異常であったこと。弟の北昤吉氏の語るところによると、彼が法華経を熱心に信仰するようになったのは、永福という行者に接してからであり、この行者から法華経読誦の技術を習ったという。高名な碩学の講演を聞くか、書を読むかして日蓮に近づいたのではない。市井の名もなき無学の行者の導きによって入信するのである。そこに理論以前の彼の霊感性があり、その萌芽は幼少の時からあったといわれる。後年革命家になってからでも、彼は暗殺された中国革命の同志、宋教仁が夢枕に立ったなどと大まじめに語っているのである。法華系統の信者にゆらいこうした人物が多い。この傾向はファシズムに根ざす理性の破壊と非合理的性格に深く結びつく。

(3) 日蓮ブームの時期に際会したこと。北が成人して活躍を始めた明治末年から大正初期は、日蓮ブームの現出した時期である。田中智学、本多日生らの布教の効果にもよるであろうが、高山樗牛をはじめとして、高橋五郎、村上浪六、大屋徳城、木下尚江、笠川臨風、高嶋平三郎、姉崎正治、高須梅渓ら当時の著名人によって、日蓮が種々の角度からはなばなしく論じられたのもこの時期にぞくし、それは日本帝国主義の発展とも対応していた。北が、「不肖何をか隠さん亦妙法蓮華経の一使徒」と告白するようになったのは、中国革命の参加に失敗して帰国し、『支那革命外史』の筆を染めるようになった大正五年、彼の三十四歳のときである。

以上、北の日蓮への傾斜をまねいた三つの機縁をあげたが、それらにまして重要なのは日蓮の宗教と北の思想との内的な近似性であろう。私はあえて近似性とよび同一性とよばない。なぜなら両者は近似性にもかかわらず微妙な点で決定的に異っていたからである。しかしこのちがいは北には全く意識されなかったばかりでなく、自著の『外史』を「大正安国論」とよび、それを日蓮の立正安国論に対照して、「符節を会する如き古今の一致に眉を顰《ひそ》め」、「時の権力者に対する諌諍的態度」の一致に法悦の胸を高鳴らせるありさまだった。まず、どういう点で両者の近似性が考えられるか。換言すれば、日蓮の宗教は北のファシズムと、どういう点で癒着吻合するようになったのであるか。これについても私は次の三つの理由をあげておきたい。

第一に、護国三部経の一つである法華経と、日蓮の立正安国論が、北の『国体論』以来の国家主義的要求を満足させる側面をもっていたこと。

第二に、日蓮が日本第一の法華経の行者を誇称し、地涌の菩薩を自負するのは、ちょうど北の大衆を軽蔑する天才かたぎ、ないし選民意識に受容されやすかったこと。

第三に、謗法の寺塔を焼き払い、その首を由比ヵ浜で切って捨てろ、と絶叫する正法護持のための日蓮の激情《ライデンシャフト》が、「堂々義を掲げて大殺戮を敢行」することも辞せない北の右翼革命の理念に一致したこと。

日蓮の立正安国論は、法華経の「世法開会《かいえ》」を教理とする現世的精神と、「帝王は国家を基として天下を治め、人臣は田園を領して世上を保つ」(昭定遺第一巻二二五頁)といった儒教的な王道観にたつが、これは北の、「社会主義（註、北は社会主義、国家主義、国家社会主義をつねに混同する）は君主を顛覆し貴族を打破して上層階級を下層的平等の内に溶解する『平民主義』に非らず」とする差別即平等の考え方に近似するというよりむしろ一致するものであろう。そして地上の身分階層を是認しながら日蓮が内界の優越感に訴え、天皇の権威を超出しようとしたことも、忠君を過小評価して天皇に全的に傾倒しなかった北の国体論を満足させたにちがいない。「国家は国家の利益のために個人の凡ての財産を吸収すべき最高の所有権を有する」（『国体論及び純正社会主義』北一輝著作集第一巻九一頁）という初期の主張は、天皇主権説を否定し、ファシズムに急傾斜した後年の『国家改造案原理大綱』においてさえ「天皇ハ親ラ範ヲ示シテ皇室所有ノ土地山林株券等ヲ国家ニ下附ス」（同著作集第二巻二二六頁）と放言してはばからなかった。北における国家と天皇の関係は、日蓮が法華経をもって皇室の権威を超出する発想法に酷似する。「日蓮なくば誰をか法華経の行者として仏語を助けん」（『開目鈔』昭定遺第一巻五六〇頁）とか、「我れ日本の柱とならむ、我れ日本の眼目とならむ、我れ日本の大船とならむ」（同五五九頁）と揚言する日蓮は「法華経の智解は天台伝教には千万が一分も及ぶ事なけれども」（同六〇一頁）と謙遜する側面もないのではなかったが、ひじょうに自我意識が強く、滅私奉公に甘んじる没我主義者ではなかった。それどころか樗牛がいったように、彼は信仰のためには亡国も意に介しないエゴイストであり、小杉天外（一八六五―一九五二）のいわゆる「大不忠漢」ですらあった。彼は公然日本の主・師・親三徳を自任した。東海の名もなき旃陀羅《せんだら》の子として生れた日蓮はいまや精神界における第一級の指導者をもって自負し、「当世日本国に第一に富める者は日蓮なるべし」（同五八九頁）と雪の塚原三昧堂のなかで法悦の感情にむせぶのである。こういう日蓮の強い宗教的自意識は、やはり自分を「類神人」たらしめようとする北の強い選民意識によってうけとめられていた。若冠わずかに二十四歳で、『国体論及び純正社会主義』の傑作を世に問い、世間を驚かせることのできた北は、自分の理論的素質にも深く自信をもっていた。後年大川周明と交わるようになってからでも、ファシズム理論では大川も北に歯がたたなかった。大川は北に魔王のことばを呈し、尊敬と忌避を同時にあらわしたといわれる。しかし北に自信を深めさせたのはたんに理論的才能だけではない。法華経の読誦から生じる霊告者としての呪術的自信が北にはあったことだ。「不肖は日蓮に非ず又日蓮の奴隷に非ず」（『支那革命外史』同著作集第二巻四頁）と自負するのも、彼のカリスマ的権威への自信に由来している。それはちょうど天台・伝教の跡をしのぶ日蓮が、法華経の勧持品の色読《しきどく》―心だけではなく迫害にたえて身読すること―によって、「天台伝教もいまだよみ給はず」と自信をたかめてゆくのと類似の心理的過程を示している。「北のごとき社会的地位と識見とをあわせもつ人が、こうした立場に立つときは指導的権威にまで発展する。それは古代の専制君主のもちえた征服的技術ともつながる。ここにファシズム指導者としての北の特殊性がある。…中略…ヒットラーとことなり、ムッソリーニと異るこの素質は日本にだけ存在しうる指導者的資格」（田中惣五郎著『北一輝』三一八頁）かもしれない。M・ウェーバー（一八六四―一九二〇）のいわゆるカリスマ的権威に基礎をおく啓示信仰がファシズムにあったということが日本ファシズムの特異性なのである。そして天皇制の構造にカリスマ的権威に基づく支配関係があったことも、この制度に固有な原始的神道行事や「皇祖皇宗ノ神霊上ニ在リ」といった宣戦詔勅の文句があったことで明かではないか。してみれば北のカリスマ的ファシズムも北固有のものではなかった。ファシズムの日本的型態の一つの特性がたまたま北の個性を通じて表現されたまでのことである。いずれにせよ日蓮も北も、「唯我一人能為救護」の選民意識と呪術的権威感情のなかで分ち難く結ばれていた。両者はともに大衆を歴史的動因から却下し、ついでに価値の世界からもしめだし、そして権力の槍玉にあげられて挫折の憂き目に遭遇した点でも酷似する。日蓮を北と同格に扱うことは私の意図するところではないのだが、「愚人にほめられたるは第一の恥」とする日蓮と、北の強い自我意識は同じ宗教心理の次元に属するようである。上海の楼上から排日を叫ぶ中国の大衆を眼下に見くだす北が一九一三年四日、宋教仁の死の真相をあばこうとして中国退去命令をうけて帰国するとまもなく『外史』を執筆し始め、国権的帝国主義の立場からそれを大正安国論と自負した心情は多分に日蓮的だったといわなければならない。「宇宙の大道。妙法蓮華経に非らずんば支那は永遠の暗黒なり。印度終に独立せず。日本亦滅亡せん。国家の正邪を賞罰する者は妙法蓮華経八巻なり。法衣剣を杖いて末法の世誰か釈尊を証明する者ぞ」（『支那革命外史』著作集第二巻二〇三―四頁）という北の口吻は、「日蓮なくば誰をか法華経の行者として仏語を助けん」の開目鈔の口真似を回想させる。三民主義を首唱する孫文（一八六六―一九二五）らによって中国が近代化をめざす革命の途上にあって、このような法華経による革命を強調した点に、北の近代以前の発想法がいかんなく露呈されている。それもたんに近代以前のたんなる無邪気に止まるのではなく、「慈悲と折伏の妙法蓮華経八巻は明治大皇帝の手に守持せられる」と日本帝国主義を礼讃するのである。法華経は北にとって心霊の糧であると共に、「日本の武断至らざるなきの興運は仏の大乗に出づ」といった軍国主義の鎧を隠す法衣であり、帝国主義のふりかざす侵略の剣にほかならなかった。「地涌菩薩とは地下層に埋るゝ救主の群と云ふこと、則ち草沢の英雄下層階級の義傑偉人の義である」。ここにも北のファシスト的選民かたぎが法華経的に形容されていることを指摘しておかなければならない。北は『国体論』時代、「欧米の如く個人主義の理論と革命とを経由せざる日本の如きは、必ず社会民主主義の前提として、個人主義の充分なる発展を要す」（『国体論及び純正社会主義』著作集第一巻一頁）と、いたって健康な理論を展開していたが、それは今や「義傑偉人」というエリート意識に急傾斜せざるをえなくなった。なぜだろうか。その理由はすでに『国体論』時代においてもそうであったが、第一に彼が自由民権運動の遺産を汲みとらなかったこと、第二に、国家契約説を無視して社会有機体説を無批判にうけいれ社会と国家を混乱させていたこと、第三に、生物進化論によって人間と自然を機械的に同一視し、その結果本能説を固定化し、階級闘争と国家競争とを同じ事実の次元のなかで認める誤りをおかしたことなどによるのである。したがって、『外史』や『法案』をまって北の思想がはじめてファシズムに傾斜したのではない。

ファシズムに固有な方法としてのテロリズムを通じても、北は日蓮の宗教と深く結びついていたようである。北の宿舎には日本刀やピストルがよくゴロゴロしていたといわれるし、また安田善次郎（一八三八―一九二一）を刺殺した朝日平吾（一八九二―一九二一）はその遺品を北一輝にのこして、改造法案の影響を感謝しているし、二・二六事件の青年将校もまた北の人物に傾倒するものがすくなくなかった。人道主義や平和主義ほど北の体質に融和し難い思想はなかつた。「革命の舞台は血染の花道を通りて達せらるる」からである。その北が日蓮信者だったところに問題点を意識して、日蓮の思想を洗ってみると、日蓮がかならずしも暴力の全面的な否定者でなかったことが注目されなければならない。すでにふれておいたように、『秋元御書』では、謗法を法華経のために殺害しても不殺生戒を犯したことにならないばかりか、持戒第一の功徳になるといっていたし、立正安国論では、「善男子若し能く一闡提を殺すことあらん者は則ち此の三種の殺の中に堕せず」（昭定遺第一巻二二一頁）という涅槃経を引証し、たとい謗法の命を断つことを避けても、彼らへの布施は禁止しなければならないと強硬な進言をこころみていた。幕吏平ノ左衛門ノ尉頼綱には、「謗法の寺塔をばやきはらいて彼等が頸をゆひのはまにて切らずば日本国必ずほろぶべし」（同第二巻一〇五三頁）と極言する日蓮である。それはむしろ日蓮にとり逆効果となって、暴力的制裁がかえって日蓮の身に加えられたのであるが、彼はその暴力を法難としてうけとり、「御勘気を蒙ればいよいよ悦びをますべし」（同第一巻五六〇頁）という心境に達し、折伏布教の闘志を燃やすのである。こういう日蓮の折伏主義は、北においては非戦論を、「価値なき皮相の説明」（著作集第一巻一六三頁）としてしりぞける『国体論』時代から、「日本国民ノ神ハ『クェーカー』教徒ノ神ニ対シテ弥陀ノ利劔ヲ揮フベキノミ」（同第二巻三四〇頁）と平和主義を否定する『法案大綱』時代まで定着しつづけたのである。北の帝国主義的主戦論が、彼の信仰する日蓮の破邪顕正の折伏思想によって信念にまで深められたであろうことは想像に困難ではない。

彼は昭和十二年八月十八日、一子大輝あてに次のような遺書―これは北家の家宝で、日蓮または日朗の筆と伝えられる法華経観世音菩薩普門品第二十五のうらにじかに書きつけられた―を送っている。

大輝ヨ。此経典ハ汝ノ知レル如ク父ノ刑死スル迄読誦セル者ナリ。汝ノ生ルゝト符節ヲ合スル如ク突然トシテ父ハ霊魂ヲ見、神仏ヲ見、此ノ法華経ヲ誦持スルニ至レルナリ。則チ汝ノ生ルトヨリ父ノ臨終マデ誦セラレタル至重至尊ノ経典ナリ。父ハ只此ノ法華経ノミヲ汝ニ残ス。父ノ想ヒ出サルヽ時、父ノ悪シキ時、汝ノ行路ニ於テ悲シキ時、迷ヘル時、怨ミ怒リ悩ム時、又楽シキ嬉シキ時、此ノ経典ヲ前ニシテ南無妙法蓮華経ト唱ヘ念ゼヨ。然ラバ神霊ノ父、直ニ汝ノ為メニ諸神諸仏ヲ祈願シテ汝ノ求ムル所ヲ満足セシムベシ。経典ヲ読誦シ解説スルヲ得ルノ時来ラバ、父ガ二十余年間為セシ如ク誦住三昧ヲ以テ生活ノ根本義トセヨ。則チ其ノ生活ノ如何ヲ問ハズ汝ノ父ヲ見、父ト共ニ活キ、而シテ諸神諸仏ノ加護指導ノ下ニ在ルヲ得ベシ。父ハ汝ニ何物ヲモ残サズ。而モ此ノ無比最尊ノ宝珠ヲ止ムル者ナリ。父一輝

二・二六事件の空想的暴挙で挫折したファシスト北はまぎれもなく法華経と日蓮の信者であった。法号は経国院大光一輝居士。

五　結語

日蓮の宗教と天皇制ナショナリズムの関係を一応近代史に舞台をとり、とくに田中智学、本多日生、北一輝について考察してきた。戦後世間の注目をあびた創価学会と日本山妙法寺については紙数が超過したので別の機会にゆずらなければならない。また日蓮は日本

や国家について語ることの多いにもかかわらず発想法が世界主義を基調にするという問題についても私の他の論稿を参考にして頂ければ幸いである。

要するに近代において日蓮の宗教が天皇制の前に挫折してしまったのは、日本に信教の自由という近代市民権が確立されていなかったことと、その確立をはばんだ半封建的軍事的絶対主義の盲目的強大さと、そして日蓮の宗教にそなわる呪術的非合理性の病理に深く由来する。従前のファシズムの段階がまた繰り返されようとしているとき日蓮の宗教はこんどこそ平和と民主主義によって回心を企て汚名をそそがねばならないであろう。祖師に還るということは祖師を超えることだ。

文献紹介（主題に直接関係があり、比較的入手しやすい新しい文献だけにかぎる。）

昭和定本日蓮聖人遺文　全四巻　昭和三十四年発行完了
立正大学日蓮教学研究所編　三省堂

拙稿「日蓮」現代宗教講座第一巻所収　昭和二十九年　創文社

同「明治中期の近代的自我とナショナリズム」
倫理学年報第七集所収　昭和三十三年　有斐閣

同「明治思想史におけるナショナリズムの倫理」
社会教育研究　創刊号　昭和三十五年　金沢大学社会教育研究室

同「日蓮聖人の宗教と現代のナショナリズム」
立正教報　昭和三十五年　立正大学

拙著「日本的モラルの病理」昭和三十五年　三一書房

佐木秋夫著「荒旅に立つ—日蓮—」昭和二十三年　月曜書房

佐木、小口共著「創価学会」昭和三十二年　青木書店

中濃教篤稿「宗教的民族主義の系譜」日本宗教史講座第四巻所収　昭和三十四年　三一書房

北輝次郎著「北一輝著作集」全二冊　昭和三十四年　みすず書房

田中惣五郎著「北一輝」—日本的ファシストの象徴　昭和三十四年　未来社

吉田久一著「日本近代仏教史研究」昭和三十四年　吉川弘文館

拙稿「宗教とテロリズム」（月刊さんいち）昭和三十六年　三一書房

仏教と「転向」の問題

林田茂雄

一

私が獄中にいたころ、しばしば教誨師《きょうかいし》から次ぎのような嘆息をきいた。

「君ぐらいによく仏教を研究し、親鸞聖人《しんらんしょうにん》についてもそれだけの理解を得たものが、どうして転向できないのかねえ……」

これに対する私の微笑まじりの答えは、いつも一つであった。

「僕ぐらいによく仏教を研究し、親鸞についてもこれだけの理解を得ているからこそ、転向する気づかいはないんですよ」

そのころの獄中では、共産主義から念仏信仰への転向がはやり、小野陽一氏の「共産党を脱するまで」とか、小林杜人《もりと》氏その他の共著「転向者の手記」とかは官本（囚人のための刑務所の蔵書）にまでおさめられて、もっぱら、思想犯向けの洗脳工作に利用されていた。既決囚は月に二冊しか貸し出しを受けられない決まりなのに、それらの転向文献は員数外で向こうから貸し付けてきた。そうしてはすぐその読後感を求めてきた。それに対する私の答えもまた、つねに簡単であった。

「小林君たちは、親鸞の読み方をまちがえたんですな……」

もちろん、転向するかしないかが、親鸞をどう読むかによって分れたのだとは思っていない。話は逆なのであって、転向したかしなかったかの違いが、親鸞の読み方を分れさせたのである。これは転向者たちの信仰手記を一貫してはっきりと現われている。すなわち親鸞の教義が彼らのマルクス主義をゆすぶり立てて転向に導いたのではなく、ほかの要因による転向の既成事実を、念仏信仰の形で取りつくろおうとしたのである。だから「仏教と転向の問題」を、仏教思想とマルクス主義との相克関係としてながめる観点だけからはまともな理解は引き出せないのである。

ところが最近は「仏教と転向の問題」を、全く逆の観点から見なおさせようとする話題が現われてきた。チベットに対する思想工作で、中国共産党が仏教を逆手に利用しはじめたというのである。「チベット住民の仏教信仰の根強さに手を焼いた中共当局は、おシャカさまの理想は共産主義を実現することにあったのだと宣伝しはじめた」という意味の話を、毎日新聞のコラム欄が冷やかし半分に書き立てたのである。私は中国当局が仏教の思想なり論理なりを、具体的にどのように「逆用」しているかの事実を知らないし、また新聞記者の悪意の文章からはそれを正しくうかがい知るすべもないので、そのこと自体については何ともいえない。しかし少なくとも、ここにまた一つの、仏教に対する読み方の違いの実例がある、ということだけは言えそうである。

いま「仏教」の名によって流布されている教義の中には、明らかにアヘン的な信仰もあれば、また反動的な思想もある。いや、その傾向の方が圧倒的に強い。しかし他面で、中国政府のチベット工作に――それほど無理なこじつけなしに――活用されうるだけのものを、ふくんでいることも確かなのである。私が教誨師に対して、「仏教を研究すればするほど、転向する気づかいはなくなる」と答えたのも、単なる皮肉なはぐらかしにすぎなかったのではなくて、一応それなりの理由はもっていたのである。

シャカの本来の教説がどのようなものであったのかについては、いろんな推定が行われており、学界の定説というべきほどのものはまだ確立されていない。しかし彼の求道生活が、「王宮」を脱出するところから始まったということ、彼の教団内部では階級や身分の差別を認めなかったこと、こうした教訓的な事実だけははっきりしている。

＊　シャカというのは個人の名ではないが、ながい慣例に従って、仏教の開祖個人の呼び名として用いさせていただく。

また彼の求道が、それまでの迷信や苦行への抵抗に終始し、当時としては恐らく最高の合理主義的な態度を貫こうとしたものであるらしいことも、いわゆる、「阿含部《あごんぶ》」の諸経典の随処にうかがわれる。彼は神の存在を否定はしなかったが、「そんな確認できないものを当てにするのはばかげている」と言いきった、死後の世界の存在についても同じようなことをいっている。そして一ばん確かな存在としての自分自身をよりどころとして、苦悩からの解放を求めぬいたのである。「自己こそ自己の主人公である。なんで他者を主人公にしてよいものか。自己をよく訓練調整さえすれば、またと得がたい主人公が得られるのだ」（法句経）という言葉は有名である。

シャカは、苦悩の救済者を神に求めないで自己自身に求めさせようとした。そのために、「苦悩の事実を知り、その苦悩の原因を知り、苦悩の消滅を知り、その苦悩の消滅の道を知れ」という、いわゆる四諦《したい》（四つの真理）を説き、「正しく見、正しく考え、正しく語り、正しく行い、正しく生き、正しくはげみ、正しく念じ、正しい安定を保持せよ」という、いわゆる八正道《しょうどう》を強調した。彼が、彼のおかれていた当時の諸条件下で、何を「苦悩の原因」と考え、また、具体的にはどうすることを「八正道」と考えたか？　それに対して私たちが、私たちのおかれている現在の諸条件下からの文句をつければ、文句のつけようも山ほどあるのが当然である。しかし、苦悩の認識と苦悩の克服について、その法則を明らかにすることから始めたこと、そしてその法則に従いぬくべき八正道を強調したことは、その限りでは今日の私たちの生き方の規範として通用するし、これ以外の規範はありえないのである。

自己を主人公として、人生の苦悩からの解放を完成しようとする者にとっては、仏とは自己自身の到達点であった。ところがシャカの死後、職業化した教団が大衆への寄生ぶりを強めるにつれて、仏は到達の目標から礼拝の対象に逆転させられた。もちろんシャカの根本理想の名ごりはあって、その後のどの宗派でも、仏を自己の到達点とする理想を語ってはいるが、すでにそれは神秘的な絶対者としての神（仏・如来）の救済力なしには達成できないものにされてしまったのである。祈願礼拝の対象を売り出すためには、仏の偉力をいよいよ神秘的にかざり立てねばならず、仏が大げさに神秘化されればされるほど、人生の現実的な目標とは縁遠くなり、人間にとって思いも及ばぬ神秘な境涯を目標にさせられれば、いやおうなしに神秘な絶対者の加護を祈るよりほかはない……、という循環を通じて、人間の世界と仏の世界とは、最終的に切り離されてしまった。しかし、仏の神秘について語ることは語れても、それを現実に証明することはできないから、その証明の場としてはどうしても「この世」ならぬ「あの世」が必要になってくる。こうして、せっかくシャカが「確認できないもの」として拒否したもの（神秘な神と死後の世界と）は、彼の後継者と自称する者たちによって復活させられてしまったのである。皮肉ないい方のようだが、「仏教と転向の問題」を語るためには、共産主義者の転向事件の前に、二千数百年むかし仏教内部からおこった転向の事実を見きわめてかかる必要があろう。冗談でなしに、二千年をへだてて現われあった二つの転向問題には——支配権力の意思を反映したという根本的な特質面において——通いあうものがありすぎるのである。

教団が、求道者の集まりから宗教業者の集まりに転化すると、大衆への寄生を強める一方で、大口のスポンサーとしての、権力者との結合を強めずにいなくなる。このことは、その教説を、権力者の都合にあわせる方向へと「発展」させずにはおかない。* こうして、言葉は同じ「四諦」「八正道」でも、何を諦（真理）とし何を正道とするかという、具体的な内容については、シャカ本来の教説とは著しく変わったものが、種々雑多に横行するようになった。

* たとえば私たちはアショカ王（在位二六九〜二三二BCころ）についての伝説を思いあわせることができる。彼はマガダ国から起ってつぎつぎに近隣の数百国を征服し、ついにインドの大半を統一したが、あとでそのむごたらしい侵略戦争の罪過にかえりみて仏教に帰依し、全国に数万の寺塔を建て、仏教による治国の大理想を宣布した、と伝えられる。とくに第三次経典結集の大事業は有名であり、仏教興隆史上の大恩人だとたたえられている。しかし、もし彼の罪過への反省が、ほんものの仏教的なものだったのなら、彼がまず第一になすべきことは——寺塔の建立や経典の結集よりも前に——彼が侵略し征服した数百の国々を、彼の支配から解放することでなければならなかった。戦争による膨大な収穫をかかえこんだままで、にわかに平和主義者に転向してみせることは、実は侵略の成果とその支配を安定させようという虫のよさにすぎない。そんな得手勝手な「治国の大理想」と結びついたアショカ王時代の「仏教」というものが、シャカ本来の願いをどのように裏切りつづけていったかは想像にかたくない。従って、いま「仏説」の名によって残されている初期経典の大部分の内容には、その大結集を「援助」したアショカ王の息がかかっているものと思わねばならないのである。

こうして仏教が、出発当初の合理主義的な方向から次第に不合理化していく一方、良心的な、求道派の流れは、すばらしい認識と実践の理論を発展させた。ナーガールジュナ（竜樹）（二〜三世紀ころ）によって大成され、「維摩経《ゆいまぎょう》」などを代表的な経典として残している「般《はん》若《にゃ》哲学」（空《くう》の哲学）がそれである。

法則を知り法則に従うことをたてまえとしたシャカの精神は、事実そのものの法則の徹底的な追究を通じて、ヘーゲルを去る千七百年の昔に、驚くべき弁証法的な理論体系の樹立をみせた。ナーガールジュナの「中論」にみられる広範な二律背反の指摘は、カントの先駆をなすものとも見られ、その「中《ちゅう》」の概念は、その矛盾の止揚として立ち現われたものである。そしてその後、中国の法蔵（六四三〜七一二年）によって最高の達成をみた般若の哲学から、三つの基本的な命題を引きだせば次ぎのようになるであろう。

諸法無我《しょほうむが》（一切の存在は自己のなかに自己の否定をふくんでいる）

因縁所成《いんねんしょじょう》（一切の存在は因果と関連の中に存在している）

諸行無常《しょぎょうむじょう》（一切の存在は不断に変化する）

「一切は空である」とするところの般若哲学は、実にこの三つの基本命題の上に立っているのであって、空《くう》とは単なる存在の否定ではなく、否定と肯定との弁証法的な統一なのである。もちろん般若哲学とマルクス以後の弁証法的唯物論とを同日に論ずることはばかげているが、それにしても両者の間の重要な類似点を見落すわけにはいかない。そしてまた、この空の哲学の基本的な方法は、親鸞（一一七三〜一二六二年）の「教行信証」や、道元（一二〇〇〜一二五三年）の「正法眼蔵」などにも——歴史的な諸条件による圧力や制約に特徴づけられながら——それなりの形でもって受けつがれているのである。だからここでもまた、「仏教や親鸞への研究が深まるほど転向できない」と笑った私の返事のまじめさを、確認しなおしてもらえるのではないかと思う。

二

田中清玄氏が禅門をたたいたのを恐らく唯一の例外として、小野・小林氏らすべては、みな真宗の念仏門をたたいている。これは当時の教誨師《きょうかいし》が東西の本願寺によって独占されていたからである。しかも教誨師は単なる説教者ではなくて、行刑権力の一部をになう官吏だったのだから、教誨師の歓心を買うことは、獄中の待遇を好転させ、仮出獄の期日を早めるという、何よりの「現世利益《げんぜりやく》」を保障することであった。念仏転向の動機を、こうした現世利益だけにしぼって見るのは気の毒すぎるかも知れないが、これと無関係に「純然たる思想問題」としてだけ見るのも、どうかと思うのである。

たたいた門には禅と念仏との違いがあっても、それ以前に共産党からの脱落が先行している点では、みんな共通している。まず田中清玄氏の場合をみると、こうである。

『母がどうして自殺したのかと申しますと（中略）、私が死ぬことでおまえの罪を祖先にお詫びでき、一日も早く正道にひきもどすちからとなることを念じている、という意味であったようであります（中略）。

しかしながら私は、自分のやってきたことに対し牢乎《ろうこ》とした信念のもとに突き進んできたのであります。また、母は母なりに、みずからの信念に従って自決したのでありまして、ともに母も信念によって行動したわけですから、信念をつらぬくという共通の点からいうならば（中略）なんら遜色《そんしょく》を感ずる必要はない、という、奇妙なひとりがてんの解釈をしまして、内心では深い打撃をうけているにもかかわらず、転向をしようとはしなかったのでありました。

そんなわけで、昭和六年から同九年の二月五日までがんばり通したのです。それまでは他の同志たちが転向を表明することに対してすら、遺憾の意をもらすほどでした。

ところが、母の命日がきて、私はつくづく考えてしまったのです。同じ信念といっても、母の信念とは質がちがうのではないか、ということに思いいたったのでした。つまり、母の信念としたところは、母の信念を裏切った者（私）の悔悟と幸福とを祈って、みずからの生命をたつほどのものであったわけですが、私自身の信念は、はたして自分を裏切った者に対してまで、生命をささげきることができるだろうか――。これが私のみずからに対して突き当った大きな疑問でした。

私が共産主義者となったのは、プロレタリアートの幸福のため、民衆の幸福のためにという大義名分によって行動してきたのである（中略）。けれども、しかしそれは、母の私に対するような徹底した純粋さに澄みきったものであったとは言いきれぬものでありました。

私のみずからの行為の奥に、はたして英雄的な名誉心がひそんでいはしなかったか、そういう気持がまったくないと言いきれるだろうか、そう考えたとき、がく然とせざるを得ませんでした。（中略）

かくして、みずからの信念の一角がくずれはじめてきますと、それは加速度化し、共産主義に対する疑惑は、ついに決定的なものとなっていきました』（『大法輪』一九六〇年二月号の「共産主義から禅へ」）

実に美しげな反省の文句でつづられてはいる。しかしこの限りでは、あさはかな「共産主義者」田中清玄への疑惑ではあっても、共産主義そのものへの疑惑にはなっていない。むくいられることを期待しない献身でもって、「自分を裏切ったものに対してまで生命をささげきること」のできる共産主義者はいくらもいるのだし、むしろそれが共産主義そのものから要求されている倫理だとさえいえるのだからである。

転向しない限り当分は獄中から出られないという苦境のなかで「英雄的な名誉心」が崩壊しかけたとき、脱落の「加速度化」は必至となった。こうして田中氏は、共産主義に代るべきものを求めあぐんで、ついに神経衰弱になっていたところへ、山本玄峰老師の訪問をうけ、「天下・国家のために活躍されてきたあんたがた自体は、いったい何ものであるか、まずそのことがおわかりかな」と一発かまされ、たわいもなく降参して、白隠全集に食いつくことになったのである。

田中氏は転向してから九年目に、竜沢寺に入って一年あまり参禅した。そのころのエピソードはおもしろい。

『昭和十六年十月のある日のこと、私はメシたきをおわると、老師の隠寮に呼ばれました。いってみますと老師は、やにわに「あんた、なんのためにここへ来とる？」とのお言葉です。「世のため、人のためです」私がそう答えますと、「そうか、それは奇篤なことじゃな」と言われたまま、あとはとりつくシマがないのです。（中略）そうしてまた毎日メシたきです。すると一カ月ほどたってから、再び老師の呼び出しです。（中略）また前回と同じことを問われました。私はやはり同じことを答えてしまったのです。そのとたん「バカモノッ！」と雷のような怒声が私の頭上でとどろきました」（「大法輪」同上）

『プロレタリアートの幸福のため、民衆の幸福のためにという大義名分』によった行動をかえりみて、『英雄的な名誉心』のあさましさを恥じて転向したはずの者が、九年間たってもまだ『世のため・人のため』をうそぶいてみせるのでは、バカモノ呼ばわりされても仕方がなかったようである。その後の田中氏が、どれだけリコウモノに進化されたかはわからないにしても、少なくとも「共産主義から禅への転向」が「バカモノからリコウモノへの転向」を意味しなかったらしいことと、転向後の九年間もなおバカモノの延長にすぎなかったらしいことだけは明らかなようである。

小野陽一氏の場合も、転向に先だって裏切りと脱落の事実があった。転向の「理論」はあとから――恐らくは当局官吏の指導のもとに――こじつけられたものである。だから小野氏は最終の予審調書では、共産主義批判を三カ条に整理して述べているくせに、公判延では『自分は共産主義の正しいことを信ずる』としかいえなかった。共同被告の同志や、傍聴人たちの前では、恥ずかしくていえないような「理論」でしかなかったからである。

転向できないところを転向してしまい、転向したくせに公判廷では非転向を語る、この二重の愚劣さが、その後の小野氏を深刻に苦しめた。そして判決公判を前にして、ついに獄中で首つり自殺を企て失敗するのである。

豊多摩刑務所に下獄後も、この転向者の感情と非転向者の理性との相克は、小野氏を苦しめつづけたが、藤井教誨師の導きで、やっとのことアヘンの念仏にすがりはじめることになった。藤井教誨師の処方のききめについて、小野氏の手記から聞いてみよう。

『もう「正信偈《しょうしんげ》」はほとんど覚えていた。けれどもそれは、少しも血となり肉とはなっていなかった。

（中略）

　けれども小野は、念仏をした時から、確実に救われていたのであった。それから後の迷いば、小野の本質的なものではなかった。一度念仏したその時から、小野は如来《にょらい》の心光に照護せられて、その機の熟するのを待っていたにすぎない。それは「我《が》亦在彼《やくざいひ》摂取中《せっしゅちゅう》、煩悩障眼雖不見《ぼんのうしょうげんすいふけん》、大悲無倦常照我《だいひむけんじょうしょうが》」（われまたかの摂取の中にあれども、煩悩まなこをさえて見たてまつらずといえども、大悲ものうきことなくして常にわれを照らしたもう）のそのままだったのだ。何となれば小野は、それから念仏を一日やめて寝ると、どうしても寝つかれぬし、精神が混乱に落ち入ってしまうのだ。これは大悲の御親《みおや》が、わが名を聞けと仰せられるのだ。それは本願の勅命であって、如来の絶対命令だ。だから念仏を怠ると、心が少しも落ちつかなかった、すなわち念仏せずにはいられぬようになったのだ。これは常照我だったからだ』（大道社版「共産党を脱するまで」一五一ページ）

『小野の考えるところによると、如来の心は、一切《いっさい》群生海《ぐんじょうかい》にみちみちている。それらの法性法身《ほっしょうほっしん》の世界は、とうていわれわれの知識をもって推測することはできない。それは宇宙の実体で、如来種々応化《おうけ》の身を示したもうのだ。その統一的方便法身が法蔵菩《ぼ》薩《さつ》であって、不可思議の四十八願により、一切衆生《しゅじょう》を仏道に導き入れんと、絶対救済の念願を起されたのだ。この法蔵菩薩の誓願を信楽《しんぎょう》するものが絶対信者だ。

　だから如来は、それらの人々に顕現《けんげん》せられる。従って大信者は如来の応身《おうじん》ともなりうる。小理はF師にあって、F師が出て行かれた後姿をじいっと見つめて、そこに顕現した如来の姿を見た』（同上一五四ページ）

ちかごろでは本職の坊さん仲間でさえ気がさして言えなくなったような「そらごとたわごと」を、共産党の闘士だった者の口から、こうも手ばなしにまくし立てられては、Ｆ師ならずともありがたかったに違いない。

『ほんとうに彼は幸福だと思った。もし牢獄《ろうごく》に入らなかったら、信仰の道に入ることができなかったのみならず、自分のごとき業因《ごういん》の深きものにとりてはどんなことをしでかしたかわからぬ。それのみならず、信仰もとうていこのように純一のものとはなり得ぬであったろう』（同上一五八ページ）

さて、如来からたまわった「純一の信仰」から、国家・社会を論じなおしてみるときには、どうなるのであろうか？　小野氏はマルクス主義の国家論・政治論・経済論・戦争論などの全面にわたって、自己の理論（というよりも当局からのお仕着せの理論）を対置しているが、ここでは小野氏の理論への批判が目的ではなく、転向の内面をうかがうことが目的なのだから、氏の「純一な信仰」の政治的な側面を代表する一例だけを紹介しておこう。

『小野は日本の国家が、年々百万近く人口が増加することを考える時、現在社会の種々の疾患も、土地対人口の上からの影響が大であることを思わざるを得ない。そこで日本としてはそれを満州の天地に求めねばならぬ必要に迫られている。

また共産主義革命の成功の場合は、朝鮮に独立を与え、カラフト、台湾にも同一な自由を与えねばならぬ。それは理論としてはとにかく、実際上には日本の自殺になるのだ』（同上一六七ページ）

この帝国主義者から口うつしの植民地絶対必要論が大悲の誓願によびさまされた「純一な信者」の国民的信念だというのである。ほかの人たちなら、当時このような信念を持つことがあったとしても、それほどおかしくはない。しかし共産主義のイロハをでもかじったほどの者には——かりに共産主義理論の他の部分には疑問を持つようになったとしても——他民族を隷属させる植民地主義の暴論をまじめに信念とすることができようはずはなかったのである。

それからまた小野氏は、こんなこともいっている。

『現在の社会的矛盾の行きつまりが、相当大きいことを考えるときに、そうした共産主義革命は成就されぬが、さりとて、国家的行きつまりは、内乱の勃《ぼっ》発《ほっ》までに大衆を導く。こうした時にファッショの出現の社会的根拠があると信じられる。だが、これは一つの過程としてのみ許さるべきであって、それが最善の政治形態ではもちろんないのだ。要するにファッショそのものは、大衆の行きつまりを根本的に解決するものではないのだ。だからそうした独裁的政治形態は、一時的のことのみにおいて意義があるのだ』（同上一六七〜八ページ）

さすがにマルクス主義をかじった小野氏は、日本のファシズム体制の確立の転機となった二・二六事件ふうの『内乱の勃発』をまで予見し得ていた。しかし当局お仕着せの理論で転向をとりつくろおうとした者の悲しさで、ファシズムそのものを非難することはできなかった。せいぜい、それが『最善の政治形態』ではないことを遠慮がちに忠告するだけで、結局は一時的に意義あるものとして、ファシズムを支持したのである。「満州建国」の推進と独裁体制の強化*とは、当時の日本帝国主義にとって最大緊急の課題であった。小野氏たちが「転向の誠意」を当局に承認させるためには、当時のブルジョア自由主義者の信念からさえもはるかに後退した反動思想を陳述しなければならなかったのである。

* 佐野学・鍋山貞親両氏の転向論文（一九三三年六月）では、満州必要論と天皇制護持論が重要な柱になっていた。日本ファシズムの体制強化に天皇制がどう活用されたかは、その後の事実がしめしたとおりである。だから当時の当局は転向者への「踏み絵」として、必ず天皇制問題を持ち出した。小野氏もそれを踏まされたと思われるのに、その手記が天皇問題にふれていないのは注目にあたいする。

すでに踏み絵に土足をかけてしまったあとの小野氏は、その背教者の苦悩をしびれこますためのアヘンに、まことに物狂わしくいどみかかる。私は氏の「信仰」そのものがほんものだったとは思わないが、信仰を求めた物狂わしい努力そのものはほんものだったろうと想像することができる。そして氏は、氏自身をあざむくところの念仏信仰を、むりにも氏自身に納得させようとして、いかめしい宗教哲学の体系化に努力している。氏の手記の後半に述べられている「如来立証論」は、F師からの口うつしに、氏自身の合理主義的な解釈を加味しようとしての、まことに涙ぐましい苦心の労作である。

こうして、非現実的な夢想を「摂取不捨《せっしゅふしゃ》」の誓願に傾けつづけた小野氏は、現実的な夢想は田園山野のユートピアにむけて走らせる。

『山は夢を生む。あの山々を歩いたら、どんなに楽しいだろう。山は美を生む。あの山々の崇高な美しさは、小野の心に美的感情を与える、こうして山は精神化さるる。

山はユーピアを生む。いま獄中にある彼を、いろいろの煩悶《はんもん》は闘争の世界から遠ざけて静かな山に連れて行く。それからそれへと夢想して行く。菅平《すがだいら》のような奥地で、世間を離れて開墾事業に従事したらどんなに愉快であろう。まず三町歩も、それを徐々に切り開いて、しかもまっ黒になって労働に従事する。そこには創造的農業、芸術的農業が展開さる る、それは土にかえる生活だ。こういう夢は、毎日小野にくり返されていた』（同上六六〜七ページ）

現在程度の土地改革さえ実現されていなかった当時にあって、このような『創造的農業、芸術的農業』なるものが、いかにたわいもない夢にすぎなかったかは、入獄前にはげしい農民運動をやっていた小野氏自身が、だれよりもよく承知していたはずなのである。しかし、それを承知しぬいていたくせに、なおかつそうした夢想にでもふけらずにいられなかったところに、転向者の底ぬけのさびしさがあったのではなかろうか。

私は、小野氏が現在どんな生き方をしているかを知らない。しかし、現在の鍋山貞親・三田村四朗・佐野博・田中清玄などの諸氏のような、恥じ知らずな所業に明け暮れしていようとは想像できない。転向手記の中で天皇問題を書き落し、出獄後の生き場所を山野の開墾地に夢みようとした小野氏は、少なくとも自己の業因について恥じぬこうとする点だけでは、親鸞に近いものを持っていたと見てもよさそうだからである。

付記

一、転向者の文献としては、田中清玄氏のと小野陽一氏のとだけしか手に入らなかった。しかし小林杜人氏たち共著の「転向者の手記」の内容も、小野氏のと大同小異だったことは私の記憶に確かだから、「仏教と転向の問題」を考察する上での資料としては、ここに引用しただけで十分だったということができる。

二、本文中、二重かっこ『 』に入れた部分は、資料からの正確な引用であり、一重かっこ「 」に入れた部分は、引用部分の要約、または単なる注意喚起、あるいは「いわゆる」という意味のアクセントの代用などである。

三、『転向したかしなかったかの違いが、親鸞の読み方を分れさせた』といいながら、転向しなかったがわとしての私自身の親鸞の読み方については、何も明らかにできなかった。これは紙数の制約上やむを得なかったので、「仏教と転向の問題」に関する私の所論の他の側面を知っていただくためには、旧著「親鸞」および「親鸞をけがす歎異鈔」(どちらも三一書房版)を御らん願いたいと思う。

仏教と「部落解放」

藤谷俊雄

一　主題にはいるまえに

昨年、亀井文夫監督が「人間みな兄弟」という映画をつくった。この映画のなかみはその題名とは逆に、「部落」とよばれる一部の同胞が現代日本社会のなかで、「所得倍増論」とか、「大衆の中産階級化」などという景気のよいかけごえをよそに、地域的に集団的にきわだった差別的な貧困な状態におかれているありさまを、いやというほど見せつけてくれる。工場にとりかこまれていながら就職ができない、農村にありながら土地も山林ももつことができない部落の現実を特徴的にえがいている。さいきんはマスコミが部落問題をとりあげるようになり、政府も世論に動かされて同和対策をとりあげるようになってきたために、部落問題にたいするひとびとの認識も高まってきたが、つい数年まえまでは部落問題といってもなんのことかわからないというひとや、いまごろそんな差別があるなんてきいたこともない、などというひとが多かったものである。

このことはいわゆる未解放部落がとくに西日本に多く、また政治や文化の中心である東京地方では都市の近代化がすすんでいるために部落が解消しつつあるという事情にもよっているが、同時に日本の政治や文化のあり方が東京中心、大都市中心であり、広い日本のすみずみにまでその視野がひろがっていなかったということにもよっているとかんがえられる。

このような事情を考慮して主題にはいるまえに、読者のために部落問題について簡単にのべておこう。

部落の成立はまず江戸時代の封建的身分制度にさかのぼる。江戸幕府は封建支配のための重要なささえとして厳重な身分制度をさだめた。まず武士と人民とのあいだの差別、そして武士のなかでも将軍・大名から足軽にいたるまでの数多くの身分階層、人民のなかにも百姓・町人それぞれのあいだにたくさんの身分差別をつくった。そしてこれらのすべての身分制度の基盤になるものとしてエタ・非人とよばれた、とくべつな「人間でない人間」の賤民身分をさだめたのである。

本来身分というものは、身分と職業と住居と風俗とがむすびついたものであるが、このなかでエタ身分のばあいはこれらの身分的制限がきわめて厳重に励行されたのである。エタ身分は他の身分との交流は一さい禁止され、どのような方法によっても身分の変更はゆるされず、職業は特権としての皮革製造のほか、とくにさだめられたものに限られ、また義務として警察・行刑事務の下働きを命ぜられた。さらに風俗のうえでもきびしい制限をうけていた。このようにして江戸幕府は一般の百姓、町人たちにたいして、かれらがエタ身分にくらべれば「人間として」あつかわれているかのように思わせて、かれらの封建支配にたいする不満をやわらげようとしたのである。そして一方エタ身分のひとびとを支配者の手先きとして百姓・町人を取締る道具としたのであって、身分制度はこのようにあきらかに支配者の人民を分裂させる政策であった。社会の生産力の低さと貧困に苦しむひとびとは、自分が生きるためには他人の苦労を深く思いやる心のゆとりもなく、たといそのことに気づいても権力と因襲の重圧のもとではどうすることもできなかった。

幕末・明治維新になって身分制度の非人間性を自覚するひとびともふえ、明治政府は一八七一年(明治四)いわゆる「解放令」を発布し、エタ・非人などの身分の称号をやめ、「四民平等」を宣告した。しかし江戸時代三〇〇年にわたってつちかわれたひとびとの差別意識はなくならず、また明治国家が天皇制のもとであらためて皇族・華族・官僚などの特権身分をつくったこと、さらに新しい資本主義が経済的な不平等をつくりだし、三〇〇年間の社会的差別によって貧困が蓄積した部落には、新しい経済的原因による貧困がかさなって、貧しい部落の状態はいつまでもひとびとから差別されることになった。「解放令」当時四四万といわれた部落の人口は明治末期には一〇〇万、こんにちでは三〇〇万といわれている。これはもちろん自然増加だけでなく、都市にある部落などでは一般の落伍者の流入したものが多いのであるが、そのことによって部落が近代都市に共通のスラム化するのでなく、外からの流入者をふくめて身分的な差別観をもってみられ、いったん部落に住んだひとはのちに部落から出ても、「部落のひと」として差別されていることが特色である。まして農村などにある部落で、代々そこに住んでいるひとびとは、一般の「家柄」「血統」などとまったく同じように縁組みなどはだんことして拒否されている。

このように部落問題にはひとびとの部落にたいする差別意識の問題と、現実の部落集団の貧困にもとづく差別的状態との両面があり、そしてこの両面はからみあっている。部落のひとびとは社会的に差別されているために貧困からぬけ出せず、また貧困のもたらす差別的状態が一般のひとびとの差別意識をなくしない。ここに問題解決の困難性があるのである。

二　身分制度と仏教

江戸時代の日本では仏教は国教の位置にあった。日本全国のひとびとは武士階級をはじめとして、すべてが仏教徒であった。神官でさえもどこかの寺の和尚の引導をうけなければ埋葬できないことになっていた。僧侶は武士に準ずる身分としてあつかわれていた。しかしこのことは、かならずしも仏教が尊ばれていたわけではなかった。江戸時代の仏教がこのように重んぜられていたのは、幕府の宗教政策にもとづくもので、一つはキリスト教禁圧のため人民の信仰を取締り、これを支配者の監視のもとにおく必要からであり、一つは人民に来世にたいする希望をいだかせて、現世の封建支配への不満を忘れさせるためであった。

だから仏教にたいする統制もきびしかった。江戸幕府の支配に服する宗派の寺院や僧侶には寺領をあたえ特権的地位を認めたが、服しないものは厳重に禁止した。そして教団内の本末関係を確立させ、本山の末寺にたいする支配を強化し、教団内の異端には本山を支持してこれを弾圧した。このような支配者の宗教政策によって仏教寺院はまったく封建支配機構に組みこまれ、僧侶は特権階級化してしまった。そして仏教は深く封建思想によって色どられることになった。

その一つのあらわれが仏教による身分制度の肯定である。奈良・平安の古代仏教は一応別として、鎌倉以後の新仏教に共通した特色は、現世における身分差別をこえて平等観に立ったことにあったはずである。ところが江戸時代のこれら諸宗派は、封建支配機構に組みこまれるとともに、その開宗者たちの精神を失ってまったく現世の身分制度を肯定してなんらの矛盾も感じなくなってしまった。

禅宗や浄土宗の寺院は武家の御用寺院（菩提寺）として百姓・町人をまったくしめ出したものが多く、はじめ主として下層民の友として出発した真宗や日蓮宗も、かれらじしんが封建貴族化し、世俗の身分制のうえに安住してしまった。とくにエタ身分のひとびとのあいだに信仰を獲得した真宗は、これによって大きな財政的支持をえながらも、部落の寺院をエタ寺と称して教団内でも差別あつかいし、またエタ身分の檀家をふくむ寺院では本堂にエタ座をもうけて聞法にまで差別を加えた。これらの差別的なあつかいが、たとい支配者の掟に従ったものであり、また世俗の慣習に追随したものであったとしても、それにたいしてなんらの抵抗もしめさなかったということは、宗教者として致命的である。これを「堕落」と批判されてもなんと弁明することがでよう。

真宗の「妙好人」といわれるひとびとは、典型的な篤信者とされてきたのであるが、豊前の新蔵という貧しい百姓は、そのみすぼらしさのためにエタとまちがえられて町でリンチをくわえられ、しかも自分のような貧しいものも救ってもらえるのだと、あらためて弥陀の御慈悲に感謝したと伝えられ、このことを書きしるした「妙好人伝」の著者は「かれがもし真宗信者でなかったなら、いきどおってお上にお手数をかけたであろう」といっている。すなわちどのような理不尽な身分的差別にも感謝してたえしのぶのが篤信者であり、お上にお手数をかけない人民をつくることが真宗のすぐれたゆえんだとということである。

江戸時代の部落にはいって仏法を説いた真宗僧侶のなかに、心から同朋主義に立って身分的差別の重圧に絶望しているひとびとに、せめて魂のやすらぎをあたえようと、みずからの身分を捨てたひとがなかったとはいわないが、制度としての真宗と部落とのむすびつきは、むしろさきにみたような効果をねらっておこなわれた、支配者の政策にもとづくものとかんがえざるをえない。事実一七世紀のなかごろに、幕府にはエタ寺を設定しようとする動きがあり、一八世紀には、エタ・非人身分の宗門帳を、一般人民から区別するように命じており、さらにのちになると幕府が備前・美作・山城などで真言宗などの部落の寺院を真宗に転宗させている事実がある。これはまえにみたように真宗がエタ身分のひとびとを、封建支配に服従するように教化するのに役立つとかんがえられたからであろう。このようにして全国の部落のひとびとが大部分真宗の門徒となることになったのである。一九三二年（昭和七）ごろの調査によると、部落人口の約八五％までが真宗の檀信徒であり、部落内の真宗寺院が四九八カ寺（その八〇％は、本願寺派）であるといわれている。このほか信濃地方に少数の日蓮宗寺院がある。したがって部落問題と仏教について論じるばあいには、真宗がその中心となるのは当然である。

三　部落差別と仏教

江戸時代には仏教教団内部においても身分的差別がおこなわれていたことは、まえにのべたとおりであるが、明治維新以後にも依然としてかわらなかった。真宗（本派）においては摂津富田の本照寺がエタ寺の統括をおこなっていたのであるが、このとりあつかいは明治になっても続いていた。

一八六八年（明治元）本願寺は新時代に適応する学制改革をおこなって、従来の仏教関係の学問以外に儒学・国学・破邪学（キリスト教批判）などを教授科目にくわえたのであるが、このとき学林の出張所として「興学場」というものを本照寺内に設置して、「諸国類寺」の僧侶の教育をおこなっている。その趣旨について当時の関係者であった、のちの本願寺執行長利井明朗は「若しも部落へ外教が侵入したならば我真宗は大打撃である。是れ等僧侶の知識を向上さすのは急務と信じたので」といっている（岡本弥「特殊部落の解放」）。

明治初年の仏教教団の最大関心事は、廃仏棄釈とキリスト教侵入にたいする自己防衛（護法）であったことはよくしられているが、そのばあいにおいても、封建的身分制度にたいしてはなんらの反省もおこなわれていないことは注目に値いする。教団内における武家支配である「坊官制」についてはまもなく批判がおこり、各本山においてこれが廃止されて僧侶の指導権が確立されるのであるが、身分制度にたいする批判については、一般の武士階級のなかからは、すでに幕末以来千秋藤篤などの解放論がとなえられているのにたいし、仏教内部からはほとんどそれらしい声もついにあらわれなかった。このことは僧侶が封建的特権身分であり、しかも下級武士階級のように封建身分制の矛盾を身をもって感じることもなかったという事情によるものであろう。

したがって教団内のエタ身分にたいする差別は、一八七一年（明治四）の解放令をまってはじめて廃止されるのである。それもその直後というわけでなく、大教院も廃止されて政府の宗教統制がおよそ撤廃された一八七六年(明治九)になって、はじめて真宗教団内においては本寺―末寺の寺格が廃止されて、本山をただ一つの本寺とし、すべての寺院をその末寺とする中央集権体制が確立されたのである。

しかもこの新しい中央集権体制は、すべての寺院や僧侶が、平等な関係で結合する組合教会的なものでなく、いわゆる「堂班衣体制」と称される、教団独自の身分制度をともなった階級制的な結合に再編成されるのである。これは法主が華族身分につらねられ、また華族出身者が門跡となる伝統的慣習がみとめられ、さらにまた各宗管長が「教導職管長」の制をそのまま、勅任待遇として政府から認承されるというような、天皇制国家の世俗的身分制のなかに、完全に身をゆだねた仏教教団としては当然のことであった。

明治初年の廃仏棄釈は、仏教寺院の封建的寺領をうばったり、僧侶の身分的特権を廃止したりした点で、たしかに宗教改革としての一面をもっていたが、それは絶対主義国家の主導権のもとに上からおこなわれたもので、教団を民主化し、仏教を近代化する点では不徹底におわってしまった。民衆はむしろこれにたいして、「護法一揆」とよばれたように、政府の官僚的機械的な廃仏棄釈にたいして、これに抵抗するかたちで動いたのである。そしてこのことは、教団の自己改革のうえに推進力としての影響をあたえたことはみとめられるけれども、国家権力と教団とのあいだに妥協が成立し、教団が支配体制に組みこまれるとともに、民衆の抵抗はいつのまにか消えてしまった。

江戸時代における部落内の寺院はけっして多くはなかったとかんがえられる。それは新規寺院の設立は法によって厳重に制限されており、部落内部の経済的条件もたやすく寺院の設立維持をゆるさなかったからである。しかし明治になって、政府の宗教統制が緩和されてのちは、急激に寺院の設立がみられるにいたった。これはおよそ一八七六年(明治九)ごろからといわれ、本派本願寺では七七年には寺号のある「総道場」を寺院としてみとめるむね布達している。こんにちの部落寺院の多くがこのころ以後に設立されたものとかんがえられる。このことは「堂班衣体制」が懇志金とむすびつけて運用されたことによって、教団財政に大きな寄与をもたらした。また部落のひとびとは、解放令以後も大してかわらない社会的差別と、ひとりひとりの貧困な生活にたいする不満のただ一つのはけ口として、零細な金を出しあって一般の寺院におとらぬ立派な堂宇を建設した。このばあい部落内部の半封建的組織は、その支配権を握り続けようとする有産者層にとって、その道具として寺院を利用することを得策としたであろう。こうして多くの立派な部落寺院が建設されたのである。

こうした部落内における仏教寺院のあり方は、部落の解放になにをもたらしたであろうか。部落のひとびとは、抑圧された生活の不満をいくらかやわらげられ、差別にたいするコンプレックスを壮大な部落の寺院を仰ぐことによって少くすることができたかもしれない。しかしそれによって一般社会の差別観と部落内の貧困な生活を解消することにどれだけ役立ったであろうか。壮大な部落の寺院はかえって一般のひとびとの冷笑をかわなかったか。寺院の維持と本山への懇志とは貧困な生活を一層苦しくさせなかったであろうか。それだけでなく、部落のひとびとのあつい信心が、僧侶そのひとによって愚弄されたと知ったらどうであろうか。

このような僧侶の差別意識をばくろしたものが、一九〇二年（明治三五）の本派本願寺巡教師の差別事件であった。これはその前年本願寺が設立した大日本仏教慈善会財団（基本金百万円）の募金のため、和歌山県に派遣された巡教師竜華某が、有田郡教念寺において説教中、部落のひとびとの寄附についてのべたのち、「彼等は社交上、人間外として擯斥されている、いわゆる虫ケラ同様のエタではありませんか。彼等でさえこの行為あり。いわんや御参詣の皆さんは、いずれも立派な人類であるから……」と発言した事件である(「部落問題」第十一号、鈴木宗憲「宗団と部落」)。このころになると、もはやこのような差別言辞は部落のひとびとによって不問にふせられることはなく、地元和歌山県をはじめとする近畿地方の部落をはじめ全国の部落のひとびとの抗議の声をよびおこした。

これに釈明して竜華某は、「小生の心事は、平等大悲の光明中の生活をする人々に、貴賤上下の差別ある理由もなく、別して宗教家の眼中愛憎の念もなく、当国(注、竜華は石川県出身)の人々が申居候事を耳にして、無念無想知らず知らず一言のあやまりありしは、後悔も後の事」とのべている。平等大悲の信仰に貴賤上下の差別なしといいながら、無意識に世俗の差別観念にしたがっているというところに、当時の仏教信仰と民主主義思想とが切りはなされて存在したことを知る。これにたいして和歌山県の岡本弥らは、「人道上不合理なるはもちろん、王法為本、真俗二諦の教義を奉ずる真宗の道俗は、ことさら博愛平等の仏意にそい」差別を撤廃するよう門末への諭達をのぞんだのは、まったく当然であった。ところがこれにくらべて本願寺当局が、同年十一月ようやく発した諭達には、解放令以後は本山においては差別していないから地方門末においても心得ちがいせぬようという、きわめて形式的な内容をのべているにすぎないのである。すなわち差別撤廃を要求する側では、平等観念の根拠を信仰そのものから発するものとしているのにたいし、教団当局ではたんに身分制度が廃止されたのだから従うべきものとしているにすぎない。ここには「王法を額にあてよ、仏法を胸におさめよ」という、封建的な国家権力にたいする妥協追随の、伝統的な教団の姿態がみられるだけである。そして信仰そのものの改革によって民主主義社会を建設しようとする、近代的市民的な宗教者の姿勢は、差別に抗議する部落の信徒のなかにこそ見出されるのである。

四　宗教改革と解放運動

こうして改革者的精神は差別の撤廃を要求するひとびとのあいだに伝っわた。明治末期から大正初期にかけて各地におこってきた融和運動は、同時に仏教とくに真宗教団の改革をめざしていた。たとえば一九一二年(大正元)に創立された大和同志会は、その会の事業としてとくに「宗教の刷新」をかかげている。この当時の融和運動は主として部落の上層有産者階級に指導される運動であり、やがて政府の上からの融和政策とむすびつき、民衆からはなれて反動化してゆく部分と、労働者階級の影響によって大衆的な水平運動を展開するものとに分裂してゆくのであるが、この時期にはひろく部落の大衆的な解放要求を代表していたのである(部落問題研究所編、講座「部落」Ⅱ)。

このように、融和運動に「宗教の刷新」をさけばせた、部落をめぐる当時の宗教界の情勢はどんなであったろうか。まず第一に、教団内部における寺院間の差別、檀信徒間の差別、僧侶の部落信徒にたいする差別が依然として存続していたことである。これについてはずっと後の一九二八年(昭和三)の調査によっても、一、一般の崇敬寺院と部落の崇敬寺院が地理的関係のいかんを問わず、同一組内にいれられず、また一般寺院の法会には部落寺院を招かないこと、二、部落から一般寺院の檀信徒になることは拒絶されること、三、講中に部落寺院や部落信徒を加入させないこと、四、同一寺院の門信徒であっても法会講座などに部落信徒を差別すること、などの差別事象の存在することがあきらかにされている(「融和事業研究」第六輯)。

第二には教団の内部組織が一般に因襲的で非民主的であること。これについては、一九一三年(大正二)の大和同志会の機関誌「明治之光」(第二巻第七号)に、「大和に於ける僧侶中総代会衆の選挙権を有するものは四百二十六カ寺に対し、六十四カ寺にして殆んど一割五分に止まるのみ、之れとて大多数は老僧にして今の仏中(注、仏教中学)を卒業せしものにあらず、所謂検定免状なり、此等の老僧は現状維持にして………」「此大多数の僧侶は全く檀信徒を教導するの力なく、老朽の男女小児を説き、逮夜、葬式等に参詣して布施を受け、安逸を貪るのみ」とのべている（翠山「優柔僧侶の反省を促がす」）。そして第三には重い財政的負担である。さきの筆者はいっている。「彼等は信徒を欺き、或は使僧と結托し、……寄附を誅求し多年の宿望たる高等堂班を購ひ、所謂金衣を餝りて上席に著くを無上の光栄とせり」と。しかもこのようにして集められた教団の財政はびんらんをきわめ、東西本願寺ともに明治末期から多額の負債を生じ、大正初期にはいって本山重役が背任罪にふれるにいたるというありさまであった。そしてこの被害をもっともこおむったのは部落の信徒であった。当時和歌山県下の戸数一〇六戸のある部落では、一九一二年（大正元）の親鸞六五〇回忌の遠忌にあたり、はじめ檀徒が四、五百円で質素に法要をいとなんだところ、寺の住職が満足せず、あらためて他の部落の僧侶三七ヵ寺をまねいて法要をおこない、三、〇〇〇円以上の費用をついやし、このため全部落の衰微をきたしたという。米一升十なん銭というときに、一戸当り三〇円近い負担であるからおして知るべきである。

以上のような宗教界の実情が、強い改革のさけびとなって部落のなかからあがったことは当然であった。「明治之光」はほとんど毎号にわたって「西本願寺改善論」（瀟石）その他の論説をかかげている。瀟石のいうところは、まず堂班制にたいする批判、「本山は従来我社会の一般に抑圧せられ且つ蟄伏せるを見て、之れが救済の道を講ぜず、却って奇貨措くべしとなし、虚栄心の勃々たる弱点に附け入り、堂班てふ」「売位主義」をおこなっている。つぎに、「本山執行は全く僧侶をして組織すべからざること」「必ず信徒の徳望学識資産ある人をして其椅子を占めて貰ひたい」「僧俗共に平民主義即ち同行平均主義を採れ」という。また募金勧誘における悪らつな手段を廃止せよ。募金にさいしての本山職員のコミッションをやめ、職員の俸給を定めよ、本山重役の地位を利用する不正行為をやめよ、等々を要求している。

さらに大和同志会の会長松井奔泉はもっと具体的に本願寺の改革を要求して、次の四ヵ条をかかげている。「一、本山内局は有力なる檀徒を以て組織する事。一、本山役僧は布教教学に専属せしむる事。一、大谷家と本山を分離せしむる事。一、総代会衆は半ば僧侶、半ば檀徒を以て組織する事」。これらの内容はまったく市民的な立場に立つ宗教改革の要求であるといえようが、このような要求がこの時期に部落解放運動のなかからはじめて出されてきたということは、日本の近代宗教史上、銘記すべきことがらである。以上にのべたほか、「明治之光」誌上には、「我僧侶は本会の中堅となれ」、「部落改善には宗教家の奮起も必要なり」、「社会改良は僧侶の頭脳に有り」、「僧侶の猛省を促がす」等々の、僧侶でない仏教徒である部落のひとびとからの、するどい批判がなげられている。しかしこれらの批判はあくまで仏教を肯定する立場に立ち、部落解放における仏教の役割に十分の期待をかけてのうえでの発言である点は共通している。おそらく近代日本の歴史において、この時期ほど仏教にたいして社会の期待がかけられたことは、あとにもさきにもなかったのではなかろうか。

これにたいして教団や僧侶はどのようにこたえたであろうか。仏教にたいする批判が、まず第一に部落内寺院、および僧侶にむけられたために、まず立ちあがらなければならなかったのは部落関係の僧侶たちであった。兵庫県では一九一一年（明治四四）十二月に、県下部落の僧侶約三〇〇名が真宗和合会を組織した。これは部落解放に関する、おそらく最初の僧侶の組織であろうとおもわれる。この会の趣意書には、「同入和合の本文明かに存しながら、（仏教が）東漸以来一千余年此背理の我教界より除却せられざるは、咄々怪事の甚しきもの」といい、「社会の進運に伴ふことをなさず、今にして尚此弊風を改め能はずとせば、宗門の恨事、大法の恥辱」とのべている。本会が具体的にどのような活動をしたかをうかがう史料はないが、文意からすれば主として啓蒙運動に従事したもののようである。

このほかこの時期の地方の部落における改善運動には、警察官そのたの役人とならんで僧侶がかならずといっていいほど参加して、しかも積極的な活動をしている。滋賀県虎姫の小桜部落における松本雪城(東本願寺伏見別院輪番)、福岡県小倉の北方部落における永万寺住職光応智覚、そのほか広島の福島町一致協会や島根県出雲同志会においても部落寺院の住職が重要な役割をはたしている例が多い。また一九一四年(大正三)板垣退助を会長として創立された帝国公道会も、山口県の真宗本派西教寺の住職岡本道寿らが、大江卓にすすめて組織させたものであった。岡本は会の成立後ほとんど表面に出ず、その詳細な経過はわからないが、公道会の融和主義は大いに問題があるとしても、公道会活動の全国的な影響からして岡本道寿の役割は注目すべきである。

これに関連して一言すれば、大江卓は公道会組織の前後に得度して曹洞宗の僧籍にいり、名も天也とあらためたのであるが、このことは大して宗教的な意味はみとめられず、むしろこの仕事にあたって、政界の惑星であったかれが、政治的野心のないことを天下に表明する手段であったようである。

以上にみてきた部落解放のための仏教者の活動は、個人あるいはグループとしての僧侶や信徒の運動であって、教団としては一九〇二年(明治三五)の西本願寺の通達以後、なんらの運動も組織されたもようはない。教団としての融和運動が開始されるのは、水平社設立の以後であった。そのことについてはのちにのべるとして、そのまえに水平社運動についてとくにふれておかねばならぬ。この運動はそれまでにおこなわれてきた融和運動が、容易に社会における差別の慣習をとりのぞくことがなかったことにたいして、部落のひとびとが、自分たちじしんの手で、差別をなくしようと、大衆的に立ちあがった運動であり、これにはようやくさかんになりつつあった労働者階級の階級的な運動の影響が、大きなしげきになったことはあきらかであるが、同時にこれまで部落のなかでおこなわれてきた改善運動や融和運動のつみかさねから発展したものであることも否定できない。

たとえば奈良県では同志会の下部につくられた青年同志会や少年同志会などでは、「融和」か「解放」かということが、はげしく論じられるようになっていた。そして「解放」の線をつらぬく組織として水平社が誕生したのである。

水平社の創立宣言が人道主義的な宗教的なにおいをつよくもっていたことはよく知られている。そして創立者の一人でこの宣言の執筆者であった西光万吉（清原一隆）は、真宗西光寺の息子であったこともまぎれもない事実である。そしてまた水平社が創立大会において、とくに東西本願寺に対して二〇年間募財拒否を決議し、同時に関係真宗僧侶によって黒衣同盟が組織されて、本願寺の階級制である堂班制や色衣制の廃止を要求したことも、あきらかに明治以来の部落解放と宗教改革とのつながりの伝統をうけついだものであった。

部落のひとびとの差別撤廃への自主的な立ちあがりである水平社の結成は、教団をふくめた支配体制にたいする重大な恐威であった。この時期を転機として融和運動は質的にかわってくる。これまでの融和運動は上からの治安対策的な意味をもちながら、部落のひとびとの解放要求をも汲みいれた運動として展開されていたが、これより後は大衆的な解放運動の激化をおさえ、その指導分子をだきこんで運動を分裂する役割をになうものとなっていった。このことはのちに一九二五年（大正一四）貴族院で有馬頼寧が、政府の融和事業速進運動はあまりにも水平社に対抗的におこなわれていると批判していることでも、あきらかである。

教団の融和運動がこの時期になって、はじめて組織的におこなわれるようになったということは、教団の融和運動を性格づけることとなった。一九二五年（大正一四）本派本願寺の一如会が組織せられ、ついで大谷派本願寺にも真身会がつくられた。一如会がその会則に、「親鸞聖人の教義に基き、専ら人類相愛の精神を普及し、社会の安寧と文化の向上を図るを以て目的とす」とうたっていることにも「社会の安寧」をはかるために、「差別糺弾」などの事件がおこらぬようにすることが、第一の目的であったことをうかがわせる。したがって水平運動のなかからおこっている、大谷家の爵位返上とか、堂班制による募財廃止などの、教団の民主化徹底を要求するさけびにはこたえることはできなかった。

もっとも融和運動に参加した僧侶のなかには、部落のひとびとの声にそっちょくに耳をかたむけるものがなかったわけではない。たとえば、梅原真隆などは、「真理が武装する世界は私は厭です」といいながらも「真理を見失ふ事は吾々は尚以て忍べない事です」と水平社の徹底的糾弾を弁護している。しかしこのような意見は一部の進歩的分子だけであり、梅原真隆ものちに異安心として、排撃されたことはよくしられている。そして西光万吉のごとき、あまりに純真な宗教的人物はついに教団に身をおくことができなくなって僧籍をはなれてしまうのである。

やがて部落解放運動は階級闘争とむすびつき、教団にはまったくのぞみをうしなっていった。そのことは解放運動にとっては損失でなかったかもしれないが、教団にとっては大きな損失であった。ということは、近代日本において仏教が社会によみがえるもっとも大きなチャンスを見おくり、同時に仏教における宗教改革のもっとも大きな力をうしなったからである。このような仏教が日本によみがえる機会は、部落解放をふくめたもっとひろい大衆の、自由と平和をまもる問題として、こんにちふたたびわれわれの眼前に提示されていると、わたくしはかんがえる。

五　仏教と部落解放

さてさいごに、それではこんにちの仏教が部落解放に奉仕する道はどこに開かれねばならないだろうか。そのために仏教者は部落問題の本質を正しくとらえなければならない。それは第一節でのべたごとく、部落問題にはひとびとの差別意識の問題と、現実の部落集団の差別的状態との両面があり、それがからみあっているということである。いまここではそのいずれが根源であるかという問題にはふれないことにするが、部落解放を達成するためにはその両方の障害をとりのぞかなければならないことは、間違いのないところである。

ところが、こんにちまでの仏教者の融和運動や同和運動はその一面だけ、すなわち差別意識の問題だけをとりあげてきた傾きが強い。仏教精神は平等無差別であり、真宗の教義は同朋主義であるから、差別することは間違いであり、本来差別はないのであると説く。しかし、そのような平等主義は現実に存在する差別をみとめ、それをとりのぞくための現実的な実践をともなわないばあいには、それはたんなる観念的な平等にすぎないだけでなく、いなむしろ現実の不平等をおおいかくすためのごまかしにさえなるであろう。事実、兵庫県下のある部落の住職は、学校の教師が部落の家庭の貧困状態を指摘して同和教育の必要を主張したのにたいして、「それが差別である」と怒鳴りつけた。同和運動に積極的にとりくむと称しているあの教団では部落寺院の実態についての基礎資料さえもつくろうとしないし、提示することを拒んでいる。

しかも部落では本山も末寺も重い経済的負担をかけている。奥丹後地方のある部落では戸数十数戸の門徒によって一ヵ寺が支えられているようなところがあちこちにある。和歌山県下では部落の門徒に一率に一戸二千円の大遠忌懇志金が負課され、それは日雇に出ている家でものがれることができない。しかもこれらの部落でおこなわれている僧侶の活動は逮夜参りと説教だけである。そのうえ、その説教が宿業と「無差別平等」の極楽往生を説くだけというのでは、いつの日に部落が解放されるであろうか。

仏教者が真に部落解放に奉仕するためには、たんに平等無差別を説くだけでなく、差別の現実を直視し、そのとりのぞきのために協力しなくてはならない。封建時代三〇〇年、明治以来一〇〇年の差別の蓄積は、こんにちの部落のひとびとの生活の上に重くのしかかっている。それはとくに貧困と非文化としてあらわれている。部落解放のためにはこれがとりのぞかれることが絶対に必要である。ところが政治の貧困と一般国民の無関心、そして多くの部落のひとびとのあきらめとが、これをさまたげている。この壁をうち破るためには、まず部落の大衆が自覚して立上らなければならない。人権平等はそのためにこそ説かれなければならない。これこそが真の仏教精神の顕現ではないか。部落のひとびとの篤い信仰心の上にあぐらをかいて、本山や末寺の経営維持だけに心をうばわれ、貧困な部落にさらに重い経済負担をかけることが、解放をおくらせるばかりであり、仏教の真精神にもとるものであることを深く反省すべきである。

このことはまた、仏教が広く現代に生きる道でもある。仏教がひとびとにたんに心の平和と自由とを説くだけで、現実の世界の平和をまもり国民の自由をまもる具体的な実践をかえりみないならば、こんにちの人類にとってなんの役にもたたないであろう。昨年の安保条約反対の運動が起っているさいちゅう、ある仏教教団の機関紙は安保をおしとおそうとする政府もわるいし、弾圧する警官もわるい、それとたたかって暴力をふるう野党や労働者や全学連もよくない、しかしそのどちらもせめてはいけない、人間の罪を深く反省せねばならない、といった無責任な傍観者的な中道主義が仏教者のゆくべき道だとする意見をかかげたことがある。そんなものが仏教精神ならば、仏教はまったく現代に生きる者に役立たないではないか。現実に世界の平和をおびやかすものがあればだんことしてそれとたたかい、現実に国民の自由をさまたげるものがあれば、だんことしてそれをとりのぞく、その実践を支える内面の力となってこそ、仏教の現代的意義があるのである。

そのためにはたんに坐禅や念仏をしているだけでだ

めなことは明らかである。仏教者は現代の諸問題を正しく科学的に把握する学習が必要である。部落問題や一般の社会問題もかびの生えた宿業論などで論じようとすることはもってのほかである。またそれらの社会問題をたんなる善意主義で解決できるなどとかんがえることも大間違いである。仏教の大慈悲心を現代に正しく生かすためには、問題の科学的な認識の上に科学的な解決の方法にたよらなければならない。仏教者がもしこのことをさとらなければ、仏教は社会の進歩のさまたげになるだけである。

（おわり）

仏教社会事業に関する管見

長谷川良信

仏教社会事業について、なにか書くことを委嘱されたが、現場多忙で甚だ期限を遅らせ、まことに申訳ない次第である。

そこで、仏教社会事業は如何あるべきか！　について、なんらか規範的な意味を持たせるとすれば、まず少なくとも、教主釈尊を始め三国伝灯の祖師先徳が、済度衆生とか、利他大乗とか、済世利民とかについていかに切実な努力と行蹟とを残されておるか、いわゆる菩薩行の実践垂範という人格的事実に顧みることが一つ、さらに根本仏教とか、原始仏教、あるいは小乗仏教、大乗仏教の教理教相的な発展過程に於て、いわゆる社会事業ということが、どのくらい本質的な意義と価値とを持つものであるか、ということが、その二つとして、ともどもに吟味され検討されなければならない。

こうした歴史的人格的な示範と、教理教相的な結論として、仏教社会事業の必然性が考えられるのであるが、いかなる教訓も理念も、それがすべての仏教徒の第一義的な使命感ともなって、普遍的に、かつ情熱的に実践躬行される為には、もう一つ、そうした仏教社会事業を自己の体験に於て吟味把握したものでなければ空理空論に了ってしまう。そこで、本文に於ては私の五十年に近い体験を通じて見た仏教社会事業に於て、その全過程が、ただただ懺悔と感謝に充ちた泥まみれの下手な陶器師たるに過ぎないとしても、尚かつ此の仏教社会事業を提唱し遂行することが、自己の仏教徒としての所詮であり、絶対的示命であり、同時に仏教徒の何人に向っても、敢て鼓吹し得る所の菩薩の行道であり、さらに、そのままが念仏であり、坐禅であり三密加持であり、唱題となって、総じて以て往生または成仏、即ち理想的人格の転換または完成の素因であるとまで、集約され、凝結され、由って以って強烈な不断の信念信仰にまで、高揚されるべき普遍的価値あるものと信ずるものである。

以上の三点を顧みながら、「仏教社会事業はいかにあるべきか」について、自分の考えの一端を、卒直に項目的に列挙してみようと思う。

(一) 仏教社会事業家の心がまえ

イ 自分は、まったく、無知無能無力ではあるが、仏即ち大御親《おおみおや》に愛されておる長男坊である(大乗菩薩の自覚)という自任、そこで、世の中の悲境に沈んでいる多くの弟妹に対して親代りとなって、その一人一人に、或いは集団に、救済、保護、援助、相談、調整の手を差し伸べなければならない。そこで、常に合掌称名によって、御親《みおや》の絶大な智慧と慈悲とを頂き、御親の万能力が自分に乗り移って、あらゆる善巧方便、進趣方便をつくして、それらの弟妹を守りぬくということ。

ロ 長兄とか弟妹とか、すべて現実の世間では相対的に自他を分別せねばならないが、本質的には親子兄妹はもとより他人も世間も結局自分の拡大に外ならないのであるから、他人にしてやることは、つまり自分にすること、他人を愛し、他人に布施し、他人に慈善することは、とりも直さず、自分が布施され、慈善されることで、世に謂う情《なさけ》は人の為ならず、自分の為であるわけだから、仏教社会事業は、どこまでも他人に奉仕するというような、他人行儀のしてやる的な、お為ごかしのものであってはならないし、どこまでも自分を愛する如く、それと同質な深さ、厚さ、切実さとを以って、拡大された自分であるに過ぎない他に対してつくすものでなければならない。而も、その「心づくし」たるや、自分の力でするのではなくして、仏即ち御親の力を頂いて、御親に代って、させていただくのであり、而も、その事業としての仕業《しわざ》は、代理にもせよ、自己の功徳《くどく》として積みあげられるのであるから、ますます以って、させていただく有難さに感謝すべきであって、古来、仏教の先徳が為し来った慈善行為乃至社会事業が、比々《ひひ》みな斯うした思想信念に基いて為されて来たことを思えば、仏教社会事業家は、つねに虔《つつ》ましく謙虚で、身を以って仏に供養するが如く世間に供養しなければならない筈である。釈尊仏教の原初時代から教えられて来た八福田などの福田思想とか、無縁の大慈悲とか、三輪体空とかの反省と参究とは仏教社会事業家にとって、つねに用意されなければならないところである。

（二）　物的救援を先行させる

仏教社会事業の最終局の目的は、解脱涅槃にせよ、往生成仏にせよ、要は「全人の救い」であろうが、直接には悉くこれ生命尊重主義により、生存、生活の擁護保全にあるのであって、その中には物心一如の生活が考えられるが、社会事業が、そのファーストハンドとして取扱う所は、生命の形態的、機質的一面についての整備であり、充実であり調整でなければならないと思う。従って、仏教社会事業に於て、ややもすると陥り易い唯心的精神主義はこれを先行さしてはならない。餓えたる者には、先づパンを与えよ式に、生命保全・生活向上の為の衣食住的資料を供し、身体の健康を害したものには医薬看護を与え、社会環境や個人的境遇に欠陥を生じた場合には、これを補塡調整するなど、一見して、外形的・物質的・経済的傾向が強くなるが、こうした方面の整備充実なくして、生命の保全・尊重はあり得ず、また精神の強化、霊性の発展も期待出来ないわけであるから、仏教社会事業家たるものは、よろしく人間生活の実際に則して、社会事業よりも次元の高い霊魂の救いとか、精神救済とか、観念的美名に囚われることなく、宗教本来の使命達成に至る通路開拓的、物的、形態的調整に主力を注ぐべきであろう。前にあげた原始仏教以来の福田事業に於て、仏者の経営これ努めたところを見ても、道路交通関係の土木的な事業や、庶民的生活を潤《うるお》すところの給食や宿泊設備の如き、また庶民の病難に処しては施薬施療乃至看病を以って第一義とした如き、日本に於ても古代の高僧が、その博学達識と幾多の創意工夫によって、産業経済の発展に寄与し、文化の開発に尽したことや、忍性の広汎な救済事業や、四天王寺四箇院の復興、また彼の重源の東大寺再建の勧進、徳川期に於ける鉄眼の一切経版刻の資金を以って飢民救済に当てた如き、すべて物的救済を以って、精神救済に先行することを示唆して余りありと云えよう。

(三) 仏教社会事業は寺院を中心に

仏教社会事業は、出来るだけ寺院中心に設備し、出来るだけ其の寺の住職中心で経営して行きたいものである。社会事業の施設を寺院に置きたいことは聖徳太子の四箇院や、昔の国分寺の事例や、成田、浅草その他現代大寺の例に見るばかりでなく、これを欧米基督教社会事業に見ても、すべてその社会中心に発達して居る。仏教に於て特に寺院は三宝の依所であり、仏塔は仏の法身であって、そこに来集する衆生は如来大悲の一子愛に触れ、その膝下に在ることによって、人生の悩みは概ね解消慰瘉されるのである。又かの太子の四箇院が三方に悲田、療病、施薬院を置いて中心に敬田院を位置させたのは、貧苦や病苦を除いても、究極に於て出離生死、人生そのものの悩み、心霊の悩みを救わねばという御慈悲の施設と見られるのである。今日、広く公私の社会事業に於ては救貧、救療、防貧、感化、教化等すべてに於て必らずしも宗教的な道場即ち寺院とか教会等に置こうとしないが、人の生活にパンは絶対であり最先に与えられねばならぬが、パンのみでは半分より生き得ないのであるから、ここに心の糧としての宗教が与えらるべきであって、此の意味に於て仏教社会事業は是非とも寺院や仏堂を中心に施設し、尚かつ対象者に向って仏寺の行事や教化的機能を活潑に働きかけるべきである。

(四) 寺院社会事業家の職分観

次に寺院に於て社会事業を経営する「人」の問題であるが、寺院でやる以上住職がその中心たるべきは当然であり、その事例も多々あるが、問題は、その住職の心構え、態度、熱意、識見である。元来、現代の社会制度や宗教制度下に於ける寺院や住職たる僧侶の性質性格については、国の法律や宗団の制規によって、或る程度の公共性や自主性が規定され、それ相当の権利義務が明らかにされているが、仏教の本質的な又歴史的な立場から、これを吟味してみると、まことに曖昧摸糊たる状態に置かれていて、特に僧侶の身分、職能、使命などについては、たとえ国法や宗制の下では一応国及び社会的承認を得ているとは云え、その仏教教団的本領からは相当逸脱した謂わば一種の習慣的惰性下の寺院、寺檀関係、僧侶、僧侶の職分及びその生活機構などが見られるわけで、厳密に云えば今日の僧侶は出家僧でなく、従って寺院に在って妻子と共に在家的生活をしているとすれば、檀信徒の信施によって生活するには値いしないかも知れない。尤も現実に於ては「信施」は以って生活をみたすに足らず、むしろ読経、法要、或いは寺院管理等の自由サービス業としてそれに対する報酬の形で、ある程度給付される不特定の収入というべく、必らずしも「虚受信施」というほど良心の苛責には値いしなくとも、ともかく住職始めその家族が寺院内に止住して、僧侶としての戒律にも離れ、ただただ法要中心の寺院生活をつづけているについては、その僧侶としての教養と与えられた資格名分の手前、先づ以て深く慚愧懺悔の念をいだいて、何ものか、これに対する補償贖罪的行為に出なければならない。さなきだに人間の一生は、仏教の教示に従えば、吾々が今日あるのは四恩の積み重ねに由るものであるから、一日一日の行為は悉く感恩報謝の一念につきるといってよい。従ってこの報恩行に加えて慚愧贖罪の鞭打を受けるとしたら、寺院に止住し、或は寺院で人となった僧侶の分際としては、何を措いても此の報恩行としての一大布施行、とりも直さず社会事業に全身全霊を打込まねばならぬのではないか、而も現代代の僧分として、出家僧たることは到底堪える所ではないとして願い下げたとしても、せめて在家僧とか菩薩僧とかいう立場で、大御親仏の何等かの御用命に応えることが出たとしたら、打ちのめされた駄馬も、もう一度起ちあがって、娑婆往来八千辺とはゆかぬまでも尚かつ千里の途を走ろうとするであろう。こうした心意気こそ僧分に於ける仏教社会事業家が、布施の大行に全生涯を打込もうとする初発心地でなければならない。

(五) 仏教社会事業者の職分観

仏教社会事業家は、それ自身大乗菩薩であるという誇りを以って、世の一切の社会悪を退治し、現実の社会を浄化し、その中の人間、とくに恵まれない人々を助けて、理想の人間像に仕上げる事業であるから、大きな意味では宗教家であると同時に政治家であり、経済人であり、また教育家でなければならないが、然しそれらのすべてであることは、出来得ないのであるから、重点的に社会事業の専門職として、主力をソコに傾注するわけであるが、尠なくとも政治、行政、経済産業、教育、文化の基本的な諸問題について、充分な識見を具えると同時に、それらの専門家と取組んで、必要かつ充分な施策を実行させるだけの指導力というか、説得力というか、手腕というか、そうした経綸の才を持つべきである。これが為には、現代の各般に亘る社会問題乃至政治、経済、教化の諸問題に対して、つねに不断の研究と考察を遂げ、透徹した知見と批判力とを把持し、社会事業的な角度から、これが解決に精進し、以って理想社会建設の一端を担う覚悟がなければならない。こうした見地から、仏教社会事業家の在り方として、二つの面が考えられる。即ち、一つは、社会事業家は一面に於て経世家としての指導力を持つこと、遠くは教祖釈尊の行履《あんり》に於て、これを窺うことが出来るし、近くは観智国師や、天海僧正、崇伝長老など、いずれも当代の政治家をして、自己の政治理念を実践させたものというべく、こうした事例は史上決して少なしとしない。

もう一つの面は、社会事業家が背後にあって事業の推進役たる場合である。即ち仏教家は、その信仰の力、思想の力、或は人格的な感化力を以って、それぞれの有力者、または一般大衆を動かし、社会事業の重要性に気づかせ、その人々をして卒先、立って社会事業に参画実施せしめるに至ることである。この場合、最初の発願、発起者は蔭の指導者又は相談役として、表に立たず、いわゆる「随喜他善」の立場に立つのであるが、こうした事業推進役に廻る蔭の社会事業家こそ、真の仏教社会事業家といえるであろう。また一方有力なる義捐寄附者を発掘発見して、それぞれの社会資源を動員して、事業の設備及び経費を担当し、いわゆる経営主体となって、専門社会事業家をして、安んじて事業に専念させるという、こうした場合、たとい直接現場の事業に携わらなくとも、経営陣を整い得ること自体が立派な仏教社会事業家と云い得ることである。蓋し、こうした型態は自他一如、全く無所得の心境に立つ仏教家にあらざればなし得ない所で、事実、昔からの仏教慈善事業や社会事業は、行基にしても、叡尊、忍性にしても、近くは紫雲、本真、大島徹水師など、みな然りの観がある。

（六）　経営職と専門職

仏教社会事業の具体的な経営なり、運営なりを為す立場にたって、大乗の菩薩という自覚からすれば、綜合主義的な行き方と、個別主義的な行き方とあると思うが、この二つはそれぞれ平行して推進されることが理想であるが、実際問題としては社会事業家その人の能力や境遇、または対象認識の如何によって、その一方に偏することも止むを得ないと思う。

さて、綜合主義的な経営というのは、なにかというに、大にしてはいわゆる理想社会の建設とか、小にしては新しい村造り、町造りといったような集団社会を対象として働きかけるセツルメントとか、コミュニティーセンターとか、隣保館、公民館というような、すべて地域社会の福祉的、文化的、組織的改善向上を図る環境整備事業のようなことに重点を置き、従って、綜合社会事業的に多種多様の施設を起して、極めて多角的、かつ集約的な運営を必要とする行き方である。私自身は斯うした考え方の基調に立って、久しくスラム地区の改善とか、部落問題の解決とかに半生の情熱を傾けて来たが、そうして立場から自然多種多様の施設を随処に撒きちらし、ややもすれば、意あって力足らず、施設の数の割に内容の充実が覚束がない憾みを嘗めている。

次に個別主義的な事業としては救貧、防貧に関する救護施設や保護施設を始めとして、児童福祉や医療保護、精神薄弱者保護、身体障害者保護等の各種の施設があるが、その一つ一つの対象者について、いわゆるケースワーク的な個別的取扱いを為すものであるから、当然、近代的、心理学的、衛生医学的知識と技術とを本にした分類分科的な処理を為し得る専門的な社会事業家でなければならない。従来の社会事業家の概念からすれば、前に挙げた綜合主義的な社会事業の経営者を指す場合が多く、多くの仏教社会事業家は、この部類に属し、後に挙げた個別主義的な社会事業の実際運営に当る専門職たる人は、仏教家中必らずしも多数を占め得ない。

そこで、仏教社会事業家としての望ましい姿としては、恰かも、病院の院長が単なる経営家たるのみでなく、臨床的にも直接患者の治療に当り得る大先生である如く、仏教社会事業家も単に経営者としてのみでなく、充分専門的な知識技能の持主として対象者の個別的な処理を為し得るものでありたい。こうした意味に於て、今後の仏教社会事業家が広狭二つの意味に於て具備すべき資格として、次の数点を挙げることが出来よう。

一、事業乃至施設経営に対する充分な識見手腕を有すること。

二、その事業の目的使命を明確にし、世間大衆の理解と善意とを動員し、かつ相当な寄附とか、義捐金を集め得る説得力や人格的魅力を持つこと。

三、従事者を適当に組織し部署につけ、統率して、事業の日常運営を、その目的使命に向って傾注させ得ること。

四、相当な事務的技倆を有し、日常的な事業の庶務会計を記録的に公明ならしめ得ること。

五、個別的社会事業の一般及び社会事業の各科各類について、専門的な学習と研究とを遂げ、事業の実施について、常に意欲的自発的な情熱を持つこと。

六、つねに大乗菩薩の信念と意気とに燃え、深く四弘誓願の本旨に徹し、社会事業に対する近代科学の示命と仏教慈悲主義の方法論としての各種布施形式乃至善巧方便、進趣方便について、比較研究を怠らないこと。

戦後の寺院経済とその将来

大橋隆憲

一

わが国は今次の敗戦によって天皇制絶対主義国家体制が解体し、民主主義国家として出発することをよぎなくされた。その結果、仏教寺院は従来のように、国家的保護がえられなくなり、とくに農地解放による地方農山村寺院は、その経済的基礎が消滅した。山林地の国有編入・没収もまた、諸大寺、本山などに多大の打撃を与えずにはおかなかった。

都市寺院と巨大富裕寺院はともかく、一般の地方寺院は、若干の山林と地租免税の境内地と建物を残すだけであって、事実上、土地所有制への寄生は不可能となった。このようにして一般に、今日の寺院経済は大きな転換期に遭遇している。そこでこの現代寺院経済の諸問題を、まず今次大戦後実施された「宗教法人法」を手がかりとして考察をすすめることからはじめる。

一九三九年（昭和一四）四月八日に公布された「宗教団体法」により、従来の仏教五十六派が半数の二十八派にまとめられたが、一九四五年（昭和二〇）八月十五日のポツダム宣言受諾により太平洋戦争は終結し、その年の十月四日付けで、政治的、社会的および宗教的自由に対する制限の除去に関する覚書が連合国総司令部から発せられ、明治以来の宗教に関する法令を整理統一して生まれた「宗教団体法」は廃止された。廃止の指令を受けた諸法令の処置は、ほとんど同年十月半ばごろまでにおこなわれたが、「宗教団体法」の廃止だけはおくれた。それは同法の廃止により、全部の宗教団体が解散し、寺院その他の宗教法人は、財産の処分やその他の清算手続きをとらねばならず、さらに免税などの保護を失なうことにもなり、宗教界に打撃を与えるので、その善後策として適宜の法的措置を講ずる必要があったからである。こうして、一九四五年（昭和二〇）十二月二十八日になって「宗教団体法」とその関係勅令が廃止され、同日「宗教法人令」が公布施行された。これにより従来主務官庁の認可を必要とした宗教団体の設立、規則の変更、解散などは、まったく自由となり、宗教法人の設立も許可主義から準則主義に改められた。

その結果として、仏教・神道・キリスト教の中から分派が生じ、また統制から解放されて復活する教団、新たに組織された新興宗教などが雨後のタケノコのようにでてきて、乱立状態を呈した。そこで、営利や信教自由の侵害行為をとりしまるため、更に細則を盛った「宗教法人法」が作成され、一九五一年（昭和二六）四月三日に「法人令」は廃止され「法人法」が公布された。

宗教法人法は周知のごとく、宗教活動それ自体と、それに伴う経済活動とを区別し、前者ではなく、後者だけを法的規制の対象とした（第一条）。そこで寺院財産の管理、運営、処分は一般にこの法によらねばならぬわけであるが、財産処分（第二十三条）も当該法人の責任役員会の議決によってなしうるから、寺院の経済活動は比較的融通のきくものとなった。

当初は宗教法人の数は、一八万余に及んだ。そのうち、ことに新興宗教が民衆をひきつけた。それは天皇の神格性の崩壊と、戦争直後の窮迫状態に対応し、帝国主義戦争の敗北という民衆の精神的思想的空白が新らしく出現した神々によって埋めあわせられたことによると思われる。

従来、比較的めぐまれた寺院で単立を宣言して宗派から脱退したものがめだつのは、封建的本末関係にもとづく経済的利害からの回避を意味するものとして注目されるが、こうした分裂行動は結果的にみると前近代的な宗団勢力の弱体化に拍車をかけたことであり、また新興宗教の乱立によって檀信徒を喰われつつある現況は、寺院農地の喪失とあいまって、寺院経営を極度に苦境におとしいれている。（天台、真言のばあいと、日蓮宗のばあいとでは、分派の形態と効果が異っている。これは注目されてよい。）

宗教法人は公益事業をおこなうことができ、また宗教法人の目的に沿って一定の収益を伴なう事業もできるのであるが、一九五七年（昭和三二）の文部省編宗教年鑑によれば、宗教法人の経営する事業において興味あることは、創立年度が戦後のものは、仏教系のものが多く、キリスト教系は戦前と戦後のものとが相半ばしていることである。仏教系に戦後創立のものが目立って多いことは、明らかに農地解放や新興宗教の影響による檀信徒の離脱などのために、従来のような寺院経営のやりかたが困難になってきたことによるものである。

事業の種類についてみると、教育事業としては幼稚園が最も多く、その他に和洋裁学校、語学講習などがある。福祉事業では保育園、診療所、養護施設（身体障害者、精薄児などの収容指導、母子寮）などがある。ここに特に注目されるのは、神道・仏教では教育事業と福祉事業の差が少ないが、都会的なキリスト教系の場合には教育事業が福祉事業の三倍にもなっていることである。これは教会や寺院の立地条件の差異にもよるが、キリスト教が教育事業とともに発展した歴史を物語るものであろう。

次に一九五八年（昭和三三）夏、仏教徒文化交流協会の行った調査によって、東京と大阪の都会地寺院の附属施設をみると、幼稚園と保育園がほとんどを占めており、開設もほとんどが戦後である。社会活動では比較的多いのが、書道・茶道・花道である。しかし、これらは副業的なもので、寺院収入面で最高を占めるものは、何といっても儀式法要による収益で、兼業の収入がそれに続いている。ところで、寺院経営面の収入がその寺院総収入中に占める割合は、大阪の五四・三%に対し、東京ははるかに下廻って二六・五%であり寺院の半分以上は寺院収入だけで寺族を養って寺を維持経営していくことができないことを明らかにしている。地方寺院の場合は地域差があるにしろ、この比率は一層極端になっているようである。これをつきつめていうと、今日一般に仏教寺院が葬式仏教、観光仏教、伽藍仏教、祈禱仏教などと、いろいろに云われながらも、これらのみで寺を維持し、家族を養ってゆける寺は東京・大阪の例でみたように半数足らずであって、他は寺の経営はおろか自分達の生活確保という最低線に追いつめられていることがわかる。寺院住職で生活保護法の適用をうけているものの数はあきらかでないが、現に同法の適用をうけているもののあることは事実である。

保守的雰囲気に加うるに、経済生活がこのようなため、少しでも才能があり生活能力のある寺院子弟は、職を他に求めて転出してゆく傾向がますます顕著になってきており、寺院の世襲制はこの問題を一層深刻なものにしている。仏教畑に人材が稀薄になってゆく根本原因も、こうした経済的事態に求められると思うが、ともかく現状としては、寺院住職が兼業・副業をおこない、その多くは学校の教師になったり、役場勤めをしたり、養老院の仕事にたずさわったり、また農村では住職の個人名義で残した寺院所有田畑（全国的にみると農地解放は地方差が非常にはなはだしい。寺院所有田畑には何らの手ごころも加えず悉く没収した地方もあれば、後進的な東北地方の如く住職個人名儀に切り換えることによって若干の自作地所を残存するといった処置をとった地方もある）を耕作し、宗教家を表看板にしながら実質は自作農として純然たる農業家庭である場合が多い。

仏教寺院がその経済的基盤である土地と国家の直接的保護を失なったことは、その経済的土台をゆるがす衝撃であって、封建的生産関係に依存してきた寺院は敗戦後になってはじめて資本主義の波に乗って維持されなければならないことを思い知らされた。その力のない寺院は、自ら資本主義的生産関係の下に勤労者として学校や役場やその他で勤務して労賃を受けなければならない。農地改革以前の多くの農村所在寺院は、地主階級として比較的大きな田畑を所有し、小作人を使って働かせて寺を維持していた。いわば寺院住職は大名格の存在であったが、今ではそれが逆転し、寺院住職と、かっての小作人とは対等の条件下におかれている。檀那寺の制度は小作制度と重なって日本の封建制を補強してきたが、小作制度が消滅した後も、今のところ、檀那寺制度は、寺院維持の最後の一線として温存されている。

檀家制度は今日の寺院経済の大きな基盤をなすものではあるが、また一面、それは寺院の独自な活動を制約し、障害ともなっている。檀信徒の総代は、宗教的信仰の強さによる意味で代表者がなっているというよりも、経済的・政治的実力者（ボス）がなっていることのほうが多い。観光寺院における観光協会なども同様である。また農村では一部落が一宗派一寺院でかためられ、部落毎に同行組織をつくって、冠婚葬祭の共同運営に当り、同行を脱退することは村八分の浮き目をみるというところさえる。こうした制度下では本山の法要分担金、志納金などが末寺を通じて部落全戸に課されることもあり、檀信徒制度は本山の最も大きな財政収入源としての役割りを果している場合が多い。

いわゆる仏教国である日本に来る欧米人も、日本仏教寺院の現実のありかたをみて慨歎して帰ることが多い。仏教をみるといっても、仏像彫刻、絵画、建築などの仏教美術や庭園、高野山の奥の院のような墓所を訪れ、そこに過去の仏教の造形的な優秀性を認めるという状態である。高野山奥の院も本山の赤字救済の具として観光場として拝観料を徴収しようとしたが、山内に反対の動きもあって挫折するという事態さえおこった。一九六〇年（昭和三五）七月二十日、高野山有料観光道路が開通したが、比叡山の場合を挙げるまでもなく、観光化された寺院・霊場が今後どのような運命をたどってゆくかは、火を見るより明らかであろう。いずれにしろ、一方、これら仏教美術や庭園は寺院収入の大きな財源として観光客に提供されているのであるが、これらは過去において仏教が培かい、築きあげた遺産であり、それを経営困難な寺院が売りものにして、これらの遺産を食いつぶしながら生きながらえているというのが、実情である。

以上によって明らかなことは、戦後の寺院経済地図を大きく塗りかえた最大の原因は、農地解放、山林地の国有林編入・没収であった。それでは今後将来の見とおしはどうであろうか。社会発展の歴史法則からみると、いずれは山林と宅地の解放がせまられるときが来るであろう。そうなると、日本仏教の二大根拠地であり同時に巨大な山林地主でもある比叡山や高野山、あるいは都会地における宅地地主寺院などは土地所有制に依存して、現状のままの経営を続けている限り、衰滅をまぬがれないであろう。又、今尚相当根強い組織力をもっている檀信徒制度も、寺院住職が専ら檀信徒家庭における祖先の供養・回向にことたりて、独自の宗教活動がなされず、仏教の内容が大衆に充分汲みとられない状態にあれば、公共団体による葬儀の執行や社会保障が進み、世代の移行とともに、寺院経済の基盤は今後徐々にではあるが崩れてゆき、社会の変動いかんによっては、寺院は教団もろとも崩壊することが予想される。

二

このような事態を何とかして打解しなければという ことが仏教教団内でもいわれはじめた。一方では、現代の不安を救うものを仏教に求めているが、他方では仏教寺院自体が救われなければならない状態にある。今日、世界の曲り角ということがいわれ、危機が叫ばれるが、寺院もまた危機にあり、仏教寺院の存在価値が改めて問われなければならない程、仏教界の動きは混迷している。

自分達が食ってゆけぬから仏教を何とかしなければならぬというのが今日の仏教者の一般的心情のようであるが、それは問題の提出の仕方がまさに逆である。仏教の時代的存在理由、および仏教者に対する社会的要求がなくなってしまうならば、現実の寺院仏教は滅びてしまうということが認識されねばならない。かような観点からして、ここに仏教寺院の教学・布教活動の現状を反省し、寺院経済のあり方を検討することを試みたい。

本末を問わず寺に関係するいろいろな社会団体組織として信徒会、檀徒総代会、青年会、婦人会、子供会、講、護持会、後援会、修養会、門徒会、等々がある。これらは宗教信仰の問題から離れて対社会的に動くこともあり、このような寺院と大衆との結びつきは、保守党選挙地盤に連なる傾向をもち、ひいては宗教信仰の自由の逼塞が政党支持の自由や政治活動の自由をおおってしまうことさえある。

歴史を通じて仏教は為政者の保護にあずかってきたが、それはいつまでも宗教という特殊性が考慮された上でのことであった。これに対して宗団は独自の教線を張って布教伝道し、信者を獲得して教勢の発展に努力するとともに、一方ではできるだけ政治的言動を控えている。しかし、それは寺院が権力に対して中立であるのではなく、権力の走狗であった、ということである。したがって、時の為政者の行動が仏教独自の価値体系と矛盾衝突するようなことがあっても真の社会批判・政治批判をことごとく回避してきている。

教理の実践、布教教化の向上充実を考えるとき、これらの宗教活動が国家権力から独立した立場でおこなわれるのでなければ、教学も真に時代を貫き通して生きてゆくことはできないであろう。この問題について仏教教団も宗教という性格から、国家権力の介入について、とくに注意が必要であろう。国家権力の滅亡・交代とともに支配層の支援を失なって地上より姿を消した著名な大寺院は、古来史上に数えきれないほど存在するが、これからも人民大衆に支持され、社会的公共的な機能をもつ寺院だけは存続してゆくであろう。これは歴史における「法の鉄則」である。寺院を維持し保存させてきたのは、寺院の住職や寺族その他の僧達であるにせよ、その基盤になっていたのは一般の人民大衆であった。

寺院住職といい僧侶というも、かつては地域社会における指導者であり、それゆえに為政者からの経済的援助や政治的保護があったのである。もちろん、僧侶が社会のすべてについて指導的立場にあるとはいえないが、過去にさかのぼればさかのぼるほど、僧侶の社会指導的立場が大きかったことは事実である。ところで、今日、僧侶一般は現代社会に対する認識はきわめて浅薄であるのみならず、社会の動きに不感症になっている。このことは、さきにあげた昭和三十三年夏の「仏教徒文化交流協会」の「都市寺院の社会的機能」調査でも明かにされている。僧侶が政治から独立であらねばならぬということは、僧侶が政治に無知であってよいということではない。そうではなく、既存の政治に従属すべきではないということを意味するものでなければならない。

ところが僧侶社会の一般的環境は、政治感覚をも含めて、優秀な僧侶を養成、保持しうるような環境ではない。それにもかかわらず、由緒ある寺院や大きな檀家組織をもつ富裕寺院などには、社会的指導者としての住職の椅子が待っている。寺院住職には、現在、試験や選挙などの住職淘汰方法がなくなっている。こうした椅子は一般に、現在では宗門学校を出たいわゆる宗派の正統派（他の学校出身者は傍系とよばれる）が占めている。彼等は宗内派閥をつくり、役職につき、できるだけ僧階を引きあげ、宗内での自己の地位を法制的に安定化している。寺院の世襲制、寺格制、僧階制とは、こうした有力寺院住職の自己保存組織にほかならない。

こうした仕組の下で、宗内有力寺院は一般に俗悪化しているが、その輸血用の寺院相続での養子や弟子も、先任住職の思い通りになる人物が歓迎され、現状批判的な者や進歩思想の持主は一般に嫌われる。こうして有力寺院の大部分は、凡俗僧侶群によって派閥的に独占され、無信仰な商売機関になりかわり、かつて公共の建造物として機能した寺院も、今では多くは凡俗坊主の私物に転化されている。

仏教各派の有力寺院がこのような状態にあるため、宗団全体としてのまとまった意志や目標は忘れられ勝ちで、統一ある実践課題をたてることは困難であり、また、たてられた目標に向って足なみをそろえて実践努力することも実際上は不可能となっている。この事は宗団の組織・財政・教学の改革をおこなうことをも困難にしている。しかも、現実の宗団は、有識者や宗内の学識者を不過なままに放置して、むしろ経済的実力者が宗政を左右する実権を握っている。有識者や学者でも寺院にありながら経済的実力がなければ、宗政に参与できない状態にあれば、寺院仏教の命運も尽きたとみなければなるまい。他方、現実的には弱小寺院住職は寺院維持のために、教学の研鑽も忘れがちとなり、寺門を離れた人が教学研究に熱を入れているといった事態が益々顕著になりつつある。これらの諸現象は、まさに現代寺院仏教の病弊をそのまま露呈しているものといってよい。

現代における寺院仏教は右にみた如き困難な諸種の問題をもっているのであるが、仏教文化交流協会の行った東京・大阪の二大都市の寺院住職を対象とした「寺院の将来のあり方」についての調査統計で、最も大きな要望となって現われているものは、まず「住職は信仰・教義を深めよ」ということである。第二位が「教化活動を充実せよ」という意見である。教化活動への関心が他を圧倒して高率を示していることは仏教寺院の危機への反応をみせているものであろうが、同時に寺院の将来に対して一抹の希望を与えるものでもある。一般大衆の仏教に対しての要求では「檀信徒に奉仕すべきだ」という声が最高を占め、「教化活動の充実」「社会活動の強化」がそれに続き、また「住職の教養を深める」という意見がでていることは注目すべきであろう。その他住職がわの「青少年の宗教教育の充実」「大衆と結びつけ」「近代感覚をもった仏教を広めよ」という要望が多いのも、「寺院経済の安定」というそれ自体目的になりえない事柄についての要望が比較的多いことと ともに、まず教学の究明と発展、それに基づく社会・教化活動とが何よりも寺院の今後を決定してゆくものであると考えられる。しかし、さきにみたごとく、経済的有力寺院住職の支配力維持組織および遊興場としての宗政では、まず望みなしとみなければなるまい。

三

仏教寺院はその教団もろとも、崩壊の運命がほぼ定まったと見うるが、なお、その崩壊の過程と形態を具体的に見通しておく必要があろう。そのばあい、資料の関係上、宗派別に検討するのが最も便宜であるが、ここではその余裕もないので、ごく一般的に宗教事業所従業者規模別構成（昭和三二年事業所統計調査結果による、昭和三五年の全国集計報告は、まだ公刊されていないので、それを利用できぬが、それほど大きな変化はないと思われる）を手がかりとして検討を進める。

なお、宗派別については、高野山真言宗調、寺院実態調査、住職寺院の兼業調査（昭和三三年二月）、曹洞宗宗勢白書（昭和三四年六月刊）、統計にみる大谷派の現状（「真宗」昭和三五年二月号以降、毎月連載、昭和三六年三月現在も地方別分析がつづいている）等で大勢を知りうる。なお詳しくは、敗戦直後のＧＨＱの寺院経済調査資料（文部省調査局宗務課保管）や各宗の機関誌、報告書類、によるべきであるが、今はその余裕がない。

寺院経済の問題にたいする宗政家の意見には、布施の乏しきを嘆く前に、法施の貧しさを反省しなければならない、とか、寺院は資本企業と本質的に異り、宗教目的のための組織であるから、経済的に問題にすること自体がピント外れだ、というのがある。もちろん寺院は発生的にも理念的にも、企業のごとく利潤目的の組織でないことは当然であるが、現実には、今や資本主義的経済諸関係から離れて存在することはできない。旧時代的な教学・思想もさることながら、儀式形態や運営組織も近代化の歩みがなければ、寺院経済の停滞、混迷、腐敗、崩壊は当然であるとしなければならぬ。先ず考察の手がかりとして、寺院の従業者規模別構成をみれば次のごとくである。

宗教事業所規模別構成（昭和32年事業所統計調査結果）

摘要	総数		神道		仏教		キリスト教		その他	
	事業所数	従業者数	事業所数	従業者数	事業所数	従業者数	事業所数	従業者数	事業所数	従業者数
総数	91,185	148,228	23,425	43,691	64,128	95,055	2,424	7,203	1,008	2,286
常雇従業者 0	52,999	60,989	12,739	15,795	38,612	43,099	855	1,300	593	791
1 人	28,815	42,301	7.519	10,807	20,331	29,800	737	1,329	228	365
2—4	8,013	25,433	2,612	8,681	4,632	14,117	626	2,116	143	516
5—9	1,012	7,600	405	2,998	417	3,128	154	1,165	36	319
10—19	206	3,239	90	1,396	84	1,356	28	440	4	47
20—29	61	1,531	23	589	24	620	14	322	—	—
30—49	36	1,472	16	662	13	517	5	208	2	85
50—99	30	2,793	14	1,104	10	1,203	4	232	2	163
100—199	9	1,228	5	654	3	574	1	x	—	—
200—299	2	587	1	x	1	x	—	—	—	—
300—499	1	x	—	—	1	x	—	—	—	—
500—999	1	x	1	x	—	—	—	—	—	—

（註）従業者は聖職者とは限らない。

この調査によってみれば、仏教活動の主体たる従業者数は九万五千人強であるが、住職ただ一人で経営しているると見なしうるものが半数以上を占め、常雇一人ないし二―四人以下が大部分である。常雇一〇人以上のものは、大体において特殊な巨大寺院か包括団体たる教団事務所である。したがって活動主体の人員規模からみれば、零細企業並みであり、大きいものでも中小企業並であるにすぎない。宗教事業の性質上、これまた当然ともいわれよう。

ところで仏教活動の主体たる従業者は、活動設備たる寺院に対して一ヵ寺平均一・五人という計算になるわけであるが、その生活状態、意識状態、活動形態は、一般に前近代的と云わざるをえない。寺院の立地条件、装備状況、老朽度、回復力は旧来の伝統から、活動主体の努力だけでそう簡単にかえうるものでないからである。活動主体の収入力は、農村地域において寄生地主制の崩壊した現在、活動対象たる檀信徒に依存するよりほかに道はない。

僧侶の収入機会は周知のごとく、葬式執行を主要源とするわけであるが、乳幼児死亡率の減少した現在、戦前の檀家百に対して年間一〇件は、現在六件程度に減じている。現在、優生保護法の施行により、医師は「人工的に、胎児およびその附属物を母体外に排出すること」（第二条）ができ、以前とは異り、生れてから死亡する前に、医師は収入をえて処理してしまう。したがって僧侶はそれにつき葬式執行の機会、つまり収入の機会を失うに至っている。以前に僧侶の手に入った収入は、今やその前段階において医師の手に入るわけである。

葬式執行は周知のごとく、死んでくれと宣伝して増加しうる性質のものではない。加うるに各種団体の簡易な葬式執行の引きうけが増加発展すると共に、僧侶の手による葬式執行の機会はますます減少し、それに伴う年忌法要の機会も減少する。

さらに農業基本法が成立し、農村の近代化が進むならば、農村人口の移動を生じ、農村寺院と農村人口のアンバランスは更に拡大し、農村寺院は葬式法要の機会をさらに失うて行くであろう。

寺院の収入機会の増加は、人間の異状事象に対する儀式の執行のほか、季節的循環過程に対応して、たとえば、本尊縁日、開山忌、年祭、修正会、節分、ねはん会、花祭、彼岸、お盆、成道会、等々の儀式の執行であるが、これらもリクリエーション施設の発展に対し、どれだけ対抗もしくは提携しうるか、それぞれの寺院の立地条件等から問題であろう。

寺院の移転は宗教法人法上、比較的簡単であるが、伝統的な諸関係を打ち切って、かりに新開地に移転しえたとしても、活動主体たる僧侶が、人々の側にある宗教的要求を充足することは、現在の僧侶の意識状態では一般に困難とみねばなるまい。そこで人々の側にある宗教的要求とはいかなるものであり、また、僧侶の意識状態はいかなるものであるかを明らかにし、両者のズレを問題とせねばならぬが、それは別稿で扱われていると思うから、本稿では、包括団体たる宗派とその財政について若干の考察を加えておくこととする。

四

宗派の構成要素である単位寺院は、立地条件の観点から、農村寺院、近郊寺院、都市寺院、または、経済的観点から、没落型、安定型、発展型にわけてみることができるが、これまでは主として、農村の没落型寺院について多く関説した。ところで宗派内で支配力をもつものは、その数はすくないが、安定型と発展型の寺院の住職である。

いま真言宗のばあいを智山派のばあいについてみるに、所属寺院教会総数三、〇〇〇ヵ寺のうち、檀信徒収入の寺有不動産収入で寺を維持できるものが五〇〇ヵ寺（一五％）、檀信徒収入で寺を維持できるものが一、〇〇〇ヵ寺（三五％）、寺院関係収入を問題としえぬものが一、五〇〇ヵ寺（五〇％）である。さらに正確には、昭和三三年二月末公表の、昭和三二年度真言宗智山派寺院教会収入査定結果報告書および「寺院教会個数・資産割宗費一覧表」により、個々の寺院の明細までを知りうる。ところで同派の役職員は常に、上層五〇〇ヵ寺に含まれる安定型および発展型の寺院住職によって占められていることを確認しうる。おそらく、この同じ事態が真言宗の何れの派についても認めうることであろう。

次に曹洞宗についてみれば、全寺院数一四、九六〇ヵ寺の分布は次表のごとく、智山派とほぼ同じ構造を示している。

さらに詳細は曹洞宗宗勢白書によって知りうるが、同宗の支配力をにぎるものは、おそらく上級五〇〇ヵ寺余の住職であろう。

三大階級別にみた平均現勢表

三大階級別	項目／級階	寺院数（％）	檀徒戸数	信徒員数	宅地	山林原野	所有金
下級	一―三〇	九、七一一ヶ寺（六四・九）	三二戸	七	七六坪	四・一畝	二、六九四円
中級	三一―六〇	四、六六〇（三一・一）	一五二	二八	二七五	一九三	一二、八四九
上級	六一以上	五八九　（四・〇）	六〇五	一〇九	一、〇九〇	七六九	五一、一四二

（曹洞宗宗勢白書一四頁）

次に大谷派の宗派構造をみるに、全寺院数九一三〇ヵ寺が下表のごとき割合で分布している。

大谷派門徒戸数別階層 ％

門戸個数	寺院数％
〇―五〇戸	四六・三％
五一―一〇〇	二三・五％
一〇一―二〇〇	一八・六％
二〇一―四〇〇	八・四％
四〇一―七〇〇	二・一％
七〇一―一、〇〇〇	〇・四四％
一、〇〇〇以上	〇・二六％

（「真宗」昭和三五年六月号二九頁）

平均一ヵ寺一〇一戸の門徒戸数をもつわけであるが、これは天台宗、真言宗、禅宗（平均五〇戸）などに比べれば、平均的には二倍も有利な活動対策を把持していることになる。さらに詳細は、「真宗」に連載されている「統計に見る大谷派の現状」で知りうるが、本願寺派を含めて真宗のばあい、教権の構造や世襲の伝統が、天台、真言、曹洞などとは異っているので、役職員ポストの占有の仕方も異っていると考えられるが、しかし宗派の支配力はやはり富裕寺院住職群によって占められているとみてよかろう。

右のごとくであるとすれば、仏教教団は富裕寺院の宗団支配のための機関であるとみてよいであろう。もちろん、零細寺院に対しては、宗派はそれから収入しうるより、それに対して、支出する金額は多額であろう。そうした再分配の機能を果すものでなければ、宗団存立の意味はないし、宗団支配の体制も維持しえない。がしかし、富裕寺院住職はもちろん、零細寺院住職も世代の更新するにつれて、宗派意識は次第にうすれつつある。現実の宗教活動にとって宗派意識がむしろマイナスに作用する部面が次第に増大しつつある。そうであるとすれば、宗派は物心両面から解体の方向に進んでいるとみられよう。

最後に、宗団財政につき若干の言及をしておこう。文部省の「宗教年鑑」三二年度版によれば、包括団体宗教法人二百五十一のうち、年間一億円以上の財政をまかなっているものは次表のごとく、一〇に過ぎない。そのうち仏教系は曹洞宗、大谷派、本願寺派の三であるが、以下、曹洞のばあいについて問題点をみておくことにする。

包括団体たる宗教法人の予算規模

金額＼宗教	神道	仏教	キリスト教	諸宗派	計
一億円以上	二	三	二	三	一〇
一億―一千万円	五	六	二	一	一四
一千万―百万円	三五	四〇	一三	九	九七
百万円以下	五七	五七	一〇	六	一三〇
計	九九	一〇六	二七	一九	二五一

曹洞宗の一九三六年（昭和一一）における歳入歳出実行予算は、四四万三千八百円であったが、一九五九年度（昭和三四）予算は一億四千五百一千万円になり三一八倍に増大した。しかし物価もたとえば日銀東京卸売物価指数では一九三四―六年を一〇〇として一九五九

年には三四八倍になっているから、実質的には増大どころが縮少とみてよい。

　ところで宗財政の主要財源である宗費賦課金は、昭和三三年度は一ヵ寺平均七、〇六一円であるが、その負担の仕方は次のごとき割合を示している。つまり、宗費負担の建前である檀信徒負担と護持会組織による負担が合計五〇%である。問題なのは、寺院収入のみに依存できず、住職が他の職場からうる所得で負担しているばあいが三七%もあることである。家賃がわりにでも出すとみればよいわけであろうがいわゆる「本業と副業の逆転」現象つまり、宗教活動減退現象ともみられる。

曹洞宗寺院宗費負担の項目別比率

負担方法	その方法を彩用している寺院の比率
檀徒へ割当	三八%
護持会負担	一三%
寺産収入から支出	一二%
住職個人負担	三七%

曹洞宗宗勢白書二四頁

　ところで更に問題なのは、宗費未納現象であろう。同宗白書によれば、宗費未納総額は昭和三四年度宗費予算額の五〇%に相当し、未納累計一ヵ寺平均九、七四六円である。しかも「いわば薄収寺院とみられ貧困寺院よりも、むしろ収入源豊富な寺院の未納・滞納あるいは怠納が大部分を占めているのではないかと思われるのである」（白書二七頁）という訳であって、宗派当局が所属寺院住職にとって魅力のある活動をなしえぬかぎり、滞納現象はさらに増大するものと予想される。

　滞納現象の原因について白書は、㈠寺院の経済的評価が不当で宗費負担にたえない場合、㈡宗門行政等に対する不満や批判をもち、故意に滞納している場合、㈢愛宗護法の道念を失い、納入の誠意をかく場合、をあげているが、㈠は技術的な問題で修正は比較的容易であるが、㈡㈢はむしろ激化せざるをえない必然性をもっている。けだし宗団は少数富裕寺院住職の宗派支配の機関と化しており、富裕寺院住職自体の生活と意識は、おそらく新しい世代を把握しうるようなものではないからである。このようにして宗団自体も没落の運命はまぬがれえないものと想像される。

× × ×

仏教教団の危機は、おそらく、それほど遠くない時期に到来するものと考えられる。現在は、いわゆる所得倍増ブームで、都市も農村も一般に好況下にある。しかし、農業基本法を実施せざるをえぬ事態の語るものは、農村社会の構造・制度そのものの変動である。

農村社会は従来、先祖代々の「家」を単位とした諦観原理に基づき、身分、血縁、土地を尊重して、とにかく今日まで存立してきた。しかし農村も今や、「個人」を単位とする自由競争原理に基づく資本主義体制に原理的に編入されようとしている。それは農村社会の構造・体制・原理そのものの変動である。それが農業近代化の内容にほかならないが、理念的にいうならばそれは他の産業と競争しうる農業、国際市場で競争しうる農業、「もうかる農業」という考え方への転換である。

そのためには一人当りの労働生産性をあげ、経営を近代化する必要があるが、それは必然的に農業就業人口の削減となり、農村人口の排出の促進となる。かくして、現在の寺院分布と人口分布のアンバランスはますます拡大し、不生産的空費の性質をもつ寺院への支出分はますます切りつめ＝合理化される。かくして、仏教教団としての勝負どころは、おそらく農村寺院をどうしうるかにかかってくるであろう。

（本稿は、もと、宮坂宥勝、佐藤任の両氏が、寺院と教団の蘇生の道を、教学の復興に求めて詳論されたものであったが、歴史的経過と教学復興方策の部分を除去し、主として経済問題に限定して私見を附加したものである。）

日本仏教の海外布教

――特に中国布教について――

道端良秀

一　はじめに

徳川三百年の鎖国政策が解かれて、初めて海外と交渉を持つことの出来るようになったのは、明治維新のおかげであった。従って日本仏教の海外布教も明治になってから正式に始まって行く。しかし海外と言っても、まず近い所からで、中国布教、朝鮮布教、台湾布教から始まって、更に米国のハワイ布教から、米本土の布教、更に南米に及び、西は仏教の発祥地インドから欧州の各国に及ぶものである。

このように日本仏教の海外布教は、これを開教とも言われ、これに従事する人々を開教使とも言われた。しかしここで問題は開教と言い、布教と言うそのことであるが、海外開教と言っても、未開の地に布教すると言う意味と、海外にいる同胞に布教すると言う、この二つの意味があるようである。元来海外布教と言うことは、仏教未開の地に仏種を植えると言うことが、本来の意味でありながら、後には海外布教の従たる同胞の布教と言うことが、開教の主となり、それが本来の目的のように考えられ、そのように組織化されて来たことは、これは海外開教の本来の意義を誤まったものと言わねばならない。開教とはあくまでも、仏教の未開地に、新しく仏教を開き布くことであって、海外の同胞に、故国にあった時の仏教を、そのまま持って行って布教し信仰せしむることではない。

この意味に於いて日本仏教が最も早く、海外布教に着手した、中国の開教について述べることとする。尚朝鮮、台湾も早く着手されたが、これらはいずれも日本の領土としての布教であったがためこれを除き、専ら中国のそれに及んで見ることとする。

二　中国開教の目標

一体、日本仏教は中国から朝鮮を経て伝わったものであるが、聖徳太子の仏教興隆によって、その基礎が出来上り、更に入唐僧によって、或は中国からの渡来僧によって、中国仏教が直接日本に弘布され、日本民族の宗教として、深くその根をはびこらせたのであった。日本仏教はあくまでも日本民族の仏教であるところに特色がある。仏教と言っても中国民族には行われない、日本独自の仏教があった。日蓮宗であり、真宗であり、時宗であり、更に広く日本の各宗悉くがそうであった。同じ名であっても、中国の天台宗と日本の天台宗では、その内容を異にする。ここに中国の仏教があり、日本の仏教があるのである。日本仏教は、中国仏教が日本化した仏教であった。

今この日本化した日本の仏教が、徳川三百年の鎖国の門が開かれると共に、先ず最初に、隣国である中国に手をさし伸べて、仏教によって握手すると共に、仏教文化伝来の恩返しとして、仏教の衰微している中国各地に、日本仏教を流伝せしめんとしたのであった。而してその先発を承ったのが、東本願寺であり、その布教使小栗栖香頂であった。

一八七三年(明治六)六月、香頂は上海を経て北京に入った。ここに在ること凡そ一ヵ年、その間竜泉寺本然の許にあって北京語を学び、雍和宮においてラマ教を研究し、更に七四年には文殊の浄土五台山に参詣している。が残念なことに一ヵ年余りで、病気のために帰国せねばならなかった。日本に静養して、再び雄志を抱いて上海の地を踏んだのは七六年七月のことであった。かくして彼は上海に東本願寺別院を創設して、いよいよ本格的に、中国の開教に乗り出だすのであった。

さて小栗栖香頂の中国布教の意図について、第一回の時と第二回の時とでは、多少その目的が違っているようである。彼が北京で作成した「北京護法論」は、まさしく最初の彼の理想目的を述べたものである。この「護法論」は本然に呈上されたもので、この書の初めに、本然上人に呈するの書が掲げられている。これに彼が北京に来た目的を述べて、一は北京音を知ること、二は北京語を学ぶこと、三は名僧碩学に接すること、四は護法の大策を問うこと、と言っている。

この内北京音を以て浄土三部経・法華経其他多くの経典に仮名付けし、北京語も亦本然に従って学んだが、病の為に、名僧碩学を訪い、護法の大策を論ずることが出来なかったので、「護法論」一巻十七章を著して、これを本然に呈し、他の名僧碩学の共鳴を得んとせられたのであった。それでは護法の大策とは何のことであろうか。

彼が中国に赴いたその目的は、仏教国であるインド中国日本が互に手を握って、愈々仏教を興隆し、西欧からの異教キリストに対抗せんとしたものであった。外敵を防ぐには、内を先ず強固にせねばならないことは当然で、このために仏教内部の改革案十三ヵ条を述べたのが、「護法論」第十七章の護法策である。前十六章は日本の各宗の歴史と教義の紹介である。

護法策の詳細な説明は略するが、改革の要は、不勉強で論語や孟子も知らない者、仏書にも通じていない者、公然と肉食妻帯している者、不邪淫戒を犯すもの、これらは皆還俗せしめよ。京師に僧長を、各省には副長を、各寺には寺主を置いて、各々僧徒の取締りを厳重にせよ。近頃の大寺は念経を商売にして居り、小寺は農作を主となし、或は房を貸して房銭を取り、廟を売買して、私利を貪って、学をする人なし。不立文字を理由にして勉学せず、自分の郷貫姓名すらも書けない僧尼がいること、又何をか言わんやである。

そこで京師の大学林、各省の中学林、各県の小学林を建て、ここに僧を入れて外典書を学ばせよ、しかも儒教、道教、仏教は共に兄弟であるから、互に三教協力し外邪を防がねばならぬ。日本、支那、印度、又同胞にして兄弟であるから、互に来往して相助けて仏法を盛んならしめよ。高僧伝を選んで僧尼の勧善懲悪に力めよ。海外に遊んで、互に交友し、仏教を世界に宣布せよ云々、と言うのである。

彼れ香頂の護法の情熱は、キリスト教の侵入に抗して、印度と中国と日本が、しっかりと手を握ろうと言うにあった。ただに消極的な護法策ではなく、積極的に遠く海外に出でて、仏教を世界に光被せしめんとするにあったのである。このことを当時の中国の諸大徳に計って、共に大運動を展開せんとする大雄図であったようであったが、彼の病気と、この大策に直ちに共鳴する人のなかったことが、彼の帰国を余儀なくした一原因でもあったようである。

しかし彼の雄図は決して、こんなことで挫折するものではなかった。日本に静養中に、中国布教者のための一案内書として、「喇嘛教沿革史」と漢文の「真宗要旨」を著して、一八七六年（明治九）に再び上海に渡った。しかもこの雄図は、単なる一香頂だけではなく、東本願寺当局の意志であり、いな日本仏教の代表者の意図でもあったのである。

当時本願寺当局は、石川舜台であったが、本山の教育准大録事の要職にある谷了然を共に中国に出張せしめ、開教万端の主務を司らしめている。この時、谷と小栗栖と、更に河崎顕成、倉谷哲僧、崖辺賢超、日野順証の都合六人であったが、出発に当って厳如法主は親しく彼等に会い激励の言葉と共に、それぞれに名号や和歌法語を与えて、その壮図を送った。谷に与えた「即我善親友」の五字は、友国に対して本願寺の意図を示したものであり、香頂に与えた和歌の「日の本の光とともに我が法の、教くまなくかがやかせかし」とは、日本仏教の宣教を励ましたものとして意義が深い。

しかし端的にそれをよく示しているものは、一同に

与えた法主の言葉である。即ち

今般弘教のため、支那国に出張せしむることは、未曽有の大事業にして、殊に諸宗に先ち吾真宗に於て海外布教の着手に及ぶこと、実に一宗の面目これに過ぎず。祖師及び歴代に対し本懐余りあることなり。古えの高僧、教法伝習のため、入唐せられしことは、ただ二三人のみならざることなれども、此度び法運隆盛の時に際し、布教の為に支那に赴くことは、更に格別のことなれば、「弥択其善者」の金言を奉じ、幾層の注意勉強を致すよう。若し覆敗をとるに至っては、ただに一宗の大患のみならず、併せて国家の大患を生ずることなれば、決して軽卒の気動などこれなきよう、一宗の正意をよく相守り、品行端正にして、ますます祖徳を光輝し、奮迅勉励、以て余が本懐を達せしめよ。

とあるのは、その間の消息をよくあらわしているものと言うことが出来る。まことに日本仏教の代表としての言である。

このようにして東本願寺はあくまでも、日本仏教の代表として中国開教に乗りいだしたのであったが、それは日本仏教の宣布であり、東本願寺であるから親鸞の教であった、真宗の教を中国に弘めんとするのが、その目的であったのである。九年九月天台山に登って天台大師の墓前にぬかづいて、大師に表白を奉った、小栗栖香頂の奉白文を見ると、香頂がいかに遠大な理想を持ち、宗教的情熱を燃やしていたかを知ることが出来よう。云く

一、香頂真宗を支那に開かんと欲す。伏乞う。之を許せ。

二、香頂真宗の教意を漢文にて綴らんと欲す。伏乞う、章安の如き文筆を賜え。

三、香頂支那語に通じ、支那人に布教せんと欲す。伏乞う之れを冥祐せよ。

四、支那帝、支那百官、真宗の開宗を許さんことを方便せよ。

五、支那各省に遍く真宗を開かしめよ。（中略）

十三、支那各宗の僧侶をして真宗に帰せしめよ。
十四、支那人民をして他力安心を得せしめよ、と。

さてこの表白文を見て、彼が親鸞教を中国全土に弘めんとする一大決心を以て墓前に加護を乞うたことを知る。彼は第一回の渡支に当って、中国の大徳と共に仏教改革に乗りだし、三国共に提携して外教を防ぎ、仏教興隆に力を尽そうとしたが、共鳴者少なくして、専ら中国全土の仏教興隆の悲願を打ち立てたのであった。彼の願はあくまでも、中国の人々に親鸞の念仏を弘むることであった。仏教の逆輸入であり、中国に対して恩返しのつもりであった。それには支那語に通ずること、支那語で説教をすることであった。

本願寺が明治九年八月、上海別院を開創したことも日本人居留民のためではなく、中国開教の拠点とするためであった。そのことは谷輪番の上海別院入仏式の報告書に、清人即ち中国人の参詣満堂と言い、香頂が南京語を以て説教したと言い、今後は在勤留学生に、中国語の説教を、更に中国人任釣渓を教師として、語学を皆に学ばしめると共に、彼にも中国人の説教をさせていることに於いて、これを知ることが出来る。又開教には先ず人物であるとし、その人物養成の為に、上海別院内に人物養成の学校を開設し、日本から若い春秋に富む青年僧を留学生として送り、ここに中国語及び仏教一般を研究させ、別院の説教には、彼等留学生をして、中国語で説教をさせることとした。この学校は江蘇教校と呼ばれ、早くも谷了然が上海に到着して間もない一八七六年（明治九）七月十六日のことで、勿論別院も未だ開かれていないから、領事館の一隅を教場に借りて、ここで語学を教えたのが、その最初であった。

江蘇教校は別院が出来るとここに移ったが、最初の留学生は、明治九年八月三日付で、白尾義天、遠藤秀言、いずれも十九歳の青年僧で、以下都合六名、彼等は厳格な日課表の下で訓練せしめられた。指導は小栗栖香頂等であったが、新たに楠潜竜が派遣されて、教校の完備を期している。

このようにして上海別院は全く中国開教のための一大拠点であって、後世の開教布教が、居留民対象によるる、仏教的慰問と言ったようなものでは、決してなかったと言うことに注意しなければならない。あくまでもその目的は、中国の人々に弥陀の本願を知らしめ、念仏生活に入らしめようとする熱情であったのである。別院創立の厳如の御消息に

この度び大日本真宗東派本願寺の別院を開設する所詮は、十方衆生と誓いたまいし弥陀如来の本願にまかせて、有縁の人々に他力易行の念仏を修せしめんに、四海の内外を論ぜず、種族の親疎をいわず、(中略) 又支那国はただに仏法相応の地なるのみにあらず、唐の善導大師専ら弥陀の本願によりて、真宗を興行し給いしこと、人皆知るところなれば、支那の人民には、最も有縁の要法なれば、相すすめて本願に帰せしめ、同朋同行の交りを結ぶに於いては、人として兄弟の親しみにあらざるはなく、所として故郷の思ならざるはなし (下略)

とあることも亦、中国に於ける別院開設の目的を知ることが出来るであろう。

三　教校学堂の発展

中国開教のための人材養成所は、以上のように上海別院創設と共に設けられ、続々と留学生を送って、これに学ばせたが、後色々の事情で振わず、日清戦役以後を俟って、再び活動が開始された。それは一八九八年(明治三一)八月、本願寺の慧日院大谷勝信連枝、能成院大谷瑩誠連枝の中国開教の途についたことによる。この画期的とも言うべき、中国開教の計画は、時の本山当局石川舜台の手になるものであった。

憶うに石川舜台の中国開教は、今に始まったものではなく、既に一八七六年(明治九)の中国開教は、彼のプランになるものであり、しかもそのプランは、単に中国だけではなく、弘く全世界に仏教を光被せしめんとするにあったのである。その意志がそのまま小栗栖香頂の行動となって現れた。香頂の著した「喇嘛教沿

革史」の石川舜台の序を見ると、この書が開教者の準備書であること、真宗を上海から天津、北京、盛京から吉林に、更に北は西比利亜に及び、それから一路西に向い、西蔵を化し、ヒマラヤ山を越えて南のインドに出でて、仏教の本源に真宗を弘め、更に欧米諸州に及ぼさん、とあること、このことは香頂の気宇でもあり、又本願寺開教の目的でもあったことは、上に述べたところである。

このことは日本仏教の海外布教と言うことが、あくまでも真理を全人類に及ぼして、人類の幸福に資せんとするものであって、帝国主義的な、植民地政策の一翼をを背負ったような、政治的な意味は、少しもなかったことを銘記すると共に、開教がその地の民族に、新たに布教することが目的であって、後世のように居留民目的の布教ではなかったのである。

この目的の為に上海に江蘇教校が設けられ、毎日午後二時別院に於いて、南京語による説教が行われ、毎日四五十名の中国人の参拝者を見ると言う効果をあげたが、更にこの教校は清国の主都北京に開設され、法源寺の一隅を教場として、留学生五人が、これに充った。と共に北京留学生で舎長の菊地秀言は、本山より直隷省布教掛に任ぜられて、大いに活躍するところがあった。

この二つの教校に次いで開設されたのは各地の日文学堂であった。杭州日文学堂は一八九八年（明治三一）十一月に、蘇州東文学堂は九九年（明治三二）五月に、金陵東文学堂は同年の六月に、福建省泉州の彰化学堂は一九〇一年（明治三四）に設立された。これはいずれも一時中止状態にあった中国開教を、再度の大活動を期して乗り出した、両連枝の派遣によって出来上ったもので、中国人対象の仏教的な学校であったのである。

この学堂と共に各地に布教場を設けて活躍したことも又目覚しいものがあった。南方の福建省だけでも、履門、泉州、璋州を初めとし、全省に二十七カ所の教堂が設けられたと言われる。（神田恵雲師「履門教堂沿革」）

一体両連枝の開教と言うことは、東本願寺の並々ならぬ大決心を示すものであり、世界仏教への一大理想に向って、勇猛邁進せんとする意気を示したもので、慧日院は上海蘇州杭州南京から北京に進んで開教し、能浄院は、福州履門を中心として、台湾開教を分担した。しかも当時この事の直接の責任者である本山の教学部長は、嘗て中国開教の最初の上海別院輪番谷了然であったから、その意気や思うべしである。

彼れ谷は教学部長の重責と共に、開教事務局長を兼務し、自ら三度び上海に渡って、開教全般の指揮を取ったのであった。滞在僅か二ヵ月余であったが、この間にあって彼の活動は実に八面六肇、疾風迅雷の活動をなした。北京に在って土地を購入して開教拠点を作らんと計り、杭州、蘇州、南京にはそれぞれ役員留学生を派遣して、日文学堂を開設し、更に福建台湾にも開教の基礎を置き、更に遠く西蔵へも手を伸ばそうとした。

それは彼の計画通り、本山から清国布教監督と言う職名に於いて、沼僧淳が、留学生十二名を連れて来たが、その部署は沼布教監督は学生四名と共に杭州に、北方蒙は学生四人をつれて南京に、松林孝純は学生二人と共に蘇州に、更に能海寛は西蔵へと決められた。しかしこの内の能海寛の西蔵行は、途中四川省からの入蔵中、遂に消息を絶ってしまった。開教の尊い犠牲であった。

一八九九年（明治三二）三月に、上海別院内に清国開教本部を設け、四月には慧日院は清国主教の辞令を受け、ここに開教本部が組織された。当時の〝開教本部章程〃を見ると、

第一項　清国開教本部

清国主教	大谷勝信
主教附	井沢勝什
同	福永茂三郎
侍講	後藤葆真
同	伊藤賢道
清国開教監督	沼　僧淳

南京　金陵東文学堂　北方蒙
杭州　日文学堂　松ケ江賢哲
蘇州　日文学堂　松林孝純
　　　　　　　　藤分見慶

二項（略）
三項　明治参拾弐季度拡張案
一、天津等ノ十六ヵ所ニ寺院又ハ学堂ヲ設ル事
一、天津ニ大地所ヲ購取スルコト
一、南京杭州漢口天津ニ地所購求ノコト
一、南京杭州蘇州ニ堂宇建築ノコト
一、北京南京ニ生徒十名宛ヲ増加スルコト
一、明治卅二年度開教予定地
天津、牛荘、蘇州、寧波、福州、履門、広東、上海城内、以上教導ニ教用ヲ兼ヌ
楊州　以下先ヅ学堂ヲ設ケ教育ヲ主トシテ兼テノ見込
鎮江、蕪湖、安慶、九江、武穴、武昌、漢口

これによって清国開教の実際を知ることが出来るであろうが、兎に角、再度の開教の意気込を知る資料である。

このようにして出来た日文学堂及び開教の成果はどうであったか、杭州の学堂は開校当初から五十六七名の学生が集り、年齢も十五六歳より四十歳位のもので中には挙人の試験に及第した人もいたと言う。金陵学堂もかの有名な仏教学者楊文会との関係も深く、留学生一柳知成との真宗教義に於ける問答往復など、開教史を飾る一頁である。

尚この学堂で学んだ彼の地の人々は、いずれも多かれ少なかれ、仏教との関係を深め、本願寺との因縁を結び、両国人の密なる提携と、親善の役を果したようであった。又各地に於ける開教は、中国人の信者を得ると共に、中国人にして真宗の僧侶として活躍する人々も出て来たようで、中国開教の目的は着々と実を結んで行ったようであった。

四　中国における布教権の問題

上来述べたように、日本仏教の中国布教と言うことは、あくまでも中国全土に真実の仏教を弘めんとするものであり、更にここより全世界に及ぼさんとの大理想の下に始められたものであったが、それではその結果はどうであったか、どれだけ多くの親鸞教徒が出たか、信仰生活の上に、日本仏教の布教の効果がどのように顕われたか、と言うことを考えると、ここに一つの大きな壁に突当らざるを得ない。徹底した中国人への布教は、中国に於ける布教権の問題に大いに関連して来たのであった。布教権とは一体何か。

布教権とは外国人がその国に、己れの宗教を自由に布教する権利を、法律的に認められ、保障されていることである。西欧のキリスト教の宣教師は、既に早くより布教権を獲得して、中国内に自由に布教し、身分の保障も認められていたにも関らず、日本仏教の場合にあっては、同じ仏教と言う立場を取って、こと更に布教権云々の要なしとし、ただ黙すると云うことで、公的には最後迄布教権はなかったのであった。従って実際上の問題として、中国人に対して、徹底した布教をすることが出来ず、単に在留邦人に対する布教と云うことに終らざるを得なかった訳で、この点日本仏教の海外布教、特に中国開教と言うことは、甚だ竜頭蛇尾に終ったと言わざるを得ない。

彼の東本願寺の大壮図、小栗栖香頂の実際活動も、後に於いて、この布教権の問題にはばまれて、そのまま挫折せざるを得なかったことは、返す返すも遺憾であったと言わねばならぬ。

しかもこの布教権確立の問題の出て来たのは、既に一八八一年（明治一四）のことで、当時北京に在って直隷省布教主務の職にあった菊地秀言がこの問題に奔走し、わざわざ帰国して岩倉具視、井上馨などに会って賛成を得たが、明文として実現しなかった。

後に一八九六年（明治二九）、日清戦役後の馬関会議に、伊藤博文、陸奥宗光等によって、強く日本仏教の布教権確立を提出したが、これ又その目的を達することが出来なかった。後一九〇四年（明治三七）に北京支那公使内田康哉によって、清国と交渉し、列国のキリスト教布教権と同じように、日本にも布教権を与えよと、強く交渉したが、これ亦所期の目的を達することが出来なかった。その間本願寺側としても、色々と運動を展開したようであった。

この問題の最後の強硬策とも言うべきものは、かの一九一五年（大正四）の廿一カ条条約であるが、これに布教権を加えてあったが、後にはこの問題を除いて、他日協議すると云うこととなって、遂に日支事変となり、大陸に侵攻すると言う不祥事件が起った際も、敗戦の最後まで、この問題はそのままで、あくまでも法律的明文とはならなかった。

それでは一体なぜ清国は、諸外国にキリスト教の布教権を許しながら、日本にだけ仏教の布教権を認めなかったのか。詳細な説明は略するが、要は西欧諸外国の政治的な布教権には、全くこりごりであったのである。この厄介な布教権を、又日本に許せば、一体どんな面倒な不利なことが起るかも知れない、と言うことにあったようである。日本仏教の布教を、諸外国の場合と同じ、政治的な意味に受取っていたところに、この問題の難点があったようである。

このことは、日本政府が上記の交渉に於いて、その意図が那辺に存したかは、これを知るよしもないが、日本仏教にあっては、上来述べて来たように、あくまでも四海皆兄弟として、平等の立場に於いて、等しく慈光を蒙らんとする、仏の大慈悲心に外ならない。仏の光には国境もなく、黒白の人種的差別もない。互に手を握り合って、平和な理想境を建設せんとするに在ったのである。それが東本願寺の中国布教の大理想であったのである。それにも関らず、当初杭州、紹興、寧波に在る中国僧及び、その寺院四十カ寺が、本願寺に帰属したいと言う問題が出て来るような、布教の理想達成の一歩に近づいたと思うや、布教権の問題に突当って、このことも遂に実現に至らなかったことは、頗る遺憾と言わねばならない。勿論この問題は単に本願寺転派と言う、信仰上の問題よりも、中国仏教界に於ける仏教圧迫を免れんとする、仏教排斥に対しこの避難所的なものが多かったところに、多くの問題があったようである。

四　結　語

尚、西本願寺に於けるハワイ、アメリカの開教について述べ、更に日本仏教全体に及ぶつもりであったが紙数の関係で略する。ハワイ、アメリカの布教の初めは、在留邦人の要請によって行われたものであったから、中国開教の場合と異って、初めから居留民が中心であったようであるが、その目的はいずれもその土地に、その地の人々に、未開の地に仏種を植えんとするのが開教の目的であったのであった。

日本の近代仏教が、あらゆる点に於いて前進し展開して、徳川三百年の夢を破ったが、更に眼を広く世界に向け、海外布教に乗り出だしたのは、日本仏教の一大進展であった。しかしそれはあくまでも仏の慈光をあらゆる人々に蒙らせんとする、世界史的な意味があったのであることを、銘記せねばならぬ。この小論は開教の歴史を述べたのではなく、この意味を述べたのである。

尚、この小論は「東本願寺上海開教六十年史」によったとを記した。感謝の意を表する。

無我苑と一灯園の運動

壬生照順

一　伊藤証信と無我愛の運動

伊藤証信は一八七六年（明治九）に三重県桑名の郊外坂井の農家に生れ、十四歳のとき真宗僧侶となり、真宗大学に学び、二十九歳（明治三七）のとき無我愛の自覚に入ったと云っている。(1)

所謂「無我の愛」の運動を創立したのは一九〇五年（明治三八）六月のことで、同月十日附の「確信」と題する宣言を発表している。

それによると「無我の愛」とは「絶対の真理なるが故にこれを信ずるなり」といって、その内容を次の如く説明しておる。

「夫れ宇宙の真相は無我の愛なり。宇宙を組織せる一々の個体は、その真相に於て無我愛の活動なり。即ち一個体が自己の運命を全く他の愛に任せ、同時に、全力を献げて、他を愛する、これを無我愛の活動といふ」「吾人は久しく宇宙と自己との真相を覚らず、猥りに我執と憎悪とをもって自ら煩悩し来りき、而して今や則ち廓然大悟、竟に絶対的平安の圦を得たり」(2)といって自らの態度を示した。

元来、伊藤は親鸞の教義を学んだのであるが、時代思潮にも敏感であって、新聞小説をよんで父に叱られ、青年期の精神的動揺を経て哲学の研究に進んだ。「無我の愛」の自覚にいたる直接の動機は、真宗大学研究科に在学していた時（明治三七年八月）父の病気で三重の郷里に帰省中、トルストイの「我が懺悔」「我が宗教」を愛読したことで、トルストイの無抵抗主義、絶対利他主義の思想に影響され「小我発展を根本としておった」利己・我執・我慢の我れが破られ、真のわれ即ち「宇宙の中心たる意識点はその本性において無限の愛の源泉である」ことがわかった。(3)

この年代を顧るに、一九〇四年は、二月に日露戦争がぼっ発し、国をあげて戦争の悪夢の中に突入しようとしていた時であった。

宗教界も亦動揺しており、同年五月には各宗教合同大会を開いて、神仏基三教の共同宣言を発した。この戦争は「日本帝国の安全と東洋平和を図り、世界の文明、人道の為に起れるもの」で宗教家は信仰の相異を越えて「交戦の真相」を宇内に表明せねばならぬと大いに戦争協力の弁を吐いた。(4)

一方、これと反対に戦争批判のために起ったのは幸徳秋水、堺利彦、石川三四郎等の社会主義者と内村鑑三、安部磯雄の如き熱烈なキリスト教信者であった。その中に純粋なキリスト信者の非戦論者とトルストイ的キリスト教徒としての相違があったが、共に反戦の為の共同戦線を布いた。トルストイの日露戦争観は、「平民新聞」や「読売」の河上肇の「社会主義評論」にもとり上げられ、わが国識者間の反響は大きかった。(5)

伊藤がトルストイの思想に影響されていたことは事実で、同時代の徳富蘆花、西田天香、武者小路実篤なども同じであった。

当時まだ三十歳になったばかりの伊藤の提唱したこの運動が、なぜこんなに急速な発展を見たかといえば、それは伊藤の時代感覚の鋭さと行動性が魅力であったと云えよう。「無我愛」運動の初期の同朋であり後にはマルキシズムの理論家としてその生涯を終えた河上肇が伊藤を訪れたときの所感がこれを物語っている。

河上は一八九八年（明治三一）東京に出て東京帝国大

学法科に学んだ。勉学の傍、道を求めて当時の思想界を風びしていた木下尚江・内村鑑三・安部磯雄・幸徳秋水等の演説をきいて歩いた。特に木下・内村の両キリスト教社会主義者の演説には感銘して、大学教授の講義よりもはるかに大きい影響をうけたといっている。これらの人々の感化でバイブルをよみ、社会主義思想に関心を深め、当時大問題だった足尾鉱毒地の罹災民救済には衣類を残らず供出するなどのはげしい行動となった、そしてトルストイの「我が宗教」を読むに到り(一九〇五年)、「遂に当時の職を抛つの意を決するに至り」「十一月二十八日は余が講壇に立ちし最後の記念日たるに至りしなり」[6]との決心にまで達した。

河上の前に、伊藤証信が現われたのはこの時であった。伊藤の発行した「無我愛」誌をよんだ河上は「現代の日本人の中にもトルストイと同じような方向に進みつつある人間のあることを知り、殆ど決定的と云っても可いほどの影響をうけた」[7]といっている。

河上は当時既に新進評論家として読売新聞紙上に「社会主義評論」を連載していた。しかしその純粋な社会正義観と「絶対的非利己主義」の信念は伊藤の「全力を献げて他を愛するの主義」の実行に執われた。しかし河上がこの種の宗教運動に疑問をもっていたのは彼等の非実行性であった。然るに「無我愛」誌による と苑の生活は清貧に甘んじており、伊藤等の行動は身をもって無我愛を実現するが如くであったのでとび込んだのであった。[8]河上は「彼はすでに真宗大学を卒えて研究科に籍をおいた人であるに係らず、僧位を返上して真宗僧侶としての一切の利益、生活上の便宜をなげ棄て、久しく乞食の巣になっていたという東京郊外の巣鴨大日堂にたてこもり味噌をなめて生活」[9]しておるその態度の真剣さに打たれた。特にその雑誌十号(脱宗号)の伊藤の決意には感動した。

ところが、一度無我苑入りをした河上は、伊藤を主とする同朋(同志)の態度が彼の予想と可成り隔たりのあることを知った。河上はトインビーに倣って何等かの貧民救済事業を意図したのに、苑は「真理の自覚」

という伝道を主としており、河上の社会的積極的なのに対して伊藤の個人的内観的な点は不満であり、無我苑より独立して新たな伝道を始めようとしたほどである。河上は約六十日間同朋として在苑したが、遂に所見を異にしてここを去った。苑は河上の去った後雑誌を廃刊にし、一九〇六年（明治三九）二月には閉鎖した。その原因は河上の批判などが有力な動機となっておることは事実であり、伊藤も亦社会的反響の大きいのに反して自己の未熟さが反省され「一時閉鎖」とすることに決めたのである。(10)

伊藤はその後山口県下に行き、一九一〇年（明治四三）には再び東京に出て「わが生活」誌を発行した。この頃社会主義運動に関心を示して、大杉栄、堺利彦石川三四郎等とも交わり、社会主義及び無政府主義と宗教についての研究もした。(11)

一九一〇年の五月は支配権力が最高度の暴威をふるったときである

この四年前（一九〇六年）に「日本社会党」が結成され、翌一九〇七年には、日刊「平民新聞」が発行され労働者と進歩的知識人の結合が深まった。また幸徳秋水のサンジカリズムの直接行動派と片山潜らの議会主義派の対立論争がはげしく行われており、政府の弾圧に抗し得ず、一九〇八年二月には遂に党の結社も禁止され、続いて平民新聞も廃刊のやむなきにいたった。そして、いわゆる「大逆事件」のでっちあげが一九一〇年五月にされた。幸徳をはじめ、主要な社会主義者を一斉に逮捕し、幸徳が首謀者で天皇暗殺をたくらんでいたとの当局の謀略に引きかけられ、幸徳ら二十四人の死刑は宣告された。この事件に対して、識者の間ではは げしい憤りがあった。若き詩人石川啄木が社会主義に傾いたのもこの事件の真相に憤ったことが動機であり、国粋思想家三宅雪嶺が幸徳の「基督抹殺論」に序文をよせ、幸徳らの罪の無実を暗示したのもそれであった。(12)

幸徳、堺、大杉等と交友をつづけていた伊藤もこの事件の真相を知って、「わが生活」誌上にこの事件の

同情的記事を書いた。これは当局にとがめられ発売禁止の処分をうけ、伊藤は拘禁されることとなった。(13)

このように、伊藤の無我愛の実践はその初期においては、絶えず時代の進歩思想ともタッチし、社会正義の味方であった。それは彼の信念である「我々は周囲の刺激をうくれば受くる程、益々多く自己の性能が発揮せられ、自己の性能が発輝せらるればせらるる程よく愛の活動が出来る」という立場からであった。(14)

しかし、大正時代に入って彼の思想は変化した。一九一四年(大正三)八月には第一次世界大戦がぼっぱつし、日本は勝利した交戦国の利益と中立国の利益をあわせ得て日本資本主義は空前絶後の躍進をとげた。それだけに、工場労働者は戦前(一九一三年)に倍加し、鉱山もふえ、近代プロレタリアートの中核が形成された。農村も大地主が激増し、小地主、自作の土地を手放すものが多くなり、貧農小農は農業からはなれてプロレタリアに転落した。一九一七年(大正六年、ロシア革命の年)には労働者、農民の生活のためストライキがふえ、幸徳事件以来ひっそくしていた社会運動も活動を回復しはじめ、一九一九年(大正八)は画期的な発展の年であった。伊藤はこれに刺激され社会問題への関心を深め雑誌の名称を「精神運動」と改めた。その第一号の「宣言」(一九二〇年一月一日)には「世界改造の大業は人間精神の改造を以て主眼とし」「労働運動その他の運動を信念の開発の経路とし」「労働・資本・智力・体力は天地公有の霊宝にして一部の私物化を許さず」「仏基神、政治、実業の固陋なる形骸を打破し」「その中に流動せる無我愛の精神を以て世界改造の大業に参加せん」ことを主張している。(15)「世界改造」に「精神運動」をもって対処せんとするところに、かって河上が批判した伊藤の観念性がある。

このような「無我愛の実践」(精神運動)は伊藤の鋭敏な感覚によって時代の動向にふれて行くが、具体的な社会運動にまで発展せず、心の運動にとどまり、階級闘争を骨抜きにする協調主義又はトルストイ的無抵抗主義になり、資本主義社会を利する結果となった。

ことに一九二九年（昭和四）頃から「社会改造から国家理想の闡明に進み」現在の「無我苑」（愛知県明治村西端）を建立してから「所属国家を母胎として、わが全力を君国に献げてその安泰と興隆とに奉仕せん」[16]と全く右翼国家主義団体と同じような主張をし、一九三一年に起った日本帝国主義の中国東北侵略（満州事変）に対しても批判せず、むしろこれに協力しており、[17]奉天省、建国大学などの招きで数回の講座（真正仏教学）を開いておる。同じ時代に、同じ首題「無我愛の実践」を唱えた妹尾義郎を中心とする「新興仏教青年同盟」（一九三一年—三七年）が「帝国主義戦争反対」を唱え治安維持法違反に問われたのと対蹠的である。[18]伊藤の「無我愛」は河上肇が批判したように、資本主義も帝国主義も「畢竟一切の活動はみなそのままで無我愛の活動なのである」[19]との玉石混こう理論の発展にすぎないのであろうか。「原水爆弾に打たれて死んだり、大風大雨に流されて破産したり、その他どのやうな不運に襲われても、わが真生命たる意識主体の修行にはよい機縁となり、よい方便となり無駄なことは一つもないのだから、この点においてはお互に喜び祝い感謝するより外はないのです」[20]との伊藤のことばに至っては「人類滅亡もよい機縁」と感謝する以外の何ものでもない。まさに人道と平和を否定する論理といわざるを得ない。

註

(1)・(2)・(17)・(19)　雑誌「無我愛」二三号　昭和三二・八・一〇

(3)・(14)・(15)・(17)　無我苑発行　敬白文集

(4)　宗教的民族主義の系譜（中濃氏論文）

(5)・(6)・(7)・(9)・(18)　河上肇著「思い出」

(10)　伊藤証信著「河上肇博士と宗教」

(5)・(8)　千山万水楼主人著「社会主義評論」　同著は河上肇のペンネームで「読売新聞」紙に書いた評論集、明治三九年一月三〇日附の出版。河上の無我苑に対する卒直な共鳴と批判がのべられている。特に「附録」「無我愛之真理」は参考になる。同著四六頁—五〇頁にトルストイの非戦論と平民社同人の反戦の立場が紹介され、ト翁より安部磯雄氏宛の書簡も出ておる。ト翁は「戦争の罪悪に反対しておる日本の理性的、道徳的及び宗教的人士の確証を得たるは深く喜ぶところなり」とのべ、社会主義に対してはその見解の異る点を強調している。「社会主義は人間性情の最も賤しき部分の満足（物質的幸福）を以て目的となす」と云い、精神的即ち道徳的な幸福を主位において、むしろ社会主義の否定をしておる。

(11)「脱宗号」は「無我の愛」十号、全文赤インクで、既成仏教を攻撃しておる。その反響は大きく、真宗大学では東本願寺の圧迫により同誌の購読を禁じ、無我苑に出入を禁じた。河上の感動もこの点が主であつた。網島梁川・幸徳秋水・堺利彦等からも反響があった。（無我愛の真理、大正十年版一七頁―二〇頁）

(12) 井上清氏「解放運動史」（解放のいしずえ）

(13) いわゆる「大逆事件」に対する伊藤の関心は強かった。内山愚堂ら僧侶三名の連坐もあり、堺、幸徳らとの交友も深かった（明治仏教、昭和八、伊藤の回顧録）。千葉耕堂氏の報告によると、当局の暗黒裁判に対して伊藤の態度は「同情ではなく又批判的でもなく、一切の事柄は絶対価値ありと見る」との無我愛的見解であったと報告しておる。

伊藤はこの時代にリーブクネヒトの写真などの秘密文書を堺から頼まれて保管しておった。また、伊藤は大正十三年九月一日の関東大震火災の時、「朝鮮人虐殺事件」にあたり、朝鮮人韓晛相外一人を助けた（千葉氏報告）

社会主義者に対する伊藤の態度はきわめて同情的であったと推察される。しかし思想的には交友関係の堺・幸徳の立場とは違っており、トルストイの立場に近いものであった。堺・幸徳・大杉等は宗教を否定していた。堺は「宗教は私事なり」の立場で「基督教徒にせよ、仏教徒にせよ社会主義を信ずる者は悉く社会主義者である」といっておった。幸徳は「基督抹殺論」を書いたが、日蓮に対しては「最も崇拝する一人」であるとして、その権力への闘いを讃美していた。大杉栄は始めキリスト教を信じていたが、日露戦争のとき「海老名弾正その他の宗教家の態度に裏切られ、宗教の本質の無抵抗主義に疑をもち純然たる社会主義にはいった」（森戸辰男著「日本におけるキリスト教と社会主義運動」一一五頁―一二六頁）

(17) 伊藤証信著「無我愛の哲学」

(18) 中濃・壬生共著「信仰者の抵抗」

特に千葉耕堂氏には貴重な参考資料を提供された。感謝したい。

二　天香の思想の一灯園の成立

一九二一年（大正一〇）から翌年にかけて八一版をかさね、多くの読者を魅了した西田天香の「懺悔の生活」は、彼の「托鉢（奉仕）行」を語り、一灯園の生活にふれた自叙伝風の読物である。

彼の今日までの生涯を見ると、くしくも日清、日露両戦争をそれぞれ前後の境として大きな変化が起っていることがわかる。しかし、これはくしくもというべきではなく、こうした国内外の大事件を惹起した社会情勢が正義感の強い西田を動かさずにおかなかったというほうが正確な表現であるといわねばならない。

西田天香は一八七二年（明治五）二月一〇日に滋賀県長浜町の紙問屋の伜として生れたが、この年の一一月には絶対主義天皇制強化の手段として武力統制のために徴兵令が発令されていること、これによる負担の増大と恐怖感とによる徴兵反対の農民一揆が各所に勃発する時期であることに注意する必要がある。

こうした社会のふんいきは、紙問屋に育った天香の幼な心に、いろいろの影響をあたえずにはおかなかった。

天香が一八歳になった一八八九年（明治二二）、すなわち教育勅語が発布される前年、彼は青年会の幹事長として、権力者と直接ぶつからねばならない事件に遭遇した。この事件は、後年の天香を育てる一つのけいきをなしている。彼の記述によれば「わたくしが十八歳のことでありました。郡の分合問題で知事に談判せねばならぬ事件が起り、このため町民の代表者、確か二三十人のものが大津の県庁へ詰掛けました。青年会幹事長てな肩書でお先に使われ、黄色な口で当時の知事さんの大越亨といふ人に何か言ったのです。[1]」ここには、絶対主義天皇制確立の矛盾が地方に反映したことと、それに対する天香の正義感とがうかがえるが、こののち、彼は大越亨と親しみ、大越の崇敬していた二宮尊徳の報徳記一冊を懐ろにして、一八九二年（明治二五）北海道の開拓に移住することとなる。ここから天香の民衆性と権力への妥協性がハッキリと見られるようになる。彼をして当時の心境を語らせるならば「わたくしが二十一歳の時でありました。当時北海道へ荒蕪地の開拓にいけば兵隊にならなくてもいいといふ掟がありました。正直に申しますと色々な事情が、わたくしが徴兵に応ずると困るやうになって居りまして忌避したやうにもなります」[2]と。この天香北海道移住は、内村鑑三の不敬事件のあった年、大津事件のあった年の翌年であり、二年後には日清戦争の勃発を見るにいたる年である。

この頃は、日本資本主義は恐慌の様相をしめし、小作争議は全国各地で頻発している。

こうした時期に勤勉、節約、分度、推譲の尊徳精神を鏡としての北海道移住は、彼の立場とも関連してつまづきをきたすのは必然である。「処が面倒な問題が起りました。それは小作人と資本側との利害の衝突であります。小作人は私の日夜寝食をともにしている兄弟であります。資本主は謂はばわたしの後援者でありますます。わたしは一面資本主で一面働人であります」[3]という悩みを克服する道はなにか。「手前も立ち両方も立てる良策は、その当時のわたくしには見つからなかった。今日（大正時代―筆者）では労資協調会という様な機関がありますが、その労資協調会が、随分骨を折られても、資本、労働の両方面からの、不満が容易に除かれぬときいています」この行きづまり打解に天香は尊徳のゆずる美徳を重視する。「二宮さんの教えは勤勉、節約、分度、推譲の四徳で組立てられております。前の三徳は曲りなりにもやってみましたが、推譲の徳だけは如何にも実行することが出来ぬ。小作人側と資本主側の利害が絶対に両立しない場合に、わたくしはこの推譲の徳でやらねばならないやうになって来る」[4]ということから天香独特の托鉢、奉仕、懺悔の生活へと導かれる。この生活態後に、他面ではトルストイ思想の影響も加わって。

彼が綱島梁川の一灯録からヒントをえて一灯園を組織するのは一九〇五年（明治三八）で日露戦争が終る年である。

この間、天香は故郷の友人から貰ったトルストイの「我が宗教」に読みふけり、生きるためには死ぬということ、トルストイのいう「生きとし生けるあらゆる人間には、理性の支配を超越した今一つの知識――生活の可能性をあたえる信仰というものが保たれているという事実」を知る。これが尊徳の思想、それにつながる農民意識、働くことへの意義と結びついて「おひかり」に導かれる一灯園の生活が生ずる。

ここには「トルストイは文明とか進歩とかいうブルジョア的観念にたいする批判的懐疑から出発した。『富裕で有閑無為な寄生虫』的な人々の生活に対する彼の反対が決定的になる」[5]ことに共通するものがあり、トルストイの「財産抛棄の主張や、悪にたいする無抵抗や、博愛、禁欲や勤労の説教」[6]が、ツアーリズムへの政治的社会的な批判とむすびついていたこととも類似性をもっている。またトルストイが既成のキリスト教に批判的であったことと、天香が既存の仏教教団に批判、懐疑的であったこととも関連し、トルストイは天香の心を、深くとらえずにはおかなかったのであろう。一灯園が宗教的なふんいきにありながら、いずれの宗教でもないというところには、こうしたことが無関係ではない。「先般の欧州の戦争で千万余りの人の生命と何百年かに築上げた文明を破壊した際、その余波として日本の経済界が未曽有の好況を呈し、その余沢を蒙り、大小成金が簇生しました。其人等はその富を己れの力量と勤勉の報償なるかの如くに誇り、贅を尽してゐられたが、一昨年来の反動して、名状すべからざる財界恐慌を来し、惨めにも算を乱して倒産いたしました」[7]と経済恐慌のもたらす道徳の喪失、人心の退廃にたいする天香の憤慨は一九一四年（大正三）に勃発した第一次欧州大戦に刺激されたものである。ここには資本主義経済がもたらす非人間性への批判が含まれてはいるが、それがトルストイに見られるような協調主義でくもらされてしまう。

日本が国際連盟を脱退したことについて「今度の軍縮会議も超然脱退して、先年の国際連盟脱退と共に日本は何処から何処までも自主的外交となり、所謂追随外交でなくなったのです。またそうした実力もあるらしいし、どうやら日本が一番理想も高く、世界平和を生み出そうとする方法なども、他の国に較べては奥床しく且正しいように思われます」[8]という西田の分析は絶対主義天皇制の侵略的性格を見抜けえなかった彼の限界を物語っているといわねばならない。

これはそのまま「今世界に百千の平和運動があっても、その運動をする各人の生活が生存競争になってゐたのでは、それが国際的戦争の禍根となるのであるから……各自の生活を先つ絶対に生存競争をする必要のない生活に建て替へ(9)」なければならないという主張となり、社会を変革するのではなく、各個人の生活態度に重点がおかれ、空想的社会主義に似た一灯園内での絶対平等、無一物、無所有の共同生活が唯一のものとされる。

「今の時代は根本から変えねばならぬ時かと思う(10)」と現実否定にたちながらも「世界の混雑を整理しようとする組織立った運動に、社会主義、或は共産主義、労働運動、直接行動などがありますが、それはそのまま関係しない。一灯園はそれに反対するのではありません。又賛成するのでもありません。所有して居る者と所有して居らない者との争奪は繰返し繰返し為されるでせう(11)」という考えにとどまるのもそれにつながる。

終戦後、参議院議員となった西田天香が「一言も演説したことなし『なぜか』と聞く人に、自分は『国民総懺悔』の為に出たので、その法案が出ない以上、皆自分の立場とちがうから只比較善にだけ起立する(12)」という無責任な態度をとったのも、思想的根拠は以上のものと同じである。

三、四年前から、ガンヂーイズム、非暴力に興味を深め出した天香もまたこうした共通性による。ここにも、戦時中の戦争責任を鋭く追及するにいたらない一億総懺悔式な懺悔の抽象性がしめされている(13)。

この戦争責任を総バナ式懺悔で抽象することは、彼が一九二五年(大正一四)に満鉄の招へいで満洲に講演旅行をし、一九二七年(昭和二)に金州に灯影荘という開拓農場を作り、日本帝国主義による満洲侵略のスローガンである王道楽土の満洲建設に一役をかつたことへの反省が徹底しないところにも明白にあらわれている。その灯影荘の中心的人物であった山崎寿は、一灯園の生活態度で満人に親まれ、「灯影荘の成績が非常によく、また日満融和上にも効果があるといふところから、この当番の山崎寿に最近、奉天省蓋平県和尚村を模範村として預かってほしいと申込まれ[14]」たり、「奉天省教育庁が産婆役となり、満洲に四個所実験村というものを作ることになった[15]」のに依頼をうけて協力をしたりしている。これは日華事変の頃までに、しだいに権力への迎合を強くしめしてきた西田天香の妥協性にもつながる。彼は日華事変について「今回の事変を進捗しているのは従来曽つて見ざる処である。これを過去の満洲事変に比し、国際連盟離脱の際に較べ、全く今昔の感を深うする。幾度か受けし国民の試錬もさることながら、時代の推移の如何にも甚だしいのに驚かされる[16]」と述懐し、満洲の独立を手伝い、北支の安定を祈って、日本の中国侵略を全面的に支援する態度を持し、一灯園から出征した軍人は、軍隊生活のなかで貯金ができるということについて「軍部に金が沢山要ると申しますが、軍人さんになっても、こういう標準で戦をしますならば三分の一でゆくという目安もたつ[17]」と、大いに誇ってもいる。

　このように分析してくると、一灯園、西田天香の思想と行動は、正しく民衆の抵抗性と権力への妥協性の上に咲く花であるといわねばならない。ただ個人の生活態度の上からだけ見るならば、徹底さもあり、真剣さもあるもので、既成の教団や、政治屋的仏教徒にとっては、正に頂門の一針であることは否定できない。その意味では紙数が許されるならば、もう一段と深い分析をしなければならない存在が一灯園であり、西田天香でもある。

註

(1)・(2)・(3)・(4)　西田天香著「懺悔の生活」

(5)・(6)　「現代思想家と宗教」一条重美稿「トルストイの矛盾」

(7)・(8)・(9)・(10)・(11)　西田天香著「懺悔の生活」

(12)　「光」四五六号

(13) 講座「近代仏教」中濃稿「仏教平和運動の問題」参照。

(14)・(15)・(16)・(17) 福井昌雄著「一灯園と西田天香の生活」

法蔵館編集部の依頼をうけて小論を執筆しかけたのであったが、身辺多忙のため、後半(即ち一灯園に関する部分)は、畏友中濃教篤氏をわずらわせ、その手になるものである。同氏に深甚の謝意を表すると共に、読者諸賢におことわり中上げておく。

創価学会の歴史と教理

——仏教と新宗教——

村上重良

≪仏教と新宗教の緊張関係≫

いわゆる新宗教ないし新興宗教とは、一八九二年(明治二五)に創唱された大本教を草分けとして、日本資本主義が帝国主義段階に入った今世紀初頭いご、成立・展開した諸宗教と見ることができよう。新宗教は第一次大戦中から戦後、昭和初年、敗戦後と、それぞれ急激な発展を示した。こんにちでは、全国的に教勢をひろげ、数十万ないし数万世帯の信者を擁している巨大な教団も十指に余る。立正佼成会、創価学会、霊友会、PL教団、世界救世教、生長の家等は、組織の充実と実勢力において、既成教団にせまる実力をもち、その行動力は、既成仏教諸宗を超えつつある。さらに、地方的に基盤をもつ孝道教団(横浜市)、円応教(兵庫県)、善隣会(福岡県)、念法真教(大阪市)、真如苑(東京都立川)、妙智会(東京都)等の新興教団が、これにつづいている。

新宗教の共通の特徴として、教理の習合的性格、現世利益中心主義、行法における呪術・奇蹟・シャマニズムの強調等が指摘されている。現在の日本で、新宗教によって組織されている国民は、ほぼ五〇〇万人と推定されている。国民二〇人につき一人が新宗教の信者であるということになる。この数字は、新宗教の信者のほとんどが、習俗化した受身の信者ではなく、何らかの契約で、それぞれの信仰を選択した信者であることを考えれば、こんにちの宗教界の事実上の主流はすでに新宗教に在るといってもけっして過言ではないであろう。

新宗教は、既成宗教、とくにその実質的な主勢力をなす既成仏教と、きびしい緊張関係にある。この緊張関係は、政治権力を背景に家の宗教として祖先崇拝を軸に習俗化した「仏教」と対決するという意味では、歴史的には、明治初期のキリスト教（プロテスタンチズム）、明治前期の天理教、丸山教、本門仏立講、大正―昭和の大本教、天理本道等においても一時的には鋭く現われた。しかし、この緊張関係は、敗戦後においてもなお、既成仏教の圧倒的な伝統的地歩と日本人の宗教生活を特徴づける重層信仰のゆえに、もっぱら潜在的に進行していたにすぎない。占領時代の後半に飛躍的に発展した立正佼成会は、霊友会から分立した法華信仰系の在家教団であるが、日蓮宗と絶縁状態におちついたのは、比較的近年のことに属する。立正佼成会の信者は、入信すると新たに「総戒名」をうけるが、これは、従来の檀那寺からうけている戒名とともに祀ることになっている。こういう形での「共存」は、新宗教の過半を占める法華系在家教団はもとより、神道系など非仏教系の教理をかかげる新宗教においても容認されている場合が多い。祖先崇拝、葬式、年忌、墓地等によってむすばれている寺檀関係の、習俗的・受動的性格をそのままに措いて、新宗教はつぎつぎに教勢を浸透させていったのである。新宗教の進出は、既成仏教の習俗化、行動力の喪失、教団の固定化と信者大衆からの遊離にたいする民衆の批判を屈折して反映したものといえる。

この緊張関係が、にわかに顕在化したのは、一九五一年（昭和二六）の折伏大行進宣言に始まる創価学会の異常な進出である。創価学会は日蓮正宗の信者団体であり、みずから七〇〇余年の伝統をほこって新興宗教とよばれることを拒否している。創価学会の機関雑誌では、日蓮正宗いがいの全既成仏教の僧侶を「坊主」「邪宗の坊主」とよび、日蓮正宗の僧侶は「御僧侶」

とよんで区別している。日蓮正宗教学に立って自己の信仰いがいをすべて邪宗として排撃するたてまえから、こういう表現が定型化したわけである。創価学会と既成仏教の対決は、同会の発展当初は、もっぱら身延（日蓮宗）への攻撃がめだち、その他の仏教諸宗にたいしては、全国各地における寺院にたいする学会員の集団的折伏行動が見られた。しかしこの対決の様相は、一九六〇年の墓地問題の社会問題化を境いに、著しく激化した。墓地の公共性保持の厚生省通達を武器とする学会と、埋蔵と典礼の不可分を主張する既成仏教（全日本仏教連合会）の争いは、法廷から、一九六一年春には、それぞれの請願運動をつうじて国会へと拡大した。

墓地、すなわち先祖への供養、祖先崇拝の具体的表象をめぐる対決は、既成仏教が国民生活に依拠している接点が、まさに家—祖先崇拝の習俗化であるいじょう深刻化せざるをえない。創価学会の刊行物は、墓地問題の勝利をうたい、既成仏教の矛盾をことごとに強調して、企業化した寺院と僧侶、その私生活の退廃を写真入りで宣伝している。たとえば、一九六一年春の浄土宗、浄土真宗各派の大遠忌にたいしては、機関紙「聖教新聞」四月一五日号に特集し「ほろびゆく邪教〝念仏〟」の大見出しで、参拝団の年齢的かたより、観光的雰囲気、募財、本山末寺の矛盾等を衝き、北九州の炭礦災害等の災厄も、すべて大遠忌で「地獄の釜のフタがあいた」せいであるとしている。

既成仏教への正面切っての非難攻撃は、それが激越であればあるほど、新宗教としての創価学会自身にはねかえってくる危険性をはらんでいる。既成仏教が社会で果している役割を追及し、強い照明をあてることによって創価学会じしんが演じている社会的役割と非合理性が信者大衆から問われることにならざるをえないからである。

創価学会の進出は、現代の宗教界に、本質的に重大ないくつかの問題を投げかけた。創価学会と既成仏教との緊張関係の顕在化は、こんにちの新宗教の教勢拡大とその維持が、既成仏教の固有の領域外では、ようやく飽和点に達し、戦前いらい温存されてきた既成仏教の地歩が、改めてその現実的な機能を問われる段階に来たことを示すものと考えられる。

こういう宗教史的な観点に立つて、創価学会の歴史をあとづけ、教理の特徴とその展開のみちすじをたどってみよう。

《創価学会三〇年の歩み》

創価学会の歴史は、一九三〇年（昭和五）創立された創価教育学会にはじまる。同会が正式な発会式を挙げ日蓮正宗の信者団体（在家教団）として本格的な活動をはじめるのは、その七年後であり、一九四三年（昭和一八）に弾圧をうけて、活動は中断した。敗戦翌年に創価学会として再建されたが、教勢の全面的発展は一九五一年（昭和二六）の折伏大行進宣言以降に属する。

創価学会三〇年の歴史は、ほぼ開教、再建、教団形成の三期に区分することができる。

㈠　開教期　一九三〇（昭和五）—四九（同二〇）　創価教育学会の時代で、指導者は牧口常三郎（一八七一〜一九四四）と戸田城聖（一九〇〇—五八）である。この時期は、前・後に分けることができる。

〔前期〕　一九三〇—三六　創価教育学会の創立から富士大石寺における第一回夏季講習会まで。牧口の哲学と日蓮正宗教学の結合が行われ、創価学会の教理の基本が形成された。〔後期〕　一九三七—四五　創価教育学会の正式発会式から牧口の獄死まで。全国に三〇〇〇余の会員をもち折伏活動が行なわれたが、伊勢神宮の神札を拒み弾圧をこおむった。

㈡　再建期（教団形成準備期）　一九四六（昭和二一）—五〇（同二五）　敗戦後、創価学会としての再建から第五回総会まで。指導者は、戸田、矢島周平、小泉隆ら。指導者の養成、部分的な折伏活動、機関誌・紙の発行が行なわれ、信者は公称三〇〇〇世帯に達した。

㈢　教団形成期　一九五一（昭和二六）—五九（昭和三

四）戸田の会長就任、折伏大行進宣言から本門大講堂の完成、戸田の死と爾後の会長空位時代。指導者は戸田、小泉。教勢は急激に拡大し、京浜工業地帯から東京およびその周辺、東北、近畿、九州、北海道に及び、中小経営者、労働者、農民等を信者に獲得した。他宗教の組織的攻撃、政治進出が行われた。

全国的教団に発展した創価学会は、こののち、一九六〇年（昭和三五）総務池田大作（一九二八―）が第三代会長に就任し、新らたな時期に入った。四年後の戸田七回忌を目標に、信者三〇〇万世帯の達成、大石寺大客殿の建設がかかげられ、東で立正佼成会、西で天理教の折伏が強調された。海外布教（南北米、東南アジア）が積極的に進み、教団内では組織のひんぱんな改変がつづき、翌年五月には文化局を新設し、政治・経済・教育・言論の四部をおいて、宗教政党としての実質を具備しようとする方向を示している。

創価学会三〇年の歴史をあとづけ、その教理と行動の特質を見きわめることは、創価学会が既成仏教に対決を迫っている諸問題の方向と本質を明らかにすることになろう。創価学会は、こんにち立正佼成会と並んで第一級の教勢を有する新宗教である。立正佼成会が敗戦直後から占領下に急激に教勢を拡大したのにつづいて、創価学会は、講和以後の日米安全保障条約体制下の日本で、飛躍的に発展し、一九六一年（昭和三六）前半には、公称二〇〇万世帯と号する全国的教団に成長した。創価学会の進出は、現代の日本人の宗教的欲求の実態をとらえる重要な手がかりを提示しているのである。

《創価学会成立の前提》

創価学会の創立者は、事実上の教祖である牧口常三郎と組織者戸田城聖である。創価学会の教理は、日蓮正宗教学と牧口の価値創造哲学の結合によって基本を形成しているから、創価学会成立の前提として、牧口の生活歴と思想形成の過程を追究しなければならない。

牧口常三郎は、一八七一年（明治四）旧六月六日、新

潟県刈羽郡荒浜村渡辺長松の長男として生まれ、三歳で伯母の婚家牧口家の養子となった。日本海岸の同村は、田畑が少なく、また風波に妨げられて、漁業に適さない土地であるため、北海道への出かせぎ人や、帆船による商品輸送に従う者が多かった。牧口家の本家は、帆船をうごかして財をなしたと伝えられている。

牧口は、小学校を卒えると、小樽に住む叔父のもとにあずけられ、警察の給仕をしながら勉学した。当時の署長が、その好学心を見て、札幌への転任のおり、牧口を連れていった。札幌で苦学し、札幌師範三年に編入、在学中、地理と教育の文検に合格した。卒業後母校の教師となったが、地理学に関心を深め、将来、地理学者として立とうと志し、著書をまとめるため休暇には東京に出て参考書を購入した。いちおう稿がなったので、一九〇一年(明治三四)春、三一歳で妻と二女児をつれて上京、志賀重昂、坪井九馬三らの教えをうけて、二年後「人生地理学」と題して出版した。この著書は、自然を社会生活の観点からとらえる方法論に立つもので、社会地理学として先駆的な意義をもつものであった。「人生地理学」は、明治末年までに八版を重ねた。独学で大冊の学術書の刊行をなしとげた牧口は、みずから地理学者としての将来に期するところが大きかったが、明治三〇年代の学界の牢固たるアカデミズムは、この種の青年学究に、固く門戸をとざしたままであった。牧口は、こののち出版事業、文部省嘱託(地理教科書の編集)、「大日本女学講義」の刊行等にたずさわったが、事業上の才腕を欠き失敗し、一九〇九年(明治四二)再び教員生活にもどった。牧口のコースは、結局学者として大成するためには社会の壁があまりに厚く、地理教育家ないし教育者としてのみちしかなかったのである。牧口は、東京麴町富士見町小学校の首席訓導を振出しに、こののち一九二九年(昭和四)にいたる二〇年間、東京市内の小学校の首席・校長を歴任した。この間、「郷土科研究」(明治四五)を世におくり、「人生地理学」の発展として、小学教育における郷土研究の重要性を説いたが、牧口の主要な関心は、すでにかつての地理学にたいする情熱も去り、教育の実務に集中していた。

牧口は、初等教育の責任ある地位に在って、しばしば文部当局、視学、区会議員、市会議員、市の助役等と衝突した。教育の場のうちでも、とくに初等義務教育を与える小学校という小世界は、教育をつうじて、つねに社会の諸矛盾にさらされている。児童は、貧富の差、才能のひらきなど現実の矛盾にみちた生活をそのままこの小社会にもちこみ、教師は、教育をつうじて、社会的なひろがりをもつ諸矛盾に身をさらし、観念の世界に逃避することを許されない。教師は、自分なりの一つの価値観、目的観をもつことを要求される。教育者が、理想を捨てて完全な教育の技術者としてみずからを規定しないかぎり、みずから恃むところある教育者は、多く自己流の思想家になるみちを歩むことになる。

牧口は、「人生地理学」いらい、社会につよい関心を抱き、合理主義的、プラグマチズム的な発想を保ちつづけてきた。牧口の抱懐する教育への抱負は、昭和初年から顕著になる教育の官僚統制、天皇制教育への地ならし、進歩的教育運動の弾圧の激化とともに、末端権力との衝突をまねいた。牧口じしん、おそらく当時の社会主義系の新興教育の理論に無関心ではなかったであろうが、牧口の理論は、こういう方向を注意ぶかく避けたプラグマチズム流の教育理論として育っていった。

牧口は、教育者としての実力を広く認められながら権力側からは、その気骨と思想傾向のゆえに一貫して白眼視されていた。昭和初年の教育界の現実は、牧口の思想形成にとって、大きな壁に他ならなかった。この行きづまりに、大きな転機を与えたものは、日蓮正宗への入信であった。一九二八年（昭和三）東京芝の白金小学校で一〇年にちかい間、校長の職にあった牧口のもとへ、日蓮正宗信者の新聞記者が訪れた。記者は牧口を目白商業校長の三谷素啓にひきあわせた。三谷は東京池袋の常在寺に属する講社大石講の有力者であった。牧口本家は日蓮宗の檀徒であったが、牧口は、これまで宗教とはほとんどに縁のない生活を重ねてきた。みそぎを試みたことはあったが、精神たんれん以上の意味はなかった。三谷は、日蓮正宗の教理を説き、ねっしんに折伏した。

日蓮正宗は、一二八八年（正応元）日蓮の高弟で六老僧のひとり日興が、身延を去って富士の上野郷で、地頭南条氏を支持者として開いた日蓮系の少数派である。日興の門流は、反鎌倉幕府的な武士・名主・農民に支えられ、熱原法難などの殉教をひきおこした。その教学は、日蓮教学のなかでも特異なもので、江戸時代中期に江戸幕府の教学奨励に沿って第二六世日寛が体系化したところであるが、日蓮本仏と「三大秘法抄」に基く国立戒壇の主張を特徴としている。人の本尊を日蓮大聖人、法の本尊を南無妙法蓮華経、本山の多宝富士大白蓮華山大石寺にまつる日蓮作とするまんだらを一閻浮提総与（全世界にたいして授けたもの）の本尊（大御本尊）として、これいがいのものは、いっさい信仰の対象として認めない。日蓮正宗は、もと興門派、大石寺派、富士派などとよばれ、一九〇〇年（明治三三）日蓮宗から別派独立して日蓮宗富士派と称し、一九一二年（大正元）名称を宗名に改めるさいに、日蓮正宗となったが、太平洋戦争中、宗教統制による日蓮宗への合同問題がおこった当時でも、全国でわずか七五ヵ寺を擁する小宗派にすぎなかった。

小学校長牧口は、現実の壁に悩みながら、宗教的には白紙状態にあって日蓮正宗の折伏をうけた。牧口が日蓮正宗の信仰につよくひかれたのは、教学の中世的で繁雑な教理体系よりも、その戦闘的な非妥協的な性格や厳粛主義が、牧口の教育者としての生活感覚と権力への反感に応えるものをもっていたからであろうことは想像に難くない。

この年、牧口は、廃校がすでにきまっていた麻布の新堀小学校々長に転任を命ぜられ、翌年、自然退職となった。末端権力の敵意による一種の馘首であった。野に下った牧口は、いまや、自己の教育理論に日蓮正宗信仰という「結論」をえて体系完成の自信をえた。

《開教期と弾圧》

一九三〇年（昭和五）一一月、牧口が会長、戸田甚一（のち城外、城聖と称す）が理事長となって創価教育学会が創立された。同会は牧口のライフ・ワーク「創価教育学体系」（全一二巻、第四巻まで刊行）の出版と、この理論に基く実験教育、研究生の養成を目的としていた。戸田は、小学教員出身の事業家で、牧口に心服し、牧口の仕事を経済的に支えていた。

戸田は一九〇〇年（明治三三）二月石川県江沼郡塩屋村の漁民の子に生まれ、五歳で北海道石狩川口の漁村に移住、小学校卒後、札幌に出て小間物店の店員となって苦学した。まもなく準訓導の資格をとり、夕張で小学校教員となったが、一九二〇年（大正九）夏、二一歳で上京、知人の紹介で下谷の西町小学校に校長牧口を訪れ、臨時代用教員に採用された。戸田は、北陸に生まれ、北海道で苦学し、小学教員になるというコースを牧口に三〇年おくれて歩んだことになる。戸田は牧口の人格、識見ときびしい生活態度に深く傾倒したが、教育者として生涯をおくる意志はなく、三年後関東大震災の年に教員をやめ、八千代生命保険の外交員となった。この年に結婚し長男が生れた。戸田は、まずしい生活のなかで、一九二五年（大正一四）妻を失い、自身も肋膜で病床につき、キリスト教に入信して移民を志したり、念仏に走ったりした。ほどなく「推理式指導算術」という学習書が当って収入が安定し、出版業、印刷業などにたずさわった。一九二八年（昭和三）三谷素啓の折伏により日蓮正宗に入信、中野教会観喜寮に属し、富士の大石寺に参拝したが、この入信は、傾倒している牧口に倣ったものと思われる。

戸田は、牧口の「体系」出版を全面的に支えることになり、創価教育学会創立の年の一一月に、その第一巻を公刊した。戸田は、当時、時習学館とよぶ学習塾を経営しており、ここで研究会や小規模の実験教育を試みた。

「体系」の教育理論は、教育の全分野にわたって展開する計画であり、教育の目的として、㈠教育の経済化、能率増進、㈡合目的的、計画的、系統的、文化的な知行合一の教育、㈢教員の優遇と人材登用、㈣生産的、創価的、すなわち実用的な教育、㈤学校を一個の社会とみる、の五項をかかげた。序文を寄せた社会学者田辺寿利がアメリカのウォードとフランスのデュルケムの社会学の影響を指摘したように、牧口理論には、教育の権力統制に抵抗する合理主義とプラグマチズムの色彩が強かった。しかし、最終的には、著者の生活が日蓮正宗の信仰により一変したとし、結論として宗教革命の必要を説く構造であった。

一九三四年(昭和六)その第二巻をなす全理論の哲学的基礎をなす「価値論」が公刊された。価値論は、人生の目的を幸福の追求=価値の創造とし、三段階の価値体系を立てる。すなわち、美(審美的価値、部分的生命にかんする感覚的価値) 利(私利、経済的価値、全人的生命にかんする団体的価値) 善(公利、道徳的価値、団体的生命にかんする社会的価値)である。これに対応して醜・損・悪の三つの反価値がある。価値は個人的なものと社会的なものがあり、人生における実用性、功利性から評価される。評価は、小善・中善も大善にさからえば悪となるというふうに、相対的・合理的であるが、基準は、個々人の主観にゆだねられることになる。相対的な価値をはなれて絶対の真理があり、空間的な実在の本質にかんするものは概念、時間的な変化の本質にかんするものは法則である。真理は共通性、普遍性をもち、認識の対象であって価値ではない。評価の相対性、真理との乖離は、この理論の構造上の本質的な弱点である。真理(事物の認識)を絶対とすれば、真理の相対性と実践による検証は不可能になり、真理とはべつに、超絶的・先験的な存在を導きいれて評価の最終的基準を求めねばならない。こうして、価値論に神が登場し、この哲学は宗教イデオロギーの基礎理論として自己完結する。こうして、価値の相対性は、窮局的には超絶者の権威によって判定できることになり、日蓮正宗教学と結合するのである。

価値論は、性格上、いかなる宗教イデオロギーとも結合できるわけで、とくに日蓮正宗と結合する必然性はありえない。両者の結合は、牧口という一個の思想家を通じて実現したが、これが、信仰に立つ行動の理論に発展するためには、さらに深い有機的結合が要請される。それが、大御本尊に記されているところの法華経を「もし悩乱せば頭破作七分」「供養せん者は福十号に過ぐ」との功徳と罰の命題である。功徳とは、美利善の価値（現世利益）、罰とは、醜損悪の反価値（現実の不幸）であり、病気、貧困、不和等々は、謗法の罰に他ならない。こうして価値論の哲学は、決定的に神秘化し呪術化する。この理論操作によって、各人の不幸は、末法に生きながら真の仏法を知らないために生ずるものとされ、人生の目的たる大善生活（価値の充足、幸福な境地）は、具体性・客観性を失い、仏界すなわち観念上の生命の実相の世界に転化する。

こうして創価学会の教理の基礎が確定した。価値論が備えるいちおうの合理性・社会性は、観念上の幸福にみちびく論理的な階梯にすぎなくなったのである。

一九三六年（昭和一一）大石寺で、学会の第一回夏季講習会が開かれ、少数ながら給費の研究生も育ちつつあった。翌年初頭、学会は、東京で正式の発会式を挙げ、顧問に古島一雄、秋月左都夫らが名をつらねた。正式発会を境いに、日蓮正宗の講社としての布教活動が活発化した。日中戦争下の一九四一年（昭和一六）には機関紙「価値創造」を発刊、教員・中小商工業者など三〇〇〇余の会員を擁して、東京・神奈川県・福岡県等で、折伏が行われた。サークルは生活革新実験証明座談会とよび、価値論を中心とする法華経講義が行われ、教理的には罰論が中心であった。日蓮正宗はこの新興の講社がかかげる教学解釈を異端視した。当時、宗内では、政府の宗教統制にこたえて日蓮系各宗の身延合同運動が進み、小笠原慈聞は、神本仏迹論をとなえて国家神道にすすんで従属し、国策に順応しようとした。

戸田は、日本小学館、大道書房等の出版社を経営し、また証券業にも進出して大きな資産をつくり、学会を経済的に支えていた。学会の発展は、霊友会の相次ぐ分裂と時を同じくし、祖先崇拝と国家主義を背景とする法華系在家教団の急速な進出に対応するものであった。学会は、一致して日蓮正宗の身延合同に反対し、一九四三年(昭和一八)僧俗護法会議において、信仰上から伊勢神宮の神札受容に反対した。信者の間では、太平洋戦争の戦局悪化とともに、正法をかかげての国家諫暁のうごきもあった。この年六月、折伏中の舌禍から、会員二名が検挙され、七月、牧口つづいて戸田ら幹部が治安維持法違反、神社に対する不敬罪で検挙された。被検挙者は、東京一四名、神奈川四名、福岡三名、計二一名に及んだ。太平洋戦争下、ファシズムによる宗教弾圧にあった学会では、取調べ中、一八名が転向し、牧口、戸田、矢島周平の三名が非転向をつらぬいた。牧口は、検挙の翌年、長男の戦死を知ってまもなく獄死した。弾圧当時、学会は、ファシズムにたいする反撥も、太平洋戦争にたいする批判ももたず、国家主義に立って、日本を勝利にみちびくための画策をくりかえしていた。学会の理論、とくに社会批判の脆弱性は、弾圧によって、はしなくも露呈したといえる。戸田は獄中にあって、法華経と日蓮遺文を学び、唱題二〇〇万遍を果して、宗教的体験を得た。戸田は、入獄まで生命の問題、人生論についてなお確信をもたず、学会の外護者的立場にとどまっていたが、獄中のきびしい体験を経て、信仰を確立することができた。この体験によって、敗戦後一二年間の創価学会指導者としての戸田城聖が形成されたのである。

《再 建 期》

一九四五年(昭和二〇)七月、保釈となった戸田は、敗戦直後の焦土のなかで生活のみちを求め、東京上大崎で通信教育をはじめた。

翌年一月、旧学会員を集めて、小泉隆、矢島周平らとともに創価学会の名で学会を再建、法華経講義を開始し、六月機関紙「価値創造」（月刊）を復刊した。秋には群馬、栃木両県下で折伏が行われた。戸田は法華経講義と信仰体験談を中心に指導し、罰論、人生問題によって青年の入信者を獲得した。第三代会長池田大作は、東京大森の海苔商に生まれ、この時期に法華経講義に接して入信した青年のひとりである。

占領下で再建された学会は、徐々に布教を活発化したが、教勢の中心は、東京大田区を中心とする京浜工業地帯の小工場、商店経営者、労働者にあって、わかい指導層の養成と、部分的な折伏がつづけられていた。戸田は、年々、事業を拡大し、出版社、土建業、金融業等に手をひろげ、入信した青年のなかの積極分子をこれらの事業で働かせた。一九四七年（昭和二二）から、青年会員による邪宗退治運動もはじまった。一九四九年（昭和二四）占領政策違反を取締る目的で団体等規制令がつくられ、学会の「暴力」的折伏も、調査の対象となった。しかし、占領下での立正佼成会の急激な教勢発展を見ながら、創価学会は一九一五年（昭和二六）に、なお信者数三〇〇〇世帯にとどまっていた。

創価学会の停滞は、その主要な基盤となるべき階層を意識的にとらえていなかったこと、イデオロギー的には、戦前の罰論中心の折伏にとどまり、戦後の社会に適応する新たな展開が試みられなかったことによるものといえよう。また、日蓮正宗の反学会的な勢力との対立がつづき、戸田は悪侶とよんで、反対派を攻撃しつづけた。一九五〇年（昭和二五）戸田は雑誌で約七〇〇〇万円の損害をこおむったのにつづいて、経営する東京建設信用金庫でおこった刑事々件の責任を負って学会理事長を辞任した。戸田は、この窮境のなかで第二回の宗教的体験をえて、謗法からきた大難と覚り、救世の確信をえたとみずから記している。

《教団形成期》

一九五一年（昭和二六）戸田は第二代会長に就任し、折伏大行進を宣言した。これに先立つ機関紙「聖教新聞」(週刊)の創刊、宣言につづく男女青年部の部隊編成、「折伏教典」の刊行が行なわれた。翌年には大阪支部が結成され、名古屋、大阪、九州における地方折伏と立正佼成会総攻撃を展開した。

朝鮮戦争から講和にいたる時期は、戦後の日本社会の大きな転換期であった。巨大な独占資本の復活、中小企業の系列化の進行と経営の危機、農村におけるれいさい経営農民層の広範な成立によって、日本資本主義の構造は急速に再編成され、日米軍事同盟の体制がこのコースに乗って強化された。

創価学会は、窮乏し浮沈のはげしい、れいさい経営者層と未組織労働者、れいさい農民を主要な基盤に、急激な発展を開始した。この展開に対応して、イデオロギーにおいても大きな転換が果された。第一には、広宣流布という基本的目標の具体化である。日蓮正宗教学がかかげる国立戒壇は、伝統的に、天皇帰依の主張であったが、学会は、本尊流布すなわち民衆への布教に他ならないとした。第二には、価値論を再認識し、現世利益中心の「得」の行く宗教、科学的宗教と唱えて、危機感を負って生活している階層の救済の要求に直接こたえる新宗教としての姿勢を強化した。第三には、日蓮上人御書を強調し、戦争の危機を反映して強まった中立主義的方向、第三勢力論に接近し、民族主義に立つ政治への批判を投げかけ、民衆の政治的自覚と批判にこたえる姿勢を強めた。この線上から、国士訓(昭和二九)、王仏冥合論(昭和三〇)が登場し、また第三文明の建設が提唱された。さらに、日蓮正宗との一体化のうごきは、戸田の会長就任直後の学会への本尊下賜につづき、正宗教学と学会理論の統一がすすみ、大石寺への登山が年を追って強化された。

一九五五年(昭和三〇)には地方選挙に進出し、都市区議五一名を当選させ、翌年の参議院選挙で大阪府一名、全国区二名を国会におくり、社会の注目をあつめた。

創価学会は、一九五八年(昭和三三)には大石寺に本門大講堂を完成して本山に寄進し二一万人の登山が挙行された。この年四月、戸田は病死したが、六月、信者は公称九〇万世帯と発表された。

≪創価学会の特質と問題点≫

一九六〇年代の日本の宗教界において、既成仏教と新宗教の緊張関係は、急激に顕在化する方向に進んでいる。敗戦後の社会構造の地すべり的な変化、国民の生活意識の前進と、さらには、かつての天皇崇拝・国家神道を頂点とする既成宗教と政治権力の結合の崩壊が、既成仏教の地歩を大幅に弱め、新宗教進出の歴史的条件をつくりだしているのである。創価学会の発展は、こういう状況下における既成仏教の「危機」を端的に示しており、新宗教と既成仏教の対決の集約的なあらわれとみることができる。

われわれは、創価学会の歴史を概観し、そのイデオロギーの特質を考察して、創価学会がもつ特異性が、本質的には、いわゆる「新興宗教」に共通する性格のあらわれであること、創価学会において集中的に現われ社会問題化した課題は、こんにちの日本の宗教界が負っている課題の露呈に他ならないことを知ることができた。こういう新宗教としての共通性に立って、創価学会がもつ特質を挙げるならば、それは、およそ次の五点に要約できると思う。

①イデオロギーの性格　創価学会の教理は、価値論と日蓮正宗教学の結合であり、日蓮正宗教学の現代的な展開である。この展開は、ファシズムの擡頭から日中戦争、太平洋戦争にいたる時期と、朝鮮戦争後の講和・日米安全保障条約体制の成立の時期に果された。価値論は、哲学としては、不完全な観念論であって、合理性・社会性の重視とプラグマチズム的な認識の相対性を特徴としている。その構造から、超絶者の信仰が要請され、一個の宗教の基礎理論となることによって、行動の理論として独自の創価学会イデオロギーが形成された。教理の体系化が、開教期で基本的に成立したことは、新宗教においては一般的に見て、教団形成の段階から教理の確定が始まるのに比して一段階は

やく、著しい特徴をなしている。体系的な価値論の哲学と、中世的な煩瑣哲学流の正宗教学の結合は、信者の知的欲求にこたえるため全面的に活用され、教学部の教授、助教授、講師、助師の階級制、大規模な任用試験制度等の独特のシステムがつくりだされた。創価学会の理論闘争中心の布教、教学の重視は、そのイデオロギーの充実を示すものであるが、教理が内包する矛盾や構造の不安定性・脆弱性の克服は、なお今後の課題というべきであろう。

②権威の二元性　創価学会の宗教的権威は、日蓮正宗に集中している。学会の指導者は、在家信者を代表する世俗的な意味での権威をもつにすぎないたてまえである。そのため、学会側からは、つねに日蓮正宗と一体化する努力が払われ、事実上、日蓮正宗を支配するにいたっている。この構造は、既成仏教の伝統的権威を負いつつ、新宗教としての地歩を拡大するという有利な態勢を可能にし、教団内では、指導者のシャマニズム的な権威に立つ独走を制約し、宗教的権威の分散によって分裂の条件を著しく狭めている。しかし、この二元性は、学会の宗教性を稀薄化する結果となり、聖地である日蓮正宗総本山大石寺への登山を集団的に組織し、聖地における宗教的体験を信者大衆に一般化する必要に迫られる。御開扉、質問会、丑寅勤行という登山の急速な強化は、この二元性の弱さを埋める役割を果しているといえよう。

③現世利益中心主義　法華経の功徳と罰は、創価学会を一貫する行動の理論である。大御本尊を「幸福製造機」とよび、法華経の功徳は、徹底した現世利益としてとらえられ、他宗教の現世利益にかんする否定的材料と対比して、大々的に宣伝される。この現世利益中心主義は、新宗教の基本的性格であるが、創価学会においては、その証明が実証的な装いで強調される。現世利益の内容としては、病気なおしと企業の好況、生活の物質的安定などが目立つのは、学会の支持階層が、中・小・れいさい企業主とその家族、中小企業の労働者等にあり、中小企業経営者が一般信者を率いる

という形に対応するものである。

④教団組織と行動性　基本組織は、本部―（総支部）―支部―地区―班―組の、いわゆる親子教会型であるが、地域ブロックの強化と地方単位の採用総支部制により補強している。また、組織上、注目されるものに教学部と青年部がある。教学部によってイデオロギーは一元化されし、各級の指導者は例外なく教学部員としての資格を要求される。青年部は、男・女・学生に分れるが、学生部いがいは年齢層に従って自動的に部員となり、支部を基礎に部隊として編成される。青年部員には、指導者への絶対服従、集団のための献身的活動、「国士」としての自覚が要求される。布教活動は、組の座談会と折伏を中心に行われるが、大衆集会や他宗教の総攻撃、選挙等の組織的カンパニアも有効に用いられる。指導は、具体的な行動目標の提示を怠らず、学習活動が強調される。行動の対象をつねに明確化し、広宣流布など行動に直結したスローガンで、信者大衆の不満の発散に一定の方向づけを与えることによって、行動をつうじて組織が充実し強化されるというダイナミズムが生きているのである。

⑤政治進出と大アジア主義的傾向　国立戒壇、王仏冥合の主張は、創価学会の政治進出の理由となっている。政治進出は、地方議会においては、それぞれの地域における権利自衛、教勢拡大のための有利な地歩の獲得という色彩がつよいが、国会（参議院）においては、中立的ポーズに立つ現在の政治への批判、現状打破の意図を象徴しているものといえる。創価学会選出議員は、全員無所属で、選挙においても、爾後の国会活動でも、まとまった政策を提起せず、不透明な中立に終始している。信者大衆の過半を占めるれいさいな小所有者の意識は、窮乏と生活上の不安を反映した現状へのはげしい不満を特徴としており、この底流は、一方では、中立・平和の政策をもとめる統一戦線にむかい、他方では、小所有者イデオロギーとして反動化する。学会の政治上の中立的態度（政党支持の自由、安保問題における会員各自の自主的判断など）は、この分極

化のバランスの上に在るものといえる。沖縄進出につづく南北アメリカ、東南アジア等への海外布教の進展とともに、かつての第三勢力論にかわって、日本を指導者とするアジア解放という大アジア主義の傾向が強まっている。国内的には現状打破、対外的にはアジア進出というこの構造は、戦前の日本帝国主義の武力進出に対応する国家主義的日蓮系諸思想の形をかえた復活と見ることができる。創価学会は、組織的な政治進出に成功した宗教として、従来の既成・新興諸宗教の権力依存、保守的な無政治性と鋭い対照を示している。この進出の基底をなす現状打破のムードが、信者大衆の不満の部分的・人為的発散として絞られ、同時に、全世界への広宣流布をかかげる大アジア主義的傾向が著しくなりつつあることは、日本軍国主義の復活に対応する今後の創価学会の方向のマイナス面を示すものといわなければならない。こういう意味で六〇万世帯をこす信者を擁すると推定されるこんにちの創価学会は、現実への批判を土台を反動化するか、中立的な路線を歩むかの岐路に立っているというべきであろう。

参考文献

〔研　究〕

佐木秋夫・小口偉一「創価学会」（昭和三二）

〔教団関係出版物〕

小平芳平「創価学会」（昭和三三）
牧口常三郎（戸田城聖補訂）「価値論」（昭和二八）
教学部編「折伏教典」（昭和二六、改訂版昭和三三）
堀日亨編「日蓮大聖人御書全集」（昭和二七）
戸田城聖「日蓮大聖人御書十大部講義」（一—四）
小平芳平「教学問題の解説」（昭和二九）
妙悟空「人間革命」（昭和三二）
戸田城聖「巻頭言集」（昭和三五）
同「論文集」（昭和三五）
同「講演集」上（昭和三六）

〔教団定期刊行物〕

「聖教新聞」（週二回刊）
「大白蓮華」（月刊）
「聖教グラフ」（月刊）
「第三文明」（学生部機関誌、不定期刊）

講　座
近代仏教

第6巻 今日の問題

法　蔵　館

目次

講座 近代仏教

今日の問題

現代の精神的状況

滝沢克己

故西田幾多郎先生にささぐ

目次

一　予備的考察

1　未開社会の基本構造

最近ではだいぶ改善されたが、少し前までは、「未開人」の生活とか心理とかいうと、ただ猟奇的な趣味の対象だった。科学的と銘打った研究も、主として現代の私たちからかけはなれた異様な点を、強調するのに急だったように見える（例えばフレーザー、レヴィ・ブリュール）。

しかし実際には、いかな「原始人」であっても、通俗の映画で見るように、まじないやお祭ばかりやって暮してゆけるわけではない。牙も爪も羽もない人間が野獣どものあいだで暮してゆくというのには、むろん、すべてそれらにかわる道具の使用ないし生産ということがなくてはならない。ただそれが、かれらのばあいはまったく「自然発生的」であって、ことさらになされた「反省」や「選択」の結果ではないというだけである。

しかしまた、いかに「自然発生的」であっても、かりにも人間であるかぎり、それはたんに動物的な本能でないことはいうまでもない。一つの道具が実際に産み出され、その使用の仕方が社会的にさだまってくるまでには、動物には見られない大きな苦労――自然に対し、お互いに対する、長い、苦しい、闘いの過程――があることであろう。だからかれらは、幾種類かの適切な道具とそれによる生産消費の社会的体制（経済的社会関係）が産み出されて、一応やってゆけるにはしても、ただそれだけでは、けっして安んじて暮してゆくことができない。かれらのからだは、動物のそれとちがって、現在は存在しない――「非現実的」な――危険を感じる。その危険からかれらを救ってくれるさまざまな「道具」を求め、見いだし、作り出さずにはいられない。呪術的な儀礼とそのための用具がすなわちそれである。

しかしかれらは、それだけではまだ心から安心することができない。なぜなら、呪術の行施はもともと一々の技術の不足を補うだけのものにすぎない。したがって、かれらのめぐりからは依然として、空間的にも時間的にも測り知れない、闇の恐怖が迫ってくる。かれらの生命の深い奥底には、この無限の闇――動物はけっして見ることも感じることもない恐ろしい淵――から逃れたいという、切なる願いがつねにある。かれらの「偶像」はすなわち、このかくれたる祈願に応じて、かれらの周囲の何かの物・多くはかれらの日常生活に事実深いかかわりのある種類の何かに似た形が、かれらに対して帯びてくる様相にほかならない（例えばトーテム）。

こうして、かれらの生活・社会は、幼稚とはいえ実在的な根拠ある生産の技術に支えられながらも、いつからとも知れずかれらのあいだに坐っている「偶像」を中心として、年々歳々あらたにされる幻想的な宗教の祭りとその時々に行われる呪術的儀礼にあけくれする。かれらのなかば反省的な意識においては、かれらの大神がまず来ってかれらの最初の祖先を産み、呪術と生産の技を授けてくれた、そうして世々その神の恵みを受けつぎ称えることによって、現在のかれらに至ったのだ、と考えられる。――というよりもむしろ、その次第がそれぞれの祭りとして舞い出でられ、言い表わされることとなるのである。

2　人間生活の「物質面」と「精神面」
―その区別と関係にかんするもろもろの誤解について―

さて、このようなのが、「未開民族」の現実の生活もしくは社会だとすると、私たちは、ひとくちに「生活」とか「社会」とかいっても、実際にはそこに、二つの、相互に深く関係していると同時にはっきりと区別さるべき、ファクターがはたらいているのを認めないわけにはいかない。すなわち、一つは人間という生産的主体が、その成立以来他の諸物に関係することによって相互に関係するにつれてそのつど起ってくる特殊な形、もう一つは、そのつど特定の形を成す主体そのものの窮極始原の支え・絶対的な拠り処・に対する、その同じ主体の関係の如何によって、それぞれ特殊に形づくられてくるところの、主体相互の関係である。かんたんにいって、前者を「技術的・経済的」、あるいは狭義において「物質的・形而下的」、後者を「宗教的・道徳的」もしくはやはり狭義において「精神的・形而上的」と呼んでさしつかえないであろう。現実の「生活」や「社会」には、それがいやしくも人間のいとなみであるかぎり、よく観るとかならず右のような両極のファクターが含まれている。一つの未開社会の食べ方や飲み方、いな食べ物や飲物に対するかれらの欲望そのものを取ってみても、すでにそれは、たんにその一方からだけではどうしても理解することができないとともに、そのどちらを抜きにしてもとうてい十分に説明することができないような、一種独特なはたらきであり、形態なのである。

そこで私たちは、私たちの「**現代の精神的**状況」を明らかにするという表記の課題に正確に答えるために、ここで少くとも次の四つの点を注意しておかなくてはならない。

(一) 人間の生活・社会の「精神的」側面がその「物質的」側面を土台とすることなしに成り立ちえないということは、あらためていうまでもない。しかし、このことはかならずしも、後者がまずただそれだけで在って、しかるのち、これに何らかの反省的・意識的な「加工」を施すことによって始めて前者が現われてくるとか、前者はたんに後者の「反映」としてそれから派生する第二次的なものにすぎないとかいうことをいみしない。いなむしろそれは、自然史的にどういう過程をとってにせよ、人間が人間として、すなわち道具を作るもの・知って働くものとして、動物から区別されて成り立ってくるその瞬間すでにはやく人間のなかに起ってくること・人間じしんの行いつつあること・である。人が人だというそのことじたいに直接に属すること、人が人であるかぎり、その問題にかかわることをどうしても避けることができないといういみにおいて、それは人間にとって、「物質的」生産の行動とまったく同じように「本質的」、根源的に「必然的」なことである。むろん、一つのトーテム、その祭礼に用いる用具の形は、その社会の技術・経済の規定を受けているであろう。しかしこのことは、それらのかかわる本来の問題が事実上、技術・経済のそれとは異質的だということ、――いいかえると、両者がもともと第一次的と第二次的・「反省以前の現実」とその「意識的反映」との関係ではなくて、むしろその核心において両者とも人間存在において直接に現実的、等根源的・相補的な両極だということを、いささかも妨げるものではない。この点に注意することは、逆に技術的・経済的な側面の、宗教的・道徳的なそれからの独立性を純粋に認めるためにもぜひ必要なことなのである。

それでもなおひとは、例えば未開社会の「精神面」が全然幻想的であるのに反して、その「物質面」には幼稚ながらリアルな営みがその骨骼をなしていることを指摘して、事柄の本質上両者に等しい比重をかけようとする私の無理を咎めるかもしれない。その点たしかに、未開宗教は実在的な根拠ある生産の技術にではなく、むしろそれを取りまく呪術に比べるべきであろう。その効果は、客観的な真実の効果ではなくて、たんに主観的な安心、実際に困難な問題を克服するのではなくて、ただこちらの意識がそれからそらされて眠りこむだけのことにすぎない。しかし、それだからといってもしもひとが、そこに未開人・実在の人間・の当面している困難そのものの切実さ、問題そのものの人間にとっての重大性を否定するならば、それはまた大きな誤りであろう。人間的主体が、衣食住とこれを生産する道具のほかに、自己そのものの成立の窮極始源の支えを必要とするということ、永遠普遍の拠り処を見いださなくてはならないということは、人間的主体に必然的なこと、否応なしに定められてきていることであって、けっしてたんに人間の主観的意志によることではない。「心の糧」というのは、けっしてたんなる比喩ではない。ただこの点にかんして根本的に誤らないということが、現実の人にとってはのちに見るようなわけがあって、極度に困難だというにすぎない。生活の物質面は、けっしてただ咒術だけから成り立っているというようなことはなく、そのしんにかならずリアルな技術的行為・経済的関係が現存する。しかしこのことは、そこで当面する問題の性質の相違からくることであって、そこからすぐに、他の極の問題の根源的な重大性そのものを否定することは、厳密に客観的・実証的たるべき科学の道と、がんらい何のかかわりもありえない。

(二) 右の第一の点とすぐに関係していることだが、人間生活の「精神的」な側面は、その「物質的」な側面に関係する——これから「規定され」たり、これを「規定し」たりする——ことによって始めて「社会的」となるのではない。いなむしろそれは、それじたいにおいて、しかもそれじたいに特有な仕方において、そもそもの始めからすでに社会的である。なぜなら、未開社会であれどこであれ、一人の人がみずからの窮極の支えをどこに置いているか、どうそれに対しつつあるかというその仕方は、それじしんとしてただちに、しかも生命の最も奥深いところで、その人の他の人々に対する応対の仕方を規定してこないわけにはいかないからである。それはあたかも、生活の「物質面」において、生産的労働の対象にかかわる仕方がそのつど人間相互の関係を規定してくるのに対応する「精神面」の構造である。「生産力と生産関係」というとき、たしかに前者がさきで後者はあとではあるが、また後者なしに前者だけがあるとか、後者との関係から離れて前者だけが独走的に発展するとかいうことはありえない。ちょうどそれに似た関係・相対的な順序・が、「宗教」現象と、固有のいみでの「道徳」現象のあいだには成り立っているといってよいであろう。

ここでとくに「固有のいみでの」とことわったのは、ふつうに「道徳」というときには、例えばおじぎの仕方一つにしても、生活の「物質面」と「精神面」の両極から規定されて、いわばその総合的な成果として出てきている現象を、そのままとって、「善い」とか「悪い」とか「道徳的」な判断・評価を下しているからである。しかしそれはむしろ「風習」とか、「習癖」とかいわるべきもので、厳密に「精神的」ないみで「道徳」といわるべきものではないであろう。このような点をよく見きわめず、現象をいわばまるごと、自分の好む形に料理しようとする性急さのなかに、「道徳教育」にかんするこんにちの混乱の、主な原因がひそむといっても、必ずしもいいすぎではないのである。（『現代思潮』4号の拙稿「刻下道徳教育の問題点 ―長田新氏の所説を評す―参照。）

㈢　右のこととすぐに関連して、人間生活の「精神面」すなわち「宗教・道徳」は、ふつうややもすればそう誤解されるように、けっしてたんに「形のない」・「内面的」な・事柄ではない。なるほどそれは、「物質的」生産の技術・経済のいとなみとちがって、人間的生命の永遠普遍の支点にかかわるはたらきではある。しかし、事実的に存在する人間のはたらきとして、それはあくまで一塊の物質・一個の身体・の動きにすぎない。なるほど人は自分自身の宗教的・道徳的なはたらきを、他の物や人々を見るように見ることはできない。しかしそれは、かれがこれらのものを見るのと同じように、他の人々からはまさにそれとして見えるもの、見ることのできる特定の形である。ただその成り立ち方・動き方・相互のかかわりあい方が極度に微妙である、したがって相互にそれが見え、各自それに処する仕方も、技術・経済の世界におけるとは甚しくその様相を異にしてこないわけにはいかない、というだけのことである。

　こういういみで、人間の「精神的」なはたらきは、それがいかに幽遠深刻なものであっても、実際上けっしてたんに「精神的」・「形而上的」ではない。その反面においてかならず、それじたい「物質的・形而下的」な現象である。それは何か両者の混合とか、なかば精神的であってなかば物質的とかいうのではない。永遠に現在的・絶対に普遍的な、生命の根拠もしくは根源にかかわるといういみで純粋に形而上的でありながら、そのかかわりはまさに今此処にある一個の物にすぎない人間に属するものとして、それじたい直ちに「形而下的」たらざるをえないのである。逆にまた人間の物質的生産活動は、けっしてたんに「物質的」であることはできない。やはりそれは、作るもの・意志し理解するもののはたらきとして、それじたいかならず目的意識的、すなわち「精神的・形而上的」であるほかはない。そのもろもろの形もまた、たんなる動物や無機物のようには、これを見ることも、取り扱うこともできない、ユニークな動力学的構造を宿すものなのである。根源的に客体的な主体・所産的な生産者として、人間のはたらきは、その主体そのものの成立の基点からして、同時にかつ必然的に、「形而下的・形而上的」と「形而上的・形而下的」の両極に岐れてくる。しかしこの点についてはまたあとで立ちかえる機会があるであろう。

㈣　したがって、人間生活の「精神的」な側面は、㈡に述べたように、それじたいすでに「社会的」であるばかりではない。それはまたかならず「歴史的」産み出された一つの形・起ってくる特定のはたらき・たらざるをえない。人間のはたらき・人間の成す形は、その現われる場が狭義においての「物質面」と「精神面」とのいずれであるかにかかわりなく、つねに「歴史的・社会的」である。私たちは例えば、一方では国家的（政治的）集団とははっきり区別されながら、他方まだたんに個人的・主観的な意識の内部の事・たんなる「私事」とはならなかった「原始キリスト教会」のようなばあいにおいて、最も明白にこのことを認めることができる。ただしかし、厳密ないみでの「宗教的・道徳的」なはたらきは、それがもともと人の生命の窮極始源の拠り処・永遠普遍の根源・を本来の対象とするものであるかぎり、時の内部におけるその形の推移の仕方は、空間的・時間的に限られた一々の対象にかかわる生産の技術、ないしはそれに対応する経済的社会の形のそれと、まったく同様というわけにいかない。すなわち、「進歩発展」ということが「物質面」の活動にかんして本来的であるのに対して、「精神面」のそれにおいてはむしろ当然、「一に止まる」ということが、本来のこととならざるをえないのである。「物質面」においてはいつも同じところに停滞し固執するということは、人間として甚だ「不自然」であるのに反して、「精神面」では、一つ処にとどまっていられないということ、帰趨するところを知らないということは、その人が人として危い病を病んでいることの一つの明らかな徴だともいわなくてはならないのである。

3　「時代」と「精神」

──「史的唯物論」の功績とその限界──

以上のことから私たちは、歴史の「時代」というものがまず第一に何によって決まるかを理解する。あらためていうまでもなく、「物質的な生産力の発達」とそれに対応して形づくられる経済的社会関係（「生産関係」）の特定の形が、すなわち「時代」という語の本来指し示すべき実質なのである。

といってもむろん、人間は、最初からこのことをはっきりと意識して、歴史を作り、社会を変革してきたわけではない。実際にはむしろ、「生産力の発展」という「歴史の方向」に背いて呪術を行施し、既成のすべてを神聖化する宗教的行事によってわれとわが生命の道をかたくなにさえぎっていたにもかかわらず、実在の自然の環境の圧迫のもと、生命に本来自然な生命そのものの促がしを受けて、われにもあらず新しい道具を発明し創造することをとおし、いわばほとんどめくら滅法に闘いながら、そのつどようやくのことで、新しい社会の形を成してきたにすぎない。

これに反して、その精神の面においては、自然的環境の一々の物からくる直接の圧迫がない。のみならず、その「不自然」な「病症」は、必ずしも一つの形を永く保とうとするという点にあるのではない。したがって、一民族の宗教・道徳は、その核心において何か特定の対象に結びついたまったくの幻想にすぎないばあいにも、それじしんからあらたまるということは、現実の人にとって極度に困難なこととなる。その変化は、ほとんどいつも、生活・社会の物質面における変化の煽りを受けて、その中心に安置された何かの形が――何かの特定の物であれ人であれ――もはや従来信じられてきたような絶対的権威(ちから)をもつものでないことが、だれの眼にもすぐに明らかになるに及んで、始めて行われるということにならざるをえないのである。

そういうわけで、私たちが歴史の経過をただ現象の表面にそうて見ているかぎり、厳密ないみでの人間の「精神」すなわち「宗教的・道徳的」な活動は、それじしんに固有な対象をもち課題を負うて、独特な形を成す動きとしてではなく、もっぱらその時々の「物質的生産様式」(技術・経済)を「土台」としてこれを「反映する」イデオロギーの極限形態、――故意にせよ、そうでないにせよ、つまりはその「土台」の発展をあるいは阻止しあるいは促進するために、それぞれの「支配階級」もしくは「被支配階級」のあいだに醸成されてくる「意識形態」の一種——だとしか考えられない。いな、人間の歴史全体についてのこれだけの表面的な見解さえ、人間にとってけっして一朝一夕に到達されたわけではない。周知のとおり、そのためにはまず、生活の「物質面」の「精神面」に対する独立性が、のちにみる資本主義社会の典型的な形成の過程において、それとしてはっきりと現象の表面に見わけられうる形を成してあらわれて来なくてはならなかった。しかもそれをそれとしてはっきりと識別し、根本的に理解し、順序を追うて説明しつつ叙述するには、多くの学者たちのすぐれた努力の上に、さらに天才的なマルクスの労苦が加わらなくてはならなかったのである。

実のところ、厳密にいうと、私たちは、「表面の現象」を離れて、何事も実のあることを考えることはできない。人間が人間なりに正確に認識することができるのは、ただ「表面の現象」それじたいに含まれているその真実のすがただけである。しかもその「含まれている」というのは、「表面の現象」がそれから離れたどこか暗い奥の方に、人間が人間として考えたのではどうしても把むことのできない何か「神秘」なものを「包んでいる」とか、「潜めている」とかいうのではない。「表面の現象界」のほか、現実の人の住む処はどこにもない。「表面の現象」のほか、私たちの形成しうるもの、私たちに与えられているものは何もない。ただ、その「現象＝現実」の真実相は、私たち人間にとっていつも甚だ深く隠れている。的確にそれを把握するためには、いわば、「現実」そのものの書物を読みに読んで、ついに「眼光紙背に徹する」態の、長く苦しい忍耐を要するというだけである。

そういういみで、私たちがもう少ししんぼうを重ねて歴史の現象・生活の現実を観察すると、たとい一民族の

「宗教・道徳」が、「技術・経済」の変化の煽りを受けて、その「土台」にふさわしい一つの形から他の形へ、例えば「牡牛」から人の形をした「ジュピター」へというふうに、移ってゆくとしても、それが神として崇められるということには、たんに「土台」からの「反映」・「土台」の特定の形態のための「手段」・として片づけることをゆるされない或るものがふくまれている。それはがんらい、絶対的な生命の支え・永遠に変らず、到る処に現在する真実の助け・にかかわることとして、「技術的・経済的」な活動とは、本質的に異なった出来事である。したがって、それは、たとい技術的・経済的には同じ段階の社会に・その「土台」の載《の》せうる範囲で・現われるものであっても、それじたいに独自な仕方で、さまざまな形のヴァリエーションをとることができるし、またとらざるをえない。のみならず、それらの形がそれぞれいかなるものか、また、「虚実」・「上下」等相互にいかなる関係にあるかは、問題のこの領域に独特な対象もしくは基準にしたがって、分たれてくるほかはない。そうして、この独特な基準にしたがって測られると――その「基準」がもし実際に在るとしても、それがどうして私たちに「知られ」うるか、また「用いられ」うるか、その点はいましばらくおくとして――同じ時代・同じ社会のＡとＢとのあいだよりも、そのＡと何千年も昔の、まるで異なった社会のＣとのあいだの方がはるかに近いというようなことさえけっして稀れではないのである。

それで私たちは、「唯物史観」にいわゆる「土台」の変化が、その社会の「精神」（宗教・道徳）をたんに外面的に規定するだけではなく、また内面的にも深く影響してくること――なぜならそれの制約はただ宗教的儀礼に用いられるもろもろの聖物の物質的材料や技術的構造に現われるだけでなく、何を「神聖」と信じるか、その信仰の対象と内容の如何にも、或る点はっきりと現われてくるのだから――を十分に認めたうえで、なお、人間の生活・社会の現実の形態・推移の具体的・総体的（total und konkret!）な観方としては、それがある大切な点で学問的な厳密さを欠いていることを注意しないわけにはいかない。

例えば、同じ「上部構造」として、「土台」を「反映」するといっても、「資本主義社会」を経済学が「反映」するのと、そこに現存する宗教ないし宗教的現象が「反映」するのとではまったくそのいみを異にしている。前のばあい、その「反映」は明らかに実際に行われている生産・再生産の過程そのものを対象として反省的に考察する狭義の意識——動物と異なる人間独特のはたらきとして、物質的生産活動そのものもまた「目的意識的」といわれる（マルクス『経済学・哲学手稿』）が、それと区別されるいみでの「意識」——である。それに反して後のばあいは、「反映」といっても、物質的な生産・再生産の過程それじたいを対象として起っているものではない。いなそれは、そういうみでは対象というものをもたない意識・すなわち反省以前の行動の一種・として、むしろそれじたいそれについての反省的・理論的な考察を要求するものなのである。のみならず、この考察が俗流のものと真に「学問」の名に値するものとの分れうること、またその後者がその本性上その現実の対象（歴史的形態）に対して、本質的にか一々の点でか、かならず「批判」的な意義を帯びてくること、——これらのことは、経済学におけると宗教・道徳にかんする真実の学問におけるとで少しも異なるところはないのである。事態かくのごとくであるものを、ただ漠然と「反映」の一語にひっくるめて、しかもその間の区別や関係を十分立ち入って問題としないということは、何としても客観的に的確であることを要求する科学の道にふさわしいものとはいいがたい。マルクス自身は、例えば『経済学批判』「一般的叙説」の終り、「ギリシャ芸術の永久の魅力」についての思索に見られるように、これらの問題を、のちのちのマルクシストのように安易に割り切ってはいなかったのではないであろうか？

ともあれ、最初にそれを明らかにした者がマルクスであろうとだれであろうと、「社会」を「時代」にしたがって区劃するということは、正当にはただ、物質的生産力の発達とそれにともなう生産関係の変化という観点からのみ可能であることは、こんにちもはや疑いをさしはさむ余地はない。そうしてその観点から近代以前の時代もしくは社会を分てば、「原始共産制・古典的奴隷制・封建的隷農制」となることも、ほぼふつうにいわれるとおりであろう。しかし、現実の人の世のありさま、その移り変りの経過は、たんに「階級の対立」をいい、「階級闘争をとおして」というだけでは、とうていこれを明らかにすることはできない。なぜかというと、たとい、生産力発達のある段階、その周囲の状況のもとで、一社会の内部の或る処を中心に、その富と力が集中して治者と被治者が分れてくることが、その社会の存続・更新のために「必然的」であるとしても、その「階級」の「対立」が、現実にどういう様相を帯びてくるかは、けっしてたんに技術的・経済的な必要だけからきまってはこない。その集中の仕方が度を過すかどうか、集中された富や力がどう使われるか、ということは、同時にまたかならず、その中心に立つ人を始め、周辺に置かれた人々が、生命の最後の拠り処をどこに置いているかによって、すなわちかれらの宗教・道徳、かれらの「精神」がどうあるかによって、規定されてくる。したがってたんに技術的・経済的な発展段階、いな階級の対立という点からも、同じように見える二つの社会が、その内実に立ちいって見ると、まるで似もつかぬほどに異なっている。しかし、その点こそそこに住む人々の朝夕の生活の幸不幸、その一つの社会の治乱・興亡にとって決定的だということも、必ずしもありえないことではない。いなそれは、一段階の内部のさまざまな社会の興亡だけでなく、その段階から次の段階への移り行きがどういうふうに行われるか――最少の犠牲において順調に進行するか、あるいはその逆か――にかんしてもまた、一つの決定的に重大な要因をなすのである。もし、すべての地域・すべての民族・の歴史が、現実において、まったく同じように凄惨な闘争の過程をとおしてこの転換をなしとげてきたとしても、そのことは、人間の歴史の現実の経過にとって、それが宿命的に必然的な道だということには少しもならない。まして、そのような、イデオロギー的偏見を去って虚心にかつ詳細に見れば、そこにほとんど無限といってよい微妙なヴァリエイションがある以上、私たちは、すべてこのような現実を、たんにプライヴェイトなこと、客観的・科学的にも実践的・主体的にも取るに足らない些事として、片づけてしまうわけにはいかないであろう。こんにちまで、マルクシストのあいだから、真に一流というべき文学が現われなかったばかりでなく、歴史学的な記述さえどこか作りものめいて十分に人を納得せしめないということは、たしかにこの点の理論の粗漏さと深く関係していることなのだ。それどころか、いわゆる「アジヤ的生産様式」の実体がどうにも規定しがたいということなども、あるいは、現実の社会の形態が、生産力の発達にもとづいて決まってくるとき、同時に宗教という他の極からも決定的な力がはたらくということによるのかもしれないのである。

二　近代以前の精神的状況

さて、これだけのことを注意したうえで、近代以前の「もろもろの時代」の「精神的状況」を概観してみよう。

事厳密ないみでの「精神」にかんするかぎり、たとい生産力の発達がどんなに低く、その社会の組織がどんなに単純であっても、すでにそこに完全に正しい自覚・最もけだかいすがた・が出現しないとはかぎらない。実際また、イエスはほとんど二千年、釈迦と孔子とソクラテスは、それからまた数百年まえに誕生した。もしも現実の人の世にこれまで、少しでもただ見せかけでない、ほんとうの安けさと明るさがあったとするなら、それはただ、世のありとある誘いに抗して死にいたるまで苦闘したこのような人たちのおかげだといっても、かならずしもいいすぎではないのである。たしかに他の人々と品かわって、かれらの言葉やふるまいはいつもきわめて「自然」である。しかしそれは、たんに反省以前といういみで「自然発生的」なのではない。いなむしろそれらがすでに、人間的な反省の最も暗い迷路を越え、疑いの深く激しい渦潮に堪えて、こんにちもなお光りかがやく導きの星だということは、ひとたびめざめた心にはまったく疑いの余地のないことなのだ。

ただしかし、近代以前の社会では、少くともその生活の「物質的土台」は、こんにち一般に用いられている機械的な技術、社会主義社会で行われている経済のように、科学的・計画的に産み出されたものではなかった。すなわちいわゆる「自然発生的」であった。人々は、いつからとも知れぬ遠い昔から年々歳々実際にそれを行っていながら、その生産の真実の原点がどこにあるか、そこに本来どのような基本的なすじ道が約束されているか、それを見いだし、それにしたがって、生産力を増進するのはいったいどうしたらよいか、——すべてこれらの根本的な点にかんして、何ら正確な認識をもたないばかりでなく、そのような問題を問題としてはっきり意識するということさえほとんどなかった。むしろ、一般的にはただ、それについての宗教的・神話的な説明に完全に満足して、みずからその根柢にまで立ちいって現在の状態を認識し、批判し、変革しようなどとは、夢にも考え及ばなかったのである。

このような「土台」の状態・物質面の生活の仕方は、それが日常不断に起っていること、まったく「自然に」取られてくる一つの根本的な態度であるかぎり、何といっても「精神面」の生活の仕方ないしは姿勢に対して、知らず識らずのうちに、深い影響を及ぼさないわけにはいかない。すなわち、近代以前の一般の人々の生活は、その精神面でも、大体において「自然発生的」である。かれらはつねづね宗教的な祭礼に参加し、その律法にしたがってたがいに挨拶をかわすばかりか、時にはたがいの仕草や言葉づかいに腹を立てて血を流すまでにいたることがある。それは例えばギリシャ悲劇に写し出されているように、今日の私たちをも深く感動させるに足るほどに、強く激しい「精神の現実」である。しかしかれらは、現実に行われている事・現われてきた形・をまったく超えてこれをかえりみるということをしない。その真実の根源との関係においてそれらすべての「現実」を見さだめよう――いわばそのそれぞれに特有な「位置」や「比重」や「方向」を見きわめよう――とはしない。かれらの眠りないしは死と、現実の宗教的生活の形とのあいだに、その現実の形を根本的に否定するような、いかなる思いもはいらない。夢さえも、その形から離れない。その形を根本的に超えるもの、否定する何ものかを、すでに感じていないのではないが、それはいつもただ、積極的に現われてくるもろもろの行為と、それらのあいだの規則正しい牽引・反撥の作用との、ぼんやりした背景としてであって、そのものじたいが積極的に関係の焦点となるということはない。そこではまだ現実の生活に対する信頼が失われていない。というよりもむしろ、かれらにあっては、現実に生活しているだけで十分であって、それについてとくに反省的に考えるということ、したがって、またあらためて信頼するとかしないとかいうことが、まるでないのである。「知られざる神の祭壇」（使徒行伝一七・二〇）というのも、おそらくは他の神々とその次元を異にするものではなかったであろう。わずかに哲学者といわれる人々が、意識的に、現実の事物の真実の原因・窮極始原の根源を問うて思索した。しかしそれすらほとんど、現実の形をもととし、これになぞらえての推理であって、その窮極の根源じたいが、直接に現前するということ、その根源と現実のもろもろのはたらきや形のあいだの関係が間髪を容れない必然性をもってとらえられるということはないといってよいであろう。

生活の精神面におけるこのような事態は、中世にはいっても、根本的にはほとんど変らない。なるほどそこでは、キリスト教が支配的となるにつれて、人間の「罪」とか、個人の「人格」とか、「絶対的な神」の存在とかいう観念が、古代ギリシャには見られなかったような、重大な役割を演じてくるではあろう。しかし、かれらの生活の重心は、あくまでこの世界の内部に現われたかぎりの・一つの特定の・形それじたいに置かれている。かれらは、「ナザレのイエス」を直接に受けつぐという法王を中心とする宗教的儀礼に参加し、かつはその道徳的律法を行うことで十分に満足して、すべてそれらの事柄の神聖な権威を疑おうなどは、夢にも考え及ばない。そのかぎり、これら現実の人の形を一切超えてその真実の根源・窮極始源の根拠について語るということは、それがいかにもっともらしい論理の衣装をまとっても、つまりはただ第二次的な飾りのため、いわば一つのたわむれにすぎない。いなそれは、実在の人のはたらきに絶対に先立つ根源・現実の人の形とはまったくその次元を異にする真実・を真剣に尋ね求めるというよりは、むしろそのような探究の努力を、あらかじめ排除することによって、現実の形の神聖な権威に仕えるためのいとなみなのだ。そのような教会の非難に抗して絶対の神そのものに直接に出あうことを切に求めて、時にそれを成就したという「神秘家」(Mystiker) たちも、かれら自身に成就したその体験にとどまって、その体験の根柢に在るものそのものとその体験じたいとの区別ないしは関係を、精確に見きわめようとはしなかった。そのかぎり、かられにおいてさえもその精神生活の重心はあくまで現われてくる人のはたらきないしはすがたにあって、それらすべての、真に実在的な根源それじたいは、ついにその関心の焦点とならなかったといって、おそらくいいすぎではないであろう。

この点、東洋の禅は、西洋の神秘主義とは著しくその趣きを異にする。それはがんらい西洋にいういみの体験主義ではない。それはふつうにいう人のはたらきの成果のみならずはたらきそのものをも絶対に超える真実の主体とこの私とが本来一であるという事実・すべての人に内在するこの一つの実在・この驚くべき平等の基盤の明らかな自覚である（久松真一博士『東洋的無』、『無』参照）。ただしかし、古来禅者において、理論的な理解ないしは分析が、敬遠されてきたということは、果して、学者の側にのみその責めを帰すべきかどうか。禅もまたやはり、近代以前の宗教の一形態として、その生活の重心が、現実の人の形の美に傾きすぎていないかどうか。反面、西洋中世のキリスト教のなかにも、稀れには前述のような見かけだおしの推論とは品かわるまともな神学を展開した例もあるのである（カール・バルト『アンセルム――理解せむがために我信ず』参照）。狭義における精神の世界では、いつ、どこで、どのようなことが起るか、だれも知らない。私たちはその時代・その社会に一般的な傾向にとらわれて、一々の事実の微妙さを見失うようなことがあってはなるまい。

三　近代の人間と社会

1　その物質面―資本主義社会の成立

以上述べてきたようないみで、近代以前の生活・社会は、その物質面においてばかりでなく、精神面においても、「自然発生的」であったといって、大過ないであろう。そうして、まさにその点からいって、「近代」という「時代」は、それ以前とけっしてたんに連続的に見ることをゆるさない著しい特徴を示してくるのである。

とはいえ、変化はここでもまた、社会の物質的土台から始まる。すなわち、商品経済の全面的な浸透、資本主義社会の成立がそれである。

周知のように、「商品経済はすでに何千年の昔からあった。しかしそれはそもそもの始めから、一社会の内部に、「自然発生的」に生れてきたとはいえない性格を帯びていた。いいかえるとそれは、まず、一つの社会がたまたま他の社会と出あって、それぞれの生産物の余剰を交換するということから始まった。そのようなことが度重なるにつれて、それは逆にその社会の生産の増大・多様化の一つの拍車となった。するとそれにつれて、商品経済は次第にそれぞれの社会の内部に浸透して、その処々に市場が、したがってまたすべてをつなぐ一つの中心的・基準的な商品（「一般的等価物」）が、出現してくる。そうしてこの基準的な商品は、最初のほどは、だれでもが日常一様に必要とする生産物であったのが、商品経済の進展するにつれて、ついにはそのように「直接的・自然的」な必要とはかかわりなく、「一般的等価物」としての機能にマッチした生産物（金）が、「貨幣」として固定してくる。そうしてこのことがまた逆に、ますます商品経済を拡大させ、生産力の発達を促すということになるのである。

そういうわけで、「商品経済」はそもそもの始めから、人間にとって、たんに「自然発生的」に成り立ってきた一つの特殊な生産関係とか、ただそこにだけ独特な形態とかいえないものをふくんでいる。だれかが商品を所有するとか交換するとかいうことは、その本質上そのことじたい、その人がそれだけ、たんに「直接的」に与えられた現実の形・自分自身、そのなかに生れ育ってきた既成の生活関係・の外に出るということである。その瞬間、かれは不思議にも、かれじしんそこに従属している社会の現実を超えてあらゆる社会に・すなわち一つの普遍的な人間世界に・生きる者となる、既成の社会の内部にさだめられた一つの特殊な機能を超えて、自由な主体となるのである。

もちろん、封建社会の内部の商品所有者は、たといかれが専門の商人であっても、まだ現実にそのような「一つの普遍的な人間世界」に生きているわけではない。かれは「自由な主体」として通用するどころか、甚しく制肘され、最もひどく抑圧された、肩身の狭い人間の一種にすぎない。封建社会の内部で徐々に発展してきた生産力そのものが、ついにその生産関係の枠のなかにはどうしてもおさまりきれないところまで達しないかぎり、商品経済の範囲は、時間的にも空間的にも甚しく限定され、したがって政治上の身分もまた当然に一種宿り木的な様相を帯びざるをえないのである。

しかしこのことは必ずしも、商品の世界がその本質上、時間的にも（例えば古代と中世）、空間的にも（そのなかの国と国、藩と藩）、一々の特殊な社会にかかわりなく、これを超えてどこにでも発生しうる、一つの普遍的な場であること、したがって商品の所有者が、かれみずからそれとはっきり意識するかどうかにかかわらず、その生活の深い奥底では事実上すでに、それら特殊な社会——その一つにかれじしんいまはまだ隷属しているその特殊な社会——を超えてどこにでも往来することができる「独立・自由な主体」であることを、妨げるものではない。実際、かれがその生産した物を商品として提供するという行為には、かれがそのことを意志しているということが、すでに含まれているのだ。たといかれが、いや自分はただこの布を一丁の斧と換えたいだけだといいはるとしてもそうなのだ。そうして、このことはやがて、かれの眼の前に、商品所有者のたがいにかかわりあう世界に、「貨幣」が現われくるということであり、かれが切にその「貨幣」を欲するということにほかならないのである。

「金は鋳造された自由である」

というドストエーフスキーの警句は、この間の消息を最も端的に言いあらわしているということができる。

このようにして、商品経済的に自由な人間・独立の主体・は、その本質上必然的に貨幣を求める。最初は商品の売買を介して間接に、さらにはまた貨幣そのものの貸付によって直接に、これを獲得し、蓄積することを求める。しかもこのことが他方おのずから、生産力の分化発展・交通の拡大強化を促進する。封建の枠がぐらつき始める。マニュファクチュアが発生する。それは、貨幣が——その存在の本質上必然的により多くの貨幣を求める商人ないし高利貸の意志が——その儲けのかくれた根源たる生産過程そのものを直接に支配しようとするものとして、資本家的な企業の萌芽である。領主と隷農の関係にかわって、資本家と賃労働者の関係が現われてくる。生産の行程は急速に分化発達し、交通の網もまたそれと相表裏して拡大強化される（政治的にはいわゆる絶対王制が出現する。）その極ついに、「自然発生的」な手工業から人間を解放する機械が発明・導入せられる。基本的にはもはや何ものも、資本家の「自由な企業」を——市場の価格の上下に着眼してその生産を拡大・縮小し、創設・廃止するために、労働者たちをあるいは雇傭しあるいは放出することを——妨げるものはない。資本主義社会が完成する（政治的には市民革命の達成・自由主義国家の成立。）

資本主義社会の理論と歴史を詳論するには他にその人と処があろう。しかし、古代・中世のはじめからあった商品経済が、なぜ近代にいたって、それじたい資本主義社会として一社会・一時代をなしえたか、その根本的な理由は、右のかんたんな叙述によっても、ほぼ明らかであろう。すなわち商品・貨幣を所有するということは、すでにその根本において、たんに「自然発生的」な既成の形に一見隷属すると見えた個々の人間が、その羈絆を脱してそれじたいから活動する「自由な」主体となるということである。しかもひるがえって考えると、その既成の経済的・技術的諸関係も、もともとそれじたいで活動する個々の人間から離れて天から降ってきたものではない。社会の生産・再生産の原点ないし原動力は、結局はやはりこの地上に実在する人間、すなわち一々の人にあった。そこではただ、自己自身の産み出した現実の形を超えて、無限に広く、細かくかつ遠く進みゆくべき当の主体の活動が、まだそれとして実現するには余りに幼なく、ただ夢のごときまじないに安んじて、その日その日を過していたというだけである。商品経済が発達するということは、ともかくも一応は、いわばそれまで眠っていた生産の原動点が眼をさまして躍動してくるということなのだ。そのかぎり、商品経済がついには封建的隷農制を駆逐するということは、すでに最初から決まっていたといってよい。事実、歴史はこの必然の成りゆきにしたがって進展した。ただそれが決定的な勝利を収めてそれじたい一社会を成す（歴史の一時代を劃する）というには、「労働力」の「自由な」調達と移動・すなわち「労働力の商品化」・を可能ならしめる機械の出現を——いいかえると、それぞれ特殊な職人的技能にかわって何でも作りうる人間的労働（「一般的労働」）の現実化するのを——待たなくてはならなかったというだけである。それが反面においてすなわちまた、人間の思惟が一切の呪術的擬人化を脱却する第一歩、それじたいで存在する物の運動法則を探究する自然科学の発達・真に自由で客観的な認識方法の確立・の過程であったことは、あらためていうまでもないことである。

このようにして、資本主義経済が完成すると同時に、実在の人は「人」たるその本性にふさわしく、従来のいみで「自然発生的」な・すなわちたんに「特殊歴史的・人為的」な・形を超えて、客観的・普遍的に認識するもの、各個自由に意欲し、選択する独立の主体となる。このような「個人」を主体とし基体としておのずから成立し、発展する「社会」こそ、人間のそれとして本来「自然な社会」であって、それ以外の、旧来の社会秩序は、人としてはかえって「不自然な」作為にすぎない、——ブルジョアたちが、こう信じて疑わなかったということは、必ずしも、全然理由のないことではなかったのである。

しかしながら、かれらは果して、かれらみずからそう信じかつ意志したように、人たるのその本性にふさわしく「独立自由な主体」と成ったであろうか？　人として「本来自然な」「社会の調和ないしは発展」を実現しえたであろうか？　しばらくはたしかにそのように見えた。生産力の発達・富の増大はすべてこの新しい原理に負うものであり、絶えまない軋礫や混乱は、総じて旧来の不自然な秩序の、権力による強要からくるものと思われた。しかし、その強制がその根本から排除されて、かれら自身の新しい時代がきたにもかかわらず、意外にもそこには、旧にまさって大きな困難の内属することが、時とともにますますあらわになった。資本家相互の死闘、二大階級の敵対的対立、運命のごとくくりかえし襲ってくる恐慌、失業者の大群、戦争。生活の物質面において各自が自由な主体となるという、社会形成のこの基礎条件・この根本原理それじたいが、そのままではどうにも避けがたく、すべてこれらのネガティヴな現象を伴なってくる。したがってまた現実には、その本来の原理に背叛して、そこにもここにも労働組合が結成され、さまざまな「社会政策」が採用せられる。

しかしいったいなぜ、このような破目になるのか？――超過利潤の獲得・機械の改善のための自然科学は、ここではもはや役立たない。「自由な個人・各人の私有」を原理とする資本主義社会を正確に映し出すべき経済学じしんもまた、その原理はそのままにして、右のもろもろの困難を弁護する俗流に落ちるか、あるいはその反対に、古典経済学の竿頭さらに一歩を進めて、そのいわゆる「自明の原理」そのものを疑い、正確に理解し、仮借なく批判することによってすべてそれらの事象を解明する真実の科学となるか、大切な岐れめに立たされることになるのである。

2　その精神面―その物質面との対応

おおよそ以上が、近代という「時代」もしくは「社会」の、物質的土台、ないしは直接にそれにかかわる人間的思惟の状況である。人間生活の物質面、とくに、その自然に対する関係にかんするかぎり、「中世」から「近代」への移り行きは、すでにそれじたい、人間的主体そのものの立ち方・ふるまい方・物の見方・の、根本的な転回をふくんでいる。とすれば、当の主体が、それじしんの絶対的な支えにかかわる仕方において、そこから何らの影響をこうむらないというわけにはいかない。社会の「土台」の変化につれて、固有のいみの「精神」もまた変化せざるをえない。

ここでもまた、歴史の内部に現われた特定の形に隷属していた実在の人――実際はそもそもの始めからその根柢に在りながらいままたそのうえに建てられた特殊な一つの形に隷属していた個々の人間――が「与えられた」その神聖な形から独立して、自由にはたらくもの・考えるもの・選ぶもの・となり始める。すなわち、まず最初には、法王の位置の絶対的権威が疑われ、否定される。個々の人間はかれじしんの「信仰」において直接にかつ平等に、真実の「神」と交わることができると考え、また交わろうと意志し始める。しかしそこにはまた、例えば「ただ聖書によってのみ」(„sola scriptura")、「ただ信仰によってのみ」(„sola fide")という特殊歴史的な既成の形の制肘が残っている(宗教改革者たち)。つぎには、生活の物質面にかけては、既成の観念や習慣からまったく独立な個人自身の、真に自由な研究の可能を許容し、その必要を力説しながら、その精神面すなわち「宗教・道徳」にかんしては、旧来の形から一歩も出ることを敢てせぬ二重真理説(Francis Bacon, 1210—1292?)。つづいて、果敢な疑いの眼をあらゆる既成の形態と信念に向けて、ついに「思う私の存在」の事実に逢着し、そこからさらに「神」と「世界」についてまったく自由に、真剣な思索を展開したデカルト(1596—1650)。最後に、そのデカルトにさえもまだ残っていた特殊歴史的な啓示宗教への帰依をすっかり脱ぎすてて、完全に自由となった啓蒙的人間(Volfaire, 1694—1778, etc....)。

しかし、ちょうど生活の物質面において、商品経済の主体として自由な人間・孤立的に独立な個々の商品所有者・が社会の基本的要素となるということは、その実はとりもなおさず、かれが真にそれじしんで立ちかつ動く資本の所有者となることにほかならなかったように、たんにアトミスティックに独立な啓蒙的人間もしくは精神は、やがてみずからの孤独と空虚に触発され、この欠陥を充足する新たな形を求めて、それじしんのうちから動きはじめる(ドイツ観念論の展開)。それにつれて産み出される成果は、もとより物質面におけるそれ——広義においての商品の価値形態の発展——とは、事柄の性質上いちぢるしく異なったものとならざるをえないにはしても、ヘーゲル(1770—1831)の『精神現象学』にいわゆる「絶対精神」は、近代的な個人的自覚が、それに固有な孤立性と空虚さの範囲内で、その自足的充実と普遍的統一性の極限にまで到達した・動的発展的な形だというそのかぎりでは、まさに市民社会の物質面における根本要素「商品」の完成形態・それじたいで発展する「産業資本」・に対応するカテゴリーだといって、少しもさしつかえないであろう。

ここでもまた、そもそもの出立点に内蔵されていた根本的矛盾は、それをそのままにして逐次獲得された解決の努力がその極限に達して、未曽有の巨大な体系を完成すると同時に、反面たちまち、ほとんど醜悪・兇暴とさえ名づくべき無理を、いたる処に露呈した。すべてそれらの困難を、たんに一ヘーゲルのあやまちに帰して、近代的な「個人の自由」の精神を弁明するか、それとも、この原理じたいの自明性に疑いの眼を向け、徹底的な分析と理解と批判をとおして真に新たな精神として甦生するか？——人はいま、生活の精神面においても、また救いがたい俗流化か、真の学問の道かの、あやうい岐れめに立っているといわなくてはならない。

四　近代と現代、あるいは資本主義と社会主義

1　近代という時代の特異性

以上私たちは、ごく大体においてではあるが、「近代」という「時代」とその「精神」がどういうものか、その「典型的」な時期について明らかにした。

一言でいうと、人間の歴史のうえで「近代」というのは、たしかに一応はふつうにいわれるとおり、実際に存在する個々の人間、すなわち「私自身」というものの、それまでは埋もれていた基本的な重大性が始めてあらわになった時代である。したがって——といっても、この点世間では十分に注意されていないのがつねであるが——

「中世」から「近代」への移りゆきには、ただ一般に一つの「特殊な時代から他の特殊な時代へ」というだけではどうしても尽くせない・或る格別な変化がある。なぜなら、それまでのすべての「特殊」な時代・一々の「特殊」な社会の根柢に深くかくれてはいるが元来あったもの・それを離れてはいかなる特殊も現実にはけっして成り立っていなかった普遍的基盤もしくは真実の主体が、始めてそれじたいとしてはたらくもの・いわば、眼をさまして躍動するものとなった、その特殊な形が、とりもなおさず、「近代」という「時代」であり、「社会」なのだからである。

2　資本主義経済の積極面と消極面

事柄の順序にしたがってまずその「物質面」についていうと、「資本主義社会」は、ただたんに古代奴隷制や封建制社会と並んで一つの特殊な社会形態というだけのものではない。いな、むしろそれは、いやしくも人間が人間としてこの世界に存在し生活するかぎりそれだけはけっして免れることのできない基本的制約・かならず充足しなくてはならない根源的な要求、しかもその全貌が、それとしてはっきりと眼に見える形・動きとなって現われている社会である。「資本主義社会」という特殊な形にはっきりと現われ、示されているものは、たんに資本主義社会にだけ特有なものではなくて、それ以前の社会の根柢にもはたらいていた制約、すなわち、ただその支配の下にのみ現実の人の物質的生活が成立し発展することができる根源的な法則（宇野教授のいわゆる「経済原則」）である。この「原則」それじたいは、たんなる人間の規則や習慣ではない、ましてたんなる観念や主義ではけっしてない。いなそれは、人間の意志や認識、いな行動からさえもまったく独立に、人間という主体が成り立ってくるその基点に、そもそもの始めから帰属している無条件の要求――いかなるいみにおいても人間的主体に従属するのではなく、むしろそれに先立つ命法――である。それ以前の社会といえども、それが現実に成立し持続しえたのは、そこに何らかの形で、この要求の充足が起っていたから――この命法への順応が果されていたからである。ただ、そこでは、社会の現実の形が、いわばまだ未熟かつ未分化であるため、その物質面（技術・経済）が、その精神面（宗教・道徳）と一つの根もとから発する対極として、それじたい独立な、生活の一領域であることが、資本主義社会におけるようには明らかにならない。まして、この領域に固有な原則・理法がそれじたいどのような内容のものか、どのような諸契機ないしその区別と関係をふくんでいるか、すべてこれらのことをそれとしてはっきりと見分けるということは、当時の人々にとって、とうてい不可能だったというまでである。

ところが、商品経済の徹底したものとしての資本主義社会においては、まさに人間の意志からまったく独立なその共通の原則・理法が、「価値法則」・「絶対的ならびに相対的な剰余価値の法則」等、この社会にだけ特殊な「経済諸法則（ないしその統一）」として、まざまざと眼に見えるように現われてくる。価格の上下・利潤の大小は、資本家であるかぎりの資本家の意志を否応なしに支配する。だれが法律できめなくても、これらの変化をかえりみることなしには、資本家が資本家として立ってゆくということ、資本主義社会が一社会として持続・発展することは不可能なのである。

ただしかし、人の生活の物質面のかくれた原則の全貌は、資本主義社会においても、真に直接に、かつまともに、それとして現われるわけではない。なぜかというと、この社会の住人・この社会を織りなす基本要素としての人間的主体はもともと、それじしんの成立の基点に宿る無条件の理法をそれとして明らかに認め、その本然の理法にそうて、自分たちの生活・社会を築いてきたわけではない。人間にぜひ必要なもろもろの生活資料とそのそれぞれの生産手段を、適切な均衡を保ちつつ、時とともにいよいよ豊富に、ますます多様・繊細に、確実かつ迅速に生産するということが、すなわち人が人として生きるということにほかならないと明らかに覚って、そのために必要な工夫を自然ならびに人間相互の関係にこらしつつ、その生活をいとなんできたわけではない。むしろ自己自身の生命の根柢に横たわるこの必然の制約ないし促がしにそむき、他の生産の諸部門・他の人々とのあいだのなくてはならぬ関係を無視して、自分がただ単に自分としてどこまでも自主独立であろうとするその徹底した孤立性に、「商品経済」元来の性質——たんに「私的」な「商品所有者」・「自由主義」経済の決定的な本質——があった。いわゆる「経済諸法則」は、共通の「経済原則」それじたいではない。むしろ反対に、人間がそれとも知らずこの原則の命ずるところにそむいて、あくまでも孤立的独立的に主体であろうとするにもかかわらず、人間成立の根柢に横たわる絶対的な理法が、生産力発達の過程で機械というものが始めて出現したほんのしばらくのあいだだけ、いわば「自然の」治癒力・育成力としてのみずからのかげを、おろかにも強情な人間の生活・社会のうえに落した、——それがすなわち、「資本主義社会の経済法則」にほかならないのだ。

したがって、資本主義社会の各個人が、それぞれ自分自身の利益のために、価格の上下や利潤の大小を顧みつつ、自主的に、独立自由にその生活——生産・消費・交換（売買）——をいとなむといっても、それはけっしてほんとうに「自主的」でも「独立自由」でもありえない。なぜかというと、そのばあいかれは、かれがかれ自身の利益のために顧みるべき「価格の上下」や「利潤の大小」を、自分自身で決定するわけにはいかない。かれとしてはむろん、できるだけ高い価格で売り、大きな利潤を得たい、そのためにはまたできるだけ安く、生産の手段と労働力を買い入れたいのだが、実際はそれがそう思うとおりにはゆかない。かれの所有する商品がいくらで売れるかということは、むしろ、他のあらゆる種類の商品との関係におけるその商品の供給量の多少によって決まってくる。かれは、その商品全体として適度な量がどのくらいか、かれの所でどのくらい生産したらよいか、などということをあらかじめ知るすべは、全然ない。かれにできることといえば、せいぜい市場に出してみて、売れないのにあわてたり、もっと手持ちの品のないのを悔んだりしながら、いい加減の見当で自分の商品の正札を書きかえるくらいなものである。しかも、どんなに「景気のいい」時でもしばらくすると、突然にひどい衝撃を受けて、いくら低く値段を書きかえてみても、もはやだれも見向いてくれない、そういう窮境にさえ落ちこむことを免れないのだ。そのかぎり、この社会では、自分の労働力のほかに売るべき何物も持たない労働者はむろんのこと、首になった労働者があいつのせいだといって恨んでいる資本家自身も、けっしてほんとうに「独立自由な主人」ではない。むしろ反対に、まず第一にかれら自身が価格の奴隷、市場の風のほんろう物、たかだか四方を恐ろしい敵に取り囲まれて、一刻も安きを得ない孤城の主にすぎないのだ。

したがってまた相互の自由な競争により、期せずしてこの社会に実現するという「自然の調和」も、けっしてほんとうに自然なもの、安定したものであることができない。それはいつも崩壊の危機にさらされている。比較的に安定して共存共栄の実をあげているように見えるときにも、その根本にはたらいているものは、いつもまず第一にその逆の力、すなわち「孤立的な自由」の意志である。比較的な安定は、むしろただ、このような独走的・分裂的な意志に抗して、かれらの背後からはたらく「経済原則」の強制——かれらの無知にもかかわらず、それじたいを告げ知らせる真実の自然の理法の促がしと警告——のおかげにすぎないのである。

資本家が市場価格の奴隷であるよりもむしろ主人となる時、すなわち他の競争者を圧して独占的な資本家となる時、その時はすなわちまたかれらのいわゆる「自由と不可分な自然の調和」からかれじしんが見放される時である。すべてがめちゃくちゃになることを防ごうとすれば、かれらはいやでも、それぞれ「自由に」やるというかれら自身のもともとの意志に反して、われから相互の意志を制肘する「不合理」を犯さなくてはならない（例えば「日経連」）。いまや、確実に「調和」をもたらす「自然の手」ではなくて、かれらみずからの手で作られた規約が、かれらのあいだをつなぐべきものとなる。しかも孤立的に独立的であろうとするかれらの「主体的意志」は、その根本において少しも変らない。（それが変るということは、かれらがもはや「資本家的私有」を欲しないということ、資本家たることをやめるということであろう。）しかしそれが変らないかぎり、その契約のなかに支配するものはひっきょう不断の暗闘、強者の独裁的意志と、絶えることのない陰謀であるほかはない。のみならず——いまここで詳しくその説明に入る余裕はないが——このことは、すなわちまた、かつては、労賃の高低により、各個自由に移動することによって全産業に調和をもたらしながら、ただ他の商品のごとく無制限には産み出されえないその自然的性格のゆえに、たんに量的な生産規模の急速な拡大とのあいだに避けがたいずれを生じてしだいに騰貴し、ついには利潤を増大するよりもむしろ低下せしめて、週期的に恐慌を勃発せしめると同時に、まさにそのことによって生産力の質的向上を強要促進せしめたユニークな商品「労働力」が、もはや以前のように自由な調達の対象としてはみずからを提供しなくなるということ、労働者たちもまた協力団結して、その利益を守るために、資本家たちと闘うということにほかならないのだ。——もし、絶大な資本を擁して他資本家の競争を許さないだけでなく、万般の生産設備の不断の改善によって労働力の不足という大いなる困難を克服しうる金融独占資本の下で、労働者だけが個々バラバラに自分の利益を求めて動くとしたら、それはかれら自身の自滅のほか、何ものももたらすことはできないからである

3　資本主義から社会主義へ

このようにして私たちは、近代人の生活は少くとも――といってもそれは近代という「時代」にとってすでに決定的なことなのだが――その物質面において、かれじしんがそれを好んで口にし、また心からそれを意志しているごとくには「自由」でもないし「独立」でもないことを認めないわけにはいかない。

人間の一人々々が、かつてない重大な役割を演じるようになったということ、一々の個が社会的な生産・消費・再生産の基本的要素として、実践的にも理論的にもあらわになったということ、それはたしかに近代の生活・社会が、それ以前のもろもろの生活・社会に対して根本的に一歩を進めた点、たんにさまざまな特殊な形のなかの一つであるにとどまらず、すべてそれらの特殊な形の根柢に横たわる唯一つの普遍（真の原型）を代表するものとしてユニークな形である所以、人類の歴史全体を前後に劃する重大な意義を帯びてくる深い理由である。弱点はその点にあるのではない。

では、弱点はどこにあるのか？　人間の物質的生活の唯一の普遍的原型を歴史の内部で代表する尊い形でありながら、なぜそれは、永遠に持続しつつ、真実に世界を一つたらしめることができないのか？　現実において、いつもその逆の傾向を帯びているのか？　調和ある発展と平和的な共存は、そこではむしろ例外的なこと、各自に「誠意」のあるなしにかかわらずまったく信じるに足りない見せかけのことにすぎないのか？

私たちにとって、答えはいまやかんたんである。すなわち、近代の自由主義・資本主義の弱点は、たしかにそ

こに、おいて一々の個が基本的な要素としてはたらき出した、自分でもそのことを自覚しかつ主張するようになったという点にあるのではけっしてない。他の人々に対して同じ権利を承認しなかったという点にさえあるのではない（「自由契約」は事実近代市民法の基本ではないか）。いなむしろそれはただ、その個がまだほんとうに個としてはたらくものとならなかった。その「自覚」が正真正銘の自覚でなかった、その主張がまだ十分に明瞭な言葉となるにはいたっていない、——という一点にひそむのである。

なぜなら、人間的主体そのものの存在・一々の個の成立の事実は、時間的にではないが事柄の本質上、個の一切のはたらきに先立つこと、したがってまた、そのはたらきにおいて結ばれる他のもろもろの個との関係すなわち特殊歴史的な社会の形に先立つことである。そこには何らかのいみと程度においてかれみずからのはたらきに依存するような、いかなる特殊歴史的形態も存しない。しかし、そこにはただたんに、かれの意志から独立な何ものもないのではない。いなむしろまったく反対に、まさにそこにこそ、そしてただそこにのみ、かれの意志から絶対に独立なものが現存するのである。すなわち、まず第一にかれがその瞬間事実そこに在るということは、かれがいままで何をしてきたにしても、またこれから何を意志するにしても、まったくいやおうなしにそこから出立するほかない足場、ただこれを受けいれる以外まったくどうしようもない出来事である。のみならず、かれが人としてそのように存在するということは、同時にかれが、人であるかぎり絶対に避くべからざる——避けることはできない・避けるには及ばない・したがって避けようとしてはならない・という、語の十全ないみにおいて絶対に避くべからざる——かの「原則」・「理法」の支配の下に在るということにほかならない。そうしてその「原則」は、かれが何よりもまず第一にそれを心にとどめ、その原構造を精確に見きわめつつ、忠実にその基本線にしたがって、真に人間たるにふさわしい生活・社会をいとなむことを要求している。いなたんに要求しているだけでなく、それにかんする人間の頑強な無知にもかかわらず、典型的な資本主義社会の形成・運動の過程において、だれの眼にも見えてこなくてはならないように、それじたいを告げ知らせつつあるのだ。しかしそれにもかかわらず、人々は、その根本において、孤立的・独立的な自由の行動・観念を捨てようとはしない。そうしてその結果がすなわち、前述のごとき、現代資本主義の恐るべき状況なのである。そうとすれば、現代の危機を根本的に克服する道はただ一つ、私たち各自が事実存在する人間的主体に真に根源的直接的な制約を明確に自覚して、その線にそうて十分にはたらきかつ援けあうこと、そのための障害となる現存の制度・観念を根本的に改めること、そのために必要な闘いを避けないこと、——一言でいうと、たんに孤立的に独立自由な人、すなわち「私人」という不可能で不幸な夢を棄てて、そもそもの始めから連帯的な個人本来の道に立ち還るということのほかにはありえない。そうしてこれこそ、マルクス自身の早くからとくに注意したように、資本主義から社会主義への革命の道にほかならないのだ。

4　「社会主義革命」にかんするもろもろの誤解について

そこで私たちは、生活の物質面にかんして、現代の「革命」をいうとき、すでに一般には見のがされているいくつかの点を注意しておかなくてはならない。

㈠　資本主義から社会主義へということは、ふつうにいわゆる「個人中心」の経済から「社会中心」の経済へというようなこととは何のかかわりもない。「自由経済」から「計画経済」へということさえ、とうてい事柄の核心を誤まりなく伝えるものとはいいがたい。なぜなら、そもそも問題はこのばあい、「個人と社会」、「自由と計画」これら両者のうちそれぞれいずれを先にすべきか、あるいはその両者を巧みに綜合して「中道」をゆくべきか、などということにあるのではない。いな、問題をそういうふうに提出するということ、そういうふうにしか提出できないということそのことがすでに、その人自身なおその思惟の根本において、資本主義の呪縛——ブルジョア・イデオロギーの空想性——を脱しないことの証拠なのだ。なぜといって、実際に存在する人間はもともと、「個人か社会か」・「自由か計画か」等々と眼のまえに並べておいて、あれこれひねりまわすことができるようにはできていない。まずはじめにただそれだけで存在して、さてそれから自分の「自由意志」によって、そのいずれかに決定する、——そんな「個人」は、ブルジョア・イデオログの空想のなか以外、どこにも存在することはできない。自然界の一個の物・一個の生物が人間に成るということ、この地上に一個の人間的生命が発生するということは、そのことじたいただちに、これまでの動物とはまったく異なって「選択的」に、そのときどきの周囲の諸物に関係すると同時に、その関係をとおして他の人々に関係するべく、重い責任を負うて生れてくるということである。このほかに、人間が「自由な主体」だということはどこにもない。したがってまた、かれがこの世界で他の物や人に出あうのは、ただたんに「偶然」の事ではありえない。いな、かれみずからの「自由な意志」からは全然独立にかれにさだめられてきた人としての生命の構造そのものに、かれが他の諸物と人々とを必要とするということが含まれている、のみならずこの根源的な必然に促されて否応なしに他の物と人とを求めつつあるということから離れて、かれがそれらに出あうということが起るのではない。ただ、感覚的に知覚される事実として、その一々がどういうものかということは、かれじしんの存在（existentia）の事実そのものと同様、根源的構造（「原則」essentia）それじたいから、直接にこれを引き出すことはできないというだけである。（このことは、原構造そのものの欠陥ではけっしてない。むしろ、これもまた原構造そのものの本来意味するところなのである。）

こういうみで、実際に存在する人は必ず、個人的であると同時に社会的、自由であると同時に計画的である。個人的即社会的、自由即計画ということは、人間存在そのものの無条件の本性であって、いかなる時代、いかなる人も、その外に出ることはできない。問題はただ、その計画、その社会的関係が、(1)根本的な点で、その本性の原構造にふさわしく行われているかどうか（原理の問題）、(2)一々の点でその時々の状況にかなうように立てられているかどうか（政策の問題）だけである。そうして「資本主義か社会主義か」ということは、何よりもまずその第一の点にかかわる実践的解答の方式なのである。

そのかぎり、「資本主義的な個人主義」は、それじたい社会の根本的な建て方であり、同じく「自由主義」というのは、それじしん、一つの原理的な選択あるいは計画である。そうして、「自由主義」というこの根本的な計画が、人間存在に本来固有な根本的制約（経済原則）をそもそも始めに無視しているということ、この「個人主義」がそれじしんの出立点で、実在する個人の本性に背叛して孤立的に独立であろうとしているということ――そこに「資本主義」という生活の仕方・社会の建て方の、根本的な欠陥が潜んでいたのだ。

したがって、「資本主義か社会主義か」ということは「自由か計画か」ということではなくて、「一つの根本的に盲目な計画か、それともその反対に開眼した計画か」ということである。「個人中心か社会中心か」ということではなくて、「人間本来の、共通の基盤を遊離して倒錯した生活・社会の形態か、あるいは、その逆の形態か」ということである。しかも生活の根本的な計画・形態にかんするかぎり、人はまずその両者の外にいて、しかるのちそのいずれかを選択するということはできない。そうではなく、人はそれぞれ、すでにそのいずれかのなかに置かれていながら、意志したり、考えたりするほかはない。実在の生活の場は、同時にその両方の形を取るということはできない。一方が成り立つことは、そのことじたい、他方が排除されるということをいみする。いいかえると、このばあい問題は、たんに頭の中のたわむれではなくて、実践的な対決・闘争の事たらざるをえない。資本主義・社会主義の何たるかを正確に理解するということそのことが、すでにおのずから、自他の生活の仕方に対する根本的な批判を、すなわち実践的な対決ないし変革の意志を伴なってくるのである。

㈡ しかし、右の点を注意ぶかく確認するとき、私たちは同時に他面、問題の実践的・闘争的な性格を強調するばあい、私たちのややもすれば陥りがちないくつかの危い罠を、深く心にとめないわけにはいかない。すなわち、

(a) 資本主義と社会主義が実践的原理的な矛盾関係にあるということは、かならずしも、両者に共通な生命の基盤がないということではない。いなそれどころか、両者の相互排除的・矛盾的な関係というのは、がんらい、一切の人間的な意志や実践に先立って人間的生命の根柢を扼している根本的な制約——人間生活の物質面に本来固有な普遍的原則の支配——にみずからすすんで順応するか、あるいはその逆に、はじめそれに背叛しながら、けっきょく順応させられるか、一言でいうと、真に人間的な自律か、それとも「人間的、あまりに人間的」な自律、すなわち自律と見えながら実は物神崇拝的な他律か、という、人間的実践ないし思惟の根本的な方向の矛盾なのである。いいかえると、それじたいは資本主義でも社会主義でもない・真にそれじたいで実在する・共通基盤が、すなわち人間の実践ないし理論が互いに矛盾し排除しあう両方向に分たれてくる分水嶺なのである。資本

主義経済の諸法則に倒錯的に映し出されたこの共通基盤の根本的構造をそれとして明確に認識し、受容するということ、そのことを措いて社会主義の確乎たる主張はなく、資本主義との根本的な闘いはどこにもない。共通基盤の実在的権威を承認するということが、すぐに無原則の折衷主義・修正主義に導くと考えるのは、その人じしん、いつのまにか実在する人の成立の基点を素通りして、そこから派生したはたらきや形を絶対化しているからであろう。㈠に述べた抽象的・観念的な思考法、したがって実在的基盤を遊離した感情の病的興奮が、そのばあいまだ、かれじしんから払拭されていないのである。

（b）右に述べたことは、資本主義社会内部の両階級の敵対的矛盾についてそのままに妥当する。なぜかというと、資本家的衝動というのはもともと、実在する人間がその成立の基点にふくまれている根源的な拘束を無視して孤立的に独立であろうとする結果、かえって他律的に、外に現われてくる拘束に、いよいよ堅く結びつけられる、すなわち物神崇拝的に貨幣に繫縛されてゆかざるをえない、その極限に、現象してくるものにすぎない。そのかぎり、その生活の物質面における人間の主体性は、労働者から奪われるまえに、資本家自身において失われている。かれはかれみずからの望みどおり、独立の主人になればなるほど、実際はかれじしんの資本の奴隷になる。他を征服し、労働階級を奴隷化しようとするかれの動きは、かれがわれから背負いこんでいるその重荷の圧迫の必然的な煽りにすぎない。その煽り、「資本家としてやむにやまれぬ」圧迫に抗して、労働階級が闘うのはむろん必然の勢いである。しかしその必然の闘いが、その根柢において資本家のそれとひとしく空しい「独立自主」の衝動に堕しないためには、私たちはぜひとも、たんに「自然発生的」な階級の闘争を越えて、このような不幸な対立が同じ人間のあいだに避けがたく起ってくるのはいったいなぜか、深くその根源をかえりみなくてはならない。そうしてこのことはすなわち、資本家的経済がいわばさかさまにそれを映し出している物質的生活の共通基盤の実在と、その基本的法則を正確に認識するというにほかならないのだ。したがってまた実践的にも、資本家階級に対する労働者階級の闘いは、たんに闘いのための闘い、資本家に勝ちさえすればよい、そのためには何をしてもよいという争いにとどまることはできない。いな、真に主体的な労働者の努力は、何よりもまず第一に、人間生活の物質面の本来的制約に忠実になるということ、人として生産的に働きかつ援けあうということをめざすものでなくてはならない。ただ、資本主義の原理と実践が、根本的にこのことの障害となるかぎり、同じ建設的な努力は、反面おのずから激しい闘争を伴なわざるをえない、果敢な闘争をとおすことなしにはとうてい実現されることができない、というだけである。

このいみにおいて、社会主義革命のための労働階級の闘いは、たんに自分たちをその理不尽な圧迫から解放するため、自分たちの主体性をその疎外状態から回復するための闘いではなくて、同時に資本家階級をして、かれらじしんの疎外状態に気づかせるため、かれらじしんをその息苦しい重荷から解き放つための闘いだといってよい。人の一切のはたらきに先立つ共通の基盤ないしその法則の圧力が、資本家じしんにも及んでいるかぎり、かれらといえども、社会主義革命のこの真意をけっして了解しないと、頭から断定するわけにはいかない。このようにして始めて、労働階級の闘いは、たんに量的にではなく質的に、マルクスのいわゆる「全人類の解放のため」の闘いだということができるであろう。これをしも、折衷主義・修正主義として排斥する「革命家」は、いかにかれがその「弁証法的唯物論」を強調しても、実在する物それじたいの真理よりも、自分の主義や認識を重んじる観念論者、その共通の真理がすなわち人のいとなみの正否を審く鋭い剣であることを弁えぬ公式主義者にすぎない。そこには、なおその根本に、人間的主体の現実形態を、主体成立の実在的根柢から切り離して実体化し、絶対化する形而上学的思考法、したがってまた反科学的・呪術的な情念の興奮が、頑迷固陋なその敵におけると同じように、時にはもっと甚しく、残存しているのだ。

（c）　右のように、商品所有者対商品所有者・資本家対労働者の対立・闘争の裏面には、そのいずれにも従属しない存在の理法が支配している。この共通の理法に進んで順応するか否か、それが社会主義か資本主義かの根本的な岐れめであり、後者に対する前者の勝利の、本質的・原理的な必然性である。しかし、資本主義と社会主義のこの矛盾的関係・移行の必然性を、右のごとく本質的・必然的なこととして真実に理解する者は、またおのずから、この両社会の内部に現象的・事実的には、甚しく相似た事象の起りうることを認めないわけにはいかない。というのは、まず第一に、資本主義の典型的な時期においては、価格の変動や週期的恐慌を介してにせよ、何らの政策的・権力的統制を用いることなしに、ともかくも均衡を保って拡大する社会的生産・再生産が行われてゆく。のみならず、資本主義の後期において、その内部にしだいに強く出現してくる労働者の団結権や社会保障の諸制度は、がんらい「自由主義的」な資本主義の原理に抗して、労働階級によって要求され、資本階級によって承認されたものとして、そこにはすでに存在の根源的理法そのものに対する意識的服従が、はなはだ不徹底で部分的な形においてではあるが、実現しているといわなくてはならない。金融独占資本家群の協議会というのも、かれらが、まったく支離滅裂な混乱を避けようとすれば、いやでも、典型的な自由主義の時代に、「価値法則」の支配によって自働的に行われた産業諸部門相互のあいだの調整を、みずからすすんで意識的に行うよう、若干の工夫をしないわけにはいかないであろう。他方また基本的には生産手段を国有化した社会主義社会であっても、その一々の計画に際してその生産力の段階や、現状にかんする認識や表示を甚しく誤るようなことがあれば、典型的な資本主義の恐慌にまさる大混乱を惹き起さないとはかぎらないであろう。

このように、私たちは原理そのものの認識がどんなに正確になっても、そこからすぐに、現実の資本主義経済や社会主義経済の段階や状況について、何らの判断を下すわけにはいかない。したがって、また一国の内部における前者から後者への移行、国際的な両陣営の対決の帰趨については、右の原理的認識をみちびきとしてではあるが、それからははっきりと区別せられるところの、忍耐づよい研究がなされなくてはならない。それですら、一々の政策の決定は、けっして十全に科学的にはなされえないこと、いつも蓋然の範囲を出でないままで、政治局的決断に委ねられるほかないことを覚悟しなくてはならない。というよりもむしろ、原理の正確な認識は、同時にかならず、それじしんの限界の認識たらざるをえないのである。

社会主義が「科学的社会主義」の名に値いするためには、少くとも、それに固有な経済学の領域・現代生活の物質面・にかんして、右の二つないしは四つの点を、明らかに自覚していなくてはならないであろう。ひるがえって思えば、商品経済・資本主義社会は、それにおいてもろもろの特殊の根柢に横たわる個々の人間主体が自発的・独立的に躍動する形として、たんなる特殊を超えて普遍を体現するユニークな特殊であるといっても、それはなお、真に実在的な普遍の理法を体現するものではなかった。たんに「自然発生的」とはいいえない「自覚的・建設的」な社会だといっても、まだ真に自己の生命の約束にかなった人間本来の世界ではなかった。それはなお、ただ単に外の生産物によって触発され、強要された個人の自覚、まだ生産する主体そのものの成立の基点に宿る無条件の制約を、それとして自覚するにはいたらない抽象的・観念的な自覚にすぎない。そこに商品経済・

資本主義的生産の根本的な盲点がある。この盲点が開かれて、物神崇拝的な倒錯から解き放たれぬかぎり、資本主義社会はやはり、それ以前のもろもろの特殊な社会と同じように「自然発生的」な特殊、やがて根本的に過ぎゆくべき一つの時代にすぎない。ただ、それにおいて、ともかくも実在の個が、一々の特殊な成果を超えて「自由に」はたらくかぎり、そうしてたんに無拘束なその「自由意志」ないしは「民主主義」にもかかわらず、人間存在の共通理法が「価値法則」・「剰余価値の法則」等々としてその支配を貫徹するかぎり、それは、よし他律的倒錯的にではあっても、それじたい、真に普遍的な永遠の理法を十分に暗示するものとして、人類の歴史の前期を劃する形——真に人間的・創造的な経済社会の到来を用意するユニークな時代——だといってよいのである。資本主義社会のこのユニークな特性を明確にせず、したがってその変革に必須な上述の諸条件に留意せず、たんに生産力の発達とそれにともなう生産関係の推移、その動力としての階級闘争・という一般的公式にあてはめるだけで、性急に「社会主義革命」を成就しようとするかぎり、私たちはけっしてたんに「自然発生的」な反撥を超えて、「科学的」の名にふさわしい現代の運動を展開することはできない。そのとき、「科学的」という標語はただ、自然発生的な憎悪の念を、凝固した教条・味方にのみ好都合な「経験」・によって飾るところの、一つの呪文に堕するほかはないのである。

五　現代の精神的状況

ながい遍歴ののち、私たちはいまようよう、与えられた当面の主題についてまともに述べるべき時に立ちいたった。ただ残念なことに、私たちはすでに与えられた紙数をはるかに突破してしまった。読者諸兄に対しても、はなはだ申しわけないことではあるが、以下大切な二三の点をできるだけ手短かに要約して、このつたない稿を終ることとしたい。(もっとも、大切なのは、結論よりもむしろここまでの経過であるかもしれない。注意ぶかい読者はすでに、ここまでの私の叙述の仕方から、以下私が何をいおうとするか、その大よそを察知せられたことであろう。)

1　近代の自覚と現代の症状

その物質面におけると同様、その精神面においてもまた、近代の生活・社会の欠陥は、そこにおいて一々の個がかつてない重大な役割を演じたということ、あるいは、一々の個の存在ないし活動の決定的な重大性が感得され、自覚され、承認されたということ、にあるのではない。たとえばデカルトの自覚に見られるように、近代の初めにおいては、封建的なもろもろの桎梏から解き放たれて、この私が私として事実存在するというそのことじたい、すでに何ものにも替えがたい素晴らしい歓びだった。事実存在する一々の個に、人の世の一切のそもそもの根源があり、窮極の目的があり、不断に新たなる動力がある、——ひとびとがそう感じ、そう考えたとき、そこにはたしかに、一つの大いなる真実が含まれていたのだ。だからこそ、近代は、たんに物質的だけではなく、精神的にもまた、ルネーッサンス以来、哲学・宗教・道徳・芸術等あらゆる方面にわたって、それ以前にはけっして見られなかった多彩な展開を遂げたのであった。ところが、ここでもまた、時のすすむにつれて、物質面のそれに似た分裂的傾向が、ひとびとの心の奥を支配しはじめる。一種いいがたい不安・焦躁・倦怠が、まずその活動の最尖端に立つ「天才たち」をとらえて、それがやがては一般の大人たち、ついには、まだいたいけな少年少女の胸の中にまでも侵透してゆく。運命のように避けがたく襲ってくる憂鬱、これという特別な理由のない失踪、自殺、殺人の流行。

（昭和二年七月、近代の文化を味わいつくした芥川竜之介は「ただぼんやりした不安」のゆえに自殺した。昭和二十三年或る「進歩的」な社会学者・「民主的」な評論家は、芥川の自殺のごときはたんに異常な一天才の私事であって、一般市民に関係はない、人民大衆にとってはただ食えるか食えないかだけが問題だ、といった。ところがそれから数年、食うことに必ずしも不自由ではない少年たちの、理由なき失踪・自殺・殺人は、多くの新聞・週刊紙の記事になった。いったいなぜであろうか？）

病気はかならずしも、それが一見してそれとわかるように現われるときにだけ、ましてその当人にそれと自覚されるときにだけ、あるのではない。いなそれは、世にいう「近代的な人間の自覚」にそもそものはじめから潜んでいたのだ。ではその病気の正体はいったいどうだったのか？

はなはだ独断的のようではあるが、以下端的に結論から述べることとしよう。（じっさいまたここでは、どう親切な手続きをつくしてみても、結局はただ事実を事実として、真にそれじたいで立ちかつはたらきつつある真理を真理として、単純素朴に言いあらわすほかに仕方がないのだ。私としては、言い足りないことよりもむしろ余計なおしゃべりによってごまかすこと、ひとの妨げとなることを、いつも懼れなくてはならないのだ。）

2　人間存在本来の基本構造

近代の人は、この私自身が、私自身の全生活のほんとうの始めであり、終りであり、支えであり、動力であるどうしてもそうなくてはならない、そうでなければ、人が人として、ただの動物でもなく他の奴隷でもない自由な主体として、ほんとうに生きているとはいえない、と考える。それはたしかに、実際に在る人の生命や世の中にかんする・それまでは気づかれなかった・一半の真理である。しかし一半の真理は、それが一半の真理にすぎないということに気づかれないで、ただそれだけで主張されるかぎり、それだけますます甚しい虚偽に堕さざるをえない。

なぜかというと、この私はいかに「他の何ものにも拘束されない」「自由な主体」だといっても、私が「自由な主体」として事実存在するというそのことじたいは、けっして私の「自由な意志」によって成ったことではない。私の成立にかんして、私はまったく何らの決定権をもたない。この点にかんするかぎり、私はそこに置かれている石塊とすこしの異なるところもない一個の物にすぎない。私の「主体性」は、全然主体ではない一個の物の主体性にすぎない。この私はいわば、絶対に私ではない真実の主体によって、この世界のただなかに呼び起され、招き入れられて、その本来の分にふさわしく十分によく見、働き、かつ考えるように促がされているひとりの客にすぎない。主はけっして客ではなく、客はけっして主ではない。のみならず、この主客の順序は絶対に逆にできない。しかも、この絶対に不可逆的な区別はすなわち永遠に分つべからざる統一である。この主は一瞬もその客を離れない。この客は、かれがそのこと認めると否とにかかわらず、事実はけっして、この主を離れて自己自身としてあること、はたらくことはできない。かれがかれとして成り立つ処、そこはすでに、絶対にそれに先立って主の在ます処、かれのあらゆるはたらきに先立ってかくれたる主の支配したもう場所である。私がそれに所属する「私自身」などというものはどこにもない。私は絶対に私ではない真実の主体に、無条件に従属する客体として、始めてこの私という主体であるにすぎない。そうしてそれで、私には十分すぎるほど十分なのだ。私の人としての自由はそれによって狭められるどころか、ただそこにだけ、絶対に揺がない基礎と、失われることのない目標と、怠けたり焦ったりすることをまったく不可能、かつ不必要ならしめる真実の原動力をもつのである。

真にそれじたいで在り、かつはたらく絶対無限の主体に基づけられ、裏づけられた一個有限の**客体的主体**、——それが「この私自身」の真相、事実存在する人間的生命の真に具体的な構造である。一言でいって「神即人」という、絶対に不可分・不可同・不可逆的な**この一点**に、この世界の他の一切がふくまれているのである。

私はそのような客体的主体として、かくれたる絶対主体の無条件のうながしを受けているかぎり、私として成立するや否や、不可避的に、一面私ではない絶対的主体に関係すると同時に、まさにそのことによって他面やはり私ではない他のもろもろの客体に関係する。そしてこのことがすなわち、私が私として働くということにほかならない。このように、徹頭徹尾絶対主体の活かす圧力のもと、一面この主体に関係すると同時に、他面、他の諸物に関係しつつ働くという点では、私も他の諸物と異ならない。ただしかし、私においては、それはたんに機械的でも、生物的・本能的でもなく、まさに人間的、すなわち創作的・生産的である。いいかえると、そこでは、そのつどつねに新しく、その関係の仕方が、全体としてまたそのそれぞれの面で、基本的に正しいかどうか、どこまで精緻にして雄大、静かでしかも躍動的であるかを問われている。いな、かの無条件の促がしに対する人間的な答えとして、そのつど、すでに決定的な裁断が下されている。この私の人間的な「現実」には、そのつどかならず、この私の、一般に人間のではない**真実**の審きが含まれている。私が現に生きているということは、この私の「現実」に必ずふくまれているところの・絶対に私のではない**真実**の要求に、できるだけ的確に答えるべく存在するということにほかならない。そうしてこのことが、一個の客体的主体たる私においては、同時にまた、必然的に、私ではない他の人々に対する基本的に正しく、その時々に、適切な関係の形成という課題をいみすることは、あらためていうまでもないことである。

この私はどこまでもこの私であって他の何ものでもない。私はどうもがいてみても私の外に出ることはできない。この私と私ではない私の主とのあいだには、絶対に超えることのできない限界、渡ることのできない断絶がある。しかしそれは、あくまで一つの有限の個だということではあっても、けっしてただたんに孤独だということではない。あえていえば、私はまったく孤独のままで、しかもけっして孤独ではありえないのだ。最もひそかな独りごと、いな、私自身にも聞こえないかすかな思いすらも、事実上それはすでに、私ではない私の主に対する、僕《しもべ》私の応答として、それじたい一つの対話であるほかはないのである。そしてこのように、「隠れたるに見たもう主」の、不断に新たなる訓練の場に置かれているものとして、私はまた、そもそもの始めからつねにあらたに、私ではない他の人々と、たがいに助け励まし、警めあうべくさだめられている。ひるがえって思えば、さきに「経済原則」としては言いあらわされたものは、すなわち生活の物質面にかかわるかぎりの、この根源的なさだめの内容にほかならない。それはもともと、人は絶対的な主体ではなくてむしろそれにおいて措定された客体的主体にすぎないという、根本的な事実もしくは真理を離れてただそれだけであるものではない。そうしてこの唯一の基点から、もしくはこの共通の基盤のうえには、同じ絶対主体の活かし育くむ圧力を受けて、真実の主を主とし、みずからをその無条件の僕べとして表わし示す活動が、人生・社会のもう一つの極として、必然的に起らざるをえない、いな両極ともに客体的主体の選択的活動として、絶対的にはいずれを先・いずれを後ということはゆるされないとしても、事柄の順序にしたがっていえば、相対的にはむしろ、後者が中心で、前者は周辺といわなくてはならない。中心が正しく立つとき、周辺の貧しさや錯誤は、けっして人の生活・社会を決定的な分裂にまで至らしめることはできない。うぬぼれと虚栄を知らない僕べ各自の、軽やかに明るい努力と、温たかく厳しい相互の愛とは、やがて周辺の歪みと貧しさをも克服して、さらに遠く前進せずにはいないであろう。これに反して、その中心に狂いがあるとき、周辺の豊かさは周辺の組織そのものに何ら必然的な分裂の契機のないばあいさえも、現実の人の生活・社会にとってそれだけあやうい禍いに転化せざるをえないからである。

3　人間の罪とその救い

ところで、人の生活の中心が正しく立つということ、くわしくいうと、客体的主体たる一々の人が、自分ではない真実の主体と不可逆的な区別において直接に一なるしあわせを各自深切に体験すると同時に、まさにそのことによってたがいの心の奥底が無条件に通じあうということ、――それは、私たちの人生・社会に何を措いても、まず第一になくてはならないこと、他の何がなくとも少くもそれだけはつねに新しく許されていること、その境遇や才能の如何を問わずどんな人にも即刻即座に生起可能なことである。ところが、私たち現実の人間においては、この最も単純容易なこと、存在する人間に本来自然なことが、ほとんど不可能なまでに困難なこと、ごく稀れにしか起らない珍らしい現象なのである。

とはいえこのことは、前節に述べた「人間存在本来の基本構造」それじたいが、実際の人の世の中では無力だとか、まだ実現しないただの可能性だとか、ましてたんに私たちの頭の中にだけある空想にすぎないとかいうことをいみしない。**絶対主体即客体的主体**という**不可逆的統一**――客たる人は自分ではない隠れたる主を離れて人として在ることはできない、相互に主人とし客人として相対することはできない、隠れたる真実の主は、人が眠っているあいだ、いな死の後までも、けっして人を離れてどこか他の処へ去りはしないという、この深切な関係——は、今もここに生きてはたらいている根本的な事実であり、真理である。この事実・この真理の絶対的権威は、私たち人間が完全にそれを忘却・無視して、他の何ものかをそのような権威として崇めたり、さらには自己内外のあらゆる権威を否定して、自己そのものを窮極始原の権威とするというようなことによって、微動もしない。私たちは事実を忘却し、無視するということによって事実そのものを変えることはできない。しかもこのばあい「事実」は、いかなるいみにおいても私たち人間のはたらきの成果ではなく、私たち人間が人間としてはたらくということとそのことが、まずそれがなければそもそも起りえない基本的事実・人間的生命の成立の基点に不断に現在し支配している独一無二の真理・なのである。これを忘却し、無視し、嘲笑するということによって、私たちはこの真理の外に出ることはできない。依然としてその同じ真理の支配を受けないわけにはいかない。私たち人間がそれに従うときにも背くときにも、まったくひとしく、その支配は私たちすべての者、一々の人に及んでいる。ただ異なるのは、私たちがそれに従うかぎり、浄らかな生命は不断に新しく私たちの身うちに湧いてくるのに反して、私たちがそれに背くときには、われからその大いなるめぐみを棄てることとなる。そうして、そのほかに何を有とうと、いな、さまざまな善きものをもてばもつほど、それだけ激しい勢いで永遠の滅びの渦に巻きこまれるというだけである。ここでもまた、そしてここでこそ決定的に、すべての人に共通な生命の基盤は同時に一厘の仮借なき審きの庭であり、そこに置かれた人の生命の明暗は、かれみずからがこの一事をしかと心に刻むか否かによって岐れてくるといわなくてはならないのだ。

しかし、いったいなぜ、人が人自身の生命の根もとにそむき、その充実と成長の根源を見失うというようなことが起るのであろうか？——そこに、積極的な理由とか原因とかいうものは何もない。世の「弁神論者」のいうように、「いったんはそういうことがなければ、人は人たることのしあわせを、ほんとうには味おうことができない」などということはけっしてない。そのような背叛・忘却に、何か積極的な意味などというものは全然ない。最初から無意味ときまったことがいかにも意味ありげに見える、ただたんに無いものが私たち自身のなかに力をふるってくる、——それが困ったことに私たち人間の実状だというだけである。

私たちは自分自身とくにそのようなことを決心した覚えはない。にもかかわらず、私たちは生れてくると、すでにそのような忘却・背叛のさなかにある。だから、私たちはこんにち、人の世の経験を積み、突きつめて自分自身を見つめれば見つめるほど、ついには例えば或る時の漱石と同じように呟かずにはいられなくなる。

「人間自分以外のものに頼ることほどはかないものはない。しかし、その自分ほどあてにならないものはない。いったいどうしたらいいのか？　——これは人間の奇怪な運命であっておれのせいではない。」（明治三九年三月一三日、森田草平宛書簡、作品『道草』五十七・九十七等参照）

ではいったい、どこから、どのようにして、何もののせいで、このようなことが起ったというのか？　たんに私の外ではない、といってたんに私の内というのでも、その両方の中間というのでもない、私自身の今いる此処に厳存する生命のきわみ・絶対不動の生命の支えを見ないということ、無条件にそこからくる原動力を受けつけないということ、——この愚か、この頑なさは、私自身の所為以外、他の何者の所為であるか。ここから、この私自身から、何の理由もなしに起った不逞・不信の傾きすなわち「罪」という以外、どういいつくろうことができようか。私をこのように傾かせるものは私ではない、「悪魔」だ、と抗弁しても、その「悪魔」の正体は、そういう私自身のなかに力をふるうただの虚無、すなわち私自身の抜きがたい虚栄のほかにはないのである。ただ名だけがあって実体のない「悪魔」の名をあたかもそうではないかのごとくものものしく呼ぶということ、そのことがすでに、「悪魔の誘いに屈服した人間の罪、そのもの」の一つの果実にほかならないといわなくてはならない。

それゆえに、むかしの人が、「人にめぐまれた自由意志の悪用」という単純素朴な告白をもって、「罪」の定義にかえたとき、そこには世の「学者たち」のあずかり知らない深い真実がふくまれていたのだ。ただしかし私たち人間の「自由意志」というものは、たとい「人間の」といっても、それは、私たちが他の何かの道具や才能などをもつように、持ったり使ったりすることのできるものではない。まして、それを産み出したり、与えたり、奪ったり、棄ててしまったりすることができるようなものではない。そうではなくて、人が人として存在するということは、すなわち、他のもろもろの生物や無生物とは異なった仕方で、すなわち創作的・生産的に、そのかくれたる真実の主体を始め、他のさまざまなものに関係するように有無をいわさずさだめられているということ、そのことがすなわち、人間が自由意志的な存在だということにほかならないのだ。

したがって、「自由意志の悪用」といってもそれは、「自由意志」というものが先ずそれだけであり、それを持っている人間がそれとは別にもう一つあって、その人間がそれを、「善く用いる」とか「悪しく用いる」とかいうようなことではありえない。自由意志的な存在は、それが事実的に成立するや否や、いな、さらにげんみつには、その成立に先立ってすでに隠れたる真実の主の息吹き・無条件に創造的なその促がしを受けている、だからそれは成立するや否や間髪をいれず、その促がしにこたえて何らかの特定の形を成さざるをえない、そうしてみずからの生命の根本にかかわるこたえとしては、ただ単純に「然り」か、それでなければ「否」という以外、どんな響きも立てようはないのである。

私たちのうちに、この単純な「然り」が起るとき、私たちは、私たちをしてこれを言わずにいられなくする力が、私たちの内でもなく、外でもなく、いわば絶対の背後からくることを知る。この肯定の必然的な根拠が、私たちがその向うに出てそれについてとやかくいうことが全然不可能な、生命そのものの大いなる限界にほかならぬことを知る。それはたしかに、私たち自身の力、私たち自身の論拠であるが、私たちがそれを私たちのうちに取り込んでこれを「使用」することをけっして許さない。またそのようなことは、私たちにとって少しも必要でない。私たちがそれを用いて身を守ろうとするまでもなく、その限界はすでに私たち自身に置かれて潰えず、その力はそもそもの始めから私たちをとらえてはなさない。その堅い限界を共通の足場とし、そこにはたらく一つの力に信頼しつつ人としての全力をつくして互いのために生きること、ただそれだけが私たちに残されているつとめ、それだけは私たちにかならず許されてくる大いなるしあわせなのである。

しかしながら、私たちが、その一つの力に揺ぶられて、この限界にめざめるとき、私たちはまた同時に必然的に、私たち自身他のすべての人と同じように、生れながらこの不可抗の力に抗してその限界を超えようとする傾きのなかにあったこと、いないまもなおその傾きは私たち自身に染みて離れぬことを、告白しないわけにはいかない。ただこれまでの私たちは、ほかならぬおのが生命の聖なる限界にまるっきり盲目だった。そこにはたらく力の深切なゆすぶりにもかかわらず、あらぬ方に絶対の支えを求めてあがいていた。いきおい、私たちの外に、また内に、産み出され、与えられてくるあらゆるものが、善きにつけ悪しきにつけ、それじたいの限度を超えた奇怪な力をもって、私たちを牽引し、脅迫し、呪縛した。すべてそのような激情を空しい夢と気づいたとき、私たちの見いだしたものはただ、いよいよ深い闇の淵、どう逃れようもない孤独地獄・世の一切のいとなみをひっきょう無意味ならしめる永遠の死であった。小さな鎖を、一つまた一つ、やっとすっかり断ち切ったと思ったとき、意外にも眼に見えぬ重い鎖りが生命のしんに喰い入って、ただ万一の僥倖をあてに、息絶えるまで狂奔し絶叫する以外、どうまぎらしようもないのであった。

その恐ろしい悪夢の名残りは、いまもなお私たちのなかにある。のみならず、私たちが現にそのなかにいる世のありさまは、ややもすればその絶望の渦の中に、私たちを引き入れる。たださいわいにして私たちはいま、どんな激しい虚無の力も、事実上、私たちに置かれたかの限界の外に私たちを連れ出すことはできないことを知っている。どんな不逞な罪のあがきも、私たちがもと一個の客体にすぎないというこの低みから、私たちをあげることはできない。そうしてまさにこの点に、この不実の客を最後の最後まで招きつづける真実の主の憐れみ、われからその深みに落ちて、どうしても逃れられない死の淵から、私たちを解き放つ力があるのだ。すでに決定されている新しき生命の勝利を、この死の国に証しするため、精神をつくし、力をつくして愛しかつ闘う以外、私たちに何の思い煩いがありえよう。

4　現代の危機とその克服の道

このようにして、私たちはまたおのずから、現代の精神的状況について、一つの基本的判断を獲得する。

a　近代哲学の末路と現代の一般的症状

さきにも触れたように、近代人の精神的欠陥はもともと、かれが自己自身の・一個の人としての・存在に、その生活のかけがえのない重心を置いたということにあるのではない。一個の人として存在することそのことにひたすら驚嘆し歓喜したとき、そこにはたしかに、こんにちの深刻ぶった「宗教家」や「実存主義者」の夢にも思い及ばない、深い根拠があったのだ。ただ現実の人としてやむをえぬこととはいえ、かれらはまだ、かれらじしんのその歓ばしい感動がどこから来てどこへ行くかを理解したわけではなかった。その体験の「現実」にふくまれている真実——人の**現実**と人のではないその**真実**の絶対に不可分・不可同・不可逆的な二重性——を、それとしてはっきりと識別するには、かれらの体験そのものがまだ遠く未熟であった。みずからの脚下をよく顧みるいとまさえなく、かれらはしばし、封建的桎梏の排除されるにつれ沸騰してくる若々しい情熱に身をまかせた。しかしその情熱がそのままに開花し、結実するにつれて、ひとびとはやがて、根本的な反省の時期に際会する。正当にもかれらは、それらすべての人の世の栄えが、他のどこからでもなく、かれら自身の存在から、事実存在する「この私」の世の何ものにも制肘されぬ活動によって生じたことを確認する。が、しかしかれらとしてはきわめて「自然な」、「疑う余地なく明白な」、この確認の瞬間、かれらは致命的な錯誤を犯す。すなわちかれらは、それらじしんの成立の根もとに厳存するあの区別・自分ではない絶対主体と自分との不可逆的な統一・から、それとも知らず「自分自身」を切り離して、それがそれだけでまず在るかのように錯覚したのだ。あたかもそれはながいあいだ重苦しい悪夢に苦しめられた子供が、心配する親にゆすぶられて、しだいにその悪夢から解き放たれて、そのかわりに数かぎりなく現われてくる美しい映像に恍惚となった極、その解き放つ手そのものをまさに受けとろうとした瞬間あまりに卑く安心したためまえよりももっと深い夢の中に落ちこんでゆく、そのような過程にも似た悲劇であった。

そういうわけで、「近代人」が、それを一切の出発点として設定した「自己」は、そのそもそもの始めから実際にはどこにも存在せぬ「主体」、その成立の実在的基盤からほしいままに切り離されて、人間の頭のなかに定立された「実体」だった。実際に存在する人間・「この私自身」に真に直接的・包括的な規定、いいかえると、「この私」と私ではない他のもの、との真に実在的な区別・関係・ないし秩序は、決定的に蔽い隠されてしまった。したがってまた、この私という「主体」に従属する異なった側面（身体と精神）やさまざまな作用（感覚・想像・理解、知性・感情・意志等）の区別・関係・役割も、真実にはとうてい明らかになるはずがなかった。かれらにとって真にその名に値いする認識はたかだか、実在する物そのものに本質的な区別・関係・ないし順序をすっかり消去してなお見えてくるものの世界、すなわち「幾何学的延長」にかかわることができるだけだ。厳密に客観的とはいえ、それはいわば、人がそのなかにいる実在界の抽象的な影にすぎない。にもかかわらず、どこまでも「客観的・科学的」であろうとするかぎり、ひとびとは逆に、その影の形相を基準として、実在界の法則を構想する以外、なすすべを知らない。そのような法則を超えて動く事実の世界、現実の人の生命がそのただなかに成立し、展開する実在の場の構造は、そこから切り離されて、自明のごとく空想された孤立的自己——積極的には何らの厳しい規定を負わず、実在的ないかなる圧力にもかかわらぬ「私」——のなかから、それぞれの人の、その時々の心象にしたがって、「自由に」「思索」され、「構築」されるほかはなかった。学者たちは、いわば実際にはありもせぬ、安全地帯に身を置いて、そのなかにたまたま現われる「感覚」や「表象」や「概念」、「意志」や「感情」や「知性」をたよりに、それらすべての「主体」たる「自我」と、「外界」や「社会」や「神」との関係を、ただ夢のごとく宙空に想い描いて、果てしない議論をもてあそびながら、それを文明の世にふさわしい「学問の自由」の道と信じていたのだ。

とはいえ、ひとびとがそのように空想するということそのことは、たんに空想された世界のなかで起ってきたわけではない。たわいない空想にわれを忘れているかれらが実際に生きているのは、真にそれじたいで在る主体から、したがってまた他のもろもろの物や人から、一瞬も無関係ではありえないこの実在の世界である。したがってかれらは、救いがたいかれらの空想癖にもかかわらず、実際上かれら自身をかたくとらえてはなさないかの一点の圧力——自己成立の根柢に宿る真理の支配——から逃れ切ることはできない。そういういみでは、フロイトのいわゆる「無意識」について賛否はともあれ、例えば自己・神・世界にかんするデカルトの形而上学的体系にも、かれじしんのまったく意識しない積極的かつ実在的な根拠があったといって、たしかにさしつかなえいのである。前述のように、ヘーゲルの哲学は、近代的自覚の致命的な制限の内部において・すなわち孤立的に定立された「自己存在」の内部に閉じこもったままで・ではあるが、その孤立的独立性を拒絶する真実在の圧力を最も直接にかつ豊富に受けることによって始めて成り立ったものであった。カントができないと認めつつ、なおできるならば避けたいと願った存在の事実において、若きヘーゲルは生命そのものの起始を見た（『キリスト教の精神とその運命』）。ただ惜しいことにかれは、そこにはたらく真実の生命の原動力とそれに対する人間的リアクションとして起ってくるかれみずからの思索の行程との、絶対に不可逆的な区別を、それとしてはっきりと見わけることができなかった。かれじしんの自覚として現実の形を成さないものは、かれにとってただの「可能」、たんなる「理念」にすぎなかった。ただ単純に存在するということは、たんに人間的な自覚の最低段階、それじたいは全然無内容なその発展の出発点というのと同義であった（『理論学』）。こうして、発展段階の如何を問わず、人間的主体的な自覚とは全然別な自己存在の事実そのもの、人間のあらゆるはたらきに先立って、すでにはたらいている真実の主体的実在それ自身は、全然かれの視野にはいってこない。というよりもむしろ、もしもかれの自覚が真実人間的な自覚ならば、真実の主体は現実の人間の「視野のなか」にはけっしてはいってこないのが必然かつ当然であり、また人間にとってはそれで充分すぎるほど充分であることとそのことの覚りであるはずなのに——真実の主はがんらいこういうふうにしか私たち人間に「見られる」ことはない、絶対に不可逆的にしか人間にかかわらない、そしてまさにこの一事こそただ感謝してこれを受くべき人の生命の原動力だと覚るべきはずなのに——不幸にしてヘーゲルは、この大切な一点に、まったく思い及ばなかった。反対にかれは、デカルトの「確実に存在する自己」にとってまだはるか天空に懸絶していた「神」、カントの「良心」にはなはだ近く迫ってきたとはいえ、現実の自己からはやはりまだ遠く彼方に隔たっていた「神」がついに親しくかれ自身のところにやってきた、その正体を現わした、「自己」は「神自身」と一体となった、と信じた。しかしほんとうは、このばあい変ったのは神自身の位置ではない。真実の神はそもそもの始めから、そこにいたのだ。ヘーゲルであるとカント、デカルト、そのほかのだれであるとを問わず、人間の実際にいる処には、それに先立ってすでにそこにいるのだ。真実の神は人の思索によってあらためて人と一体とならなければ、現実には存在しないただの可能態、実際には力のないたんなる理念というようなものではない。けっして人を離れず、人がけっしてそれを離れえないといういみでは、そもそもの始めから最後の最後まで人と事実的に一なのだ。人の思いをいれる余地の全然ないこの事実を事実と認めること、単純素朴なこの確認が、私たち人間の真に人間的な生活ないし認識の始まりなのだ。なぜなら、この事実をほんとうに認める者は、同時にまた必然的に、人は神において置かれた人の限界を絶対に超えることができないこと、そしてまたそれで十分すぎるほど十分であることをはっきりと了解する。反対に、これを超えて（というのは見失って）「純粋に人として」生きると称する人は、よく見るとかならず人以上のものであろうとして人以下のものに落ちている、その瞬間脚もとに口をあく亡びの淵を逃れようとして意識的にか無意識的にか偶像を作りつつある、そういうふうにつかまろうとしてはならないように自己内外のあらゆるものにつかまろうとしているからである。

ひるがえって思えば、総じて近代の哲学的議論は、そのいわゆる「自覚」の始めに、この単純な確認——人としてのほんとうのめざめ——が欠けていたその空隙に起らざるをえなかった夢のさまざまなすがたであった。その最も濃厚・壮麗なものも、それが夢であることにかわりはなかった。夢の楼閣を夢とわらって、信頼するに足るものはただ直接の感覚だけだといってみても、それもまた夢のたわごと、いうところの「感覚」とはそもそも何なのか、それが「信頼するに足る」というのはどうして、どういういみでなのか、少しも明らかにはならなかった。さらには、理性でも感覚でもない、一般に意識ではない、「存在」が先だ、第一に在るのは「物質」だと抗弁しても、それによって、最初に見失われた存在の基本的構造——真に人間的意識から独立な存在・「実践」をふくめて一切の人間的なはたらきに先立つはたらき・のユニークな性格——が見えてくるわけではない。「観念論者」を嘲笑する「唯物論者」のいわゆる「物の必然性」は、かれじしんのなかにも巣喰っている「人間の自由」の夢を徹底的に打ち砕いて、人にめぐまれた本来の自由によみがえらせる無条件の力ではない。まして、「観念論か唯物論か」の対決をさけて、ただ漫然と「歴史」や「社会」や「××エネルギー」のなかに逃げこむ者は、いよいよ深く空しい夢の中へと迷い入るばかりである。

このようにして、こんにち多くのひとびとは、人生窮極の支点の問題、真に始めにして終りなる原動力の問題を、徹底的に解決する望みはおろか、これを問題として突きつめる努力を放棄する。或る者は、自己の足場の薄弱さにはまるで気づきもしないかのように、そのめぐまれた境遇を奇貨として、もっぱら、その場あたりの「実験」・「調査」を事として得意である（「プラグマティスト」）。或る者はまた、おのが足場の「不安定」・「無の深淵」の「自覚」――自覚症状！――そのものをひどく誇りとして、ただたんに無原則な「決断」や「行動」に狂奔する（ほとんどの「実在主義者」）。さらにまた或る者は、この難問はこれをいともむぞうさに「学問以外の」「信仰の領域」に敬遠して、たんに表面的な言葉の意味・抽象的な記号の操作に浮き身をやつす（ある種の「分析哲学者」）。――おおよそこのようなのが、前に述べた物質面の末期的現象に対応するところの、「現代の精神的状況」である。それは、かならずしも、気むずかしい哲学者たちだけのことではない。人生永遠の問題をたくみに回避することによって今日この時の問題をいよいよ解きがたくもつれさせてゆくという根本の点にかけては、最も「保守的」な政治家・実業家・宗教家たちから、「進歩的」な「文化人」・「急進的」な革命家等々を経て、最も「無軌道」な十代の若者たちにいたるまで、少しの異なるところもない・たがいに拍車をかけあうだけの・むしろ一般的な傾向なのである。

（もしも私たちがそのなかで近代精神の正統にちかいものを強いて求めれば、むしろこの最後のものこそそれであろう。かれらは既成のどんな権威にも屈服せず、現在のどんな勢力にも依頼しないばかりか、未来のどんな「理想」にもたぶらかされない。無垢なかれらのたましいは、「自由」の名においてありとあらゆるものに屈服している世の大人たち――ほんとうは信頼するに足りないものを信頼して、あるいは信頼しているかのごとくよそおって暮している大人たち——の偽善を看破する。かれらはこのことを考えるまえに、実際の生活で、裸かの肌で、じかにそれを感じているのだ。自己内外に有形・無形のいかなる偶像も立てることをあくまでいさぎよしとしないという点で、かれらはたしかに、誇り高き近代精神の正統をつぐ者である。卑怯な紳士たちの、強迫と侮蔑に堪えて、現代に必然的な問題の重圧を、まともに受けとめる者といってよいであろう。自己自身の内にも外にも、この世界の内がわのどこにも、身をよせるべき何ものもないということ、原水爆の現代ではこのことが実際はもうだれの眼にも明らかだということ、そうして若者たちがかれらの生活と思想のうえで、このあからさまな事実を蔽いかくそうとしないということ、——それはかならずしも悪いことではない。いな、現代の不幸はむしろただ、すべてこれらのよき徴しにもかかわらず、まさに来らんとする真実の夜明けをさとらない私たち人間の愚かさ、というよりもむしろ、いますでに来て私たちがそれを受けいれるのを待っている真実の救いの光を、頑なに拒みつづけている私たちみんなの強情、闇を好む「地下生活者」の陰気な妄想のなかにだけあるのである。）

b　その治療の道の確かさと嶮しさ

事態かくのごとくであるとすれば、現代に一般的なこの症状の根本的な治療の道が、一面においてはきわめて困難であると同時に、他面においてはまたそれにもまして、意外に容易であることは、あらためていうまでもないであろう。

けだし「現代の絶望」が、よしいかに抜きがたく、執拗な病気だといっても、それは要するに私たち人間の、ほんのしばらくの夢にすぎない。私たちが私たちじしんの生命の根本にかんしてどんなにひどく無感覚となり、そこに課せられている問題をいかにあつかましく無視したとしても、問題そのものはけっしてただなくなってしまったわけではない。それを回避する私たち自身のありとあらゆる生態そのものが、問いは永遠のむかしからすでに懸けられていて、どんな人がどんなものを盾にとっても、これを外ずすことはできないことを示しているのだ。いなそればかりではない、私たち各自にこの問いをかけるものは、すでにかれじしん唯一無二の正しい答えを用意していて、私たち自身がそれを発見するのを待っている——いいかえると、求められる真実の答えは、不断に私たちじしんにつきまとって、私たちじしん一刻も早く、それを聴きわけるように、私たちを揺り動かしてやまないからだ。

そのかぎり、私たちは、現代人に通有なかの病いから癒されるために、何らの特別な手だてを要しない。金も学問も、若さも、経歴も、宗教も、政治も、何も要らない。なぜならそれは、人が現実にいる処、そこはそれに先立ってすでに真実の主がいる処だという事実そのものによって——人が在るのは絶対無条件に愛されているものとして、ただひたすらに愛するためだという単純無比な存在の真理それじたいによって——ただちに可能、いな必然のことだからである。

しかしながら、私たちがこの無条件に必然的な力によって、永遠の死にいたるかの病いから癒やされるとき、私たちは同時に他面、この癒やしが、その力以外のいかなるものによっても絶対に不可能であること、私たちに見る眼があってこの真理を見るのではなく、ただその力によって、これを見る眼が新しくできてくるのであること、をはっきりと告白しないわけにはいかない。私が私に属するに先立って主に属するという私の生命そのものの真理を知るのは、たしかに他の何者が知るのでもなく、この瞬間のこの私が知るのである。それは「知性の犠性」《sacrificium intellectus》であるどころか、真に充実して躍動する私の知性そのものである。しかし（注意せよ！）、それは私が何かたんに中性的な「知性」とか「理性」とかいうものをもっていて、それがその「真理」を肯定するか否定するかをよくよく考えたうえで、大小さまざまな理由によってこれを肯定するとか、受けいれるように決断するかということではない。そのような「私」とか「理性」とか「自由な知性」とかいうものは、事実はどこにもありはしないのだ。実際に思考し、認識し、決断する「自由な」私は、すでにそもそもの始めから、かの唯一の真理の支配のもとにある。私が私として成り立つや否や間髪をいれず、その唯一の真理から、これを受けいれるか否かを問われている、一瞬々々かならず特定の答えを提出するように迫られている、いなそのつどすでに特定の答と成ることなしに、私が私として事実存在することはけっしてできないように、私というものはできているのだ。そしてこれが、私が他の動物とちがって「自由な人間」だということの、根本的な意味なのだ。

したがってこのばあい問題は、私がかの真理に対して、最初は「然り」もいわず、「否」もいわない圏外にいて、しかるのち何かの理由によってそのどちらかを「選択する」ということではない。実験の結果、いままでの「否定」では都合がわるかったから、今度は「肯定する」ことにするというようなことではありえない。そうではなくて、このばあい実際に起ることは、いままでは、どこか厭わしく、また疑わしく、どうしても肯定することのできなかったものが、自分自身にもまったく思いがけなく、いまはどうして否定することのできないものとなるということ、いなさらに適切にいうと、肯定しようにも否定しようにも、それまでは全然見えなかった事の真相が、まるで眼の鱗が落ちたように突然に見えてきて、ただ驚き、ただ歓んで「然り」をいうほかにどうしようもない、——ただそれだけのことにすぎないのだ。

この「然り」が私たちの口を突いて出るとき、自己内外のどんな嵐も、罪悪も、もはや私たちを絶望させることはできない。私たちが少しでも他の人々よりもけだかく、浄らかだからではない。終りまで私たちの驕慢と侮辱に堪えて、じっと私たちを見つめている「まことの神・まことの人」がいるからだ。そのかぎり、私たちはもはやけっして、私たちが、これまで切に望んできたようには、私たちじしんの「自由」や「安心」を望まない。と、自己内外に古くまた新しい「神聖な権威」を立てて、それによって現代の混乱を収束しようとは考えない。「神」・「人間」・「国家」・「宗教」・「理性」・「道徳」・「歴史」・「階級」・「革命」・「科学」そのほか何と呼ばれようすべてそのような作為によって、近代のはじめの錯誤を隠蔽し、そしてそのことによって、さらに現代の破れを甚しくするかわりに、ただ終りまで堪え忍ぶ「まことの神・まことの人」の苦しみをそのままに受けて、日に新しく愛し、かつ闘うことをこいねがうのだ。その治癒と建設の道のどんな遠さも嶮しさも、いまはもう私たちをためらわさせることはできないのである。

六　結　論——現代の宗教改革と私たちのつとめ

以上、その大要を明らかにしたように、現代の恐るべき分裂と頽廃は、歴史的にその源を尋ねれば、たしかに近代はじめの「個人の独立」ないしはその「自覚」そのものにすでに含まれていた根本的な欠陥にある。しかしその「欠陥」の由って来るところは意外に深く、生活・社会の物質面にこれを限って見てさえ、そこにはただたんに歴史の内部から・その発展段階ということから・はどうしても明らかにならない原理的な問題、すなわち

「人類の歴史の前後を劃する」真実の「革命」をこの時この処に、私たち各自に要求してくる根本的な問題がある。そこでも問題は、そもそもの出発点にまでさかのぼっての厳密な反省・理解・批判を欠いて、あとから、これを「修正」したり「調停」したりするだけではどうにもならない、深刻なものがあるのである。

ましてその精神面、近代的な「人間主義」(humanism)・「自由主義」(liberalism)・「個人主義」(individualism)に内在する弱点は、とうていこれを、たんに歴史的な時の内部のこと・ただ「現代」だけにかかわること・として解明することはできない。たしかにそれは、近代ないしはその末としての現代に特有な人間精神の一形態ではあろう。のみならず、そのような特殊な精神形態が発生し、伝播しつつ変化し、ついにこんにち見られるような異様なムードとして一般化したということは、これまたたしかに、資本主義経済の形成・頽落の歴史的過程と、深いかかわりのあることであろう。しかし、これらさまざまな名でとなえられる「主義」が、人間精神の一形態としてそれじたい歴史的・社会的であるのみならず、さらに「資本主義」という物質面の歴史的・社会的形態に制約されて現象し変化してきたものだという、すべてこれらのことを十分に認めても、――というよりも、むしろ、すべてそれらのことをよく注意して詳細に見きわめれば見きわめるほど、私たちは、近代のいわゆる「個人主義・自由主義・人間主義」には、ただそういっただけで済ますわけにはどうしてもいかない一つの問題が含まれていることに、気づかないわけにはいかないのだ。ただそういっただけで、何か解ったような、少くも自分自身は「近代を超えている」ような、気になってしまうというそのことが実は、その人自身、その心の奥底ではそれだけかたく、「近代精神」「ブルジョア・イデオロギー」の呪縛に囚われていることの何よりの証拠なのである。

なぜかというと、近代の「個人主義」というのは、その歴史的な由来、「物質的な土台」がどうあろうとも、けっきょくはやはり、考える存在としての人間が、その生命のトータルにかんして、懐くところの一つの概念(concept)、いいかえると自己自身の窮極の根柢・目標・原動力にかんして、端的に起すところの一つの感覚(sentiment)である。そうして私たちの詳しく見てきたところによると、近代的な個人の「自覚」の悲劇は、かれが実際に存在する人の生命の窮極の根柢・目標・原動力に、一瞬たしかに触れながら、人間的「個」の「存在」というその一点に、事実上何が住んでいるか、そこにはたらいている力がどのようなものか、それをよく見きわめるにはいたらないままで、たちまちにまた眠り込んでしまったという、そのことに潜んでいたのだ。

あのとき、夢の中でほのぼのと感じたとおり、人の生命そのものの・人類の歴史と社会全体の・窮極の根柢、目標ないし原動力は、一々の「私」の現にいるここに在るのだ。近代のはじめには、人であること・ひとりの人として在ることとそのことが無条件の驚異であり歓喜であった、というそのことには、たしかに動かすべからざる実在的根拠があったのだ。したがって、その先の問題、現代の必須の課題は、ただ一つ、その実在的根拠そのものにはっきりと眼ざめるということ、すなわち近代の自覚にまだ残っていた曖昧を真に明晰判明なものにするということ、さきに夢のなかで味わった歓喜をこんどは眼をさましてほんとうに味わうこと以外のことではありえないのだ。出立点の混濁がその根もとから払拭されて、自己存在の事実そのものにかかわる純粋な驚異と歓喜とが回復される――いな、まったく新しく今此処に湧きいでぬかぎり、人間のどんな努力も好運も、私たちを近代の暗さ・重たさ・息苦しさから私たちを解き放つことはできないであろう。最初の一歩の紙一重の狂いは、世の何ものをもっても繕ろいえない巨大な亀裂を結果する。はじめの狂いをそのままにして、この裂けめをつくろおうとする努力は、禍いをますます甚しくするばかりなのだ。

これに反して、私たちが、私たち自身の成立の根柢に、私たち人間のあらゆるはたらきに先立ってそこにはたらいている力によって眼ざめるとき、私たちには期せずして、まったく新しい希望の視野がひらけてくる。

なぜといって、（一）そのとき私たちは、自己自身の「自由」や「主体性」を自分たちの手で「守ろう」・「支えよう」とする世の人々の思い煩いから、決定的に解放される。私の自由の真実の始め、私の主体性の真に実在的な根柢は、すでにすでに与えられていて、そのような有害無益な思い煩いを、ただ端的に私自身に禁止する。私にとっての問題はいまやただ、まったくの無償で与えられてくるその根柢に立つ一人の人として、真に自由に――すなわち、自惚れもせず卑屈にもならず、今日この時を生きるということ、「心をつくし、精神をつくし、思いをつくし、力をつくして」最後まで愛し、かつ闘うということだけである。

しかし（二）私たち自身の「自由」もしくは「主体性」の根柢がこのようにまともに受けとられるとき、私たちはまたおのずから、近代ないし現代の精神的問題が、その根本においては、けっしてたんに特別な「時代」や「社会」の事ではなく、いやしくも人が人として事実存在する処には、絶対に避けがたく課せられている問題、いな、それと意識するにせよしないにせよ、生れるや否や、すでに何らかの答えを提出しないわけにはいかない――いな、各自そのつど何らか特定の形の答えとなって有無をいわさぬ審きを受けている――そのような、文字どおり**永遠に現在的**な問題だということを理解する。その正しい答えは問いの出てくるまさにその処にある。いわば私たちの一人々々に、全人類に、「汝は汝の生命をどういうものとして受けとるか？　その真実の支点をどこに置くか？」と問うてくるものが、そしてただそのものだけが、私たちに正しい答えを教えてくれるものなのだ。そうしてそのものは、空間的・時間的・歴史的・社会的な人の生命のうちがわのものではなくて、まさにその成立の根柢に、人のはたらきに先立って無条件にはたらくもの、永遠に新しく支配している真に主体的な実在なのである。

したがって(三)、この問題にかんする真に人間的な正しい答えは、けっして近代のヒューマニストの考えるように、ただたんに人間的ではありえない。人間が純粋に、単純素朴に人間的に生きかつ語るということは、元来、人間ではない真実の主体との絶対に不可逆的な関係のもとにおいてでなければ、まったく不可能なのだ。近代の人は性急にも、「人間」といえば自明で合理的、「神」といえば不可解で非合理的だと信じている。しかしそれこそは最も愚かしい**現代の神話**、何ら実在的・合理的な根拠のないただの気分にすぎない。実際には、人はそもそもの太初から人ではない真実の主のふところに抱かれている、そのように親しい関係において在る、それだから、後者について正しい観念をいだくことなしに、人間についてはっきりと限定された観念を得るということは、けっしてできようがないのである。人が神聖不可侵のこの関係を離れて人でありうると信じるとき、「純粋に人であろう、主体であろう」と欲するとき、人はけっしてその欲するようにはありえぬこと、却ってただ人以上のものであろうとして、人本来の品位にふさわしからぬめめしい祈願に憑かれることは、すでに前述のとおりである。

しかしまた以上のことから(四)、私たちにとってしぜんまた、もう一つの大切なことが帰結してくる。すなわち、生活の物質面、とくにその生産の技術にかんするばあいとちがって、この問題にかんするかぎり、私たちは真に人間的な、正しい答えを見いだすために、かならずしも、現代の最尖端にのみ眼をつけるには及ばないということがそれである。なぜならこの問いが、その人の時処位を問わず、永遠に現在的に私たち各自の胸奥に迫っている問いであり、その正しい答えはただその問いの発する自己成立の根柢からのみ告げ知らされてくるとするならば、このユニークな問いに直接にかかわる苦悩と歓喜・絶望と希望は、最も古い時代においてもそのまったき深さと大いさ、激しさと微妙さにおいて、現われることができるはずである。いな、生活の技術的・経済的発展の段階が低ければ低いほど、それだけ他の雑多な諸現象に紛れることなく純粋卒直に、大胆深刻に躍動するということさえも、かならずしもありえないことではないからである。じっさい、マルクス自身真剣に問題とした「ギリシャ芸術の永久の魅力」（『経済学批判』「一般的序説」四）をまつまでもなく、ゴルゴタの丘の上ナザレのイエスの十字架にきわまるイスラエル民族の数千年の歴史は、他の何ものよりもはっきりとこのことを示しているのだ。

『よくよく言っておく、人の子の肉を食べず、また、その血を飲まなければ、あなたがたの内に命はない』（ヨハネ伝六章五三節）

まことにかれの苦しみを私たち自身の身に受けてよくよく噛みしめないかぎり、私たちは私たちの置かれている「此処」とはそもそもどこか、生きている「今」とはいったいどういう時か、けっしてほんとうに理解することはできない。したがって、また現代という時代に特有なわざわいもさいわいも、けっして正確に測ることはできないといっても、かならずしも言いすぎではないのである。世の「進歩的知識人」が何といおうと、例えば死を前にした芥川竜之介が、「紅毛人たちは勿論、今日の青年たちの笑い」をおかして、「彼等のもう見るのに飽きた、――寧ろ倒すことをためらわない、十字架に目を注ぎ出した」ということには、深い理由があったのである（『西方の人』1「この人を見よ」参照）。

とはいえ（五）、右のような事態の必然性は、世にいわゆる「宗教の復興」とは何のかかわりもありえない。

『人を生かすものは霊であって肉ではない』（ヨハネ伝同上六三節）
『あなたがたはなぜ生きた方を死人の中にたずねているのか』（ルカ伝二四章五節）

イエスの苦しみ、あのように苦しんだ「人の子イエス」が、そこから来てそこに帰った積極的根柢は今ここに在る。かれ自身のいたそこに終始一貫はたらいていたよみがえりの力は、イエス自身の生れる前から死んだ後まで、今日も明日も、永遠に新しくはたらくことをやめない。イエスの苦しみを嚙みしめてしんじつこれを身に受けるとは、今此処に、この私のため、すべての人のために苦しんでいる至聖の者の驚くべき忍耐に眼ざめるということである。絶対無償のその憐れみに動かされて、不実なるこの私の胸底に、すがすがしいあの悲しみ（マタイ伝五・四）が溢れてくるということ、今は亡きイエスの負うたその同じ十字架を負うてかれに従うということ以外の、どんなことでもありえないのだ。「死人のなかに生きた方はおられない。」――とすれば、私たちはどうして、イエス生前のペテロがしたように、また世にいわゆる「キリスト者」たちのこんにちなおすることをやめないように、「イエス」として来た「神の子・キリスト」を、私たちの掌中に握る必要があろう。このいみにおいて、こんにちイエスを信ずる者、しんじつイエスの弟子たることを欲する者に要求されているのは、たんにいわゆる「宗教改革」(Reformation)ではない、ましてローマ・カトリック教の復興ではない。むしろ復活の力そのものによる、それらすべての根本的な逆転、――あえていうなら「宗教の革命」――だといわなくてはならないであろう。

（仏教その他においても、またこんにち、それぞれの形において同じ「革命」が要求されていないかどうか？例えば禅がその「体験」に固執して「理論」を貶すことに傾くとき、実際はそこに、「イエス」を偶像化する「キリスト教」と同じ根本的な錯覚が忍びこんでいないかどうか？、――これらの点を徹底的に吟味することは、誰よりもまず現代の仏者自身の責務であろう。）

とするとしかし、(六)、私たちの「宗教」の他の宗教に対する関係もまたしぜん、従来とはまったく異なったものとならないわけにはいかない。なぜなら、いまや、私たちにとって大切なのは唯一つ、私たちじしんの「信仰」や「宗教」をもふくめてあらゆる人のはたらきに先立って永遠に現在する「**インマヌエル**」――「神われらとともに在す」（マタイ伝一・二一以下）――という事実そのもの、すなわち、人の子イエスの一生としてまざまざと眼に見、手に触れることができるように示されたかの一点、絶対に不可分・不可同・不可逆的な神人の活ける関係にほかならない。インマヌエルなる神・この原関係・の直接の支配のもとに在るという一点では、ただに「ユダヤ人もギリシャ人もない」（ガラテヤ書三・二八）だけではなく、「キリスト者」も「反キリスト者」もありえない（マタイ伝五・四五ほか）。「キリスト者」とはむしろただ、そこに人間的・主体的な何ものもない共通の低みに、神ともに在すがゆえに安んじて居る者、ただそこにはたらく復活の力ゆえに、その低みから上ろうとする自己の傾きに抗して、日々新しく生きる者の謂いである。イエスが「死んで葬られた」のは、かれにもたれて眠りこむ安易さを私たちから永遠に奪うため、眼をさましてしんじつかれに従うところの、このようなイエスの弟子となるためであった。それゆえに私たちは、よしナザレのイエスと私たちとの歴史的・経験的なつながりが、どんなに切り離しがたく強いものであっても、そのイエスとして歴史の内部に・信不信を問わず当時の人々の眼の前に・現われた「神の子・キリスト」を、その歴史的なイエス (historischer Jesus) のなかに――「肉は何の役にも立たない!」――閉じこめるわけにはいかない。そのつながりは、私たち「キリスト者」にとっていかに断ちがたくとも、事実上すでに永久に断たれている。いな、そのつながりはもともと私たちを解き放つものではなかったのだ。私たちの救いは唯一つ、そのつながりが切れてもけっして切れない太初のつながり、永遠に現在するインマヌエル、絶対に不可分・不可同・不可逆の生命のかかわり、イエス自身がそれによって生れた「聖霊」である。ナザレのイエスの「直接の」弟子たちとのつながり、かれをめぐるさまざまな人々とかれとのあいだの激しいドラマは、生れながら自己成立の根柢にそむく人の虚栄の傾きと最後までこの傾きに堪えてそこにはたらく永遠の生命の力とのあいだの、深く隠れた凄まじい闘い――まことの神の憐れみの、不実の人の罪そのものに対する、そもそもの始めからすでに決定している勝利――がこの世界の内部の人の生活において最も紛れなく、典型的に映し出されたものだといってよい。そのようにユニークな歴史的事件として、それは、たんに私たち「キリスト者」にとってだけでなく、いやしくも人として存在するすべての人・一々の人・にとって、「永く記念としてこれを行い」、「世界の果てまでもひろく語りつたえるべき」大切な出来事なのである。

それゆえに、「ナザレのイエス」の言葉をほんとうに聴くこと、最も大切な点でかれについて正しく述べること、またその述べられたことをそのように聞くことは、私たち人間がかれにもたれかかっているかぎり、どうしても不可能である。真にイエスの弟子たる者は、霊においてイエスの弟子であり「友」たることが、かつて肉のイエスを見たことがなくても、ましてかれについて述べつたえた「聖書」を読んだり、私たち「キリスト者」の「宣教」を聞いたりしたことが一度もなくても、他のあらゆる人々にとって十分に可能であること、いなむしろ本来必然的であることを認めないわけにはいかない。あの時あの処に「ただ一度、すべての人のために」「人の子・イエス」として親しくふるまった唯一の「主キリスト」をほんとうに信ずる者は、いわゆる「キリスト教」の「唯一絶対性」に固執することはできない。肉の耳に聞く字句の綴りは異なっても、全く同じ神の福音のこだまが、私たちの「教会」のはるか外にも、起りうることを認めるだけでなく、もし他の「宗教」や「哲学」において、たまたま同じ基調を聞くときには、そのことを深く歓び、感謝しなくてはならない（カール・バルト『教義学』第四巻第二冊、第一分冊一三八頁以下）。「キリスト教と仏教といずれが高いか？」というような思い煩いは、イエス自身のかたく警しめたとおり、一瞬も私たちキリスト者の心の底を領してはならない（ルカ伝一二・二四以下）。それがどんなに正しく、高く、久しい伝統に輝くものであっても、私たちの「宗教」が救いなのではない。私たち人間の善悪・信不信の如何を問わず神とともに在す共通の低みにだけ私たちの救いがある。私たちの「宗教」をふくめて人のあらゆるはたらきに先立って在りかつ活きている真理だけが、私たちを罪のとらわれから自由ならしめる力なのである。私たちの「宗教」を絶対化することではなく、その執拗な人間の傾きに抗して自由ならしめるこの真理の支配に信頼すること、「反キリスト者」をふくめて他のすべての人と異ならぬ同じ低みに在るただの人として互いに愛し警めつつ、真に自由に生きかつ考えること、ただそれだけが、私たちキリスト者の光栄あるつとめである。さきに宗教の「革命」をいったが、西洋のキリスト教を今日まで生命あらしめたものも、そこにまつわっていた絶対主義的幻想ではなくて、むしろそれにもかかわらず、その背後に在ってはたらくことをやめない「キリスト・イエス」御自身の自由な力に導かれてのことだったといってよいであろう。

しかしながら(七)、真実の宗教が、旧来の権威主義的幻想を徹底的に排除するということは、宗教にかんしていわゆる「自由主義」を少しでも容認するということではない、いなむしろ、全然逆である。なぜなら、こんにちふつうにひとが「どんな宗教を信じようと、あるいは全然の〃無宗教〃であろうと、各自の自由だ」というとき、ひとは自分自身がそもそもどこにいるか、何であるのか、根本的にはまったく理解していないのだ。くりかえしていうように、私たち人間はまず自分の好きな処を選択して、さてそれからそこにいることにするというわけのものではない。そのような「選択」はまず人が人として成りたってのちのことである。むろん「のち」といってもそれはかならずしも時間的にではない、事柄の順序として、まず事実的に成り立った人のはたらきとしてでなければそのような「選択」ということは起りようがない、したがって、すべて人間的な選択は絶対に自由というわけにはいかない、すでにその可能の範囲・方向が、本質的にまた事実的に、それじたいとしてはそのつどかれの意志からは独立にすでに決定されているその内部でのことにすぎない、というのである。ところで、或る一つの「宗教」とはもともと、そのような人の生命の最奥のしんにかかわる問題、その窮極の基礎にかかわる特定の感覚、あるいは、同じことだが、最も決定的な本質にかかわる特定の理解のことにほかならない。したがって、人の生命の窮極の基礎・決定的な本質がまったく人の意志に先立って(然り人間の自由を完全に無視して)人に帰属してきているかぎり、それにかんしてひとがどう考え、どう感じてもよい(各人の自由だ)などということは、全然ありえないことである。この点にかんする正しい理解・明らかな直覚は、根本的には唯一つであるほかはない。このことをあえていうことをためらうのは、一見はなはだ学問的・批判的のようではあるが、その実は、そこでは人間の一切の言葉がただ単純に沈黙するほかないと同時に、ただそこからだけ絶対に回避することのできない厳しい批判が刻一刻人間各自のもとに来ている、その決定的な一点にかんして、全然盲目なのだ。そのときかれはまだ、公けの審きの庭・恵みの園ではない・たんなる「私」の・世界、「私の生活」・「私の宗教」などというものが現実にありうるかのように錯覚しているのだ。そのような宗教の自由主義、「信教の自由」の主張は、実はそれじたいこの根本的な点にかけての一つの特定の思想、感覚、つまり本質的にはまさに「宗教」の一形態、前述のごとく「自明の真理」をよそおって白昼横行する現代の奇怪な神話なのである。いなそれは、たんに旧い「宗教」の一形態というだけではなく、むしろそのエッセンスだといってよい。なぜといって、もともと旧い宗教は、自己成立の根柢に宿るロゴスにそむいて「自由に」ものを言い、かつ扱おうとした不逞の人が、その脚下にひらけてくる深淵を見るに堪えないため、われ知らずつくりあげたその弱点の蔽いであった。それらすべての偶像の作り主がいまや自己自身を主張しつつある、――それがいわゆる「信教の自由」の思想にすぎない。そのいわゆる「自由」はその実、たんに「私」された自由、その実在的根柢を見失った「私」、すなわち「不安・焦躁・倦怠」の別名にすぎない。そうしてその不逞で不安な私・怠惰でヒステリックな人間が、こんどは意識的に絶対的な権威を立ててそこのなかへ逃げこむ、――このようなのが、ふつうにいわゆる「宗教の復興」にほかならない。宗教の自由主義はこれを裏返せばすなわち絶対主義・権威主義的宗教であること、生活の物質面に頽落した資本主義がその根本を変えないかぎり避けがたくファシズムへ傾くのと異ならない。これに反して、絶対主義的宗教に対する真の批判は真に実在的な自己成立の根柢からのみ可能である。そうしてそこにはたらく絶対不可逆の生命のかかわりは、たんに自由主義的な人の「自由」を許さない、たんにその圏外に立とうとする世間にいわゆる「中立性」の仮面を打破する。しんそこはたんに恣意的な「権威主義」、たんに無法な「自由主義」に抗して、ただキリスト・イエスの忍耐と愛とをうけて、「真剣にそして自由に」探究し、討議し、生活することを要求するのである。

　このようにして、私たちは最後に、「真剣にそして自由に」«serio et libere» というあのデカルトの学問の要請（『省察』第二）が、実際には、たんに私たちの「堅固な信仰」や「明晰判明な自覚」に頼ることによってではなく、むしろただかくれたる真実の主の、不実なる私たちにかかわる忍耐と励ましの力によってのみ、私たちに開けてくる道であることを知る。私たちはもはや、人の思いから独立に人生・社会を支配するかくれたる真理の審きのほか世の何ものも恐れない。「キリスト教」を挙げて「仏教」をおとす、一般に「宗教的体験」を尊んで「哲学的理論」を排する、あるいは西洋をうとんじて東洋を愛する、等々の先入見から解き放たれて、人類の歴史、いな自然の歴史のなかに生成した一切の積極的な成果に対して胸襟をひらく。世にいわゆる「正統のキリスト教」・「中正なアカデミー」から排除された「危険な」思想――例えばフォイエルバッハ（1804―72）、キェルケゴール（1813―55）、ニーチェ（1844―1900）、サルトル（1905―　）等々のなかにも、いなかえってかれらのなかにこそ、インマヌエルの深い嘆きの反射を見る。そればかりか、その同じ「まことの神・まことの人」の憐れみは私たちの宗教・哲学・道徳を超えてさらにひろく、これら狭義の「精神活動」からはっきりと区別される生活の物質面にまで及ぶことを了解する。かれに対する私たちの信頼が純粋であればあるだけ、現代生活の物質面について徹底的な研究を積むこと、物心両面を同時に攻めて、世の貧しき者・病む者・迷える者とともに生きかつたたかうことが、私たちすべての者の避くべからざる、さいわいなつとめとなるのである。

附論　「愛国心」について

本文が意外に長びいたため、最初予定していた一切の註を省略する。ただひとこと、終りに、本文のなかであからさまにはほとんど言い及ぶ余裕のなかった現代の「国家」の問題についてつけ加えておきたい。注意深い読者のすでに推察せられるとおり、この問題にかんしてもまた、学問上最も決定的なことは、こんにち自明のことのように喧伝されている「人間の自由」とか、「人格」とか「民主主義」とかいう言葉の曖昧・思想の空虚さ・を、その最も奥深く隠れた、根本的な点で克服するにある。人の成立の根柢に最初から最後まで、つねに新しく在りかつ活《はた》らいている真に自由な主と不可逆に一なる客のそれとして、それが事実あるままに「人間の自由」ないし「主体性」を受けとる（concevoir !）とき、私たちはまたおのずから、「国家」ないしはその中心の位置の権威が、ふつうにいわれるごとくたんに人間各自の主体性のうちがわから・その「自由な意志」によって・形づくられてくるものではなく、むしろ、その「主体性」・「自由意志」そのもののいわば絶対的な背後から・その成立の根柢から・必然的に要求されて、くるもの――人間各自の物心両面の生活が立ちかつ伸びるために、結婚ないし親子という関係と同じように、いな、あるいみではそれよりももっと重大な唯一つの関係点として、これを立てることが、私たち一人々々に否応なしに課せられてくるもの――であることを洞察することができるであろう。

このようにげんみつに限られたいみで、私たちの国家は私たちの結婚・家庭とひとしく「神聖」である。国家の中心の位置に立つ者と周辺の位置に在るすべての成員のあいだの関係は、本来親と子・夫と妻のあいだのそれになぞらえて考えられて然るべき、神聖な関係、人間世界の内部において成立する最も親密かつ厳粛な主客の関係の一つである。しかし、「国家」ないしそれを構成する主客の関係が、その本性上、このように「神聖」だということは、国家の現実の形・現在のすがた・が、そのままで是認されるべきものだということとは全然ちがう。いなそれは、そのような俗にいわゆる「天降り的」な絶対主義とはまったく逆に、現実の国家の形態・活動は、国家本来の性格にふさわしくあるかどうか、人からの批判に先立って、一歩々々絶対にまぬがれがたい審きのもとにさらされているということ、それを構成する者が、現在その中心の位置に立つ人を始め一人残らず、そのかくれたる審きを謙虚にかつ正直に尋ねもとめ、よく聴きわけて、真にその名にふさわしい「国」を形づくるように要求されているということなのだ。

さらにこのような見地から現存の「国家」をかえりみるとき、それがもはやこれまでのような独立の単位としては維持しがたくなってきていること、物質的生産の発展段階のうえからいって、現代の諸国家は、あたかも封建末期の諸藩に似た位置に置かれていることは、おのずから明らかとなってくるのである。現存の一国家、例えばわが国が何と思っても、やがてそれは、唯一の世界国家の内部の、相対的な一構成部分となってゆくことであろう。と同時に、近代国家の生成に際して、封建諸藩の秩禄制度がそのままに保たれることは不可能だったように、世界国家の形成にあたって近代諸国家の資本制がそのままに維持されることは、結局のところ、どうもがいても不可能であろう。これをそのままに維持して世界国家を成そうというのは、あたかも幕府にたよって自藩の危機を克服しようと試みるにひとしい。少くとも生活の物質面にかんするかぎり、資本主義の社会主義への根本的な変革なしに、現代に必然的な新しい世界国家を完成することはできない。そうして、このような世界国家の誕生が、人間の本性にかなうのみならず現代という時代に必然的な要求であるかぎり、私たちは生活の精神面においてもまた、もはやこれまでのように、風土や伝統を盾に、「東洋」や「日本」を絶対視したり神秘化したりして、そのなかに安住することはゆるされなくなってくるであろう。もともと、実際に存在する人の生命の根柢は、たんに理念的にではなく、実在的に一である。たんなる「東洋精神」とか「民族精神」とかいうものは、最初からどこにもありはしなかったのだ。在ったものは真に実在するこの一つの根柢に対する人間の応答のそれぞれ特殊な仕方であり、それがたまたま、それぞれの風土や経済的諸条件によって、それとして容易には見分けがたく、明らかに分析しがたい、独特のニュアンスを伴ってきただけのことにすぎない。或る一つの「民族精神」は、それが永遠に現在的な生命の真理の反射であったかぎりにおいてのみ、創造的な活力に溢れたものでありえた。真に誇るに足る「民族精神」は、それじたい公明正大な世界的精神、現実の歴史の試練を回避することなき濶達自在な魂であった。「教育基本法」にいわゆる「民主主義・人格主義」が「抽象的」だからといって、その空虚さの根本を物心両面にわたって深くかえりみることなく、できあいの「愛国心」をもって、性急にその欠陥をとりつくろおうとするがごときは、けっしてわが国本来の精神に――もともとただおおらかに素直なること・清く明らかなることを旨として、何よりも小手先の作為をきらう私たちの遠い祖先の精神に――忠なるものとはいえないであろう。（一九六〇・九・一四）

戦后のモラルと仏教

柳田謙十郎

一 現代に生きる仏教徒の問題点

宗教の真理は人間の歴史の相対的な制約をこえた永遠なものであり、その時々の時代の波のさしひきによって動かされるような一時的なものではない、とよくいわれる。たしかに信仰の立場からいえばそう考えざるをえないのであろう。しかしわれわれの歴史的存在を科学的に見る立場からいえば、この世界にあらわれるいかなる事実といえども、歴史的に生まれたもの形成されたものであり、したがって、また歴史の変化とともに移りゆくもの、生滅無常なものであることをまぬがれることはできない。仏教は無常ということをその基本思想の一つとしているのであるが、このことの真実さはやがて仏教そのものにも繁栄と衰滅の推移があることを示さずにはおかない。

しかもこの繁栄と衰滅とは、いたずらに気まぐれに無原因無法則に行われるのではない。生者必滅会者定離といわれるけれども、物の生まれるのにも、それが生長発展するのにも、またその発展の極限において衰亡と死滅の運命に向って転化してゆくのも、そこにかくなるべき因果の必然的法則があり、この法則を無視して行動してみても、それは結局のところ天に向って唾するようなおろかな試みとしておわるのほかはない。仏教が日本において、さい近とくに著しい退潮の傾向にあり、このままですすんでゆくならば結局ほろび去ってしまうのではなかろうかというような心配をしているものも少なくないようであるが、これは全く無理のないことといわねばならぬ。たしかに仏教には不吉な弔鐘が鳴っている。今日における寺院と僧侶のすがたは、まことにほろびゆくものに共通な典型的な様相を呈しつつあるといってさしつかえないであろう。

人はいたずらにこれを憂えたりかなしんだりする前に、何よりもまず何故にしてこのような事態が生じたのであるか？　その原因をたずね、その必然性の根拠を明かにするのでなくてはならぬ。もしそうでないならば、あるいはその本質をあやまってとらえるようなことがあるならば、そこからほんとうの正しい行動というものは出て来ようがないであろう。現実の分析は、あらゆる甘さや希望的観測を排して、あくまでもリアルに客観的科学的なものでなければならぬ。しからば現代における仏教の衰退の真の原因はいかなるところにあるのであるか。

それは何よりもまずその教えるところが、現代人の生活要求をみたす力がなくなっているところにあるであろう。それぞれの時代にはいつもその社会の人々が求めるところの時代の要求というものがある。この時代の要求にこたえ、その時代の切実な問題を解決する力をもったものは、社会から深い感動をもってうけ入れられ、その時代の歴史を動かす力となるが、そうでないものは、たといそれがどんなに正しく真理であるといっても、誰もこれを受け入れようともせず、問題としてとりあげようともしなくなる。

仏教が鎌倉期においてすばらしい興隆を見せたのも、そこにそれだけの原因があったからである。藤原がほろびて平家がかわり、平家がほろびて源氏がかわる、あの巨大な日本歴史の転換期において、日本の人民たちはこの上もない生活の不安になやまされ、波にもまれる木の葉のような人生のはかなさを感じていた。この民衆のなやみに対して、鎮護国家を標榜して特権階級と結びついていた従来の宮廷仏教は、何ひとつ救いの道を与えようとしなかった。法然も、親鸞も、道元も、日蓮も、それぞれ道はことなるとはいえ、この時代の支配権力からはなれて、在野の宗教として人民救済の悲願の上に立った宗教であった点においては一致している。そこに鎌倉仏教興隆の歴史的意義がある。

もちろんそうであるからといって人民の苦悩がこれによって完全に救いきれたわけではない。民衆の苦難の真の客観的基礎は、むしろ当時の社会の階級的構成とその矛盾にあり、これを打破しないかぎり、国民生活の悲惨と貧乏と地獄のくるしみとは救わるべくもなかったのであるが、しかし当時の封建制初期という歴史的状勢の下にあっては、このような社会革命を可能にする条件は全くなかった。民衆はただ主観的観念的に、思いを西方寂光土に走せ、ナムアミダブツを唱えることによって、そこに安心の世界を見出すの外にはいかなる道も残されていなかったのである。

しかしすでにブルジョワ民主主義の洗礼をうけたのち、崩壊期資本主義の社会的現実に直面しつつある現実の日本国民は、もはやこのような主観的観念的な気なぐさめによって自己を現実に解放し救済することができるとは考えていない。今日のプロレタリアートにとっては、もはや死後の天国や地獄極楽の如き観念は、何ら彼らの心情を動かす力をもつものではなくなっている。彼らはこの地上の現実の生活において貧乏と失業のない生活の安定を欲し、さく取も抑圧も、戦争も原水爆もない自由と幸福の社会を求めている。これがためには数千年のインドの社会に発生した仏陀の教えや、鎌倉期の人民の要求にこたえた過去の仏教の教の如きものはもうそのままでは役に立たなくなっている。僧侶がどんなに口を酸くして七〇〇年前の教義を説教してみても、現代の民衆はもはやそのようなものにあこがれを感じなくなってしまっているのである。

かくて現代には二つの流れがある。ひとつは民心の不安に乗じて現世の幸福のための利益の道を教える新興宗教であり、他は現代科学の最高の認識の上に立って社会の変革のための実践に進むマルクス主義の道である。前者は庶民にとってきわめて入り易く、手っとり早く、個人の幸福にとって、最短の近道であるように思われるので、この道をえらもうとするものの数は急増する形勢にあるが、しかしこのような道が結局民衆にアヘンを与える迷信にすぎないことは、今後歴史によって証明されるであろう。これに対して科学的認識の上に立つ社会的実践の道を行かんとするものは、多く唯物論であって、もはや宗教をも神をも求めようとしなくなっている。この間に処して仏教者はそもそもいかなる使命をもち自己の存在を歴史的に意義づけることができるであろうか。もしこれに対して何らの役わりを果すこともないならば、社会から見すてられて自己自身の墓穴を自らほるのほかはなくなるであろう。現にそのような傾向は何人の目にも明らかなように出て来ている。自ら甘んじてその道を歩まんとするものは問題はないが、真実求道の情熱をもつ人たちはおそらくこのような状態に甘んずることはできないであろう。しからば現代において仏教徒はそもそもいかに生くべきであり、何をなすべきであるか。

二　出世間主義

ここで私は仏教そのものの本質についてその是非を論ずることはしばらく問題外としよう。そして問題の焦点を仏教倫理にしぼり、そのモラル、その教理の中、現代のわれわれの民族の歴史的要求からみて、すでに古くなってしまったもの、これを批判し超克するのでなければ、仏教の歴史的生命はもはや維持しえなくなっているような要素と、現代においてさらに拡大再生産されて発展せしめうることのできる積極的な要素とを区別して、その一つ一つを分析的に明らかにすることとしよう。

最初にまず仏教思想の中、現代のモラルに適合しなくなってしまった部分、つまりどんなに善意に理解しようとしても、もはやそのままでは現代人にうけ入れられることができなくなってしまった要素からはじめてゆくこととしよう。かかるものとして何人にも異論のないものとして考えられるものは、第一に現世否定、未来主義、彼岸主義、そして出家得道というような逃避的出世間主義であろう。平家物語の冒頭にも「祇園精舎の鐘の声、諸行無常のひびきあり、沙羅双樹の花の色、生者必滅のことわりをあらわす」云々とあるように、要するにこの世はうき世（憂き世、浮き世）であり、何らの真実性のないもの、よどみにうかぶうたかたのような根底のないものであるから、このような世俗生活の中で、地位をたかめたり、財産をつくったり、名をあげたりしてみたところで、そのようなものはけっして永遠の生命をもったものではなく、やがては秋の木の葉のようにあとかたもなくちりはててゆくものであるから、そのようなものに生涯をかけてそこに人生の希望を託するというようなことは無意味なことである。人生において真実に価値あるもの、永遠の生命をもつものは、このようなやがてはかなく散りはててゆくもの消えてなくなるものの中にあるのではなく、むしろそれを越えた世界にある。それは現実の世界、色をもち形をもち、時間と空間とによって限定されたこの有限の世界には見ることもできなければきくこともできないものであるけれども、もしわれわれがこのような感性にとらわれた世俗的立場をこえて、より深い霊性に目ざめるならば、そこには物慾にとらわれた世俗の人々の見ることもできず、きくこともできないような高次の世界がある。この高次の、世界に目ざめて、そこに真実の世界を見出すこと、それが仏教者の生活であり、無碍光如来の光りに生きるものの真の生活である――と。

このような説教が世の多くの人々を動かした時代も過去にはあった。現に私自身なども何十年という長い間、熱心な求道者としてひたすらにこのような幻想を求めて、そこに自己の全人世をかけて生きつづけて来たのである。とくに鎌倉初期のような社会と歴史の転換期にあっては、かかる教えはすばらしい力をもって人間に新らしい救いをもたらすものと思われたにちがいない。それまでの古代日本の国民にはほとんど厭世思想というものはなかった。きわめて素朴な、そして無邪気な楽観的現実肯定の思想がそれまでの日本人を支配していたので、人々は人生の否定さるべきであることを知らなかったのである。仏教――とくに鎌倉仏教によって、日本の人民たちははじめてわれわれの人生が全体として反省され批判され、否定さるべきもののあることを知ったのである。これはいうまでもなく当時としては偉大なる発見であり、国民の思想生活に劃期的な深みを加え、一新時期を劃したものということができる。

この時代には、まだ積極的な社会変革の科学的理論というようなものは発生しうる社会的歴史的基盤をもっていなかった。弁証法的唯物論や唯物史観によって、人民が自ら自己の運命をきりひらき、社会そのものを変革して、真理と正義の世界を切りひらくことができるなどということは、誰一人考えることも夢みることもできないような時代であった。かかる時代に生きる人々が、自己の不安と不幸とを救うために現世厭離の宗教に思いをよせ、そこに人生の希望を求めようとしたのはまことに当然のことといわなくてはならないであろう。仏陀の生れた二千数百年前の印度、法然や親鸞や道元や日蓮の生まれた数百年前の日本、いずれもこのような社会的環境の下にあって、仏教がさかえ、人々の心をうちその魂をゆるがすような生命力をもつことができたのである。

しかし現代の人々は、印度でも中国でも日本でも、その他どこの国いずれの民族をとっても、もはや人々は人生の救いをこのような彼岸の世界に求めようとはしなくなって来ている。人々が求めているものはこの世の自由と幸福であり、現世の欲望の満足である。とくに低賃金で生活にくるしみ、失業の不安におびえて生きている人たちに向って、そのような不幸は不幸ではないのだ。目を彼岸にむけよといってみても、そのあとをついてゆこうとするものがほとんどなくなって来ているということは、争うことのできない現実の事実であり、そこまで現代人の意識が根本からかわって来てしまっているのである。それどころか、そのような説教をする僧侶自身が、盆や彼岸の法要のためにオートバイにのってけさの衣の袖やすそをはしおり、足をすねまで出して走りまわっているのが現状である。今の僧侶の中で誰か一人でも、このような彼岸主義の説教によって大衆を動かしうるという自信をもったものがあるであろうか？

今日仏教がふるわない最大の原因はここにあるということができるのではあるまいか。現代のような人生の不安のはなはだしい時代には、国民の宗教的要求はかならずしも劣えているわけではなく、むしろ高まっているとさえいうことができるのであるが、これに対して今日の仏教は、もはやそれに応じそれにこたえるものを与えていないのである。だからさきにものべたように、今日にあってはこの不安から国民を救う道は二つしかのこされていない。そのひとつは現世利益を教える新興宗教によって主観的に気やすめのような安心を与え、アヘン剤によって国民をまよわすこと、第二は社会の科学的分析によって現代の不安と不幸とのよっておこる原因を明らかにし、その現実の客観的認識にもとづいて、これを根底からとりのぞくための社会的歴史的実践の道にすすむこと。この二つがわれわれにのこされた解決への道なのである。この中、新興宗教のような迷信によって真実に国民を救うことができないものであることは、仏教者といえどもみとめざるを得ないところであろう。もしそうであるとすれば、あとにのこされた唯一の道としては唯社会科学的実践あるのみということになる。だからこれからはいかなる宗教家といえども、この新らしい解放運動の道を無視して人間をほんとうに救うことができるなどと考えてはならないのである

三　物欲の否定

いままでの仏教には、どの宗派にも共通な傾向として、人間の物質的欲望というものを無視し軽視し、あるいは人生にとって無意義なもの、とるにたらぬもの、価値なきものと考え、さらにすすんではこれをもって一切の罪悪の根源とみなして、できるだけこれを否定し抑圧しようとする傾向があったことは争われない。道元の「正法眼蔵随聞記」などをよんでみても、貧乏を礼讃し、富をもとめ地上のさかえをもとめる人間の欲望に対して、これを否定しようとすることばがいたるところにあらわれてくる。「凡そ学道の者は貧なるべし」――これが彼の生涯を通ずる一貫した思想であった。「仏の言く。衣鉢の外寸分をも貯えざれ、乞食の余分は飢たる衆生に施せ。たとい受け来るとも寸分も貯うべからず、いわんや馳走あらんや。外典に曰く、朝に道をきいて夕に死すとも可なりと。たとい飢え死に、こごえ死にすとも、一日一時なりとも仏教にしたがうべし。万劫千生、幾回か生じ幾度か死せん。みなこれ世縁妄執の故なり。今生一度仏制にしたがって餓死せん、これ永劫の安楽なるべし。

いかにいわんやまだ一大蔵経の中にも三国伝来の仏祖、一人も飢え死にし、こごえ死にしたる人ありときかず」（第一）

道元という人は性格のきびしい人であったから、そのことばもまことにはげしく徹底的であるわけであるが、しかしこのような傾向はひとり仏教ばかりでなく、キリスト教などにもかなりつよくあらわれているところで、新約聖書の山上の説教のところで、空の鳥に見よ、まかず刈らずくらにおさめず、しかも天にまします汝らの神はこれらのもののすべてを養いたもうではないかとか、また「富めるものの天国に入るはらくだの針の穴を通るよりもかたし」とかいっていることは何人もよく知るところであるが、これらのことばは、それ自身として考えるといかにも美しく、人の心を深くひきつける力をもっている。私なども実は青年の時以来このような教に深くひきつけられて、どれほど反省させられたかわからないのであるが、しかしわれわれの現実の生活に立ちかえって一切の幻想をすてて考えてみると、われわれの現実はけっしてそれほど安易なものでないことに気づかされるのである。

もちろんこれらのことばの中には何の真理も真実もないというのではない。後にものべるであろうように、これを生かしてつかえば非常に大きな歴史的意味をもたしてゆくことができる。けれどもその前にわれわれがまず考えておかなければならないことがある。たしかにわれわれの物欲というものは全くかぎりのないもので一を得れば十をのぞみ、十をうれば百をのぞみ、とどまるところをしらない、そこに現代の不幸と悪との原因があることは事実であるが、しかしそのような欲望の奴隷となって社会を混乱させ、国民大衆を不幸におとし入れているものは一体誰であり、いかなる階級に属する人たちなのであろうか。

それが主として金持ち、資本家階級であることは多言を要しないことであろう。彼らはその生活において労働者などの夢にもみることのできないような巨大な富を自己の手中ににぎって、しかもその現実に満足せず、さらに資本を蓄積し、さらに巨大な富をつんで他にうち勝ち、他を支配しようとしている。軍事産業、とくに原水爆産業というような仕事はけっして人類を幸福にするものではなく、これを最大の不幸におとすことが世界万人の前に明らかになっていても、彼らは「死の商人」などとよばれながら、これをやめようとしていない。このような人々に対しては仏教の教えはもっとも切実にあてはまるのであるが、今のところ世界の独占資本がこの教えによって自らを改めたということをきかない。仏教もキリスト教も、この点では全く無力というのほかはないありさまである。

それにもかかわらず資本家たちの中には仏教を支持し、これを彼らの経営する工場の中にまでもちこんで、労働者たちに朝晩仏壇の前で合掌させたり、わざわざ僧侶をよんできてお説教をさせたりするものが少くない。これはいうまでもなく、彼らが仏教を心から信じているからではなく、彼らの経営を黒字にしてゆくために都合がよいからである。そろばん玉をはじくことにぬけ目のない彼らは、そこに彼らの利潤の計算を入れている。それはかつての近江絹糸だけに限った現象ではない。だから階級的さく取のはげしく、職制の圧迫のひどいところほどこのような宗教による「思想善導」が行われやすいのである。

しかし労働者にとってみれば、これはいうまでもなく迷惑至極なことである。貧乏と生活苦とは僧侶のお説教によって奨励されるまでもなく、身体に痛いほど感じられている毎日の事実なのである。いくら「足るを知れ」とか「欲をすてよ」とかいわれても、現実はもっともっときびしく彼らの足もとにせまっているのである。彼らにとっては「一を得て十をのぞむ」どころか十をのぞんで一もえられず、最低生活の欲望さえもなかなかみたされないのである。病気になっても、失業しても、一家破めつである。結婚したくても子供を生みたくて今のままではどうにもならない。一人前の教育をうけたくてもお金がない。健康をたもつのに必要な衛生の設備のととのった住居も得られない。仕事の過労は、毎日重なって来て、これでは身体がもたないということはわかっていても、残業をやらないと家計が赤字になる。労働者にとって貧乏ほどいやなものはなく、憎むべく嫌うべくおそるべきものはない。「あの世の天国」などということはどうでもよい。せめてこの世でいますこしらくなくらしがしたい。これがすべての働らくものにとっての心からのねがいであるといってよいであろう。

このような状態である労働者に対して貧乏のお説教ほどありがたくないものはない。だから坊さんが熱心にお説教をすればするほど労働者たちは仏教にソッポを向いてしまうのである。これでは、仏教が繁栄するわけはない。だから、現代の労働者を救うためには、何よりもまず彼らの物質的生活を安定させてやるところからはじめなければならぬ。新興宗教は主観的な幻想によって、これを与えようとしているが、仏教はそれさえも与えようとしない。しかし現代のはたらく人々に対してほんとうに生活の安定をもたらし、その切実な、やむにやまれぬ人間的要求をみたしてやるためには、もはやいかなる主観的幻想を与えることでもなくて、客観的に失業者のない社会、貧乏人のいない世の中をつくるということよりほかにない。多くの人々を貧乏と失業においこんでおいて、これに満足せよと教えることではなくて、労働者自身が立ち上って自らの正しい人間的要求を実現しうるような社会をつくるのでなくてはならぬ。

四　無常ということ

無常ということは仏教の人生観世界観にとって欠くことのできない基本的思想のひとつになっているようである。しかも、いままでの日本ではそれが多くのばあいきわめて消極的な厭世観とむすびつけて考えられて来た。「行く川の流れはたえずしてしかも、もとの水にあらず、よどみにうかぶうたかたはかつ消えかつむすびてとどまることなし」などというとき、われわれの心は人生のはかなさというものに打たれる。生者必滅・会者定離、おごれるものも久しからず、たけきものもやがてはほろびぬというような文章にふれるとき、このような人生を何か永遠なもののように考えて、その目的をはたすために生命をかけてたたかうというようなことがおろかなことであるように思われてくる。そんなはかない世の中に名誉だの地位だの財産だのといって夢中になるよりは、むしろ山の中にでも引っこんで、静かに清らかな生活をして死をまった方がよいのではないかという気もしてくる。いままで世をはかなんで出家し仏門に入った人たちの中にはこのような無常感にさそわれた人が少くないであろう。

しかし仏教の無常という思想は、本来そのようなものであったのであろうか。この宗教のはじまった印度ではこのことばはもとどういう意味に用いられていたものであろうか。言葉の知識に乏しい私にはこのような詮索は自分の力をこえた問題であるが、仏教本来の思想の中にはあるいはこれとは全くちがった意味も含まれていたのではあるまいか。最近、ソ連の学界などでは仏教思想を唯物論的なものとして理解し、これを再認識しようとする傾向がかなりつよく出ているということであるが、そのような考え方によると無常ということばにはきわめて弁証法的なものの見方がつよく含まれているように思われる。

無常とは、これを正直に言葉のそのままの意にとれば「常なし」ということ、つまり、世の中には恒常的な実体、永遠不変な存在というようなものは何ひとつとして存在しない。自我といい物といって見たところで、何ら固定不動な実在というようなものではなく、物と物との関係の中から生まれ出て来たもの、したがってまたこの関係の変化によって一日々々、あるいは一瞬々々にうつりかわってゆくものである。我意とか我執とかいうものは、それをわすれて自己というものに何か特別な、他から切りはなされた実在性があるように考えて、それに執着しそれを絶対化しようとするところから生まれるものであるが、それはわれわれの主観的な迷いから来るものであって、事態の真実をほんとうに客観的につかむならば、そのようなものは本来存在しないものであることが理解せられる。それが仏教のいわゆる「さとり」というものであろう。

これは現代の弁証法のことばでいいあらわすならば、物を唯非時間的に、単に空間的につかむのでなくて、これをどこまでもその運動形態においてつかむこと、つねに不断に変化し発展し生滅するものとして歴史的につかむということに他ならない。太陽も地球もけっして永遠の昔からあったものではない。たといそれはきわめて遠い過去、人間のきめた年代などでは数えることのできないほど遠い過去のことであるにはしても、ともかくその遠い過去において生まれたものの形成されたものであり、したがってまたこれから後いつかはやがて消え去る時もあるであろう。かく考えれば山も川も動物も人間も、いずれもみな有限な存在であって無常ということを本質としている点においてはかわりはない。同じく我といってもそれはけっしていつでも同じく固定静止したものではなく、環境的他者（食物、空気、社会、歴史その他）との関係によって常に不断に変化してとどまるところを知らない。昨日の私は今日の私ではなく、今日の私は明日の私ではない。いちどに全部がかわってしまうというのではなく、きわめて序々に、少しずつかわってゆくのではあるが、それがつもりつもってしばらくの時がたてばやがて全く別物のようになり、ついにはその生命全体が死滅してしまう。あるものは早く、あるものはおそく、あるものは長く、あるものは短かいが、そしてそれらのもののちがいは全く比較を絶するともいうことができるほどではあるが、それにしてもすべての存在が無常であって変化するものであるということだけはいかにしても動かすことができない。

しからばこのような変化はいかにしておこるのであるか。それは物がすべて孤立したもの、他から無関係に、ただ自己自身の中にのみ自己の存在の根拠をもつものではなくて、いつも他の存在とのかかわりあいの世界の中におかれ、これらの物と物とがたがいに相関係し相影響して、どこまで行ってもその関係をはなれるということができない、すなわち関係ということをはなれてはいかなる実在をも実体をも考えることができないということである。大きくいえば地球と月と太陽と――太陽との関係、月との関係をはなれて、地球が自分だけで存在しているように考えたら大へんなまちがいであるように、小さくいえば原子と原子との関係、また原子内部における電子や中性子の関係――どこまでいっても存在は関係であり、しかもその関係は動的な関係である。

仏教ではこれを相依相関というようなことばでいいあらわしており、さらに十二因縁というような複雑な思想体系をそこから展開している。十二因縁について坊さんの巷間でのお説教などをきいていると、全く地獄極楽の教えと相去ること遠くないような非科学的前近代的な内容が与えられているようであるが、おそらく仏教本来の教えはそのようなものではなかったのであろう。何分にも数千年前の考え方であるからきわめて未発展なもので現代の科学的唯物論に見るような完成したものではなかったにちがいないとしても、そのようなものとして発展しうる萌芽を十分にもっていたものであったのではあるまいか。

この点ではキリスト教よりは仏教の方がはじめからはるかに科学的で、現代科学とむすびつきうる可能性をもっていたものであるということができるであろう。しかるに、その後の仏教の僧侶たちは仏教をこのような方向にのばしてゆくことをやらないで、それとは全く別な方向にもっていってしまったので、今ではキリスト教思想などともあまりちがわないような非科学的な観念論の体系になってしまった。もしわれわれがこのあやまりを正して本来の仏教の唯物論（弁証法）に立ちもどり、そこから出なおして現代科学とむすびつくなかから、現代の既成仏教とはちがった新らしい仏教理論が生まれるのではあるまいか。そこから衆生を救済しうる新らしい真実の道も生れてくるのではあるまいか。

五　無心ということ

仏教では無私とか、無心とかいうことがよくいわれる。これは人生のなやみとくるしみ、社会の罪と悪の一切の原因が、我意・我執にあるという見地から、これを去ることにほとんどすべての教説と修行が集中されていったことによるものであろう。このようなモラルはひとり仏教やキリスト教にのみかぎられたことではなく、戦争中の日本天皇制の下でさえ滅私奉公というようなことばがしきりに唱導されたことを考えれば、ほとんどあらゆる道徳に普遍的な形式であるとさえいうことができるかもしれない。

親鸞は「自然法爾」ということをいったとつたえられるが、こざかしい私のはからいをすてて、天地自然の法則にしたがって生きるということはおそらくすべての人生を達観した人たちに共通な高い心境ということができるであろう。歴史上ほんとうに大きな仕事をした人、人類を動かすような貴い事業というものは、いずれもみなこのような無私無心の精神から生まれてくる。イエスが一粒の麦の例をとり出して、「死なずばもとのままにてあらん、死なば多くの実を結ぶべし」といったことばは万人のよく知るところであるが、まことの心とか真実心とかいうものはすべてかくの如きものであろう。

かくて道元は正法眼蔵現成公案の中で、「仏道をならうというは自己をならうなり、自己をならうというは自己をわするるなり、自己をわするるというは万法にてらさるるなり」といっている。このことばもまた戦時中しきりに悪用されたのであるが、しかしその本来の意味はけっしてまちがったものであるわけではない。仏教の出発点は何よりもまず自己ということにある。自己の苦しみを去ること、自己を救うということが、仏道に入ろうとするものの最初の悲願であることはほとんどすべての求道者に例外なき事実といってよいであろう。

しかし私たちがほんとうに自己を救おうとするならば、何よりもまず「自己を自己を！」といって自己にこだわり、自己に執するその我執を去らなくてはならない。何となればわれわれのすべてのなやみも、世の中の矛盾も、実はみなこの主観的個人的な我執、利己心にもとづくものだからである。このような一切の私心を去って、自己を救おうなどという心をさえもすて去りわすれ去ったとき、そのときはじめて、ほんとうの救い、ほんとうの安心、自然法爾の世界がひらかれてくる。そこに「さとり」というものもあるのであろうが、しかしこの無私とか無心とかいうことは、単に消極的に何もしなくなってしまうということではない。何もしなくなってしまうというなら死ぬよりほかはないが、単に生理的に死んだからといって人間が救われるわけではない。

仏教では無即有という論理がよく用いられる。あるいは死即生ともいう。今日の弁証法のことばでいえば否定即肯定ということになるであろうが、無心ということにはさらに巨大な積極面というものがなければならない。これがすなわち道元のいう万法にてらされるということである。われわれの心が私心にみたされている間は、自分のことで一ぱいなので、自然や世界の真実というものが正しく自分の心に映って来ない。したがって、また何をなすことが真実であり正しいことであるかもわからない。ところが私を去って明鏡止水のような心になり切ると、そこにはっきりと万法の法則というものがあきらかに示され、歴史の声というものがひびいてくる。

仏陀に衆生のなやみというものが救済の対象として映ったということも、こういうところからであろう。ところが現代の僧侶達は、自ら仏教徒と称しながらも、この私心が去れない。衆生に向っては私心を去れとお説教しながら、自分自身は欲のかたまりになり切っている。だから現在の社会に貧しい人たち、失業の不安におびえている人たちが、何百万あろうと何千万あろうと、自分の目の中に入って来ない。目の中に入ってくるものは金持が自分のために出してくれる御布施ばかりということになる。それでは歴史の声というものはきこえない。何をすべきかということもでて来ない。

この点で道元はまことにすばらしいことをいったということができると思う。「自己をわするるなり」というところまでは(少くとも観念的には)すべての坊さんがいっている。しかし「万法にてらさるるなり」と喝破したことはまさに百尺竿頭一歩を進めたものといってよいであろう。ただおしいことには、道元はまだこれを自己自身の行動の上で実証したとはいえなかった。何となれば彼はこんなすぐれたことばを吐きながらも、彼自身はやっぱり生涯山の中に身をかくして、只管打坐以外の何ごとをもやろうとしなかったからである。ほんとうに苦しみなやんでいる庶民大衆、農民や漁民の中へ入ってこれを救うということをしなかったからである。それは農民や漁民のほんとうの現実の生活苦が、彼の意識に正しく反映しなかったからではあるまいか？

しかしこれを親鸞や道元の時代に求めるということはもとより無理なことである。罪は彼ら個人にあるのではなくて、その時代の歴史と社会とにあったということができるかもしれない。しかし現代はもはや親鸞や道元の時代ではない。一面民衆のなやみ、社会の矛盾もいよいよ深く大きくなってはいるが、これとともにこの矛盾を解決し、平和で幸福な社会をつくるエネルギーもまた力づよく生まれて来ている。われわれは何よりもまず現実の社会的不安人間的不幸とが何処よりおこり、何を原因としているかということについて科学的に検討し、これを明らかにすることによって、そこから何をなすべきかを正しく学びとるのでなくてはならぬ。現代の科学は自然と社会の構成原理をなすものが何であり、それがいかなる法則にしたがって発展するものであるかを示してくれるであろう。何となれば科学的認識とは「万法」の世界、すなわち自然と歴史の全体をわれわれ人間の意識の上にもっとも正しく反映する（万法に照される）ものに他ならないからである。

その時われわれは単なる棄思入無為や剃髪や念仏や只管打坐、面壁九年というような方法によって人間が救われるものではなく、この科学の教えるところにしたがって、そこに歴史の必然がどこにあるかということを認識し、この必然の道に沿うて行動し実践することによって、新しき時代をつくり社会をつくるということによるのでなければならないであろう。釈迦にしても、法然にしても親鸞にしても、もし彼らが現代のような資本主義末期の時代に生き、新興社会科学と民主主義的実践と民族解放のたたかいのまっただ中に生きていたとしたら、決してあのような消極的な「あきらめ」の世界に終始することはなかったであろう。何となれば彼らこそは当時の他のいかなる人よりもよく民衆の苦悩を自己の苦悩として感じ、これに対する救済のために全生命をささげた人たちだからである。

六　慈　悲

すべての宗教にとって、愛とか慈悲とかいう観念はその生命の中核をなす本質的要素の一つとなっている。いかなる宗教でもその教義の重大な一環として愛のモラルをとかないものはないといってよいであろう。かつてトルストイは神は愛なりといって幾百万の人々の魂をゆり動かしたが、仏陀もまた衆生救済の大悲の精神を体現した人格としてあがめられている。これは宗教を求める人が、いずれも冷酷無情な社会の中に生きて、何ひとつたよるべき現実のよすがをもたないところから来るのであろう。否、ひとり宗教を求める人のみではない。いかなる人といえども彼が人間であるかぎり愛情による温かな人間関係というものにあこがれをもたないものはない。いかなる苦しみの中にあっても愛さえあればわれわれはけっして淋しくもなければ絶望もしない。そこに人生の希望と光りとを見出して生きぬいてゆくことができるのである。

ところが現実の社会はこの万人の悲願をほとんどみたしてくれない。愛を求めて社会に出て見ると、そこにはいつも憎悪と怨恨とのみがはんらんしている。理想としては観念としては、すべての人が愛を求め愛に飢えておりながら、現実にはすべての人が互いに相にくみ、相たたかって生きなければならない。そこに人生の悲哀がある。かくて人間の世界に求めて得られないものを神の世界、仏の世界に求めようとするのである。親鸞の正信偈には「煩悩眼をさえぎって見えずといえども、大悲倦くことなく我を照らす」とある。われわれの自己は私意私心をすて去ることができないので、頭上にかがやく太陽の光りをさえ気づかず、ただ頭をひくくたれて飲み食《くら》い子を生むというようなことにのみ夢中になっているけれども、仏の大悲の光りはわれわれが之を自覚すると否とにかかわりなく、常にてらしてやむときがないというのである。宗教とはまさにこのような絶対愛の自覚にほかならないともいうことができるであろう。

唯問題はこのような絶対愛——地上のわれわれの愛はいつも有限で相対的であることをまぬがれないが、仏の愛はこのようなものではなくて、すべてをつつみすべてをゆるす、悪人成仏の愛である——を現代日本の僧侶たちがどれだけ自己自身のものとして身体で感じとっているかということである。私自身の経験によれば、私は幾十年来このような深い愛を求めてどんなに迷い、どんなにくるしんで来たことであろう。しかし求めても求めても、ついに最後のものは得られなかった。得られそうなところまでは接近しているように思いながら、ついにはっきりとそれをつかむことができなかった。大悲の説教を職業的につづけている世の宗教家たちも、多くはそのようなものではないであろうか。

それはけっして偶然なことではない。人間の愛情はどこまで進んでも人間の愛情であって、神の愛にはならない。人間が神でないかぎり、人間の愛をこえて神の愛をもつことはできない。神とは有限な人間が自己の有限性の自覚をもととしてもつところの理念であり観念であって、現実の存在ではない。現実の自己はどこまでいっても有限相対な人間以上のものであることはできない。これをとびこえることが、できるように思うのは観念の幻想以外に何ものでもありえない。人間の愛というものはどこまで行っても相対的である。正義を愛するものは不正を憎まずにはいられない、真実を愛するものは虚偽をしりぞけずにはいられない。人間の世界にあっては善きものをも悪しきものをも無差別に愛するということは不可能であり、かくの如きものはけっして真実の人間的な愛ということはできない。不正をにくむことのないものは真実に正義を愛するものとはいえない。真理を愛するものが虚偽に対してあいまいな態度をとるならば、それはほんとうに真理を愛しているとはいえないであろう。憎悪を含まない愛情というものは人間の世界においては現実的なものではありえない。

今日のわれわれの社会においてもっとも不幸であるもの、弱くしてしいたげられているものは勤労無産者庶民大衆であって、政治的支配者階級とつながった特権的な少数の有産資本家階級ではない。もしわれわれが真実に人間を愛し、人間救済の悲願に燃えるならば、何よりもまず国民の大多数を占める勤労大衆を愛し、その幸福をねがうものでなくてはならない。もし真実にこのような勤労大衆の幸福をねがうものであるならば、この勤労大衆を搾取し抑圧し不幸におとし入れようとしているものをにくまずにはいられない。それがわれわれの人間に対する生きた現実的な愛情というべきものであろう。

このような立場に立つとき、われわれはひとしくヒューマニズムといっても、単に観念的に人間一般を愛するというような抽象的立場に立つことはゆるされない。単に人類を愛するとか人間一般を愛するとかいうことは、観念としてはいかに美しくとも、けっして現実的なものではない。すべてのものを愛するという人は実は真実には何ものも愛していないものであるということができる。誰を愛するか、対象なき一般を愛しているものは誰をも愛していないのである。いままでの人類愛や宗教的愛にはこのような抽象的な愛の観念を弄んだことがあまりにも多かったように思われる。

もし資本家と労働者の利害が、現実の社会の経済的構造の必然性にもとづいてするどく矛盾し対立するものであるとするならば、この矛盾や対立を見て見ないふりをし、労資協調をとき、この両者の利害は基本的に一致するものであるというような考え方をするものがあるとするならば、かかる人は例外なく資本家の味方であって、労働者の味方ではないといわなくてはならない。労資の対立はいかなる資本主義国家にあっても動かすことのできない現実の事実であって、資本家にとって有利なことは労働者にとって不利であり、労働者にとって有利なことは資本家にとって不利となっている。だから今日の社会において深く労働者を愛し労働者の幸福をねがうものは、どうしても資本家の所行をにくまずにはいられない。これが資本主義社会における生きた人間の現実的愛情のさけがたき限界であるというべきであろう。もし現代日本の僧侶たちがこのさけがたき現実に目をつぶって労資の階級的矛盾と対立を無視し、抽象的な人間愛の立場から人間一般の救済をとくにすぎないならば、少くとも貧乏と失業の不安におののいている勤労大衆は、かかる宗教家の人間的愛情なるものを信ずることはできないであろう。現代の仏教がもし国民大衆の間に真に生きた生命をもつべきであるならば、それは何よりもまず日本国民の大部分をしめる勤労無産大衆を愛し、資本家階級の利益にさからっても、この大衆の幸福のために身をささげる態度に出ずべきであろう。私は原始仏教の伝統的精神の底にはこのようなものが深くその底を流れていたと考えるものである。今日の仏教が国民の支持を得なくなっているのもけっして偶然のことではないのである。

七　平　和

仏教のモラルは和の精神でつらぬかれているといってよいであろう。それが階級的対立のはげしい現実の社会になって労資の調協をとくブルジョワモラルとなっているような面も見のがされてはならないが、しかし、またこれとともに原水爆戦争体制に反対する力となって国民の平和運動に参加しうる可能性もひらかれている。すべての教義や信条というものは、それだけのものとしてはいつも抽象的で善悪いずれの方向にも具体化されうるものである。だから和ということの教えもそれが正しいか正しくないかは単なる一般論として判定さるべきものではなく、現実の具体的な問題への適用において検討されなければならないのである。

封建的身分制の社会の中にあって、支配者と被支配者との人間関係をそのままに肯定して和の道徳をとけば、それが支配者にとって有利、被支配者にとって不利な現実をつくるものとなることは、過去の経験のすでに明らかに示すところである。このような差別的な反ヒューマニズム的な社会関係をそのままにしておいて、温和や従順や忠誠や献身やをとくことは、彼らの階級的社会の社会秩序をいよいよ強固にし、支配者たちの支配体制をいよいよ安全なものにするばかりであることはいうまでもない。市民や農民の隷属性はこれによってますます強化され、その人間的権利の自覚的行動はにぶらされる。過去の仏教がかかる社会にあっていかなる役割を果したかは今さらあらためていうまでもなくよく人の知るところである。

この関係は現代の資本主義社会にあっても根本的にはすこしもかわっていない。だから現代において仏教者が和のモラルをとくばあいには、このことを十分考慮してかからなければならないのであるが、しかし資本主義が金融独占資本の段階に入り、これが政治の権力と結びついて帝国主義戦争政策をおしすすめるようになった現段階にあっては、平和ということが、ひとり日本ばかりでなく、全世界諸国民の普遍的なねがいとして重大な歴史的意味をになうようになって来ている。この時にあたって仏教がその和のモラルをいかなるものとして生かし、具体化するかということはおそらく仏教そのものの将来の死活にもかかわる重大問題であるということができるであろう。

人間が自らの歴史を年代を明らかにして記録しはじめてから約三千四百年、その幾千年の歴史の発展過程のなかにあって、戦争のなかった年、しかも歴史にかきのこされるような大戦争のなかった年というのはわずかに二百六十数年にすぎないといわれる。まことに人間の歴史は、生ぐさい戦争の血によっていろどられているのである。これらの戦争は多くのばあいいつも支配者と支配者との戦争であった。人民は戦争に際してはいつも被害者の立場におかれた。家は焼かれ、畑は荒され、徴発や掠奪はされ、人は殺された。人民にとって戦争ほど憎むべく嫌うべきものはなかったのである。だから人民はいかなる社会、いかなる時代においても平和主義者である。ところがこの人民のねがいによって起るべき戦争がやめさせられたということが、今まで一どでもあったであろうか。残念ながら一度もなかった。仏教もキリスト教もこの点では全く無力であった。禅などは武士に戦場で死ぬ覚悟を与えるには役立ったかもしれないが、戦争そのものを否定する力としては何の能力をも発揮しなかった。

しかし現代はもはやそのような時代ではなくなった。国家の権力者たちの戦争政策、軍国主義政策につよ反対して、原水爆戦争をこの地上から葬り去ろうとする民主主義的な抵抗のエネルギーが、世界の諸国民の間から急速につよくもり上って来た。これを無視してはもはやいかなる支配権力といえども自らの政治を無事におしすめることが不可能な時代となった。とくに日本国民は原水爆に反対する運動でも、日米軍事同盟を打破しようとする運動でも、全世界の諸国民をつよく感動させ、ふるい立たせるような先進的な指導性をもつものとさえなった。

おそらくこれからの世界の歴史も日本の歴史も平和の問題をはなれては考えることができないであろう。仏教者がもしこの問題に対して自らの歴史的使命をはたすことができず、再び帝国主義国家権力の走狗となって「死生一如」をとき「滅私奉公」をとくようなことがあるならば、仏教はもはや国民から見すてられてしまうものとなるよりほかはないであろう。幸にして最近は仏教者の中からもわれわれの平和運動に積極的に参加する人が少なからず出るようになって来た。とくに日蓮宗などにはこの傾向は何人の目にもつくほど目立つものとなって来ている。しかし全体から見れば今のところまだ一部の人々の運動という状態を出ていないように思われる。平和ということばは人道とか正義とかいうことばと同じように、どんな人でもほとんど例外なくこれを用い、これに賛成している。過去の戦争に際しても日本の軍国主義者たちは東洋平和のためと称し、今日の日本の安保改定論者も日米軍事同盟を平和のために必要といい、さらにはそのために原水爆ミサイル兵器さえも準備しようとしている。最近では同じく原水爆反対の名の下に二種または三種の全く異った大会さえつくられはじめているくらいである。今日の仏教者もまた一人として平和をとかないものはないのであるが、ただその平和が現実において戦争を準備しつつある国家の支配者たちの平和であるか、それともかかる政治的権力に抵抗して一切の戦争準備に反対する人民大衆の平和であるか、そのいずれに味方してこれと行動を共にしようとするか。そこに重大なわかれ目がある。今日の仏教者の平和主義の中にはまたもや国家の支配権力にこびて、身をもって民衆の幸福をまもろうとする態度をはじめから失ってしまっているものがありはしないであろうか？

今日仏教が生死の運命の分岐点に立っていることは、おそらく何人といえどもみとめざるを得ないところであろう。仏教者の中には他の支配階級と同じく共産主義をもって自らの敵と考え、共産主義社会になったら仏教はつぶされると思っている人も少くないであろうが、仏教をつぶすものはいかなる共産主義者でもなくて仏教者自身である。ソ連でも中国でも宗教はけっしてつぶされてはいない。むしろ僧侶の生活はいちじるしく安定化し、平和と人民の幸福のために奉仕している。日本の仏教は共産主義社会にならないでもすでに滅亡の方向に向って急進しつつあるといえるのではあるまいか。僧侶自身がはたしてどれほど深く彼らの宗教を信じ、教祖なり宗祖なりの精神を自己の生活に体現しているといえるであろうか。しかも歴史は動き、時代はうつり、その社会的環境は宗祖たちが生きた時代とは全く逆のものとなって展開しつつある。七百年八百年前の日本の歴史的社会の中に生れたものを、そのまま金科玉条として一言一句をかたくまもって見ても、それはかならずしも宗祖のもっていた歴史的生命を現代に生かすものとはいえまい。第一に宗祖自身がもし現代に生きていたとしたら、おそらくあのような救済の教をときはしなかったであろう。電気熔接が金属工業を風びしている時代に、フイゴで鉄をいじくるカジヤさんのような仕ごとをやって見ても、誰もあとをついてゆくものがなくなるのは当然であろう。現代人を地獄極楽の教えや称名念仏で救おうとしても大衆がかならずしもそれを信じようとしないのは、民族解放の道が新らしい科学的実践によって可能となり現実となり必然とさえなっている時代だからである。

私はかかる意味において、日本仏教者に対し次の二つのことを要求したい。

一、抽象的な人間一般の救いというような観念でなく、現実の社会でもっともしいたげられ貧しくくるしんでいる勤労人民大衆の立場に身において、これとそのなやみを共にし、その行動をともにすること。

二、この人民大衆の救済のために、現代の社会科学的認識を身につけ、これにしたがって正しく行動するものとなること。

今后の仏教と社会問題

労働問題

佐々木賢融

一　空白地帯

わが国の労働問題にはひとつの陥し穴があるようだ。その穴というのは宗教問題である。ヒューマニズムやモラルをも含めて広く精神の問題といってもいい。労働者たちを、内面から人間を動かす力の問題である。それは未だ大きな穴とはいえないが、底知れぬ深さをもっているようだ。今日までの労働問題にくらべて、いわば異質な、上部構造の問題であり、将来は量的にも大きな問題に発展していきそうに思われる。

一九五六年六月の参院選挙のとき、炭労は創価学会に手を焼いた。創価学会の活動は全国的だったが、炭労は真っ正面からこれを取りあげ、創価学会は労働者に有害な、階級的敵対勢力だと規定し、組合員大衆への影響力をとり除こうとして闘って、敗れた。炭労は後に自己批判したけれども、現段階では「宗教はタブー」というのが偽わらぬところだろう。さわらぬ神にたたりなしとばかりに宗教問題を回避したつもりになってみたところで、現に多数の労働者が創価学会やPL教団などに組織されている事実から目を覆う、主観主義的な独りよがりではどうなるものでもない。

労働者たちは資本と闘い、権力と闘い、闘う運動のなかで組織を拡大強化してきた。いうまでもなく労働問題の主要内容はそれでなければならないし、労働運動の成果には輝かしいものがある。だが、彼らは市民社会の精神的支柱の問題を運動の重要側面として取りあげるにいたっていない。闘い、改革すべき旧い精神的支柱が不明確なためにこうなったのであろうが、ここに露呈された空白地帯に入り込んできたのが創価学会である。

いうならば、宗教の問題は戦後の労働運動一五年の新たな局面として提起された課題である。日本の労働階級が闘うべきは国家独占資本とその権力のみで、古い精神権力との闘争の欠如、ここに思いもよらぬ陥し穴が発見された。創価学会の問題を、創価学会のみではなくて、いわゆる新興宗教一般の問題として、宗教の立場からみても、わたしは宗教の穴に入りこんできた問題だと思う。穴というのは日本の仏教が殆んど近代化の運動をしていない結果あらわれた空白地帯である。近代化運動をしないから仏教徒の組織は崩壊状態にある。

浄土真宗は数百万世帯の信徒を誇示するけれども、参議院の当選議員は三名にすぎない。西本願寺教団は門徒数八九万世帯に対し当選者は一名（北畠教真）、東本願寺教団は一〇〇万世帯を背景に二名（大谷瑩潤・大谷贇雄）を当選させたに止まり、組織体制の貧困を実証している。布教活動が門徒の心の支えになっていない証拠だ。信徒一〇〇万世帯余の創価学会が六名を当選させ、旧議員と合わせて九つの参院議員席をもつにいたったのに対して、両者の組織力の格差はめだっている。浄土真宗の布教は死んでいるが、創価学会の折伏は、ともかくも、生きているようだ。

仏教は近代化していないから組織体制をもたない。従って労働問題とクロスすることもない。日本人の六割以上を占める非農業人口の中核は組織された労働者である。未組織労働者や農民、一般市民や中小企業者たちが彼らを取りまいて日本の大衆が生きているのに、最も重要な労働問題が仏教の活動分野外に放置されている。仏教の最大の問題はここにある。

それでは、宗教の近代化とは何であるか。わたしはそれを政治権力にたいする精神権力の確立であると思う。日本の仏教はそれを果していない。だから、労働問題が仏教の切実な問題になってこないのである。

二　労働問題と仏教

労働問題は今日のわが国における最も重要な社会問題である。なぜなら、今日の日本は資本主義の国だから。わが国がアメリカや西欧の帝国主義諸国についで高度に発達した国家独占資本主義社会であることを疑うものはどこにもいないだろう。たしかに、農民や小市民はたくさんいるけれども、資本制生産関係、つまり資本家階級と労働者階級の織りなす生産関係を土台とする社会であるかぎり、資本主義にちがいない。したがって、この社会では労働問題が社会問題の中心課題となるのは明白だ。もし仏教が労働問題を拒否しようとするなら資本主義を否定しなければならないことは確認していただかねばならぬ。

さて、労働問題とはなにか。概念を明確にするために、少々たいくつでも、資本制生産関係の要点だけを摘記しておこう。

わたしたちの住む資本主義社会の基本構造は、資本家階級が主要な生産手段を占有し、労働者階級から労働力を買いとり、労働者を働かせて価値を生産し、労働力の再生産に必要な価値以上の部分を剰余価値として資本家階級の取り分とし、これによって資本蓄積をする仕組になっている。これが資本主義の基本法則である。労働問題の根もまたここにある。

労働問題の第一は窮乏化の問題である。窮乏化の問題は絶対的窮乏化と相対的窮乏化の問題に分けてみなければならぬ。絶対的窮乏化というのは、労働力の再生産が年々困難になっていくということだ。労働力の再生産つまり大衆の生活内容は年と共に高くなっていく。むろん、例外はある。生活水準の低下するグループもあるし、戦争の時期には全般的に低下する。しかし、国民大衆を総平均し、一〇年か二〇年あるいは数十年間の長期的な眼でみれば、民衆の生活水準は高まる傾向をとっている。生活水準の高度化にともなって労働力再生産の内容も高まっていく。労働力はそれぞれの時代に応じて一人前の生活をしなければ、適正な再生産は出来ない。しかるに現実には年と共に一人前の生活をするのは困難になっている。この事実を絶対的窮乏化という。

世間にはアホなことをいう学者(?)もいるもので、絶対的窮乏化は戦争のような異常時期の他にはないと主張する。彼らは大衆の生活水準が年々高くなっていく事実のみを捉えて窮乏化ではなく富裕化しているというのである。生活水準の向上は当りまえのことだ。絶対的窮乏化とはそのようなことをいうのではない。理くつよりも事実を再認識することにしよう。決定的な事実を三つだけ挙げておこう。そのひとつは人口だ。産児制限の最大の原因は、世間並の生活水準を維持し、子供たちを世間並に教育することの容易でないところにある。その結果、出生率は低下の傾向をたどっている。第二の事例は賃上げ闘争だ。企業は生産したものを売らねばならぬ。広告宣伝その他あらゆる手段をつくして販売に努力する。遂には月賦でも売る。民衆は隣近所に洗濯機が普及すればわが家でも洗濯機を、テレビが普及すればテレビを買わざるをえない。借金をし、食費を圧縮してまでも購入し、家計は赤字となる。家計失調が一般化してくれば労働組合は賃上げ闘争をやらざるをえない。労働運動で収入が増加し、富裕になったから生活水準を引上げるのではない。逆だ。世間並の生活をしようとして赤字に追い廻わされているのが国民大衆を総平均しての現実である。第三の事実は失業だ。神武景気でも岩戸景気でも今日の縄文景気でも失業者はなくならない。労働力不足というけれども不足しているのはコキ使いやすくて賃金の低い少年少女たちだ。炭鉱地帯に行ってみるがよい。そこにはドン底生活に喘ぐ人々のうつろな眼がある。東北の農村に行ってみるがよい。そこには大人になっても嫁を貰えない家族奴隷がいる。鹿児島の田舎に行ってみるがよい。老人と子供と片輪ものばかりがうようよハダシで道を歩いている。都市のスラムもなくならない。新聞をさわがせたベンゾール糊の悲劇は氷山の一角にすぎない。彼らを普通の労働条件で雇う力は資本主義にはないのである。失業と貧困は解消しない。絶対的窮乏は資本主義固有の法則である。資本主義社会である限り大衆は絶対的窮乏化から逃れられない。これに労働者階級は反対するのだ。そのために労働組合を組織してエネルギーを強大なものにしようとするのである。

宗教が、もし絶対的窮乏を許し、これを前世の因縁の結果であると肯定したうえで心理的解脱を与えようとするのであるならば阿片以外の何ものでもない。だが、現実の社会では労働階級の組織活動は進んでいる。もはや彼らには阿片で苦悩をゴマかす必要はない。自らの手で窮乏化を根絶するために立ち上っている。彼らこそ窮乏化根絶闘争の主力部隊である。阿片を喫もうとはしないし、喫ませてみたところで効き目はないだろう。それよりもわたしは聞きたい。絶対的窮乏化を仏の慈悲はどうしようというのか、と。失業に反対し、貧困と闘い、その根源をなす資本と労働の生産関係そのものと闘う労働者階級は縁なき衆生なのだろうか。もしそうならば、仏教が労働階級を見放すのではなくて、労働階級が仏教を博物館行にしてしまうであろう。なぜなら後にも述べるように労働人口は全人口の過半を占め、将来はもっと増大し、未来社会の主人公になるはずの人口だからである。

次に相対的窮乏化の問題について考えてみよう。相対的窮乏化の問題というのは貧乏人はいつまでも貧乏だが、富めるものはいよいよ富むという問題だ。労働階級は一日五〇〇円で、あるいは一ヶ月二万円で、労働力を売る。そして、五〇〇円なり二万円なりで飯を食い衣服を買いレジャーを楽しむ。それによって自分の労働力を再生産し、妻を扶養し、子供を産み育てて将来の労働力を再生産する。それだけだ。もっとも、わが国は社会保障制度が極めて貧しいから、労働者は自分で老後や不時の災害に備えねばならないので、貧乏にも拘らず無理な貯蓄をしているけれども、長期的に労働力の再生産をするだけのことだ。これに反し資本家階級は資本を蓄積しながら個人的消費水準も非常に高い。労働階級との格差は年々大きくなっていく。このことを労働階級は相対的に窮乏化するというのである。

同じ人間に生れながら、この不平等があるのだから、労働階級がこれを問題にするのは当然だろう。仏がすべての衆生を平等に独り息子のように救済しようとするのであるならば、精神の救済と同時に物質的・経済的にも平等化運動の先頭に立たねばならぬ。肉体と心、精神と物質は人間のもつ二つの側面であるから、その一方だけを救済しようとしても救済できるものではない。基本的人権のない封建時代ならば奴隷や農奴の心理的解脱も可能だが、人間として平等の権利をもつ現代社会で、現世の不平等を無視してかかるのはナンセンスである。

相対的窮乏の問題に対する宗教の対応の仕方をみれば、現代に生きる宗教か、前世紀の遺物にすぎないかが明白となる。端的にいえばそれは宗教の現代的性格をためすリトマス試験紙であろう。

労働問題の第二は賃金の問題である。わたしはこの小稿で賃金問題を論じようとは思わないが、賃金とは何かという点だけは概念を明確にしたうえで話を進めたい。そうでないと、賃金問題と宗教の関係があいまいになるかもしれないからである。

賃金とは労働力の価格である。たとえば、勤務時間八時間で五〇〇円の賃金だとしよう。企業は、もっと正確にいえば資本家は、労働者から八時間の労働力を買う。その値段が五〇〇円というわけだ。五〇〇円が高い価格であるか安い価格であるかは労働力の価値に照合しなければわからない。その労働力の価値というのは労働力を再生産するのに必要な生活必需品の価値によってきまる。現実には原則的に労働力の価格つまり賃金は労働力の価値以下に切り下げられているのだが、そのことを今は問題にすまい。つまり賃金は正当に価値どおりに支払われているものと仮定して、資本家は労働者から八時間分の労働力を正当な価格で買いとったこととなる。

資本家は買ったのだから八時間の労働力は自分のものとして、何に使おうと自由である。労働力を消費するのはとりもなおさず労働者を働かせることであり、労働者が働くということは商品を生産し、労働が商品になること、つまり経済でいう価値を生産することに他ならない。八時間の労働は八時間相当の価値に転化する。それを例えば一、〇〇〇円だと仮定しよう。ここでも生産された商品の価値は正当な価格で評価されていると仮定しておく。この一、〇〇〇円は原料や減価償却などの価格といっしょになっているわけだから、八時間の労働の結果生産された商品は一、〇〇〇円ではない。それを一万円だと仮定すれば原料その他の価格は九、〇〇〇円の勘定となる。わが国の統計ではこの一、〇〇〇円に当る部分を付加価値と呼んでいる。付加価値とは賃金と利潤の合計である。

さて、五〇〇円で買いとった労働力を使って一、〇〇〇円の収入をあげたのだから資本家はさし引き五〇〇円だけ儲かることになる。正確にはこの差額を剰余価値と呼び、剰余価値は社会的に総計算されて利潤に転化するわけだが、そのことにも今はふれない。ともかく、五〇〇円が一、〇〇〇円になり、資本家はこの差額を自分の所得として生活費に消費したり、選挙のとき寄附したりするのと同時に資本として蓄積する。経済成長とか資本蓄積とかいうのはそのことである。

さきに述べた付加価値を政府発表の工業統計によってみれば、従業員三〇人以上の製造工業全体で一昨年（一九五九）には三兆四一一億円となっている（第一表参照）。支払賃金は一兆九五三億円だから、四七三万人の労働者が新たに生産した価値三兆四一一億円のうち

第 1 表

従業員30人以上の企業数	39,175企業
従業員数	473万人
出荷額	10兆478億円
付加価値額	3兆411億円
賃金	1兆953億円
1人当り出荷額	212万円
〃 付加価値	64万4千円
〃 賃金	23万2千円

で労働者の所得になったのはその三六%にすぎない。わたしが先に例示したのは一、〇〇〇円に対する五〇〇円だから、労働者の取り分は五〇%であったが、実際はそんなに生やさしいものではない。労働階級には自分たちが働いて生産した価値のざっと1/3しか自分たちの所得とならない。自分たちが生産したものの2/3は資本家階級の所得になってしまう（この統計の付加価値は製造工業の賃金と利潤の合計だから流通段階に配分される価値は計上されていない。これを加えれば三兆円でなく恐らく六兆円になろう。とすれば労働階級の取りぶんは実際には三分の一ではなくて六分の一となる）。労働者一人当りの受け取る賃金は平均二三万二千円だから一二で割った月収は期末手当を合算して、一九、三三三円となる。この賃金では労働力の再生産が思うように出来ないのが当りまえだ（ついでにいえばアメリカの賃金は日本の十倍、ヨーロッパ諸国はざっと四倍である。）。これに対して資本家階級は労働者階級が生産した価値の概算2/3を収益として取ってしまう。

以上のことを労働者階級からみればどういうことになるか。自分たちの労働力は正当な価格で売られたには違いないが、資本蓄積も経済成長も元をただせば自分たちの労働の成果である。経済的価値の生産者は自分たちだ。経済社会の発展を支えるものは生産の主人公たる労働階級であり、歴史的進歩の担い手は自分たちであると考えるようになるのは当然だろう。生産が高度に発展すればするほどこの自覚は高まってくる。しかるに自分たちの労働の成果の大半は自分たちの所有物にはならないで資本家階級のものとなる。労働力の売買から発生するこの矛盾にたいし労働階級は黙っておれなくなる。経済的正義にもとづく労働力の売買に起因する搾取と被搾取にたいする倫理的正義感が搾取階級にたいする憤懣になる。

正義に対する感じ方や考え方が変ってくるのは自然の成りゆきである。このような倫理的価値の転換に対して仏教は何と答えるのであろうか。資本主義の秩序のもとで利潤を生むことを正義と考える倫理的価値観と、主要な生産手段を個人的所有から社会的所有に移すことによって、搾取と被搾取の関係を廃絶することを正義と考える倫理的価値観との、正義と正義との闘争を根拠とする労働問題に直面して、仏教徒はどちらの側に立つのであろうか。少数だが富と権力をもつ資本家階級の側か、それとも貧乏で権力ももたないが、多数で明日の社会を担う労働者階級の側か、二者択一の何れを選ぶのであるか。両者の間に「中道」がありえないことは上に述べたところでも明らかであろう。ことは原理的である。生きた人間を相手とする限り仏教はこの二者択一をゴマかすことは出来ない。

労働問題の第三は社会保障の問題である。老人が路頭に迷ったり、母子家庭が一家心中をしたり、夫の病気で妻が売春を余儀なくされたり、失業者が無気力なルンペンに落ち込んでいったりしている事実にたいする労働者の階級的連帯感からくる社会保障の要求である。それはまた社会正義の問題でもある。

しかし、社会保障が歴史的に現実の課題となったのは資本主義が危機の段階に入ったころからである。一九一七年のロシア革命は資本主義世界の一部分を異質な社会主義世界につくりかえた。少数の支配階級の富と権力は多数の働く人民の社会的所有に移され、人民の生活は改善され国力は伸長した。この事実は資本主義世界に影響を及ぼさずにはおかない。ことに第二次大戦を経て中国を始め東欧諸国や北鮮や北ベトナムが社会主義世界になってしまい、キューバやアフリカやアジアなどの植民地や従属国にも社会主義革命の胎動がはじまり、工業国でも労働階級の組織的エネルギーが強大となるにつれて、資本主義の体制を維持するためには軍事力や警察力と並んで、社会保障制度を整備する必要に迫られている。皮肉な言い方をすれば、資本主義社会の安全を保障するための社会保障であるから支配階級にとっても必要な社会的費用の問題である。倫理的な社会正義の観点からも当然の問題として認識されている。ただ、日本は社会保障制が非常に遅れているというだけだ。わが国ほどの工業国で社会保障がこんなに貧弱な国はどこにもみあたらない。

宗教は社会保障の拡充運動には積極的であろう。社会事業にはことに熱心だ。教団による救貧事業や病院や学校経営や救世軍などがそれだ。社会事業の活動があるので社会保障制の確立にはすぐ対応できるのであろう。その指向は近代的宗教に共通する特徴といえる。仏教は近代化が遅れているだけ、社会保障の活動も遅れている。仏教系の社会事業施設としては養老院三〇前後、医療保護施設二〇余、養護施設一五〇以上を数えるが、キリスト教に比べるとやはりじゆうぶんではない。

以上、労働問題を原則的に窮乏化問題と賃金問題と社会保障問題の三大問題に分けてのべた。紙幅の関係から公式的にならざるをえなかったのは残念である。

ここでなおひとこと現下の労働問題と宗教の関係について私見を述べたいとおもう。それを通じて、本稿の第一項で提起した問題を展開しておきたい。労働者階級は上に述べた三大問題に対処すべく労働組合を組織し、団結の力でもって闘争を進め、闘争の過程で組織を拡大強化していくものである。その成果は第三項で述べるようにまことに素晴らしいものがある。同時に改善を要する問題も多い。

第一は企業別労働組合の問題である。企業別の枠のために階級的統一が困難な問題である。企業別労働組合の立場で労働問題に立ち向うから大企業と中小企業の賃金その他の労働条件の格差は解消しないし、社会保障の問題でさえも貧民はソッポを向いてしまうのである。創価学会やＰＬ教団の問題にしても、労働者階級の立場から批判すると主張しながら、その実は階級的立場ではなくて、企業の従業員の立場からの批判にすぎないから無力なのである。

第二は思想の貧困である。これも後に第三項で述べるように悲劇的歴史に彩られた日本の労働運動は大衆の精神形成にまで展開できなかったというところに原因がある。ヨーロッパにはルネッサンスの歴史があるが、日本の明治維新にはそれがない。ヨーロッパでも中世封建制のもとでは基本的人権は認められていなかった。だから人間の回復を合言葉とするルネッサンスは徹底的な封建制の否定に連らなる。そして、産業革命以降になると資本家階級に占有された機械が、働く人間をコキ使うようになって人間回復の物的基礎をうばうが、ヒューマニズムは強烈な社会的生命をもって現存しているのである。むろん、物的基礎を失っているので、人間自己疎外は決定的とならざるをえないため、社会の基礎構造を改造し、生産手段を共有化し、社会的生産を発展させ、つまり物的基礎条件を改造して、人間を回復するのが本筋となる。だが、資本主義の自己否定にまで飛躍しなくても、ヨーロッパではヒューマニズムが社会の大義名分として通用する。従って、大衆の思想にも労働問題がヒューマニズムの一環として受け容れられるのである。ところが、わが国の場合にはそれがないため、戦後の労働運動はまことに華々しくとも、精神的な深さや人間的な暖かさを欠くのであろう。

労働問題に対する一般の理解も、またヨーロッパとはまるで違う。人間にたいする共感を呼ぶ思想を持たないから、労働運動は労働者の利己主義にすぎないものとして受け取られる。この無思想の地盤のうえに権力と金力をもつ支配階級の教育宣伝が叩き込まれるので、労働問題はとんでもない取扱いを受ける。たとえば、労働者の賃金引上は物価騰貴を引き起すからゴメンだ、というふうに。賃金引上は利潤を引下げさせるものであっても、物価を騰貴させるものではない、賃上げが物価引上となるのは独占価格のからくりに原因があるのだが、労働階級との人間的共感がないので、労働問題を正当に理解しようともしない。

宗教も同様である。ヨーロッパでは市民社会の形成に対応してキリスト教は近代化した。ルッターの宗教改革がそれである。彼の流れに属するカルビン派はフランス大革命の精神的支柱にさえなった。これに反して日本の仏教は市民社会には背を向けて来た。維新の改革が不徹底で、ことに農村は江戸時代のままに取り残されたので仏教は自らを改革しないまま、農村にしがみついて来たのである。都市では早くから、仏教は市民の精神的支柱たる意義を失い、寺院は葬儀屋、つまりサービス業の一種になってしまった。思想とは縁もゆかりもない単なる葬式業者にすぎなくなった。

三　仏教改革の条件

散戦は日本の民主化を促進した。農地解放と労働運動の自由化と財閥解体が三つの柱であった。世界も変った。資本主義の世界は狭くなり、それだけ社会主義の世界が広くなった。資本主義世界の内部でも事情はまるで変ってしまった。アメリカの力が決定的に強くなり、ヨーロッパや日本の地位は戦争の勝者も敗者もともに弱化し、植民地や従属国の独立運動または社会主義世界への跳躍の動きが生れてきた。このなかで日本の資本主義は再建され発展してきたのである。その過程で三大民主化政策も大きな影響を受け、とくに後の二つはいちじるしく後退してしまった。

農地解放は地主制を破壊し耕作農民の経済条件を引きあげた。家族制度も極度に動揺してきた。しかし、日本農業の零細性を克服するものではなく、かえって均分相続制などによって零細性を拡大している。農地解放がいちおう完了した一九五〇年と戦争直前の一九四一年をくらべてみれば、第二表のように零細化が進んでいる。つまり

第 2 表

	1町以下	1～2町	2町以上
1941年	64.6	27.8	7.6
1950年	74.5	22.1	3.4

解放がもたらした農業の進歩発展の時期はすでに終了して、今や農業は再編成の曲りかどに立っている。

目下、一九六一年春の国会で討論されている農業基本法はわが国の農村社会にたいし農地解放につぐ一大変動をまきおすものである。いわゆる農業の構造改造の問題だ。ひと口にいえば低賃金基盤として温存されてきた自然経済的残渣の濃厚な農業を、商品を生産する普通の産業に改造しようというである。すでに伸びかけている構造変化の芽を政策的に育てていくことによってわが国の遅れた農村社会を近代的農村に早くつくり変えようというのだが、構造変化の芽を三つだけあげておこう。第一は上に述べた耕地面積別農家戸数の動きだが、一九五五年には一町以下の農家戸数の比重は七三・〇へと一・五の減、一町〜二町層は二三・四へ、二町以上層は三・六へといずれも割合が増加している。そして、農家の総戸数は五九二万戸から五七九万戸へ二％だけ減少した。第二は農業就業人口の減少である。一九五〇年の一、六一〇万人が五五年には一、四九〇万人に減っている。第三は生産性の向上である。動力耕耘機を例にとってみれば一九五九年現在でその普及状況は四〇万台に達し、わが国の水田三〇〇万町歩の半分は機械で耕されるようになった。以上のほかにも、農産物商品化の発展や商品生産的富農の成長と自給経済的貧農の離村など、構造変化の芽は沢山ある。要するに、これらの芽を政策的に推しすすめて耕地面積二町以上の富農層が農業を近代産業として営むような農村に改造しようというわけだ。農業技術の発展はそれを可能にしている。技術的には二町ではなくて五町でも、一〇町でも、更には多数の労働者を使う大規模な農業だってやれないことはないだろう。しかし、いま構造改造でやろうとしているのは家族労働で経営する二町規模である。

ところで、構造改造は必然に農家戸数を減少させ、農業人口を池田首相のいうように半減させる方向にすすむことになる。機械化農業で不用になった牛馬は牛頭馬肉の罐詰にでもなろうが、人間はどうなるか。構造改造後の農業を担当する富農層は近代的農業経営者になるのだから問題ないが、農民層分解の過程で農業外に吐き出される農家や農民はどこへ行くのか。もし、彼らを農業よりも安定した職場で農業よりも高い生活を保証する賃金で、しかも都市生活者の総平均と同等の労働条件で雇用する見とおしがあるのなら問題はない。そうでない事実は書きたてる必要もあるまい。構造改造は貧農のクビ切り政策だと反対される理由はここにある。もっと客観的にいえば、日本経済の近年における高度の発展が労働力の不足を引きおこしたので、大量に新規の労働力の給源池をつくり出すために構造改造が必要となったのである。

構造改造はわが国資本主義発展の現在の局面で提起された最も重要な基本問題の一つである。国会では左派政党が、農村では下層農民が、都市では労働階級が、総じて民主勢力が構造改造の目ざす貧農追出し政策に反対し、共同化方式による農業近代化を要求して闘うだろう。にも拘らず、傾向的には政府提唱の方向に進むに違いない。わが国の国家独占資本主義は今それを必要としているからである。

わたしはこの小稿で農業問題を論じようとは思わない。が、労働問題を考えるうえでも深い関係があり、ことに仏教近代化の考察には不可欠の問題であるから、とりあげてみたのである。ここから仏教改革の条件を考えてみよう。

第一に、農地解放から現在までの時期についてである。明治維新は不徹底な社会変革であり、ことに農村は江戸時代さながらに温存され、人口の半分が貧農の境涯にあえいでいた。地主制のもとで、働いても浮び上る血路の開かれない農民は農奴と同じで、まともな人間精神をもちえなかった。人間回復の闘いを伴わない維新の変革、わけても農民にはナムアミダブツをとなえるだけで死後には極楽に往生できるという仏教が打ってつけの宗教であった。それでも農民は心理的に救済された。客観的には悲惨な農民社会の根源たる地主制を廃絶しようとの農民運動をなだめる阿片の役割を仏教は果すことがりっぱにできた。しかし、農地解放によって地主制から解き放たれた農民には心理的に逃避する必要はもう今ではなくなった。田舎の爺さん婆さんでさえお寺詣りよりも積み立て貯金で温泉へ遊びにいく方が楽しくなりはじめている。農家の主婦は子供たちに高等教育を受けさせることに、おやじや息子は米のほかに酪農や果樹などの有利な商品作物を導入して所得を高めることに夢を托している。彼らの救いは現実の苦しみを宿業と諦めて心理的に逃避しなくても、かっては年貢として地主に取りあげられた年々の生産の剰余を蓄積し、これをテコとして営農を改善し発展することが現実に可能になった。動力耕耘機を使えば朝には星を戴き夕には月を仰いで帰らなくてもよいし、除草剤を撒けば真夏の田んぼで卒倒するような思いをしなくてすむ。むろん、下層農はそういうわけにはいかない。だが地主制のもとでの小作農とは存在条件がまるで変ってしまい、彼らの社会を見る眼も変ってしまった。

第二の時期は現在である。正確にはこの数年来しだいに活発になってきた富農層の発展である。日本の農村も貧農の巣ではなくなっていく。一〇年たてば驚くほど変るだろう。二〇年たてばもっと変るだろう。そこでは、農業経営者の意識は都市の中小企業者のそれに似たものになるだろう。仏教はこのような農民にたいして何と説教しようとするのであろうか。教団組織としての農民の心をつなぎ、彼らの心を内面から支え、仏教徒の集団らしい活動をしているのだろうか。

かえりみると、鎌倉仏教は輸入された仏教を民族の仏教に変えた。けれども日本の社会は平安時代からそろそろ封建社会に移行する。ヨーロッパのルネッサンスが市民社会の形成を土台としたのとは歴史的条件がまるで違う。近世的市民社会の成立は人間の回復を要求するが、中世的封建社会の成立は領主の所有物としての農奴を要求する。農奴には人間的精神がない。ヨーロッパも中世はそうであった。だから、日本仏教の開祖たちが創り出した仏教は人間精神をもった衆生を相手とするものではなくて、精神を確立しえない農奴を相手とするものとならざるをえなかった。鎌倉仏教の祖師たちが農奴のための仏教を創出した功績は偉大である。けれども、いわゆる「宗教改革」ではなかった。この点が決定的に重要だとわたしは考える。このような仏教であったから江戸時代はむろんのこと明治維新後も地主制のもとで農奴と同じ社会条件が温存された農村を仏教は住み家としたのである。しかるに農地解放は地主制を廃止し、この結果かつての農奴と本質において同一の貧農層にも人間回復の条件が生れてきつつある。

　農奴のための仏教は農奴がいなくなれば無用となる。近代社会の人間としての大衆的精神の形成こそが農村の現在の課題である。仏教はこの課題に何と答えるのであろうか。ヨーロッパのルネッサンス期に似た条件が今日のわが国の農村社会に満ち溢れている。ルッターの宗教改革と似た条件のもとで農民たちは無宗教状態で放置されている。仏教改革の条件は成熟しきっているとわたしは思う。

　いまや、農村も仏教の住む家ではなくなりかけている。旧い家族制度が崩壊するにつれて仏教は家の宗教としてさえも農村にしがみつくことが困難になると思う。仏教改革をしない限り、寺院は仏教的ムードの残影のなかで都市と同様に葬式屋という一種のサービス業者になっていくほかに行く場所はあるまい。

　無味乾燥かも知れないが、統計数字をみていただきたい。国勢調査の始まった一九二〇年の人口は五・五千万であったが、一九五九年には九千万になった。そのなかで農業の就業人口は一九二〇年の一・四千万人が、一九五九年には一・五千万人になったにすぎない。二倍はおろか一割もふえていない。日本の人口は四〇年間に二倍近くにも

第 3 表

	千人		千人
1920年	55,391	うち農業	14.286
1930	63,872		14,131
1940	71,400		14,358
1950	83,200		16,102
1959	92,780		15,370

増加したが、農業人口はふえないで、増加した人口は農業以外の産業で、生きている勘定である（農業人口の一、四千万人というのも田畑に出て仕事をする就業者数であるから農家の子供や老人や病人などを加えれば三千万人くらいになる。）。他の統計で一九五九年の産業別人口構成をみれば一次産業（農林水産業）三七・五％、二次産業（鉱工業）二六・二％、三次産業（その他の諸産業）三六・三％となっている。六割以上は農民ではない。

第 4 表

	総人口	労働力人口	就業人口
	万人	万人	万人
全　国	9,278	4,428	4,370
市　部	5,679	2,626	2,584
郡　部	3,599	1,802	1,786

こんどは一昨年の人口統計をもうすこし詳しくみてみよう。日本人の六一・二％は都市に住んでいるということ、何らかの職業に従事している人は総人口の四七・一％だということ、就業人口のうち五九・一％は都市に住んでいるということなどがわかる。つまり人口の六割以上が都市の市民だということである。

こんどは年齢階層別の統計を

第 5 表

総　数	44歳以下	45～49	50～54	55～59	60～64	65歳以上
万人 3,336	万人 2,213	万人 264	万人 214	万人 187	万人 150	万人 300
100％	66.4％	7.9％	6.4％	5.6％	4.5％	9.2％

みてみよう。統計は一九五九年の満一五歳以上の人口について表示したものだ。一般的には第一次世界大戦期の前に青年期を過した人々は旧来の仏教を支持する人口とみてよいだろう。大体六〇歳以上の人々がそれに該当する。これに次ぐ変動期は一九二九年から一九三一年にいたる大恐慌期に多感な青少年期を経験した人々だ。四〇歳から五〇歳にいたる人々がこれに当る。そこで満四四歳以下は一括して旧仏教と殆んど無縁の人口とし、四五歳以上を五歳階級別に表示したわけだが、五九歳以下五五歳のグループ、五四歳以下五〇歳の集団、四九歳以下四

五歳層というふうに年齢が低下するにつれて旧仏教の影響力の低下する人口とみてよいだろう。日本人の平均寿命は七五歳ぐらいだから、いまから一〇年たたぬうちに人口の九・二%を占める六五歳以上の人口はいなくなる。すると、仏教と無縁な人口比六六・四%は七五・六%に増加する。さらに五年たてば旧仏教を支持する今日の六〇歳以上の人口はこの世からお引取り願うことになる。かくて、一九八九年ともなれば多少とも旧仏教に組織されている人口は完全に消滅してしまうだろう。あと三〇年そこその話である。

ところで、都市人口の中心はどこにあるのだろうか。個々バラバラの市民よりも組織された労働組合が中核をなしているであろうことは見やすい道理である。だから労働組合の組織状況の統計をみてみることにしよう。一九五九年の数字である。この統計によってみれば就業人口の一六・四%が労働組合に組織されているわけだが、農業のみをとれば僅かに〇・〇三%にすぎず、農業を除く諸産業を計算すれば二五%の組織率となる。なかでも製造業や運輸通信業は組織率も高く組織労働者数も多い。つまり、都市人口は組織率が高く、ことに製造業や運輸通信業はとくに重要な意味をもっているわけである。

第 6 表

	就業人口 千人	(雇用者)	組合員数 千人
全産業	41,330	(19,357)	7,078
農林業	14,886	(508)	5
鉱業	621	(591)	365
建設業	2,103	(1,507)	444
製造業	8,056	(6,592)	2,302
卸小売	6,088	(2,620)	188
金融保険不動産	730	(643)	355
運輸通信	1,466	(1,362)	1,398
電気ガス水道	254	(252)	181
サービス	4,631	(3,163)	984
公務	1,222	(1,222)	722
その他	636	(266)	134

統計を引合いに出したついでにもう一つだけ数字とにらめっこしていただきたい。というのは戦後の労働組合の組織がいかにすばらしく伸びたか、逆に戦前は世界無比の弾圧政策のもとでいかに組織が伸び悩んだ

かということと、いかなる弾圧政策のもとでも労働者の組織を消しさることが出来ないものであるかを確認していただくためである。

第7表

	組合員数	組合数
1930年	354,312	712
1935	408,662	993
1940	6,455	49
1945	380,677	509
1950	5,773,908	29,144
1955	6,166,348	32,012
1959	7,077,510	39,303

逆コースの攻勢がたかまっているとはいえ、戦後の労働運動は戦前とは比較にならぬほど大衆化した。女性の地位も向上したし女子労働者も激増した。もちろん女子労働者の増大は婦人解放が原因なのではなくて、日本の低賃金制度の新しい産物にはちがいないが、女子労働者の大群を基礎としなくては今日の日本経済はひっくり返ってしまう。要するに、戦後の社会・経済の発展は都市人口の増加をもたらし、労働運動の大衆化を実現したので戦前にくらべて労働問題の比重がまるで変ってしまったのである。労働組合は戦後資本主義の再建強化のなかで果敢に闘ってきた。一九四七年二月一日を期したゼネストは占領軍の権力で実現できなかったけれども、その日への全国的な闘争のもりあがりはまことに目ざましく、政府は倒れた。一九五二年五月一日の血のメーデー、近くは一九六〇年六月一五日を頂点とする安保闘争や一年にわたる三池のクビ切り反対闘争など生活擁護のための反資本闘争や反権力闘争に結集したエネルギーはわれらの記憶に生々しい。戦後一五年の労働運動の歴史は日本民主化の歴史であり、近代的な市民社会構築の主力であり、その功績は偉大である。日本国民の多数を占める都市の住民、その中核をなす組織労働者こそ明日の日本の担い手である。この労働者階級に根を降さぬ宗教は老衰して死を待つほかに行くところがないのは明白といわねばならぬ。

しかし、ひるがえってみれば労働戦線の統一は今にいたるも実現していない。まして労農提携や中小企業や一般市民などの中間層をまき込む民主戦線の組織は不十分といわねばならぬ。それは政治の問題であって、労働問題ではないともいえようが、客観的にみて労働問題は政治の基本的側面であり、主体的にみても三池争議の当事者たちは官憲をも含めて安保反対闘争の一翼に位置づけて闘った。労働問題を政治と切り離し、経済問題を政治と切り離そうとするのは軍事行動を政治と別ものと強弁するのと同様に馬鹿げたことである。戦線統一の組織力に欠陥があるのは何故であろうか。わたしはその理由のひとつとして、決定的に重要な原因として精神の問題をとりあげたいのである。

江戸時代にも市民社会の萠芽は形成されたし、明治維新後の資本主義の発達に伴い都市人口は激増した。けれども封建権力につぐ絶対主義権力は市民社会の大衆的精神形成を圧殺した。都市労働力の給源であった前期的農村社会は都市における人間回復運動の足を引っぱる結果となった。戦後はじめて都市にも農村にも近代社会の精神を形成する条件が出てきた。しかし、現在までは物的な生存条件を闘いとることに集中して、精神の問題にまでは手が届かなかった。この空白を風靡したのが「ブギ・ウギ」や「太陽の季節」から「ヌーベルバーグ」にいたる現代日本の大衆心理の支配的潮流であり、この空白を条件として組織されたのが新興宗教である。PL教団も創価学会も組織は伸びた。だが、ただそれだけのことだ。創価学会は九人の参院議員と二〇〇余の地方議員をもつけれども、ただそれだけのことだ。国会では是是非非主義をとると主張したのみで主体的には何もしていない。客観的には反動勢力のお先棒を担いでいるにすぎない。なぜであるか。わたしはその根本原因が、旧い宗教と闘い、これを克服して打ちたてた宗教ではなくて、安易な「世なおし運動」にしかすぎないからであろうと思う。

これまでの労働運動は人間を内面的に動かす精神内容が乏しいものだから闘争は機械的に組みあげられる。公式主義にならざるをえない。そこから、組合の幹部を評して「アゴを動かす」運動にすぐれたものというような風潮が支配するようになる。アゴを動かす人ではいかに精力的に闘っても人間的な信頼も連繋も生まれて来ない。反対の事例をあげよう。長崎県の海岸地帯に北松炭田という炭鉱地帯がある。自然条件の劣悪な炭田である。ここの炭鉱労働者にはクリスチャンが多い。昔から「かくれキリシタン」の多い地帯だからだろうが、炭鉱の労働組合の幹部にもキリスト者が多い。彼らは理論的武装が貧弱で、アゴの運動は必ずしも得意でないし、闘争を盛りあげる力も弱い。けれども人間的なあたたかさや誠実さは人の心を打つ。精神的な奥深いものを身につけているのである。組合員との間には階級的連繋と信教的連繋が融合している。

今日は、都市生活者が日本歴史はじまっていらいの人間精神確立の課題に対決している。この課題は労働階級が現代社会の労働階級になるために解決しなければならない問題になっている。一般市民も同様である。仏教はこのような都市生活者をどのように組織しようとするのであろうか。旧仏教が市民精神と無縁なことはすでに述べた。市民のなかに生き、市民を組織し、市民の精神的支柱になるか否かは、仏教が近代仏教になるか否かにかかっている。しかるに、仏教は旧時代の形骸に固執しているようだ。今日の仏教が国民の大半を占める都市人口を捉えうるか否かは、政治権力に追随する農奴根性を捨てて、精神的権力確立の果敢な、徹底した闘いを始めること以外にはありえないことは先に述べた農村の場合と同じだと思う。あらゆる権威から自由な精神的権力を確立するのでなくては労働問題と切り結ぶ接点が出て来ないだろう。反権力闘争、平和擁護の闘争のなかでしか、仏教改革は遂行しえない。そして、いまや仏教改革の条件は成熟しっていることを指摘して、この小稿をおわりたいとおもう。

農村問題

岩倉政治

一　古いものと新しいもの

敗戦の一九四五年七月、私は郷里の富山県井波町へ行った。

町は一年一度の聖徳太子像御開帳法会で村々から出た門徒信徒でわきかえっていた。この町には、「京都の本願寺にもおどろかぬ」宏大な大谷派別院と太子堂の大伽藍があるのだ。

戦争はさいごにきていた。主要都市はほとんど爆砕され、日本全土が瀕死の床にのたうっていたときである。

私がその町へ入ったころから敵機の爆音が、そんな北方の辺地の空にもとどろきはじめ、やがて伏木海岸の方角から爆弾の炸裂音がつぎつぎと大気をゆり動かしてきた。私は緊張しながら、この空襲にたいして、町にあふれた群衆が、どう反応するだろうかを見守った。

しかし別院から太子堂の内部へふみ込んだ私は、数百帖のたたみを埋めつくす万に近い人々が安心し切った表情で読経と念仏のどよめきに浸るのをみて、自分の緊張がおかしくなったことを今も思い出す。

私はそこに、インドのどこかでありそうな「聖者」をとりまいて蟻のようにむらがる大群集と同じものをみた気がした。

私のまわりで二三の会話があった――

――いまの音、ありゃアメリカのばくらんかいね？

――そうや。だいぶんでかいばくらんが破裂しとるね

――それでも、ここへは来まいかね

――ああ、来んとも！　太子さまのとこまできてたまるもンかいね

――来てもよいちゃ。ほとけのおひざもとでこのまま死ねば本望やちゃ、なまんだぶ……

空襲はまだつづいていたが、この場の法悦たちこめるふんいきは、戦争の不安も恐怖もたちまち呑み込んでしまった。

かれらの実際はどうかといえば、若い男という男はほとんど戦線へうばいとられて、女子供とだけ取り残された老人たちなのであった。その苦しみと悲しみに押しひしがれているはずのかれらが、ここでは植物のように柔順でつよいのだった。

富山全市が空襲で焼野原になったのはそれから二、三日後のことであり、終戦は二十日とたたぬうちにやってきた。

天皇の人間宣言から農地改革にいたる大きな地すべりがはじまった。しかし、十五年後の今年の太子法会も、安保さわぎでわき返る世紀のあらしをよそに、盛大に準備され、行事の一週間山麓の町は善男善女で埋めつくされたという。

この無神経なつよさ、しぶとさにはおどろくべきものがある。ある人たちは、この種の農民社会を、資本主義社会や社会主義社会に対して「習俗社会」などと呼んで、第三の特殊社会としている。それほどに頑強な一つの性格をもっている。

私は、それがすべて仏教から与えられたなどというつもりはない。仏教がこれらの農民をとらえる以前に仏教――ここではおもに浄土真宗だが――を受けいれるにふさわしい農民の、ひどくおくれた停滞的な生活の輪廻が存在したこと、そこからぬけ出す見込みのない永い絶望の生があったことはいうまでもない。この巨大な政治的疎外者にたいして、ときどきの支配者階

級が仏教を利用し、仏教はまた、多くのばあい、その現実をまさにそうであるべきもののように説ききかせて、なおもあきらめ切らぬ深部のうめきにたいしては「来世浄土」を与えてきた、という、そのような関係のなかでみてゆかねばならぬことである。

仏教、とくにいま問題にしている真宗が、その発生から現代にいたるまで、日本農村に何を与えてきたかは、単純にわり切ることはできない。

貴族や武士の支配と搾取のなかで「一文不知の尼入道」を農村に結集して、「凡夫こそ仏の正客」と説いた親鸞の時代には、よしそれが「浄土往生」のころもを着けていたにせよ、当時の条件のもとでは、きわめて進歩的・革命的であった。中世のほとんど二百年間をしんかんさせた土一揆から一向一揆にいたる農民闘争に真宗が結びついて「進めば極楽、退けば地獄」の旗をかざして闘った一時期において、それは「民衆の阿片」ではなく、「民衆の光」であった。

この進歩的側面には、「衆生病むがゆえに我病む」、「衆生安楽我安楽」の維摩的大乗思想が生きていたといえよう。その後、この思想が時の支配権力と教団の妥協のなかで、現世へのあきらめと浄土往生の阿片にすりかえられ、全体として、さきにのべたような、極度に非実践的で、進んでは反動的なものになりさがった徳川封建期以後の変質については、ひろく知られているとおりである。

それはもはや「生長の家」の投機的機敏さも、創価学会の排他的戦闘性もないが、権力的な制度のなかで永く養われ、部落と家庭のなかに習俗化した農民の生活様式や、ものの感じ方考え方として定着したつよさをもっているのだ。いまはそれを、日本民族の一つの「痼疾」と呼ぶこともできるだろう。

この「痼疾」は、もちろん戦前までの「旧農村」に適合し蔓延しえたものだったから、戦後の農村との喰い違いは必至であり、裂けめはますます拡大してはいる。そのことは全国でも仏教王国といわれる北陸地方の寺院をみても、「兼業農家」の増大とならんで「兼業寺院」の増加にそれが現われているだろう。よほどの大坊でないかぎり、僧職一本でやってゆくには、今後の門信徒の支持協力について不安が深まりつつあるのだ。

富山県のある「教区」では、本山の募財拒否のために寺院が団結しようとする動きがある。

しかし、「楢山節考」や「気違い部落もの」が、戦後の日本で新しいおどろきと共感をよび、「日本の底辺」や「ものいわぬ地帯」がやはり現代であるという事実に応じて、「痼疾」はまだ農村をとらえ、作用しているのである。

地方によってその差異は大きいが、私にとって採集しやすい北陸地方でいうなら、ここでは、部落のなかに一ないし二カ寺があるのが普通で、これらの寺はやはり農民の伝統的な尊崇をあつめている。家のふしんよりも寺のふしんという考え方は、世代の老若でかなり移ったとはいえ、お寺を荒廃させることは部落の恥門徒の恥という形で残っている。

どんな貧農でも、金色まばゆい仏壇をそなえて、おやじを中心に朝夕の読経と礼拝は坊さんはだしの本格的なものである。この仏事が一家の家父長的まとまりの目にみえない支えとなっている。

寺の住職は、各戸の物故者の命日を心得ていて年中読経にまわってくる。この外に一年一回の「報恩講」を各農家は必ずつとめる。この日は、親類縁者がすべて招かれ、住職は従者を伴なって貴族のように乗り込む。多くの家庭で、この日のためにだけ、住職用の豪華な高御膳や朱塗りの食器をそろえる。その他客用の脚付御膳を十人前二十人前と用意している。それを持たぬことは恥である。この外に祖先の年忌には、これに数倍する金を投じて大法事をつとめる。そのためには大きな借金を残す農家もある。

単なる虚栄や飲み食いのためではない。これによって部落のなかで「一人前」であることを示し、親戚縁者のあいだに、自家の存在と権威を認めさせるのである。部落や閥族のなかでの祭政一致である。

別に部落では、「尼講」と呼ぶ婦人の組織化がなされ、青年は、仏教青年会に結集されたものはあまり多くないが、すくなくとも一年一度の「若い衆報恩講」をやって全部落を動員し、お説教を聞き、読経に参り会食をやる。

これらの行事や組織のなかに信仰が生きているといっては大きなあやまりを犯す。しかしこれらのことがらが、村のなかで何となく推賞さるべきいとなみとして保持され、数百年の古い権威をもって、ひとびとの生活全体を空気のように包んでいること、そのことが重要なのである。

その空気は、もはや強制ではなく、確たる境界を持つわけでもないが、しかも間違いなく古い権威に結びついており、旧来の秩序を守るという一線につらなる。阿弥陀仏はよく飼い馴らされていて、すこしでもその秩序からハミ出るような言動にたいしては、微妙に反応し、顔をしかめるか、進んで首を振る。戦前の家の支配、部落支配、天皇制支配とかたく結びついて、それは生き残り、新しいものに警戒の目を光らすという結果になっている。

この関係は、村の寺院が、経済的に門信徒に依存するというよりも、実は、門信徒のなかでの有力者——「門徒総代」にたよらねばならぬという事情からきている。そのような有力者は、多くのばあい保守か反動で、いわば「村の自民党」である。

以上のような仏教とともに古い農村の側面が、いかに頑固であるかは、あの全世界をしんかんさせた安保反対の大闘争の直後、青森、埼玉、群馬、富山での知事選挙にも、おしなべて保守が勝利した事実からもみとめねばなるまい。それは、空襲の恐怖を念仏のなかに呑みつくしていた井波町の農民意識と共通した頑固さである。岸信介の傲りを最後まで支えた「声なき声」であり、野党第一党の委員長が刺されても、農民の六割クビキリの「基本法」が出されても、なお岸と池田の党への支持をほとんど変えようとしないそのものであろう。

さいきんある農村青年の集まりで、何が君たちのなやみかと聞いたら、家における部落における「年寄りとの対立」だと即答した。数年前にも同じ回答を私は各所で聞いた。

今年（一九六〇）一年間でも、富山県で、しゅうとにつらく当たられて自殺した嫁は、新聞に出ただけで十人をこえたと記憶する。

しかも、これらのしゅうとしゅうとめたちこそが、さきに見たように、しばしば家の仏壇を中心に、阿弥陀仏と先祖の権威を借りながら、新しい時代と世代に臨もうとする司祭者たちなのだ。古いものと仏教は、このように結びつき、新しいものに抵抗している。

二　新しいもののなかの仏教

しかしいまの農村を「古さ」と「後進性」だけでかたづけるなら、大きなあやまりを犯す。

農村における「古いもの」をみるよりも「新しいもの」「発展しつつあるもの」に目をむけることの重要さはいうまでもないことである。

「古いもの」の頑強さについては、さきにみたとおりだが、それは「新しいもの」をどのように発展させるかという観点からこそ問題にされなくてはならぬだろう。

その「新しいもの」は、複雑な情況によってまだ圧倒的に優勢にはならないにしても、一般に考えられている以上に戦後の農村に発展し、農村の変化をつくり出していることだけは間違いない。

変化は農地改革からはじまった。国際、国内の民主勢力の圧力に押されてアメリカと日本の支配者たちがマッカーサーを通じて行なった改革は、不徹底ではあったが、とにかく、それまでの地主的土地所有制を一応解体して、耕作する農民による土地所有と、その上に立っての農民の小商品生産というかたちを全農村に打ちひらいた。いわば日本農民は、アメリカ帝国主義とこれに追従する日本独占資本に直接対立する立場におかれ、ある程度の農業の資本主義化の道がひらかれたわけだ。

部落での地主＝旦那の支配が基本的には過去のものとなり、長塚節の「土」に典型化された農民の時代は去った。

これは、「新憲法」による天皇制の廃止と家族制度の民主化とともに、農民の生活と意識に大きな変化をもたらした。

農業の自営、商業的生産への進展は、農民の生産意欲を大いにたかめ、収量の面でも画期的な増大をもたらした。

坪七八合という米の収穫に関する迷信のカベは破られ、一升以上が常識になってきた。戦後の十年間に全国で二千万石の増収、富山県だけで三十万石の増収がみられる。その他の果菜、畜産物もほとんど二倍にふえた。

機械化、肥料、農薬の使用も、独占資本の宣伝と相まって農業と農民生活を大きく変えてきている。

農民の購買力は増大して、重要な国内市場となり、電化を中心とする「文化」が農村にひろがり、このひどく立ちおくれ停滞した地帯を打ち崩しはじめた。

もちろん、以上のような商業的農業生産の発展のなかでは、大きい耕作面積をもつものほど急速に利益を集め、力を得てゆく。逆に小規模の経営者は下に向って大量に分化し、「兼業農家」、「出かせぎ農家」となり、あるいは賃労働者になって農業からハネ出されつつある。

富山県でいえば、八万農家のうち二年前には七五％が兼業農家であったが、現在は多分八〇％に近い筈だし、全国の大勢をみても兼業農家は六五％から七〇％に近いものだろう。これは農民の大部分が労働者化しつつあるということ、労農同盟の基礎条件が熟しつつあることを意味する。

こういう農村の社会的・経済的変化に応じて、農民の生活の仕方、その意識や思想のかわりようもまた大きい。その変化は、まず青年と婦人のなかに最もつよく現われた。そしてそれが、旧習にしがみつく老年層との対立として、家や部落に渦巻いている。

多くの青年は、家を中心とする古い権威や「義理人情」の束縛をみとめない。経営や生産の近代化によって、合理的な精神、民主的な思想をつらぬこうとするようになった。これは、自家の経営規模が相当大きくて、農村にガンばろうと肚をきめた小数の農村青年のばあいも、賃労働者になって稼ぎに出る大多数青年のばあいもかわらない。

多くの娘たち、多くの主婦たちさえもが稼ぎに出る。稼がねばやってゆけぬということのほかに、老人やしゅうとのいる「重苦しい家」からの解放として稼ぎに出たがる。こうして婦人たちも労働者的な考え方の洗礼を受ける。

夫を通勤させながら、自分は田畑をあずかる主婦たちも、経営の主役としての責任から、農業についてのひとかどの研究者になり一見識をもたざるをえなくなる。婦人の地位と権威が、家のなかでおのずから重味を加える。こうして婦人のあいだにも大きな変化が生じてきた。

いろいろな集会で、婦人の発言がしばしば男子をしのぐばあいに私たちはでっくわす。いまやそれは大いに理由のあることだろう。

しかし青年、婦人の進歩は、まさつを伴いながら老年層にも影響を与えずにはおかぬ。

老年層との対立が絶望的になり、「もはや時を待つ（死を待つ）ほかはない」とあきらめた青年のばあいも私は知っているが、多くは、曲折を経て妥協に向うわけだ。そのさい老年のがわにも、時代の流れに対する自覚とあきらめが起る。肥料の配合一つでも、農薬の外来語名をおぼえることでも、まして農器具機械を使いこなすことでも、とても若いものにはかなわぬということになる。

そういう老人の「改心」をたすける有力な教育者として、ラジオがありテレビがある。老人は家にいるから、ラジオやテレビの最も熱心な聴視者である。ニュースに一ばんくわしいのは老人で、稼ぎから帰った若夫婦が年寄りから教わっているという実例を私は知っている。

このようにして、農村は、老若をあげて変りつつある。これが、古いものに対する新しい重要な側面である。

農村と仏教を考えるときには、まず何よりも日本農村に下から上までの変化が来ているということ、その変化は進行しつつあるということを、はっきり確認する必要があろう。

たんにいままでの「農民」・「農村」の概念で考える限り、そこには何ものも生れないだろう。

しかも、以上の変化しつつある側面は、いままでの仏教と何のかかわりもないところから生じた、あるいは、結局それに抵抗しうちこわすところから生じた。この点が重要である。村のなかの新しい変化は、古いもののなかでそだち古いものとともに生きてきた旧来の仏教を無視しているばかりか、むしろそれと対立し批判する農民をつくり出しているというのが実情である。

さきごろある村の4Hクラブ的青年の集まりで、「君たちの村で仏教の功罪についてどう感じているか？」とたずねたら、「そんなものは考えてみたこともない」というのがみんなの答えであった。この地方は数百年来仏教信仰のつよいところである。

「年よりはどうしているか」

「年よりは、ひとりで寺へ参詣もするし、家の仏壇にも礼拝をやっとるが、ぼくらは関係がない」という返事であった。この青年たちは、もはや老年層による仏教的統制のワクを破り出てしまっているのだ。かれらは逆に町の某寺が屋根の修理に百万円の募財をはじめて、戸数割八百円の寄附をよこしたことへの不満と立正交成会、創価学会のごういんな侵入について語った。

しかも、この変化は、池田政府の「農業基本政策」によって、明治以来の「一大事」になろうとしている。

新安保条約第二条の日米経済協力の強化が、貿易、為替の自由化をテコにしてこの政策を打ち出させたものである。つまり自由化のあらしに耐えられそうな有力農家二五〇万戸の維持育成に力点をおいて、他を農業から疎外するという非情冷酷な方向を明示したのだ。問題はすでに各地で起っている。

今夏（一九六〇年）私の郷里で農業改良普及員が村民を集めて農事講演会をひらいたが、増産技術の話でもあるのかと集まった農民たちに、普及員があたまから切り出したことは――「あんた方、これからどうして百姓をやめて町の会社へ働きに出るかを考えなさい」という話だった。農民たちは唖然とした。この普及員の正直さは買わねばならぬ。

げんに小麦の作付制限が農協を通じて全国に来ている。大豆その他の農産物値下りが各地の農家をおびやかしてきた。朝野勉氏は、群馬県利根村の大規模な土地改良事業が、「水田をつくってみても、自由化で農業がやれなくなるのではないか」という不安でうまく進まないこと、赤城山ろくの開拓農民が、県の開拓課から、「三十万円やるから農業をやめたら」とすすめられている事実を報じている（「アカハタ」六〇・一二・四）。

この容易ならぬ事態が進んでいるなかで、仏教は農村の問題をどのように取り上げられるだろうか。あるいは、既存の仏教はどう対処するのであろうか。

三　これからの農村

われわれはとくに農村について考えてきたのだが、しかしここで大切なことは、農村問題を、いまの日本全体の階級的諸関係から切りはなしたり、内外の諸情勢から切りはなして考えてはならぬという点である。

それは、戦前の「重農主義」あるいは反動的ファッショ的な「農本主義」のあやまりに陥る危険がある。私は、こんにちなお一部の農村指導者と呼ばれるひとびとのなかにその傾向をみる。一部の農民文学者のなかにもそれを感じている。

そこで私は、たんに農村といわず、一般に現代社会で仏教は、何を考えねばならぬかを問題にしてみる。

こんにち人類が当面している課題は、大まかにいって、平和の問題、独立の問題、そして社会主義の問題であろう。社会主義と呼ぶのが唐突だというなら、今後の諸国人民が（日本農民をふくめて）どうしても指向せねばならぬ生活の方向といいかえてもよい。もしそれを認めるなら、仏教もまた、これらの課題にたいしてどう処するかが、中心問題となろう。

このばあい私は、仏教のためになんらか具体的な処方箋を書くつもりはないし、それは却ってまちがいを犯すことになろう。ただし参考にすべき二、三点をあげて読者の検討に期待したい。

その第一は、日本仏教の歴史のなかから学ぶということである。

仏教が時の支配権力と結び御用化したところには反動と腐敗があっただけで学ぶものは一つもない。しかしそれが、人民のなかに生き人民と結んでいたときには、まさに維摩の「衆生病むがゆえに、我病む」の思想、衆生安楽我安楽の大乗精神を生きたのである。

仏教渡来当時の初期日本仏教が、人民のための「福利厚生」の事業を通じて仏の「慈悲」を実践したことはよく知られている。農民のたたかいを守り、それを指導した一向一揆における真宗の一定期間の実践は、やはり大乗の思想を生きたものとして貴重である。

日露戦争当時、明治政府の侵略主義に抗して仏教の立場から戦争反対を主張し、弾圧にめげず反戦行脚をつづけた「無我愛運動」の伊藤証信、和田幽玄らの行動は、一九三〇年代の妹尾義郎、林霊法、壬生照順氏らの「新興仏青」が、ファッショ的弾圧に抗して「反ファッショ、資本主義打倒、仏国土建設」の旗をかかげ、「菩薩道に精進」する勇敢なたたかいを進めた歴史とともに学ぶべき多くのものがあるだろう。

この輝かしい伝統は、戦後に引きつがれて仏教者の原水爆禁止運動その他の平和運動となり、あるいは、日本山妙法寺を中心とする果敢な基地反対運動、安保反対運動にまで発展している。

これらの諸運動は、宗教の立場をたてまえとしながらも、平和、独立、社会主義の問題を不可分にとらえそのなかでとりくんでいる。

第二には、国際的な経験に学ぶということである。

このさい日本仏教の源流としての中国仏教界が、革命中国のなかでいかに活動しているかをみることは、とりわけ教訓的であろう。

中濃教篤氏の紹介によれば（中濃・壬生「信仰者の抵抗」）、中国仏教協会副会長、趙樸初氏は、次のようにいっている――

『仏種は縁起に従う』が故に、時節の因縁を重視しなければならず、われわれは時代を認識し、国土の恩に報い、社会主義建設に参加し、祖国を愛しなければならない。衆生の因縁を重視するがゆえに、われわれは誠心誠意人民に服務しなければならない。過去における関心事の主要なものは自己の利益であり、今日の関心事は全人民の利益である。

現在では、すべての仏教徒が団結して帝国主義の侵略に反対し、世界平和擁護の運動に加わっている。ただこうしてのみ、よく如来の真実義を発揚し、仏日ますます輝き、法輪常に転ぜられるであろう」と。

ほとんど重要なことをいいつくしている。

私は、いまの日本に、社会主義中国の仏教をそのまま移し植えよというのではない。しかし、戦後日本の変貌、さらに農村の大変化に処して、依然として旧来仏教のワクを出ることができないでいる現状にとって右の主張は、実に教訓的ではないか。

「無常」という、みごとな哲学をもつ仏教が、社会の変化発展をみることができず、それに即応することに怠惰であるのはおどろくべきことである。中国仏教は勇敢に「時節の因縁を重視し」「時代を認識」したのである。

趙氏はさらにこういっている――『本生経』のなかに、仏陀在世の昔、菩薩道を行じた事蹟が記載されているが、その大部分は参禅、念仏ではなく、他人の衣食住方面の利益についてのものである。（中略）修行の重要なるゆえんは、済生利民のより一層の力量をつちかうことであり、個人の清らかさをのみはかることではない。菩薩は衆生を利するという一切の事業のなかで、広く成仏の糧を養うのであり、仏果の菩薩は衆生とともにあることによるのである」と。

「信心」といい「安信」というも、それは「来世」を説き「往生」を語るだけでは決して成就するものではない。むしろ現世をいかにつかみ、いかに生きるかということからのみ確立されることを、仏者は、わが身の正直な体験に引き当てて考えるべきである。

そのとき、仏教が、いまの農村において何を語り何を為すべきかもおのずから明かになろう。まず農村について科学的に学ばねばならぬ。単に学ぶのではなく、勤労する農民の立場におのれを据えて学ばねばならぬ。古い勢力をみるのでなく、新しい力に目を注ぎ老人よりも青年に語りうるものにならねばならぬ。

しかし私は、仏教のもっている人民のあいだの大きな共感と組織の力、それが人民のなかに養った抜きがたい感情や、思考の型を、一がいに毛嫌いする「清算主義」に反対である。これを無視して農民に近づくことはむつかしいと同時におろかなことだ。むしろ大胆にこれに乗りながら、「信心」が得られるところまで共に追求し、ともに行動する――そういう態度こそ重要だと考える。

私自身、過去十数年間、各地の農村婦人会や青年団あるいは仏教会に招かれながらそれを実践して、いささか確信するものがある。最近は、仏教の講話から安保条約の問題までつらぬき、さいごには聴衆は、「未来のことはもうどうでもよいときまった。安保問題をもっと語れ」ということになる。

しかし、あたまから、安保の演説では、ほとんど農村の婦人会などへは入れない。

ここで、キューバの革命政策は教訓的である。キューバ政府は、キューバ人民に住宅を与えるために、キューバ人が、賭博好きの悪習に浸っている事実を大胆に利用して、結局は健全な貯蓄思想へ導くような「富くじ」政策を採用しているという。

人民のなかにある「痼疾」の根づよさをみとめながら「痼疾」を「利生済民」の力に転化する道である。心ある仏教者は本気で考えるべきだろう。

そのさい、仏教そのものが、従来の概念からどのように変化せねばならぬか、どこまでの総決算を迫られるか、それはあらかじめ予測できない。しかし仏教の中心眼目は、本来、衆生にあるのだから、そのためによし「仏教」が消滅するとしても、それは仏教が生きたということだろう。（一九六〇・一二・七）

婦人問題

溝上泰子

一　宗教のありか

それは一九六〇年八月八日であった。原水爆禁止世界大会の一分科会を見学した。世界各国からといえば、おおげさであるが、外国代表も十数人いた。日本代表は各府県から集った女性ばかりの集会であった。わたしはこの会場の一隅で、午後の一ときの協議を傍聴した。そのなかで、一つの発言が忘れられない。それは二十歳をちょっとすぎたような女性の言葉である。

「わたしは広島の被爆者です。わたしは一人子で一人娘でした。ですから大へんかわいがられました。殊に戦争中はわたしだけは〃銀飯〃をたべていました。ところが両親は原爆で亡くなりました。わたしは孤児になりました。広島にはわたしのような子供がたくさんできたのです。わたしたちのような子供が生きるために、どんなことをしたでしょうか。施設に入れられるのはよい方です。靴磨きをし、盗みをしたりなど、全く惨めなくらしでした。わたしに強く残っている記憶があります。原爆が投下され、両親が亡くなった焼跡の鍋のなかにあったものは、人間のたべられそうなものではありませんでした。両親はそんなものをたべながら、一人子のわたしにだけは、苦労して銀飯をたべさせていたのです。わたしの幼な心にうつったこのことは忘れることができません。むろん、有り難いです。でもだんだん考えるようになりました。そして、ここにお集りのお母さんたち、全世界のお母さんたちに申し上げたいのです。〃あのとき、いいえ、もっともっと早くから、親たちが、お母さんたちが、自分の子供だけをいくら苦労して育てても駄目だ。自分の子がかわいければ、社会や世界を正しくすることにつとめなくては駄目なんだという自覚をもっていたらと思います。いま、このことを全世界のお母さんに申しあげたいのです。ほんとうに子供がかわいければ、戦争をなくすることとです。」

若い女性のこのねがいは、参会者の胸を強くうった。満場は一瞬シーンとした。わたしはこの場景を終生忘れないであろうし、これはまたわたしの、否、人類の根源の課題である。それはどういう意味であろうか？　親が、殊に母親が自分の延長である子供をかわいがることは、あたりまえであり、いわば動物のもつ本能でもある。殊に子供の生命が危険にさらされているとき、それは余りにもあたりまえのことである。だから、戦争で生命が危くなっているとき、あらゆる力をしぼって、親が子をかばったことは、当然すぎる当然である。ところが、かばわれた子が、しかも原爆の犠牲になった親に対して、「あのとき、両親がわたしだけをかばわないで、団結して戦争をしないように努力すべきだったんだ」と抗議している。この抗議のなかに、人間本来の課題がひそんでいると思うのである。即ち人間が宗教的自覚と宗教的に生きねばならない理由があると思うのである。

二　宗教的生の問題

—特に宗教的母性の問題—

わたしは「宗教的に生きる」ことを求めている。久松真一博士の言葉をかりて、問題をおこしてゆくことにする。

「わたしども、近代的な人間に目覚めた者といたしましては、個人の在り方としましては、広い意味で理性に目覚めるということでなければならないのでありますが、その理性に目覚めたわたくしどもが、またどこまでも、その理性を純化いたしまして、理性的に社会を作り、とこしえに歴史というものを創造して行かなければならないのであります。この理性的に自己を形成し、社会を形成し、また歴史を創造して行くということは、決して安易な道ではないのでありまして、これが為にはいろいろの障害というものが横たわっているのであります。その原因を探ってみますと、多くの場合は理性的自覚の欠如によっていると思われます。理性的にして行ったらそれが除かれてゆくというわけであります。〔しかし〕理性的に救い難い、理性的には如何とも爲し得ない、そういう危機が、問題にされねばならぬと思われるのであります。わたしはこれは、人間というものの生死の危機であると考えております。広く申しますれば、存在と、その存在を否定する非存在、有と無――わたしども人間に於きましては、これに基づく不安というものはこれを克服しない限り常に除かれるということはなく、身辺に常に附き纏っていると云わなければならないのであります。この危機を脱するということ、それが寧ろ、本当の意味での宗教と云ってもいいのではないかと思われるのであります。」（禪はどうあるべきか　久松真一　風信　四三号　一九六〇）

これが久松真一博士の禅である。つまり、生死善悪に拘らない自在な人間、根源的危機を克服した人間が本当の人間である。それが現実に生きて働くということ、それが本当の人間の生き方であり、それが自覚されねばならないのである。わたしもまた真に自由な人間を生きようとするものである。しかも、女性・母性として生きるものである。母と子のつながりは父と子のそれより深い。従って、母子の高次のつながりの形成は、時代の生活様式や文化の在り方とからみあって複雑であり、困難である。これが女性・母性の根本的な課題であろう。この課題に対する母性の心的状態にしたがって、三つの母性があげられる。

㈠ 無自覚な母性

これは「母」という生命に埋没している母性である。従って、感覚も知性も外から固定され、内からの個性的なものが生れてこない。本能と習慣によって、子の母である。むろん、自分の在り方を問う力はない。社会・国家・世界は生活の領域外であることはいうまでもない。ただ泣く子に乳を、飢えた子に食を与える。又、自分のなかの女性と母性の矛盾が背負いきれないとき、簡単に子を殺す母でもある。かくして、いまだ禁断の木の実をたべない人間である。

㈡ 自覚した母性

この母性は自分の在り方を疑い得る力をもつ。そして、母性の根源的な矛盾に直面する。家庭においての母性の地位を疑ってみる。わが子、わが夫から自分を切り離してみる。かくして人間のひとりの性格を発見し自覚する。この自覚にもとづいて、真の人間生活への努力をする。しかし、長い間の封建的家族制度のなかで、幼にしては親に、嫁しては夫に、老いては子に従ってきた母性の生活の考え方、仕振りは今日、いまだに消えさらない。にも拘らず、現代こそ、女性、母性は自覚しつつある時代である。第二次世界大戦で、夫を戦場へ送り、幼い子供と親の生命の糧に身を献げ、夫の死後、子供を一人前に育て上げ、その子供が恋人と共にデモに参加してゆく後姿を、じっと見送る孤独の母である。強いられる「ひとり」が内からの自覚に、たとえ、他と共にあるときにも「ひとり」に立ち還り、そこから出発し得る人間になろうとする母性時代の黎明は今である。人間が個に深くなるとき、その広さ（社会）においても、より広くなる。これが今日、母性が全国的、全世界的なつながりによって、人類世界の危機のために活動している所以である。全国母親大会、世界母親大会、原水爆禁止大会などは、その好例である。原子力戦の危機から人類を救済しようとする母親たちのねがいこそ、広島の被爆女性の叫びにこたえようとするものである。理性的に目覚めた母親が社会をつくり、その力によって、歴史を正しく創造しようとする動きは、今日すでに、人類史を創《つく》る一つの動力であることを見落すことはできない。しかし、一度、つくられた社会は一個人の力で動かすことはできない。にも拘らず、社会の単位は個人であり、個人が社会と歴史をつくる。久松博士は

「わたしども人間の在り方は、個人的な在り方と、空間的に社会的な、時間的に歴史的な在り方に分けてとらえることが出来るものでありますが、この個人と社会と歴史という三つの人間の在り方は、人間の生活といたしましてお互に離るることの出来ない三つの方向と申しても宜しいわけであります」

と云われている。つまり、人間の社会的—歴史的創造を正しく方向づける個の在り方が問題になる。これは更に理性的な自覚を超えたものでなくてはならない。ここに宗教的母性があらわれてくる。

㈢　宗教的母性

父子より母子のつながりが、より本能的である。これは、無自覚な母性の愛の表現に見られるところである。従って、女性・母性が自覚するとき、「自分が生きること」と「子を育てること」の間に、救い難い矛盾がある。他の云い方をすれば、本来、利他的なもの（本能的に）と男性的な性格である自利的なもの（本能的に）とは矛盾する。この矛盾は、単なる理性的な自覚によっては救われない。むしろ、理性的になればなるほど、矛盾は深く、いやし難くなる。この矛盾をつき破ることは、ただの理性ではできない。これこそ、宗教的生の目覚めなくしては不可能である。この目覚めにおいてあらわれる母性愛は、ただの愛ではなく、それは高次の論理をもつ。仏教用語でいえば、仏智である。「愛、そは万有のはじめに生れしもの、愛、そは後に思想を生むであろうもの……」（利倶吠陀《リグヴェーダ》）である。ロマン・ローランはこの言葉をかかげて、「魅せられ

たる魂」を書きおこしている。そして、この作品中の女主人公、アンネット・リヴィエールをしていわしめている。「全母性を。単に息子に対する母性ではない。……お前たち皆わたしの息子たち、お前たちはお互いに苦しめ合っています。けれどわたしはお前たち一同を抱きしめます。お前たちの最初の眠りと最後の眠りを、わたしは自分の腕の中で揺ります。眠りなさい!!わたしは世界の〃母〃です。……」と。（魅せられたる魂　ロマン・ローラン　宮本正清訳　岩波文庫　第三巻　一六七頁）　又、アンネットの息子マルクは「あなたは僕のお父さんでお母さんです」（同上）と、その母にいっている。この作品は第一次大戦前後の西欧の社会のさまざまな層を通じて、えがかれた女主人公アンネット・リヴィエールの精神発達史である。それは、いわゆる新しい型の女性・母性でもなく、また、いわゆる旧い女性・母性でもない。永遠的に女性的なものが、新に自覚となってくるタイプの女性である。かような母性は男女、父母の対立を超えた存在である。「父であり、母である」アンネットの魂の生きるすがたは、河に似ている。それは停止しない。絶えず前進し、迂回曲折して、大洋へ流れ込む。大洋に死に、かつ復活する。かようなものが、利倶吠陀《リグヴェーダ》において、愛とうたわれているのではあるまいか。これを、ローランはアンネットの精神史によって、表現しているのではあるまいか。又、これを観世音菩薩の思想信仰について見てみよう。「……その霊性に、男女の差のあろう筈はないけれども、とりわけ霊厳なる母性愛こそ、霊的特徴を遺憾なく発揮したものというべく、しかも、観世音菩薩の慈悲は、自他憎愛の区別なきは勿論だが、善悪貧富強弱を別たず、一切衆生を悉く憐んで、抜苦与楽の誓願を立てられているところに大いなる特色をみいだしうる。……仏陀のごとく大宇宙を住家とし一切衆生を吾子となす大慈悲者なるが故であり、生きとし生ける総てを救わずばやまぬという大誓願を生命としているからである」（観世音菩薩の研究　後藤大用著　三三）といわれている。観世音菩薩もまた性を超えている。

女性・母性が宗教的に生きるとき、性に内在しながら性を超えるものである。

以上にあげた三つの母性は、一つの母性である。現実の母性のなかに、その程度の差はあれ、この三つのものが一つになっている。問題は如何にして宗教的母性（これこそ真の意味での母性である）に昇華できるかということである。

三　日常性のなかの母性

今、わたしたちが問題にせねばならぬ女性・母性は現に家庭や社会で働いている女性・母性である。象徴化されたものでも、信仰の対象としてあるものでもない。本来的（本能的）に利他的なものとして、地上に生れでたものが、個の目覚めと共に陥入る鋭い矛盾に苦しみ、さいなまれている女性・母性である。この矛盾が解決されたときにこそ、自分自身を不断に創造すると共に、人類世界の改善の可能性を信じ、真に人類愛のために献身努力をすることができる女性・母性となる。しかも、この女性・母性の生は男性・父性の生との協力によってのみ完成される。生は両性の補いによってのみあるからである。「アミエルの日記」のなかに「それは女は保存、伝統、男は進歩である。この二つがなければ、生命――家族も人類も――ない。この二つの力がなければ歴史もない。歴史はこの二つの力の産物である。進歩をその父とすれば、伝統はその母である。たとえ、社会、国家の組織が、いかに変化しようとも、この法則に変りはない」（岩波文庫）といっている。このように革新、進歩であらわされている男性・父性的なものは、本来的（本能的）に自利的なものである。それは与えるものではなくて、奪うものである。この本能的な低次の自利は利他との矛盾を自覚せねばならない。低次な自利が肯定され、その反対契機としての、高次の利他との矛盾を透過しないところに、現代の人類文化の跛行性があり、悲劇性があるのではあるまいか。小にしては一家庭、大にしては社会、国家、世界の在り方のいびつさがあるように思う。

歴史は戦争史であるかのように思いこまれた所以も理解できる気がする。そしてまた、今日、人類が直面している危機の源もここに帰せられるのではあるまいか。真実の男性・父性は「お父さんでありお母さんであり」それは性を超えた人間である。わたしたちが今、共存している男性・父性は余りにも男性的である。むろん、これは厳密な意味で、本物の男性ではないし、人間でもないであろう。更に悪いことは、この本物でない男性・父性の方向へ女性・母性が歩むことが、女性・母性の進歩・向上であるかに思われていることである。人間＝男性＝価値という思いこみが、歴史の背骨になっているのではあるまいか。この背骨に少しのひびが入ってきたことが、現代を特徴付けるように思われる。この思いこみを払拭する努力こそ、世界史の再創造への努力であろう。しかし、これは単なる人間の理性では解決できない問題である。生死という根源矛盾にさらされている人間の危機の解決によってのみ成就するであろう。ここにおいて、現代人に宗教が問題になる。宗教的生において、はじめて真の自由人になり、社会・歴史を日に新に再創造することができるであろう。

第二次世界大戦は原子力による悲劇で終った。そして、人類は原子力革命の歴史をきざんでいる。しかも原子兵器の所有量によって、人類に二つの力のかたまりが対立し、無気味な危機感をはらむ今日である。他方、世界中の民族や国家、その一人、一人が人権を自覚し、如何なる人間も人を手段にすることはできなくなった。福沢諭吉の「天は人の上に人をつくらず、人の下に人をつくらず」は、人類の一人、一人の肉体になってきた。この事実を見落すことはできない。今日の、あらゆる政治・社会運動・経済的闘争はこの事実に立ち、これを生活において実現しようとするものである。この観点から見れば、資本主義社会は検討されねばならない大きい問題をもっている。そこには自他を尊び、平等な人間として生活することが困難になる要素がある。ここに、今日の政治問題がある。育てる心の現実化は、政治以外にないであろう。この意味で女性・母性の政治意識の目覚めが、殊に重大な問題になる。

広く人類世界に眼をひらくと共に、その実践は日常生活―家庭生活に本拠をもつ。この人類世界が「一」になりつつあるとき、家庭がいまだかつてなかったほど、問題になってきた。一例をアメリカに取ろう。今アメリカは世界の一方の勢力が大きくなることによって、強く反省を迫られているという。この世界の現実をのりきるために、家庭・学校の教育で「新しい努力」が如何になされているかは、「一九六〇年度をアメリカは〝移りゆく世界〟(Changing world)〝移りゆく社会〟(Changing society)〝移りゆく価値〟(Changing value)といっている。そのなかに生きてゆくために、家庭はどうあればよいか。子供の教育はどうすればよいかを求めている。そのことは全米PTAの総会や全米教育者協会の年次大会に見られる。〝アメリカの偉大さの源をなす家庭の強化〟や〝一九六〇年代における家庭の役割〟」という合言葉のなかに見られる。(朝日ジャーナル一九六〇・八・二四号)科学と技術の最も進んだアメリカが、原子力時代、宇宙時代の真の資源は、人間の英知、人間そのものでなければならぬことを、真っ先に自覚してきたようである。原子力時代の科学や技術を、矛盾をはらむ人類全体のなかで、全人類の幸福のために、どのようにつかうかに盲目な人間を発見したのである。これが現代の悲劇であることを認めてきたのである。この自覚、発見、認識がアメリカの教育の新展開を来たそうとしている。しかも、それの源を家庭に求めようとしている。

それは何故であろうか。人類世界が「一」になってきた今日、倫理的理性の純化、強化は最も必要である。そのためには、人間の自律的自覚が人類の発展にとって、どれだけ尊いものであるかを知るべきである。そして、そのことへの教育が、教育の根本問題である。そして、その教育の出発点は一つ、一つの家庭である。それは家庭の人びとの生き方が、四六時中、嬰児、幼児に全体として呼吸され、吸収されるからである。それは数や知識のように、子供に入るのではなく、あたかも、皮膚から吸いこまれるようにである。しかも、これは夫婦・父母のそれぞれが、人間の根源的矛盾をどのように透過するかという生き方から生れるものである。短言すれば、これは日常生活の禅である。これが子供の自律的自覚を育てる。この観点からすれば、宇宙時代の人類世界の人倫性の根源は家庭にあるといえる。ペスタロッチが「家庭は最初の学校だ」といったことに、今日、より広いより深い意味が見いだされねばならない。

家庭は夫婦・親子その他の血縁につながるものの集団である。そして、幼児期の家庭生活が、人の一生の基盤であることは、今日、世界の定説である。そして母性の生き方が、より強く家庭生活に影響することも、一般に認められている。しかし、歴史の移りに伴って、家庭生活も変化する。例えば、「夫は外、妻は内」という言葉は、家の四壁をもとにしていえない時代がきている。母性が家で嬰児や幼児の世話が出来にくい現実があらわれている。そして、新しい家族関係の創造がせまられており、それは、新しい人間関係(Human Relation)へと発展するべきものである。そこにおいては「自分が産んだ子だから、かわいがる意識」がたちきられねばならぬ。血につながる親子意識、性につながる夫婦意識がある限り、真の親子、夫婦の関係は創《つく》れない。この創造の源には宗教的生がなくてはならぬ。ここからあらゆる婦人問題も社会問題も解決されねばならない。（一九六〇・八・三〇）

青少年問題

西元宗助

わが国の青少年は混沌と苦悩の模索のなかにある。しかも、それにもかかわらず、彼らは宗教、とくに仏教に対しては甚だ無関心であるといわれる。また仏教の立場からみれば、現代の青少年はあたかも縁なき衆生であるかのようである。

われわれは、このような現実を認めないわけにはいかないのであるが、しかしそれでは、そのよって来るところは奈辺にあるのであろうか。もし、その原因をいくらかでも明らかにすることが出来るのであれば、それに対し、われわれ仏教徒の反省も生れ、したがってまた、方策も自らありうるわけである。

ともかく、これから述べていくことによっても明かなように、わが国の青少年問題はきわめて深刻である。しかも、この問題は重大な意味をもつものであって、いうまでもなく新しき世代を背負う青少年問題の解決如何は、国家社会の将来に関与するばかりでなく、仏教の立場からいえば、もし仏教が現代の苦悩する青少年に親近し、彼らを救うてだてをもたないとするならば、そして青年から仏教が顧みられないとするならば、それは仏教の事実上の死滅をも意味することになろう。われわれは、このような立場から、わが国の青少年問題を概観しようとする。

一　非行と自殺

(1)非行　戦争の後には必ず青少年の非行が伴うもののようである。じじつ第二次世界大戦後、青少年の非行が増加し、わが国のみならず、各国ともにこれに悩み、その対策に苦心した。しかし注目すべきことは、わが国以外の各国の多くは（例えば西独・英等）、戦後六、七年を経ると、だいたい戦前の状態にまで非行率が復帰するか或は又漸減したのであるが、ひとり我が国は戦後六、七年をへてから、さらに著しい非行率上昇のカーブをたどりつつあることである。例えば刑法犯少年の数だけをみても、戦前は五、六万人台であったものが、終戦直後には一〇万人台、昭和三四年は一六万人台と報告せられている。（文部省中央青少年問題協議会編『青少年白書』一九五九年）

　このように激増した戦後の青少年非行の主なる特徴をあげると、一は非行の一般化傾向である。従来は、知能の低いもの、欠損家庭のもの、貧困家庭のものというように、一定の傾向のものが大部分であったのに対し、戦後は必ずしもそうとばかりはいえない。知能のすぐれたもの、両親健在の家庭、中流上流の家庭からも、非行青少年をだしている。

　二は年齢低下の現象である。従来はハイ・ティーンが中心であったのに対し、さいきんではロウ・ティーンの非行も激増し、したがって中学生の非行も看過し難い状況にある。三は非行の集団化傾向であるが、これについては、その説明を省略する。

(2)自殺　わが国の自殺率は戦後、殊に昭和二六年頃から上昇の一路をたどり、いまや世界一、二の自殺国とみなされ、特に女子の自殺率が他国に比して著しく高い。

　しかし、これを年齢別に検討すると、三〇歳から五五歳にかけての自殺率は他国（英・米・仏・西独）に比しても決して高くはない。問題は一に青年及び老人の高率の自殺、特に二二歳をピークとする一九歳から二五歳までの異常に高い青年の自殺率にある。これを英国の同年齢の青年に比較すれば、最近では約十倍ということになり、しかもこの怖るべき自殺率は現在のところ著しい低下の兆がみえないのである。（参照・岡崎文規著『自殺の国』）

二　苦悩する青少年

われわれは、非行と自殺を通して、わが国青少年問題の一端をみた。ここに看取されるものは、困惑し苦悩する現代青少年の心情であり、彼らなりに背負うところの現代苦であり社会苦である。ところで、現代青少年の背負うところの社会苦は、さらに一には全学連に代表される学生運動となって表現せられ、二には学生でない勤労青少年の声なき苦悩になって現われている。殊に後者の場合は、声なき苦悩であればこそ、一層識者によって注目されなければならぬ。

こんにち、義務教育（中学校）を終えて、ただちに実社会に入るものは、昭和三二年三月現在で一〇〇万余、約五二％であるが、そのうちの約八〇万が年少労働者（そのうち一七万が農業）となり、しかもその七〇％が弱小企業に働いている。さらに高校を卒業（七三万）して就職するものは約四二万であって、彼等の七〇％も亦小企業の従事員になっている。（文部省刊『学校基準調査報告書』昭和三二年度版による）

これらのうち特に問題になるのは、弱小企業に雇傭せられた中学卒及び高校卒の年少労働者群及び農山村の青少年層である。彼等は概して同じ年輩の学生及び大企業職員に対して劣等感を抱く。けだし彼等の前途は、これらの人々に比して、その将来性に乏しく、しかも彼らの現実の労働はきびしい。しかも彼らは概して好き相談相手にめぐまれず、彼らの苦悩や不安に耳を傾ける人をもたない。

それでは、このような勤労青少年に対する国家及び社会の施策はどうであるか、実状はまことに残念ながら、冷淡であるという外はなく、彼らの声なき苦悩の訴えに耳をかすものに乏しい。いな、すでに中学校においてすら、学校もPTAも進学組に関心と熱意が集中して、ともすると就職組はなおざりにされがちである。したがって就職組の生徒は劣等感をもってヒガミやすく、ともすると非行化する。げんに中学生の非行率は、京都家庭裁判所の調査報告によっても、就職組の方がはるかに高い。また青年の自殺率も、学生に比べると、同年齢の勤労青年の方が遙かにたかいのである。

三　非行及び自殺の背景

それでは右のような青少年の非行と自殺等の原因は、なにによるのであろうか。もとよりそれは、精密な調査研究の結果にまたなければならないが、しかしすくなくともこれらの現象の背景にあるものについていえば、だいたい次のようなことに帰するかと思われる。

この場合、最初にいわねばならぬことは、いうまでもなく、敗戦後の混乱、とくに凡ゆる社会的道徳的規範と旧秩序の崩壊による社会環境の不安定と動揺である。そして、この混乱と動揺に乗じた不健全娯楽と不良なるマスコミ、とくに映画・週間雑誌等の悪影響である。

しかしながら、さきにも指摘したように、他国では青少年非行現象が戦後数年をへて戦前の状態に復帰する傾向にむかったのに反し、ひとりわが国だけは昭和二六年頃から更に非行率が上昇したばかりでなく、家出も自殺も、このころから著増して今日にいたったのは、どうしたわけであろうか。

その原因の一は多分、昭和二五・六年の頃よりの社会状勢の変化であろう。その二は、戦後の新教育の理想と現実との甚しい喰違いによる学校教育力の低下によるのであろう。その三は以上と関連した家庭教育力の弱化によるものであり、その四はわれわれ日本人の社会生活における宗教的基盤の脆弱性によるものであろう。

その一についていえば、昭和二五年の朝鮮事変勃発による戦争景気は、わが国の戦後の疲弊した経済を恢復せしめるのに大いに貢献したが、しかしそれだけに漸次、社会の階層秩序の固定化傾向を促進せしめると共に、景気の拡大による異常なる消費文化は享楽的傾向を助長した。

しかも、わが国社会を場とする世界の二大思想勢力圏の対立はこのころから顕著となり、そのため思想界は分裂し混乱したが、これにさらに拍車をかけたのは政治の貧困である。そして、これらの諸要因が重畳して、わが国の多くの青少年を享楽主義的人生観や虚無主義に走らせると共に、一部の多感な学生たちをして学業を抛擲するほどの政治的実践活動に追いやった。

四　教育力の低下

(1)学校教育　戦後の新教育は、これを形式の面からみれば、たしかに量的には拡大せられたが、しかし質的には水増しせられて低下したうらみがある。ことに義務教育の仕上げの時期である新制中学が、戦後の疲弊期にいわば無より有を生むように急造せられたことも大いに影響して、教員組織・学校施設等の極めて不備不充分であったために、その高くかかげた新教育の理念にもかかわらず、既説の社会の不安定と混乱と相俟って、予想以上にその教育力を発揮しえないでいる。これはひとり中学だけでなく、小学教育も高校教育も亦同様であって、要するに自由主義的新教育は、次に指摘するように、現実には却ってマイナスの面をもうみ、総体的には戦前に比して教育力の著しく低下していることは否めない。

この実状を内容的にのべるならば、新教育の理念である自由教育は、わが国の場合、既述のように教育的条件と配慮の極めて不充分であったために、結果としては無責任な放任教育となった嫌いがある。そのために児童・生徒の恣意的な自己主張が助成されただけで、民主社会にとって必要な規律と忍耐の徳が殆ど全然つちかわれることがなかった。しかも極めて注目すべきことは、日本の新教育は当初から、民主教育の名のもとに、実は反宗教的色彩を現実においておびていた。（その理由については省略する）

そして、このような曲解せられた、わが国独特の自由民主教育は、いかにして児童生徒の欲求不満《フラストレイション》を除去して満足させるかだけに腐心して、その欲求不満にいかに耐忍（トラレンス）すべきかを教えようとはしなかった。そのために、あるものは享楽主義に走り、あるものは欲求不満を社会の壁にぶっつけて、無思慮にただちに破壊的直接行動に走る傾向を馴致した。尤もわが国社会の資本主義体制に大いに問題のあることも勿論であるが。

しかしともかく、このような新教育の理念と現実とのずれとゆがみ、それに進学組の異常な受験教育によってシワよせせられた進学しない就職組への事実上の軽視が相乗して、教育を混乱せしめ、少年非行と自殺とそして異常なる学生運動の温床をこしらえて了ったことは否定しえない。

⑵家庭教育　戦後の社会変動に影響せられた家庭環境の混乱と、それに伴う家庭教育力の弱体化も亦注目せられるべきである。

戦後多くの家庭は、なにほどかの程度において、古い世代と新しい世代との意志の疎通を欠き、親は子の心を知らず、子は親の心を知らず、そのために悲しむべき対立と葛藤を生じがちである。しかもこの場合、注目すべきことは、概してそれは父と子との間においてである。

がんらい母親は子供と日常生活を共にして接触する機会が多いだけに、子供が青少年期に入っても、比較的、子供の内生活の一端にふれうる機会のあるものである。しかも戦後の民主主義は、従来男尊女卑的な風習のために家庭において低い地位にあった女性である母親にとっては好ましいものであり、それだけに民主主義を理解し受容しやすく、したがって亦戦後の教育をうけた子供たちの思想と感情を比較的に理解しやすい立場にもある。

それに反して、父親は子供との日常接触がすくなく、子供は母親に対するほどの親近感を父親にはもたない。そのうえ戦後は、父親の家長的権威が民主主義の名のもとに殆ど失墜したが、これをなんらかの名目で維持または恢復しようとする父親と、これを認めようとしない子供とが、古い世代と新しい世代との対立という形において家庭内において内訌しているのが現状である。

しかも注目すべきことは、上来指摘したような母親の立場からして、母親はむしろ子供に傾斜し、子供はまた母親に同情し、ここに母と子との暗黙の共同戦線すら結ばれて、父親の孤立化する現象も決して珍しくはない。

このようにして、家庭教育の立場からみた場合、こんにち父親は、家庭教育者としての事実上の資格を失いつつあり、或はその自信を喪失しているというのが、一般家庭の赤裸々な実状であるかと思われる。ところで、このように父親が家庭教育者としての権威と指導力を喪う場合、それでは母親が家庭教育の全責任を負えるのかといえば、幼少期においてはとも角、青少年期にある子供に対しては、母親も亦指導力を発揮しえないのである。このことは母子家庭に問題の多いことからしても十分に察知せられるであろう。そしてこのような家庭教育の無力化が、こんにちの青少年非行の有力なる因子であることは全く疑う余地のないところである。

このような不安定な家庭環境はまた往々にして青年自殺の一誘因にもなっている。げんに、われわれが自殺未遂の青年を調査した場合、かならずといってよいほどに、家庭生活における親と子との精神的断層による青年の孤独感にぶっかる。

五　宗教的基盤の脆弱性

さきにわれわれは、青少年非行の有力な原因の一として、戦後の混乱、特に旧社会規範と秩序の崩壊を指摘した。しかし、これが我が国の場合、他の国に比してとくに激しかったのは、有史以来はじめての敗戦であったという精神的打撃の外に、われわれ国民を支える宗教的地盤の脆弱であることによることも見逃してはならないであろう。例えば、英、西独などの場合は戦後衰えつつありと雖も、キリスト教的倫理がなお彼らの生活を支え、これによって戦後の道徳的混乱もある程度くいとめえたかのようであるが、このような国民共通の確固たる宗教的基盤が、残念ながら我が国にはない。じつ、神道はもちろんのこと仏教も亦そのような役割をはたすことがないのである。

わが国の異常にたかい青年の自殺についても同様のことがいえる。そもそも自殺は、その原因その動機がどうであれ、自殺を企図するものの心境は、概して現実足下の孤独であり絶望である。したがって孤独と絶望を救い克服するものがあれば、自殺現象の多くの消滅すべきことは火をみるよりもあきらかである。

ところで人間の孤独と絶望を救い、生死の帰依するところを教えるものこそ、まさに真実の宗教であらねばならぬ。したがって宗教に生きるものには、道理として自殺は殆どありうる筈がない。よって、わが国の自殺率が英・米・仏等にくらべて比較的高い原因の一は、日本人とくに青年の宗教に対する無関心とも関係があるのではないかと、一部では推定する。

しかも注目すべきことは、キリスト教国では、たんにキリスト教がある程度、彼らの生活を支配し且つ支えているだけではなく、キリスト教倫理それ自身が自殺を罪悪として規制している。これに対して、われわれはどうであるか。従来、仏教国と一応みなされながら、それが今では殆んど形骸になってしまって、現実はわれわれ日本人の大部分の人々の日常生活とは無関係な、いわば葬式のときだけの仏教になって了っている。

ここに問題があるわけであるが、さらに一部の人士は、仏教すくなくとも日本仏教は、自殺を罪悪視しないばかりか、むしろ自殺を助成するような思想伝統を醸成したのではあるまいかと危惧している。即ち生の執着をたちきる禅は、武士の切腹を容易にし、ひいては生命を軽ろんずる風習をつくったのではないか。また往生極楽の浄土信仰は、現実苦を逃避して安易に他界を憧憬せしめ、徳川時代の〝心中もの〟の思想的背景を醸成した嫌いはないのか。要するに仏教は、自殺を規制しないばかりか、却って思想的情緒的に日本人をして生命を軽ぜしめ自殺を増長せしめたのではなかろうかと疑っている。

〔備考〕　浄土教と死及び自殺については、ちかく小論文を発表の予定である。

結　び

以上われわれは、わが国の青少年問題の全貌とその背景を概観した。そして、わが国の伝統的宗教である仏教の形骸化と生命の枯渇が、わが国の青少年問題を直接に間接に一層困難にしていることを明かにしたのである。

それだけに、わが国の青少年問題を根本的に解決するためにも、そして人類救済の唯一の灯明であるべき仏教の真意義を現代において闡《せん》明し開顕するためにも、こんにちわれわれ仏教徒に課せられたる使命と責任はまことに重い。それでは、われわれはどうすればよいのであるか。その根本はいうまでもなく、われわれ仏教徒自身が宗祖の根源に復帰し、現代という時点において、どこまでも道を求め法をきくことでなければならぬ。そして特に指導的立場にある人々が、したがって教団が、足下の社会問題である青少年問題・婦人問題・労働問題・農村問題・部落問題等に仏教的立場から真剣にとりくむことである。かくしてはじめて現代における仏教の新生も行われるであろう。これをいま少しく具体的にいうならば、今後の仏教活動の照準は、すくなくともその心構えにおいて、労働組合の人々や、ＰＴＡの婦人たちや、青少年たちでなければならない。これらの人々が仏教にとって縁なき衆生となっているところに、現代の危機があり、仏教教団の問題もある。

ところで、青少年問題に限定して述べるならば、仏教徒はあるいは次のようにいうであろう、現代の青少年たちには宗教心がないと。それは一応たしかに事実である。しかしわれわれの問題にするのは、このように批評し放言するわれわれ仏教徒自身に、はたして真の宗教心があるのであろうかということである。そして、また、現代の青少年に対して、どれほどの仏教的教化をなしてきたかということである。

　このような所謂仏教信者には、彼らの自負するように、たしかに信仰があるのであろう。しかし、その信仰は概念化してしまっていることがないであろうか。がんらい宗教信仰は己にありとするところには、形式と固定観念があるだけであって、多くの場合、案外、真実の信仰はないものである。だから青少年たちの不請の友となることもできないで、いたずらに、彼らを見下し、いまの若いものは宗教心がないなどと、自己陶酔の安心の上にあぐらをかいていられるのである。われわれのこの放逸と懈怠と傲慢こそが、まさに現代仏教(徒)の危機の根因なのである。

　ところで、現代の青年たちに、はたして宗教心がないのであろうか。たしかに所謂宗教心はないかも知れない。しかし、われわれのみるところでは、彼らは意識すると意識しないにかかわらず、彼らの大部分は、すくなくともわれわれ以上に、真実を求め模索し苦しんでいる。じじつ彼らは真実のよりどころを求めて悶え苦しんでいる。それにもかかわらず、彼らに対して旧来の仏教は、われわれは、なんの手もさしのべていないというのが、ことの真相というべきであろうか。

　われわれ仏教徒はまず自己陶酔的な懈《け》慢《まん》胎宮《たいぐ》的な信仰から脱却しなければならない。青少年問題に関していうならば、青少年と苦悩を倶にし、彼らと共に道を求め法を聞くことから出発しなおさなければならぬ、しかして青年と共にということは、まさに時代と共に時代苦を背負うということである。然らば、現代の生活の場において、したがって現代の日常語において、庶民の言葉において、あたらしく仏教の語られる日が到来するであろうかと思われる。またこのようになってはじめて、現代の社会問題も家庭問題も亦、その畢竟依《ひっきょうえ》をえるかと思われる。けだし、本来の仏教は、このような意義と使命をになうものであるから。

仏教徒の平和運動と思想問題

中濃教篤

「仏教と平和運動」という暫定テーマをあたえられあれこれ考えて見たが、今日まで筆者自身もそれほどふれず、一般的にも見落されていた平和運動、とくに仏教徒の平和運動と、それに関連する仏教徒内部の思想問題という点に照明をあてて見たいと考えた。紙数が余りに限られているので、ごく試論的なものとならざるをえないし、むしろ問題提議といったことになるでもあろうが、第六回原水爆禁止世界大会が「たたかう大会」と名づけられ、平和の敵を「アメリカ帝国主義」とハッキリ規定づけた時点において、この問題を不問に附しては、仏教界の平和運動は前進しないであろうと気づいたからである。

一　戦後における仏教平和運動の展望

仏教徒の平和運動について、その思想分析を試みるにさきだち、戦後における仏教平和運動についてごく鳥瞰図的な展望をしておこう。

日本帝国主義が連合軍に降伏、敗戦をむかえて間もなく、一九四七年五月、日本の宗教各派は宗教平和会議を開き、中日戦争、太平洋戦争を日本の侵略主義にもとづくものと規定して、これを防止しえなかったことを反省、懺悔すると内外に声明した。しかしこれは佐木秋夫氏も指摘しているごとく「その反省が表面的なものにすぎず……戦争の真の意義について、天皇制道徳の本質について謙虚に学ぼう」（「日本宗教史講座」第四巻）としないものであったことは、その後、アメリカによる日本植民化の動きが露骨になるにしたがって明瞭となった。

このことは一九五〇年に日本仏教連合会が、朝鮮視察の帰途日本を訪問したダレス米国務長官にあてて作成した決議文についてもいえる。その内容には

一、旧交戦国の全部と和を結び、自立権が回復されてその安全と平和が保証され、いかなる戦争にも捲きこまれないことを念願する

一、日本は戦争放棄の憲法をあくまで守るべきである

といった条文が含まれていた。ここには当時盛んに論争されていたアメリカと単独講和を結ぶべきか、連合国全体と全面講和すべきかという問題への正しい解答が見られるし、平和憲法擁護の精神もあらわされてはいるが、ダレス台風第一号で吹き飛ばされてしまうほど根の浅いものでしかなかった。

一九六〇年になった今日、アメリカ帝国主義と日本独占資本によって、日米軍事同盟強化をめざす日米新安保条約改定が強行されようとしたことについて、これがサンフランシスコ体制につながるものであり、戦争勢力を背景とするものであることを仏教界の指導層が少しも理解できず、かえって戦争勢力のいい分を鵜呑みにした事実もこれに関連する。

この日本仏教界の実情は、帝国主義イデオロギー圏内にある世界（主としてアジア）の一般仏教徒にも共通する。一九五二年に日本で第二回世界仏教徒会議が開かれた時の決議に「自己優先の思想はあらゆる差別観の根であって、他の排撃となり、相克を招き、暴力闘争となり、戦争ともなる。これに反して涅槃に立脚する中道原理は、対立する偏見を捨てて正しい立場に立たしめるばかりでなく深く、怨親平等の寛容の精神をともなって、おのずからなる平和を世界に浸透せしめる」というお定まりの非暴力、階級協調主義、心の

平和中道理論がこってりともりこまれている。この不偏不倒と思い込ませる決議が、中華人民共和国や朝鮮民主主義人民共和国の仏教徒を意識的に排除し、台湾、韓国の仏教徒だけを支えとして作文されたという現実は、如実にその本質を物語っている。

この会議は、朝鮮戦争が一九五〇年に勃発したのちに開かれたものであり、アメリカ政府が日本の軍事基地化を強要し、「真空論」「戸締り論」がダレスによってふりまかれ、軍隊にあらざる軍隊が急激に生長する時期である。この植民地化政策の進展とともに、仏教界に「心の平和論」がやかましくなり、さきに日本仏教連合会がダレス長官に送った決議文は全く忘れ去られてしまう頃であることを記憶しておかねばならない。

ところで、このように朝鮮戦争を境とする日本におけるサンフランシスコ体制の強化、軍事基地強化の方向は、西独その他にも見られるように全世界的なものであった。しかしこの間、他面では心から平和を望む世界諸国民の勢力もまたたかまりを見せ、一九五〇年にはストックホルムの平和擁護世界大会で「原子兵器禁止」の決議がされ、その世界的規模による署名運動が展開されるなどの動きがしめされた。

この世界的な規模における原子兵器禁止、平和擁護の運動は、中国をはじめとするアジアの諸国民にも大きな影響をあたえたが、日本で一九五二年にF・O・R、日本山妙法寺、仏教者平和懇談会などによる宗教者平和運動協議会が結成されたのもその一つのあらわれである。しかし、この会を貫く性格は、仏教でいう「殺すなかれ」の精神、ガンジーの非暴力主義、キリスト教的絶対平和主義（あらゆる暴力の否定、無抵抗主義）であり、本質的には現実に立脚しない反共主義であった。ここにその一端をしめすために、宗教者平和協議会の平和宣言の一部を記してみよう。

一、日本民族はいかなる場合にも非暴力を以て正義と平和を主張し決して暴力に同調したり屈服したりしない……

一、ソ連及び共産主義諸国が公開的となり非暴力主義となることを望む

という点にそれがうかがえると思う。ここには厳密にいえば、平和憲法擁護、軍備全廃など真に平和を願う宗教者のとるべき態度がしめされながらも、世界の現実における非暴力主義の限界、そこからともすれば導きだされる階級協調主義といたずらな反共感情が存在し、戦争体制への科学的分析がうすれて、平和の敵、平和を破壊するものが誰であるかがぼかされる性格をもっていたと結論しないわけにはゆかない。この宗教者平和協議会が、のちに総評とともに平和推進国民会議を結成した時に、筆者が日本平和委員会の会員（実は会員ではなかった）だということで参加を拒否された事実も、そのことをあらわしているといえよう。

こうした平和のための統一行動、統一戦線に対する無理解が原因となって、この平和推進国民会議は成立当初非常なもりあがりをみせながらも、間もなく解消の憂き目に遭遇してしまった。

その後、一九五四年になって、やはり日本山妙法寺が中心となり、世界平和者日本会議が開かれることになった。その趣意書には「一、戦争のない平和の世界を来らしめよ　一、暴力を否定せよ　これは平和をのぞむ者の一致した切なる念願であります。唯一の原爆惨禍の体験国であり、非武装不戦の憲法によって各国の信頼と支持をうけた日本こそ、過去のあやまちを謙虚にざんげし、平和の世界建設のために、宗教、思想信条、階級、民族の差異をすてて、全世界に向ってよびかける責任と資格があるといえましょう」と記されている。この会議では、民族の独立、労働者階級をはじめとする他階層との連携といった点が強く主張され、たまたまビキニの水爆実験による死の灰事件発生という時期とかさなりあって、原水爆禁止について宗教界、とくに仏教界に大きな影響をあたえることができた。しかし、趣意書にうたわれた「過去のあやまちを謙虚にざんげし」という侵略戦争に対する反省に関しては、まだまだ徹底をかいていたし、帝国主義によ

る植民地化政策に抵抗する民族独立運動への評価が、非暴力という線から明瞭にされえないという欠陥が存在した。しかし、この間日本山妙法寺は日本の原爆基地化反対の闘争に積極的な動きをしめし、内灘、砂川などで農民や労働者とともに反対運動をつづけるなかで、しだいに反共一本のセクト主義を清算しなければならないという風潮が末端僧尼のなかに発生しだした。また敗戦直後のガンジーイズムからの翻訳的非暴力主義が、日本の現実に多少なりとも順応する方向も生じてきた。[1)]

二　思想面から見た仏教平和運動

運動の展望についての記述がながくなったが、この展望の過程で仏教徒による平和運動のなかに存在する思想について多少はふれえたと思う。

心の平和論、中道主義、非暴力主義、懺悔の問題などがそれであるが、これまでに日本山妙法寺に多くの焦点があてられたのは、実際にこの教団が仏教平和運動の中心的存在であることと、紙数の都合で日本山妙法寺を柱として分析を試みたいと考えたためである。しかし、この教団の思想と平和理念の多くが他の仏教界における平和思想と共通する面の多いこともまた事実である。

ここでもう一度一九四五年頃から一九五〇年を境としての仏教界をふりかえって見たいと思う。

一九四七年の宗教平和会議と、一九五〇年を境とする日本仏教界の平和に対する考え方、その変遷には、基本的に共通する思想の弱さが太い線として通じていることを見た。その線というのが侵略戦争への反省の不徹底、戦争の原因についての分析の不充分さ、天皇制道徳の本質に関する解明と反省の欠如、階級や民族問題についてのコスモポリタニズム的態度となってあらわれており、これが直輸入の非暴力主義に導かれている面の多かったことを明らかにしたが、これとは違った面のごとく思えながら、本質的には共通の基盤にたつ実存主義的仏教思想があったことも指摘しておかねばならない。

絶体主義天皇制が崩壊して敗戦をむかえ、日本国民は自主性の確立を求めたが、この頃、主体性問題として実存主義が流行し、仏教界にもこの影響があらわれた。西田哲学がはやったのもそれであるが、とくに社会問題に関心をむけた仏教徒の間に影響をあたえたのは田辺哲学である。

田辺博士の「懺悔道としての哲学」や「実存と愛と実践」などという論文が、念仏、禅、実存主義、社会主義と関連づけられて発表されると、西田哲学の影響とあいまって仏教界でひろく読まれ、親鸞の思想と実存主義とを対比した意見や、親鸞の実存的思想の根深さを論じたものがあらわれ、親鸞の逆説的論理[2]が主体性確立の根本であるということから、個の探究へと進み、これが出口を失った袋小路での暗中模索だと気づかず、いかにも、深遠な哲理ででもあるかのごとく錯覚するものまであらわれた。ここには必然的に「心の平和」につながるものが存在するし、現実逃避の傾向を助長する。「親鸞一人がため」の念仏こそ、主体性問題解決の鍵であるとして、これが同朋、同行として社会的にひろがることを無視ないし軽視する。これでは天皇制道徳との対決とはならないし、ここから社会実践を導きだしたとしても、本当に平和を破壊するものとの対決とはならず、妥協的な運動しか生れてはこない。

ここには確かに主体性を抑圧されていた戦争中の天皇制支配への反抗が見られはするが、その抵抗がモダナイズされて帝国主義陣営にひき込まれてしまうものでしかなかった。これはリンカーンのいった「人民による、人民のための、人民の政治」という常識的な民主主義の理解が、大独占資本のもとでくもりを生み、アメリカ伝統のピューリタン思想が破壊されている現実を見透すことができず、大独占資本の意のままになるアメリカの政治経済体制や思想を民主主義として速断してしまう結果にもつながる。戦後によくいわれた「民主主義のハキ違い」というのも、こうしたことに一つの原因が存在するといえなくはない。これでは、仏教の僧伽(サンガ)の精神や無我の精神が現代的に正しく解釈されなくなるのは必然である。

これはそのままいたずらな反共主義に関連する。

このことは侵略戦争への懺悔反省という点についてもいえる。田辺博士は一九四六年に発刊した「懺悔道としての哲学」の序文で「八月半の大変が起り、敗戦国として、無条件降伏の悲境に我国は顚落したのである。悲痛言う所を知らないのは、もとより私一人ではない。国民の全体である。而も国民として事ここに至れる由来を顧みるとき、ただ懺悔より外になす所を知らないということも、真実でなければならぬ。今に至って考えると、私の懺悔道は一年前に、国家国民に対し讖をなしたという不思議な廻合せになってしまった。私は之を思うとき痛恨限無き思がする。……ところで懺悔は、親鸞に於て悲痛を含意し、慚愧を伴う如く、本来苦痛を意味するのであって、苦痛なき懺悔はあり得ない、併し懺悔の核心は転換にある。苦痛が歓喜に転じ、慚愧が感謝に換ることが其本質である」と記されている。この文章でとくに気になるのは、「懺悔の核心は転換にある」という表現であるが、ここでは懺悔が主体内部の問題に余りにも傾いているといわねばならない。だからこそ「民主主義国も社会主義国もまた、夫々に懺悔すべきものをもつのである。……果して然らば懺悔道はひとり我国民の哲学たるのみならず、人類の哲学でもあるのでなければならぬ。人類は総に懺悔を行じて、闘争の因たる我性の肯定主張を絶対無の媒介に転じ、宥和協力して解脱救済へ相互を推進する絶対平和に於て、兄弟愛の歓喜を競い高める生活にこそ、存在の意味を見出すべきではないか」というお定まりのコスモポリタニズムと懺悔の抽象化がおこるのである。これが、社会主義、実存主義、宗教などの混合理論を生み、全くヌエのような論述へと導く。

ところで、この田辺博士の思想は、そのままではないにしても仏教界に根強く存在したし、今日でも残っている。とくに実存的思考は、進歩的といわれる仏教徒にも存在し、それが仏教の用語で語られもし、また平和運動のなかで思わぬ思考の混乱を起させもしている。これからその問題の分析に移りたいと思う。ところでこのような発想による懺悔は、いつも侵略戦争の科学的分析から離れ、心の問題に踏みとどまる可能性が大きい。隣邦中国では日本帝国主義による死者一千万、損害約十八兆円といわれているが、この日本軍によるる惨虐行為、ビルマをはじめとする南方諸国民にあたえた精神的物質的被害を具体的に反省する方向が見出されない原因となってもいる。

田辺博士の懺悔なるものは仏教界でいう懺悔と同じ形態のものであり、思想上でも同じ基盤にたっているといわねばならない。この懺悔の抽象化、現実的把握の欠如は、日本仏教界における平和の指導者日本山妙法寺の藤井日達師にも見られる。藤井師の「ガンジーが独立運動をしました時に、日本人は将に印度に入ろうとしました。ビルマから通って印度に入ろうとしました。その一番先に出たのは光機関の岩黒でありますが、この機関の中にうちの弟子が四、五人入っておりました。皆、印度に於ける印度通でありますから、これを使ったのであります。私等も好んでそれを引受けまして、日本軍に協力してくれよと云って村々を説いて廻りました。それであのインパール作戦までは殆ど戦争をせず、日本軍は進入することが出来ました。ビルマのあの堪定作戦には、一つも戦争をしてないでしょう[3]」という発言には、明白にそれがあらわれている。砲火をまじえなかったから「進入」であって「侵入」でないという感覚、ここには日本帝国主義それにつながる軍隊、大東亜の盟主日本が東南アジアの弱小民族を解放するという誤魔化しの侵略論理をそのまま肯定し、今日にいたるもなおその侵略性がつかまれていない。これは、日本山妙法寺が中国大陸で果した役割、その侵略への奉仕が、藤井師個人の善意に解消されてしまうことと同じである[4]。

一九三九年の『宗教年鑑』で羽渓了諦氏が「我々は

東亜政策の根本精神を確認すると共に、その方途について特に慎重な考慮を払い、以て至誠奉公の臣道を全うするよう努めねばならぬ」と記していることに代表される思想を背景とした戦争中における中国大陸布教が、客観的には日本帝国主義による中国侵略の思想工作、宣撫工作以外のなにものでもなかったという点を知りえない仏教徒がほとんどであり、自らその任務についていたことがありながら、その所行を反省し、懺悔している僧侶は殆んど見当らない。ここからは懺悔の空念仏が生れ、真剣な反省がともなわなくなるのは当然であろう。この戦中における中国大陸布教の侵略性については、近く一文にまとめたいと考えている。[5)]

ここで明らかにしておかなければならない重要な点は、懺悔の不徹底性の基本的原因は、なんといっても帝国主義による侵略性の把握の弱さ、その侵略性をおおいかくすベールの存在への認識不足にあるということであり、それが主体的問題として処理されうるごとく錯覚する実存的思考、仏教的寂静主義である。そこから「こちらはアメリカの大統領、あちらには第一書記、これらがみんな、共に戦争準備の仲間であります」[6)]という分析を生み、「則物質文明が精神文明を抑圧し、機械文明が宗教文明を排撃したのである」[7)]という科学文明への単純素朴な批判を生ずる。現在の世界で植民地化政策をとり、平和を愛する世界各国の国民の意志に反して他国に軍事基地を拡大し、民族独立運動を抑圧しようとしているものは誰か、U2やRB47機を他国の領空に飛ばし、原水爆の実験停止、製造禁止、軍備の全廃を真にさまたげ、科学を一部独占資本の私物としているものは誰かが明瞭に把握できなければ、仏教者の平和運動は衆生の立場にたっているということができないであろう。この不明確な思考、帝国主義の本質を無視する思考は、「科学を抱擁する仏教」とか、「科学を超越した仏教」とかいう考え方にもつながるもので、科学を科学一般として抽象的にのみ考え、階級社会における科学という問題を見落すことから、科学を侵略と戦争に使用する以外に生きる道のない独占資本、それにつながる帝国主義者という点が見落されて、米ソ両国を同じ線上でとらえることともなり、「あれもこれも」「あれでもなくこれでもない」というウヤムヤな中道論へとはまり込む。

日本山妙法寺が、極めて実践的で、日本平和運動における中枢的役割を果たしながら、さきにふれた欠陥の克服へと向いつつも、なお藤井師の所論に時折り顔を出す矛盾は、インドにおける民族独立運動の評価が、ガンジーの偉大さに眼をうばわれて、余りに個人の功績に傾きすぎていること、インドが独立した頃の国際情勢とインド国内の条件についての分析と、世界の平和勢力が史上かつてないほど強められた今日における帝国主義のあり方への把握が弱いこと、これが日本帝国主義の惹起した戦争がインドの独立を助けたという派生的問題を中心的問題とする考えを生み、ここから侵略戦争への反省がにぶらされてしまうことによるといえなくはない。これが日蓮の「日本の仏法月氏（インド）へ帰るべき瑞相也」という思想を背景として藤井師なりの民族主義的傾向を生み、「国際戦争を未前に阻止せんが為に、南無妙法蓮華経と唱え奉って、如来の不殺生戒を全人類に全世界に、諸国家群に諸民族に宣伝せねばならない」（「宝塔」第三号）という宗派性につながり、非暴力主義に結ばれる。そのため非暴力が抽象的となり、時代と場所、条件を充分にふまえない傾向を深める。このあたりへの解答が今後の日本山妙法寺に課せられた任務ではなかろうか。

ここで解放後めざましい発展をとげている中華人民共和国の仏教徒が、平和の問題についてどのように考えているかを知るために、仏教内部の思想問題について討議された一部を紹介しておこう。

「釈迦牟尼仏の一生は、外道とのはげしい闘争の歴史であり、経典のなかには『金剛怒目』と『戦闘勝仏』の掲載がなされているが、これは仏の敵人に対する態度を説明したのみならず、敵と味方を分明にしたものである。

仏教徒のなかのある種の人々は、往々にして一面的な強調をするものがある。『仏魔不両立』の基本精神を抹殺して『怨親平等』ということだけを指すのがそれである。しかし仏陀の平等の精神は、個人の恩怨について平等であるが、もし公敵に属する場合には『親』といえども許さず、もし公敵に属せざれば『怨』といえども恨らまずという解釈の上にたつことによってのみ、はじめて矛盾しないのである。こうした理解は難かしいことではない。仏教徒のなかに、この種の思想が存在するのは、歴史的根源からである。封建社会のうちにあって、支配階級は、人民に対する専政を強固なものとするために『慈善』『博愛』などという聞えのよい名称をもって、被圧迫人民が、彼らに対する階級的な恨みをくもらせ、仏陀の基本精神を歪曲して人民の彼らに対する闘争意識をにぶらせたのである。愛国的な中国仏教徒は、一致して、これらの思想を浄化しなければならない」[8]と。この中国仏教徒の論理はあまりに明解すぎて、日本仏教徒にはかえって親しみにくい面があるかも知れない。しかし、イギリスをはじめ、日本などによる帝国主義的侵略に永い間苦しめられ、これとのたゆみない闘いを経てきた中国人民、人民の一人としての仏教徒ならばこそ、ここまでの分析が可能なのであるということを知らねばならない。日米軍事同盟が強化されようとした昨年(一九六〇年)、中国仏教徒は、日本人民、日本仏教徒の反対運動に呼応して、アメリカ帝国主義反対、日米軍事同盟反対の集会に参加しているし、チベットのラサでは三万のラマ教信者が帝国主義反対の集会を開いたという事実を忘れて、この中国仏教徒の分析を読んではならない。日本仏教徒はこうした分析をそのままとはいえないにしても、充分に嚙みしめてみるべきではなかろうか。

また中国仏教徒によるこの分析までには、胡風、胡適によって代表されるプラグマティズムや実存的思想の超克という思想闘争を経ているということもここで指摘しておかねばならない。

ところで帝国主義による植民地化政策への鋭い分析と批判は、中国のみではなく、アジアの仏教徒のなかにも存在するということもまた事実である。ヴェトナム人民共和国の仏教徒、朝鮮人民民主主義共和国の仏教徒のみでなく、資本主義圏の仏教徒にも民族独立という視点から、帝国主義による露骨な植民地化政策への批判は必然的に強められているといえる。

三 結び

このような情勢のなかで、日米新安保条約の調印が強行されるという事態をむかえ、日本仏教徒のなかで平和を願うものたちは、新条約が、日米軍事同盟であり、核戦争の危険を増大する道として激しい反対運動をくりひろげたが、この運動で民衆とともに活動しつつ、はじめて信仰は民衆とともに平和のために精進することによってのみ深められ、強められるのだということを知ったというういつわらざる告白が聞かれる。このことを別の角度からいえば、さきに指摘してきたような仏教の名によるえせイデオロギーが、激しい運動のなかに入れば入るほどその仮面をはがざるをえないし、そこではじめて信仰、それをささえる仏教思想が浄化されるということにもなるであろう。そうした意味では、何といっても日本山妙法寺の僧尼が、身命を賭して平和のために精進し、唱題修行をつづけている姿は尊い。いままでともすれば、日本山妙法寺の僧尼たちが異様な姿で大衆行動に参加すると、これを一種の戯画のごとく考え、また多少の侮蔑を抱くものもないではなかったが、基地反対闘争、安保反対闘争のなかで、それが全く消滅したという事実は高く評価されなければなるまい。とはいえ、まだまだ日本仏教界における平和勢力は弱い。その意味では、安保反対闘争のたかまりを平和勢力の結集に役立てることが当面の急務であろうし、これからは農村寺院への働きかけ、農村における仏教徒との平和のための強い連携が具体化される必要があるであろう。

ここらで結論を急がねばならないが、仏教界の平和運動の今後について考える場合、どうしてもこれまで分析してきた思想問題と真剣に取り組み、仏教の用語を使用している戦争イデオロギーと対決しなければならない。

第一項以来批判を加えてきた思想は、まだまだ仏教界に根強く存在し、それが仏教政治同盟や第三勢力論につながる思想的基礎となっていることを知らねばならない。

ここでごく簡単に仏教政治同盟を指導する思想、政策を批判しつつ、それと戦後にあらわれた仏教界の思想との関連を指摘しておきたいと思う。

先ず仏教政治同盟の基本線は、「個人と社会、自分と他人、資本と労働、幸福と不幸、階級と平等、物と心などを対立させず、一如の観方によって縁起無我、相互依存の自由と平和を教えます。闘争と対立、支配と抵抗とによって、危機と不安におののく現代に、われわれは改めて仏教思想を活用し、共存共栄の人間社会を望むため[9]」に結成されたといわれる。ここにもハッキリと「あれでもないこれでもない」「あれでもあるこれでもある」式の中道論が見えがくれしているし「①われわれは総じて暴力、とくに左右両極の集団的な暴力による法秩序の破壊の防止と排除を要求する」「③われわれは国外勢力を援用して、自分たちの権力目的を達成しようとする一切の非自覚的な企図を排撃する」などという国際共産主義の侵略というアメリカ帝国主義による宣伝そのままの姿勢が「⑧われわれは東西両陣営に軍備管理に関する忍耐づよい交渉の継続を要望する。㋑大企業本位の金権政治の排撃、㋺中小企業ならびに農民の立場を尊重する政策の実施[10]」などという聞えのよい内容をもりながら仏教の名前で色あげされる。こうした傾向はたんに日本だけではなく、世界のいたるところ、イタリー、フランスなどにもあらわれていることで、帝国主義政策のゆきづまりが生んだ国際的なツノカクシ理論であり、政策でもある[11]。

しかし、その本質は決してかくし切れるものではない。仏教政治同盟の指導的立場の人物が、日米安保条約の改定について、自民党の代弁者として大賛成を唱えたり、三池炭坑の争議を激化させる大きな原因となった会社側の意気のかかった第二組合の誕生と発展に三田村兵学校[12)]の教官として参加したりしている事実はそのことを物語っている。ところでその思想は、あいまいな中道論、「不殺生戒」「非暴力」の抽象的把握、共産主義への恐怖（この底にはイデオロギー的な劣等感も存在する）、悟りの主体的解釈からくる心の平和論、これにつながる懺悔の抽象性などによるといえないであろうか。原水爆禁止運動はヒューマニズムの立場からのみなすべきで、政治的行動はとるべきでないという意見が述べられるのは、原水爆禁止日本協議会は国際共産主義の手先だなどというファシストたちの宣伝に乗せられたものであるが、その人たちにさきのようなあいまいな仏教思想の解釈が存在するからでもある。帝国主義者がヒューマニズムまでも破壊し、信教の自由までもうばおうとする強引な政治をとる時[13)]、ヒューマニズム擁護の運動は必然的に政治批判へと突入しなければならなくなる。ここでは非仏教的なあいまいな中道論は打ち破られ、おのれを空しくして諸法の実相を観るという諦観にたつ中道論として純粋な仏教思想に立脚せざるをえなくなる。

チベットで奴隷をムチうち、手かせ、足かせをして働かせ、搾取をほしいままにしていた高級ラマや貴族の一部が反乱を起すと、それ中共の宗教弾圧だ、チベット民族への弾圧だなどとさわぎたてる一部政治勢力の宣伝に心を動かされる思想的根源もやはり以上の点にあるといえなくはない。チベットのパンチェン・ラマが筆者に北京で「封建思想に毒されていたラマ教が今度の反乱平定によってはじめて純粋なラマ教になった」と語った事実こそ、われわれは歓迎すべきことなのである。

今や世界は中華人民共和国の成立と発展、アフリカやラテン・アメリカにおける民族独立運動のたかまりなど、平和への道はいかなる帝国主義も妨げえない力となっている。仏教界でも平和を願う信者は日増しにふえている。

このなかで、実存的思考をもっていようと、抽象的な懺悔観や中道論にとどまっていようと平和を心から願っている仏教徒は、互に手を携えなければならない。

筆者のこの論文での批判は、その提携を否定するのではなく、平和への統一行動のなかで、はじめて明らかにされざるをえない問題点として述べたものであることを附記しておく。

註

1) 敗戦後の宗教（仏教）平和運動の評価の面についてと運動のくわしい経過については拙著「信仰者の抵抗」参照。

2) 「善人なほもて往生をとぐ。いかにいはんや悪人においてをや」「親鸞一人がため」など。

3) 藤井日達著「日本山」

4) 「日本宗教史講座」第四巻拙稿「宗教的民族主義の系譜」で、日本山妙法寺の中国大陸布教について批判したことについて、藤井師からその間違いを指摘され、記述に多少事実と相違した点があることを知り、この点については、ここでお詫びしなければならないが、藤井師が大陸布教はあくまで純粋な布教であると論ぜられていることについては、ここでもう一度明らかにしておかねばならないし、この点は是非平和の偉大な指導者として再考をお願いしたい。

5) 「日本宗教史講座」第四巻拙稿「宗教的民族主義の系譜」参照。

6)・7) 藤井日達著「日本山」

8) 拙著「中国共産党の宗教政策」

9) 松本徳明談「新中外」三五・六・十一号

10) 大野信三稿「中外日報」三五・七・五号

11) くわしくは「理想」四月号の拙稿「社会主義と宗教」参照。また、大野信三氏の「仏教経済論」についての適確な批判は中外日報紙上で大橋隆憲氏が行っている。

12) 三池炭坑の争議で、千人以上におよぶ首切りに反対している第一組合は、向坂逸郎氏の理論指導をうけている。これを週刊誌は「向坂教室」と名づけている。この争議を分裂させるために右翼評論家たちが三田村四郎氏を中心として一部の労働者に東京や現地で理論指導をしていた。これを「三田村兵学校」と名づけ、その内部事情が、週刊誌でくわしくバクロされた。

13) 伊勢、靖国の国家保護問題もそれであり、第六回原水爆禁止世界大会の宗教者階層別協議会でも、これに反対する決議がされている。

戦後変革と仏教教団

鈴木宗憲

一　歴史的動因

敗戦という時点を境として、日本の社会機構は、異質的な発展段階に入ったといえよう。それから十数年の歴史過程を、仮りに戦後変革とよぶならば、この全体の社会変革のなかで、部分集団である日本の仏教教団が、その影響で、どのように構造と機能とを変えたか、またどのような姿勢や態度で全体社会への適応を試みたが、これが本稿の追求するテーマである。

この問題を追求する場合、教団機構の変動が、教団外部にある歴史的動因から生じたということを前提としている。すなわち教団外の外因が、教団内部の機構に影響をおよぼし、攪乱現象を起こして、そこから教団の社会的適応の姿勢や態度が生じたとみる。このような分析の順序や発想法の適否については、読者に検討してもらうことにする。ともかくここでは、教団に変動を生じさせた外部の歴史的動因と攪乱の状態、これに対する教団全般の解決案、最後に代表的な教団の社会的適応について順次に眺めていきたい。

まず戦後変革とよばれる歴史過程を、教団機構の変動との関連において分析しようとする場合、少くとも三つの教団外歴史的動因が、挙げられるであろう。①寺院経済の徹底的貧窮化、②占領軍の宗教政策、宗教法人令、宗教法人法の発布、施行による巨大教団の解体と、本末関係の弱まりの現象、③日本人の精神構造の漸進的変化である。

①寺院経済の徹底的貧窮化の原因

曹洞宗の「宗勢白書」を例にとれば、七〇・二％まで檀徒層を支えている日本農村社会が、急速に変貌をとげたことである。その代表的なものとして、マッカーサーの農地改革による地主―小作制度の廃棄により、寺院自身も、パトロンであった地主層も急速に没落したことが、あげられる。曹洞宗の末寺所有の田畑のみについてみても、昭和一一年の二九九、六八〇畝から昭和三三年の五四、九八三畝減少し、実に二四四、六九七畝を失ってしまった。さらに戦前のパトロンであった旧地主層の没落、村、家の権力構造の漸進的変化は、「ムラ」の寺、「イヘ」の寺の経営を、次第に困難にしてきた。曹洞宗末寺の寺院の収入額、月額の最高、二一、八一七円、最低、七、七六五円、平均一二、三六五円という数字は、他の職業と比較して、いかに貧しいものであるかを示すであろう。

②占領政策・宗教法人令・宗教法人法の発布と施行

昭和一三年、国家総動員法が発布せられ、戦雲が漸く濃くなる頃、宗教界に対しても全面的な国家の統制と干渉とが始まった。昭和一四年四月八日、平沼内閣の時に公布された宗教団体法は、各仏教教団に対し、教団内の宗制を改制せしめた。例えば真宗本願寺派をとって眺めてみよう。昭和一六年三月二八日、申請して、三一日、文部大臣橋田邦彦より認可された宗制をみても、第二章、第五条「本派ノ教義ハ、教行信証ノ四法ヲ立テ……国法ヲ遵守シ、臣道ヲ履践シ、人生ノ要務ヲ究ウシ」第六条「本派ノ宗風ノ要旨左ノ如シ、特ニ皇恩ノ辱キヲ感戴シ、皇謨翼賛ノ重任ヲ荷負シ、敬神崇祖、報本反始ノ誠意ヲ抽ツベキコト」と掲げ、教義、宗風をあげて臣道履践、大政翼賛の国策に従って伝統ある真宗教団に、全面的な修正を加えている。また宗務機関の一部に、他の部科と並んで興亜部が設けられ、朝鮮、台湾をはじめ北支、中南支、東南アジアの「宣撫、文化工作」「従軍布教」の職務を掌握し、監督している。海外の主な開教区には、執行《しゅぎょう》(総務)クラスの総監がすえられ、教線は侵略戦争の拡大に従って延長していく。終戦前には、教線の範囲、動員した宗務員の員数なども、極限にまで膨張していた。

内部機構としても本願寺報国会、戦時教学指導本部本願寺中央協力会議、日本教学研究所、竜谷大学文学部には日本思想学科、専門部に興亜科が設置され、ほぼ完璧な形で臨戦体制へ適応していた。

昭和二〇・八・一五日の日本降伏の後、一二・二八日、マッカーサー司令部より勅令七一九号にて宗教法人令が公布された時、教団はほとんど収縮不可能に近いほど肥大化していたのである。海外へ進出していた宗務機関は閉鎖され、植民地宗務官僚が引き揚げてきて、人員整備がなされ、爾来、官僚の出世のフィルドは縮少されてしまった。教団の指導層は、戦争協力のために教義、宗風をまげた責任や、出先機関が中国や東南アジアの仏教徒に与えた悪しき影響力の責任を、どこまでもとっていく必要があった。これが一体、どのようになされたか。

本願寺以外の他の教団をみても、国家権力により教義、伝統、慣習を無視して統合せしめられていた教団では、宗教法人令の政教分離主義、不干渉政策は、ただいたずらに利害得失だけによって核分裂を生じさせた。大教団の庇護なしに経済的に独立していける寺院は、所謂「神々のラッシュ・アワー」に便乗して、単立化していった。核分裂を起こした教団は、もともと多元的な大本山の均衡勢力からなる浄土宗や日蓮宗で、単立化したものには、法隆寺の聖徳宗、聖護院の修験宗、四天王寺の和宗などがある。

こうして占領最後の年、昭和二五年の宗教法人法が公布されるまでの期間(大半は二一年―二二年)、どの教団も戦後の民主主義に適応した形式の、宗制、宗憲、宗法、寺法などを、議決機関のあるところはこれにはかって、発令施行した。宗教法人法が国会で議決される直前、弱体化された末寺に対する権限を強化しようとする本山側の捲き返えしなどもあったが、占領軍の意向もあり、宗教法人法も信教の自由、政教分離主義を貫いて、宗教団体法へと帰らなかった。

以上のように臨戦体制の解体、戦後民主主義にならって強制され、或は自発的に、宗制宗憲などに民主主義を謳った教団が、実質的にどのような態度で受けとめ、どのような対策を立てたか。

③日本人の精神構造の漸進的変化

日本人の精神構造の支柱であった天皇制の崩壊は、大衆に対する伝統的権威を、皇室との関係においていた仏教教団にとって、致命的なものであった。天皇制機構を支えていた「忠」「孝」のモラルが、封建的家長制家族を社会制度のマトリックスとしていたため、「イヘ」の宗教である檀家制度は、必然的に衰退せねばならなかった。自我の確立の過程は、「イヘ」からの解放を意味し、とくに都市の市民の場合、急速に仏壇を媒介とする手次寺と檀家の意識が、失われていった。

他方、仏教と儒教とが結合して、明治以来、支配階級のイデオロギーとなってきた禁欲主義的宗教道徳は、アメリカ・デモクラシーと称せられる唯物的、享楽主義的な風潮に圧倒せられて、もはや大衆の意識を統制できなくなった。とくに戦後の教育に育った青少年層のなかに、無神論といわれぬまでも、宗教に無関心な態度が、かなり広く芽ばえてきた。大衆社会的状況といわれるものの一つ、ラジオ、テレビなどのマス・コムニケーションの発達と普及とは、余暇の大部分をアミューズメントに消費する道を、大衆に開いていった。大衆は寺院のカビくさい畳の上に坐って、地獄極楽の説教をきくかわりに、もっと自分に身近かなもの、或は自分の欲求不満の代替物を、映画、テレビ、ラジオのドラマのなかに発見した。こうして説教節から出発した布教師の口演する縁起ものは、善男善女という老人層にかぎられ、教団の発行するP・R用のパンフレットや修養書でさえも、人生論に興味をもつ精神的エリートの、特殊な関心を満すだけのものになってきた。「いかに面白ろいか」「損得にいかほど関係があるか」の尺度から、仏教の教化は、ひどく距離の遠いものになってしまった。

このような精神構造の変化は、「イヘ」からの解放、禁欲主義的モラルの絶縁、信者大衆の組織化など、どの点からみても、新興宗教の方に有利な地位を与えた。にもかかわらず仏教教団は、生きのびていくために自からの体質を変え、近代社会に適応せねばならぬのである。

以上のように教団外から波及した三つの歴史的動因が、教団内部に攪乱現象をおこした。戦後社会変革の教団の受けとめ方、社会的適応を具体的に分析する前に、ごく簡単な概観をやってみよう。

二　教団の社会的適応策—概観

①寺院経済の貧窮化に対する解決案

これについては、どの教団も殆んど目度がついていないようである。例えば曹洞宗の「宗勢白書」は、末寺経済の確立のために設置した「曹洞宗檀信徒宗門護持会」の組織率は、全寺院の四%、「共済組合」は、三%にすぎない。結局、宗費の負担は、三七%まで住職個人の収入に依存し、自然、住職はその他の職業の兼職を必要とする。全寺院一四、九六〇から代務、無住の二、二二九を除いた一二、七三一の住職の三三%にあたる四、一六〇人の住職が、学校教職員、公務員、社会事業員職などの順位で、寺院外の職場に働いている。こうした兼職住職の一般的傾向として生活の俗化、中間層に特有なサラリーマン化現象が進むと同時に、住職としての聖職者意識が失われてゆき、僧職が反って兼業とみなされて、寺院は単なる寺族の居住する場処、私宅に転化してゆく。教団の底辺部、中間層から無関心の態度が広がってゆくと、教団は単なる上層指導部のみの政争の場としてゆく。こうした教団の現実を正視することが、何よりも大切であろう。

②教団機構改革の現状

終戦前、戦争協力体制によって、極端にまで変質し、膨張して、殆んど収縮不可能に近くなった教団機構は、教義、宗風の面からいっても、組織の再編成の面からいっても、過去の責任の所在を明らかにし、過去を清算して、自己否定的に前進することなしに、本質的な体質改善と前進とが不可能である。教団の戦争協力体制を自己批判することなしに、戦後の「平和」と「民主主義」教育にそだち、「自由」と「責任」を尊ぶ若い世代の人々は、心から教団指導層のリーダ・シップに従うことがなかろう。

しかしながら、教団支配機構にキャリーヤの大部分を費やし、本山と自分を一体化してきた上層指導部にとって、戦前の責任を意識することは、にがにがしいことであり、また自己の破滅を意味する。そこから幹部相互に自己の責任を他に転嫁したり、相殺したり、教団全体に責任を拡散することとなる。宗会議員も宗務行政官僚も、戦前と少しも変らぬスタッフとメンバーで、形式的民主化体制に臨んでいった。この実態については、別の箇処で分析した。(拙稿、「教団における代議制の実態」思想・一九六〇・四)

ここで注目すべきは、日本仏教教団の機構上の特質制度における重層性である。封建的な官僚制機構を清算するかわりに、新しい機構を古い機構の上に、つみ重ねていくということである。宗教法人令、宗教法人法は、教団上部指導層にとって、進駐軍のアドワイズによる強制的に余儀なく与えられたものであり、法難的意識をもって受けとめられる。教団の民主化、すなわち民主主義的宗制、宗憲も、所謂「タテマヘ」上のものであり、「実質」は昔と少しも変らぬという二重構造性が出現する。ここから実質的に、いかに特例をつくり、法令解釈によって宗制、宗憲を骨抜きにするかが、教団為政者の重大関心事となってくる。二四年以降の宗会、宗議会において、どの教団も基本法を反故にしたような決議がなされている。

教団上部指導層の実質は、終戦後から二三年頃までの期間、教団の下から生じた「教団革新運動」や、二七、八年頃から仏教系大学生の間にもり上ってきた平和運動に対して、日本の保守政党よりももっと強い、徹底的高姿勢で臨んできたことからでも、大体どのようなものか理解できよう。

こうして年々、大衆運動として成長する原水爆禁止運動にも、世界平和運動に対しても、日蓮宗や天台宗寺門派を除き、仏教本来のヒューマニズムに立ち帰って、大衆にアピールできなくなってくる。こうして世界や日本の政治的動きに対して、何らの指導理念を有せず、ただ過去の全盛期をなつかしむだけが、指導者の態度になっているようである。

③教団における世俗化現象

いかに教団が保守的であるとはいえ、底辺部を構成する信者大衆の宗教的欲求の変化は、教団の態度を変えてゆく。教団が外部集団と接触するとき、必然的に世俗化現象をおこしてゆく。ここに本来の意味での近代社会への主体的適応ではなく、戦後の日本人の精神構造に追従して、世間に対して教団のプレステイジを示すためにも、教団を世俗的集団の営む機能に近づける教団世俗化現象が生まれてくる。例えば戦後の国会議員選挙に際し、政治のプレッシャー・グループとして教団の代表を、国会へ送りこむために、教団自身が特定候補を推薦し、末寺寺院に運動を指令するごときである。終戦後、何回かの参議院選挙に候補者を出したが、次第に当選率も悪くなり、現在、数名をのこすのみとなった。東西本願寺などを背景にして出た国会議員は、例外なく保守政党に所属したために、安保闘争のもり上りのなかで、「仏教と侵略戦争を仮想する安保条約とは、両立しない」（三五・六・九）と自民党から離脱した大谷栄潤連枝のごとき、良心的に教団の立場を考える人も出てきている。

教団の設置している仏教系大学においても、戦後、経済学部、商学部などの増設による綜合大学化がみられ、宗門の学者も、一山だけの学階だけでなく、文学博士の学位取得によって、積極的に学僧と大学の権威を高めている。

マス・コミュニケーションに対しても、NHKとならんで、教団が民間のスポンサーとなり、各宗派とも宗教放送を電波にのせている。しかしマス・コムニケーション自体の欠陥として、フィードバックによる効果の不確実なため、ややもすれば講演、座談会など行きあたり主義になっている。

以上のような現象は、教団が主体的に近代社会と取り組んでいるのでなく、日本人の精神構造の変化に追従している、教団世俗化現象というべきである。これを近代社会への適応と誤解している処に、本質的なアナクロニズムが存在するのである。

しかし教団の世俗化現象は、他面、必然的に教団の腐敗、堕落現象を伴う。昨今のジャーナリズムの爼上にのぼる上層部の腐敗現象は、保全経済会事件、増上寺、本圀寺、大谷派の連枝、銀閣寺などにみられるように、枚挙にいとまがないのである。教団が世俗集団の機能に近づく時、必然的に出てくる反作用である。かくて、このようなスキャンダルが大衆にハネかえって、教団不信のムードが、つくられてゆくのである。

三　第一の類型—理想主義的適応路線

戦後の仏教教団は、本来の意味での近代社会への適応を、どのような姿勢で取り組んできたか。ここで個々の教団の実態について、くわしく分析する余裕はない。非常に大胆な仮説的構想の上に立って、私は二つの種類に類型化してみた。

第一の類型は、教団革新のイデオロギーを旗じるしに掲げ、その目標のもとに機構改革を意図する理想主義的適応を基本路線とする教団、第二の類型は、そのようなイデオロギーを立てず、現実の機構に大衆を近かづける過程のなかで、教団の適応路線を模索してゆく現実主義的適応を企図する教団である。第一の類型に属する教団は、曹洞宗や真宗大谷派であり、第二の類型に属する教団は、浄土宗や真宗本願寺派などである。

まず第一の類型、理想主義的適応を企図する教団から順次に眺めてみよう。

曹洞宗について　昭和三四年六月、佐々木泰翁内局は、「曹洞宗、宗勢白書」を出して、宗門の実態を宗内に訴え、革新の基本路線を示した。「宗勢白書」は教勢、経済、教化、教育の各部門の実態にわたり、この実態をふまえて全宗会議員（六三名）を委員とする曹洞宗革新政策審議委員会を設置し、さらに教育、庶務、財務の三専門委員会に分かれて対策をたて、宗門協力態勢を組織化した。

「仏教は今や庶民から遊離し、衰頽無力化の一路を辿っているといえよう。わが宗もその例外ではない。もし現状のまま推移せんか、遠からず頽勢挽回、教勢復興の望みは、全く失われるかも知れない」と報告書の序文は訴えているが、我々は教団の実態を訴えた当局の勇気を賞したい。佐々木泰翁の与党、道交会内局の訴えに対し、野党、総和会の指導者、故川窪千峰は宗門白書に答え、「これを読んで心を痛めぬ宗門人は、ないはずである。しかし悲しみを単なる悲しみに終らせず、ただちにこれを更生につながらしめ、後悔はこれを新生につながらしめねばならない。」とのべて、「革新における宗門像」として、次のような適応過程を挙げている。①宗門、教義の照顧　②近代の認識と現代の洞察、それらへの肉迫　③宗侶（僧侶）の現実への観察と批判。この革新理論は、川窪千峰の死後（三五・一・三〇）、中外日報に「洞門革新における基礎的諸問題」のタイトルで掲載されたものであるが（三五・二・二三）、島崎藤村の門下で、大正、昭和の歌壇史に足跡をのこした歌人宗政家らしく、未来の宗門像の生みの胎動がいきいきと感ぜられる。

「宗勢白書」も強調しているように、「明治以来、妻帯している住職は、全住職の八四％にあたる一〇、三三六寺に、妻子の寺族があり、一ヵ寺平均三・六人の寺族が寺院に生活している。これらの寺族の生活を支えんがために、住職は他に副業を求めるという安易な方面に走り、その収入面をそのために費やす時間の面からみれば、現在では本業と副業とが、逆転しているのが実情であり、まことに憂うべきである。」

戒律を僧侶集団のタテマエとする曹洞宗では、明治以来の法系相続より肉系相続、実子世襲化への転換は、近代社会における世俗化の潮流の過程で、必然的に生じてきた推移である。出家主義の教学は、現実の世俗化した寺院に対し、もはや適切な指針を与える能力をなくした。世俗化した教団は、一方において、必然的に在家仏教の指導原理を要請する。しかるに、他方、伝統的出家主義教学の面から、世俗化は宗侶の堕落であり、永平寺開山高祖道元禅師の出家仏教の純粋性と矛盾することとなる。この非難は、戦後しばしば東南アジアなど上座部仏教との交流で、日本の仏教が蒙ってきたところである。

同じ両面の矛盾は、駒沢大学を軸とする学解と、僧堂を中心とする行道との間にもみられる。近代教育は必然的に行学一致より、学主行従に進み、そのため僧堂は衰頽一路をたどるに至った。ここに学主行従より行主学従への僧堂教育が、提唱されねばならなくなってきた。

こうして教団が前進するためには、開祖の信仰の伝統に対する純粋性と、教団組織の拡大、世俗化の絶対矛盾が、近代社会へ適応する過程のなかで、弁証法的に止揚されねばならない。この問題が実践的に解決できぬところに、現代の教団の貧困があり、また二一世紀の繁栄を期して、全宗門協力体制を呼びかける革新の構想がある。

しかし曹洞宗の近代社会への理想主義的適応に対して、疎外する現実の諸因子がある。曹洞宗を構成している永平寺・総持寺の両本山の宿命的反撥作用であり、それに基礎をおく会派(党派)勢力である。曹洞宗は、もともと中国の天童如浄禅師を浄祖、永平寺道元禅師を高祖、総持寺瑩山禅師を太祖とする正三角形からなる教団である。江戸時代、永平寺・総持寺の両本山が、別々の法度をもっていたが、明治五年、両方の大本山の盟約なり、明治八年、第一回の統一宗会が開催された。しかし総持寺の鶴見進出後も、永平寺の越山派と総持寺の能山派(もと能登にあった)との二つの勢力は、管長選挙、貫主、参議などをめぐって、つねに反撥し、「騒動宗」の異名を頂戴することになった。

戦後においても宗務総長の選出をめぐり、越山系を母胎とする懇話会、能山系を母胎とする総和会、両会派の解消と革新政策をかかげ、とくに東北寺院を母胎とする革新連盟とが、四年目ごとに宗会議員と教区長とのポストを目指ざし激突してきた。

昭和二八年、総和会の組局の後、これに対抗して懇話会と革新連盟とが合同し、道交会を結成して三二年十一月の選挙にのぞみ、総和会をしりぞけて以来、道交会単独内局が宗務を担当してきた。三四年四月、第二次西沢浩仙内局の後をうけ、参議院選挙の失敗後、しばらく蟄居していたベテランの宗政家、佐々木泰翁が革新政策をかかげて登場し、前述の「宗勢白書」を公表し、革新審議会を軌道にのせた。

しかしその間、旧革新連盟の巨頭、本多喜禅（三四・五・二日、死亡）は、「宗門一体化の先決要件は、宗門会派の解消」を主張しつづけた。革新政策をかかげながらも、「専横でワンマン」と評せられた佐々木内局は、理想主義的な革新政策をかかげながら、三五年三月の定期宗会において、与党道交会のなかの旧革新連盟派が野党、総和会に同調し、佐々木内局不信任を提出する気運となり、無念の総辞職をせねばならなくなった。その間、本多喜禅、川窪千峰、西沢浩仙などの理論家が相続いて逝去し、宿願の会派解消に至らなかった。佐々木内局に代って道交会の反主流派、来馬道断内局の今後の政策が、注目されるに至った、

真宗大谷派について　真宗大谷派の近代社会への適応も、教学、教化を根拠においたイデオロギーを高く掲げている点で、曹洞宗の理想主義的適応とよく似ている。大谷派の場合、明治二九年、自から領袖となって白川党を結成し、渥美内局に反旗をひるがえした清沢満之を忘れてはならない。森竜吉は「本願寺」のなかで、次のように述べている。

「清沢満之が、ヘーゲル哲学とエピクテータスのストイシズムをたよりとして、内観の世界に、理性と弥陀の本願とを見出すのも、教団改革に絶望したあげくである。清沢は親鸞の信仰と思想を、いちおう護教観念のワクから解放して、近代精神と対決させる道をひらいた。…… それゆえに清沢と彼をめぐってあつまった浩々洞のひとたちは、封建教団にとっては対立者となり、絶対主義国家にとっては信順者となる運命にたった。教団がやがて、その封建体制を意識のうえで、修正せねばならぬ段階にたって、清沢とその後継者たちは本願寺に迎えられ、教学と思想の近代的開拓者として尊敬されるようになるが、それにさきだって、清沢の思想は西田哲学と内面的な関係をもって、思索の日本的近代化に寄与することとなる。」(森竜吉、本願寺、P・二二六)

この浩々洞の流れをくみ教学刷新を旗じるしとする宗門革新運動は、戦後、真人社に受けつがれ、これが近代社会への適応の推進母体といえよう。真人社は、終戦後の混乱期、二二年三月、浩々洞の流れをくむ曽我量深、金子大栄などの内観主義教学から、強い影響を受けた比較的若い世代の人々の集まった結社である。教学刷新をスローガンに掲げ、各地方にも真人社支部をもち、地方教学振興にも力をそそぐ僧俗を含む信仰団体である。

二一年、第一次宮谷法含内局の手で、宗憲改正が行われ、その新宗憲にもとづき二二年巃《なが》舎《たに》雄が末広愛邦を敗って総長となるや、真人社の幹部、訓覇《くるべ》信雄、竹田淳照などが部長として迎えられ、二四年四月の蓮如上人四五〇回忌法要を目指して、「宗門改革同盟」を作り、真人社と同じメンバーとスタッフで教団づくりを始める。かつての清沢満之の信仰復興を基定とする教団改革と同じような行き方である。

蓮如上人法要後、巃内局が赤字財政をのこして退陣し、藤津驥、浅平宗成内局を経て、二五年、超党派的会派勢力におされて暁烏敏が総長となるや、再び訓覇、武田などの真人社グループが、教学の面で重きをなしてゆく。しかし二七年一月より三一年二月まで、宗政のベテラン末広愛邦が総長となるや、真人社グループを用いず、真人社は雑誌「真人」を中心にして、本来の信仰復興運動と地方教学の振興に勢力をそそぐ。

三一年三月、親鸞聖人七〇〇回忌予算五カ年計画を組むにあたり、容易に宗議会を通過せず、遂に末広内局が総辞職した後、第二宮谷内局が成立して以後、与党一道会は真人社を支持し、訓覇、武田なども重要なポストにつき、真人社の教学は、教団イデオロギーの主流的位置に立つにいたった。三一年四月、内局成立して二カ月後、はやくも「宗門白書」を宗門内外に発表して、曹洞宗の「宗勢白書」の先鞭をつけた。「白書」は宗門の危機に瀕している現状を訴え、「教学が明らかでないから、教団の枯渇をまねいた」とする。その原因は、「江戸時代の煩瑣な観念的教学が桎梏となってきたこと」、「清沢教学の近代精神との対決を想起すること」、「教学行政による宗門の革新」を謳っている。このような近代社会への適応路線は曹洞宗の適応と酷似しており、私はこの点をふまえて、理想主義的適応と規定したのである。

しかし現実の教団機構や、教団をとりまく状況は、真人社の企図するように単純にゆかない。曹洞宗でみたように真宗大谷派でも、宗議会をめぐる会派（党派）が、戦後もかなり強い勢力をもってきた。戦後、since内局の時代でも、与党の六和会と白道クラブとが存在していた。その後、六和会より藤津、浅平内局が押されたが、暁烏内局は会派の均衡よりなり、末広内局時代には与党の六和会の分派に対し、野党一道会が対立し末広末期には宮谷法含をおす一道会、常葉会、無所属クラブの三勢力が、公然と表面化してきた。昭和三四年の秋、臨時宗会を最後に三六年四月の親鸞聖人七〇〇回忌法要を目指ざし、会派の解消を決議した。

しかし三四年秋、本土を襲った伊勢湾台風は、東本願寺の台所というべき美濃、尾張、伊勢を襲い、末寺檀家にかなりの被害を与えた。さらにいま一つ大谷派の教団構造の特質として、本願寺派に比較した場合、門徒数が多いのに反して末寺寺院が少ない。そこから元来、募財の中心は、相続講であった。末寺住職に責任をもたす本願寺派の募財方法よりは、やはり大衆から直接に募財を吸収する方法は、機能の弱い面もあり、これらの要因が重さなって、大遠忌募財成績不振が表面化してきた。

三五年六月、第六四定期宗議会において、絶対与党一道会をバックとする宮谷内局は、五カ年の募財成績の結果をまとめ、総予算一六四、四〇〇万円のうち、七五、〇〇〇万円にしか達せず、そのため遠忌費未収分八九、〇〇〇万円、計画変更などによる支出一五、〇〇〇万円、通常経費一六、〇〇〇万円、計一二億円という空前の三五年度予算が、計上されねばならなかった。

このため解消したはずの会派勢力は、ますます複雑になり、絶対与党の一道会も旧会派と一々会に、野党は常葉会、二月会、無所属クラブに分かれ、現実の宗議会をめぐる党派、派閥は、ますます勢を増し、分析しにくい情勢になってきている。

四　第二の類型—現実主義的適応路線

浄土宗について　浄土宗と真宗本願寺派とは、第二の類型である現実主義的適応の基本路線をたどる教団に帰属する。すなわち、教団革新の明確なイデオロギーをかかげるのでなく、戦後十五年間を現実の機構改革の改変に明け暮れ、その過程のなかで適応路線を模索してきたのである。

浄土宗は江戸時代、知恩院・百万遍・黒谷金戒光明寺・清浄華院、その他、善導寺・光明寺などの本山と芝の増上寺などの一八檀林からなる多元的構成の教団である。比較的これに近い教団は、日蓮宗や臨済宗であり、それだけに分裂の因子を、本質構造として有していた。なかでも芝の増上寺は、総録所として伝法権をもち、特権支配的位置に立っていた。明治の教団構成以来、浄土宗の門主が知恩院の住職を兼ねたので、自然、知恩院は総本山の位置に立って四、〇〇〇末寺を支配し、一方、増上寺は駿遠三以東、関東・東北・北海道、二、〇〇〇末寺を傘下におさめる大本山となり、境内には浄土宗宗務所がおかれて執綱(宗務総長)が宗務をつかさどり、それ以来、教団に祖山と宗務所、門主と執綱（宗務総長）の二つの焦点が生じた。政治の目である東京と、信仰の目である京都とは、日本近代史の発展過程そのままに、しばしば対立、抗争をくりかえしてきた。

しかるに山下現有の門主就任以来、老齢のため門主の印鑑は執綱の手元に保管され、宗門の実権は宗務所に帰した。この傾向は、戦前・戦中の二十年間、執綱職、宗務総長のポストにあった里見達雄に至り、頂点に達した。里見達雄は渡辺海旭の流れを汲み、望月信亨反対勢力として会派（党派）同和会を組織して首領となり、宗会与党に支えられ、全日本仏教連合会の会長の職にもあり、日本の仏教教団をあげて戦争協力体制へ適応させるのに貢献した。とくに昭和一四年、宗教団体法成立の際、本末解体に力をつくし、末寺を中間の大本山から切断して浄土宗宗務所の直接支配下においたため、四、〇〇〇末寺をもっていた知恩院のごときは、手足をもがれてしまった。各本山側としては、この本末解体に異論をとなえたことは言うまでもない。

終戦後、当然のごとく里見宗務総長に対する批判の声が、とくに関西から生じた。二一年、「浄土宗民主化同盟」が、①僧位、僧階の廃止　②色衣の撤廃　③里見の戦争協力、教義の改変に対する責任追求などを掲げて燎原の火のごとく燃えあがった。しかるに反里見、反宗務所の攻撃は、民主化の声と一つになりながら、別な視点から出てきた。それは知恩院を総本山として教団を一元化し、信仰を祖山に統一し、宗政を京都へ移行しようとする運動である。反宗務所勢力には、この二つの動きが一体化されていた。知恩院一元化の声はまず知恩院門主、望月信亨を送り出していた黒谷金戒光明寺の渡辺教善、吉水俊成などからあがり、二一年九月一九日、黒谷がトップを切って浄土宗から離脱してしまった。

この運動は知恩院に波及し、伊藤現芳、佐藤覚雄、鵜飼隆玄などの知恩院派の人達と、かつての里見の同志、岩野真雄、栗本俊道などの関東側の人達が加わり、昭和二二年一二月八日、浄土宗より知恩院が離脱して、浄土宗本派を形成した。この歴史的分裂の過程のなかで、本来の浄土宗民主化運動は消えていった。

浄土宗側では無効訴訟を提起し、それからの五、六年間、教団上層部に生じた対立は、次第に末端の寺院に波及し、末寺争奪戦となって、浄土宗四、〇〇〇、浄土宗本派三、〇〇〇と、ほぼ同数勢力に達した。攪乱現象が一応おさまると、教団分裂を憂える末寺の間から合同の声が生じてきた。九州総和会、近畿全浄土宗期成同盟、東北連盟、大正・仏教両大学教授団などから、教団上層部の派閥批判の声が湧いてきた。浄土宗側では渡辺真海内局の時、無効訴訟を取りさげてしまった。

昭和三四年一二月、一二年ぶりに浄土宗本派審議会、浄土宗の第七四臨時宗会の双方が、三六年の元祖法然上人七五〇回大遠忌の合同法要を期して、大浄土宗合併の決議をするにいたった。浄土宗宗会議員の内、関東寺院を代表する一五議員が退場したが、大勢は合同に傾き、宗綱、宗規、宗務所の所在、合併方式、門主推戴などについて、浄土宗側の小林大厳宗務総長と浄土宗本派の千々和宝天執事長の間に、協議が重ねられた。しかし浄土宗の退場議員中、古屋道雄外六名の関東議員は、あくまで合併の条件（宗務所を三六年以降東京へ移還。門主を象徴とし、代表役員としない。宗門の伝統を遵守する。議事方法の無効）について、東京地裁へ無効訴訟をおこし、合併の前途は暗い。また新門主推戴についても、知恩院門主岸信宏と、現浄土宗法主椎尾弁匡の両者をめぐり、両宗側の門主推戴委員会が五回に及ぶも決せず、今日に至っている。要するに浄土宗は、地域的利害、政治的なものと信仰的なもの、教団幹部の複雑な勢力関係が、対立し、もつれ合い、組織の分裂、統一につかれ果て、いまだに近代社会の適応に足ぶみしている状態である。

真宗本願寺派について

本願寺派の適応路線を大谷派と比較してみる場合、同じ真宗でありながら、明らかに大きな差異がみられる。本願寺派は、大谷派でみたように教学刷新を掲げて、それに従って制度を徐々に誘導する方式ではなくて、制度機構を世間の集団に近づけたり、教団を大衆に開いてみたりして、一挙に近代社会に接近して、そこから宗門意識の沸騰を期待しようとする現実主義的適応路線をとる。本願寺派の教学結社「顕真学苑」は真人社のような政治をリードする勢力をもたなかった。ここからも、東、西本願寺は、現実に対する正反対の迫り方が出てきたとも云えよう。

　すでに眺めたように戦争協力体制によって、極端に膨張した本願寺教団は、終戦後、正常な手段で復元できなくなった。戦争中の責任者、朝倉暁瑞は、二一・九・一二日まで引き続き宗務を担当したが、その頃より占領軍の権力による民主化政策に、次第に悩まされた。下の宗務官僚からも、戦後の生活不安に押しだされて、身分の保障、待遇の向上、機構民主化を目ざして、職員組合結成の動きが活溌になってきた。岐阜の一地方から宗門改革の烽火をあげた中山格夫の「宗団革新全国同盟」は、機関誌「宗団世論」をひっさげて教団改革を迫った。

　この情勢のなかで二一・九・一一日、真宗本願寺派宗制の改革が決議された。宗門の憲法ともいうべき新宗制は、他の仏教教団も同じであるが、日本国憲法（二一・一一・三発布）に準拠している。この宗制は、「一味の信心の人びとの同朋教団」を謳たい、漸く親鸞教団らしい姿が打ち出された。明治一四年の集会開設を機会に、封建制教団より絶対主義教団への転換をめざした本願寺が、更にここで、絶対主義教団から同朋教団への転換をめざすこととなった。この新宗制にもとづいて、宗会規程を変更して、僧侶、俗人の一院制が実現し、教務所長の公選制、昔年の癌であった堂班制の廃止、宗務総長の議会選挙制、会派（党派）の解消、懇志制と本山講の実施など、実に大胆な機構改革が行われた。

しかるに藤音《ふじおと》得忍、千葉康之、佐々木正凞を経て、二四・八・四日に成立した条周存《こえだ》総長から、徹底的な反動化が始まった。条周存の総長実現は、種々な意味で西本願寺史の上に足跡をのこすであろう。まず条周存は、宗会での総長選挙の際、現門主の実父、大谷光明連枝を対立候補として、これを破るという驚くべき不敬不件を惹起した。この事件に驚愕した大谷家の忠僧達は、彼の任期の切れた二七年三月、総長選挙規程の改正をはかり、総長選挙を「門主が指名した総長候補者について、宗会が選挙を行う」と規定し、大谷家のプレステイジの失墜を繰返えさないようにした。三四年九月、全く議席のない朝倉暁瑞が、親鸞聖人七〇〇回忌の担当総局として、八〇余歳の老体をひっさげ総長に就任したのも、この門主指名制による。

条周存の他の役割は、彼の在任の二四—二七年という日本社会の反動期に便乗して、実質的に宗制の基本精神を骨抜きにしたことである、二四年、教務所長の公選制を廃止し、総長の任命制にし、また宗会議員選挙規程を全文改正して、宗会議員と教務所長、輪番の兼任を認め、巧妙な形で絶体主義官僚制機構を復活し総長の自由な権限によって、自己の側近を、思いのままに地方長官に転出せしめるチャンスを作った。宗会議員になることは、教団の利益や将来よりも、地方長官や総務となるチャンスとしての意味をもってきた。

一度はずされた新宗制の同朋主義の基本精神は、既成事実となって慣習化され、宗会で多数決を獲得すれば、思いのままに制度を改変できるという気風を生んでゆく。あたかも日本国憲法が、保守党の多数決により、歪められてきたのと軌を一にする。宗会に席のない末寺や信者の批判などは、少しも顧みられる機会がない。昭和二七・七月に成立した第二次藤音総局は、三〇・三月の宗会で、悪名高き堂班制を、類聚規程の名で復活してしまった。こうして列座から親座まで、四九の僧班、寺班の身分制に、二十世紀の魔法の杖は、再び全僧侶を封じ込めたのである。「宗門意識の高揚」「教団が、功労者に報いる恩賞」とか、なるほど理窟らしいものはある。堂班制批判は、ここではしない。しかし教団が真剣に功労者に報い、忠誠心を沸騰させたいならば、なぜ聖職者にはタブーである金銭という恥部を表にさらし、これのみによって全僧侶の業績を計量する評価規準とするか。また教団の財政確立をはかるのならば、曹洞宗の革新政策のごとく、末寺宗費負担の適正化による近代的募財方法を講じないか。なにか一つの政策が失敗した場合、その原因を追求せず、一〇〇から転換して零へ還える議決方式に、近代教団としての前進の姿勢は見られない。

しかし本願寺派の適応方式は、どこまでも大衆を本山へ接近せしめることにある。五〇年に一度のチャンス、親鸞聖人の大遠忌に団参をつのり、とにかく本山の広場へ巨大な群集を吸収して、宗門意識を沸騰させる。記念事業をおこし、大衆の目をみはらせる。その盛り上った雰囲気のなかから、一人一人が近代社会への適応を自から学びとっていく。まさしく賭けであり矢は弦を離れたのである。

果して曹洞宗、大谷派のごとき理想主義的適応路線がいいのか、浄土宗、本願寺派のごとき現実主義的適応路線がいいのか、私はここで言う資格がない。それは、歴史のみが証明するからである。

（一九六〇・九・一）

日本人の意識における仏教

泰本　融

一

まず第一にわれわれは、仏教のみならず他の宗教をも含めて、広く現代日本人の宗教意識を、実態調査の中から探り出してみることにしよう。

最近統計数理研究所で行われた調査結果（全国で二〇歳以上の有権者約三六〇〇名を対象にしたもので、回収率はほぼ八〇%）によると、日本人の宗教的関心について、例えば「信仰や信心をもつか」「信じるとすればそれは仏教かどうか」「信じないとしても宗教的な心は大切か」などという質問への回答を一つにまとめてみると、「信じる」が三五%、「信じない」が六五%であった。しかもこの統計では男女別による開きが殆んどないことも明らかにされた。さらに五〇歳代の人達は、上の回答が丁度半々の比率になっていたという。してみれば、この統計による限り、日本人の過半数は宗教について十分考えていないことが実証されたわけである。なお死後の世界をどう思うかについてみると、「信じる」が二〇%、「信じない」が五九%、「どちらとも言えない」が一二%であった。此の点で興味があるのは、キリスト教国であるアメリカでは、「宗教について十分考えていない」というのが七五%もあるのに、其の中で「あの世を信ずる」ものが七六%にも達することである。またイギリスでも「死んでから神様からほめられたり、罰せられたりすること」を八割強が信じているという。そうしてキリスト教国でも教会へ規則的に行く者の数は、最近はずっと減っており、約三割足らずでしかない。例えばアメリカでは、当初の敬虔な信仰の気風も次第に変化して、精神的に世俗化の方向を辿っており、キリスト教的な節制と美風が失われつつあるということである。にもかかわらず、死後の世界を信ずる者の数が、日本のそれに比して遥かに多い事実は、確かに注目すべき現象であると言わねばならない。このことは、日本人の宗教意識の特徴をも示すものであって、キリスト教と仏教との相異はあるとしても、精神の現世性という点で日本人は他の民族に比べて最も進んだ国の一つであると言うことが出来るであろう。

ここでもう一つ、やや詳しく日本人の宗教生活の実体を調べた結果を紹介しておこう。最近高木氏の行った実態調査（現代宗教講座第五巻　二一一頁〜二五六頁参照）では、庶民を中心とした興味あるデータが提示されている。ここで庶民と言うのは極めて広い意味であって、職業の貴賤、地位の上下、知識の有無などを問わず、ともかく普通の人間として日常の生活を営み、もっぱら直接的接触の世界に生きるものと理解されている。

さてこのような庶民が一体どのような宗教的環境に置かれているかと言うと、それは今までもしばしば指摘された如く、シンクレティズム、即ち重層信仰である。具体的には、例えば、神社や寺院、墓、仏壇、神棚、祠堂などのような、極めて数多くの宗教的対象にかこまれているわけである。ところでかかる対象に対して、庶民がどのような宗教的態度を示しているかというと、神棚や仏壇の区別なく、いずれも統計的には、慣習、現世利益、呪術のそれが最も多数を占めている。したがって日本人の宗教的意識に、深刻な苦悩や決断などが見られないことは、右の統計的事実によってもはっきりと証明される。さらに宗教的観念としての神仏と人間との区別が甚だ曖昧であることは周知の通りであるが、神仏がつねに熟語として並べて用いられ、両者がその機能において何等区別なく、人間は神にも仏にもなり得るものだという考え方は、端的に庶民の宗教意識をあらわしている。仏壇を例にとって言えば、庶民にとっては先祖と仏と死人との区別が殆んどないのであって、ベネディクトも曽て指摘したように、こういう現象は世界の仏教国でも日本特有のものといわれている。したがって高木氏も言う如く、我国で仏教と呼ばれているものの中心は、「正にこの先祖、仏、死人の混淆において庶民に存在している」のである。その意味で、庶民の殆んどが現実には何れかの仏教教団に所属しながらも、その教団の組織や教義内容には余り関心を示さず、また深い信仰心があるわけでもなく、寺院や僧侶を儀礼執行の手段としてしか感じていないと言うことが出来る。主役は先祖につらなる墓であり仏壇なのである。そうして仏教の年中行事として行われる法事、彼岸会、お盆なども、実は先祖の名の下における家族的秩序の維持であり、親族結合の場を与えて社会的な機能を果しているのが現状である。だから、普通の日本人は、死後の世界ではなくあくまで現世との関係において、もろもろの宗教的対象を受け容れているということになるであろう。

二

右に紹介した実態調査の統計にみられるように、少なくとも現代の日本人の多数は、慣習的、現世利益的、呪術的という三つの態度を以て仏教を受け容れ、その範囲で仏教に関係していることが判る。換言すれば、かかる意識に於てしか一般の日本人は仏教の意義を認めていないのである。この現状を見て心ある人々は既成仏教の無力と頽廃を難じ、或いは日本人の低劣な宗教心と卑俗な唯物主義をわらう。ある意味ではたしかに現代の仏教はこのような面を有しており、特に戦後日本を訪れた真面目な外国の仏教研究者の眼にはっきりと焼きつけられる印象でもある。そうして多くの人々が例外なく期待外れの失望を感ずるのである。

ところでこのような日本仏教の現状が、いかなる歴史的社会的、もしくは経済的事情に由来するものであるかということについては、戦後きびしい反省が行われ、既にすぐれた業績も若干現われている。さらにかかる現状にからみついた日本人そのものの思考方法や特有の実存意識も明らかにされている。此処ではそれについて詳しく述べる余裕がないので省略するが、一応従来の日本仏教の特徴を顧みておく必要はあると思われる。何故なら現代の多数の人々に生きる仏教が、どの点で従来のそれとつながっているかを知る手がかりが与えられるからである。

仏教が日本に伝えられて以来、日本人は本来の仏教を変容し、独自の日本仏教を創りあげたといわれているが、今、本源の仏教という観点から日本仏教の実態を眺めた結果（渡辺氏「日本の仏教」参照）によると、その特徴は次のような五項目に要約されるという。即ち㈠国家思想㈡呪術性㈢死者儀礼㈣妥協的精神㈤形式主義である。ここで簡単に著者の所説を手がかりとして論ずるならば、最初に仏教を日本に受けいれたのは当時の支配階級であったから、日本仏教は先ず社会の最上層部に始まっている。支配者とその支配する国家とは同一視されるのであるから、国家の幸不幸についての祈禱が中心となり、かくして国家主義と結合するに到ったのである。支配者は自らの幸福や先祖の墓をまつる為に、寺院を建て僧侶を養成したことも当然であるが、ともかく日本仏教は純粋な宗教としてよりも、政治の原理乃至文化的活動の主体として受け容れられた。僧侶の出家も自己の自発的な救いの要求に発するものではなかった。そうして、当時における新しい文化のすぐれた担い手が僧侶であったのである。

ところで主として支配階級に偏っていた仏教も、次第に一般庶民に広くうけいれられるようになったが、その為には哲学的思想的な形そのままでは不可能であって、どうしても庶民の求める呪術的なものと妥協せねばならなかった。だから仏教は、奈良時代や平安時代を通じて、現世利益をめざす祈禱呪術の類がその主なものであった。死者儀礼という特徴が家族制度とつらなり、祖先崇拝の思想とからんでいることは云うまでもない。この葬礼が江戸幕府の政策によって普遍的となり、現在に及んでいるわけである。次に妥協的精神であるが、これは必ずしも日本仏教のみの特徴ではなく、仏教本来の精神にも認められる。こういう妥協的態度は、長所と同時にしばしば信仰の熱烈さや真剣を欠く短所となって現われる。しかしキリスト教のような一神教と異なる仏教そのものの無神論的、もしくは汎神論的傾向によれば、ある程度止むを得ないことであろう。日本仏教では例えば日蓮のように、熱烈かつ排他的な態度を以て信仰を説くものも現われているが、それは日蓮その人の多感激情の性格にもとづく点が多く、当時の末法世界をふまえつつ、彼一流の受け取り方において法華経を選び取ったのである。最後に形式主義は殆んど中国的なものの名残りと言うべきであり、内容実質を重んずる大乗仏教を標榜しながらかえって空疎な形式主義に陥ったものである。

従来の日本仏教の特徴を以上のように把握することが出来たとしても、明治維新以降とそれ以前とでは、なお多少の変容を問題とせざるを得ない。即ち西欧文明の輸入を契機とした日本の近代化に伴なう社会的経済的影響である。さらにもう一つ第二次大戦を境とする相異も無視することは出来ない。この講座は主として明治以後の近代仏教の歩みを明らかにする趣意であるから、仏教に関する日本人の意識構造をかかる線に沿って歴史的に解明することも考えられるのであるが、ここではむしろ現在の境位を中心として取り扱いたいと思う。その場合、すでに示しておいた庶民の意識における三つの特徴が主な目安となるであろう。

戦後日本人の性格を今までとはちがった自由な批判的立場で解明する試みが、次第に多くなっている。それは外国人に対して日本人の姿を正しく示すことに焦点がおかれている場合もあり、現代日本のおかれている世界史的境位を直視し、どのようにして日本人を改革するか、いかなる方向に日本が今後生きて行くべきか、という問題にもつらなっていると言えよう。ところが日本人を知ろうとする時、日本文化と不可分離な関係にあった仏教を無視することは出来ない。したがって仏教の受容形態や発展、さらにそれに伴なう日本人の意識構造の分析を通じて、日本人の性格を正しく知ろうとする試みが現われるのは当然である。ただここで日本人の仏教をみようとする場合、日本という国の自然的風土が忘れられてはならないし、また、その「宗教性」そのものについては、とくに慎重な検討が必要であると思われる。堕落や腐敗を責めるのは容易であるが、宗教においては一体何を以て堕落とするか何を理想状態と考えるかは、人それぞれの立場によっても異なるのであり、問題はそれ程かんたんではないからである。いな「宗教性」や「宗教的」ということ自身、厳密にいえば必ずしも明確ではないのである。

三

さきにわれわれは一般庶民の意識における仏教を示したのであるが、次にいわゆる知識人もしくは文化人と称せられる人々において、仏教がどのように受けとられているかを考えてみることにしよう。もちろん前にもふれたように、知識人や文化人と言っても、或る点では庶民なのであるが、特に西欧的知性の素養を高度に積んだ人々という意味では、一応区別して考えることも可能だからである。のみならず彼等は、一般庶民の宗教意識の、そうしてそれにつながる仏教のありかたについての、手厳しい批判者として登場するのが普通だからである。

知識人と称せられる人々は、一般的には教理や思想としての仏教に、より多くの関心を示すと言うことが出来るであろう。煩瑣な教学上の論議は問題外としても、仏教の思想に含まれる世界観的もしくは人生観的な英知のかがやきは、時として彼等の眼を開かせないでもない。それは、本源の仏教のそれである場合もあり、また日本仏教である場合もある。しかしそういう機会は余程特殊な例外を除いて、決して多くはない。

彼等が日常しばしば眼にふれ耳にするものは、現実の形にあらわれた仏教の姿である。すなわち知識人が庶民として接している時のそれである。正に一般庶民の宗教的行動と同列に置かれた場合である。そこに果して彼等を満足させ瞠目させるに足る「宗教性」があるであろうか。そこには唯だ慣習や現世利益や、呪術がある許りである。幻滅を感じたとしても決して不思議ではあるまい。思想的に仏教に多少の興味をもち、若干の知識を有するもの、ほのかな期待をいだく人々ほど、その失望感は強いはずである。ことに批判的精神の旺盛な者にとっては、その現状は堪えられない。かくてまた既成仏教の頽廃や無力が、既成教団のセクト化や独善が非難せられる。いかに教学が精緻を極めようと、宗教的実践の主体である僧侶の現実のあり方は、単なる葬儀屋であり、また観光に名を借りた卑俗な営業である。布教の手段として無病息災、家内安全、商売繁昌という現世利益が説かれようとも、それは一種の邪教や迷信への堕落としてしか映らない。

このようにして一般庶民の中に生きている仏教のあり方が、多数の知識人をしてますます仏教から離反せしめてゆく原因となっている。庶民の宗教意識は、低劣な知性の段階にあるものという観点から評価されて了う。その意味で、例えば新興宗教の如きは、彼等にとって正しく「宗教は阿片なり」の大前提を適用しうる恰好の事例となるわけである。日本の知識人はしばしば無宗教、もしくは反宗教の中に己れを持しているが、それは同時に既成仏教への非難をも暗黙の中に語っている場合が少なからずある。しかしここで無宗教とは言っても、決して彼等がいかなる意味の宗教とも無縁であるというわけではない。

いずれにせよ、現代の知識人の大多数が、意識するとせざるとにかかわらず、無宗教もしくは反宗教的な傾向を有していることは、恐らく否定出来ない事実であろう。それは明治以後の西欧文化の輸入を契機とする、いわゆる西欧的合理主義の風潮に伴う当然の帰結であって、敢えて奇とするには足りない。そうしてこのような方向は、具体的な人間生活の向上そのものにとっては、反って喜ぶべき現象であるかも知れないのである。何故なら、より多くの人々の現世的物質的な幸福を増進せしめ得る力は、宗教よりも科学の方がずっとすぐれているからである。そのことはわれわれの日常生活の周辺における西欧的知性の恩恵をあげれば十分であろう。かくて西欧的知性からすれば、日本における諸宗教の雑居状態は時代錯誤以外の何ものでもなく、無反省な仏教の諸行事は、僧侶の怠慢と無能を暴露するものでしかない。人々が心豊かに力強く生きてゆく為の仏教があるのではなく、唯だ僧侶自身が食うてゆく為の手段があるに過ぎない。封建時代の遺物に寄生する白蟻と云えば言い過ぎであろうか。日本の近代化に応ずる古いものからの脱皮も、心ある人々によって始められてはいるが、それは尚部分的である。時には遺物の重圧に堪えかね、営業的保存策に強弁しているのが実状ではないか。

しかし、翻ってかかる知識人自身は、果してどういう宗教的態度を示し、いかなる意識構造を有するというのであろうか。

なるほど知識人は、無宗教もしくは反宗教的な生き方をしていることは認められる。けれどもすべての場合にかかる態度を徹底せしめているかと言うと、必ずしもそうではない。個人としては懐疑や批判をもっていても、冠婚葬祭や法事の如き、主として対社会的もしくは家族関係の場にあっては、しばしば従来の慣習に引きずられてゆく。特に家族関係にあっては、その平和と秩序が彼等の意識における価値判断の基準とされ易い。妥協を捨てて厳しい態度を貫ぬき、自己をいわば反社会性の真只中に投ずるような強靱さは、殆んどみられないのである。そこにあるものは、決して、「決断」や「選択」ではなく、むしろそれからの逃避か放棄、或いは単なる慣習への惰性である。自己の思想や宗教と、具体的な生活との乖離を真剣にみつめようとするものは意外に少なく、あってもせいぜい、自己に内在する不整合に苦悩し続けるのが精一杯である。このことは、保守進歩を問わず、今日知識人といわれる人々に普遍的な現象と言えるであろう。

しからばかかる知識人は、本来その専門の領域に於て立派にきびしい態度を示すのであろうか（大島氏「知識人と信仰」現代宗教講座第五巻　一一九—一三〇頁参照）。此処でも実は十分な対決批判が行われているとは限らないのである。西欧的知性への不断の志向は別としても、その背景となったキリスト教との真剣な対決は極めて少なく、しばしばいい加減なところで妥協して了っていると言われている。したがって西欧的知性の担い手として自他共に許す知識人すら、常に正しく西欧文化を理解しているとはいえないようである。今日、彼等の関心をひく最も大きな課題の一つは、いうまでもなく「科学か宗教か」「マルクシズムか実存主義」かの二者択一である。かかる設問の当否如何はしばらく措くとしても、このような問題がわれわれの現実的なあり方とつながっている限り、そこに当然矛盾対立がある。もちろんその各々の成立根拠を探究した上で長短を見極め、より新しい人間像を確立し社会改善の方向を指示するのが知識人の任務でなければならないであろうが、しかしそれらの統一の仕方が、しばしば日本人的な雑種交合に終り、自己をその対立の渦中に投ずることをためらう事実が多いのである。しかも奇妙なことに、好んで矛盾対立を口にしながら、その統一に真剣な努力を払うことは少なく、むしろ矛盾対立を呼号することによって、いたずらに己れの危機感をあおり立て、その中で自己陶酔に陥っているかのような現象すらみられる。そこでは矛盾は苦であるのではなく、単に興味の対象でしかない如くである。かくては西欧的知性によって日本人の悪弊やマンネリズムを克服せんとする任務を自覚しながら、しかもかかる知識人自身は、今も昔もなお旧態依然たるものである（仁戸田氏「日本人」—新しい反論の角度から—参照）と言わねばならない。そこには純粋な西欧的知性があるのではなく、そのヴエールをかぶったいわば日本的知性があるのみである。

こういういわば日本的知識人の欠陥についてはしばしば指摘されており、その理由もかなり詳しく検討されている。主として日本の自然的風土や民族性が挙げられるのであるが、他方では、決断を可能にするような自由の精神を養うのに、仏教の伝説は余り貢献しなかったとも言われている。しかしその場合、われわれの知らねばならないことは、キリスト教のような、神の前には一切は無であるというような隔絶した絶対観を、一貫して仏教に求めることは無理だということである。小乗仏教の考え方は別として、誰でも仏陀に成り得る可能性をもち、真理を体現したものが仏陀であると説く仏教本来の精神から言って、はげしい自由への欲求が出て来ないのはむしろ当然ではなかろうか。血を流して得た自由の精神であるからこそ、それは何ものにもまさる強さを有するのであるが、神の抑圧から人間の自主性を回復するために血を流したような経験は、仏教の歴史においては遂に現われなかった。西欧的合理主義は、数世紀以上に亙って時代を支配したキリスト教義のドグマと非合理性との激しい闘争の結果かちとられたのである。ところが仏教はもともと極めて合理的なものであった。はげしい闘争心や憎悪を鎮めて、冷静にあらゆるものごとの真実のありかたを見極めよと教えている。それは感情的ではなく、むしろ理知にうったえるものであったのである。

日本の知識人は、かくして自己の専門的な領域に於てさえも、しばしば決断を回避している。そうして時流を観照し、批評し、時には巧みな揶揄によって自らを慰め、多くはニヒルの世界に入りこんでいるようである。彼等はますます現実に行われている宗教から遠ざかり、内攻してゆかざるを得ない。しかも彼等は単純なる信仰や俗信といわるべきものに、自己の実存を任せることは出来ない。何よりも知性人としての自尊心が許さないからである。生きた信仰には眼をそむけ罵倒しながら、自分自身は、思想から思想への彷徨を続け、そうして不断に科学的知性的であろうともがくところにしか、自己の実存の安住地を見出すことが出来ない如くである。ニヒリズムを背に負うてたえず不安におののいている。しかしそれは不安でありながら、同時に安住の場所であるかのようである。むしろニヒルなるが故に、そこから限りない主体的な意欲と行動が生れて来るのだと弁ずるであろう。かかる逆説的なものの中にしか、自己の本当の姿をゆだねることが出来ないのが、知識人の運命といえばいえるであろうか。それは全人間的なカタストロフや生死の巌頭に立つ如き、深刻な体験がないからである、と考えることも可能であろう。しかし科学的知性的であろうとすることが、何よりも積極的な懐疑的精神を前提とする限りでは、或る意味で不可避なことでもあろうか。

以上によって、大まかではあるが知識人の眼に映じた仏教と、彼等自身に内在する妥協的傾向、さらにその苦悩の一端を指摘した。なるほど知識人はたえず知性的科学的なものを追求しなければならないし、そこにこそ知識人の任務もあるのであるが、大切なのはその知性の上にあぐらをかいてはならないことである。

たとい一般庶民の宗教意識が低劣であるとしても、之を知性的観点や自己の実存的苦悩からのみ簡単に評価し去ってはならないと思われる。それを冷静に正しく見つめ、正邪善悪の要素を正しく見きわめることによって、何を生かし何を滅ぼすべきかを判断しなければならない。その意味に於てのみ知識人の批判は宗教の浄化に役立つ。そうしてその正しく見きわめる基準となるものは、個人的にも社会的にも、何が人間的か、何が非人間的かについての徹底した洞察力であろう。すぐれた科学者は決して科学がすべてであると判断しない。科学者も人間である限り、無意識に自己を動かすものから、完全に自由であることは不可能だからである。そのような鋭い人間洞察をもたぬ科学者は、単なる科学マニヤでしかなく、科学そのものを創造し得るものではない。また科学を正しく生かしうるものでもない。限界を限界として謙虚に認めつつ、しかもこの限界を一歩一歩克服してゆこうとするところに、科学者の真の姿があるというべきである。そこには殆んど求道者にも似た崇高な宗教的態度がみられるのである。

四

われわれは再び最初の問題に立ちかえろう。庶民の意識にある仏教は、既に述べたように慣習、現世利益、呪術の三つの型にしぼられる。ところで此の中の最後の呪術は、民間信仰や新興宗教の流行の中により多くみられるのであるが、サワリやタタリを信じてそれを避ける意味で、要するに消極的な現世利益に他ならない。したがってかかる態度を現世利益の中に含めて考えることが出来る。かくすれば、大多数の日本人の宗教意識は、慣習の維持と現世利益の追求という二つの態度を以て貫ぬかれ、これが現実生活への寄与という一つの目的に統一されている、と言い得るであろう。

今これらの態度について、その歴史的社会的理由の若干を指摘するならば、先ず慣習については、例えば檀家制度の如きがあげられる。ここでは人は個人として仏教を選び取ったのではなく、多くは家の宗教として古くから定着したそのままのものを踏襲しているに過ぎない。もともと檀家と寺院との結合も、必ずしも信仰によるそれではない。したがってそこから熱烈な信仰心の生まれる可能性は極めて少ない。現世利益ということについては、原始神道に始まる日本人自身の現世主義的な思考方法が考えられる。日本人の誰もが神々の子孫とせられ、霊魂や死についての深い省察のないところでは、たとい仏教が移入されたとしても、これを全面的にくつがえすことは不可能であった。むしろ仏教は自らをこの現世中心的なものに変容せしめざるを得なかったのである。けれどもこのような慣習と現世利益の二つが、現実生活への寄与という目的の下に共存し統一されているという点に、われわれは慎重な考慮を払わねばならないと思う。なるほど考えようによれば、それは宗教の尊さを自覚せぬ凡庸低俗な唯物主義であり、また適当に共存せしめる便宜主義もしくは実利主義であろう。あまりに現実的、利己的と言うことも出来るであろう。しかしこの現実生活への寄与という素朴な目的に、一般庶民の意識が集中されているということには、ほかに深いわけがないのであろうか。一概にその低俗さをわらうことの出来ないものを含んでいるのではなかろうか。

元来、一般の大衆は生活によってものを考える。現実の生活と仕事とによって思考し、身近かな利害得失によってものごとを判断することに慣れている。多数の日本人にとっては、実は今も昔も、生活が基本であった。だから、たとい仏教の知識が与えられたとしても、深い内容には大して興味をおぼえない。むしろ生活につながる智慧、生活する人間の実存という角度から、すべてのものが取捨選択されるのである。知識人によって科学や思想や宗教が伝えられ、日本人の多くが次第に変容しつつあるとは言っても、相矛盾するものの中にあって一般大衆は、これを現実生活における必要度に応じて吸収する。その限りにおいて仏教も利用せられ、吸収せられて、自己の血肉とされるのである。主体はあくまでも各自の現実生活におかれていると言えよう。だからして、知識人がいかに知性の欠如を説き、既成仏教がどれ程深遠な思想をもっていようとも、直接自らの生活にひびかない限り、それは庶民とはかけ離れた上層部の世界に属することとして、反って敬遠されて了う。そういうことはいわば「おえらがた」のやることであって、彼等には無縁のものなのである。

ところで此処に、かかる庶民の現実主義と合致し、その要求を満足せしめ得るものとして、明治維新以降とくに第二次大戦後に抬頭して来たのが、他ならぬ新興宗教であった。それは、多くの論議をかもしながらも、着実に教線を拡大し、多数の熱心な信者を獲得しつつある。既成仏教は、なる程その教義において深遠であるが、それ故にかえって社会から遊離し、生な人間性の要求を満たすには程遠い。しかも僧侶の実際は職業化して了っている。時には、寺院や僧侶が一般庶民によって養われているような錯覚すらある。唯だ慣習によってのみしかつながっていないものに、社会的経済的不安を現実に解決し得る能力を期待することは出来まい。現実からの観念的な逃避の術のみでは納得出来ないのが当然である。かかる庶民の要求に現実的な効果を以て答え、実際に即した端的な解決を与えた点で、深く庶民の心を捉えたのが新興仏教である。既成仏教の多くは、支配者や指導者によるいわば上から下への方向をもっているに反し、新興宗教の殆んどが、その教祖にみられる如く自ら庶民として深い生活体験の中から生まれて来た下から上への方向をもっている。そこに同じ庶民としての親近性が感じられると同時に、その信仰の真剣さと熱烈さも亦た、多くの人々の共感を呼ばずにはおかない。もちろん行き過ぎもある。また教理や知性の低俗浅薄さも蔽いがたい。けれどもそれだけでその本質や現象を論断することは難しいようである。

新興宗教につきものの金もうけ主義や治病がしばしば非難されている。それは一応もっともである。けれども事態の深い省察を前提としない非難は、反って問題の焦点をぼやけさせて了う恐れがある。貧窮の中に身を置き、しかも地位や名誉や権力には縁がなく、また知性の開発にも自信のない者は、往々にして自己の人間的現実的要求を満たす手段としてしばしば金もうけに走る。もともと蓄財そのものは何等とがめらるべきことではなく、本来の仏教すらそれを認めている。だからここでは、庶民に最も直接的に影響する経済変動をどう解決するか、ということの方がより根本的な問題であると言わなければならない。治病が現代医学の発達によって、科学的に処理されていることは言うまでもない。そこに迷信の介在する余地はないかも知れない。しかし治病に伴う多大の出費が庶民を痛めつけ、金のかからない宗教への依存心を強めさせてはいないであろうか。また精神の昂揚が治病を促す事実を否定出来ないとすれば、単に迷信としてこれを排除するわけにもゆかないであろう。新興宗教そのままを認めることは出来ないが、要するにわれわれは単純に肯定したり、また否定したりしてはならないと思う。非難の前に、その理由や本質などをあらゆる角度から仔細に検討すべきである。そうして今日の社会においては、経済や政治思想の問題を切り離して、宗教の具体的現実的なありかたを考えることは不可能であると知らねばならない。

従来の日本仏教は、すでに日本文化の形成に十分な役割を果した。しかしそれは主として明治以前までである。それ以後日本の近代化に伴なってどのような貢献がなされたか。たしかに近代仏教学の発展はかがやかしい成果を収め、日本人の思想財として蓄積され、多くの人々を啓発した。人間的実存としての釈迦の姿は、人々に親近感を与え、仏教の再発見をもたらした。しかし寺院を中心とする庶民の仏教はどうであろうか。曽ての僧侶は最もすぐれた文化人として、それにふさわしい地位と尊敬を得、また、生活が保証されていた。しかも今日、多くの寺院をまもる僧侶が、少数の例外を除いて、社会的にも人間的にも、それほど有能であるとは思われない。資質にめぐまれた寺院子弟の多くは殆んど寺院を離れて了ったからである。文化的魅力もなく、ましてや、現世的な地位も名誉も得られず、大した生活の保証も得られぬところに、彼等の未練をつなぎ止めることは不可能なのであろうか。一部の新仏教運動はともかくとして、既成教団の多くは、古い慣習の中に棲息しつつ、辛うじて教線を維持しつづけて来た。けれども多くの寺院が慣習や現世利益を通じて庶民に接触しているということ、またその能力如何は論外としてともかくもそういう僧侶によって現在維持されているという事実は、別な意味で注目すべき事柄である。そうして特に最近は、有名寺院の数多くが、次第に観光事業に力を入れつつあるようである。それは心ある人の慨歎を買うてもいるが、当事者としては遺物保存の涙ぐましい努力である場合が多いのであり、曽ては支配階級や権力者の所有物であったものを、文化遺産としてより多くの人々に解放し、特有の雰囲気と憩いを与える意味では、むしろ喜ばしい現象といえるかも知れない。いな寺院はもともと個々の僧侶の私有物ではなかったはずであるから、その広大な寺域を解放して、庶民の厚生施設やその他一般の公共用にあてることは、かえって仏教本来の精神を生かす所以でもあろう。

かくて既成仏教におけるいわゆる「宗教性」は、伝統と慣習の中で枯渇停滞し、一部を除いて、新興宗教にその新鮮な生命と力を取ってかわられつつあるかの如き印象を与えている。今こそ既成教団は独善やセクト化を排して真剣に此の事態に取り組まねばならない時であろう。

戦後の世代と新興宗教

乾　孝

一　はじめに

〃青年期〃とよばれる年頃の心理は、発達心理学的に〃児童後期〃につづく段階での心的特性、という側面だけでは蓋いきれない。なるほどそれは〃成人〃と異って、まだ一人前の社会的役割の分担をするに到らないところからくる特ちょうをもってはいる、しかしそれは同時に、目前迫まって〃社会人〃としての活動の予定との連関で規定されなければならないし、彼らの認知する世界は、ほとんど完全に成人のそれと重なっている。さらに、その〃オトナの世界〃が、新らしい成員としてむかえるべき青年たちに何を期待し、どのように遇するかということが、青年の心理内容だけではなく、心的特性をも規定している面も見のがすことはできない。だから、〃青年期〃は、発達心理学をはみ出して、社会心理学的な考察を欠きえないものとなる。

「現代の青年」の宗教への構えを考察する場合、かつてスタリ・ホールが、回信の時期としてとらえたように、たんに目醒めの時期の心的構造という角度からだけ問題にすることは、上に述べた理由からいって、不充分といわなければならない。「現代の」ということばは、素直にとっても、現代という時点における青年心理そのものの特殊な構造を指しているのは当然のことであるが、それ以上に、青年をも成人をもふくむ〝現代〟の心理の中に位置づけられた〝青年〟における宗教を考察しなければならない。ところで、その〝現代〟とは、すこし大胆にいえば、従来の青年心理学のいう〝青年心理〟喪失の時代とさえいえるような特ちょうをもっているのである。たとえば、長い間「青年は理想主義的である」といわれてきたが、現代の青年がそのような性格づけに適わしいとはいえない。あくまで不正とたたかうとか、公のために身をささげるとかを最上のものとして回答したのは戦前のことで、いまは自分の好みにあったのどかな生活を理想とするものが多数を占めている。青年は社会の生産関係から一段浮いたところにいるために、成人と異った見通しで行動するといわれたものだが、この差別も、アルバイト学生が五割に迫まるこんにち、必しも利め手としてとくに有効とはいえない。だから、強いていえば、「戦後の青少年」というレッテルの下に、おとなたちの疑惑の目をあびながら生きている点に、共通な条件があるといえばいえる程度で、あとは、年齢からの特質よりは、住んでいる地域とか、居している層、群の特ちょうの方が大きな意味をもっているのである。

これをひきくるめて〝現代の青年〟を抽象することは、じつに大変なことだ。くだくだしい前書きを附したのも、以下に書きしるすものの不備を予め弁解するだけでなく、しばしばマス・コミをにぎあわす「現代の青年論」が、まったく一面的な現象記述であることを、この際訴えておきたかったためである。

さらに、小文の表題は、いくつかの文脈をふくんでいるから、筆者の構えをさきにお断わりしておくべきだと思う。宗教を中心にして、表題のような考察をするのが、この講座としては、いちばん本筋かもしれない。しかし、筆者は、自分自身宗教体験もなく、宗教心理学の専門家でもないので、それは力に余まる、それでは青年心理かといえば、それは筆者にとっても、全く無縁ではないか、私自身の興味はむしろ〝現代〟の社会心理の一環としての青年にある。だから、現代の心理の一側面を、青年たちと〝宗教〟との出会いという角度から窺った二、三の資料とその考察ということでお許しいただきたいと思う。

〝青年〟については、いままでに多少考えつづけているから、冒頭にのべたようにいろいろ詮議だて（その結果は、けっきょく一貫した〝青年像〟をつくりえないということになるにしろ）をしてかかることができるが、宗教の方になるとまったくの常識的水準である。そこで、この方は、青年たちが「一般に世の中ではこういうのを宗教という」と考えているかぎりでの漠然とした輪郭で話を進めたいと思う。つまりあくまで、心理学的事実としての宗教にかぎるのである。

二　小島捷宏氏の研究

ここに、小島捷宏氏の未刊行の資料がある。これを借りて、一地域の、各年齢層を通じての宗教生活実態から見ていこう。

場所は、新潟県東頸城郡、時期は一九五七年。

「東頸城郡は旧制で一四カ村からなり、総戸数は九四〇〇戸、一二〇〇枚の調査用紙を一四〇の町村の戸数に按分し、一村当りの枚数を定め、村内の字の選定は、山、谷、川の地勢を条件に入れて数カ字を抽出し各字当りの枚数を定めた。遠隔地の交通不便なところは依頼状を同封して区長および知人の小学校の先生に委託した。その他は面接その際、字の旧地主、自作、小作、商人、職人等の階層から男女別年齢別に大体同じくなるようにした。

調査対象　満二〇歳～五九歳までの男女

集計枚数　八九五
- 二〇～三九
  - 男二一六
  - 女一八八
- 四〇～五九
  - 男二五〇
  - 女二四一

小島氏は、この資料を二〇～三九歳と、四〇～五九の二群にわけて整理している。私たちの問題とする「青年」の特質を直接うかがうことはできないが、この地域に住んでいる人々の世代差を知ることは、一応の目安を立てる上で有益だろう。

「信仰をもっているか？」どうかについての答を表にすると第一表のようになる。男女の間にほとんど差のないこと、四〇前と四〇すぎとでは、信仰有無の比が、それぞれ二対一、三対一に動いているのに気づく。

信仰の内容は第二表の通りであった。そして、この数は大体、寺院や神主の数の比率に相応するという。

第 1 表

年齢別		四〇歳前 実数	四〇歳前 %	四〇歳後 実数	四〇歳後 %
もつている	男	148	68.5	209	83.6
	女	131	69.7	203	84.2
もつていない	男	68	31.5	41	16.4
	女	57	30.3	38	15.8

第 2 表

神道	天理	黒住	その他		
45	38	3	4		
仏教	真宗	禅宗	浄土	日蓮	真言
836	527	274	12	15	8
キリスト	3				
新興	11				

信仰に入った動機をまとめると、第3表のようになる。「親に教えられてきたから」が、25％しかないのは、ちょっと意外な気がしないでもない。この数の少なさは、そのまま、新興宗教の入信動機にしばしばみられるものに近い種類の多いこと、および後にみる入信時期の問題とからんでくる。

第 3 表

	人数	%
自分自身の不安、病気、厄害災難をさけ安心して生活する。	139	20.1
親兄弟などの厄害、災難、病気、死などに出合ってから。	318	46.0
親に教られてきたから、親の生活をみならって。	178	25.8
知人にすすめられてから、法話、高僧伝、仏教書を読んでから。	56	8.1

いくつ頃から信仰に入ったを第4表に示す。青年期に回心を体験したものはほとんどない。

つぎに信仰をもつという人たちは神仏を「どんなもの」と考えているかとい

第 4 表

年齢区分	20〜29	30〜39	40〜49	50〜59
人　数	14	251	387	39
%	2.0	36.3	56.0	5.7

う問題に対する答を表示しておこう。これにも、年代の差が大きい。ので、小島氏は四〇歳を境にして前後の意見を対比させている。男女の差異は示されていない。たいしたちがいがなかったのだろう。四〇前の人に多いのは、(8)「存在しないと思うからわからない、見たことがないから何ともいえぬ」と(9)「人間が想像して名前をつけたものと思う」である。これに対して、(11)「人間に似ていて、人間の何百倍もの力をもっているもの」、(1)「形のない、円いもの」は、四〇すぎの人に多いイメージである。やはり新らしい年代の方が合理的（？）な見方に傾いているといってよかろう。この表には、神仏を認めない人もふくめての数が出してある。

第 5 表

年齢区分 ／ 人数・% ／ 解答内容	20〜39		40〜59	
	人数	%	人数	%
1. 形のない、円いもの	14	3.5	59	12.0
2. 神は私たちの住んでいる土地を最初に切開いた人、仏は各家の祖先	50	12.4	73	14.9
3. 神は宇宙を創造したもの、仏はおシヤカさまのこと	14	3.5	10	2.0
4. 神は皇室の先祖、仏は各家の祖先	15	3.7	7	1.4
5. 神も仏も同じもので、目には見えないがこの世界にいる尊いもの	25	6.2	13	2.6
6. 神仏は目に見えないが大きな力を持って私たちを支配している尊いもの	94	23.3	120	24.4
7. 私たちが死ねば神や仏になるのだから名前があるだけのもの	9	2.2	3	0.6
8. 存在しないと思うから分らない、見たことがないから何ともいえぬ	87	21.5	59	12.0
9. 人間が想像して名前をつけたものであると思うが時々意識される	49	12.1	17	3.6
10. 私たちのからだの中に生きている神	35	8.7	50	10.2
11. 人間に似ていて、人間の何百倍かの力をもっているもの	12	2.9	80	16.3

では、神仏の存在を認めない人、疑問におもう人の比率はどのくらいかというと、四〇前では31%、四〇すぎでは16.1%となっている。

信仰をもたない人とその理由を第6表に示そう。この内から、積極的な信仰否定と思われるものをさがすと、(3)「ばからしい」と(6)「自分以外に本当に頼りになるものがない」を合わせて、9.3%におよぶ。

地獄極楽の存在を認めるか否かも問われている。認める人は四〇前で4.2%、四〇すぎると10.8%いるが、その理由はもっとはっきりした違いをみせている（第7表）。

(6)「地獄の絵が忘れられない」、(3)「現世は不幸だから」、(8)「来世でいい生活がしたい」の三項目は、四〇代に特有なものであるのが興味をひく。小島氏はこの点について次のように書いている。「大部分は過去において、お寺の坊さんの説教の影響と地獄図絵が

第 6 表

項　目	人数	%
1．必要を感じない	97	47.6
2．忙しくて考える暇がない	62	30.4
3．ばからしい	12	5.9
4．不自由を感じない	13	6.3
5．信仰へのキツカケがない	8	3.9
6．自分以外に本当に頼りになるものがない	7	3.4
7．考えたことがない	5	2.5

第 7 表

年齢区分／人数.%／項　目	20～39		40～59	
	人数	%	人数	%
1)仏教が教えている	3	17.6	9	17.0
2)昔からいわれている	8	47.0	12	22.6
3)現世は不幸だから	0	0	7	13.2
4)善行への目あて	2	11.8	1	1.9
5)ゆく先が不安	1	5.9	3	5.7
6)地獄の画が忘れられぬ	0	0	6	11.3
7)この世はあまりにも苦しい	1	5.9	4	7.5
8)来世でいい生活がしたい	0	0	3	5.7
9)何となくあるような気がする	2	11.8	8	15.1

現在の人たちの理性を支配しているのが考えさせられる。いま一つはこの考え方が、生れおちると草作地帯の零細農で生きている間中苦しい生活をさせられているのであるから、彼岸の世界を夢みて生きがいを見出す方便とし、心の糧としたのが、存在を信ずるように合理化されたのではないだろうか」と。四〇前の人たちに、この観念的逃避の形がなくなっている点、やはり現実的な構えの滲透をみるべきであろう。もっとも「死」との心理的距離の問題も忘れられてはならないが――。

ところで、この人たちは、四〇前で4.2％、四〇すぎで10.8％だということを想いだしておこう。その上で、認めない人たちも、その半ばは毎日一回以上の礼拝を行っている。毎日でなくとも、仏壇をおがまぬという人は7.3％、神棚は20.1％にすぎない。この数字は、神仏を認めぬ人、認める人の比と対照してみる値打があるだろう。認めない人たちは、四〇前で三割、四〇すぎでも一割五分以上はいたのだ。だから、認めない人にも礼拝する人がいるということがわかる。と同時に、逆に信仰している人が、四〇前でも七割近く、四〇すぎには八割五分近くいる筈なのに、そのうちの三分一以上は、「時々」か「正月・盆」などにしか礼拝しない程度の「信仰」なのだ。だから、第8表にみられるように、四〇前の人の

第 8 表

項目 ＼ 年齢区分・人数と％	20～39 人数	20～39 ％	40～49 人数	40～49 ％
1)敬う	15	3.7	32	6.5
2)ご利益を願う	12	3.0	39	7.9
3)有難い、感謝の念、生きている喜び	87	21.5	209	42.6
4)先祖の霊を慰む	31	7.7	62	12.6
5)救われる	9	2.2	31	6.3
6)自分の精神を清める	13	3.2	14	2.9
7)習慣	147	36.4	51	10.4
8)祖父母に小言をいわれる	32	7.9	11	2.2
9)バチがあたると困る	7	1.7	16	3.3
10) 祖父母に心配をかけない	33	8.2	9	1.9
11) 先祖の遺徳をしのぶ	14	3.5	6	1.2
12) 坊さんに悪い	4	1.0	11	2.2

36.4％は、「習慣」でおがむだけだし、16.1％は、「祖父母」のために形だけ整えているにすぎないものが含まれているのは当然だろう。宗教家からみて、この表の中のどれだけの項目が、「信仰」の名に価するかはしらないが、回答者が「信仰をもっている」と答えた内容が、まさにこのようなものであることを確認しておくことは必要だと思われる。

以上で、小島氏に資料をかりた東頸城郡の宗教生活（意識）概観をおわる。はじめにも断ったように、ここには年齢上の〝青年〟を際出たせることは困難であった。ことなった時代に〝青年期〟をもった筈の人たちの違いを推察しえたにとどまるこの資料中の最後年―当時二〇歳だった者すら、一九三六年（昭和一一年）に生れ、新教育以前はほぼ学齢をおわっているのであるから、現代の青年たちとは大分距りがあるだろう。しかも地域は、あまり変転のない土地柄である。それにもかかわらず、第一次大戦前に青年期をもった人々とはこれだけ違うのである。彼らが二〇年後（一九七七年）に、本調査の四〇すぎ群に近づくとは考えられない。社会心理学者の調査によれば、意見調査に対する回答の平均が、年々「近代化」するのは、近代的な若い世代が被調査群の中に層を増してくるためだけでなく、中年層自体も、年をおって近代化しつつあるためだということを証拠だてている。それゆえ、たとえば本調査に対して四五歳で回答した人も、二五年前、青年であったころよりは、多少四〇前群の方にズレていることさえ想像されるのである。

ともあれ、これで、一地域に限られたものであるにせよ、そこでの三年前の信仰の受けとられ方を概観したわけだ。これに対比する意味で、次には東京の月島における場合を紹介しておきたいと考える。

三　法政二部心理学研究会の調査

ここに紹介するのは、一九五八年（前章の調査の翌年にあたる）、東京の月島の住民を対象に、法政大学の二部（夜間）心理学研究会の学生たちが行ったもので、本来の目的は新興宗教の特性をさぐるための比較資料をうるためのものであった（なお、この調査計画には、佐木秋夫氏の助言をわずらわした）。

この土地は、戦後、都営住宅や社宅などができ、住宅街になりつつあるところで、むかしからの住人は割合にすくない。終戦前に住みついたもの6％、戦後移ってきたもの94％である。この地域に一〇〇〇枚の質問紙をくばり（配布にはこの土地の婦人会をわずらわせた）、四〇四枚の回答をえた。

ここにえられた結果のうち、前章、小島氏の研究と比較できるものを二、三抽きだしておく。

まず、神棚、仏壇であるが、これは頸城郡の場合、どこの家にもあるのが当然であった。しかし、月島の場合、先述のように、戦災のあとの住宅であるから、それを備えている家は、当主が自発的にこれを設置したとみるべきであろう。その意味で、神棚、仏壇の有無等を調べておくことは、礼拝をするかしないかより確かな指標になると思われる。

第1表に示すのは、この地域の回答を、新興宗教信者、および信仰をもたぬという人々（ともに、インタビューをした）からえた答と一緒に並べたものである。数が少いので実数を用いた。

第 1 表

			有	無	不明	計
創価学会		仏壇	20	1	4	25
		神壇	1	20	4	25
立正佼成会		仏壇	19	1	0	20
		神壇	5	15	0	20
世界救世教		仏壇	15	2	0	17
		神壇	5	15	0	17
地域	信者	仏壇	134	34	9	177
		神壇	90	68	19	177
	非信者	仏壇	114	88	25	227
		神壇	82	114	31	227
一般非信者		仏壇	62	40	2	104
		神壇	42	50	10	102

まず、「地域」の「信者・非信者」の比をみてほしい。四〇四名中の二二七名、すなわち56％が「非信者」なのだ。これは新潟の二〇～三九歳群とくらべても、

ほぼ逆の値を示している。

つぎに、神棚、仏壇の有無である。「非信者」の家も、五割以上は仏壇をそなえ、四割は神棚をもっている（新興宗教や一般の非信者とくらべて「不明」が多いのは、筆答であるためだが、この無答、不明は、少くとも非信者における無関心を表現していることは、たしかであろう）。そして、この比率は、地域と無関係にインタビューした「一般」におけるのと大差ないところをみると、だいたい、戦災後、信仰をもたぬ人たちが、「習慣的に」（？）神棚、仏壇を設けた割合いは、この辺と押えてよいだろう、

なお、ついでに、「罰・たたり」についての感じ方をもみておこう。新潟県の例では、おがまぬとバチがあたるという恐れをもっている人がみられた。東京ではどうだろう。

第２表

	信じる	信じない	分らぬ	無答	計
信者	23	84	56	14	177
非信者	16	114	71	26	227
一般（非）	8	79	15	2	104
創価学会	14	7	1	3	25
立正	11	4	5	0	20
世救	8	6	3	0	17

第３表

			ある	ない	わからぬ	無回答	計
創価		神がかり	7	5	11	2	25
		きつねつき	17	1	5	2	25
立正		神がかり	10	1	8	1	20
		きつねつき	8	6	6	0	20
世救		神がかり	9	2	5	1	17
		きつねつき	6	4	6	1	17
地域	信	神がかり	—	—	—	—	—
		きつねつき	16	99	56	6	177
	非	神がかり	—	—	—	—	—
		きつねつき	15	129	73	10	227
一般（非）		神がかり	5	29	20	0	54
		きつねつき	5	24	24	1	54

神がかり（創価学会では「感応する」という）狐つきについて第3表に示そう。

第2表、第3表を通観すれば、新興宗教関係以外の人たちは信者をもふくめて、ほぼアニミズムを脱していることがわかる。なお、新興宗教三派の信者はこの点異質であるが、ここで二十代をぬきだしてみると、創価学会では7名中4名、立正佼成会では2名中2名が信じ、世界救世教のみ比率を逆転して、6名中1名だけが信じている。つまり、新興宗教信者の場合に限っては、若いということは、あまり意味をもたぬようにみえるのである。

四　青年の場合—1

ここで、ようやく我々の主人公である〃青年〃と宗教との関係をのべることになる。東京に遊学している学生一一一名、年齢はほぼ一九歳である。教室で次の質問紙をくばり、一項目ずつ説明して記入させた。

質問項目——

1、あなたの育った家は、どういう地域にありますか？

——県（都・道・府）、農村、半農村、漁村、小都市、中都市、大都市

2、家の職業　　家の宗派

3、家族　祖父、祖母、父、母

現在何歳ですか？（各）

4、家に神棚、仏壇がありますか？

神棚　あり　なし

仏壇　あり　なし

その他

5、神棚や仏壇の世話はいつも誰がしますか

——が毎朝、毎晩、ときどき

6、あなたもすることがありますか

ある　ない

あるとすれば、どんな気持でしますか

7、両親などが、とくにおがむのは、どういう場合ですか？

8、あなたが、とくに何か真剣におがんだ体験がありますか

ある　ない

あるとすれば、どんなことを

何にねがったか

9、宗教は、あなたの育った地方で、どんな役割をつとめていると思いますか

10、あなたが、いま関心をもっている宗派がありますか？ あったら、あなたがそれに何故、何を期待しているのかを具体的に書いてください。

集まった一一一枚の回答を、まず四つのグループに分けた。質問も「あなたも（世話を）することがありますか？」および質問8「あなたがとくに何か真剣におがんだことがありますか？」の回答の肯定・否定の組み合わせから、Ⓐある、あるグループ、Ⓑない、ないグループ、Ⓒある、ないグループ、Ⓓない、あるグループの四つである。つまり、回答者の神仏との近づきを軸にして、これが、他の項目と、どう関係するかをみる方が、単なる平均値のうかがいえないところまでの理解に役立つという予測をたてたのである。

第 1 表

Ⓐ	（ある・ある）	19	計111名
Ⓑ	（ない・ない）	62	
Ⓒ	（ある・ない）	17	
Ⓓ	（ない・ある）	13	

ここでも、ほぼ完然に宗教と無関係なもの約六割という結果がでている。前章の「地域」平均と比較してみれば、中年主婦までをふくむ統計と、この学生群との間に、予期されるほどの差がない（新潟との地域差とくらべれば、皆無といっていいくらい少い）ことがわかる。ただし、Cグループも、じつは無関心に近いといえぬこともない。何となれば、「どんな気持で世話をしたか」にまでつきこめば、「命令されるまま」3、「特に感じない」3、「習慣的」4などをはじめ、「いやいや」1、「空虚」1、わずかに、「亡き両親へ報告、ちかい」、「心のなぐさめ」、「良いことをしたような」、「途中でやめると何かおこ

りそう」のあたりに、多少の関心をみるに過ぎない。すると一七名中の一四くらいは、Bにくわえて、七六名、七割が無宗教というべきだろうか？　それでも地域差には追いつけない。

第2表

	農村	半農村	漁村	小都市	中都市	大都市	不明	
A	4	1	0	4	4	4	2	91
B	9	7	2	12	13	20	0	62
C	5	0	0	3	7	3	1	17
D	2	2	1	2	2	4	6	13
計	20	10	3	21	26	31	3	111
世話をした A＋C	9	1	0	7	11	7	3	35
祈った A＋D	6	3	1	6	6	8	2	32
世話をせぬ B＋D	11	9	3	14	15	24	0	76
祈らぬ B＋C	14	7	2	15	20	23	1	82

　地域差といえば、この回答者群の出身地は第2表の「計」に示すように分布している。ついでに、A、B、C、Dが、出身地とどのように関係しているかも分かる形で表示しておこう。

　第2表をみると、多少農村出身に世話Aの比が大きく、大都市に少ないことがわかる。なお、こまかくみると、「世話をした」に、小、中都市が多少多く、漁村にないなどのこともあるが、このくらいの数では、確然としたことはいえない。

　つぎに、家の宗派をみると、神道が6、キリスト教が3の外はほとんど仏教関係で、新興宗教はなかった。仏教の中では浄土真宗が22、真言が17が多く、ただ「仏教」としたものは12名、なお「なし」と明記したものは9名、そのうち5名はBグループであった。また、Bが3群を圧しているのは神道の

4、曹洞宗の5である。家の職業との関係にはみるべきものがない。ただ、「農業」は、一一一名中一四名にすぎず、したがって、農村出身者20、半農村出身者10名あわせた三〇名中の半ばにしか達していないことは、「地域差」の解釈の上に、見おとせない要因であろう。

第4問、仏壇・神棚のあり、なしはどうか。なにもない家に育てられたものは、B群以外にはいない。

第 3 表

	神棚あり	仏壇あり	両方あり	両方ともなし
Ⓐ	13	18	12	0
Ⓑ	34	47	26	7
Ⓒ	12	14	9	0
Ⓓ	9	11	7	0
計	68 (14)*	90 (36)**	54	7

* 神棚のみ　** 仏壇のみ

五割の家庭に、両者がそなえられ、神道は六家族なのに、神棚のみの家一四戸あるのが奇妙だが、全体の数値は月島の例とくらべて、相当、高い（月島では五割が仏壇、四割が神だなであった）。戦災にあわぬ、かつ伝統の根づよい地方をふくんでいるのだから当然のことといえよう。ともあれ、青年の心情の側からいえば、その家に何もないということは、一応、彼らの宗教離脱に影響するとみられるが（何もなければ、「祈る」ことはともかく、世話はできないわけだ）、設備が「ある」ということは、さして意味をもたぬように思われる。

第5問に進もう。神棚・仏壇の世話を毎朝あるいは毎晩するか、誰が主として、それを行うか？

毎朝晩行う家は合計九家族にすぎない。つまり一割に充たない。「毎朝」は五七家族、約半数である。これも、ほぼ新潟の水準である。また、本調査のA、B、C、Dいずれのグループでも、大差はない。行う人は、祖父は現存でも行う者なく、祖母は約半数、やはり母が行うことが多い。父もまれでない。実数でいえば、祖母12名、父17名、母39名が、一日に一回以上礼拝を行っていることになる。

第7問、両親が「とくに」おがむのは、祭日命日、縁日が32件で、特記すべきものはでなかった。しかし、第8問の自分の場合は特に興味があるから、図示しておこう。

入学試験がいちばん「祈る」気持をひき出しているのは、いかにも学生である。それと、「なんとなく」無形

第１図

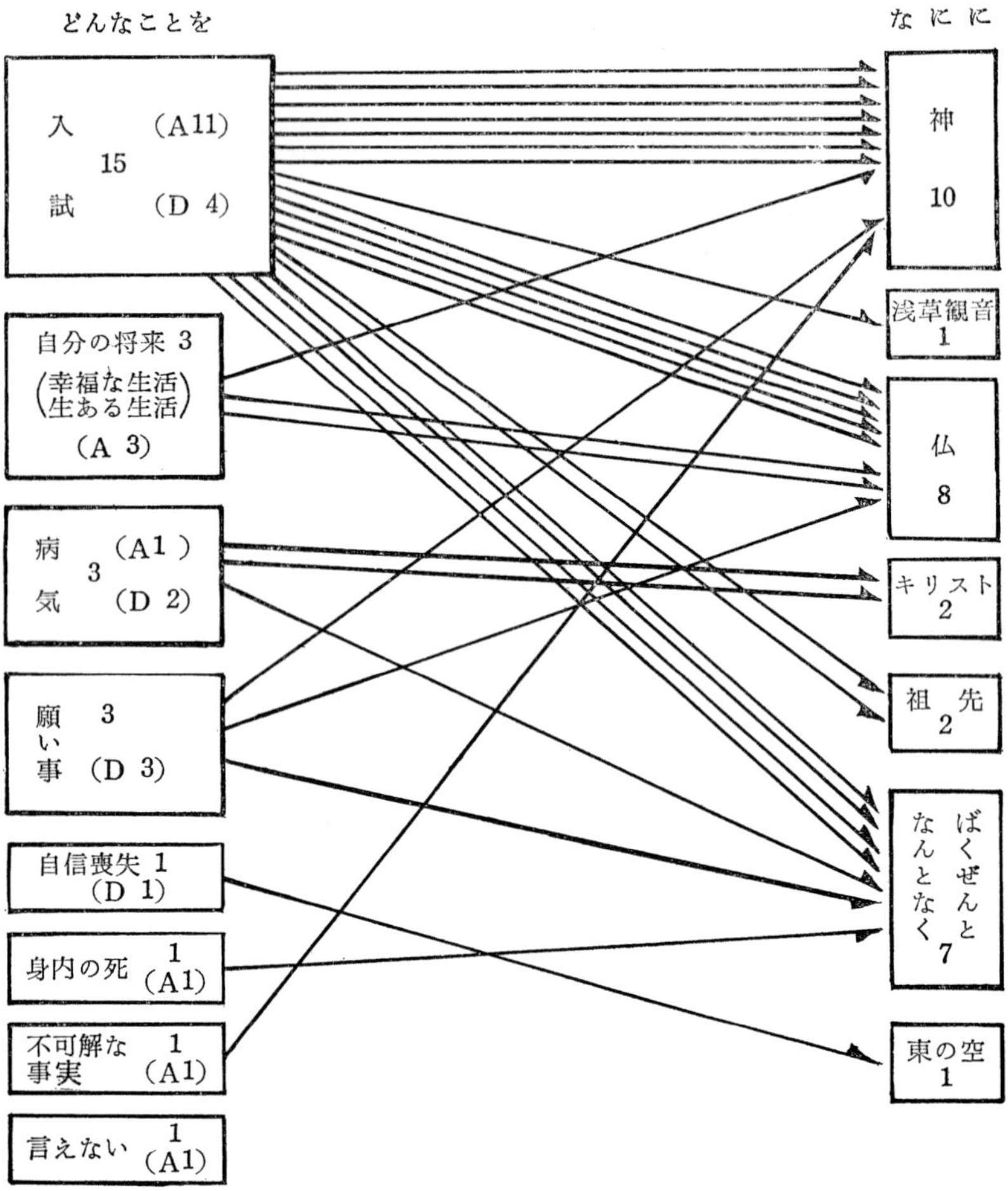

のものや、「東の空」に祈るというような、宗派にとらわれない祈りを7名もが経験しているのも興味をひく。また、「神」が15票を集めているのも、神道がわずか6家族であり、神棚の方が仏壇より少ないのを思い合わせると、ここでいわれている「神」の性格も、超宗派的な、「あるもの」に近いのではないかという推測も生れる。これが、学生たちの神・仏観なのである。

第9問、宗教の役割についての意見を拾ってみよう。合計して数の多いものから並べていくと、第4表のようになる。

第 4 表

順位	項目	回答数
1	何も果さない	16
2	わからない	15
3	習慣	14
4	精神的	7
5	反動勢力の武器	3
6	娯楽	2
6	話合いの場	2
6	祭礼の伝統	2
6	迷信	2
	(以下略)	

「果さない」がBグループの主張であるのは当り前であろうが、「習慣」は、AもCも各4名が同意している。また「分らない」はAが5、Bが10である。その他は、A、C、Dとも、一名以上の回答がない。宗教の役割について、ともかく何かの意見をもっているのはおがんだことも、いのったこともないというBグループだけで、あとは、習慣的であるのを認める外、ほとんど何の意見もない、意見がないから、ふらりと習慣に従ってみたりもするということなのかも知れない。念のために、この問いに対する回答数を、各グループごとに集計してその人数との比を出してみよう。第5表にみられる通りである。

第5表

	人数	回答数	回答/人数
A	19	13	0.62
B	62	49	0.80
C	17	7	0.14
D	13	2	0.15

さいごに、第10問の関心をもつ宗派に目をうつせばここにもいまみた各グループの特ちょうが反映しているのに気づかないではいられない。

Bグループは、新興宗教に「なぜ人が集まるのか」、

「西洋人の考え方を理解するため」にキリスト教に関心をもつ、というような知的な興味に集中し、ただ禅に「深さ」を感じる者などがいる程度である。

他のグループは、はるかに漠然としているが、前問で「いのり」、「おがむ」のAグループの回答頻度が高かったのと対応する理由かと思われるものがここにもあらわれ、意外に特ちょうのある答えがみられる。「すべての宗教に興味あり」というもの、「合理的実践的なもの」として仏教に関心をもつもの、「日蓮正宗」に「他の宗教とちがって何か得るところがあったから、幸福を期待している」という者など。

しかし、グループ別をすてて、大まかに、「期待」をまとめてみると、「平和」、「心の安定」、「なぐさめ」というようなことになる。ここで再び新潟の例を想起するならばその差は明らかであろう。

要するに、現代の青年といっても、いろいろのタイプがあるという冒頭の仮説の枠内で、やはり多少の年齢的時代的な差を認めえた、というべきであろうか？多少の無理を覚悟で、その特ちょうを纏めようとすれば、信仰めいた行動を経験しているものも超越者に帰依するのではなく、「自分の」安心、満足のためであり、あるいは「習慣」とつきはなした上での部分的行為（自我の中核に根ざすものでなく、近代的に分析した周辺的な関与であるという意味で）にすぎぬものが多いということであろう。

新興宗教に属するものの内には依然、バチ、タタリ的な（その宗派によって、それを表現するシンボルは異るが）ものを「信じ」ているものをみるが、これを詳細に、他世代の人々と比較しうるだけの資料はない。ただ、乏しい例からの臆測であることをお許し頂いた上で附記するならば、創価学会に所属する青年の場合、ここでだけは「実力」がそのまま見える形で報いられる（外の社会ではそういかない）こと、つまりファイトのもやし甲斐があるという感じに魅力を感じていると察せられる事例をみること、しばしばである。これは戦前、軍隊の中で（もちろん平時である）「生甲斐」を感じた種類の、下士官に進んだ兵隊の類型に近いことを思わせるものがある。

出身地・家族の宗教的態度の影響は、さほど一義的ではない。ただ、少しばかり農村的な性格を際立たせる数値がないでもないが、また「中都市」がそれに近い数値を示したりするから、大胆な断定はできない。わずかにいえることは、家に神棚も仏壇もない家の子として育ったものは、宗教ばなれしたものが多いことこれは確かだ。しかし、宗教的雰囲気の強い家庭が必ずそのような青年を育てるとはかぎらないことも確かである。「青年」の心情は、より大きな範囲での社会的影響をうけ、より少い地域的影響、さらに僅少な家庭的影響（じつは、僅少というより、曲りくねった、というべきであるが）を示すものだということができよう。

五　青年の場合—2

前章における、「祈った場合」についてみても、青年の心情の概略はわかるが、もう少しつき込んだところを、自由記述した文章を例にして、考察しておきたい。

資料は、別の場所で中川作一氏が引用している氏の調査結果を借りる、映画『続・親鸞』をみた学生青年に記入させた回答にもとづくものである。

この質問紙に対する回答から、「宗教への関心」をひろうと、数の上では以外に多い。数が少いから、%にしない方が正確だと思うが、一二名中九名までは、関心「あり」と答えている。だが、その方向は五名まで、客観的なもので「宗教に入る人の気持」や、宗教の社会的機能に対する興味を示すにすぎず、他は、外国のペンフレンドの宗教生活を羨むもの、いちど入って離脱したもの、さいごに「自分も弱い心をもっているから」と、暗になぐさめを期待する口吻をもらすもの二名という割合である。

彼らが、映画中の親鸞についていくのは、親鸞の、いわば近世的な側面である（映画も意識してかいなかを別として――「メロドラマ的」に描けば、必然的にそうなるのだが――そのようなものとしての苦悩を描いているのだが）。彼が恋をつらぬくところに共感する。法然のセリフもほぼ理解していると思われるが、「念仏」についていては、全員が反撥している。「念仏を称えなくても、自分の心が統一されれば」よいとする消極的（？）否定から、「念仏は観念的な」ものにすぎぬとするもの、そして、「自力以外には……」という者が最も多い。法然にはっきり対立をして自分は自力本願でしかいけぬとするものもある。「弱いところがある」から宗教に何ほどかの期待をしても、「他力」にはいきつけない。これが現代の青年なのだといってもよさそうだ。「近頃の青年は依頼心がつよい」という評が行われると同時に「近ごろの青少年はすなおにハイといわない」ともいわれる。それは、「依頼心」が、じつは、自力の手段なのであって、おとなの（おとな自身にはまだ身分的伝統埋没の構えが残存しているから、その対比で）解釈は多少異るのではないかとも思われる。「恩」の観念の通じない場所も、こういう構造の中にあると思われる。

さらに、親鸞の悩みに対する共感の仕方を追ってみよう。

「青年親鸞の悩みは〝仏学と世間の実相と自分という小さな存在〟とにたいする認識が統一できないことだったといいますが、あなたは現代の青年もこれに類似した悩みをもっていると思いますか」という問いにある青年は、「資本主義社会と安保闘争と自分との関係など」と答えている。また他の者は「学問と実社会と資本のない一個の学生」としての自分の問題を対置している。その他、ことばは異っても、「類似した悩みがある」とみるものは、現社会体制と、自分と（この中での理想・欲望が未分化のものもあるが）の間の矛盾をあげているのである。

この点、はじめに引用した「生き方」についての古典的な質問の答えの推移が、たんに、現代の青年の近代主義的タイハイ、底の浅さの反映であるとする見方は甘すぎるのを反省させるものがあると思われる。この統一の要請は現実的であると同時に、彼らの生活設計上の目標でもある「自分の好みに従った生き方」をのんびりと暮すということが、それほど手易くないのを彼らは知っている（おとなはそれを安逸としかみないが）。しかも、それを超越者に祈ることもできない。自力で（しかもそのまずしさを〝現代〟は、若い内から青年の心に痛いほど思い知らせているのだ）解決しようとする。表面上すこしもりりしくない、それだけに悲壮なものが、ここにはあるのだ。

ついでながら、「奇跡」よりは「偶然」に賭けることの多い傾向も、この文脈から理解すべきだと思う。大時代な神秘主義に埋没できず、見透しをかいた理性を補うところに、かけ、偶然に希望をよせる生き方がでてくる。一種の干いたニヒリズムかもしれない。「ツイてる」という流行語も、「憑く」でも「付く」でもない「オレはツイてる」のである。自我の偶然的なある情況にすぎない。はずれても「ツイてねーや」という。軽く、干いている。しかし、おとなのみる浮薄さとは別のかげりがあるのだ、これを宗教はどう救いうるのか私は知らない。不遜な言辞を許されるなら現代の宗教者には、それをなしうるには救われすぎている人が多すぎるのではないかと思う。

さいごに、彼らをかりに現代の青年の代弁者とみたてて（ただし、何べんも断ったように、それは甚だ無理な想定なので、先述の一般的資料とつき合わせて修正しつつ読んでほしいが）、彼らの「救い」についてのイメージをことば通り並記しておこう。

「現在、具体的に表現することはできない。いろいろの問題にぶつかり、苦しみぬいていくうちに何とかなると思うが——」

「自分の欲する欲望を、実現化していけばよいと思う。しかし刑法的に、道徳的に罪の場合は我慢すると……。」

「誰にもそくばくされないで自分の気持の判断で行動できる社会で又その行動が社会に対して悪影響をおよぼさない自由な態度で生活できるいき方」

「世の中の大事にこだわるな、それに邪念を派生させるな、物事は全て善意に解釈することによって、自己を見失わないで住む」

「幸福とは待つものではなく、求めるものである、と思う。だから徒に理想を求めることなく、おかれた位置の中で幸福の要素を一つでも二つでも拾い上げることが大切であると思います。そして、徒らに他人と比較することは苦悩の原因になることを知ることである」

「自己の存在を認識し自分と自分を包むすべてのものを受け入れることの出来る自分を形成し、自分を中心とした行動と意志によって周りのものを作用し、さらにその反作用を受けとめる」

「自分の理論を実践にうつしてゆく」

「親鸞の立場と同様に、自分でその道を切りひらいていく」

「仲間を持つ人間になることだと思う。孤独であっては、実践的な幸福はえられないのではないだろうか。自分の正しいと思うことは内にこめているのではなく、試してみることだ、それも仕合わせを勝ちとる一つの方法」

「自分だけの幸福は、今の世の中にありえない。といって、他人のために幸福を求めるのではなく、やはり、自分のために幸福を求めるのだと思う。その意味で、社会的な幸福と個人の幸福とは不可分でないとは思うが、実際にそれをどう追い求めたらよいのかは、具体的実践的にまだ疑問が多い」

「現代において目的を達成するためには、ある程度自己を否定しなくてはならぬが、しかし真の幸福をつかむためには、この様に消極的な方法よりも、アクティブに自己を主張する事が必要であると思う。その為には社会革命なくして真の幸福はかちとれようか？故に〝自己主張〟が現代においての目的達成の方法である」

「観念的に権威主義をとらず、プロレタリア革命をめざす。具体的には現社会をしることにつとめ、理想とする社会に一歩でも近づくように努力する、べつに活動家にはならない。」

はじめにもいったように、これらが典型的な現代の青年であるとは強弁しないが、ここに並べた意見の割合は、雑誌『法政』が例年行っている意見調査の中での分布にほぼ相当する。だから第四章でふれた学生たちも大差ない回答をすると推察できるのである。

もういちど戻って、これらの願いを、宗教的な何かと関連づけて吟味するのは、私の任務ではない。

マスコミと仏教

中川作一

一

この報告は、今日の仏教にかんするマス・コミの「送り内容」と「受け内容」を、二、三分析して、まとめたものである。その要点を紹介するまえに、わたくしたちは〃マスコミ〃という言い方にともないがちな先入観を反省しておこう。

「あなたのご意見はあとでうかがいますが、〃マスコミ〃とは、ふつう、どういうものだといわれていますか?」わたくしの経験では、この質問に対する答えは、つぎのようになることがおおい。「〃大量伝達〃の道具です。」――「保守的な考え方を一方的に押しつけるもの。」――「説得して自分の意志にしたがわせようとするもの。」――「大衆の思考力をうばい、一人ひとりを孤立させ、〃原子〃のようにしてしまう、おそろしいもの。」

このほかにも、おなじような見方がでてきそうである。そこで、わたくしは、聴講者自身もほんとうにそう考えるかどうかについて、問いかえすことにしているのである。

しかし、この種の〃一億総白痴化〃的なマス・コミ観は、かなり普及しているのではないかとおもう。その例として、今日の仏教を論じた「送り内容」のなかから、マス・コミにふれた部分を、いま、かりに、その文脈は無視して、引用してみよう。

「最近の犯罪において、もっとも目だつものはセックスの問題である。この傾向は、商業主義によるマスコミによって、ますます助長せられるようである。人人の官能を刺激するような記事や絵画が、何と多いことであろうか。これは、結局は、人々の欲望にこび、欲望を利用して、私利をはかるものであって、宗教の名によってさえ、このことが行われているありさまである。……」（毎日新聞、一九六〇年四月一五日「現代の苦悩と仏教」久保田正文）

「……『何かの機会にでも、人生の意義を考えなければ、現代人はマスコミの中に見失われて、失格してしまう』と壬生《みぶ》〔台舜〕氏はいう。……」（毎日、同年三月一九日「宗教」欄）

「禅は……概念の固定化を排し、行動の形式化をしりぞけ、精神の緊迫を緩和し、諸事に全機（全能力）を傾倒する。機械のドレイと化し、マスコミに使われて人間の自主性を失った欧米人は東洋に活力を求め、禅にオアシスを見いだした。」（同紙、同年一月二四日「ブーム化した欧米の禅」増永霊鳳）

力点のおきかたに多少のちがいはあるにしても、いずれも、マスコミというものを、わたくしたちの人間性に敵対するマンモス機構のようにみなす点では共通しているとおもう。かりにこれらのマスコミ像を、ちょうど、一枚のフィルムをうごかさないで、そのうえになんどもシャッターを切る要領で、ひとつの軸にかさねてしまおう。すると、マスコミなるものは、人間から自主性をうばい、現代人を〝失格〟させ、人びとのセックスの犯罪を助長し、街には乾いた砂のように孤独な大衆をつくりだす、営利的・保守的な大量伝達の道具だ、ということになる。

いま、ここでは、わたくしたちのことが、「大衆」とか、人びと・現代人・人間などという、まちまちな言葉でよばれているが、マスコミ分析の用語としては、これは、「受け手」である。それから、マスコミを使って私利をはかり、受け手を〝自分〟の意志にしたがわせようとするものは、「送り手」なのだ。そして、悪名たかいマスコミの「反人間性」は、送り手が必ず受け手にむかってその「送り意図」を〃押しつける〃ことからくる、命令者と被命令者との間柄にもにた、両者の対立関係のあらわれなのである。

わたくしが反省したいというのは、このことなのだ。——ふつう慣用されているマスコミ観は、送り手と受け手との、このような対立面に気をとられて、対立の背後に脈打つ両者の「相互依存」をみぬいていない。わたくしたちにとってだいじなのは、久保田氏らも指摘されるような、今日の「商業主義によるマスコミ」の〃送り手〃と〃受け手〃とのあいだを、この相互依存の面がどうつらぬいているのかについて考えることだ、とおもう。

そのためには、マスコミの「送り内容」と「受け内容」および「媒介者」という概念を説明しておかなければならない。

まず、マスコミは、文字どおり大量伝達でいいのだけれども、大量伝達が〃対面伝達〃とちがうところは送り手と受け手とのあいだを「媒体」がなかだちする伝達の間接性にある。だから、正確にいえば、商業マスコミとは、そういう間接伝達の資本主義的形態なのだ。当然、そこでは、媒体に投資した資本家が、その「送り手」の側を占める。

つぎに、「送り内容」というのは、新聞記事、論説娯楽番組、ニュース解説、それにコマーシャルその他を一括した概念であるが、これは、送り手が、「媒介者」——つまり、記者、プロデューサー、イデオローグなど——に、自己の所有する媒体を操作させて製造した商品・広告である。

ところで、送り手の「送り意図」は、送り手自身の立場が、利潤の追求と権力の維持を至上命令とする保守体制によってささえられているために、たとえば、国会で「答弁」する政府側の態度のようにかたくなであることをむしろ強いられているのである。いいかえれば、マスコミの送り手は、受け手の立場にたって自分の立場をみなおし、受け手と手分けして、〃至上命令〃にしばられない真実を追求するための自由をあたえられていないので、その送り意図は、もともと、受け手の生活体験にねざす実践的要求と一致するはずがないのである。

それにもかかわらず、送り手は、前掲の久保田氏のことばをかりれば、「人々の欲望にこび、欲望を利用して」も、いいかえれば、受け手の心の隙間からでも送り内容をすべりこませて、相手の行動を統制したいのである。

そこで、媒介者は、二重の役割をはたさなければならない。一つは、送り手から見込まれた表現技術によって、送り意図に芸術的・イデオロギー的な加工をほどこし、できるだけ販路のひろい送り内容を作製する仕事である。しかし、その作品が、いくら送り手の意をかなえていても、受け手の実践に役立たないような代物では、結局は市場からみはなされ、商品としての価値を実現することもできなくなってしまう。

したがって、媒介者は、送り手の期待する第一の役割をはたすために、受け手の要求を無視するのではなく、かえって、それにこたえるような送り内容を、しかも多量につくりだしていかなければならないことになる。この側面からみると、媒介者は、送り手に対する受け手の側の抵抗の最前線にたっているのである。

わたくしたちが、送り内容を作製する文化人たちを媒介者とよぶのは、彼らが、送り手と受け手とのこのような相互依存関係を現実に媒介する〃要〃になっているからである。また、送り内容を分析するのも、この点を解きほぐしたいからにほかならない。

もう一つは、「受け内容」である。おなじ送り内容を視聴しても、受けとり方は一様ではない。「送り内容」にたいして、受け手が受けとめた内容のことを、「受け内容」という。わたくしはあとで映画「続・親鸞」（東映作品）にたいする学生の受け内容を紹介するつもりだが、一般に、受け内容は、送り内容のままの鏡がものを映すような再現ではない。けれども、そのズレや脱落は、フトした間違いのようなものではなく、むしろ、受け手がその受け能力〔解《と》き口〕に応じて、積極的に送り内容を選択した結果である。

しかも、受け手は、受け体験後の話し合いをとおして、個々の特殊な受け内容を、より一般的な文脈でみなおし、それにあたらしい評価をくわえることも可能である。いいかえれば、マスコミの送り内容を媒介にして、わたくしたち受け手は、日常の未組織な生活体験を秩序だて、それだけより有効な、環境支配への見通しをひらくことができるわけなのだ。

二

では、送り内容を調べよう。はじめは、一九六〇年の彼岸の中日におこなわれた、早朝のラジオ放送「彼岸と此岸」である。（三月二〇日、NHK第二、六時〜六時一五分。立正大学教授久保田正文）ここで、久保田氏は仏教における彼岸の意味を説かれる。その要旨はつぎのようになるとおもう。

彼岸というのは、本来は、到彼岸、すなわち、向うの岸にいきつくという意味で、涅槃《ねはん》〔さとり〕の状態をさしたことばである。これにたいして、此岸は、苦しみや悩みにみちた人間のありのままの生活のすがたである。それでは、〃さとり〃に到達するためには、人生そのものをのがれてしまわなければならないのかというと、そうではない。

此岸における苦悩や矛盾の根原は、人びとがいずれも自分中心の欲望、仏教の一説にいう、〃五欲〃によって、はてしなく動かされているからである。これを生死流転《しょうじるてん》のすがたというが、彼岸とは、このような生き方を、あさましいもの、はかないものと自覚することから生れる生死解脱《しょうじげだつ》の境地を、わたくしたちにわかりやすく説明するための手段・方便である。

いいかえれば、彼岸の生活というのは、まわりの事情や境遇の変化というものを、自分のほうから制し、統御していく生活のことである。したがって、涅槃にはいるために、日常生活からのがれることを強調するのは誤りである。世俗の仕事をしながら、利己的な執着をたつことによって、――煩悩に左右される小さな自我をおさえることによって、〃さとり〃に到達しうることを、釈尊は教えたのである。これが生死解脱である。つまり、彼岸と此岸とは、二つの別物ではなく一つのものの両面なのだ。

たしかに、人生は苦悩にみちているけれども、これらの問題や矛盾を切り拓いてすすむ心の能力が自分のものとなれば、これらのものは、自分を苦しめるものではなくて、自分をみがくものとなってくる。

たとえば、海はむかし交通の妨害であった。「ところが、船をつくることを知った人類にとりましては、こんどは逆にこれが交通の媒介となるのであります。かわったのは、海ではなくて、こちらの人間なのであります。」船をつくる能力があるかないかによって、おなじ海が交通の媒介になったり、妨害になったりするのだ。「仏教というものは、ぎりぎりのところです、このいろいろの問題や矛盾を切り拓いてすすむ心の能力を得させるための教えであるというべきでありましょう。」

彼岸というものは、したがって、このような〃心の能力〃を自分のものとした人の、まわりの変化にわずらわされない望ましい状態をいっているものであると了解すべきである。

だいたい以上のような筋であった。ここで、久保田氏は、仏教が、現実生活から逃避するためではなく、反対に、それを生きぬくための教えであることを力説している。この点は、古田紹欽氏（北大教授）の新聞論文「出世の意味するもの・仏教の真理を示唆する」（毎日・七月二三日）のばあいもおなじである。仏教イデオローグとしての宣教意図よりも、わたくしたちは、そこに、受け手の日常要求にできるだけこたえ、仏教をその実践に役立てようとした媒介者としての前向きの役割をみることができる、とおもう。

しかし、その反面で、送り手側の送り意図が代弁されていることにも注目しなければならない。それはつぎの点である。この講話には、此岸の環境を「統御する」、あるいは、「切り拓いてすすむ」というような実践的なひびきをもつことばがつかわれているけれども、じつは、そのまえに、統御し、切り拓く対象である人間の欲望や生活環境のほうは、超歴史的にかわらないことが仮定されているのである。前掲の久保田論文「現代の苦悩と仏教」にも、「人間の本性には大差はない」というおなじ仮定がつらぬかれている。

したがって、統御するといっても、客観世界を変革し支配することではなく、我執をさる意味であり、切り拓くというのも、じっさいに境遇とわたりあうことではなく、それに宙乗りすること、その変化にわずらわされない〝心術〟を身につけてしまうことである。これは、いいかえれば、〝外の世界〟に対しては「括弧」をあてがったまま、〝内の世界〟のほうを整えようという提言にほかならない。

しかし、人間の歴史は、仲間との協力をとおして環境をつくりかえ、その過程で欲望を拡大再生産しながら欲望の質をたかめ、しかも、より有効に、そして、らくに充足する手段を〝自分のものとする〟ためにこそ、すすんできたのではないだろうか。いわゆる矛盾や葛藤の原因は、このような変革のための協力をはばむ社会的条件とそれにともなう技術の未発達とにあったはずである。それは、たんに欲望の罪ではなく、欲望の満足を〔上から〕おさえるものの欲望の罪であり、その欲望をこそ、「我執」として禁断すべきであろう。

しかし、NHKの宗教の時間のばあい、媒介者はそこまでは展開していない。むしろ、この側面では、「送り意図」の宗教的表現のために主要な力をそそいだ観がつよい。

つぎは、新聞である。わたくしが調べた限りでは、論文よりも記事や解説文のほうに、もう少し、受け手の要求を反映したものがおおい。材料は、一九六〇年一月から七月までの、毎日新聞縮刷版、記事索引の小項目「宗教」に再編されている送り内容である。論文

記事・解説　(60.1～7)

<table>
<tr><th></th><th>運　動</th><th colspan="2">会　議</th><th colspan="3">布教活動</th><th>行　事</th><th>人　事</th><th colspan="3">計</th></tr>
<tr><td>キリスト教</td><td rowspan="2">1</td><td>1</td><td rowspan="2">1</td><td colspan="2">2</td><td rowspan="4">1</td><td></td><td>1</td><td>4</td><td>2</td><td rowspan="4">1</td></tr>
<tr><td>仏　　教</td><td>2</td><td></td><td rowspan="2">3</td><td>3</td><td>8</td><td>13</td><td rowspan="2">3</td></tr>
<tr><td>新興宗教</td><td></td><td colspan="2"></td><td>1</td><td></td><td></td><td>1</td></tr>
<tr><td>神　　道</td><td></td><td colspan="2"></td><td colspan="2">1</td><td></td><td></td><td colspan="2">1</td></tr>
<tr><td>計</td><td>1</td><td colspan="2">4</td><td colspan="3">8</td><td>3</td><td>9</td><td colspan="3">25</td></tr>
</table>

毎日新聞・縮刷、項目「宗教」より

は全部で**一一**、内訳はキリスト教関係**五**、仏教関係**四**宗教一般**一**、神道関係**一**。記事、解説のほうは、別表にかかげたが、段・行の量を無視すると、とりまぜて計**二五**である。

「表」のタテ欄は宗教の種類、ヨコ欄は、記事内容の分類をしめすが、マスの切り方がいりくんでいるのは、一つの記事がいくつかの宗教に関連しているばあいである。

「運動」1は、キリスト教平和運動協議会と仏教者平和協議会を中心とした有志が、一月一五日におこなった〃安保改定抗議デモ〃を、「宗教者が政治、社会の問題にこのように強い関心を表明するのは、戦後それも最近のことであり、これは宗教者が自己の責任に目ざめた端的な表われといえるだろう。」と評価し、この政治運動に宗教者として参加した人びとの意見をつたえる。

登場するイデオローグとしては、クリスチャン**四**(内、学者**二**)、仏教者**一**で、その壬生照順氏(善光寺東京別院住職)は、「過去の歴史を反省すると仏教徒として社会的責任をとらざるをえない。それをしなかったから仏教が時の権力に利用されたのだ」と仏教者として反体制への実践を訴えている。これは、キリスト者の「支配者が自己を絶体化すれば誤りをおかし悪がくる。教会は為政者のために〃とりなし〃をする必要がある……」というきびしい態度にも通じるものだ。

「会議」4の共通の1（七月二九日）は、第六回原水爆禁止世界大会・宗教者協議会の〝平和実現〟の話し合いをめざす諸団体の準備活動を報じ、これに期待している文章だ。ふたたび壬生氏の、宗教者同志が「平和への足場」として、国内、国際的に連帯する必要を強調したことばとともに、キリスト者二人の発言も紹介される。後半で、〝政治的偏向〟の批判にもふれ、「純粋に宗教的な立場で行動し」「どちらかといえば寺院、教会の外で行われてきた平和運動を中へ持ち込んで」いきたいという、これらイデオローグの立場と願いをつたえている。

しかし、いうまでもなく、こうした仏教徒の積極面が、表示した記事のすべてをかざっているわけではない。おなじコマの仏教の2は、五月二九、三〇日に金沢でひらかれた第八回全日本仏教徒会議にかんするものだが、ここには、今日の仏教界をめぐる、もっと〝現実的〟な苦悩がえがかれている。このばあい、〝送り内容〟は、山門内の出来事を、圧倒的多数の受け手の受け体験をとおしてみなおされるべき公共の課題として、一般化するという重要な役割をはたしているのである。

ひとつは例の創価学会との墓地争いの対策についての話し合いだが、「議論が感情的に流れたきらいがあり、もっと墓地の公共性を尊重する気持ちがあってよいという反省を、ひそかにもらす代表もいた。これは寺有墓地が公共墓地とはちがうにしても墓地の九割を占めている以上特権意識ではいけないという意味である。」と書かれている。

安保問題については、近代仏教研究会の中濃教篤氏から「新安保は軍事同盟で危険であり、過去の戦争に対する反省、また、中国に対するつぐないの気持ちから、中国を仮想敵国とした条約には、反対」しようという提案があったが、助言者の不手際もあって、さかんな意見がよくかみあって発展せず、「結局議論は中途半端に終ったが、賛否の数は保留組が上回っていた。」という。

その他、青少年教化と組織の問題では、「全日本仏教会の行動目標をはっきりさせ、地方仏教会は共通の目標を見いだ」すことが、先決だという批判がでている。

そういえば、「布教活動」の欄に整理した仏教と新興宗教に共通の3は、いずれも「墓地問題」にかんする記事である。しかもそれが岩野真雄氏(荒川区浄閑寺住職)の「墓があることで寺院は民心の安定に大きな力をもっているが、坊主墓番でなく……この際、教化を盛んにし、寺院と壇信徒との結びつきを強める必要がある。」(五月八日)という、人びとに「生きる問題を考えさせ」るべき僧としての日常活動への反省で結ばれているのは意義ぶかい。

してみると、涅槃は、運動と会議と布教活動との統一のなかにあるにちがいない。

また、それとどう関連するのかはわからないが、ともかく日本における歴史の古さをしめすものとして、管長や宗務総長などの人事異動や、それをめぐる紛争などが報導されているのも、マスコミにみられる仏教の特長である。

諸論文の内容を検討する紙面はなくなってしまった。最後に「受け内容」について一言しよう。映画「親鸞」は、映画年鑑(時事通信社、一九六一年版)によると、送り手としては、「この映画の公開に慎重を期し、『親鸞』動員計画委員会を設けて大がかりな宣伝と組織動員に努めた」そうだが、「宗祖親鸞、法然の大遠忌を明春にひかえ準備に忙しい」(毎日・一月一〇日)といわれる浄土宗教団の、これに対する反応のほうは記録にないようだ。

学生たちは、この映画にえがかれた仏教思想をよくくみとった。「法然は仏教を生活の中の宗教として考えていた。僧も世俗も仏道にかんする限りなんの差異もない。それを一般の人に理解してもらうために、男も女も悪人も善人も誰でも念仏を唱えることによって救われる、と説いたのだとおもう」という。聖道門と念仏門のちがいについては「念仏門は、烈しい修行に耐える人だけが入信できる仏教なら、本当の意味での存在意義はないという立場で、仏教と大衆とのつながりや人間本来の自然の姿を大切にした。聖道門はこれと反対で、悟りとは高遠な理論を追求し、それを理解することにあった。」 とこたえ、玉日との仏婚というハピーエンドに対しては、のこされた問題として、このさき伝道の苦難が親鸞をどうきたえるかという点に関心をしめしていた。そして、「自然にさからうことなく自己に忠実に生きる為に禁止されていた結婚を敢て行なった意志の強固さや、苦悩に目を閉じることなくあくまでもそれに立向って行った態度に感動した」という。

しかし、彼ら自身の問題となると、〝悩み〟はあるといいながら、「仏教がなくても私は生きていける」「他力によって解脱しようとはおもわない」「要するに仏教は人間に一時的に心の安らぎを感じさせる働きをするにすぎない」と口をきわめるのだ。彼らの合理精神は、やはり、仏教をたんなる〝心術〟とみなしたのではないだろうか。「あなたも念仏を唱えてみようとおもいますか」という質問にたいして肯定的に回答したものは、ほとんどなかった。

以上は、「受け内容」の一例である。いまの学生青年と、仏教との心理的な距離をおさえる資料にはなるとおもう。

いずれにしても、マスコミ研究にあたって、受け内容の分析は欠くことができない。「マスコミ」もコミュニケーションであることにかわりないからである。わたくしたちは、送り内容の〝意味〟を、受け手のとらえた〝受け内容〟との関連ぬきに論じる紋切型を反省しなければならない。

宗教と映画

外村完二

宗教と芸術が、生に対決する人間の欲求のあらわれとして、未開時代の社会から、常に密接な関係をもったことは、いまさらいうまでもない。宗教が芸術をその荘厳に使用し、芸術が、またその主題を宗教に求めたことは、歴史が物語っている。ローマのバチカン宮殿は、ルネッサンスの造形美術の宝庫であり、新教精神に燃える北欧の画家は、新しい角度から、人間的なキリストを描き、その芸術上の意欲を満足させた。日本でも、奈良の東大寺は、当時の美術の力を結集したその壮大な規模によって、仏教の威力をまのあたりに示し、鎌倉時代の画家は、禅宗の神秘主義を画面に彷彿せしめるために苦心した。このように、宗教と芸術は、原理的にみれば、ことなった次元に立つ文化現象であるが、実践の面では、たえず手をつないできた。しかし、この美しい協力は、今日では、むかしのように密接ではない。むしろ彼らの関係は乖離しているといった方がよいくらいである。宗教は、洋の東西を問わず、過去の芸術品を擁して、現代の芸術に背を向け、芸術もまた、一部の特別なひとをのぞいては、現実の社会のあわただしさに眼をうばわれ、宗教を無視しないまでも、宗教を視点の外にうつして疑問を感じていない。

映画は、芸術のなかで、一番新しいもののひとつである。エジソン以下の何人かの発明家によって、映画が創造されてから、わずかに七十年ほどであり、それが単なる「みせもの」の器械から、実人生をとらえる芸術の一手段として認められる段階に達するまでには、やっと四十年の歳月しか経ていない。

この新しい芸術が、宗教に対して、どんな態度をとったかは、その姉たちである他の芸術、すなわち、美術、文学等と、そうかわるところはないはずであるが、事実は、多少の相違がある。というのは、他の芸術が、芸術家の自己満足だけを問題とし、他の条件を無視するに反し、この芸術は、常に大衆を意識しなければならぬからである。その点、厳密にいうと、個人の「自由な遊び」であるところに、一切の妥協を排する芸術の特性をみとめる今までの芸術観からみれば、映画は、いうところの芸術でないかもしれないという疑問がある。だが、大衆の嗜好に直接につながる新しさが、むしろ、今後の芸術のゆく道であるかもしれない。この特色を、単に商業的とかたずけてしまうのは、今日の芸術の特色を、あまりに速断しすぎる危険があるのだ。そういう解釈に対しては、かって自由について「むかしは一人のための自由があり、次には、限られたひとたちのための自由があり、今日では万人の自由がある」といったある哲学者の言葉を、そのまま、「芸術」という言葉におきかえてみたらよい。エジプトの文化が、ただひとりのファラオのためにあったことを疑うひとはあるまい。大衆とともにあるという映画の特性は、むしろ、大いに認むべき点である。

従って、他の芸術とちがい、今日の大衆芸術である映画は、宗教に対して、大衆を媒介として結びつく。映画の歴史をふりかえると、キリストを主題にした作品や、キリスト教徒が、ローマ人の迫害にあって、強くその信仰を守った、いわゆる殉教者を描いた作品は、映画の揺籃期から、既に存在していた。最近70ミリの大型映画がつくられるようになったが、この新しい形式の映画の主題は、半数以上、宗教映画である。「ベン・ハー」には、キリスト自身が登場するし、近くは、「王者中の王者」という題名で、キリスト伝が製作中である。シネスコというワイドスクリーン流行の先駆をこころみた形式でも、キリストの「聖衣」にまつわる奇蹟談が、最初の作品であった。この事実は、映画は、大衆の心に、「宗教」があるかぎり、大衆の宗教的情操にうったえる作品をおくるのにやぶさかでないことを証明している。この点は、今や宗教を度外視する他の芸術との明瞭な差である。

ただ問題は、あまりに大衆と密着しているために、大衆の宗教的情操をあまくかき立てるだけで、キリストなり、キリスト教徒に対する解釈に、なんらの新しさを持たないという点である。あくまで、現在の大衆の心にある宗教的イメージに即して、そこに疑問も、批判もさしはさまない。いってみれば、むかしながらの説教をくりかえす「説教師」の役目以上には出ていないのである。長所はいつも短所であるという皮肉な現象が、ここでもみられるわけで、大衆に密着しているという長所は、同時に、大衆とともに、そこに問題の提起も、批判も、忘れているという短所になる。

多分外国でも、牧師や司祭が社会の現実に直面して悩む問題は多いと想像される。しかし、映画は、いまのところ、この現実の問題にはふれていない。「我が道をゆく」「セント・メリーの鐘」は、若い牧師の苦悩を描いた名作といわれた映画だが、その解決はかなりあまい。信者の善意によって美しく解決されるのだが、現実はこうあまくないはずだ。「尼僧物語」では、現実の社会から遮断された苦悩から修道尼が還俗を決心することを描いた映画であるが、批判はそれほど深くなく、カトリック教団のきびしい戒律と一個の人間の苦悩との相剋を、女主人公であるひとりの尼僧の悲運として軽く解決している。この点、残念ながら、映画は、他の社会現象に対しては、かなり痛烈な批判を提起し、辛棘な描写をこころみているが、こと宗教に関すると、いまのところでは、映画は、大衆の宗教的情操をあまくそそる「説教師」にとどまり、決して、問題の核心に迫る真の「教師」ではないのである。つまり、宗教を信ずる大衆の一部分——それがいかに多数であっても――を相手にするだけで、信仰をもたぬ非宗教人に強くうったえる積極的な説得力はないといえるのである。この点、視覚的に感情には強烈に作用するが、それだけに観念的に、思想的には、説得力をもちにくい映画の欠点も、あずかっているとみてよいのではなかろうか。もし、映画が、むつかしい理論を展開したとすれば、それは、既成の宗教的気分に甘んじている大衆を退屈させると同時に、信仰をもたない大衆からは、簡単にソッポをむけられるだけであろう。同時に、これは、今世界が、宗教を信ずるひとと宗教を信じないひととに、大きく別れていて、その間に、かっての時代のごとく、激しい争論が展開されることがないという、いわば、無風状態にある現在の宗教問題が、この宗教映画の劃然とした一方的性格をもたしているとも考えられる。

ところで、外国の宗教界は、こうした映画をどう考えてい、また一般の映画に対して、どういう態度をとっているかということを、ここで紹介してみたい。現在、映画の社会的影響を最も重視しているのは、ローマのカトリックの法王庁である。映画がまだ今のように視覚的な煽情性を発揮しなかった一九三一年に、ときの法王ピオ十一世は、その教書の中で、「映画が、今後誘惑の具とならず、むしろ、人類の教育と娯楽のよき手段となるように、看視と働きかけを続けることは、現代のもっとも緊急な課題である」と述べ、僧職者の努力を促したし、そののちも、たびたび教書の中で、同様の趣旨をくりかえしているのである。しかも、単に僧職者に呼びかけただけでなく、一九五五年には、イタリアの映画産業の代表に向って、彼らの自覚を求め、映画は、人生体験の学校であるから、観客が、よりよく、より自由に、より晴れやかになって、映画館を出てゆくようにしてほしいと、希望している。特にピオ十一世は、映画が青少年に与える影響に留意し、優れた映画を選賞すると同時に、若い世代に悪影響をもたらすおそれのある劣悪な映画に対しては、阻止の手段にでることが、僧侶の任務であると、その積極的方法の考慮を促したのである。

現在ドイツにはこの法王の要請に応じて、カトリック映画委員会が、構成され、いちいち映画を審査して、その結果を発表している。それは、四段階に分かたれ、㈠一般向、㈡成人向、㈢諫告、㈣拒否である。しかも、この審査結果は、ただその公開の時期に発表されるだけでなく、一九四五年から一九五八年にわたってドイツで上映されたすべての映画（中には三十年度の旧作も含む）のこの等級審査を、一冊の大部の本にまとめ、信者の家庭教育の指針として世上に送っている。その対象となった映画本数は、米、伊、英の映画もリストされて六千におよんでいるが、ただ等級をつけただけでなく、その内容の簡単な紹介と、審査の理由をあげ、なお製作会社、監督、俳優、尺数までも附記してあって、映画のハンドブックとしても、貴重な記録である。前にあげたピオ十一世の言葉も、実はこの本の末尾に、今はなき優れた法王の活躍を収録した部分から引いたものである。

なお、これは、ドイツのカトリック教団の対映画施策であるが、他の国にも多分同様の施策があることであろうと想像され、現にカトリック教団としては、毎年、カトリック映画賞を選定して、これを発表している。これは、国際カトリック映画局（ＯＣＩＣ）があたり、三十個国以上を包含し、その選ばれた委員が選定したものだが、一九五五年は、アメリカ映画「波止場」、一九五六年は、「とらわれびと」（不詳）、一九五七年は、フランス映画「死刑囚脱出」、一九五八年は、アメリカ映画「老人と海」とがグラン・プリを与えられている。この選賞結果をみても、この審査が、狭い宗教意識にとらわれず、幅の広い良識のもとに、行われていることがわかる。なおＯＣＩＣには、各国のフェスティバルにも参加して、カトリック賞を授与している。一九五七年のカンヌでは、イタリア映画の「カビリアの夜」、ベルリンでは、アメリカ映画「十二人の怒かれる男」、サン・セバスチャンでは、ドイツ映画「私は君を求める」、ベニスではアメリカ映画「帽子一ぱいの雨」が受賞され、一九五八年には、ベルリンでは、「二つの眼と十二本の眼」（不詳）、ブラッセルでは、やはりアメリカ映画の「老人と海」とが選ばれている。ここにも、宗教映画という狭いワクの中でなく、「カビリアの夜」のごときは、善良な娼婦の一夜の経験を描いたものであるが、あえて受賞されているところに、審査の良識がうかがわれる。前記のハンドブックをくると、「カビリアの夜」には、「ローマの売春婦の物語で、いとうべき題材ではあるが、監督フェリーニはこの無知な女にも、神の恩寵が働きうることを示している。最高の期待を充たすむつかしい作品であるが、また誤解もされるおそれがあり、正しく理解するには、成熟した意識が必要である」とかいている。自殺まで思い立った絶望のうちに、生きる希望を見出して、街へかえってゆくカビリアの転心に、注目した評価であるが、同時にフェリーニの鋭いリアルな描写力を高くかっていることは、内容だけでなく、表現にも、高い水準を求めていることがわかる。「帽子一ぱいの雨」は、麻薬常習者の禁断の苦悩をなまなましく描いた映画だが、ここでも、かなりどきつい描写にとらわれず、再生の希望を回復する主人公の人間らしさに、評価の重点をおいているらしい。とかく、映画の部分的な煽情的描写だけを問題にして、映画の主題からは目をそらし、いわんや、その表現の芸術性に対しては、全く無関心な、日本の映画排撃論者とくらべて、このOCICとハンドブックの態度は、文化的教養の深さを示しているのである。このハンドブックが、キリスト伝の奇蹟映画「聖衣」をどうみているかを、ここでふりかえってみることも、無意義ではなかろう。「救世主の聖衣」という長篇小説に基いたアメリカの色彩の巨大篇であるが、キリストの時代をテーマにしているものの、初めて使用されたシネマスコープの効果は、装飾的な、ドラマチックな様式を強調しすぎて、精神的・芸術的表現形式は、そのため損《そこな》われている。ドイツ人の宗教的感情にとって、怪異すぎるきらいがある」と、(Ⅱ)に選定している。多分、アメリカ映画の大衆に、こびたとはいえないまでも、その甘いムードに同調しているこの映画の芸術的水準の低さに抵抗を感じたのだろう。相当にきびしく、辛《から》い採点である。その意味では、ＯＣＩＣとハンドブックの態度には、この程度の宗教映画に不満をもち、もっと強く「教育的」な要素をうち出してゆきたい方針が見られる。この高姿勢と、アメリカ映画の低姿勢は、ある意味で、洋画における宗教映画の直面する矛盾をさししめしているものといってよい。

ところで、邦画の場合は、どうであろうか。一言でいえば、アメリカの「低姿勢」的な宗教映画でさえ、皆無に近い。たしかに大映には、「日蓮上人と蒙古大襲来」があり、東映には「親鸞」と「続親鸞」がある。しかし、「日蓮上人」は、襲来にわざわざ「大」の字をかぶせているように、蒙古の巨船が神風――この映画では日蓮の祈念による奇蹟となっている――によって覆没するシーンが中心で、日蓮上人の描き方は、アメリカの宗教映画以下に、「説教師」的であり、「親鸞」二篇も、やはり、アメリカの宗教映画に模した殺伐な善悪の闘争――それも一そう幼稚な――があり、類型化した人物の登場と、愛欲の歯の浮くような描写で、鋭さがなく、かろうじて、監督田坂具隆の誠実さによって、救われたかっこうである。しかも、この二篇が、年間六百本以上の大量生産をつづける邦画の中で、戦後十数年中に初めて上映された宗教映画だというのだから、まことにさびしいかぎりである。しかもきくところでは、「親鸞」は、信徒への動員計画が成功して、興行的に酬いられたが、「日蓮上人」は予想をうらぎる不成績であり、「続親鸞」は、惨憺たる不成績だったそうである。これは、何を物語るものであろうか。アメリカの数多い宗教映画は、ともかくそれを支持する大衆がある――上記の「聖衣」は、シネスコの第一作という好条件もあったが、アメリカばかりでなく、各国で大へんなヒットだった――に反し、日本では、国民一般とはいえないまでも、少くとも映画の観客層の中に、宗教映画を支持する層がないということである。

前に、映画は大衆に直結するといったが、その意味で、日本の大衆――映画の観客層で代表される――は、宗教に対して、無関心であるという悲しむべき答が、ここから出てる。ある社会批評家が、日本人は非宗教だと極言したが、そこまで誇張する当否は別として、すくなくとも、映画の現段階では、この言を認めなければならない。だが、ここでひとつ注意しなければならぬことは、前の「聖衣」も日本でも外国におとらず大成功だったし、その他、外国のいわゆる宗教映画は、あまり抵抗感なしに観客に受け入れられるということである。つまり、非宗教でなく、日本の宗教、主として仏教に対して、特に興味を感じていないのである。これは、仏教が日本の現代の社会の中で、残念ながら生きて働いていないからである。

今日の社会は、いろんな矛盾と対立とが、つねに激しい争闘を演じているが、仏教は、この闘争に対し、傍観者である。宗教がすべての地上の争いに超越するものであることはたしかだが、それは傍観者であることを意味しない。自身もその争闘の渦中に没し、実践的行動によって、宗教的信念を自証しなければ、生きて動いているとはいえない。大衆の心と直結する映画には、仏教が生きて働いていないというこの大衆の見方が当然反射する。

前記の「続親鸞」の中で、法然上人が教を説くくだりは、その内容からみて、優れた場面である。しかし、その思想が、静的な形でとらえられていることには、いくら思想が深遠であっても、大衆は退屈しか感じない。映画に求めるものは、静的な思想でなく、社会に直面して血みどろでその矛盾ととりくむ行動に具象化された、いいかえればダイナミックな思想の表現である。「続親鸞」の失敗は、このことをはっきりと示した。この大衆の不満が、この映画の法然上人に向けられるだけでなく、仏教全体に向けられているものと、いっても、決していいすぎではないだろう。邦画に、宗教映画がすくないということは、結局その基盤となるべき仏教のダイナミックな社会活動がないということにほかならない。

僧侶が日常大衆と直接に接触するのは、葬式だけだといったら、暴言といわれようが、映画では、すくなくとも、僧侶の登場場面は葬式に限られている。悲しい野べおくりの先頭に立って、石のような表情で黙々と歩いてゆく僧侶の姿を、映画はくりかえしくりかえして見せるが、これは、単に監督の眼からみた僧侶の姿でなく、そのかげに、大衆のシンラツな非難がかくされているのである。それどころか、映画に代表される大衆の眼は、むしろ敵意に満ちているとさえいえる。ことさらに、僧侶のあさましい姿を暴露するのである。五所平之助監督の「たけくらべ」で、主人公の父の住職は、娘を金持の後妻に売りつけ、向学心の強い主人公には、「学問が何になる」とどなりつけ、自分はセッセと酉の市の商品をこしらえて、そのもうけで酒をくらって酔いしれている。また、山本薩夫の「台風騒動記」では、村会議員の住職が、ボスと一緒に、料亭で乱舞する。こういう例をあげていれば、キリがない。たまに勇ましい住職が出てくれば、破戒無慙の坊主で、腕力を振う始末である。もちろん、仏教界にも、優れた僧侶がたくさんいられるだろうと思うし、また社会にかくれて数々の善行をほどこしている僧侶が必ずあると思うのだが、少くとも、映画の眼はそういう面はみず、否定的嘲笑的な方向にむかっているのが事実である。いってみれば、映画によって代表される大衆は、まさに僧侶を社会から追い出しているといってよい。映画なんか低劣だという一言で、この事実を押し切ってよいのだろうか。日々に教学の発展に全精力をついやしている苦心も、実はこういう「低俗な」映画によって、案外空転する悲劇に終っているのではなかろうか。映画をみる機会の多いぼくは、そういう場面が出るたびに、心に寒《さむ》気を感じ、肌にあわだちを覚えるのだが、なんとかならぬものかとつくづく考えるのである。

もちろん、この現象の背後には、行動的なキリスト教と冥想的で非行動的な仏教という根本的な差違が、横っていることを知らないわけではない。だが、もっと大衆に愛されるようにならなければ、当分、この仏教と大衆の間の大きな距りからくる邦画の仏教に対する反撥は、おさまらないのではないか。

大衆から遊離した純芸術的な見地からつくられた、いうところの芸術作品からの批判なら、まだ我慢ができる。だが、大衆とともにある、平俗な映画においてさえ、石をぶっつけられているのを、黙視してよいだろうか。しかも、OCICのような高い批判的態度の対映画施策ももたない日本の仏教は、いつまで、石の地蔵さんのように、ポツネンと立っているつもりだろう。

下巻

第4巻　文　化　編　1962年11月30日　初版第1刷発行
1967年12月30日　初版第2刷発行
第5巻　生　活　編　1961年9月1日　初版第1刷発行
第6巻　今日の問題　1961年4月30日　初版第1刷発行

新装版 講座 近代仏教　下巻
―文化・生活・今日の問題―

二〇一三年八月三〇日　新装版第一刷発行

編集者　法藏館編集部
発行者　西村明高
発行所　株式会社 法藏館
京都市下京区正面通烏丸東入
郵便番号　六〇〇-八一五三
電話　〇七五-三四三-〇〇三〇（編集）
〇七五-三四三-五六五六（営業）

印刷・製本　株式会社デジタルパブリッシングサービス

ISBN 978-4-8318-6531-1 C3015